Vorgeschichte der Schlacht bei Belle=Alliance

— Wellington —

Sir Arthur Wellesley, Herzog von Wellington.
(Nach einem Stiche von J. Cochran.)

Vorgeschichte

der

Schlacht bei Belle=Alliance

Wellington

Von

Julius von Pflugk=Harttung

The Naval & Military Press Ltd

Published by

The Naval & Military Press Ltd
Unit 5 Riverside, Brambleside,
Bellbrook Industrial Estate,
Uckfield, East Sussex,
TN22 1QQ England

Tel: +44 (0) 1825 749494
Fax: +44 (0) 1825 765701

www.naval-military-press.com
www.nmarchive.com

In reprinting in facsimile from the original, any imperfections are inevitably reproduced and the quality may fall short of modern type and cartographic standards.

Dem Majoratsherrn

Friedrich August

Grafen Neidhardt von Gneisenau

dem Urenkel des großen Strategen

zugeeignet

Vorwort.

Jeder bedeutende Mensch bedarf zur Entfaltung seiner Fähigkeiten günstiger Umstände um „groß" zu werden. Ein tüchtiger Feldherr pflegt deshalb nur dann wirklichen Ruhm zu ernten, wenn er eine minderwertige Führung des Feindes bekämpft. Das läßt sich beweisen von Alexander, Hannibal und Caesar an bis auf Moltke, und gilt natürlich auch für den vielleicht gewaltigsten Kriegergeist aller Zeiten: für Napoleon Bonaparte. Hätte ihm in Italien ein Friedrich der Große oder ein Prinz Eugen widerstritten, so würde Bonaparte wohl nie Napoleon geworden sein. Aber hier und in der Folgezeit zeigte sich ihm das Glück der minderwertigen Gegenfeldherren getreu; es änderte sich erst seit der Erhebung der Völker wider den Zwingherrn: zunächst in Spanien, dann in Deutschland. Und schlechterdings zum Verhängnisse wurde, daß beim letzten Flügelrauschen des gewaltigen Adlers, daß im Feldzuge 1815, Napoleon auf die beiden hervorragendsten Führertalente zugleich stieß, denen er überhaupt begegnet ist: auf Gneisenau und Wellington. Von diesen war der Preuße der größte Stratege, der Engländer der bedeutendste Taktiker. Ihnen vereint ist der Korse erlegen, schnell und furchtbar in alles zerschmetterndem Sturze.

Dieses Ungewöhnliche, Dramatische, Erschütternde, jede Erwartung Uebertreffende hat von vorne herein die Augen auf sich gelenkt und eine ungewöhnliche Fülle von Schriften erzeugt. Der Umstand, daß vier Völker an dem Ereignisse beteiligt waren: die Franzosen, die Deutschen, die Engländer und die Niederländer steigerte das Interesse, und brachte nationale Beweggründe in Erforschung und Darstellung, wobei anfangs die deutsche, zumal die preußische Litteratur kräftig hervortrat. Namentlich waren es mithandelnde Offiziere, welche sich dem Gegenstande zuwandten: General v. Müffling (1815), Oberstleutnant v. Plotho (1818), Oberstleutnant Wagner (1825), General v. Zieten (ungedruckt), General v. Clausewitz (1835), General v. Grolman (durch Major v. Damitz 1837), General v. Hofmann (1851), denen sich später anschlossen: Major Dr. Beitzke (1865), General v. Ollech (1876) und Premierleutnant v. Treuenfeld (1880). Zu den Darstellungen des Feldzuges, welche diese Männer lieferten, gesellten sich wichtige „Erinnerungen" der Generale v. Müffling, v. Reiche, v. Nostitz, v. Valentini, v. Boyen, v. Roeder u. a., und ferner Werke, welche hervorragende Persönlichkeiten behandeln: wie Pertz-Delbrück: Gneisenau, Schwarz: Clausewitz, Conrady: Grolman, Meinecke: Boyen, Varnhagen von Ense, Colomb, Scherr: Blücher, Varnhagen: Bülow u. a. An sie reiht sich schließlich die Zahl derer, welche in anderem Rahmen den Feldzug bearbeiteten, bisweilen eingehend, wie Häußer, Bernhardi, Oncken, Treitschke und sonstige, oder welche Teile und Episoden des Krieges schildern.

Man sieht: über das gewaltige Ringen von 1815 ist ungewöhnlich viel von deutscher Seite geschrieben und dennoch tritt die Förderung des Gegenstandes neuerdings gegen die des Auslandes weit zurück. Seit Ollechs ungemein fleißiger aber wenig verarbeiteter Darstellung, und seit Delbrücks Gneisenau, der nicht überall genügend vertieft sein dürfte, also seit den Jahren 1876 und 1880 hat die archivalische Quellenforschung größeren Stils bei uns geruht. Selbst die Niederländer und Belgier haben in letzter Zeit mehr zur Sache geliefert als die Deutschen. Und das ist nicht nötig, ist keineswegs wünschenswert, denn auch bei uns bleibt noch vieles zu thun übrig, und auch die deutschen Archive gewähren reichlichen Stoff zur Vermehrung der Kenntnisse. Solches dürfte schon aus der Arbeit erhellen, welche ich unter dem Titel: „Die Vorgeschichte der Schlacht bei Quatre-Bras" in den „Neuen Militärischen Blättern" 1902 (Februar, März, April, Mai) veröffentlicht habe. Außerdem kommt noch in Betracht, daß kaum ein Zeitabschnitt so überreich an Entstellungen, Verdunkelungen und Betrug ist, wie gerade der genannte. Hier bietet sich ein weites Feld für die Gründlichkeit und Methode der deutschen Forschung. Freilich muß sie darauf verzichten, national oder preußisch zu sein. In derartigem Sinne ist das hier veröffentlichte Buch gedacht. Es mag als Vorläufer gelten, dem sich bald das umfangreichere Werk des erprobten Generals von Lettow-Vorbeck anreihen dürfte. Unsere Schrift umfaßt nur einen kleinen, aber inhaltreichen und ungemein schwer zu behandelnden Teil des überschäumenden Gegenstandes. Sie beschränkt sich auf die Verhältnisse und Ereignisse beim englisch-deutsch-niederländischen Heere vom April bis Mitte Juni, zumal während der letzten Tage vor der Schlacht bei Quatre-Bras, eingeschlossen die Beziehungen Wellingtons zum preußischen Verbündeten.

Das Material für diese Aufgabe erweist sich reich: das englische ist großen Teils veröffentlicht, vom preußischen lieferte zumal Ollech wertvolle Beiträge, das niederländische wurde und wird neuerdings vom Obersten De Bas mitgeteilt, während sich den deutschen Archiven noch manche bisher unbekannte oder ungenügend bekannte Nachricht entnehmen ließ. In der Gesamtheit werden die Quellen ziemlich erschöpft sein. Dennoch bleiben Lücken und entstehen vielerlei Zweifel, wie es bei teilweis ungenügender Ueberlieferung, verschiedener persönlicher und nationaler Auffassung kaum anders sein kann.

Gerade unter solchen Umständen aber dürfte wünschenswert sein, mit der sorgfältigeren Schulung in Prüfung und Verwertung der Quellen, auch der scheinbar geringfügigsten, einzusetzen, wie sie sich in der Geschichte des Mittelalters ausgebildet findet. Dadurch läßt sich manches neue und abweichende Ergebnis gewinnen, doch erscheint die Arbeit dann leicht mehr kritisch als militärisch. — Man wird erkennen, daß ich nirgends vor Schwierigkeiten zurückgeschreckt bin, im Gegenteile, sie aufsuchte. Hierbei schmeichele ich mir keineswegs, sie alle gelöst zu haben; immerhin bleibt der Versuch.

Als Grundlage diente diesem Buche die bereits genannte Arbeit in den „Neuen Militärischen Blättern". Unermüdlich wiederholte Durchforschung desselben Stoffes bewirkte naturgemäß vielerlei Veränderungen und bedeutende Erweiterungen fast um das Doppelte des Raumes. Zu letzteren gehört auch der Aufsatz: „Die preußische Berichterstattung an Wellington vor der Schlacht bei Ligny", welcher im ersten Hefte des „Historischen Jahrbuchs" 1903 erscheint.

Parteilichkeit und Voreingenommenheit liegt mir fern: mein Streben galt allein der Wahrheit. Und diese erscheint rühmlich für alle Beteiligten an den hier in Betracht kommenden Ereignissen. Am ungünstigsten lautet das Urteil leider über die Generale v. Müffling und v. Bülow. — Sowohl Bücher wie Aktenstücke wurden genau citiert. Ich halte es für einen Unfug, für ein thörichtes Spiel gelehrter Koketterie, wenn man gerade das schwerer zu findende und zu benutzende archivalische Material ohne bestimmte Angaben als selbstverständlich behandelt. Der Leser muß in den Stand gesetzt sein, alles sofort, mit möglichst geringem Zeitaufwande nachprüfen zu können.

Durch zwei Umstände wurde die Arbeit unliebsam behindert: durch das ungemein langsame Erscheinen des dritten Bandes von De Bas, „Prins Frederik der Nederlanden", und durch das Verleihen vieler und wichtiger Aktenstücke seitens des Kriegsarchives nach auswärts. Den zuerst genannten Uebelstand suchte der Herr Verfasser in der Weise zu vermindern, daß er mir einen großen Teil seiner ausgedehnten Anmerkungen in Korrekturbogen zur Verfügung stellte. Ungefähr von unserem 5. Bogen an konnten sie benutzt werden. Die Beilagen des Werkes und was noch ausstehen mag, blieben mir dagegen fremd.

Eigentlich von allen Seiten ist man mir liebenswürdig und fördernd entgegen gekommen. Der Chef des Großen Generalstabes, Seine Excellenz Herr General der Kavallerie Graf von Schlieffen, machte mir die Schätze des Kriegsarchives zugänglich, Herr Graf Neidhardt von Gneisenau auf Sommerschenburg stellte mir den Reichtum seines Familienarchives zur Verfügung, Herr Rechnungsrat Bauch ging mir unverdrossen im Archive des Kriegsministeriums zur Hand, und Herr Oberst De Bas im Haag unterstützte mich auf die verschiedenste Weise. Allen diesen Herren sage ich meinen verbindlichsten und aufrichtigsten Dank. Hierbei darf ich nicht die Vorstände der Ausleiheabteilung der königlichen Bibliothek in Berlin vergessen: die Herren Oberbibliothekar Dr. Preuß und Bibliothekar Dr. Hirsch. Ohne deren Verständnis für ernste wissenschaftliche Arbeit wäre mir unmöglich gewesen, dieses Buch so zu liefern, wie es jetzt geschehen kann.

In den historischen Seminaren unserer Universitäten wird nur selten Kriegsgeschichte getrieben, was kaum der Wichtigkeit des Gegenstandes entsprechen dürfte, um so weniger, als er vielfach ungemein dankbare Seminarthemata bietet. Die kurzen Befehle, deren Ausführung und Auffassung, die persönliche Art vieler Memoiren, die Ereignisse, welche zu schnell dahinstürmen, um ruhige Beobachtung zu ermöglichen, bei denen überdies viele Berichterstatter selber beteiligt und interessiert waren, die deshalb mit Absicht entstellt wurden, und über die sich Sage und Klatsch schnell und üppig verbreiteten: alle diese Dinge können als vortreffliche Lehr- und Lerngegenstände benutzt werden. So eignen sich in dem vorliegenden Buche z. B. für Uebungszwecke: Die Unterredung auf der Mühle zu Bry, Wellingtons Schuld, Bülows Schuld, Napiers Brief, die Vorgänge auf dem Balle des Herzogs von Richmond, die „Disposition of the British Army", der Hauptbefehl Wellingtons, die preußische Berichterstattung, und vor allem die Memoiren von Nostitz und Müffling, zu welch' letzteren die hinten veröffentlichten Briefe einen vorzüglichen Vergleichungsstoff bieten.

Auch noch darauf ließe sich hinweisen, daß von militärischer Seite, zumal vom Großen Generalstabe der Kriegsgeschichte weitreichendes Interesse entgegengebracht wird, welches sich in zahlreichen, teilweis grundlegenden Schriften äußert. Da unser Heer keinen Mangel hat an höherer Begabung, an ernstestem Wollen und großer Arbeitswucht, so können die tüchtigen Leistungen als ein natürliches Ergebnis der vorhandenen und in Bewegung gesetzten Kräfte gelten. Dennoch dürfte sich die Ausbildung, die Schulung, erleichtern lassen, weil selbst die besten Vorträge, das fleißigste Selbststudium, die mannigfachste Anregung und Unterstützung nicht die Uebungskurse in methodischer Forschung ersetzen, welche die Universitäten durch die Seminare gewähren. Die Geschichte ist eine Wissenschaft mit ausgebildeter Technik, welche gelehrt und gelernt werden kann.

Berlin, im Februar 1903.

Julius v. Pflugk-Harttung.

Inhalt.

Der Feldzug 1815 hauptsächlich durch Deutsche entschieden 1. Ungerechtigkeit der Bezeichnung des Wellingtonschen Heeres 1. Zurücksetzung der Deutschen 2. Angriffsplan Gneisenaus 2. Angriffsplan Wellingtons 3. Beurteilung der beiden Pläne 3. Angriffsplan Schwarzenbergs 4. Beschlußfassung in Wien am 19. April 4. Beurteilung 5. Wellington 6. Charakter 6. Arbeitslast 6. Als Feldherr 7. Sein Stab 7. Sein Heer 7, 8. Die Niederlande 8. Der König der Niederlande 8. Sein Verhältnis zu Preußen und Engländern 9. Der Prinz von Oranien und Prinz Friedrich der Niederlande 10. Die niederländischen Minister 10, 11. Der französische Hof in Gent 11. Wellington und König Ludwig XVIII. 12. Die Royalisten 12, 13. Wellington und das preußische Heer 13. Wellington und Blücher 13. Wellington und Gneisenau 14, 376. Die Militärbevollmächtigten 15. Oberstleutnant Hardinge 15. General von Röder 15. General von Müffling 16. Ordonnanzwesen der Bevollmächtigten 17. Gesandter v. Brockhausen 17. Ergebnisse 18. Kriegsvorbereitungen 18. Das Wellingtonsche Heer, die Belgier 18—20. Die Aufstellung 20—22. Die rückwärtigen Verbindungen 20. Verteidigungssystem Wellingtons 20, 21. Festungen 21. Annahme, daß Wellington zuerst angegriffen werde 22. Wellingtons Verteidigungsplan 22. Zusammenkunft in Tirlemont 23. Truppenverschiebungen 23. Wellington will Defensive, die Preußen wünschen den Angriff 23. Zusammenkunft in Brüssel 24, 25. Wirkung französischer Ereignisse für den Angriff 25. Wellington und Schwarzenberg 26. Das englische Kundschafter- und Nachrichtenwesen 26; in Paris 26, 27; an der Grenze, General von Dörnberg 27, 28. Nachrichten vom 5. und 6. Juni 28, 29; vom 7. und 8. Juni 29; vom 9. und 10. Juni 30; vom 11. und 12. Juni 30, 31. Wellingtons Vorbereitungen gegen einen französischen Angriff 32—34. Sendung des Obersten von Pfuel an Wellington 34. Kritische Zweifel wegen Quatre-Bras 34, 35. Wellington ist überzeugt, daß der Feldzug von den Verbündeten eröffnet werde 35. Feldmarschall Wrede 35. Müfflings Auffassung 36. In Brüssel und Namur fühlte man sich zu sicher 37.

14. Juni.

Berichte vom 13. Juni 37. Berichte aus der Nacht zum 14. und vom 14. Juni 38. Beruhigende Mitteilungen Dörnbergs 38. Weitere Eingänge 39. Versagen der Nachrichten aus Paris 40. Fouché 40. Allerlei Ablenkungen 40, 41. Brief an den Herzog von Feltre 41. Besprechung mit Müffling 41. Ankunft des russischen Generals von Toll 42. Geschäftshäufung 42. Auseinanderliegen der Truppen 43. Befehlsübermittelung 43. Möglichkeiten französischer Angriffe 43, 44. Anregung Zietens zur Versammlung der Hauptmacht bei Nivelles 44. Etwaiges Verschulden Wellingtons und Blüchers 45. Gegengründe für Truppenbewegungen 46.

15. Juni.

Gemütsruhe in Brüssel 46. Brief Müfflings an das preußische Hauptquartier 47, 48. Auffassung in der Front 49. Verzögerung der Meldungen nach Brüssel 49.

Berichte Zietens an Blücher 49. Erste Nachricht vom Angriffe in Brüssel 50. Der Prinz von Oranien 50, 51. Die niederländischen Depeschen 51, 198 ff., 376. Wellingtons Ansicht 52. Blüchers Brief an Müffling 53. Inhalt des Briefes 54. Zweite angebliche Depesche Blüchers 55. Ankunft von Zietens Meldung 55. Müfflings Brief an Blücher 55. Prüfung und Beurteilung dieses Briefes 56—59. Vermutete Pläne Napoleons 59, 60. Entstehung des Briefes 61, 62. Der wirkliche Hergang 62. Dritte Zuschrift Blüchers 63, 64. Wellington ist ungenügend unterrichtet 64. Gründe für die ungenügenden Meldungen 65. Gneisenau will die Schlacht allein schlagen 65. Geringe Kenntnis der Sachlage in Brüssel 66, 67. Die Depesche Dörnbergs trifft verspätet ein 68. Gründe der Verspätung 68, 69. Die Sachlage in Nivelles 70. Unkenntnis und französischer Verrat 71. Ankunft des Hauptmanns von Gagern 71. Perponcher und Constant 71. Die Meldung Constants in Brüssel 72. Umständlicher Instanzenzug des Meldewesens 73. Wellingtons Lage 73, 377. Gerüchte in Brüssel 73. Der erste Marschbefehl 74. Nachtragsbefehl 75, 76, 377. Inwiefern beeinflußte Constants Brief die Befehlsgabe? 76. Ungenügende Sachkenntnis 76, 77. Hätte Wellington schon jetzt sein Hauptquartier aus Brüssel verlegen sollen? 77. Zuschrift General Tindals an den König der Niederlande 77, 78. Wellington begiebt sich auf den Ball des Herzogs von Richmond 78, 377. Widersprechende Angaben über sein Eintreffen dort 78, 79.

16. Juni.

Brüssel ein kleines Paris 79. Gerüchte und Stimmungen 79. Der Ball des Herzogs von Richmond 80. Wellington besucht ihn um 10 Uhr 80. Verläßt ihn und kommt wieder 80, 81. Der Brief Constants 81. Wirkung des Briefes 82. Benehmen Wellingtons 82, 83. Verläßt den Ball 84. General Dörnberg trifft in Brüssel ein 84. Befehl Wellingtons für Quatre-Bras 84. Einige andere Frühbefehle 85, 86. Müfflings und Wellingtons Ungenauigkeit 86. Bewegungen der Reservearmee 87 ff. Marschvorbereitungen 87. Die Division Picton 87—91. Die Verspätung der Offiziere auf dem Balle 88, 89. (Zeit der Ankunft der Division Picton bei der Wegkreuzung 177 Anm.) Die hannoversche Brigade Vincke 89. Das braunschweigische Kontingent 91—94. Scheinbar verspätete Ankunft eines Teiles der Braunschweiger 93, 94. Das nassauische Kontingent 94. Die 5. hannoversche Brigade Vincke 95. Die hannoversche Brigade Best 96. Die britische Brigade Lambert 96. Die Reserve-Artillerie 96. Das I. Armeekorps des Prinzen von Oranien 97 ff. Verhalten Constants 97. Seine erste und zweite Weisung 98, 360, 378. Eintreffen von Wellingtons Hauptbefehl 99, 100. Die 3. englische Division Alten 100. Die Garde-Division Cooke 101, 102. Die niederländische Division Chassé 103. Die Kavallerie-Division Collaert 104. Das II. Korps Lord Hill 105 ff. Lord Hill 105. Die Division Clinton 106. Division Colville 106. Die 1. niederländische Division Stedmann und die indische Brigade 106. Prinz Friedrich der Niederlande 107. Das Kavalleriekorps Graf Uxbridge 108 ff. Bericht des Obersten Clark Kennedy 111. Bericht des Kapitäns Taylor 111. Bericht des Kapitäns Mercer 112—115. Die Brigade Dörnberg 115. Betrachtungen über die Wellingtonschen Befehle 115. 1. Sie geschahen zu spät 116. 2. Lage der Versammlungsorte 117. 3. Die Divisions-Hauptquartiere 118. 4. Die schnelle Folge der Befehle 118. 5. Die Befehle ohne Rücksicht auf die Truppenbewegungen 118. 6. Der Ball des Herzogs von Richmond 119. Die Befehlsweitergabe 120. Ansicht Wellingtons über die Dringlichkeit 121. Ungenügendes Meldewesen 121. Ergebnisse 122. Wellington verläßt Brüssel und reitet nach Quatre-Bras 122, 123. Der Adjutant Müfflings 124. Die 2. niederländische Division Perponcher 125. Ihre Kantonnierung 125. Prinz Bernhard von Sachsen-Weimar 126. Stellung und Sammlung der niederländischen Brigade 126. Gefecht bei Frasnes 126. Vereinigung der Brigade 127. Sendungen des Kapitäns von Gagern 128. Unterstützung Normanns 128. Die Spitze des Neyschen Heeres, nur Reiterei 128. Ende des Gefechts 129. Bericht des Prinzen von Sachsen-Weimar an Perponcher 129. Gegenseitige Stellung 130. Die Verbindungen des Prinzen sind unterbrochen 131. General Perponcher in Verlegenheit 131. Die eintreffenden Berichte 131. Constants erste Abendanweisung 132—134. Eintreffen der Wellingtonschen Befehle in Braine 134. Constants zweite Anweisung 135. Die Angabe in der Divisionsgeschichte 135. Erwägungen Perponchers 136. Perponcher begiebt sich mit Verstärkung nach Quatre-Bras 137. Fünfzig Mann vom 1. schlesischen Husaren-Regiment 138. Wiederausbruch der Feindseligkeiten bei Frasnes 139. Der Prinz von Oranien in Braine 139. Constant nach der Wegkreuzung 140. Oranien ebenfalls hier 140. Einstellung des Geplänkels 140. Aufstellung der Nassau-Niederländer 141. Erster Bericht des Majors v. Brunneck 142. Depesche Oraniens an Wellington 143. Bedenken Oraniens 143. Beschluß einer Verstärkung von Nivelles 144. Constant und Abercromby nach Nivelles 145. Bei Nivelles und Quatre-Bras ist man kampfbereit 145. **Ankunft Wellingtons bei der Wegkreuzung 146.** Ihm unerwartete Sachlage, Zweifel 146. Ansicht Müfflings 147. Wellingtons Brief an Blücher 148. Prüfung des Briefes 148—151. Ergebnisse 151. Irrtum und Absicht zusammengewirkt 152, 153. Preußische Auffassung des Briefes 153, 154. Englischer Gesamtaufmarsch und Aussichten für die Entscheidung 154. Zweite Meldung Brunnecks 155. Verbindung zwischen dem Blücherschen und Wellingtonschen Heere 156. Eintreffen des Oberstleutnants Hardinge 156. Erwägungen im preußischen Hauptquartiere 157. Veränderung der Sachlage durch das Ausbleiben Bülows 158. Auftrag und Sendung Hardinges 159. Wellington begiebt sich zu Blücher 160. Zusammenkunft auf der Windmühle bei Brye 160. Verhandlungen hier 161—163. Ergebnis der Besprechung 163. Auffassung Wellingtons 164. Wellington reitet zurück 164. Gespräch zwischen Nostitz und Müffling 165. Depeschenverkehr zwischen Quatre-Bras und Ligny während der Schlacht 166. Wellington hat auf der Windmühle nur eine bedingte Zusage gemacht 166. (Falsche Auffassung über Gneisenaus Verhalten bei Wavre 166 Anm.) Verschiedenheit des Gneisenauschen und des Wellingtonschen Plans 167. Wellingtons Ansicht über Gneisenau und Blücher 168. Bericht v. Knesebecks an den König 168. Verhalten Oraniens bei Quatre-Bras während Wellingtons Abwesenheit 169. Oranien erfährt von der Uebermacht Neys 169. Seine Befehle 170. Aufstellung der Nassau-Niederländer und Angriff der Franzosen 171. Furcht Oraniens um Nivelles 171—173. Vergleichung der Wellingtonschen mit der Neyschen Truppenstärke 173, 174. Wellington der schwächere Teil bis zuletzt 174—179. Minderwert der Belgier 174—177. (Beurteilung der Leistungen Oraniens 175 Anm. Verwechslung von Nassauern und Belgiern 176 Anm. Zeit der Rückkehr Wellingtons 177 Anm. Eintreffen der Division Picton 178 Anm.) Bei Quatre-Bras und Ligny hat die überlegene Führung den Ausschlag gegeben 179. Mißgriff Napoleons in seinen Heerführern 179, 180. Beurteilung Wellingtons, „der große Zauberer" 180. Die Gründe Napoleons, zuerst die Preußen anzugreifen 180, 181.

Einzel-Untersuchungen.

Nr. 1. Wellington und sein Hauptquartier 185—187, 377.
Nr. 2. Die Stellung der Niederländer im Wellingtonschen Heere 187—193.
Nr. 3. Die Furcht um Nivelles 193—195.
Nr. 4. Der niederländische Nachrichtendienst vom 10. bis 15. Juni 195—197.
Nr. 5. Die Maßnahmen der Niederländer gegen feindliche Ueberraschung 197—200.
Nr. 6. Die niederländischen Meldungen vom Angriffe der Franzosen 200—207, 359, 378.
Nr. 7. Gneisenaus Angriffsplan 207—213.
Nr. 8. Der Haupt- und Nachtragsbefehl Wellingtons (am Abend des 15. Juni) 213—217.
Nr. 9. Die „Disposition of the British Army" 217—220.
Nr. 10. General Napiers Brief 220—222.
Nr. 11. Die Auffassung des preußischen Generalstabes von Wellingtons Beistand (bei Ligny) 222—234, 377.
Nr. 12. Wellingtons Schuld (am 15. und 16. Juni) 234—252.
Nr. 13. Bülows Schuld (sein Ausbleiben bei Ligny) 252—267. Vergleiche Nachtrag 361—376.
Nr. 14. Müfflings Memoiren 267—276.

Beilagen.

I. Verzeichnis der britisch-hannoverschen Armee. Mai 1815. 279—285.
II. Bericht des Generals v. Roeder über die Verhältnisse in den Niederlanden. 286—291.
III. Aus einem Manuskript des Generalleutenants Freiherrn v. Dörnberg. 291—294.
IV. Begebenheiten der 2. niederländischen Division unter Kommando des Generalleutenants von Perponcher bei den Schlachten von Quatre-Bras und Belle-Alliance. 294—305.
V. Auszug aus dem Tagebuch des herzoglich Nassauischen I. leichten Infanterie-Regiments 1815. 305, 306.
VI. Notizen über den Anteil der hannöverschen Truppen. 307.
VII. Bericht über die 5. hannöversche Brigade. 307.
VIII. Bericht des Bremen- und Verdenschen Husarenregiments. 308.
IX. Briefe des Generals von Müffling. 308—355.
 A. Briefe an das preußische Hauptquartier. (Empfänger Blücher und Gneisenau. Vom 28. Mai bis 8. Juli.) 309—347.
 B. Briefe an verschiedene Empfänger. (Vom 25. März bis 24. Juni.) 347—355.

Nachträge.

Zu Constants Tagebuch. 359—361.
Bülows Schuld. 361—376.
Kleine Nachträge. 376—378.
Nachtrag zu Constants Tagebuch. 378.

Der Feldzug des Jahres 1815 war ein Sieg germanischer Kraft über französischen Ungestüm, im Besondern ein Erfolg des deutschen Volkes. Das 120000 Mann starke preußische Heer bestand rein aus deutschen Truppen, und auch in der Wellington'schen Armee überwogen sie dermaßen, daß schließlich mindestens 157000 Deutsche neben 32000 Engländern und 25000 Niederländern dem gemeinsamen Feinde entgegen traten*). Dennoch findet sich die Wellingtonsche Armee schon bei den Mithandelnden und den sonstigen Zeitgenossen als „das englische, das britisch-niederländische, das anglo-batavische Heer" bezeichnet, und so geschieht es bis auf den heutigen Tag. Dies ist aber grundfalsch. Man müßte es das norddeutsch-englisch-niederländische nennen, oder, falls dies zu lang sein sollte: das deutsch-englische. Wesentlich der Wunsch eines klaren Gegensatzes zu der Bezeichnung des preußisch-deutschen Heeres hat ein geschichtliches Unrecht bewirkt. Freilich der Oberbefehl war englisch und englisch waren auch diejenigen Regimenter, welche Wellington als seine Kerntruppen betrachtete. Da nun auch die Ueberlegenheit der deutschen Zahl über die englische nicht besonders groß erscheint, so ließe sich nötigenfalls noch sagen: das englisch-deutsche Heer, weiter aber sollte man deutscherseits nicht national zurückweichen. Nahe läge auch vom verbündeten Heere im Gegensatz zum preußischen zu sprechen, doch begegnet dies der Unbequemlichkeit, daß das Blüchersche und das Wellingtonsche Heer zu einander im Verhältnisse von Verbündeten standen, verbündete Heere waren.

---

*) Die Angaben über die einzelnen Truppenstärken lauten verschieden: Treitschke, Deutsche Geschichte I, 728, nennt: 37000 Deutsche, 32000 Engländer, 25000 Niederländer; Navez, Les Belges à Waterloo, S. 7, berechnet die Deutschen auf 37300, die Engländer auf 32700, die Holländer auf 25000 Mann, er deckt sich also mit Treitschke. Ganz anders: Treuenfeld, Die Tage von Ligny und Belle Alliance, er weiß von 40160 Deutschen, 29990 Engländern und 24897 Niederländern. Aehnlich berechnete schon Hofmann, Geschichte des Feldzugs 1815 S. 20 die Engländer, inkl. der deutschen Legion 25700 Mann, Deutsche 41000, Niederländer 29000; Beitzke, Geschichte des Jahres 1815 S. 39 nimmt die Deutschen (und Niederländer) an zu fünf Sechsteilen, die Engländer zu kaum ein Sechsteil. Auf weitere Angaben verzichten wir. Im Ganzen werden die Deutschen wohl 40000 Mann erreicht haben, zumal in den englischen Söldnerheeren auch viele Deutsche eingereiht waren.

Zu der Ungerechtigkeit im Ausdrucke gesellte sich von vorne herein ein Unrecht der Thatsachen, welches augenscheinlich auf jene zurückgewirkt hat. Trotz ihrer größeren Menge besaßen die Deutschen im Wellingtonschen Heere kein Korpskommando und nur eine einzige Divisionsbefehlshaberstelle (v. Alten), abgesehen von reinen Landeskontingenten, wie das der Braunschweiger und die Hannoversche Landwehr. Die deutschen Truppenteile fanden sich über die ganze Armee verstreut, wogegen die viel schwächeren Niederländer, noch verstärkt durch Nassauer und Hannoveraner, in ihrer Mehrzahl unter eigenem Oberbefehle, unter dem Prinzen von Oranien standen. Es zeigte sich hier einerseits die traurige Rückwirkung deutscher Zerrissenheit, andererseits der Wunsch Wellingtons, an der Spitze Landsleute und Vertraute zu haben, und schließlich die Abneigung des Königs der Niederlande gegen Deutsche. Wellington hatte dem in Spanien bewährten und hochverdienten General Kruse eine deutsch=niederländische Division zugedacht, wich aber vor dem Widerspruche des Königs derartig zurück, daß Kruse sich mit einem deutschen Regimente begnügen mußte, welches der Reserve zugeteilt direkt unter dem Oberkommando stand.

Durch diese Dinge ist der Nachruhm der Deutschen schwer geschädigt worden. Der Feldzug von 1815 war in erster Linie ein deutscher, genauer ein norddeutscher Krieg, wie der von 1813 mehr ein preußischer als ein verbündeter gewesen.

Die Achterklärung Napoleons seitens der verbündeten Mächte bedeutete einen neuen Feldzug. Ein solcher nahm sich hoffnungsvoll aus, weil nahezu ganz Europa gegen Frankreich unter die Waffen treten sollte. Die Ueberlegenheit der Zahl kam den Verbündeten damit erdrückend zu gute; schlimme Bedenken aber bot das Unternehmen in seiner Eigenschaft als Koalitionskrieg. Unzählige Schwierigkeiten türmten sich hier auf, teils in den Persönlichkeiten, teils auf den verschiedenen politischen Zielen beruhend. Sie wurden eigentlich nur überwunden, weil man allerseits wirklich die Absicht hegte, Napoleon zu stürzen und mit ihm die Gefahr für die Throne und Völker endgiltig zu beseitigen.

Von vorne herein standen sich zwei Meinungen entgegen. Die eine wollte mit den verfügbaren Mitteln den Krieg so bald als möglich in Feindesland tragen, die andere, sich erst allseitig rüsten und verstärken, um dann vorsichtig und methodisch anzugreifen. Jene Ansicht vertraten namentlich Wellington und Blücher=Gneisenau, diese Schwarzenberg und der Kaiser von Rußland.

Der Plan Gneisenaus war: Drei Heere rücken in Frankreich ein direkt auf Paris los, eines von Belgien aus (Wellington), eines vom Mittelrhein (Blücher), eines vom Oberrhein (Schwarzenberg). Hinter der

Mittelrhein-Armee marschiert ein stärkeres Reserveheer. Was auch einer der drei Frontarmeen zustoße, ob sie geschlagen werde oder nicht, die anderen setzen unentwegt ihren Marsch fort. Die Reservearmee hat die Wechselfälle, welche einem der Fronttheere zustoßen, gut zu machen. Schlägt Napoleon eines der Fronttheere, verfolgt es aber nicht, sondern wirft sich auf ein zweites Fronttheer, so hat die Reservearmee diesem beizustehen, das dritte Fronttheer bleibt auch dann im Vorrücken. Der Feldzugsplan gründete sich auf die Uebermacht der Verbündeten, er wies auf Paris als unverrückbares Ziel*).

Wellingtons Gedanken waren ähnlich, sie lauteten: „Es muß unsere Aufgabe bleiben, durch Schnelligkeit den Plänen und Maßregeln Bonapartes zuvorzukommen. Seine Macht ruht nur in der Armee, diese muß geschlagen und dadurch die Gewalt des einen Mannes gebrochen werden. Deshalb sind so schnell wie möglich die zahlreichsten Truppenmassen nach Frankreich zu werfen, die man versammeln kann. Die Operationen müssen so ausgeführt werden, daß sie von den unmittelbar nachfolgenden Streitkräften der Verbündeten unterstützt werden können. Drei Armeen rücken in Frankreich ein: die englische zwischen Sambre und Maas sucht sich in den Besitz von Maubeuge und Avesnes zu setzen, die preußische nimmt die Richtung zwischen Sambre und Maas auf Rocroy und Chimay, die österreichische sammelt sich in der Provinz Luxemburg und überschreitet die Maas. Hiermit wäre das nächste Ziel erreicht, und man hätte in Frankreich eine stärkere Armee versammelt, als der Feind vermutlich entgegenstellen könnte. Die Vereinigung der Verbündeten vermöchte er dann nicht zu hindern**)."

An Klarheit und Kraft der Handlung steht der Wellingtonsche Plan dem Gneisenauschen weit nach. Er legt das Hauptgewicht auf die Schnelligkeit, ebensosehr aus politischen wie strategischen Gründen, denn je eher man angreift, desto weniger hat Napoleon festen Fuß in Frankreich gefaßt. Auch bei Wellington sollen drei Heere in Feindesland einbrechen, aber der Gedanke eines ausgleichenden Reserveheeres bleibt unklar. Während Gneisenau die Heere von dort aufbrechen läßt, wo sie sich am schnellsten versammeln können, verlegt Wellington das österreichische Heer nach Luxemburg, ohne zu bedenken, daß er damit seinen Grundgedanken, die Schnelligkeit selber, zerstört. Thatsächlich ließ sich also Gneisenaus Plan in kürzerer Zeit als

---

*) Orig. VI. D. 118 I. p. 24 und Bearbeitung Knesebecks ibid. p. 26, im Kriegsarchive zu Berlin. Supplementary despatches, correspondence and memoranda of the Duke of Wellington. X, 196. Wenn Houssay-Ostermeyer, Waterloo 80, die Reservearmee als russische bezeichnen, so irren sie. Die Russen waren noch viel zu weit entfernt, um im April schon in Betracht zu kommen.

**) Plan vom 12. April; Olech, Gesch. des Feldzugs von 1815, S. 32. Der Gneisenausche Plan steht demjenigen nahe, den Boyen am 14. März entwickelte. Meinecke, Das Leben des Generalfeldmarschalls Hermann von Boyen II., S. 40.

1*

der Wellingtonsche verwirklichen. Das Wesen Wellingtons ist Vorsicht, deshalb sollen die drei Armeen sich dicht bei einander bewegen; auf diese Weise können nicht nur die nachrückenden Reserven, sondern auch das Nebenheer kann seinen bedrohten Genossen Hilfe bringen. Anders Gneisenau: er atmet entschlossenste Kühnheit, bei ihm marschieren die Heere weit auseinander, eines kann deshalb auch geschlagen werden, das macht aber nichts, denn vor völliger Vernichtung schützt die Reservearmee, und inzwischen eilen die anderen beiden Feldherrn auf Paris. Hat man erst Paris, so ist der Feldzug entschieden. Gneisenaus Plan war von großartiger Einfachheit und packender Gewalt; bei halbwegs verständiger Durchführung verhieß er sicheren Erfolg.

In völlig abweichendem Geleise bewegten sich Schwarzenberg und Kaiser Alexander. Für letzteren war maßgebend, daß er, der Heros des Krieges, auch an dem neuen Siege über den gekrönten Plebejer teilnehmen wollte, daß er dies aber nicht anders vermochte, als wenn Zeit gewonnen wurde, um seine noch weit entfernten Truppen heranzubringen. Für Schwarzenberg entschieden die Absichten Oesterreichs auf Italien, seine weitschweifige, methodische Denkweise und der Wunsch, die thatsächliche Oberleitung des Gesamtkrieges zu haben, was sich nur bewerkstelligen ließ, wenn er die größte Truppenmacht führte, also das Schwergewicht der Zahl auf seine Seite brachte. Ein ausschlaggebendes Heer hatte er aber noch nicht beisammen, sondern es mußte erst vereinigt werden, und hierzu brauchte er Zeit — geradeso wie der Kaiser von Rußland.

Am 19. April tagten die verbündeten Mächte zu Wien in einer Beratung unter dem Vorsitze des Kaisers von Rußland. Sie faßten einmütig den Beschluß: Die Offensive gegen Frankreich solle nicht vor dem ersten Juni beginnen, weil die Heere noch nicht genügend versammelt seien*). Mit dieser Vereinbarung waren die schlagfertigen oder doch demnächst kampfbereiten Heere Blüchers und Wellingtons zeitlich nach vorne hin gebunden, nicht aber waren es die unfertigen Heere der Oesterreicher und Russen nach hinten**). So mündeten denn auch Schwarzenbergs Ansichten dahin aus, daß der Feldzug nicht vor Eintreffen der Russen eröffnet werden dürfe. Ihm erschien der 1. Juni deshalb als zu früher Zeitpunkt; er setzte an dessen Statt den 16., dann gar den 27. und schließlich den 1. Juli***). Bis dahin hoffte er, würde die preußisch-englische Armee in Belgien auf 250000 Mann, die Russen unter Barclay de Tolly am Mittelrhein auf 200000 Mann und die Oesterreicher am Oberrhein, in der Schweiz und Piemont auf ungefähr 350000 Mann, die Gesamtstreitkräfte also auf 800000 Mann ge-

---

*) Ollech, 34.

**) Die Erörterungen einiger russischer Führer, die zum Kriege drängten, wie General Toll, waren gegen den Wunsch des Kaisers völlig wertlos. Ollech, 34.

***) Vergl. auch Treitschke, Deutsche Gesch. I, 719 ff.

bracht sein. Jede dieser Armeen sollte selbständig handeln, aber auf Grund einer ihr gegebenen natürlichen Operationsbasis. Würde eine Armee vor der Gesamtansammlung mit Uebermacht angegriffen, so hätte sie sich langsam zurückzuziehen, während die anderen Demonstrationen vorwärts machten*).

Man hat hier das Gegenbild der Gneisenau-Wellingtonschen Gedanken. An die Stelle des baldigen Angriffs wird das methodische Versammeln gesetzt, obwohl man einem Napoleon gegenüberstand, der die Zeit wie kein Zweiter zu benutzen verstand. Anstatt des klaren, unverrückbaren Punktes: Paris, stellte man verschiedene Ziele auf, betonte, daß im Rücken der Verbündeten „vollkommenste Sicherheit" herrschen müsse, und lähmte die freie Bewegung der Feldherrn durch Festlegung einer „natürlichen Operationsbasis". An Stelle der Schnelligkeit trat Zauderei und Zeitversäumnis, an Stelle von Leben und Thatkraft das Schema, die Unsicherheit. Nicht die Waffen der doppelten Uebermacht sollten die Entscheidung bewirken, sondern die Ermüdung des Feindes durch Märsche. Besondere Schwäche bot der Plan im Falle eines feindlichen Angriffes und Sieges. Was bedeutete es, wenn eines der Heere mit Uebermacht gefaßt werde, so solle es sich zurückziehen, und die übrigen Demonstrationen machen. Ein geschlagenes Heer zurückziehen vor einem Napoleon! als ob dies nicht leicht dessen Vernichtung bedeutet hätte, denn dem schwer gefährdeten Genossen wird von den übrigen nicht schleunigst geholfen, indem sie sich dem Feinde in Flanke und Rücken werfen oder ihn zur Umkehr durch einen Marsch auf Paris nötigen. Bei Leibe nicht, es war ja noch nicht alles versammelt, noch nicht der angesagte Tag der Eröffnung des Vormarsches da, folglich durfte man nur „Demonstrationen" machen; als ob solche gegen einen Napoleon sonderlichen Nutzen verheißen hätten. Nach Schwarzenbergischem Muster ging man wieder einem kläglichen Koalitionskriege mit all seinen leidigen Begleiterscheinungen entgegen, wie man ihn 1814 so sattsam hatte kennen gelernt. Wenn die verbündeten Feldherrn sich am Schema hielten, so lag der ganze Vorteil auf Seiten Napoleons, der, wenn er vorzeitig fertig wurde und angriff, kaum bessere Gelegenheit wünschen konnte, sein Feldherrngenie und die ungeheure Spannkraft seiner Truppen je gegen die einzelnen Heere des Feindes zu bethätigen.

Ein Hauptfehler des Schwarzenbergischen Planes bestand eben darin, daß er die Eröffnung des Feldzugs aus der Hand gab. Nicht nur Napoleon hatte Zeit und Gelegenheit, ihm zuvorzukommen, sondern auch die fertigen Armeen der Preußen und Engländer konnten losschlagen, sei es allein, sei es gemeinsam.

---

*) VI. C. 3 I p. 79, im Kriegsarchive; Ollechs Auszug S. 35 führt vielfach irre. Ich gedenke an einem anderen Orte eingehender auf den Gegenstand zurückzukommen.

Wie lagen nun die Dinge in dieser Hinsicht. Augenscheinlich hingen sie weniger von den Verhaltungsmaßregeln ab, welche die Regierungen ihren Feldherrn erteilten, als von den Persönlichkeiten Wellingtons, Blüchers und Gneisenaus und von den Verhältnissen, in denen sie lebten. Da sollte sich nun zeigen, wie letztere sich für die Preußen derartig gestalteten, daß die Eröffnung des Feldzuges, sei es durch sie, sei es durch Napoleon, geradezu als Erlösung wirken mußte, und daß kraft ihres Naturells: Blücher stets, und Gneisenau, wenn es militärisch notwendig erschien, für den Angriff zu haben waren, daß Wellington zwar schleunigsten Beginn der Feindseligkeiten wünschte, aber seinem Wesen nach mehr zum Verteidigungskriege neigend sich durch Weisungen von England und den Beschluß in Wien gebunden fühlte.

Vergegenwärtigen wir uns die in Betracht kommenden Männer und ihre gegenseitigen Beziehungen, wobei für uns, dem Arbeitsplane entsprechend, das britische Hauptquartier in den Vordergrund tritt. Das englische Toryministerium hatte seinen weitaus brauchbarsten Parteigänger an den entscheidenden Platz gestellt. Wellington war unfraglich einer der klügsten Männer seiner Zeit: ebenso tüchtig als Staatsmann und Diplomat wie als Feldherr*). Ein ungemein klarer und praktischer Verstand in einem gesunden abgehärteten Körper, erfahren, vorsichtig, weitblickend, voll Selbstbeherrschung und zuverlässig, entschlossen und thatkräftig zugleich, stets korrekt, stets gentleman. Er gehörte zu den wenigen Leuten, die wirklich wußten, was sie wollten, was sie konnten, die gleich geduldig im Abwarten, wie im notwendigen Handeln sind. Ueberlegen durch Sachlichkeit, erhaben über kleinliche Regungen, verbindlich in den Formen und gewohnt zu herrschen, verfehlte er fast nie, selbst auf den Gegner Eindruck zu machen. Wellington zählte 46 Jahre, war also gerade so alt wie Napoleon, aber während die Gesundheit seines Gegners gebrochen war, stand der Brite auf der Höhe des Lebens.

Eine gewaltige Arbeitslast lag auf seinen Schultern: er mußte die vielerlei teilweise sich erst bildenden oder eintreffenden Truppenteile zu einem Heere zusammenschweißen, mußte dieses leistungsfähig machen im Großen wie im Kleinen, er mußte für Waffen, Munition und Mundvorrat, für die Instandsetzung der Festungen und Sperrungen der Wege sorgen, ferner das Nachrichten- und Spionagewesen überwachen, mit der niederländischen Regierung, dem Könige Ludwig XVIII. in Gent und seinen Waffengenossen, den Preußen, sich einigen, und dazu die Verhandlungen mit anderen Mächten und eine Menge technischer und sonstiger Fragen erledigen. Ueberall hatte

---

*) Brockhausen sagt in einem seiner Berichte: „Le général anglois, toujours fidel a ce caractère de Prudence, qui l'a distingué". A. A. I. Rep. I, Holland No. 16, p. 75, im Geh. Staatsarchive zu Berlin.

er möglichst zugleich das englische Staatsinteresse und das seines Heeres sowohl jetzt wie für die Zukunft zu wahren.

Man sieht die Sendung Wellingtons war umfassend, zugleich politisch und militärisch. Beiden Aufgaben hat er in vollem Umfange entsprochen; nie ließ er sich die Dinge über den Kopf wachsen, sondern blieb stets ihrer Herr.

Als Feldherr war er mehr Praktiker als Stratege. Er liebte es, seine Unternehmungen sorgfältig vorzubereiten, und sich dann womöglich in gut gewählter Stellung angreifen zu lassen. In der Verteidigung wurde er unter den Feldherren seiner Zeit wohl nur noch von Davout erreicht. Gneisenau urteilte: von Wellington lasse sich der zäheste und tapferste Widerstand gegen den Feind erwarten, aber weder eine kühne Unbotmäßigkeit noch irgend eine Aufopferung für die Verbündeten*). Je wilder die Schlacht, desto größer wurde seine alles beherrschende Ruhe und seine unerschütterliche Zuversicht, desto glänzender zeigte sich seine angelsächsische eiserne Zähigkeit neben dem Geschick und dem Mute, sofort die Schwächen des Gegners zu benutzen. Er kannte genau die Eigenschaften und das Kräftemaß seiner Soldaten, für deren körperliches Wohl er eifrig sorgte. Er verlangte viel, aber eigentlich nie zu viel und schonte sich selber am wenigsten. Seine festgeschlossenen Lippen und der schneidende Klang seiner Stimme hielten jede Vertraulichkeit seiner Leute fern. Niemand liebte den Gestrengen, aber jeder gehorchte schweigend und blind. Die Gewalt, welche Wellington in seiner Armee ausübte, war ungleich größer als die des Fürsten Blücher in der preußischen. Kein General, auch nicht der höchste, wagte eine Widerspenstigkeit. Die englischen Dienstvorschriften gestatteten dem Feldherrn die Amtsenthebung aller Offiziere, und man wußte, daß er unnachsichtig Gebrauch davon machte. Ihn wegen seiner Maßnahmen zu kritisieren, war nicht Sitte. Die Disziplin wurde streng gehandhabt, jeder kannte seine Rechte und Pflichten**), niemand wagte Eifersüchteleien und Reibungen.

Umgeben war der Herzog von einem Stabe junger Männer aus den besten Familien Englands, die es sich zur Ehre rechneten, dem Vaterlande und Englands größtem Feldherrn ihre Kräfte zu widmen. Da Wellington möglichst alles, auch die wesentlichste Korrespondenz, selber besorgte, so trat der Wert des Generalstabes weit zurück, gerade umgekehrt wie bei den Preußen. In seiner Person gipfelte sich das Ganze und eben dadurch wurde es auch ein Ganzes, traten die Verschiedenheiten zurück***).

Einen großen Teil des Heeres behielt er als sogenannte Reserve fest in der Hand unter eigenem Befehl, und dies gerade seine besten englischen

---

*) Treitschke I. 724.

**) Müffling, Aus meinem Leben 214.

***) Müffling 214.

Regimenter samt den gut ausgerüsteten Braunschweigern. Im übrigen bildete er nur zwei Armeekorps: das I. Korps unter dem Prinzen von Oranien und das II. Korps unter Lord Hill, wozu sich als drittes, wesentlich loser gefügt, das Reiterkorps des Lord Uxbridge gesellte.

Zu statten kam dem Herzoge, daß sein Heer zwar bunt zusammengewürfelt, aber doch einig im Siegeswillen war. Mit Ausnahme der Wallonen durchglühte jede Kriegerbrust der Wunsch, endlich Europa den Frieden wiederzugeben. Und Wellington war der Mann, diesen Wunsch zur That umzugestalten. Im Ernstfalle hat das von ihm geschaffene Räderwerk vortrefflich gearbeitet.

Besondere Schwierigkeit bereiteten zwei Dinge: die Verhältnisse des jungen niederländischen Staates samt der Person von dessen König, dann die Thatsache, daß er mit einem anderen, ihm an Zahl überlegenen Heere zusammen wirken mußte.

Der junge Staat wurde innerlich getrennt durch die Abneigung der Belgier und Holländer gegeneinander. Ein nicht geringer Bruchteil Belgiens hätte sich lieber mit Frankreich als mit Holland verbunden; in manchen Städten bestand eine jakobinisch gesonnene Partei, zu der mit wenigen Ausnahmen alle ehemaligen französischen Militärs gehörten*). Diese Partei bedeutete in der vornehmen Gesellschaft wenig, äußerte sich aber ziemlich laut unter den Truppen. Die Rückkehr Napoleons und die Gewißheit eines neuen Krieges hatte den friedliebenden Teil der Bevölkerung zu Holland hinübergedrängt. Als der König in Brüssel einzog, wurde er mit unverholener Freude empfangen. Aber dies änderte sich bald: man war unzufrieden über die Wahl des belgischen Ministeriums, unzufrieden über die Ernennung der Hofwürdenträger, unzufrieden über den Ort und die Persönlichkeiten, welche Belgien bei der Ausarbeitung einer gemeinsamen Verfassung vertraten. Des Königs gesuchte Höflichkeit gefiel höchstens den ersten Tag und der kalte Ernst der Königin zog auch nicht gerade an. Dabei war der Hof geizig und zurückhaltend, ohne etwas für die Unterhaltung der anspruchsvollen, vergnügungssüchtigen Brüsseler zu thun. Hinzu kamen die Menge fremder Truppen im Lande, die Verpflegungsforderungen der Preußen, die Rücksichtslosigkeit der Engländer, zumal in den Seehäfen, und die Besorgnis vor neuen Auflagen.

Um das Unbehagen voll zu machen, neigte auch der König seiner Gemütsart nach zur Unzufriedenheit. Schwerlebig, unruhig, ohne Frische, arbeitsam und eitel hielt er sich für einen bedeutenden Staatsmann und Feldherrn. Aus einem Gutsbesitzer zum Herrscher über vier Millionen Menschen erhoben, erschien ihm bald die Rolle einer Macht zweiten Ranges unerträglich und tief

---

*) Die hier folgenden Darlegungen beruhen im wesentlichen auf dem Berichte v. Roeders, im Geh. Staatsarchive zu Berlin. Rep. 92. Hardenberg, K. 38, p. 61 ff.

fühlte er sich gekränkt, daß die übrigen Fürsten ihn nicht zu Rate zogen und ihm nicht ihre Armeen anvertrauten. Um so eifersüchtiger wachte er über die eigenen Rechte daheim. Persönlich zur Heftigkeit neigend, hatte die Schule des Unglücks und die Gestaltung seiner Verhältnisse ihn genötigt, sich äußerlich Gewalt anzuthun und seine Stimmungen und wahren Meinungen unter einem gezwungenen Lächeln zu verbergen. Seine ganze Empfindungsweise machte ihn unfähig, sein Ich von der Politik zu trennen.

Die fremden Heere im Lande, welche seine Machtfülle und sein Ansehen einengten, waren ihm äußerst unangenehm, und doch brauchte er sie zur Erhaltung seines Thrones. Am wenigsten liebte er die Preußen. Es bedrückte sein Gemüt, daß er sein Königtum gutenteils gerade ihnen verdankte. Er glaubte sich von deren Herrscher und von einigen preußischen Staatsmännern gekränkt, hatte sich in seiner Angst vor Napoleon zur Verpflegung der preußischen Truppen verpflichtet, was ihm immer lästiger wurde, je mehr sich die Stimmung der Belgier gegen ihn wandte und je weiter sich die Eröffnung des Feldzuges hinauszog. Nun thaten die Preußen auch ihrerseits nicht viel, um ihm seine Last zu erleichtern, sondern sahen sich durch ihre Geldnot zu entschiedenem Auftreten gezwungen. Der Widerstand des Königs erbitterte, es kam zu Auftritten, in welchem die Geschäftsträger mehr ihrem gereizten Gefühl, als kalter Klugheit folgten. Ihres Wertes bewußt, handelten sie vielfach nach militärischen Erfordernissen, ohne sich sonderlich um den König und seine Wünsche zu kümmern. So verletzten sie seine Hoheitsrechte und kränkten seine Eitelkeit, bis sich bei dem schwer zu behandelnden, eigensinnigen Manne eine tiefe Abneigung, wenn nicht gar wirklicher Haß gegen Preußen entwickelte. Wiederholt suchte Wellington zu vermitteln und milder zu stimmen. So schrieb er am 11. Mai an seinen Bevollmächtigten im preußischen Hauptquartiere, den Oberstleutnant Hardinge: „Es ist wünschenswert, daß Blücher dem Könige der Niederlande den Wechsel seines Hauptquartiers offiziell anzeigt, und daß er ihm alle Bewegungen und Ortsveränderungen seiner Truppen in Belgien wissen läßt. Dies erscheint noch wegen der Verpflegung besonders notwendig. Ich bin sicher, daß der Marschall meine Mahnung entschuldigt und sie meinem Wunsche zuschreibt, ihn in bestem Einvernehmen mit einem Fürsten zu sehen, der seinem König so eng verbündet und so nahe verwandt ist. Kleine Aufmerksamkeiten kosten nichts und sind an gewissen Stellen sehr notwendig*).” Wellington traf hiermit entschieden das Richtige.

Freilich die Engländer waren dem Niederländer ziemlich ebenso widerwärtig als die Preußen. Ihr Einfluß und ihr Stolz erschienen ihm als eine wahre Qual, infolgedessen er auch mit Wellington und dem englischen Gesandten fortwährende Reibereien hatte, die sich aber doch wesentlich auf Nebensachen beschränkten. Die Dinge lagen ihnen gegenüber eben anders. Die

---

*) Dispatches etc. XII. 373.

englischen Truppen bezahlten alles, selbst ihre Quartiere baar und hoch, und waren deshalb den Einwohnern vielfach nicht zur Last, sondern willkommen. Die englische Regierung hob den König aus politischen Gründen, der durch sie noch weitere Vergrößerungen erhoffte. Er hatte deshalb allen Grund, sich nach dieser Seite hin möglichst entgegenkommend zu zeigen, so schwer es ihm innerlich fallen mochte. Hinzu kam, daß Wellington weit mehr Hofmann war als der offen-derbe Blücher und der feste patriotische Gneisenau. So trat der Herzog denn dem Könige gegenüber nie als das auf, was er augenblicklich war, als Herr der Sachlage, sondern er betrachtete ihn stets als Gebieter, in dessen Lande er sich befinde, und dem er deshalb mit ausgesuchter Höflichkeit begegnete. Bisweilen richtete er seine Briefe höchst geschickt so ein, daß der König kaum anders als zustimmen konnte; immer gelang es aber keineswegs, dies zu erreichen*). Einmal kam es sogar zu einem Auftritte, in welchem sich Wellington zu der Bemerkung hinreißen ließ: „Der König möge nicht glauben, daß man ihm eines der schönsten Reiche Europas gegeben habe, um müßig die Arme zu kreuzen**)."

Der Erbprinz Wilhelm der Niederlande, oder wie er gewöhnlich hieß, der Prinz von Oranien, war beliebt bei Damen und Soldaten, ein frischer ausdauernder Reiter, ohne besondere Begabung. Wesentlich die Eifersucht des Vaters verdrängte ihn aus Brüssel zur Armee, wo er den Befehl über das I. Armeekorps erhalten hatte. Geistig bedeutender war sein Bruder, Prinz Friedrich, dem die 1. niederländische Division und die indische Brigade unterstellt wurden. Die Prinzen sahen sich auf die verbündeten Preußen verwiesen, aber nur Friedrich bekannte sich als ihr Freund, Wilhelm hielt sich von Blücher fern. Zu Wellington standen beide in guten Beziehungen; als gewandter Hofmann vergaß derselbe nie, daß er Königliche Hoheiten vor sich habe. Er lud sie in schmeichelhafter Form zum Mittagsessen ein und kleidete auch sonst seine Weisungen gern in das höflichste Gewand. So lautet z. B. ein solcher Brief: „Ich habe die Ehre, Eurer Königlichen Hoheit Befehle für die Gouverneure der festen Plätze zu übermitteln, und ich bitte Eure Königliche Hoheit, sie ihnen zu schicken. Ich habe die Grundlagen derselben schon Seiner Majestät unterbreitet, der mir die Ehre anthat, sie zu billigen, und ich wünsche, daß sie auch die Billigung Eurer Königlichen Hoheit verdienen möchten***)." Noch verbindlicher kann man einem Untergebenen kaum einen Befehl erteilen.

Unter den niederländischen Ministern war keiner, der besonders hervorragte. Den schwierigsten Stand hatte natürlich der Kriegsminister. Ende Mai erfuhr dessen Stelle den dritten Personenwechsel innerhalb eines Jahres.

---

*) Vergl. z. B. Disp. XII. 440 den Vorschlag, dem deutschen General Kruse die zweite niederländische Division zu geben. Siehe auch Disp. XII. 460, 461.
**) VI. D. 119. II. p. 79, im Kriegsarchive.
***) Disp. XII. 450.

Der General Jansen schützte zu dieser Zeit seine Gesundheit vor, um sich zurückzuziehen. Lebhaft beklagte er sich über die Widerwärtigkeiten, welche ihm seitens der Verwaltungsbehörden bei Beschaffung der Proviantierung bereitet würden*).

Nun beherbergte Belgien noch einen zweiten König: den vertriebenen Ludwig XVIII. von Frankreich in Gent. Derselbe hatte Takt und Geist gezeigt; im übrigen aber vermochte das Haus der Bourbonen nicht das geringste Interesse einzuflößen, und dabei waren die Mitglieder desselben noch argwöhnisch aufeinander. Als ein Teil der Franzosen Napoleon ebensowenig wie Ludwig zu wünschen, sondern seine Augen auf den Herzog von Orleans zu richten schien, der sich in England aufhielt, wurde man in Gent unruhig. Die Abwesenheit des Herzogs und die stille Zurückgezogenheit seines Lebens schienen besonders verdächtig. Man wünschte ihn deshalb nach Gent zu ziehen und bot ihm die Würde eines Connetable an. Der Minister Graf de Blacas sollte sich nach England begeben, um ihn zu überreden. Aber dieser wußte, daß er am Hofe gehaßt werde und fand es deshalb nicht ratsam, sich zu entfernen. So mußte man nach anderen Vertrauensmännern ausspähen. Nichtsdestoweniger blieb der Herzog in England. Er zog seine Ruhe und Aussichten den Intriguen und Stürmen in Gent vor**). Unter den Prinzen erwies sich der Herzog von Berri besonders rührig, er voltigierte fleißig zwischen Gent und Brüssel hin und her und belagerte Wellington mit Anliegen und Hoffnungen. Auch andere Royalisten kamen und gingen.

Bei dem Gegensatze, in welchem sich die Ansprüche und die Hilfsmittel des entthronten Königs befanden, hätte derselbe eine über die Maßen klägliche Rolle gespielt, wenn er nicht starken Rückhalt an der englischen Torypolitik und große Anwartschaft auf die Zukunft gehabt hätte. Vorerst bildete er einen Hof und ein Ministerium, in welchem der frühere napoleonische Kriegsminister Clarke, Herzog von Feltre, besonders hervortrat.

Seinen Hauptanhang fand der Bourbone immer noch bei den Bauern der Vendée; die vornehme royalistische Umgebung redete und rasselte mit dem Säbel, war aber wenig geneigt, ihre eigene Haut zu Markte zu tragen. Aeußerlich suchte man freilich den Schein zu erwecken, als sei man auch die Macht, besitze man auch Soldaten, welche die Entscheidung beeinflussen würden. So hatte man mit Wellington vereinbart, einen königlichen Offizier bei jedem englischen Militärposten anzustellen, um die Deserteure der französischen Armee in Empfang zu nehmen, welche in Wirklichkeit meistens ausblieben, und wenn sie kamen, keineswegs immer geneigt waren, dem Könige zu dienen.

---

*) Bericht Brockhausens vom 29. Mai. Fol. 86.
**) Bericht Brockhausens vom 29. Mai. Fol. 88. Besonders ergiebig sind die Berichte des Gesandten am französischen Hofe v. Goltz. A A. I, Rep. I. Frankreich Nr. 54. 1815. Vol. II. Vergl. Romberg et Malet, Louis XVIII à Gand I p. XXIV, XXXII sq.

Hundert ganze Mann durfte Ludwig in Tournay halten, und ein Kriegsdepot sollte mit englischem Gelde und englischen Lieferungen in Termonde errichtet werden. Den Grafen d'Arblay wollte der König nach Luxemburg senden, um dort Deserteure aufzusammeln und sie in kleinen Trupps nach Termonde zu schaffen*).

Als Vertreter der englischen Torypolitik zeigte sich Wellington ungemein entgegenkommend; er war dem Könige Ludwig persönlich befreundet, genoß dessen volle Gunst und besuchte ihn wiederholt. Wesentlich anders war natürlich die Stimmung im preußischen Hauptquartiere: da verhielt man sich kühl gegen die ohnmächtigen Wünsche und hohen Begehren aus Gent, und machte auch äußerlich hieraus kein Hehl. Dem Briten war dies nicht gerade angenehm, weshalb er einmal dem Generale von Röber äußerte: er glaube, man würde gut thun, in allen Dingen möglichst freundliche Formen zu brauchen, um den Hof in Gent, der in seinem Unglücke Schonung, und, wenn er wieder mächtig werden sollte, Rücksicht verdiene, keinen Anlaß zu Beschwerden zu geben**).

Geradezu drollig wirkten die Eifersüchteleien zwischen Ludwig und dem Könige der Niederlande. Da gab es Verdruß und Beschwerden. Infolge solcher Dinge erschien der englische Feldherr am 31. Mai, also gleich nach Blüchers zweitem Besuch abermals in Gent. Darüber schrieb er dem Könige der Niederlande, der Herzog von Feltre habe ihm die Unzuträglichkeiten vorgelegt, welche aus der Erschwerung des Verkehrs mit Frankreich entstünden, er habe denselben deshalb erleichtert, bis er Befehle des Königs erhalte. Ferner habe der Herzog von Feltre ihm die Nachteile der Maßregel dargethan, daß alle diejenigen, welche von Frankreich kämen, auf die Polizei nach Brüssel geschickt würden: hier ebenfalls habe er eine teilweise Aenderung erbeten. Wellington ersucht auch in diesem Falle um Mitteilung***). Kam er hier und in vielen anderen Dingen den Wünschen des französischen Hofes entgegen, so war er doch keineswegs in allem mit ihm einverstanden. Dem Herzoge von Orleans schrieb er: er müsse seine Verbündeten anrufen, ihn in den Stand zu bringen, sich seiner rebellierenden Armee selber entgegen zu stellen, müsse alles thun, die Operationen der Verbündeten zu erleichtern, die Last des Krieges für seine Unterthanen zu vermindern und diese veranlassen, daß sie die Verbündeten als Freunde und Befreier empfängen. Der König solle den Verbündeten Interesse daran beibringen, daß sie seine Sache führten und das ließe sich nur durch dessen persönliche Teilnahme bewirken†).

---

*) Disp. XII. 362.
**) A. 48. 132, im gräflich Gneisenauschen Archive zu Sommerschenburg.
***) Disp. XII. 434.
†) Disp. XII. 448.

Man sieht, die Indolenz und übergroße Zurückhaltung des Königs sagte dem englischen Feldherrn wenig zu.

Endlich schienen die Royalisten in Bewegung zu kommen. Am 13. Juni konnte Wellington dem Herzoge von Berri schreiben: „Ich bin sehr über den Brief Eurer Königlichen Hoheit erfreut und es wird mir zu besonderer Genugthuung gereichen, Eurer Königlichen Hoheit die kriegerischen Bewegungen anzugeben, welche Hochdieselbe in Verbindung mit meiner Armee machen kann. Ich habe Waffen und Bekleidung für den Dienst Seiner Majestät in Ostende, welche ich je nach Bedürfnis weiter bringen lassen werde*)."

Wesentlich dem Eintreten Wellingtons und der englischen Regierung verdankte der König von Frankreich die Vereinbarung, daß er sofort die Verwaltung der eroberten Provinzen übernehmen solle, und von den Verbündeten nur Intendanten einzusetzen seien, um für die Verpflegung der Armeen zu sorgen.

So wichtig das Verhältnis Wellingtons zum Könige der Niederlande und zu König Ludwig für politische Fragen sein mochte, militärisch trat weitaus das der beiden verbündeten Heere in den Vordergrund. Und hier ließ sich wesentlich nur Gutes sagen. Der gemeinsame feste Wille, den Feind zu bekämpfen und zu besiegen, drängte alle Nebendinge zurück und wirkte naturgemäß einigend. Außerdem herrschte namentlich bei Wellington die bewußte Absicht, sich mit den Preußen kameradschaftlich zu stellen.

Fast herzlich war das Einvernehmen zwischen den beiden Oberfeldherren, soweit dies bei Leuten so verschiedenen Wesens und Alters möglich erscheint. Beide berührten sich sympathisch. Wellington lud Blücher zweimal zu einer Besprechung ein, und wenn er dessen Besuch nicht erwiderte, so lag es, soweit wir absehen, nur daran, daß er von den Preußen nicht auch eingeladen wurde. Deutlich tritt in den Briefen des Engländers seine Zuneigung hervor; bei dem Aufstande der Sachsen sprach er von „poor old Blücher"**). An Hardinge schrieb er: „Bestellen Sie dem Feldmarschall meine besten Grüße, und sagen Sie ihm, ich schriebe ihm nur deshalb nicht, weil ich keine Neuigkeiten für ihn besitze***). In seinen Briefen redete Wellington den Fürsten an: „mon cher Prince"†). Als er denselben kurz vor der Schlacht bei Quatrebas bei Brye verließ, hatte die bezaubernde Persönlichkeit des jugendlichen Greises solchen Eindruck auf ihn gemacht, daß er äußerte: „Was für ein netter Kerl er doch ist††). Später hat er gemeint: „Wir sind immer herzliche Freunde geblieben†††)." Diese Gesinnung des Führers bewirkte von

---

*) Disp. XII. 462.
**) Disp. XII. 346.
***) Disp. XII. 355.
†) Disp. XII. 357.
††) Vergl. Anhang, Dörnbergs Bericht.
†††) Ollech 64.

selber, daß Blücher bei der ganzen englischen Armee in großem Ansehen stand*).

Auf Seiten Blüchers herrschten die gleichen Empfindungen, nur feuriger und subjektiver. Sie spricht z. B. aus Briefen des Feldmarschalls an Hardenberg, worin es heißt: „Wen ich's nicht um den braven Wellington tuhe, so laß ich Bellgien gleich offen," oder ein andermal: „Wellington acompangirt mich sicher," oder: „Der alte Wellington ist die geselligkeit selbst und ein sehr bestimter man, wihr werden eine guhte Ehe mit einander führen**)."

Auch sonst waren der Beziehungen zwischen den Engländern und dem jovialen Greise vielerlei. Derselbe hatte sehr zum Kummer seines Geldbeutels täglich 40 bis 50 Gäste zu Tische, unter denen sich besonders viele Engländer befanden, bisweilen auch Niederländer***).

Anders als Blüchers Haltung war die Gneisenaus dem Herzoge gegenüber: war Wellington dem greisen Feldmarschalle sympathisch, so er Gneisenau fast unsympathisch. Derselbe traute ihm nicht über den Weg und sein preußisches Herz konnte nicht verzeihen, daß Wellington als Torymann in Wien gegen die in Gneisenaus Augen berechtigten Ansprüche Preußens aufgetreten war†). Etwas gegenseitige militärische Eifersucht mag auch wohl im Spiele gewesen sein. Müffling sagt in seinen Memoiren: „Der General von Gneisenau warnte mich bei meinem Abgange, mit dem Herzog von Wellington sehr auf meiner Hut zu sein, denn dieser ausgezeichnete Führer sei durch seine Verhältnisse in Indien und die Verhandlungen mit den hinterlistigen Nabobs an die Falschheit gewöhnt worden, und habe es darin zuletzt zu einer solchen Meisterschaft gebracht, daß selbst die Nabobs von ihm überlistet worden wären††)." Ob Gneisenau genau so gesprochen hat, darf billigerweise bezweifelt werden; es ist zu erwägen, daß Müffling in seinen Angaben vielfach nicht genau erscheint und daß er Gneisenau überhaupt gern etwas hinabsetzt. Aehnliche Aeußerungen über das Verhältnis von Gneisenau zu Wellington macht Müffling auch sonst, so sagt er beim Gespräch auf der Windmühle zu Brye: „Ich kannte das Mißtrauen des Generals von Gneisenau gegen den Herzog und war im voraus besorgt, daß dies auf die uns bevorstehende Verabredung von

---

*) Müffling. Aus meinem Leben. 213.

**) Rep. 92. Hardenberg, G. 13. Geheimes Staatsarchiv in Berlin.

***) Brief Blüchers an Hardenberg vom 27. Mai, in Rep. 92. Hardenb. S. 13.

†) Sehr bezeichnend ist, was Wellington einmal Müffling sagte: Man sähe die russischen Dinge preußischerseits anders an als er, und Preußens König, der bei jeder Gelegenheit so viel Charakter zeige, hätte gegen den russischen Kaiser eine unglaubliche Nachgiebigkeit. W ä r e d i e s e n i c h t g e w e s e n, s o h ä t t e n d i e A n g e l e g e n h e i t e n v o n S a c h s e n e i n e g a n z a n d e r e W e n d u n g g e n o m m e n. Müffling an Boyen. VI. D. 119. II. p. 79, im Kriegsarchive.

††) Müffling. 212.

Einfluß sein werde." In Wirklichkeit ist dies aber nicht der Fall gewesen*). Thatsache bleibt, daß Gneisenau und Wellington sich kühl und geschäftsmäßig gegenüberstanden; beide wurden verbunden durch den gemeinsamen Willen, den Feind zu schlagen, beide handelten von diesem Gesichtspunkte aus sachlich als eng Verbündete, sowohl aus Ueberzeugung, als ihren Weisungen gemäß. Die Gneisenaus lautete: sich in steter Verbindung mit dem Generalkommando der Armee des Oberrheins und mit Wellington zu halten, mit letzterem immer in Uebereinstimmung zu handeln**). Dies hat Gneisenau redlich befolgt, aber selbstbewußt und weitblickend ließ er keinen Augenblick die preußischen und deutschen Interessen aus den Augen, und wachte über beide mit dem ganzen Eifer seiner Seele. So sehr beide Männer als Feldherren einen gemeinsamen Weg verfolgten, so sehr stießen sie sich als Politiker und als Vertreter zweier Nationalitäten ab. Und hier hatte Gneisenau allen Grund dem Herzoge zu mißtrauen, denn dessen Ziele waren nicht die des preußisch=deutschen Patrioten.

Um miteinander in unmittelbarem Verkehre zu bleiben, hatte jedes Heer einen Militärbevollmächtigten bei dem anderen. Englischer=
seits war dies der Oberstleutnant Hardinge, ein Mann von ehrenwerten Eigenschaften und angenehmen Formen; wie sein Lehrmeister Wellington ebensosehr Diplomat als Offizier. Er verstand es, geschickt mit den Generalen Gneisenau und Grolman zu verhandeln, mit denen er trefflich auskam, nur daß er ihre hervorbrechende Lebhaftigkeit fürchtete. Sein ganzes Streben ging dahin, die größte Einigkeit zwischen Blücher und dem von ihm hochverehrten Wellington zu erhalten***). Das Vertrauen des letzteren genoß er in vollstem Maße, wie dessen Briefe beweisen, und Blücher sprach zu Tirlemont sich sehr befriedigt über Hardinge aus und bat Wellington, er möge ihn auf seinem Posten belassen †).

Preußischerseits war der General von Röder nach Brüssel gesandt; ein guter Beobachter und klarer geistvoller Kopf, beseelt von ernstestem Eifer der guten Sache zu dienen. Anfangs ging auch alles leidlich, aber mehr Mann der That als Höfling, reizbar und selbstüberzeugt verstand Röder nicht immer, sich in den anders gearteten englischen Geschäftsgang und die vielfach andere Auffassungsweise der Verhältnisse zu finden. Durch Leidenschaftlich=
keit, Irrtümer, ungenügende Berücksichtigung englischer Anmaßung und zu

---

*) Vergl. meine Abhandlung, Die Verhandlungen Wellingtons und Blüchers 2c., im Histor. Jahrbuch 1902, S. 80 ff.

**) Ollech 14.

***) Müffling 215.

†) Disp. XII. 354. Vergl. Ollech 22. Hardinge wurde später Lord und General=Gouverneur v. Indien.

entschiedenes Auftreten gegen den König von Holland geriet er in allerlei Schwierigkeiten, infolgederen er Ende Mai eine längst gewünschte aktive Befehlshaberstelle erhielt. Als echter Gentleman ließ Wellington seine zeitweise Verstimmung dem Bevollmächtigten nicht entgelten. In dem vorletzten Briefe, in welchem Röder schreibt, daß es ihn sehr freue, bald durch General Müffling abgelöst zu werden, konnte er noch berichten: „Dieß ist das, was mir der Herzog in Gegenwart unsres Gesandten, auf eine höchst liebenswürdige Weise gesagt hat, und was ich mich beeile aufzuschreiben, soviel es mein Gedächtnis zuläßt. Indessen geht freilich manches verloren, wenn man Ihn nicht selbst hört" *). In einem Berichte, den Röder schrieb, als er Brüssel bereits verlassen hatte, heißt es: „Ich bin ein erklärter Verehrer des Herzog Wellington, den ich für ebenso klug und liebenswürdig, als groß und kraftvoll halte; allein Er besitzt für uns einen Fehler: er ist ein Engelländer — und Englands Politik gegen den Continent ruht allein auf den Spruch „Entzweye und du wirst herrschen". Der mächtige brittische Einfluß muß verschwinden, wenn irgendwo auf dem festen Lande eine überwiegende Macht entsteht, daher die neidischen Blicke auf Rußland und Preußen ... Der Herzog Wellington und seine Generale, die zur Ministerial Parthey gehören, werden es stets vermeiden, öffentlich für zu große Freunde Preußens zu gelten, und nur, wenn sie uns brauchen, werden sie uns lieb haben**)".

Man sieht, der Gegensatz Röders galt nicht dem Herzoge, sondern wie bei Gneisenau dem Engländer.

Röders Nachfolger im Amte wurde General v. Müffling. Dieser war vorsichtiger; er zog erst bei Gneisenau, Hardinge und Röder genaue Erkundigungen ein und ging dann wohlunterrichtet ans Werk. Sein Auftrag lautete: Die Verbindung zwischen den beiden Feldmarschällen aufrecht zu erhalten; was er mit großem Geschicke gethan hat. In der Hauptsache lagen die Verhältnisse günstig, denn sowohl im preußischen, wie im englischen Hauptquartiere hatte man die ehrliche Absicht, kameradschaftlich zu handeln***). So wurde Müffling denn vom Herzoge freundlich empfangen, doch beschränkte man sich zunächst beiderseits auf die Geschäfte, bis die Schlachten und die Gewohnheit sie näher brachten, und der Herzog dem Bevollmächtigten ein Vertrauen zuwandte, wie es Röder nie besessen hatte.

Weniger charakterfest und widerstandsfähiger als dieser, biegsamer und hofmännischer, lebte er sich leichter in das englische Wesen ein und verstand es besser, die Eigenarten des verwöhnten Feldherrn zu behandeln, ohne sich etwas

---

*) A. 48, p. 132, Archiv Gneisenau.
**) Rep. 92. Hardenb. K. 38, p. 61 ff., im Geh. Staatsarchive.
***) Müffling 215, 216 u. a.

zu vergeben. Namentlich hütete er sich, zu viel, oder gar Dinge zu fordern, die den Herzog unangenehm berührten. So war er eigentlich nie im Wege und doch auch nie außer dem Wege.

Er erzählt: „Nach der Schlacht bei Waterloo erfreute ich mich eines größeren und nie getrübten Vertrauens des Herzogs. Er hatte gesehen, daß mir das allgemeine Wohl am Herzen lag, und daß ich, infolge der großen Feldherrn=Talente, welche ihn in eben dem Maße hervorhoben, als ihn Offenheit und Grabheit des Charakters zierten, eine tiefbegründete Hochachtung für ihn empfand*). Das bewirkte nun aber, daß Müffling im Laufe der Zeit mehr als nötig auf die englische Seite neigte, zumal, wenn es sich um Dinge zwischen Wellington und Gneisenau handelte.

Geschickt vermied Müffling alle politischen Gespräche im Hauptquartiere; den Gesandten von Rußland und Oesterreich erklärte er, daß er rein militärische Geschäfte treibe, was ihn mit beiden auf ziemlich guten Fuß brachte**).

Sein Urteil über Röber ging dahin, daß derselbe oft recht gehabt, aber viel zu viel übelgenommen habe, da sich doch beide Teile als zu e i n e r Familie gehörig betrachten sollten. Nun sei er noch mit Brockhausen zusammengekommen und das habe ihn zu ganz falschen Urteilen über die Engländer und den Herzog verleitet***).

Das Ordonnanzwesen der Bevollmächtigten war anfangs ungenügend geordnet; Röber vermochte oft kaum einen Meldereiter zu erlangen. Unter Müffling änderte sich das: jeden Abend um 7 Uhr ging eine Ordonnanz von dem englischen und eine von dem preußischen Hauptquartiere ab, so daß beide in regelmäßiger Verbindung standen. Ueberhaupt ist zu beachten, daß ein Unterschied in der Stellung Röbers und Müfflings obwaltete. Röber war rein persönlicher Vertrauensmann, erst des Generals v. Kleist, dann Gneisenaus und Blüchers, Müffling war vom Könige für den Posten ernannt, und stand in Verbindung nicht nur mit dem Hauptquartiere, sondern auch mit dem Kriegsminister Boyen.

Neben dem Militärbevollmächtigten wirkte noch ein zweiter Vertreter Preußens, es war v. Brockhausen, Gesandter am niederländischen Hofe. Er spielte anfangs eine wenig erfreuliche Rolle. Ohne Einladung des Königs war er diesem aus dem Haag nach Brüssel gefolgt, und war von demselben erst nach langem Harren rein geschäftsmäßig empfangen, um ihm und den Ministern dann wieder fern zu bleiben. So sah er im Könige den heftigsten Gegner Preußens, dem man durch Thatsachen beweisen müsse, was er an diesem Staate besitze, wie sein Thron wesentlich nur auf preußischen Bajonetten ruhe. Demgemäß drängte er auf entschieden einseitig preußische Maßnahmen, und sagte am

---

*) Müffling 251.
**) Müffling an Boyen. VI. D. 119. II. p. 79, im Kriegsarchive.
***) Brief vom 2. Juni A. 40. S. 63, im Arch. Gneisenau.

v. Pflugk=Harttung, Vorgeschichte und Anfang 2c.

25. April in einem Berichte: „Vergessen wir nicht, daß es ohne unser Heer um Belgien und Holland geschehen ist, vergessen wir nicht, daß wir Umwälzungen wagen, wenn wir zuviel von den Völkern fordern*)." Aehnlich schrieb er am 8. Mai: „Unsere Armee ist augenblicklich die Schutzmacht der Niederlande**)." Da er bei der niederländischen Regierung nichts auszurichten vermochte, so suchte er sich auf andere Weise nützlich zu machen. Aber auch das hatte seine Schwierigkeiten, weshalb er vom Fürsten Hardenberg einen Brief an Wellington und einen an Blücher erbat, welche den Wunsch des preußischen Königs zeigen sollten, daß er mit Vertrauen behandelt würde***). Es gelang ihm in der That, in leibliche Beziehungen zu den Engländern, selbst zu Wellington, zu kommen. Infolgedessen zeigte er sich über manche Dinge gut unterrichtet, weshalb seine Berichte nicht unwichtig sind. Röder stand Brockhausen näher als Müffling, aber dennoch dachte er nicht hoch von ihm.

Ziehen wir das Ergebnis der Gesamtsachlage, so erscheint es als durchaus günstig. Beide Heere befanden sich in der Lage und hatten auch die Absicht, kameradschaftlich den Feldzug auszufechten. Blüchers lebhafte Zuneigung zu Wellington wurde durch Gneisenaus überlegene Kühle trefflich ergänzt, denn letztere sorgte dafür, daß die preußische Leitung nicht englisch beeinflußt wurde; ja seine feste Zurückhaltung, verbunden mit der Thatsache, daß das preußische Heer das stärkere war, hat bewirkt, daß der stolze Herzog den Preußen entgegenkam, nicht sie ihm. Zweimal hat er Blücher eingeladen, und als am 16. die Schlacht bevorstand und die Preußen die Bedrohten waren, da kamen sie nicht zu Wellington, wie es zunächst gelegen hätte, sondern Wellington begab sich zu den Preußen nach Brye. Gneisenau verstand es, sich ohne viel Worte so zu dem Engländer zu stellen, daß man gute Kameradschaft mit ihm wünsche, man im Notfalle aber auch ohne ihn fertig werde; und das war militärisch ebenso klug wie politisch.

Gehen wir zu den Kriegsvorbereitungen über.

Wellington mußte sich sowohl für den Angriff als auch für die Verteidigung einrichten: d. h. also, es galt vor allem, sein Heer schlagfertig und die belgischen Festungen widerstandsfähig zu machen. Das Heer, welches sich an Frankreichs Grenze unter englischem Oberbefehle sammelte, war eines der buntscheckigsten, welches man sich denken kann: es bestand zu einem Drittel aus Engländern und Schotten, einem aus Holländern und Belgiern, und einem aus Deutschen verschiedener Länder, namentlich aus Hannoveranern, Braunschweigern und Nassauern. Die Zahlenangaben der einzelnen Bestandteile lauten verschieden, jedenfalls stellten die Deutschen das weitaus größte, die Nieder-

---

*) A A. I. Rep. I, Holland. No. 16, p. 54, im Geh. St.-Archive.
**) Ibid. p. 75.
***) L. c., p. 63.

länder das kleinste Drittel*): das Gesamtheer betrug schließlich ungefähr 93 000 Mann. Diese Leute waren nun nicht bloß der Nationalität nach, sondern auch in ihren sonstigen Eigenschaften, in Kriegserfahrung, Ausbildung und Disziplin völlig ungleich. Als beste Regimenter durften einige englische und die der deutschen Legion gelten, welche unter demselben Feldherrn bereits die peninsularen Feldzüge mitgemacht hatten, wo sich also Führer und Leute genau kannten und sich ineinander eingelebt hatten**). Auch ein Teil der eigentlich deutschen Truppen konnte als kriegerisch vollwertig zählen. Die Holländer hatten guten Willen, waren aber durchweg jung und ungeübt. Am unzuverlässigsten erwiesen sich die Wallonen. Durch Sprache, Sitten und Gewohnheiten neigte eine Menge Belgier zu Frankreich hinüber und fühlte sich nur durch Zwang mit Holland verbunden. Alle Truppen, welche unter Napoleon gedient hatten, oder gar erst im Frieden 1814 übergeben waren, hingen als alte Kriegsgefährten in ihres Herzensgrunde an dem gewaltigen Imperator und trugen vielfach gar noch kaiserliche Uniform, bloß mit holländischer Kokarde***). So war denn die Desertion groß, und zwar derart, daß am 12. April 160 Husaren von Mons überliefen. Die belgische Reiterei, welche bei jener Stadt stand, mußte der Sicherheit halber nach Mastricht, die belgische Armee überhaupt wesentlich in zweite Linie zurückgenommen und in die Festungen verlegt werden†). Im Laufe der Zeit besserte sich dies etwas, besonders brauchbar aber wurde die belgische Linie nie; sowohl bei Quatrebras als bei Belle-Alliance hat sie sich durch entschiedenen Drang nach hinten ausgezeichnet††). Besser erwies sich der Geist der belgischen Miliz; sie bestand aus Bürgern, welche Ruhe und Frieden wünschten und in Napoleon den Störenfried sahen†††).

Es erschien nun ungemein schwierig, aus derartig widerstrebenden Elementen, aus lauter Bruchteilen ein leistungsfähiges, organisches Ganze zu bilden. Wellington hatte Erfahrungen aus dem peninsularen Kriege in solcher Aufgabe und hat sich hier als bedeutender Organisator erwiesen. Gute

---

*) Vergl. vorn S. 1.

**) Näheres u. a. Ropes, The Campaign of Waterloo 34 sq.

***) Müffling 223.

†) Nach den Angaben Brockhausens vom 19. April. Fol. 53.

††) Vergl. unsere Darlegung am 16. Juni. Brockhausen sagt Fol. 53: Des corps Belges ... les intentions sont les plus équivoques; Fol. 85: En général, on ne peut se défendre de l'idée, qu'il seroit bien plus avantageux à la cause commune, d'appliquer à l'entretien des armées alliées les sommes, que coûtera l'armée Belge, dont les dispositions seront toujours équivoques. Von dem schlechten Geiste der Belgier berichten auch Zieten und Röber. A. 48, p. 12, 79, 90, im Arch. Gneisenau.

†††) Brockhausen. Fol. 85. Auch Gneisenau konnte am 4. Mai an seine Frau schreiben, daß die Wallonischen Gemeinden klagten, die Sachsen suchten den guten Geist unter ihnen zu verderben. A. 20, p. 190. Gneisenausches Archiv.

Truppen wurden neben schlechtere gestellt, um diese zu stärken; neben Holländer und Belgier: Engländer und Deutsche. Dabei ging die Mannigfaltigkeit innerhalb derselben Truppenkörper soweit, daß Fußvolk Reiterei und Geschützbedienung bisweilen verschiedenen Ländern angehörten, daß sie ganz ungleich an Zahl waren, daß neben Regimentern und Bataillonen altgedienter Veteranen eben erst ausgehobene Rekruten standen*). Alle diese Schwierigkeiten mußte der „eiserne Herzog" zu überwinden, und rings Gehorsam und Pflichtgefühl zu wecken. Zu statten kam ihm, wie den Verbündeten überhaupt, die allgemeine Abneigung gegen Napoleon; sie bildete, außer bei den Belgiern, das verbindende, einigende Band, welches alle umfing, alle zu gemeinsamem Handeln zusammenfaßte**). Freilich ließ er nirgends die Vorsicht außer Augen: bei der Gesamtaufstellung befanden die Engländer und Hannoveraner sich auf dem rechten, die Preußen auf dem linken Flügel, während die Niederländer in die Mitte kamen, also von beiden Seiten gestützt wurden, und auch hier erst guten Teils die zweite Linie erhielten.

Die Wellingtonschen Reihen zogen sich von Ypern und Menin über Tournay, Mons, Nivelles bis Quatre-Bras, die preußischen von Binche über Thuin, Gerpinnes, Dinant bis hinter Lüttich; westlich von Binche, bei der alten Römerstraße, schlossen die beiderseitigen Vorposten aneinander (die des Prinzen von Oranien und die des I. preußischen Korps Zieten). Da nun Binche südlich zwischen Mons und Nivelles liegt, so schoben sich die preußischen Truppen in der Front mithin ein bedeutendes Stück vor die Wellingtonschen, die hier hinter ihnen gewissermaßen ein neues Treffen bildeten. Der Verpflegung wegen waren die Truppen weit auseinandergezogen, selbst in ihren kleineren Verbänden.

Bildeten beide Teile vorne ein geschlossenes Ganze, so strebten sie nach hinten auseinander. Die Preußen hatten ihre rückwärtigen Verbindungen nach dem Rheine zu, also östlich und nordöstlich, wogegen die Aufgabe der Wellingtonschen Macht verwickelter war: sie mußte Brüssel und Gent decken, die Hauptstadt Belgiens und den Aufenthaltsort des vertriebenen Ludwig XVIII. Hinter diesen wiesen ihre rückwärtigen Verbindungen nord- und nordwestwärts auf Antwerpen und Ostende und weiter nach dem Meere.

Nun gab es vier große Chausseen in diesem Gebiete, eine von Lille nach Gent, drei von Lille, Condé—Tournay und Condé—Valenciennes nach Brüssel führend***). Alle diese suchte Wellington durch vorgeschobene Truppenteile in weitem Bogen zu decken, während die fünfte Straße über

---

*) Suppl. Desp. X. 517.
**) Außer, wie dargethan, bei den Belgiern.
***) Suppl. Desp. X, 523.

Beaumont-Charleroi nach Brüssel wesentlich in die Verteidigungssphäre der Preußen fiel, und der dazwischen liegende Weg: Binche—Nivelles—Brüssel vorne den Preußen, hinten den Niederländern gehörte.

Das Bestreben des Herzogs ging dahin, die Verteidigungsstellungen so einzurichten, daß an einem möglichst späten Zeitpunkte doch in kürzester Frist eine möglichst starke Truppenmacht auf dem Punkte zusammengezogen werden konnte, wo sie notwendig war*), d. h. also: das Ganze so lange decken zu können, bis man wußte, wo der Feind etwa einbrechen wollte, oder in anderer Form: lieber keine Bewegungen zu machen als falsche. Da alle Heerstraßen, außer die erste, nach Brüssel führten, so war dies der gegebene Ort für Wellingtons Hauptquartier und für die Ansammlung der Reserve. Was aber in dieser Richtung die Stärke ausmachte, war in anderer ihre Schwäche; die Querwege, welche die besetzten Orte der Breite nach verbanden, entsprachen nicht überall den Bedürfnissen und erschwerten dadurch vielfach den Grundplan des Feldherrn.

Weitschauend und umsichtig suchte der Herzog jeder Gefahr möglichst kräftig zu begegnen. Er ließ die Befestigungen längs der Grenze verstärken und vermehren, so die von Ostende, Nieuport, Menin, Courtray, Oudenarde, Tournay, Ath und Mons**). Gewöhnlich wurden hier neben den alten Werken neue Feldwerke errichtet und das Ganze durch die alten Gräben und Ueberschwemmungsvorrichtungen geschützt. Ypern, Gent und Antwerpen wurden als Hauptplätze ausgebaut. Auf der Citadelle von Ypern standen 117 Kanonen. Bis in den Juni hinein arbeiteten täglich über 20000 Menschen an den Festungen auf englische Rechnung. Sie waren bei Ausbruch der Feindseligkeiten im wesentlichen fertig. Auch die nach Brüssel führenden vier Straßen wurden hier und da durch Feldbefestigungen gedeckt***). Für die Verteidigung der festen Plätze waren überdies ganz bestimmte Befehle gegeben†). Die langausgedehnte englische Truppenverteilung war schwach auf der abgelegeneren nordwestlichen Seite, dann von Leuze und Ath dichter werdend, um von Mons bis Binche seine größte Stärke zu erreichen, worauf von Binche an vorne die preußische, dahinter die englische Linie folgte, letztere nach Osten, also gegen die preußische Hauptstellung, sich zunehmend verdünnend. Am meisten fanden sich die Niederländer zwischen Mons und Binche gehäuft und noch etwas darüber hinaus. Dies geschah deshalb, weil wegen der französischen Heeresansammlungen hinter Maubeuge, Valenciennes und Philippeville die Gegend um

---

*) Suppl. Desp. X, 522.
**) Es geschah auch in Charleroi und Namur. Suppl. Desp. X, 522. Vergl. (Damitz) Geschichte des Feldzugs von 1815.
***) Suppl. Desp. X, 523.
†) Disp. XII, 450—452.

Mons und Binche am meisten gefährdet erschien, und gerade von hier aus zwei ziemlich gerade Straßen auf Brüssel führten.

Die Aufstellung war durchweg derart, daß in der Front, dem Feinde zunächst, Kavallerieposten und -Abteilungen standen, an diese reihten sich einzelne in den Ortschaften verstreut liegende Kompagnien und Bataillone, denen sich weiter zurück noch größere Infanterie- und Artillerie-Massen anschlossen, die in Ausläufern bis Brüssel reichten, wo, wie wir schon bemerkten, in und bei der Hauptstadt die Reserven eingelagert waren. Die Hauptquartiere der Brigaden und Divisionen befanden sich in zweiter und dritter Linie, das wichtigste war Braine-le-Comte, wo sich das des Prinzen von Oranien befand, des Befehlshabers des I. verbündeten Korps. Braine lag halbwegs Brüssel an der Straße, die von Mons kam, und auf welche auch eine solche von Binche einmündete, während eine zweite über Nivelles nach Brüssel ging.

Ob Wellington seine Streitkräfte zum Angriffe oder zur Verteidigung gebrauchen werde, erschien fraglich bis zuletzt, und ebenso ob bei etwaiger Abwehr er den Preußen oder diese ihm zu Hilfe kommen müßten. Die Erwägung, daß das englisch-deutsche Heer westlich, also weiter nach Paris zu stehe, daß es in Brüssel und Gent die höheren Siegespreise biete, und daß es schwächer und weniger fest gefügt zu sein schien als das Blüchersche, erzeugte im englischen wie im preußischen Hauptquartiere die Ueberzeugung, ein etwaiger Angriff Napoleons auf Belgien werde zuerst Wellington treffen. Deshalb erklärte Gneisenau dem Herzoge schon im April: „Die preußische Armee ist fest entschlossen, das Los der englischen zu teilen." Und aus eben diesem Grunde entwarf Wellington schon Ende April einen großen Verteidigungsplan, den er in einem Memorandum niederlegte*). Der Plan war vorsichtig gehalten; er lief darauf hinaus, nicht zu früh Bewegungen zu machen, sondern zu warten, bis man genau wisse, was der Gegner beabsichtige. Es waren darin drei Angriffsrichtungen des Feindes in Erwägung gezogen, aber gerade zwei nicht, von denen die eine, die über Binche—Nivelles auf Brüssel später in der Berechnung des Feldherrn eine Hauptrolle spielen sollte, und die andere, jene über Charleroi—Quatre-Bras, schließlich von Napoleon benutzt wurde. Diese beiden Angriffsstraßen fanden schon die Preußen in nächster Nähe, welche stark in Betracht gezogen waren, wie die Mitteilung an Lord Uxbridge zeigte: „Alle Maßnahmen sind so getroffen, daß das ganze Heer in einer kurzen Bewegung vereinigt werden kann mit den Preußen auf unserer Linken**)."

Gehörten die Blücherschen Truppen derartig zu Wellingtons Gesamtplan, so galt es auch, ihretwegen bestimmte Abmachungen, oder doch Direk-

---

*) Disp. XII, 337. Die Zeit wird bestimmt durch den Brief an Lord Uxbridge vom 30. April. Disp. XII, 338.

**) Ibid. 338.

tiven zu vereinbaren. Ohne solche konnte deren Mitwirkung nur zufällig und ungeordnet sein. Um dies zu vermeiden, erfolgte auf Wellingtons Einladung am 3. Mai eine Zusammenkunft zwischen ihm, Blücher und Gneisenau zu Tirlemont halbwegs zwischen Lüttich und Brüssel. Die Besprechung war nur kurz, rein geschäftsmäßig militärisch und ging von der Voraussetzung aus, daß Wellington der angegriffene Teil sein würde. Blücher gab dem Herzoge die feste Zusicherung seiner Unterstützung, wenn ein überlegener Feind ihn aufsuche. In solchem Falle wünschte Wellington, daß die preußische Armee sich seinem linken Flügel anschlösse. Das Ganze verlief nach Wunsch; die Feldherrn trennten sich mit allen Zeichen der Freundschaft und des Vertrauens*).

Die Vereinbarung hatte größere militärische Bewegungen im Gefolge. Wellington ließ eine bereits vorher befohlene Zusammenziehung seiner Streitkräfte auf der ganzen Linie thatsächlich ausführen, die Preußen schoben sich zu besserer Hilfeleistung mehr westwärts, dichter an das englisch-deutsche Heer heran und verlegten demgemäß ihr Hauptquartier von Lüttich nach Namur. Ihr erstes Korps deckte jetzt den Knotenpunkt der beiden bei Charleroi nach Brüssel und Namur abzweigenden Straßen und hielt auch den Anfang der zweiten Brüsseler Straße bei Binche besetzt. Der Führer des I. Korps, General von Zieten, sollte in genauer Verbindung mit der englischen Armee bleiben und im Falle eines Angriffs nicht nur das eigene, sondern auch das englische Hauptquartier schleunigst benachrichtigen**).

Die Auffassung des britischen Feldherrn erhellt aus einem Briefe an Stewart vom 8. Mai, worin er sagt, er sei mit Blücher so gut verbunden und so stark, daß der Feind nicht viel ausrichten könne; er (Wellington) stehe auf dem Vorposten des Ganzen, der größte Teil der feindlichen Streitkräfte befinde sich ihm gegenüber. Bei eigenen Angriffsbewegungen solle man sich nicht weiter ausbreiten, als durchaus notwendig sei***). Wellington hielt sich defensiv gesichert und verzichtete auf die Offensive bis die Oesterreicher marschfertig seien. Er war also thatsächlich auf Knesebecks und Schwarzenbergs Bedenklichkeiten eingegangen. Anders das preußische Hauptquartier; hier neigte man nach wie vor dem Angriffe zu, fühlte sich aber nicht stark genug, um ihn ohne Wellingtons Unterstützung ausführen zu können. Der Ungestüm Blüchers, die kriegerische Erwägung Gneisenaus, die Ungeduld der Truppen, der Geldmangel und die Schwierigkeit der Verpflegung drängten gleichmäßig vorwärts.

Um einen Ausgleich zwischen der englischen und der preußischen Auffassung zu bewirken, und um den Preußen eine möglichst gute Meinung

---

*) Bericht Brockhausens vom 5. Mai, p. 68; Conrady, Leben Grolmans II, 286.
**) Ollech 45.
***) Disp. XII, 360; Ollech 47.

von seinem thatsächlich schwächeren Heere beizubringen, wünschte Wellington eine zweite Zusammenkunft mit Blücher. Die Vermittelung derselben ist die letzte Amtshandlung Röders gewesen. Am 23. Mai lud er den preußischen Feldherrn im Namen des englischen nach Brüssel zur Besichtigung der englischen Reiterei ein*). In demselben Sinne schrieb Wellington auch an Hardinge**). Blücher leistete der Einladung mit seinem ganzen Stabe Folge, nur der Oberst von Pfuel blieb in Namur.

Am 28. Mai traf Blücher in Brüssel ein, speiste bei Wellington zu Mittag, hielt am 29. große Truppenschau unfern der Hauptstadt und kehrte am 30. zurück, nachdem er auch dem Könige der Niederlande einen Besuch abgestattet hatte.

Die Zusammenkunft war sorgfältig durch den kurz vorher in Brüssel eingetroffenen General Müffling vorbereitet. Schon am 27. Mai legte derselbe dem Herzoge eine Reihe von Fragen vor; als wichtigste: wann der Krieg anfangen könne. Der Herzog sah nur zwei Möglichkeiten für dessen Eröffnung seinerseits; die, daß der Aufstand in der Vendée solchen Umfang annehme, daß er bedeutende Streitkräfte des Feindes von der Grenze entferne, und die, daß die übrigen Heere der Verbündeten ebenfalls schlagfertig seien. Es wurde dann weiter über das wie? beratschlagt, auf welche Weise man gegebenen Falles in Frankreich einrücken, welche Festungen man belagern wolle. Schließlich führte Müffling aus, es beständen zwei Ansichten über die Beendigung des Krieges, die eine sei, geradeswegs auf Paris los zu gehen, anzugreifen, wo es möglich sei, und rasch vorzubringen; die andere neige dahin, in Frankreich einzurücken, dort auf Kosten des Landes zu leben, mit Muße zu belagern und Napoleons Angriffe zu erwarten. Hier erklärte sich der Herzog unbedingt als Anhänger der ersteren Ansicht***). Der Gesamteindruck, den der preußische Bevollmächtigte hatte, war der, daß Wellington sich zur Eröffnung des Krieges schwerlich entschließen würde, ohne Zustimmung und Antrieb der verbündeten Mächte oder ohne besonderen Befehl aus England.

Nach diesen Vorbereitungen konnten die eigentlichen Hauptverhandlungen zwischen den beiderseitigen Feldherrn stattfinden. Sie erstreckten sich sowohl auf die Verteidigung als den Angriff. Bei ersterer ging man davon aus, daß Napoleon suchen werde, vor allem Brüssel zu erobern. Er könne dann über Ath, über Mons—Braine-le-Comte oder über Nivelles vordringen. In solchem Falle sollten die Engländer je die Hauptpunkte: Ath, Braine

---

*) A. 48, p. 133, Arch. Gneisenau.

**) Disp. XII, 422.

***) A. 40, p. 57—60, Arch. Gneisenau; VI. C. 3. I, p. 103—106, im Kriegsarchive; Kab. Sach. Tit. XV. II. p. 8, im Geh. Archive des Kriegsministeriums.

ober Nivelles festhalten, während die Preußen sich bei Sombreffe in der Flanke der feindlichen Operationslinie sammelten, um je nach Maßgabe der Verhältnisse den Verbündeten beizustehen. Dringe Napoleon indessen in der Richtung Charleroi vor, so gelte der erste Angriff der Blücherschen Armee. Diese solle alsdann die Schlacht annehmen und das Schlachtfeld so wählen (also doch wohl wieder bei Sombreffe), daß die Hilfeleistung der Engländer gesichert sei. In solchem Falle versprach Wellington, sein Heer bei Quatre=Bras zu vereinigen und Unterstützung zu bringen*). Weitere Angriffsmöglichkeiten, wie über Namur und Lüttich, besprach man nicht.

Den Vereinbarungen hat augenscheinlich der erste Verteidigungsplan Wellingtons zu Grunde gelegen, der zeitgemäße Veränderungen und Erweiterungen erhielt. Und gerade eine dieser Erweiterungen, welche von preußischer Seite beigefügt wurden, die des Angriffs über Charleroi, ist später von Napoleon für die Eröffnung des Feldzugs gewählt worden**).

Am liebsten hätte Blücher mit Wellington seinerseits den Krieg in Feindesland getragen, auch Wellington war dafür, nur bezüglich des Zeitpunktes anderer Ansicht. Nun haben die beiden Feldherrn nach Angabe von Damitz (Grolman?) festgesetzt: im Falle Napoleon nicht inzwischen angegriffen hätte, würden sie den 1. Juli mit ihren Heeren in Frankreich einrücken, um je nach den Umständen in den Ebenen zwischen der oberen Sambre und der oberen Schelde die Entscheidung zu suchen. Der 1. Juli war entsprechend einer allgemeinen Bestimmung der Monarchen gewählt, weil an diesem Zeitpunkte sämtliche verbündeten Heere zum Einrücken in Frankreich bereit sein sollten***).

Dieses Ergebnis war schwerlich nach Blüchers Geschmacke, aber es bot wenigstens einen Riegel gegen noch weitere österreichisch=russische Verzögerungen, und dann scheint man den 1. Juli auch nicht als wirklichen, sondern als äußersten Termin für den Beginn der Feindseligkeiten angesehen zu haben.

Gleich nach der Zusammenkunft trafen Nachrichten in Brüssel ein, welche den einen Fall nahezurücken schienen, welchen der Brite für den Einmarsch in Frankreich angegeben hatte. Der Aufstand in der Vendée schien gefährlich zu werden und die feindlichen Truppen an der Grenze zu schwächen. Rührig setzte Müffling wieder ein als entschiedener Vertreter des baldigen Angriffskrieges. Wohl schwankte der englische Feldherr eine kurze Zeit,

---

*) Damitz I, 38; Hofmann, Gesch. des Feldzuges von 1815, S. 21. Vergl. Müffling 220.

**) Wegen Quatre=Bras vergl. weiter hinten.

***) Damitz I, 40; Müffling, Gesch. des Feldzugs 1815. 6.

schließlich ließ er sich aber doch nicht aus seiner Zurückhaltung drängen. Er meinte, wenn der Tag bestimmt wäre, an welchem die Oesterreicher den Krieg eröffnen wollten, so hege er kein Bedenken, an dem gleichen Tage mit den Preußen anzufangen*). Alsbald wandte Wellington sich auch persönlich an Schwarzenberg mit der Bitte, ihn zu benachrichtigen, wann er sich in Bewegung setzen, wie diese sein und zu welcher Zeit er eine gewisse Höhe erreicht haben würde**). Seinem Bruder schrieb er: „Schwarzenbergs Armee wird nicht vor dem 16. am Ober=Rheine vereinigt sein, dann hoffe ich, daß auch wir losschlagen. Ich werde mit 70= bis 80000 Mann in Frankreich einrücken, die Preußen neben mir in doppelter Anzahl***).“ Wellington hielt sich und die Verbündeten für zu stark, um einen Angriff Napoleons befürchten zu müssen, er wollte deshalb zwar mit den Verbündeten den Feldzug eröffnen, aber nichts übereilen.

Alles in allem herrschte ein gutes kameradschaftliches Verhältnis zwischen dem englischen und den übrigen Hauptquartieren zumal mit dem preußischen. Wellington war hier wohlwollend und entgegenkommend und hegte die ernste Absicht, den Feind gemeinsam mit Blücher zu bekämpfen. Aber er war nicht bloß Feldherr, sondern auch Staatsmann. Deshalb wollte er möglichst im Einklange mit der politischen Gesamtlage bleiben und wenigstens der Oesterreicher sicher sein, wogegen er von den Russen zunächst absah. Seine vorsichtige militärische Auffassungsart bestärkte ihn in Erwägungen, welche die Politik zu fordern schienen.

Inzwischen verstrich die Zeit. Napoleon benutzte sie mit großer Umsicht, hob neue Truppen aus und schob sie nach verschiedenen Richtungen, besonders gegen Belgien, vor. War es schon im April und Mai eine Notwendigkeit gewesen, sich über ihn und die Vorgänge in Frankreich zu unterrichten, so steigerte sich diese im Juni.

Sowohl englischer= wie preußischerseits hatte man ein ausgedehntes Kundschafter= und Nachrichtenwesen eingerichtet.

Die großen Geldmittel, welche Wellington zur Verfügung standen, und die vielen geheimen Gegner, welche Napoleon im Lande besaß, ermöglichten ein doppeltes System des Nachrichtendienstes, eines von Paris her, eines wie ein Netz über die Grenzgegenden gespannt. Beide liefen im Kabinette des Feldherrn zusammen. Dazu kam noch die Unterstützung des Hofes zu Gent durch den vertriebenen Bourbonenkönig. Die Verbindungen Ludwigs XVIII. waren natürlich mannigfach und weitreichend, sie erstreckten sich bis in das Kriegsministerium, wo namentlich

---

*) Bericht Müfflings vom 5. Juni. A. 40, p. 74. Arch. Gneisenau.
**) Ollech 64; Disp. XII, 437.
***) Disp. XII, 438.

der frühere Kriegsminister Clark noch gute Beziehungen hatte, die er bestens ausnützte.

Fast täglich erhielt Wellington Mitteilungen aus Paris und zwar wesentlich durch Kundschafter, welche die Post von dort nach Belgien benutzten*). Ob diese Berichte erhalten sind, wissen wir nicht, jedenfalls sind sie bisher nicht veröffentlicht, so daß man keinen Einblick in dieselben hat; sie dürften übrigens nicht so wichtig gewesen sein, wie man leicht annehmen könnte. Zwei Mittelpunkte des Verrats scheinen das Polizeiministerium und das Kabinett des Generals Bertrand, des Vertrauten Napoleons, abgegeben zu haben. Im Polizeiministerium war es kein Geringerer als der Minister selber, der Allerweltsverräter Fouché, der mit Wellington Verbindungen eröffnet hatte, um sich den Rücken für alle Fälle zu decken. Seine Agenten versprachen dem englischen Feldherrn, ihm Napoleons Feldzugsplan rechtzeitig anzuzeigen. Mit General Bertrand und dessen Gemahlin hatte der Onkel der letzteren, der Oberst Henry Dillon angeknüpft und allerlei wichtige Sachen erlauscht. Als Napoleon noch auf Elba war, hatte er schon von der Verschwörung erfahren, wonach der Korse wieder in Frankreich landen wollte. Er hatte diese seine Kenntnis dem Staatssekretär mitgeteilt**), freilich vergeblich. Als das Kaisertum neu erstanden war, machte Dillon sich an Bertrand persönlich heran, um die Pläne Napoleons zu erkunden, die er dann nach Belgien weiter gab. Schon am 20. Mai erfuhr er von dem Grafen, daß 400000 Mann unter Waffen stünden, ohne die Nationalgarden, und wenn noch 100000 Mann vor Beginn des Feldzuges aufgebracht würden, so bürge er für den Erfolg; ferner daß Napoleon besonders erbittert auf die Preußen sei, daß er hoffte, Oesterreich würde nicht allzueifrig gegen ihn auftreten, daß er den Türken Eröffnungen gemacht habe, daß der erste Angriff wahrscheinlich in der Gegend von Avesnes erfolge, was sich später als richtig erwies, daß die Stimmung der Belgier und Holländer im Falle eines Mißgeschicks der Engländer sich Frankreich zuwende, daß er selber nach einer Niederlage wahrscheinlich Amerika aufsuche und bereits eine große Summe Geldes auf einem Schiffe in Le Havre hinterlegt habe und dergl. mehr***).

Für den Grenzkundschafterdienst wählte Wellington Mons als Hauptort. Die befestigte Stadt lag günstig an der Grenze und an der wichtigsten Straße, die von Paris nach Brüssel führte.

Hierhin hatte Wellington deshalb den hochgebildeten General Freiherrn von Dörnberg mit der ausdrücklichen Weisung gesandt, die Beweg-

---

*) Müffling 222.
**) Suppl. Desp. 471, 479.
***) Suppl. Desp. 480.

ungen des Feindes öffentlich und geheim zu überwachen. Dörnberg that dies mit Geschick und ungemeiner Rührigkeit. Durch Sendboten, Bauern und eine Menge Franzosen, welche fast täglich die Grenze überschritten, bekam er viele und mannigfache Nachrichten. Der nächste Weg von Mons nach Brüssel führte über Braine-le-Comte, wo sich das Hauptquartier des Prinzen von Oranien befand. Weil nun dieser dem Feinde näher als Wellington war, so sandte Dörnberg seine Nachrichten erst an den Prinzen, damit derselbe so schnell wie möglich unterrichtet würde. Erst von Braine aus gingen sie weiter an das Oberkommando. Außer Dörnberg waren eigentlich alle Generäle längs der Grenze thätig, zumal de Beer in Mons und van Merlen in St. Symphorien. Sie und Dörnberg befanden sich in steter Verbindung mit den benachbarten Preußen, besonders mit dem Generale v. Zieten in Charleroi, und mit dem Befehlshaber der 1. Brigade, dem General v. Steinmetz, der in Fontaine l'Evêque stand. Da auch preußischerseits an Wellington berichtet wurde, so glaubte er bei dem Umfange seiner Verbindungen sicher zu sein, alles Wissenswerte rechtzeitig zu erfahren.

Freilich dachte Wellington von dem Kundschafterwesen nicht hoch, wie ein Brief an Graf Bathurst vom 22. Mai beweist. In demselben sagt er: „Das, was der Nachrichtendienst genannt wird, birgt ein gut Teil Charlatanerie. Ich weiß nicht, wie Herr ... entdeckt hat, daß meine Nachrichtenkanäle von zweifelhafter Zuverlässigkeit seien ... Sie mögen mir ihn zusenden und ich will ihn ausforschen. Aber ich vermute, er wird nicht halb das Geld wert sein, welches Sie ihm für den Verlust seiner wertvollen Zeit geben müssen. Sie haben zwei gute Korrespondenten. Alles übrige, was ich von meinen und anderen Kundschaftern sah, ist nichts nutze*)."

Bereits am 5. Juni schrieb ihm der Prinz von Oranien, er habe durch einen übergetretenen französischen Offizier erfahren, daß Napoleon alsbald nach stattgehabtem Maifelde (1. Juni) in Laon erwartet würde, welches ihm als Hauptquartier dienen sollte, und daß das französische Heer beabsichtige, innerhalb weniger Tage die Verbündeten in Belgien anzugreifen**). Tags darauf ergänzte Oranien diese Angaben dahin, daß der französische General Albert geäußert habe, wenn die Verbündeten den Feldzug nicht am 7. eröffneten, so würden die Franzosen es am 8. oder 9. thun***). Gleichzeitig meldete Dörnberg: Napoleon wolle am 6. Paris verlassen, um sich nach Douai zu begeben. Er werde sicherlich so bald als möglich losschlagen, und habe geäußert, daß die Verbündeten von ihm vernichtet seien, bevor die Russen herankommen könnten. Man vermute, daß

---

*) Disp. XII, 416.
**) Suppl. Desp. X, p. 417.
***) Ibid. X, p. 422.

er einen Scheinangriff auf die Preußen, den wirklichen aber auf die englische Armee mache*).

Wie der Herzog die Sachlage am 6. Juni auffaßte, erläutern die Worte eines Briefes an Hardinge: „Alle Berichte, die ich von der Grenze erhalte, scheinen wieder in einer Versammlung von Truppen bei Maubeuge zusammenzutreffen. Bonaparte wurde am 6. in Laon erwartet. Längs des ganzen Weges von Paris zur Grenze sind außerordentliche Vorkehrungen für die Fortschaffung von Truppen auf Wagen gemacht. Die Zahl der herangezogenen Wagen ist in einigen Städten gewaltig**)." Den 7. Juni schrieb Wellington an Hardinge: „Ich vernahm seit gestern nichts neues, außer allgemeine Angaben über die Absicht eines feindlichen Angriffs, welche wahrscheinlich in Umlauf gesetzt wurden, weil unsere Front schwach erscheint***)." An demselben Tage sagte ein französischer Deserteur aus, daß man Napoleon am 7. in Valenciennes erwarte†), und ungefähr zugleich erschien ein französischer Offizier aus dem Bureau des Generals Bertrand bei Dörnberg, welcher mitteilte, daß die Feindseligkeiten in 8 bis 10 Tagen beginnen würden, und es Napoleons Absicht sei, sich zwischen die preußische und die englische Armee zu werfen††).

Am 8. hatte Dörnberg in Erfahrung gebracht, daß der Ankunft der jungen Garde am Abend des 7. in Valenciennes entgegengesehen sei und verlautbare, die alte Garde marschiere auf Maubeuge†††). Am 9. schrieb der General Sir Torrens dem Herzoge, es heiße, Napoleon habe Paris verlassen, man stehe am Vorabend großer Ereignisse[1]). Inzwischen hatte Dörnberg von einem Bauern gehört, daß Napoleon gestern Maubeuge erreicht und es diesen Morgen um 7 Uhr wieder verlassen habe, um sich nach Valenciennes zu begeben. Nach einer andern Nachricht sei der Kaiser vorgestern in Laon und gestern in Avesnes gewesen. Fast alle französischen Generäle hätten gestern ihre Truppen inspiziert[2]). Zugleich schrieb Oranien, da Napoleon bei der Armee angekommen sei, werde er wohl bald angreifen,

---

*) Ibid. 421, 424.

**) Disp. XII, 449.

***) Disp. XII, 453.

†) Suppl. Desp. 426.

††) Bericht Dörnbergs im Kriegsarchive zu Berlin II. VI. S. 58. Vergl. hinten, die Beilagen.

†††) Suppl. Desp. 432.

[1]) Ibid. 435.

[2]) Ibid 436.

wenn er überhaupt gewillt sei, den Feldzug zu eröffnen*). Verstärkt wurde dies alles durch eine Meldung van Merlens, wonach Napoleon gestern in Morvilles Revue über jene Truppen abgehalten habe, welche sich in der Gegend von Avesnes und Landrecy befänden. Diesen Morgen sei er in Maubeuge eingetroffen, man habe 101 Kanonenschüsse gelöst. Ein Mann aus Maubeuge sagte, die Franzosen wollten heute angreifen**). Die am Morgen des 9. in Brüssel eingetroffenen Nachrichten faßte Müffling dahin zusammen, General Dörnberg glaube, daß Napoleon angreifen werde, er wolle am 7. in Valenciennes eintreffen und habe zu seinen Generalen geäußert, daß er die Verbündeten in Belgien vernichten würde, bevor die Russen herankämen. Die bei Paris befindliche Reserve und 4 Bataillone junger Garde seien nach der Vendée, alles übrige gegen Belgien aufgebrochen. Am 2. habe ein Geschützpark von 150 Stück Vincennes verlassen, um nach Laon geführt zu werden. Für den Fall, daß die Verbündeten den Feldzug eröffneten, beabsichtige der Feind augenscheinlich, das verschanzte Lager bei Maubeuge zu halten, weil viel daran gearbeitet werde***).

Nun ergab sich aber, daß es sich mit der Ankunft Napoleons und den Salutschüssen um ein falsches Gerücht gehandelt hatte: nicht der Kaiser, sondern sein Bruder, Jérôme Bonaparte, war eingetroffen. Dennoch behauptete sich vielfach die Ansicht, Napoleon befinde sich an der Grenze. Dörnberg sandte am 10. Juni Papiere ein, welche bewiesen, daß der Kaiser am 7. noch in Paris gewesen, zugleich aber hatte der Graf Rouvroix durch französische Offiziere erfahren, daß Napoleon sich in Maubeuge befinde, und ein Deserteur sagte aus, es sei befehlsweise bekannt gegeben, der Kaiser habe Laon erreicht†). Am gleichen Tage teilte Clarke von einem aus dem Kriegsministerium zugereisten Offiziere mit, daß derselbe meine, Napoleon habe Paris verlassen und würde gegen den 10. auf Namur vorstoßen††). Demgemäß schrieb auch Wellington an Hardinge: seinen Nachrichten zufolge sei Bonaparte gestern in Maubeuge angekommen und habe sich alsbann wohl längs der Grenze nach Lille zu begeben†††). Aber schon am 11. konnte er sich dahin verbessern, daß es nach Berichten aus Paris sicher scheine, der Kaiser habe am 7. seine Hauptstadt noch nicht verlassen[1]).

Am 11. Juni traf der Oberst Henry Dillon, der bereits genannte Onkel der Gräfin Bertrand, in Mons ein. Er war am 2. Juni von

---

*) Ibid. 437.
**) Ibid. 437.
***) Brief Müfflings vom 9. Juni, hinten in den Beilagen.
†) Suppl. Desp. 439.
††) Ibid. 450.
†††) Disp. XII, 457.
[1]) Disp. XII, 458.

Paris aufgebrochen, 5 Tage in Valenciennes zurückgehalten und stellte jetzt seine Kenntnisse dem Landesfeinde und Wellington im besonderen zur Verfügung. Nach seiner Behauptung war Bonaparte gestern, also am 10. in Avesnes gewesen; am 6. habe die Garde Paris verlassen, ein Teil für Straßburg, ein Teil nach der belgischen Grenze zu. Die in Valenciennes stehende Artillerie schätzte er auf 250 Geschütze*).

Fünf Deserteure sagten am 12. Juni aus, daß sie gehört hätten, Napoleon weile in Laon**). Zugleich berichtete ein französischer Edelmann, der aus Maubeuge kam, daß die Armee Napoleons sich gegen die belgische Grenze vorschiebe, das Korps Reille sei gestern in und bei Maubeuge eingetroffen, die Hauptquartiere seien von Laon nach Avesnes verlegt, wo eine Gardedivision heute (12. Juni) ankommen würde. Grouchy habe ein bedeutendes Kavalleriekorps gemustert, Soult, der Generalstabschef des Kaisers, sei diesen Morgen von Laon kommend durch Maubeuge gereist. Napoleon werde jeden Augenblick erwartet, aber man wisse nicht, wann er Paris verlassen habe, am 10. sei er augenscheinlich noch dort gewesen. Der Edelmann schätzte die zwischen Philippeville, Givet, Mézières, Guise und Maubeuge angesammelten Truppen auf mehr als 100 000 Mann Linie. Die allgemeine Ansicht im Heere sei, daß die Ankunft Napoleons in Avesnes das Signal für den Beginn der Feindseligkeiten sein würde***). Diese Nachrichten wurden durch eine vom Baron de Roisin übersandte Mitteilung bestärkt, wonach Soult am 11. in Valenciennes eingetroffen war. Es heiße, daß man sich um Mittag in Marsch setzen würde, um übermorgen, also am 14. Juni, anzugreifen, am Tage der Schlacht bei Marengo†). Und eine weitere Bestätigung erhielt dies alles durch die Meldung des Lord Uxbridge, wonach Napoleon am 10. sein Hauptquartier in Laon nehmen wollte, die Garde von hier aus zwei Tagemärsche gegen die Frontaufstellung gemacht habe und der Kaiser beabsichtige, sofort loszuschlagen††).

Neben diesen Angaben liefen solche über Stärke, Bewegung und Verteilung der französischen Truppen, über getroffene Rüstungen und Verteidigungsmaßregeln, über Aushebungen, über Stimmung in der Armee und im Volke, kurz über alles, was militärisch wissenswert erschien. Am 6. Juni erfuhr Wellington durch Zieten, daß die Gesamtstärke des Feindes auf 300 000 Mann veranschlagt werde, wovon 102 000 Mann zwischen

---

*) Ibid. 454.
**) Ibid. 455.
***) Ibid. 456.
†) Ibid. 457.
††) Disp. XII, 463.

Maubeuge und Sedan stehen sollten*). Drei Tage später sagte ein Mann aus, den Zieten nach Paris geschickt hatte, daß 30000 Mann auf Wagen nach der Grenze gebracht würden**). Am 10. Juni sandte Clarke einen Bericht, den er aus dem französischen Kriegsministerium erhalten hatte, worin die nominelle Stärke der einzelnen Armeekorps und Heere Napoleons angegeben war, welche Clark auf die wahrscheinliche berechnete. Dieselbe betrug danach 227000 bezw. 182000 Mann***).

Es konnte kaum noch ein Zweifel über die nahe Eröffnung des Krieges obwalten. Wellington war nicht gesonnen, sich von seinem Gegner überraschen zu lassen. Schon am 7. Juni gab er genaue Anweisungen über die Verteidigung der festen Plätze. Es heißt darin: Sobald der Feind seinen Fuß auf das Gebiet der Niederlande setzt, sollen in Belagerungszustand erklärt werden die Orte: Antwerpen, Ostende, Nieuport, Ypern, Tournai, Ath, Mons und Gent. Ist dies geschehen, so müssen alle militärischen Vorsichtsmaßregeln angewandt werden, und der Gouverneur hat sofort den Verteidigungsrat zu versammeln. An solche allgemeineren Bestimmungen schlossen sich eine Reihe Sonderverfügungen, je für die Verteidigung der Städte Tournai, Mons und Gent. Diese zeigen genaue Kenntnis bei sicherem Blicke über das Ganze. Alle vier Befehle sind augenscheinlich genau von Wellington durchgearbeitet und von ihm selbst unterzeichnet†).

Am 11. Juni schrieb der Feldherr dem Prinzen von Oranien, daß es niemand gestattet sein solle, die Außenwerke irgend eines befestigten Platzes zu besuchen und daß man sich auf den Wällen nur ergehen dürfe, wenn es öffentliche Spaziergänge seien. Der Prinz möge dementsprechende Befehle erteilen††). Oranien stand dem Feinde am nächsten. Er war deshalb auch der erste, der eine vorsorgende strategische Anweisung traf. Am 7. Juni schrieb er seinem Untergenerale Collaert, dem Führer der niederländischen Reiterei, deren Posten die vorderste Reihe bildeten: im Falle eines überlegenen feindlichen Angriffes solle er sich mit den zwei Brigaden leichter Kavallerie und der reitenden Artillerie auf Fay zurückziehen, um sich mit der dritten Infanterie-Division zu vereinigen. Er möge auf alle Bewegungen an der Grenze genau Acht geben†††).

Bis zum 10. Juni wurde die Reiterdivision dann allmählich weiter vorgeschoben, um als besonders empfindsamer Fühler zu dienen. Und zwar

---

*) Suppl. Desp. 429.
**) Ibid. 436.
***) Ibid. 449.
†) Disp. XII. 450—452.
††) Disp. XII. 458.
†††) De Bas, Prinz Frederik der Nederlanden III. 519.

rückte sie in eine Stellung längs der Haine, und zwischen Mons und Binche vor mit den äußersten Posten zu Asquillies, Borgnies, Harveny und Estinnes-au-Mont. Am 9. Juni wurden die Weisungen zur Wachsamkeit verschärft. Die Führer der 2. und 3. Reiter-Division erhielten Befehl, sich jederzeit marschbereit zu halten*).

Die Truppen sollten jeden Morgen früh mit voller Ausrüstung ihre Quartiere verlassen und sich bataillonsweise am Standorte des Bataillonsstabes sammeln, dort abkochen und sich erst abends wieder in ihre Quartiere begeben. Die Pferde der Batterien mußten aufgezäumt stehen, um sofort angespannt werden zu können. Ein Manöver der 3. Division wurde vorsichtig abgesagt, General Collaert ließ seine Reiter wiederholt in der Nacht aufsatteln, um sich von ihrer Wachsamkeit zu überzeugen**). Auch besitzen wir die Nachricht, daß der Sammelbefehl richtig ausgeführt wurde, infolgedessen die Bataillone also während des ganzen Tags schlagfertig blieben***). An besonders gefährdeten Stellen suchte man die Wege ungangbar zu machen, so geschah es bei Mons durch Umhauen der Bäume, die quer über die Chaussee gelegt wurden†). Man sieht, es war Vorsorge getroffen, daß der Feind möglichst keine Ueberraschung bereite.

Natürlich erfolgten jene Maßnahmen im Einverständnisse mit Wellington, der die der Front durch solche bei der Reserve in und um Brüssel ergänzte. Hier mußten die Truppen ziemlich jeden zweiten Tag mit vollem Gepäck feldmarschmäßig ausrücken, wobei die Bagage der Offiziere thunlichst beschränkt und je einem Lasttiere zum Tragen aufgeschnallt wurde. Durch solche Maßregeln befanden sich auch diese Leute in steter Marschbereitschaft. Die Offiziersburschen waren derartig eingeübt, daß sie bei einem Befehle zum Aufbruche binnen einer halben Stunde die Sachen ihrer Vorgesetzten verpackt hatten††). Außerdem waren die Stunden vom Augenblicke der Absendung der Ordonnanzen aus Brüssel berechnet, in welcher die Truppen auf ihren Sammelplätzen vereinigt sein konnten†††).

Alles schien erwogen zu sein. Die gesamte Armee des Herzogs konnte bis zum Mittage des zweiten Tages im Zentrum, am dritten Tage auf

---

*) De Bas, 458.

**) De Bas, 519, 520. Von dem Befehl zum täglichen Ausrücken sagt Charras Histoire de la Campagne de 1815, 123, er sei bem Korps des Prinzen erteilt, während De Bas angiebt, er gelte nur der 2. Division.

***) Begebenheiten der 2. niederl. Division. Vergl. hinten, Beilagen. Disp. XII. 458.

†) Disp. XII. 458.

††) Milit. Wochenbl. 1846, S. 54.

†††) Müffling 221.

dem linken Flügel vereinigt sein*). Ueberdies lag ja auch der genau ausgearbeitete Operationsplan von Ende April vor, so daß man allen Ereignissen getrost entgegensehen durfte.

Wellington traf und ließ die Anordnungen treffen mehr aus angeborener Vorsicht und aus Pflichtgefühl, als aus Furcht vor einem thatsächlichen Angriffe Napoleons. Die Nachrichten und Gerüchte von der Grenze widersprachen sich vielfach, und von Paris wird er beruhigende Nachrichten erhalten haben, denn am 11. Juni konnte Müffling berichten, der Herzog habe ihm mitgeteilt, nach sicheren Anzeichen sei Napoleon noch am 7. Juni in Paris gewesen**).

Mehr als in Brüssel machten die Meldungen der letzten Zeit das Hauptquartier in Namur stutzig, und erzeugten das Bedürfnis einer erneuten Aussprache. Um diese zu bewirken, traf der Oberst von Pfuel vom preußischen Generalstabe ein. Er sollte mit dem Herzoge die etwaigen Maßregeln der drohenden Gefahr gegenüber verabreden***). Wellington schien indes nicht die Ueberzeugung gewinnen zu können, daß Napoleon die Preußen mit seiner Hauptmacht angreifen würde. Er versicherte aber doch, daß er in 22 Stunden nach dem ersten Kanonenschusse seine Armee je nach Umständen bei Quatre-Bras oder Nivelles konzentriert haben würde. Am 14. Juni begab Pfuel sich wieder nach Namur.

In diesen Angaben ist bemerkenswert, daß Wellington nicht recht an einen Angriff der Franzosen glaubte und daß er sein Heer bei Quatre-Bras sammeln wollte. Bereits bei der zweiten Verabredung mit Blücher begegnete uns der Name von Quatre-Bras, doch ist zu beachten, daß beide Angaben auf die gleiche Quelle zurückgehen. Dieselbe wird zwar Grolman sein, doch weiß man bei Damitz leider gewöhnlich nicht, wo Grolman aufhört und Damitz anfängt. Ueberdies ist die Nachricht rein preußisch und selbst im günstigsten Falle ist sie uns erst 20 Jahre nach den Ereignissen überliefert†).

In dem Memorandum Wellingtons von Ende April war Quatre-Bras nicht genannt; dies besagt nicht viel, mehr aber die Thatsache, daß noch im Marschbefehle vom 15. Mai nur von Nivelles die Rede ist, erst am 16. früh tritt Quatre-Bras in die Erscheinung. Nach alledem läßt sich die Angabe von Damitz kaum ohne weiteres verwerten, um so weniger als auch Müffling den englischen Feldherrn von jenem Ort reden läßt, wo es erweislich nicht der Fall

---

*) De Bas, 520.
**) Vergl. hinten die Beilagen.
***) Damitz I, 70.
†) Das Werk von Damitz erschien 1837.

gewesen sein kann*). Nachträglich wurde Quatre-Bras berühmt, und damit lag nahe, den Ort im Gedächtnis nach vorne zu rücken. Ausgeschlossen aber erscheint es natürlich nicht, daß derselbe schon vorher in den Erwägungen des Herzogs mitgewirkt hat, es wird dies dann auf Hinweise seitens der Preußen beruhen.

Die Angabe von Wellingtons Ungläubigkeit ist auch sonst belegt, wir werden sehen, wie sowohl der General Clinton als auch der Prinz von Oranien sie bestätigen.

Wellington war fest überzeugt, daß der Feldzug nicht von Napoleon, sondern seitens der Verbündeten eröffnet würde. Der 20. Juni, der Zeitpunkt, an welchem man hoffte, Schwarzenberg würde von Basel in Frankreich einrücken, näherte sich, und auch die Russen gelangten allgemach in den Gesichtskreis. Schon traf das Marschtableau der ersten russischen Kolonne in Brüssel ein, welches am 7. Juni in Mainz aufgestellt war. Andererseits hatten die Vertragsmächte beschlossen, daß alle Armeen zugleich operieren sollten. Da die Russen aber doch noch nicht genügend heran waren, so erfolgte wieder ein Zeitverlust bis mindestens zum 1. Juli. Sehnsüchtig wartete Wellington auf den Eilboten aus dem Hauptquartiere Schwarzenbergs, der ihm die Antwort auf seine Frage bringen sollte, wann er den Feldzug eröffne. Aber immer noch blieb derselbe aus.

In solcher Unsicherheit wurden denn vorläufig Ansichten und Einzelmaßnahmen bei Eröffnung des Feldzuges durch die Verbündeten erwogen. Wellington verhandelte mit Müffling über die französischen Festungen**) und Hardinge schrieb an den Herzog: „Es ist seitens der Preußen alle Mühe aufgewandt worden, um Kenntnis vom Stande der Verteidigungkraft der französischen Festungen zu erlangen. Sollte Eure Lordschaft wünschen, die Berichte mit den Ihrigen zu vergleichen, so will ich mir eine Abschrift verschaffen und ich bitte dann zugleich, mich wissen zu lassen, ob Eure Lordschaft eine entsprechende Mitteilung machen will***).

Nun mischte sich auch Bayern ein. Deren Feldmarschall Wrede unterstand Schwarzenberg, hatte aber den Drang, eine möglichst selbständige Rolle zu spielen und suchte deshalb Anschluß bei den Preußen. Er legte ihnen seine Ansichten über die Kriegführung dar. Sie schickten dieselben an Müffling, um sie Wellington mitzuteilen, der sich aber nicht sonderlich erbaut davon zeigte. Diese Dinge und die allgemeine Unklarheit der Sachlage bewirkte, daß zwischen Blücher und Wellington keine neueren bestimmten Abmachungen über einen Einmarsch in Frankreich getroffen wurden.

---

*) Müffling 230.
**) Disp. XII. 457.
***) Suppl. Desp. X. 437.

Vorerst schien es damit auch keine Eile zu haben. Wellington fühlte sich so sicher, daß er nicht das geringste that, um eine bedeutende Verstärkung von 13 000 Dänen irgend beschleunigt heranzuziehen*). Am 11. Juni meinte er zu Müffling, daß er einem Angriffe Napoleons mit größter Ruhe entgegensähe, da er mit seinen Anstalten ebensowohl fertig sei als die Preußen, worauf Müffling erwiderte, es gäbe nach seiner Meinung keine glücklichere Begebenheit für die verbündeten Mächte, als wenn Napoleon in Belgien vorbringe. Der Herzog teilte diese Ansicht**), äußerte aber am 13. Juni: „Hier giebt's nichts neues. Wir haben Nachrichten, daß Bonaparte bei der Armee eingetroffen ist, um uns anzugreifen, aber ich habe Berichte aus Paris vom 10., an welchem Tage er noch in der Hauptstadt war. Nach seiner Rede an die Legislatur erachte ich seine Abreise als nicht unmitelbar bevorstehend. Ich glaube, wir sind ihm hier zu stark***)."

Aehnlich so dachte Müffling, doch war er durch die vielerlei Meldungen allmählich verwirrt geworden, wie aus einem seiner Briefe vom 11. erhellt, wonach die Kräfte Napoleons nicht besonders stark sein sollten. Weiter heißt es dann dort: „Nach allem, was uns bis jetzt über die Maßregeln Napoleons zugekommen ist, glaube ich annehmen zu müssen, daß er nicht zuerst angreifen wird, aber vielleicht in demselben Augenblick, als er die Nachrichten von Eröffnung der Feindseligkeiten am Oberrhein erhält, sein Glück gegen uns versucht, da er alsdann noch immer Zeit behält, sich der großen Armee entgegenzusetzen. Ist dies jedoch nicht sein Plan, so hat er wahrscheinlich von Laon einen Marsch gegen den Oberrhein bereitet, und fällt auf den Fürsten Schwarzenberg mit allem, was er entbehren kann."

Müffling fühlte selber, daß er sich in Möglichkeiten und Unmöglichkeiten verliere, und hätte deshalb gern jemand nach Reims oder womöglich gar nach Laon gesendet, der dort bleiben müsse, bis Napoleon sich nach einer Seite hin bestimmt entschieden hätte†).

Jedenfalls glaubte Müffling ebensowenig wie Wellington an einen unmittelbar bevorstehenden Angriff des Feindes. Bekanntlich ist dieser nun doch erfolgt. Nach der vielen Zeit, die man gehabt hatte, nach den vielen Verhandlungen, die gepflogen, und den vielen Maßnahmen, die getroffen waren, hätte man annehmen sollen, daß das glückliche, herbeigesehnte Ereignis machtlos an den Verbündeten abprallen würde. Aber das war nicht der Fall. Vor allem wirkten zwei Umstände ungünstig: Die entscheidenden Nachrichten aus Paris blieben aus, und Wellingtons Marschberechnungen waren für

---

*) Brief Müfflings vom 11. Juni, hinten i. den Beilagen. Vergl. auch Suppl. Desp. X. 415.

**) Vergl. die Beilagen.

***) Disp. XII. 462.

†) Vergl. die Beilage vom 11. Juni.

ben Tag, nicht für die Nacht gemacht. Der erste Umstand bewirkte, daß man sich in Brüssel wie in Namur zu sicher hielt und deshalb nicht rechtzeitig Maßregeln ergriff, um der Gefahr zu begegnen. Dies wurde verschlimmert, weil die Ordonnanzen, die nun beschleunigt reiten mußten, des Nachts auf Nebenwegen nicht immer schnell vorwärts kommen konnten, was notwendige Verspätungen und Irrtümer bei den weit zerstreuten Quartieren verursachte*). Besonders nachteilig beeinflußte das jenen Teil des Heeres, der sich des Tages bataillonsweise beisammen fand, sich nachts aber zerstreut hielt. Hier handelte es sich um zwiefachen Zeitverlust; und gerade er lag vor dem Feinde.

14. Juni.

Inzwischen trafen neue Berichte über den Feind ein, aber doch nicht in dem Umfange, wie man bei ernstlichen Absichten desselben erwarten sollte. Dörnberg klagte am 13. Juni, er habe seit drei Tagen nicht die geringste Nachricht von zwei seiner hauptsächlichsten Kundschafter erhalten. Er fürchtete deshalb, sie seien festgenommen worden**). Der Grund war ein ganz anderer. Napoleon, der bisher den Verkehr mit dem Auslande in ausgedehntem Maße zugelassen, hatte plötzlich die Grenzen seines Landes gesperrt. Die Verbindung mit Belgien und der Rheinprovinz wurde unterbrochen, aller Wagenverkehr über die belgische Grenze seit dem 13. Juni sogar bei Todesstrafe verboten***). Die in den Seehäfen befindlichen Schiffe, selbst die Fischerbarken, wurden mit Beschlag belegt. Eine Ergänzung fanden diese Sperrmaßregeln dadurch, daß die Linientruppen von der belgischen Grenze zurückgezogen und durch Freikorps, Nationalgarden und Douaniers ersetzt wurden†). Das Verschwinden der Linientruppen, zumal der Reiter, schien nun augenscheinlich nicht auf einen Angriff gegen Belgien zu deuten, sondern umgekehrt auf andere Bewegungen, sei es gegen den Rhein, sei es nach dem Innern Frankreichs. Im preußischen Hauptquartier war man schon am 14. Juni durch eine Meldung des Generals Pirch II (Zietensches Korps) von der Grenzsperre unterrichtet, in Brüssel hingegen hat man augenscheinlich nichts davon erfahren, wenigstens liegt uns keine Nachricht vor, die darauf deutet, und Wellingtons Verhalten spricht dagegen.

Unter solchen Umständen meldete nun Dörnberg am 13. Juni: Zieten habe ihm berichtet, daß Truppen von Mézières über Beaumont nach Mau=

---

*) Müffling 221.
**) Suppl. Desp. 470.
***) VI C. 15. II p. 13, im Kriegsarchive zu Berlin.
†) Houssaye 89.

beuge marschierten. Eine Frau versicherte ebenfalls, daß alle Linientruppen aus der Gegend von Valenciennes sich gegen Maubeuge bewegten, so daß es den Anschein habe, als ob sich hier die ganze Armee des Feindes versammele*). Der Prinz von Oranien ergänzte diese Mitteilungen dahin, daß in der letzten Nacht 20 000 Mann verschiedener Truppengattungen in Valenciennes angekommen seien, auch in der Umgebung von Maubeuge seien starke Heereskörper eingetroffen, Jerome Bonaparte habe dort gestern Reiterei und reitende Artillerie gemustert**).

In einem Briefe Wellingtons an den Grafen Bathurst verweist er diesen auf eine Eingabe des Chefs des Ingenieurwesens über die Verteidigungswerke von Ostende, wonach dieselben nicht 9000 Pfd. Sterl. kosten, wie er (Wellington) meinte, sondern über 21 000 Pfd. Sterl. Aber, fügt der Feldherr bei, ich zweifele nicht an dem hervorragenden Nutzen des Werkes, Ostende ist dann unangreifbar***). Man sieht aus den verschiedenen Aeußerungen: am 13. war Wellington überzeugt, daß Napoleon fürs erste noch in der Hauptstadt bleibe, daß er überhaupt Belgien nicht aufsuche, aber wenn es geschehe, so könnte er sich auf Ostende werfen, also an der Meeresküste entlang ziehen. Verglichen mit den Thatsachen, bedeutet dies vollendete Unkenntnis, denn Napoleon befand sich bereits bei der Armee und war schlagfertig, um mitten in Belgien einzubrechen.

In der Nacht gingen denn auch Nachrichten ein, welche besagten, daß die ganze feindliche Armee sich bis zum 14. bei Maubeuge versammele†). Das erschien äußerst beunruhigend und hätte unbedingt zu Gegenmaßregeln genötigt, aber da wollte das Unglück, daß der beste Berichterstatter, daß Dörnberg, sie am 14. geradezu widerrief. Morgens 9½ Uhr hat er geschrieben, es scheine, daß die Truppen bei Maubeuge nur wegen einer Revue vereinigt seien; die Heeresmacht bei Maubeuge habe sich gestern wieder getrennt, indem sie sich in verschiedenen Richtungen abermals in Marsch gesetzt habe, einige nach Beaumont zu (also nach Osten††), andere auf Pont-sur-Sambre (also nach Südwesten). Um die Sachlage noch unklarer zu machen, fügte er bei, ein Linienregiment habe sich vorgestern über Valenciennes in der Richtung nach Abesnes bewegt, und eine große Menge Wagen sei an der Grenze requiriert, um für 8 Tage Lebensmittel zu fahren†††). Um 3 Uhr

---

*) Suppl. Desp. 470.
**) Suppl. Desp. 471.
***) Disp. XII. 462.
†) Mein Aufsatz in den „Neuen Militärischen Blättern" 1902, S. 196: Müfflings Brief. Vielleicht geht er auf die mitgeteilte Depesche Dörnbergs zurück, dieselbe ist aber schon 8 Uhr morgens geschrieben. Vergl. vorn S. 47. Suppl. Desp. X. 470.
††) Gemeint ist hier das jetzt belgische Beaumont zwischen Maubeuge und Philippeville, nicht das Beaumont bei Sebaun.
†††) Suppl. Desp. X. 476.

teilte derselbe Dörnberg wichtige Nachrichten mit, die ihm augenscheinlich von einem höheren französischen Militär zugegangen waren. Es hieß darin: Das Hauptquartier des feindlichen I. Korps bewege sich seit gestern gegen die Sambre. Alle Truppen sammelten sich auf Maubeuge und Beaumont, man rechne 180 000 Mann. Von Lille sei die Garnison abmarschiert. In der Nacht vom 11. zum 12. habe Napoleon Paris verlassen*). Um 5 Uhr meldete der Prinz von Oranien aus Braine: er käme soeben von der Front zurück, wo alles ruhig in alter Weise sei. Aus der Gazette de France gehe hervor, daß Napoleon am 11. nach der belgischen Grenze abgereist sei**). Abends 10 Uhr meldete Oberstleutnant Harbinge, aus Namur, daß ein soeben eingetroffener Bericht des Generals Zieten nach einem Briefe des belgischen Generals Merlen feststelle, daß die bei Maubeuge versammelten feindlichen Truppen sich auf Beaumont bewegten und für 8 Tage mit Proviant versehen seien. Zieten selber habe zur Zeit als er schrieb (um 12 oder 1 Uhr) nichts von feindlichen Bewegungen zur Rechten erfahren. Wachtfeuer seien in der Richtung von Thimmont und Mirbes gesehen. Ueber die Ankunft Napoleons oder der Garden in Avesnes, wovon während der letzten Nacht Rapporte gekommen seien, sage Zieten nichts. Gneisenau halte die Mitteilungen, welche er von verschiedenen Seiten über die Ankunft zweier feindlichen Divisionen bei Sedan und Mézières am 12. erhalten habe, für richtig. Es seien bereits Befehle an die drei zurückstehenden preußischen Korps erteilt. In Namur herrsche die Ansicht, daß Bonaparte die Offensive ergreife***). Hierbei ist zu beachten, daß die Brigade Merlen zwischen Mons und Binche stand, also links an die Preußen schloß. Wenn der General seinen Brief an den ihm benachbarten General Zieten sandte, so that er es selbstverständlich auch an das eigene Hauptquartier. Diese Meldung wird morgens abgeschickt†), also nachmittags in Brüssel eingetroffen sein. Besonders wichtig erwies sich hier eine Angabe Zietens an Müffling, deren Wortlaut leider nicht erhalten blieb. Danach versammelte sich vor seinen Vorposten die ganze französische Armee; ihr Angriff werde wahrscheinlich auf ihn gerichtet††). Er zeigte Wellington das Eintreffen Napoleons in Avesnes an, und ersuchte ihn, sich bei Nivelles zu konzentrieren†††). Es steht nicht fest, ob alle diese Dinge in **einer** Depesche oder in deren zwei enthalten gewesen sind; in einer für Müffling und einer für den Herzog. An demselben Tage schrieb Zieten auch an Blücher,

---

*) Suppl. Desp. 477.
**) Suppl. Desp. 475.
***) Suppl. Desp. 476.
†) a letter from General Merlen ... oft this morning (Suppl. Desp. 476).
††) Müffling, 221.
†††) Vergl. den Brief weiter hinten.

Napoleon solle gestern abend Maubeuge erreicht haben*). Dies alles deckt sich mit einem Berichte des Generals van Merlen, der wohl auf Grund französischer Militärnachrichten besagte, daß übermorgen große Schläge erfolgen würden. Die feindlichen Posten vor ihm seien großenteils eingezogen; er glaube, daß die Franzosen es auf die Preußen abgesehen hätten**). Noch abends 9 Uhr berichtete Lord Hill aus Grammont an den Prinzen von Oranien: während der Nacht erhielt ich mehrere Rapporte von der Grenze, welche bestätigen, daß der Feind bei Maubeuge eine sehr beträchtliche Truppenmacht zusammengezogen hat; dies geschah durch mehrtägige Märsche von Laon, Valenciennes und Mézièrès. Es scheint, daß Bonaparte nicht an der Grenze gewesen ist, aber es heißt, Soult sei sicher bei der Armee***).

Nun besaß Wellington, wie wir wissen, noch eine zweite Nachrichtenquelle in Paris, von der er entscheidende Mitteilungen erwartete. Er blickte deshalb gespannt in die Ferne; aber nichts verlautete von dort, weil die Postverbindung durch Napoleon abgeschnitten war. Ja jene Verbindung mit Fouché wirkte geradezu unglücklich, weil sie den Herzog mit der falschen Nachricht hintergangen hatte, daß die Eröffnung des Feldzuges bis zum 1. Juli verschoben sei, mithin auf denselben Zeitpunkt, den auch die Verbündeten für den Beginn des Krieges festgestellt hatten.

Als Napoleon dann in der Nacht vom 11. auf den 12. Juni Paris verließ und sich zur Armee begab, geriet Fouché denn doch in Bedrängnis, weil er fürchten mußte, daß seine Doppelzüngigkeit ihm schaden würde. Aus dieser Verlegenheit suchte er sich derart zu helfen, daß er am Tage der Abreise Napoleons eine vornehme Dame mit Noten in Ziffern entsandte, welche den Feldzugsplan enthielten. Fouché behauptet nun, daß er derselben an der Grenze so vielerlei Schwierigkeiten bereitet habe, bis sie erst verspätet im englischen Hauptquartier eintreffen konnte†). Diese Angabe wird aber wieder einmal unwahr sein. Keineswegs Fouchés Verdienst war es, daß er nicht zum Verräter seines Kaisers wurde, sondern dessen Grenzsperre wird die Reise der Dame aufgehalten haben. Wie dem nun auch sei, eine Thatsache war, daß die Pariser Quellen Wellingtons gerade in dem Augenblicke versagten, als er sie besonders notwendig brauchte, und deshalb die Annahme nahe legten, es sei nichts geschehen, was man mitteilenswert erachtet habe.

Allerlei andere Dinge kamen hinzu, um die Aufmerksamkeit des Feldherrn zu fesseln; daß sie dies aber konnten, zeigt nach wie vor, in welcher

---

*) VI. C. 1. III. S. 150, im Kriegsarchive.
**) De Bas, Prins Frederik der Nederlanden III, 517. Es kann das Duplikat des preußischen Berichtes sein, auf das Hardinge verweist, es kann sich aber auch um eine andere Meldung handeln.
***) De Bas, III. 517.
†) Diese Stelle aus Fouchés Memoiren bei Damitz I, 104.

Weise er die Sachlage auffaßte. Vom Kommandanten von Ath hatte er einen Beschwerde=Brief erhalten, den er dem Prinzen von Oranien mit einer längeren Auseinandersetzung übermittelte. Er erklärt hierin, daß für die Befestigung von Ath so viel geschehen sei als möglich. Der Ort sei zwar keine eigentliche Festung, aber dafür stünde auch kein regulärer Angriff auf denselben in Aussicht. Alles, was dem Gouverneur obliege, sei: seine Pflicht zu thun und andere anzuhalten, ebenso zu handeln. Wenn ihm das nicht passe, brauche er nur seinen Abschied einzureichen. Im übrigen werde man sich sofort die Verproviantierung und die Beschaffung von Artilleriemunition und noch einige Befestigungen angelegen sein lassen. Das übrige stellt er wesentlich dem Kommandanten anheim*).

Noch weiter führte ihn ein eingehender Brief an den Herzog von Feltre. Er enthielt im Wesentlichen eine Gesamtanweisung für die militärischen Maßnahmen der sich langsam einfindenden Truppen des Königs von Frankreich. Darin hieß es, daß der Herzog von Berri zwei Orte zur Verfügung habe, wo er seine Leute zusammenziehen könne, je nach seinem Gutdünken für die Offensive oder Defensive. Eine Ueberraschung einzelner französischer Ortschaften widerrät der Feldherr. Von anderem abgesehen, handele es sich um richtige Verfolgung eines festen Ziels, und nicht um Jagd auf Kuriositäten. Dennoch sei Wellington stets zu der Erwägung bereit, wie der König zum Herrn eines französischen Platzes gemacht werden könne. Wellington erörtert dann die falschen Maßnahmen, welche die Royalisten über Aufhäufung von Gewehren treffen wollten, und giebt Erklärungen über Pferde und Sattelzeug für Kavallerie, über Artillerie und Train. Er kann den Royalisten Kanonen, Wagen, Munition und wohl auch Trainpferde liefern, aber keine Artilleristen und keine Transoldaten. Hier müßten sie sich selber helfen**). Der Brief zeigt in vollem Umfange, wie hilflos, unfähig, täppisch und zugleich wie anspruchsvoll die Herren in Gent waren, und man muß sich über die Geduld und die Höflichkeit wundern, mit der Wellington auf alle die Wünsche und Zumutungen seiner politischen Freunde einging. — An demselben Tage hatte der englische Feldherr eine eingehende Besprechung mit Müffling. Dieser legte ihm ein Schreiben des preußischen Hauptquartiers und einen Brief des Fürsten Schwarzenberg an Blücher und ein vertrauliches Schreiben des Generalleutnants v. d. Knesebeck mit den zwei Fragen vor: welchen Tag er für zweckmäßig erachte, die Feindseligkeiten zu eröffnen, und ob er die gesamte Unterstützung der russischen Armee (durch den Marsch auf Trier und Luxemburg) gewünscht habe. Wellington erwiderte, daß er geraten halte, die Bewegungen in Belgien 4 bis 5 Tage später als Schwarzenberg am

---

*) Disp. XII. 465.
**) Disp. XII. 463.

Oberrhein zu beginnen, so daß man am 1. Juli die Grenze überschreite. Sonst meinte er, das verbündete preußische und englische Heer seien stark genug ohne die Russen; deshalb müßten diese geradenwegs über Saarbrücken und St. Avold in Frankreich einrücken*).

Ruhig lebte man also nach den bisherigen Anschauungen. Man sah vom Feinde und seinen etwaigen Unternehmungen ab, und erwog dafür, wie man seinerseits den Feldzug gestalten wolle.

Der die Russen betreffende Teil der Verhandlung scheint mit der bevorstehenden Ankunft des Generals von Toll zusammenzuhängen, welcher ein Schreiben des russischen Kaisers an den Herzog überbrachte**). Wohl noch am Nachmittage oder gegen Abend des 14. ist derselbe in Brüssel eingetroffen und alsbald empfangen worden, wie sich daraus ergiebt, daß der Herzog den Brief schon am Morgen des 15. eingehend beantwortete. Und ebenfalls am 14. wandte der österreichische Bevollmächtigte, General Baron Vincent, mit einem Schreiben des Fürsten Metternich sich an Wellington, welches diesen veranlaßte, einen eingehenden Brief über die schwierige Frage der Zukunft König Ludwigs XVIII. und Frankreichs zu schreiben und in demselben seine Ansichten auseinander zu setzen und zu begründen***).

Rechnet man alles zusammen, so sieht man, daß der 14. Juni ein äußerst schwerer Tag für Wellington gewesen ist, wohl geeignet, seine Augen von den augenblicklichen Bewegungen des Feindes abzulenken. Hätte er nicht fern in Brüssel, sondern unmittelbar an der Grenze, in Mons, geweilt, so würde er die Sachlage vielleicht anders aufgefaßt haben. Wenigstens ist dies von anderer Seite geschehen. Am 14. Juni hatte sich der General Clinton, der Befehlshaber der 2. englischen Division, von Ath nach Mons begeben. Auch zu seinen Ohren waren die Gerüchte von einem bevorstehendem Angriff Napoleons gedrungen; er kam nun, um bei Dörnberg Näheres zu erfahren. Dieser teilte ihm mit, was er wußte; Clinton prüfte es, und gestand zu, daß er es für richtig erachte, aber, fügte er bei: „Der Herzog, der doch immer sehr gut unterrichtet ist, glaubt es nicht"†). Wir finden immer denselben Gleichklang††).

Von Leuten, welche wissen, wie später alles gekommen ist, sind Wellington schwere Vorwürfe gemacht, daß er die Sachen zu leicht genommen

---

*) Neue Milit. Blätter 1902. S. 195.
**) Am 15. Juni schreibt Müffling: „Der General v. Toll ist ... hier angekommen." Vergl. hinten die Beilagen. Es wird dies schon am 14. nach Absendung seines damaligen Briefes geschehen sein.
***) Disp. XII. 466.
†) Bericht Dörnbergs II. VI. E. 58, Kriegsarchiv.
††) In seinem Memorandum sagt Wellington: „It was perfectly true that the Duke did not at first give credit to the reports of the intention of the enemy to attack by the valleys of the Sambre and the Meuse." Suppl. Desp. X. 525.

und sich nicht genügend unterrichtet habe. Für den Mitlebenden und Handelnden lagen die Dinge aber doch wesentlich anders. Der Verpflegung wegen hatte man die Armee völlig auseinander ziehen müssen. So lag z. B. die erste Brigade der Division Perponcher in neun Ortschaften verteilt, ein Bataillon allein in deren drei, die zweite Brigade hatte gar 14 Orte beziehen müssen*) und ähnlich so ging es sonst. Die 5. hannoversche Infanterie=Brigade erhielt in der Nacht vom 15. auf den 16. Befehl, sich zu versammeln. Wegen ihrer Zerstreuung konnte sie sich aber erst am 16. mittags um 12 Uhr in Marsch setzen. Selbst bei Brüssel lagen die Verhältnisse in dieser Beziehung ungünstig. Hier erhielt z. B. das nassauische 1. Infanterie=Regiment um 1½ Uhr nachts Befehl, sich früh 7 Uhr versammelt zu halten; die Entfernung einiger Quartiere bewirkte jedoch, daß nur das 1. und 2. Bataillon, und zum Teil mit Mühe, zur befohlenen Stunde auf dem Rendez-vous-Platz erschien; erst um 9 Uhr vermochten sie abzumarschieren, und noch später setzte sich das 3. Bataillon in Bewegung.

Also thatsächlich fand sich das Heer weithin in lauter kleine Teilchen zersplittert. Aber diesem Uebelstande war, wie wir sahen, bis zu gewissem Grade durch den Befehl begegnet, daß sich die einzelnen Bataillone tagsüber auf ihren Sammelplätzen vereinigen sollten. Damit war viel gewonnen, weil die nunmehr geschlossenen kleineren Verbände sich leicht mit ihren größeren vereinigen, sich sofort auf ihre Brigade= und Divisionsplätze begeben konnten, welche durchweg in einigen Stunden zu erreichen waren. Nun wollte aber das Verhängnis, daß Wellington sich erst gegen Abend sicher genug fühlte, um die entsprechenden Marschbefehle zu erteilen. Aus solchem rein äußeren Grunde wurde die getroffene Vorsorge wertlos, wie wir bereits sahen, weil die Befehlsvermittelung bei Nacht, also zu einer Zeit geschehen mußte, wo die Truppen nicht beisammen, sondern zerstreut waren. Diese Thatsache veränderte das Bild wesentlich zum Nachteile der englischen Schlagfertigkeit, wurde jedoch teilweise dadurch aufgewogen, daß die Unterführer thaten, was der Feldherr bislang versäumt hatte. Theoretisch oder vom Standpunkte des Erfolges betrachtet, hätte der Herzog also am 14. die Truppen wenigstens in größeren Verbänden sammeln sollen, um sie für alle Fälle schnell gebrauchsfähig zu wissen.

Daß ein so vorsichtiger und weitblickender Mann wie Wellington es nicht that, beweist eben, daß ihm die Meldungen des 14. solche Bewegungen noch nicht wünschenswert oder gar nötig erscheinen ließen. Sorgfältig gesichtet, deuten sie darauf hin, daß Napoleon bei seinem Heere angekommen sei, und daß sich dieses oder doch ein größerer Teil desselben an der belgischen Grenze in der Gegend Maubeuge—Abesnes—Beaumont massiere. Freilich auch andere Orte, selbst landeinwärts gelegene, waren genannt.

---

*) M. S. II. VI. S. 58 im Kriegsarchive; De Bas 536.

Sammelte sich das Heer, so geschah es wahrscheinlich für einen Angriff, der dann über Mons—Braine, Binche—Nivelles oder Charleroi—Quatre-Bras gehen konnte. Doch war dies keineswegs sicher, die Bewegung von Maubeuge auf Beaumont konnte ebensowohl weiter auf Namur, selbst auf Luxemburg und den Mittelrhein deuten. Ja, der Angriff ließ sich auch in Doppelform ausführen, wie gerade eine solche Annahme von Wellington überliefert ist, dahingehend, daß Napoleon eine starke Avantgarde in zwei Kolonnen vortreiben würde, deren eine den rechten Flügel Blüchers, deren andere den linken des englischen Heeres träfe, um die Verbündeten auseinander zu halten, und dann je nach Umständen über den einen oder den anderen herzufallen*). Bei der augenblicklichen Stellung des Feindes konnte der westseitige Stoß dann kaum anders als über Mons oder Binche gehen.

In seinem freilich viel jüngeren Memorandum sagt Wellington: „Der Herzog war einige Tage vor dem Angriffe von der Vermehrung des Feindes an der Grenze unterrichtet, aber er erachtete nicht für angezigt, Bewegungen seinerseits machen zu lassen, außer für die Zusammenziehung der Truppen auf ihren verschiedenen Alarmplätzen, bis er wußte, wohin der entscheidende Vormarsch des Gegners träfe**). Dennoch hat Wellington die Dinge in genauere Erwägung gezogen. Wir erfahren darüber leider nur kurz, durch einen Bericht, den Zieten am Morgen des 15. an Blücher sandte. Darin heißt es: „Den Herzog Wellington habe ich ersucht, sich nunmehr bei Nivelles zu konzentrieren, welches derselbe nach einer gestern von General Müffling erhaltenen Nachricht thun will***). Aus diesen wenigen Worten geht hervor, daß der englische Feldherr für einen immerhin möglichen Angriff des Feindes Gegenmaßregeln beschlossen hatte, und zwar auf Zietens Anregung die Versammlung seiner Hauptmacht bei Nivelles. Eine solche an diesem Orte bot die größtmöglichen Vorteile. Sie befand sich in der Mitte hinter der Linie: Mons—Binche—Charleroi, deckte mithin Brüssel und ermöglichte jeden jener Punkte auf kürzestem Wege zu erreichen. Das versammelte Wellingtonsche Heer befand sich dort neben der beginnenden preußischen Linie, konnte also sowohl Hilfe bringen, als solche von ihr empfangen. Der Brite hatte seine Absicht auch offiziell Müffling mitgeteilt, der sie sofort an Zieten weiter gab.

Daß es am 14. Juni denn doch bei der bloßen Absicht blieb, beruhte in der immer noch großen Unsicherheit und auf dem Grundsatze: lieber

---

*) Diese Annahme hat sich dann auch am 16. bei Quatre-Bras und Ligny als wesentlich richtig erwiesen, nur daß das Unternehmen Napoleons etwas mehr östlich eintrat, als Wellington es erwartet hatte.

**) Suppl. Desp. XII. 523, 524. Mit den Alarmplätzen werden die der Bataillone gemeint sein, von denen wir schon sprachen. Diese aber bestanden nur tagsüber; Wellingtons Angabe ist also ungenau.

***) Der Brief findet sich weiter hinten.

keine, als eine falsche Bewegung zu machen. Man besaß nicht den geringsten Beweis dafür, daß der Feind sich schon in voller Offensive befinde und in der grauen Morgenfrühe des nächsten Tages den Feldzug eröffnen würde. Die Nachricht aus Paris, daß Napoleon den Angriff auf den 1. Juli verschoben habe, die Thatsache, daß man bereits 2½ Monate vergeblich auf einen solchen wartete, zeugten nicht gerade für Eile, viel weniger für fliegende Hast. Noch am Spätnachmittage des 15., also einen vollen Tag nachher, lagen die Anschauungen so, daß der Prinz von Oranien, der morgens bei den Vorposten gewesen war, seinem Korps von Brüssel aus die Weisung erteilte, während der Nacht nur ruhig in gewohnter Weise wieder auseinander zu gehen.

Wenn man bei solchen Dingen überhaupt von Schuld reden kann, so ist das englische Hauptquartier nicht mehr belastet, als das preußische, welches gleich gute, eigentlich bessere Meldungen über den Feind vor der Front hatte und ebensowenig unternahm, sondern sich thatsächlich überraschen ließ. Ja eigentlich erscheint Blücher als schuldiger, weil sich das feindliche Heer vor seiner und nicht vor Wellingtons Front sammelte. Demgemäß hatte Zieten schon am 14. den bestimmten Eindruck, er würde angegriffen, was englischerseits nirgends der Fall war; die Gefahr bedrohte also den Feldmarschall und nicht den Herzog, und überdies war die preußische Stellung weniger fest als die des Kameraden.

Die englische Truppenverteilung erstreckte sich fächerförmig, mit Brüssel am Griffende, so daß der Feldherr von hier aus seine Reserven überall ziemlich in gleicher Zeit hinwerfen konnte. Anders die Preußen: sie dehnten sich in der Form eines breiten Gürtels von Binche bis hinter Lüttich aus; traf nun der feindliche Stoß einen der Flügel, so nahm es viel mehr Zeit in Anspruch, vom entgegengesetzten Ende dorthin zu gelangen, als wenn der Gegner sich auf die Mitte warf. Ueberdies hatte Wellington mehr und bessere Wege zur Verfügung als die Preußen, weil Brüssel der größte Wegeknoten Belgiens war. Demnach wäre beim Blücherschen Heere weit mehr angezeigt gewesen, die Linien rechtzeitig zu verkürzen, die Truppen sowohl der Länge als der Breite nach mehr zusammenzulegen. Da auch dies nicht geschehen ist, obwohl ein so zuverlässiger Mann wie Gneisenau die strategischen Bewegungen leitete, so hat man auch im preußischen Hauptquartiere die Gefahr nicht für so bringend gehalten als sie war, so fühlte man sich auch hier noch zu unsicher, um Schritte zu thun, die sich nachträglich vielleicht als unrichtig erwiesen.

Ebensowenig wie Wellington vermochte das preußische Hauptquartier den festgewurzelten Gedanken zu beseitigen, daß Napoleon zu schwach sei, um seinerseits angreifen zu können, daß die Offensive schließlich doch den weit überlegenen Verbündeten zufallen würde.

Hierbei kommt freilich in Erwägung, daß die Preußen nach dem offenen Kampfe lechzten, ganz gleich wie er beginne. Damit lag es nicht in ihrem Interesse, etwas zu thun, was Napoleon stutzig machen, oder seinen Vorstoß verzögern konnte. Aber viel anders lag es auch bei Wellington nicht: er wünschte nichts sehnlicher als angegriffen zu werden, um so seinerseits der Verantwortung eines Einmarsches in Frankreich überhoben zu werden. Nun lebte man in einer unsicheren, teilweis sogar feindlichen Bevölkerung, die in mannigfacher Verbindung mit den Franzosen stand. Hätten die Verbündeten Bewegungen gemacht, so würden dieselben großes Aufsehen erregt haben und sicherlich dem Feinde sofort verraten sein. Etwas Politik mag also mit in die strategischen Erwägungen hineingespielt haben.

Daß am 15. und 16. sowohl bei Quatre-Bras als bei Ligny Schwierigkeiten entstanden sind, die auf Unterlassungen des 14. beruhen*), ist ebenso gewiß, als die Thatsache, daß sie noch schlimmer, geradezu verhängnisvoll geworden wären, wenn Ney nicht die Vorteile, welche die Ueberraschung ihm verlieh, großenteils selber wieder aus der Hand gegeben hätte. Aber das sind unberechenbare Erscheinungen, die stets geschehen sind und geschehen werden, so lange es Kriege, so lange es Menschen giebt; und vor allem: das Unheil hätte nicht Wellington, sondern Blücher ereilt.

15. Juni.

Die tiefe Gemütsruhe dauerte fort am Morgen des 15. Juni. Da schrieb Wellington dem General Clinton über eine neue Nummerierung der Divisionen**) und verfaßte ein umfangreiches Schriftstück für den Kaiser von Rußland***). In demselben handelte er, vielleicht mit Rücksicht auf die Gespräche vom vorigen Tage, eingehend über den Gesamtangriffsplan der Verbündeten auf Frankreich und entschied sich für einen direkten Marsch von Trier auf St. Dizier. Er schloß seine Auseinandersetzungen damit: „Was uns anbetrifft, so werden wir wohl genötigt sein, wenigstens Maubeuge zu belagern. Blücher meint, Givet sei ohne Nutzen für ihn, aber ich glaube, daß wir ausreichende Mittel für alles besitzen, was wir thun müssen." Man erkennt, Wellington lebte noch ganz in dem Gedankenkreise eines umfassenden Angriffes sämtlicher Heere der Verbündeten. Seine Meinung war und blieb trotz der neuesten Alarmnachrichten: Napoleon werde nicht angreifen, sondern sich in einer gut gewählten Stellung an der Aisne verteidigen.

---

*) Deshalb fehlte das Bülowsche Korps bei Ligny.
**) Disp. XII, 469.
***) Disp. XII, 470. Bisher war man zweifelhaft, ob der Brief an den Kaiser von Rußland oder Oesterreich gerichtet sei, vergl. Ollech 74; De Bas III, 544; Brialmont, Histoire de Wellington II, 382. Ein hinten Nr. 7 mitgeteilter Brief Müfflings überweist ihn den russischen Kaiser.

Bestärkt wurde er in dieser Ansicht durch Mitteilungen aus Gent, welche wir noch näher kennen lernen werden.

In welcher Stunde jener Brief geschrieben, ist nicht gesagt. Augenscheinlich geschah es am Vormittage; als dann nachmittags die Nachricht vom Angriffe Napoleons eintraf, wurde er zurückgehalten, wie daraus erhellt, daß die Adresse unvollendet blieb. Sie lautet nur: „Sa Majesté l'Empereur".

Auch eine Zuschrift Mifflings an das preußische Hauptquartier gehört in die Morgenstunden. Dieselbe lautet:*)

Durch die Meldungen des Generals Dörnberg sind die des General-Leutnants v. Zieten vom gestrigen dato bestätigt worden und schließe ich eine derselben abschriftlich an**).

Durch die französischen Zeitungen vom 12. Juni ist es entschieden, daß Napoleon in der Nacht vom 11. zum 12. Juni Paris verlassen hat. Wohin er gegangen ist, war unbekannt.

Da wir gestern nicht angegriffen worden sind, so scheint es, daß der Feind uns täuschen will und seine Front masquirt, um die Bewegungen die er vor hat, besser zu verbergen.

Der König von Frankreich hat gestern dem hier angekommenen General Fahel gesagt, er habe Nachricht von bedeutenden Successen der Royalisten der Vendée, und daß sie Angers genommen, allein Napoleon habe die ganze junge Garde dagegen geschickt, so daß zu fürchten sey, die Vendée werde erdrückt werden, eh wir anfangen.

Ist dieß würcklich so wahr, so kann es sein, daß Napoleon hier unsere Aufmerksamkeit erregen will, um Zeit zu gewinnen, vielleicht um eine Stellung zu nehmen, die seiner jetzigen Lage angemessener ist, nehmlich im Centro, in der Gegend von St. Menehould mit der Haupt-Armée, um auf uns, auf die Oestereicher und Russen fallen zu können.

Die englisch-batavische Armée ist nach beyliegender Ordre de Bataille so aufgestellt, daß die beyden Flügel Corps unter Lord Hill und Prinz von Oranien von Enghien über Braine le Comte bis Nivelle liegen und in ganz kurzer Zeit zusammengezogen werden können.

Das Corps des Centrums, welches man schicklicher die Reserve nennen könnte, liegt in und bey Brüssel, hat 15/m Mann Infanterie und kann sich in allen Direktionen bewegen.

---

*) VI C., Nr. 3, Vol. II, p. 53. Mit Verkürzungen und willkürlichen Aenderungen gedruckt bei Ollech 75. Ueberhaupt sei hier bemerkt, daß die Texte Ollechs vielfach im Wortlaute nicht genau sind.

**) Es ist die Dörnbergs vom 14. Juni; Suppl. Desp. X, 477.

Sollte der Feind zwischen dem Meer und der Schelde einbringen, so könnte die Armée auf zwey Punkten (wo Brückenköpfe angelegt sind) sich über die Schelde zur Offensive bewegen, sollte der Feind am rechten Ufer der Maas vorbringen, so ist der Herzog bereit, entweder mit uns über die Maas ihm entgegen zu gehen, oder (was ich ihm unter gewissen Umständen vorgeschlagen habe) gerade durch die französischen Festungen durch in des Feindes Rücken zu gehen.

Brüssel, den 15ten Juny 1815.

v. Müffling."

Dieser Brief ist bereits am 15. Juni im Hauptquartiere angelangt, wie der Registraturvermerk: "ad acta, d. 15. Juni" zeigt*). Inhaltlich ist er interessant wegen der Unkenntnis der wichtigsten Dinge, in denen sich der Schreiber noch zu einer Zeit befand, als das I. preußische Korps schon Thuin aufgegeben hatte und sich in vollem Rückzuge befand. Napoleon hat Paris verlassen, man weiß aber nicht, wohin er gegangen ist; augenscheinlich will er seine Bewegungen verbergen und nur Zeit gewinnen, weil er fern in der Vendée beschäftigt ist. Seiner Zwangslage entsprechend scheint der Feind sich von der belgischen Grenze zurückzuziehen und bei St. Menehould eine zentrale Stellung einzunehmen, zunächst eine rein defensive, die erst zu offensiven Maßnahmen führen wird, wenn die Verbündeten ihren Vormarsch beginnen. Der Schreiber teilt hier also die Auffassung Wellingtons. Aber auch andere Bewegungen des Feindes sind möglich: eine zwischen Meer und Schelde, eine am rechten Ufer der Maas. Von diesen beiden ist bekanntlich keine erfolgt, sondern Napoleon ging zwischen Maas und Meer vor. Bedenkt man den Inhalt der Depeschen vom 14. Juni, der Müffling mitgeteilt sein wird, so steht man nahezu staunend vor der hier entwickelten Feldzugsphantasie. Vorurteilslos betrachtet, wiesen jene Meldungen unter allen Umständen auf eine Bewegung gegen die belgische Grenze zwischen Maubeuge und Beaumont. Es scheint, daß der Vertreter des französischen Königs durch seine Angaben unheilvoll verwirrt hat. Ihm zufolge sollte die ganze junge Garde weit westwärts gegen die Vendée geschickt, Napoleons Hauptheer also stark geschwächt sein, während jene in Wirklichkeit schlagfertig gegen die Verbündeten marschierte.

Unfraglich hat zu der ganzen Stimmung in Brüssel das Ausbleiben irgend bedenklicher Nachrichten von Paris beigetragen. Und auch dies beruhte, wie wir sahen, auf klugen, weitschauenden Maßnahmen Napoleons.

---

*) Ebenso erweist dies das Brief-Journal des Generalstabs, VI D 9, wo er die Nummer 257 b trägt.

Natürlich darf dem nicht zu viel Gewicht beigelegt werden, aber verschiedene Dinge wirkten eben zusammen*).

Wie ganz anders man schon am Abend vorher an der Außenseite der englischen Aufstellung dachte, zeigt ein Bericht Dörnbergs an die verbündeten Preußen vom 14. Juni ½10 Uhr abends, welcher wohl während der ersten Morgenstunden des 15. im Blücherschen Hauptquartiere eingetroffen ist. Darin wird rundweg gesagt: „Die Meinung der Franzosen ist, daß sie morgen früh angreifen werden"**). Ob auch Wellington diese Angabe erhalten hat, wissen wir nicht, doch sollte man es erwarten.

Nun hat noch ein Unstern obgewaltet, wie er kaum schlimmer gedacht werden kann. In der Frühe des Morgens griff Napoleon die Preußen an; in wenigen Stunden hätte die Nachricht davon in Brüssel sein können und sein müssen, und doch ist sie erst nachmittags dort eingetroffen.

Die Sache lag folgendermaßen: Alsbald nach dem Erscheinen der Franzosen bei Thuin, etwa um 5 Uhr meldete Zieten aus Charleroi an Blücher nach Namur: „Seit 4½ Uhr sind mehrere Kanonenschüsse und jetzt auch Gewehrschüsse auf dem rechten Flügel gefallen. Es ist noch keine Meldung eingegangen. Sobald dieselbe eingeht, werde ich nicht verfehlen, sie Ew. Durchlaucht gehorsamst einzureichen. Ich lasse Alles in die Position bei Charleroi rücken und, wenn es sein muß, bei Fleurus konzentrieren". Diese Meldung wird gegen 8½ Uhr morgens in Namur eingetroffen sein, denn um 9 Uhr beantwortete sie Blücher.

Schon vorher drängten die Ereignisse in der Front dermaßen, daß Zieten sich zu einer zweiten Benachrichtigung Blüchers genötigt sah, dieselbe lautet***): „Der Feind hat sich bereits in den Besitz von Thuin gesetzt, und die diesseitigen Vorposten bis Montigny-Lestigneis zurückgedrängt. Auf dem linken Ufer der Sembre bringt er ebenmäßig vor. — Er ist zu stark, um sich in einzelne hartnäckige Gefechte einzulassen, daher sich die erste und zweite Brigade bis in die Linie von Gosselies und Gilly werden zurückbegeben müssen.

Napoleon ist selbst zugegen mit seinen sämtlichen Garden, daher ernsthafte Absichten seinerseits auf diesen Punkt zu vermuten sind.

Der Feind zeigt besonders viel Kavallerie. Die Truppen, die Thuin verteidigt haben, haben viel blessirte.

---

*) Ellesmere, Life and character of the duke of Wellington 37 und Brialmont, Histoire de Wellington II, 381 gehen zu weit, wenn sie meinen, der Herzog habe gar nicht auf Fouchés Angaben gerechnet.
**) VI C. 15, p. 15 im Kriegsarchive.
***) Or. im Gräflich Gneisenauschen Archive zu Sommerschenburg. A. 48, p. 32.

Den Herzog Wellington habe ich hiervon benachrichtigt, und ihn ersucht, sich nunmehro bei Nivelles zu concentriren, welches derselbe nach einer gestern von General v. Müffling erhaltenen Nachricht thun will.

Hauptquartier Charleroi, den 15. Juny 1815.
Morgens 8¼ Uhr.

Nach einer soeben eingehenden Meldung bringt der Feind bis jetzt auf der Straße über Nalines nicht weiter vor.

Zieten".

In diesem Briefe erklärt Zieten also ausdrücklich, daß er Wellington von dem Angriffe der Franzosen benachrichtigt habe. Wie wir an einem andern Orte darthun werden, ist diese Depesche zwischen 8 und 9 Uhr von Charleroi abgegangen, der englische Feldherr hat sie aber erst am Spätnachmittage gegen 6 Uhr erhalten*). Den Grund für diese verhängnisvolle Verzögerung kennen wir nicht. Es scheint fast, als habe Zieten seine besten Adjutanten und Meldereiter für die hartbedrängte Front und für den Verkehr mit Namur gebraucht, als habe dann die Ordonnanz auf dem Wege nach Brüssel, wahrscheinlich infolge der großen Hitze längeren unfreiwilligen Aufenthalt gehabt.

Die erste Nachricht von den Ereignissen erhielt Wellington nicht durch die Preußen, sondern durch den Prinzen von Oranien. Derselbe war morgens früh von seinem Hauptquartiere zu den niederländischen Vorposten, im Besonderen nach St. Simphorien zum General van Merlen geritten. Dieser General, der zwischen Dörnberg und den Preußen in der Front stand, erwies sich ähnlich wie Dörnberg rührig im Kundschafter- und Spionagewesen. Er hatte erfahren, daß sich eine zahlreiche französische Armee, darunter die Korps Vandamme und Reille, bei Maubeuge sammelte und sich, für acht Tage verproviantiert, über Beaumont nach Philippeville bewegte. 20 000 Mann sollten Valenciennes in gleicher Richtung passiert haben. Das deutete auf eine Unternehmung gegen die belgische Grenze, doch fand man die Gegend vor den van Merleschen Vorposten nur schwach besetzt**).

---

*) Vergl. meine Abhandlung: Die preußische Berichterstattung an Wellington vor der Schlacht bei Ligny, im Historischen Jahrbuche 1902.
**) Bericht van Merlens und Parabicinis an die Preußen. VI, S. 15. Der erstere ist jene Depesche, welche der englische Militärbevollmächtigte am Blücherschen Hauptquartiere in seinem Briefe an Wellington erwähnt. Sie ist vom 13. Juni und an Steinmetz gerichtet, der sie an Zieten weiter gab.

Solche Dinge wurden natürlich zwischen dem Generale und dem Prinzen eingehend besprochen, aber sie ergaben keine Maßnahmen für den Augenblick. Bei den Vorposten geschah nichts, weder das Gewehrfeuer noch die Alarmkanonen der Preußen wurden gehört oder richtig gewürdigt. Beruhigt kehrte der Prinz gegen 1/2 9 Uhr nach Braine zurück, kleidete sich schnell um und ritt zum Herzoge von Wellington nach Brüssel, der ihn zum Mittagessen eingeladen hatte*). In so tiefer Friedensstimmung befanden sich also noch der Höchstkommandierende und der Befehlshaber des unmittelbar am Feinde stehenden ersten Korps. Gegen 12 Uhr kam der Prinz sorglos in der Hauptstadt an, zu derselben Zeit, als die Franzosen bei Charleroi die Sambrebrücken überschritten und damit auf der geraden Straße nach Brüssel standen.

Doch ebenfalls um dieselbe Zeit, einige Minuten vor 12 Uhr, erhielt der Generalstabschef des Prinzen, Constant de Rebecque in Braine die erste Nachricht vom Feinde. Ein Dragoner hatte sie auf schweißtriefendem Pferde vom General Beer aus Mons gebracht. Die Depesche besagte, daß die Preußen diesen Morgen bei Thuin angegriffen seien, und daß die preußische Abteilung, welche Binche — also den Grenzort neben der englisch-holländischen Aufstellung — besetzt hielt, sich auf Gosselies zurückgezogen hätte. Kein Feind habe sich bisher nach Binche zu gezeigt. Constant sandte diese wichtige Meldung sofort weiter an den Prinzen nach Brüssel**). Erst um 3 Uhr, als der Prinz sich beim Herzoge zum Diner einfand, berichtete er ihm die Sache***).

Die Depesche hatte folgende Geschichte: General v. Steinmetz, der Befehlshaber der 1. preußischen Brigade, welche bis hinter Binche stand, meldete dem Kommandierenden der verbündeten Vorposten den Angriff des Feindes auf Thuin und das Zurückgehen der Preußen†). Es geschah aber erst, als er den Rückzug antrat, also gegen 9 Uhr, wahrscheinlich etwas später††) und zwar von Fontaine l'Evêque, dem Sammelplatze seiner Brigade. Von hier ging die Depesche nicht direkt nach Brüssel, sondern nach Mons, von Mons nach Braine und von dort schließlich erst nach Brüssel, wo sie deshalb verhältnismäßig spät eintraf. Augenscheinlich hatte man in den beiden

---

*) De Bas, III, 351 ff.

**) De Bas III, 534.

***) Disp. X. 524. Ungenügend Ropes, Campaign of Waterloo 76, 77.

†) Milit. Wochenbl. 1845, S. 11.

††) Im Tagebuche des I. Armee-Korps (Kriegsarchiv VI, S. 13) heißt es: daß sich die 1. Brigade bis 9 Uhr morgens versammelte und dann den Rückzug antrat. Nach anderer Angabe hat Steinmetz seine Meldung um 8 Uhr an Van Merlen gemacht. Löben-Sels, Précis de la campagne de 1815 p. 125; Chesney, Waterloo Lectures p. 94; Ropes, Campaign of Waterloo 76.

Heeren einen doppelten Distanzenzug des Nachrichtendienstes. Der kommandierende General des Armeekorps berichtete nach Brüssel direkt, wozu er auch vom Hauptquartiere angewiesen war, der Unterführer gab seine Kenntnis an seinen benachbarten Unterführer weiter, um möglichst wenig Zeit zu verlieren. Auffallend dabei ist, daß dies Steinmetz that, und nicht der angegriffene General Pirch, doch wird es darauf beruhen, daß Pirchs Aufstellung nicht an die der Verbündeten grenzte, sondern nur die von Steinmetz. Pirch meldete also an Steinmetz, und dieser vermittelte die Depesche bloß. Jedenfalls kam sie auf niederländischer Seite in verschiedene Hände, wie daraus erhellt, daß auch General Chassé aus Haine-St.-Pierre gegen 11 Uhr und ziemlich gleichzeitig van Merlen aus St. Simphorien dieselben Mitteilungen an Constant schickten. Letzterer sagte etwas ausführlicher, General Steinmetz habe ihm soeben durch einen Offizier gemeldet, daß die 2. preußische Brigade diesen Morgen angegriffen sei. Ein lebhaftes Infanteriefeuer bewege sich gegen Charleroi. Die Absicht Steinmetzens sei, sofort Binche aufzugeben und bei Gosselies Stellung zu nehmen. Im Falle ernster Gefahr sei Fleurus der Sammelplatz der preußischen Korps. Diese Angaben trafen bei Constant erst ein, als er seinen Bericht an den Prinzen schon abgeschickt hatte*).

Wellington wußte jetzt, daß der Feldzug eröffnet sei**), freilich auch nicht mehr als diese bloße Thatsache. Da er in solchem Falle der Ansicht zuneigte, daß der Feind in zwei Kolonnen vordringen würde, wovon die eine den linken englischen, die andere den rechten preußischen Flügel träfe, und jetzt in der That der rechte preußische angegriffen war, so konnte er meinen, der eine Teil seiner Berechnung treffe zu, der zweite Stoß gelte jetzt ihm. Bestärkt mußte er in dieser Auffassung werden, weil es in früheren Meldungen ausdrücklich geheißen hatte, Napoleon würde die Preußen nur zum Scheine angreifen, um seine Hauptkraft gegen die Engländer zu

---

*) De Bas 534, 1166. Vielleicht handelt es sich überall um dieselbe Depesche, die der preußische Offizier erst an Chassé, dann an van Merlen und schließlich an Beer überbrachte (so nach Lage der Orte); eigentümlich dabei ist, daß der Bericht des von den Preußen entferntesten Generals zuerst in Braine eintraf. Möglich ist natürlich auch, daß der Offizier die Depesche nur an einen der Führer brachte, wahrscheinlich dann an van Merlen oder Beer, der sie den beiden anderen anzeigte, worauf alle drei sie zur Sicherheit dem Hauptquartier in Braine übermittelten.

**) In seinem Berichte an Graf Bathurst vom 19. verschleiert er diese Thatsache etwas, wenn er sagt: „Buonaparte . . . advanced on the 15 th. and attacked the Prussian posts at Thuin and Lobbes at day-light in the morning. I did not hear of these events till in the evening of the 15 th. Disp. XII. 478. In seinem Memorandum verbessert er sich später und giebt zu, daß er die Nachricht vom Angriffe um 3 Uhr nachmittags erhalten habe. Suppl. Desp. X. 523. Vergl. auch meinen Aufsatz im Hist. Jahrb. 1902: Die preußische Berichterstattung.

verwenden. Aber wo mochte dies geschehen? Aus der bisherigen Kenntnis ergab sich, daß die Preußen sich von Binche auf Gosselies zurückzögen, daß sie also die Straße Binche—Nivelles—Brüssel nicht mehr deckten, wohl aber, und zwar wie es schien, in verstärktem Maße, diejenige: Charleroi—Quatre-Bras—Brüssel. Die Straße von Binche fiel somit jetzt in den Verteidigungsbereich Wellingtons. Da sie nun bei Morlanwelz, bei Haine St. Pierre und bei Nivelles je durch eine Brigade gedeckt war, und von einer direkten Gefahr in dieser Richtung nicht das Geringste verlautete, so blieb Wellington auch noch jetzt unbeirrt und erwartete genauere Nachrichten. Ruhig beendete er mit dem Prinzen und mehreren Generalen, darunter Lord Uxbridge und Sir T. Picton, das Diner. Um 4 Uhr, gerade als man sich von der Tafel erheben wollte, trat Müffling ein und überreichte eine Meldung des preußischen Hauptquartiers*), welche zwei preußische Adjutanten gebracht hatten**).

Die Depesche scheint von Grolmanns Hand geschrieben und von Gneisenau im Datum hastig unterfertigt zu sein. Sie lautet:***)

„An den General v. Müffling.

Der Feind hat heute morgen um 4½ Uhr die Feindseligkeiten eröffnet und bringt auf beiden Ufern der Sambre lebhaft vor. Bonaparte und seine Garden sollen es seyn; die letzten sind gewiß da. Der General Zieten hat den Auftrag, den Feind genau zu beobachten und wo möglich nicht weiter als bis Fleurus zurück zu gehen. Die Armee wird sich morgen in der Stellung bei Sombreuf concentriren, wo der Fürst gesonnen ist, die Schlacht anzunehmen. Die 3 Armee Corps haben die vorige Nacht den Befehl erhalten, sich heute folgendermaßen zu concentriren: das 2te bei Onoz und Mazy; das 3te bei Namur, das 4te bei Hanus. Ist es nöthig, so wird das 2te Corps noch heute bis Sombreuf und das 3te bis Onoz vorrücken. Das Hauptquartier geht in 2 Stunden nach Sombref vor, wohin ich schleunigst von Ihnen die Be-

---

*) Vergl. Die preuß. Berichterstattung im Hist. Jahrb. 1902.

**) Sehr überflüssig dürfte sein, wenn De Bas (549) von dieser Depesche dem Leser mitteilt: „Lord Wellington heeft later, niet zonder overdrijving ... opgemerkt ... I cannot tell the world that Blücher picked the fattest man in his army to ride with an express to me, and he took thirty hours to go thirty miles." So kann Wellington nicht gesagt haben, weil es völlig falsch ist. Nicht der dickste Offizier von der preußischen Armee überbrachte den Brief, sondern zur Sicherheit thaten es zwei Adjutanten, von deren Dickheit nichts berichtet ist. Der Brief ging ab um 12 Uhr mittags von Namur und war schon gegen 4 in Brüssel, d. h. also 68 Kilometer waren in knapp 4 Stunden zurückgelegt.

***) VI, C, Nr. 3, p. 51. Der Druck dieser wichtigen Depesche bei Olleh 99 ist, wie so oft, nicht genau. So sagt er: „Der Feind ... bringt lebhaft längs der Sambre vor," während der Wortlaut wie oben ist.

nachrichtigung erwarte, wann und wo sich der Herzog Wellington concentrirt und was er beschlossen hat. Die Ordonanzlinie wäre nun über Jenappe zu eröfnen.

Namur, d. 15. Juny. Mittags 12 Uhr."

Stellt man die hier gemachten Angaben neben die bisher in Brüssel eingetroffene, so boten sie wichtige Neuigkeiten, doch erweckten sie auch eine Menge Zweifel.

Der Feind ist mit den Preußen beschäftigt und bringt lebhaft auf beiden Seiten der Sambre vor. Er hat den Fluß also schon überschritten, derselbe bietet ihm kein Hindernis mehr. Aber seine Marschrichtung ist nicht nordwärts gegen Brüssel, sondern zielt nach Osten. Daher weichen die Preußen auch auf Gosselies, wie die niederländische Depesche besagt hatte. Zieten soll nur beobachten und sich vor dem Feinde, wenn nötig, zurückziehen, aber nicht weiter als bis Fleurus. Hier soll er dann den Feind aufhalten, weil hinter diesem Orte, bei Sombreffe, sich die preußische Armee zur Schlacht zusammenziehen wird. Das alles entwickelt sich programmmäßig nach den früheren Abmachungen von Brüssel. Es weist nach links in eine Richtung, die sich schräge von den Engländern entfernt. Für sie ist zunächst keine Gefahr; wenn solche eintritt, bedroht sie in erster Linie Binche und in weiterer Nivelles. Von den vier preußischen Korps befindet sich erst eins zur Stelle, die anderen drei haben Konzentrationsbefehle erhalten, doch keines vorerst bei Sombreffe selber, eines gar erst bei Hanus, was noch fünf deutsche Meilen von Sombreffe entfernt liegt. Demzufolge ist anzunehmen, daß die Versammlung der Preußen erst am Abend des 16., wahrscheinlich erst spät geschehen soll, mithin die Schlacht frühestens am 17. erwartet wird. Den endgültigen Rückzug Zietens kann man erst am 16. erwarten; zunächst steht er augenscheinlich noch in Charleroi und Gosselies. Er hatte Befehl, mit Wellington in steter Verbindung zu bleiben, wenn er also die wichtige Straße Charleroi—Quatre-Bras aufgab, so mußte dies dem englischen Hauptquartiere mitgeteilt werden. Bisher war es nicht geschehen, daraus ließ sich folgern, daß er die Straße noch behaupte. In solcher Weise ausgelegt, schien alles zusammen zu passen, jedenfalls für die Engländer und ihre Verbindung mit den Preußen keine Gefahr obzuwalten. Daß Wellington und Müffling wirklich so gedacht haben, werden wir später, zumal am Morgen des 16. noch genauer kennen lernen.

In dem Briefe hieß es, Napoleon selber stünde den Preußen gegenüber: er und seine Garden sollten es sein. Man war mithin noch unsicher; dann hieß es wieder: die Garden sind gewiß da. Eben so, dann anders! Folglich hatte man Bärenmützen gesehen, sie waren aber noch lange kein Beweis für die Anwesenheit der gesamten Garde, die junge wenigstens sollte nach den Genter Nachrichten fern in der Vendée stehen.

Wie man sieht, beruht der Brief Blüchers auf der zweiten Meldung Zietens, welche wir mitteilten. Dieselbe ist zwischen 11 und 12 Uhr im Hauptquartiere zu Namur eingetroffen. Auf sie hin faßte die preußische Heeresleitung den Entschluß, sich bei Sombreffe zu sammeln und hier die Schlacht anzunehmen. Um 12 Uhr meldete sie dies an Wellington. Bereits um 4 Uhr konnte dieses Schriftstück dem englischen Oberfeldherrn mitgeteilt werden. Es geschah durch zwei preußische Adjutanten, ein Beweis, ein wie großes Gewicht man im Blücherschen Hauptquartiere auf dasselbe legte. Nachmittags ergingen sich die beiden Offiziere auf den öffentlichen Promenaden, wo die vornehme Welt allabendlich lustwandelte. Sie machten dort kein Hehl aus ihrer Sendung, sondern teilten mit, daß sie geschickt seien, um dem englischen Hauptquartiere bekannt zu machen, die französische Armee bewege sich in der Richtung auf Brüssel. Wenigstens berichtet so ein englischer Offizier, der mit ihnen sprach*). Ob sie so unumwunden das Ziel Napoleons angegeben haben, muß zweifelhaft erscheinen.

Nach Damitz ist im Laufe des Nachmittags noch eine zweite Depesche Blüchers abgesandt, die gegen Abend in Brüssel eintraf. Sie soll nähere Angaben über die Streitkräfte des Feindes und den Verlust der Sambre-Uebergänge bekanntgegeben haben**). Erhalten ist eine solche Depesche nicht und auch sonst nichts von ihr bekannt. Müffling in seinen Memoiren weiß nur von einer Depesche, die er stilistisch hinter der Zeit von 6—7 Uhr einreiht. Er sagt von ihr: „Der Feldmarschall benachrichtigte mich von seiner Konzentrierung bei Sombreffe, und beauftragte mich, ihm schleunig Nachricht von der Konzentrierung der Wellingtonschen Armee zu geben"***). Das bezieht sich augenscheinlich auf den ersten Brief, welcher diese Dinge enthielt. Derselbe war nach den mitgeteilten Angaben aber schon um 4 Uhr in Brüssel und konnte es auch sein bei schnellem Pferde und guten Reitern.

Nun muß gegen 6 Uhr abends die morgens von Zieten aus Charleroi an Wellington abgesandte Meldung in Brüssel eingetroffen sein. Es lag hier also jetzt der Blüchersche und der Zietensche Brief vor. Das Ergebnis der beiden bildete folgende Zuschrift Müfflings an Blücher†):

„So eben trifft hier die Nachricht ein, daß der General Lieutenant v. Zieten angegriffen ist.

---

*) Milit. Wochenbl. 1846. S. 54.

**) Damitz 103; Siborne I, 79, entnimmt seine Angabe augenscheinlich nur aus Damitz.

***) Müffling 229.

†) Archiv Gneisenau A. 40, p. 93. Vergl. auch Zeitschr. für preuß. Gesch. u. Landeskunde. XIV. 658.

Der Herzog Wellington hat befohlen, daß alles sich auf den Rendevoux sammelt, und der Prinz von Oranien soll ihm berichten, ob Colonnen auf Nivelles gerichtet sind, denn entweder der Feind geht längst der Sambre um sich mit Colonnen zu vereinigen, welche von der Gegend von Givet kommen, oder er greift bey Fleurus an, und dann ist es wahrscheinlich, daß er auch bei Nivelles angreifft.

Sobald der Mond aufgeht, setzt sich die Reserve in Marsch, und wenn der Feind nicht bey Nivelles z u g l e i c h angreifft, so wird der Herzog morgen mit seiner g a n z e n M a c h t in der Gegend von Nivelles sein, um Euer Durchlaucht zu unterstützen, oder, im Fall der Feind Höchstdieselben bereits angegriffen hätte, nach einer zu nehmenden Abrede, gerade in seine Flanque oder in seinen Rücken zu gehen.

Ich glaube Euer Durchlaucht werden mit dieser Erklärung und Thätigkeit des Herzogs zufrieden sein. Ich hoffe, daß wir am 17. Victoria schießen können.

Brüssel, den 15. Juny 1815. 7 Uhr Abend."

Infolge des feindlichen Angriffs mußten die Preußen auf Charleroi und weiter zurückweichen. Zieten meldete dies Wellington zugleich mit der Bitte, die beschlossene Konzentrierung bei Nivelles thatsächlich auszuführen. Der Brief Müfflings an Blücher giebt die Gewißheit, daß der Vorschlag Zietens von der englischen Heeresleitung angenommen worden.

Ehe wir aber näher hierauf eingehen, müssen wir dieses Schriftstück auf seine Glaubwürdigkeit prüfen. Bereits Delbrück hat das in der Zeitschrift für preußische Geschichte und Landeskunde XIV, 668 gethan, und ist zu dem Ergebnis gekommen: Der Brief sei auf anderem Papier als Müfflings sonstige Meldungen aus dieser Zeit geschrieben, und mit einem englischen Dienstsiegel versehen. Er habe also ohne Zweifel seinen Kourier auf das englische Hauptquartier bestellt und hier nach Beendigung des Diners an Ort und Stelle geschrieben. Das erkläre auch wohl die Zeitbestimmung, die Reserve solle marschieren, sobald der Mond aufgehe, denn am 15. Juni 1815 ging in Brüssel der Mond bei Tage auf. Der animierte Ton des Briefes, sowie die drei Kreuze und das „immediate" auf dem Kouvert stünden allerdings etwas ab gegen die Gemächlichkeit der Maßregeln Wellingtons wie Müfflings.

Was Delbrück über Papier und englisches Dienstsiegel sagt, ist richtig*), doch ist letzteres jetzt mitten durchgeschnitten und mit der größeren Hälfte

---

*) Wir haben z. B. dasselbe Papier, dasselbe Format, fast die gleiche Größe, in einem Berichte des Generals Clinton vom 3. Mai. Dasselbe ist gestempelt: „Quarter-Master General's Office. Head Quarter". A. 48 S. 119—121, im Gneisenauschen Archive.

auch die Adresse samt den von Delbrück angegebenen drei Kreuzen und Vermerk verloren gegangen. Jedenfalls erhellt aus den angegebenen Dingen, daß Müffling den für die Entwickelung des Krieges vielleicht entscheidend wichtigen Brief noch in einer englischen Räumlichkeit geschrieben und dann sofort mit dem Vermerken höchster Eile abgesandt hat. Trotz alledem wollte das Verhängnis, daß er nicht rechtzeitig bei Blücher eintraf, weil die Straße zwischen Quatre-Bras und Sombreffe während der Nacht durch Neys Reiter gesperrt war.

Delbrücks Ansicht geht nun weiter dahin, daß der Brief nach einem guten Diner beim Herzoge geschrieben sei, daher ein animierter Ton desselben, daher die falsche Angabe mit dem Mondaufgange. Hiergegen ist nun zu bemerken, daß die Annahme von Müfflings Beteiligung am Diner ganz willkürlich ist und den Thatsachen widerspricht. In seinen Memoiren berichtet Müffling, wie er am 15. zweimal beim Herzoge gewesen, er erzählt, wie dieser ihn nachts zum Balle abgeholt, weiß aber nicht, daß er bei ihm zu Mittag gespeist habe. Grolman bei Damitz berichtet, daß Wellington die Depesche um 4 Uhr nachmittags erhielt, gerade als er vom Tische aufstand*). Dies wird ergänzt durch das Memorandum Wellingtons, wo gesagt ist: daß er mit dem Prinzen von Oranien zu Mittag gespeist habe und noch mit ihm zusammen gewesen sei, als Müffling mit der Nachricht vom Angriffe der Franzosen erschien**). Hieraus ergiebt sich das Gegenteil von Delbrücks Ansicht, Müffling kam erst als das Diner zu Ende ging. Zum Ueberflusse kennen wir auch noch die Teilnehmer an dem Diner: es waren außer Oranien noch Lord Uxbridge und General Picton***). Müffling war also nicht bei dem Mittagessen, und es liegt kein Grund vor, ihn sonstwie für angekneipt zu halten. Das Aeußere des Briefes spricht auch nicht hierfür; er ist sehr ordentlich in der kursiven und klaren Hand Müfflings geschrieben, ohne ein Zeichen von Ueberhastung; in den ersten vier Worten zeigt sich der Einfluß einer ungewohnten Feder.

Immerhin sind zwei Dinge richtig: die falsche Angabe des Mondaufganges und ein etwas schwerfälliger, verworrener Stil, wie er dem Militärbevollmächtigten sonst nicht eigen war. Nach den gleichzeitigen Kalendern stand der zunehmende Mond bei Anbruch der Dunkelheit am Himmel und ging etwas nach Mitternacht unter†).

---

*) Damitz I. 103.

**) Suppl. Desp. X. 525.

***) De Bas III. 544.

†) Ich benutzte den Vereinigten Geschichts-, Haushaltungs- und Garten-Kalender 1815 für Brandenburg und benachbarte Länder. Danach ist Mondaufgang vom 9. bis 15. Juni bei Tage, am 15. bis 16. ging er nachts 12 Uhr 27 Min. unter. Am 14. Juni war 9³/₄ Uhr vormittags erstes Viertel. Da für Belgien die Dinge

Suchen wir die übrigen Angaben Müfflings zu erklären. Ganz richtig giebt sich dessen Zuschrift nicht als unmittelbare Antwort auf den vor 3 Stunden eingetroffenen Brief Blüchers, sondern er geht von dem inzwischen verspätet erhaltenen Briefe Zietens aus. Der Inhalt dieser beiden Meldungen wird erledigt: Zieten hatte um Konzentrierung bei Nivelles ersucht, Blücher angegeben, er werde bei Sombreffe die Schlacht annehmen und wünsche zu wissen, wann und wo sich Wellington konzentriere und was er beschlossen habe. Daraufhin heißt es nun, der Herzog werde seine Truppen früh in Marsch setzen und hoffe morgen mit seiner ganzen Macht in der Gegend von Nivelles zu stehen, um für den Fall, daß er hier nicht selber angegriffen werde, die Preußen direkt zu unterstützen oder dem Feinde in Flanke und Rücken zu fallen. Es ist dies genau der Plan, den Wellington am nächsten Tage persönlich den Preußen auf der Windmühle von Brye entwickelte, nur daß an Stelle von Nivelles inzwischen Quatre-Bras getreten war; auch da wollte er erst vorstoßen, um dann den Feind seitwärts oder hinten zu fassen. Wir haben sogar schon die äußere Einkleidung, daß Wellington sein Verhalten von einer mündlichen Verabredung abhängig machen werde. Freilich dies Ganze ist in einen unklaren Satz gekleidet, erscheint an sich aber völlig deutlich.

Sehen wir uns den Brief weiter an, zunächst auf seine Zeitmerkmale, so fällt auf, daß Müffling sagt: „Ich hoffe, daß wir am 17. Victoria schießen können". Victoria pflegt man an Ort und Stelle gleich nach erfochtenem Siege zu schießen, nicht einen Tag später, wenn die Verwundeten aufgesucht und die Toten begraben werden. Deshalb scheint dieser Satz darauf zu deuten, daß der Briefschreiber die Entscheidung nicht am 16., sondern am 17. erwartete. Diese Annahme entspricht auch ganz der Auffassung, welche sich noch am 16. morgens aus mehreren Befehlen Wellingtons ergiebt. Freilich heißt es auch wieder, „sobald der Mond aufgeht, setzt sich die Reserve in Marsch", das soll heißen: im Laufe der Nacht vom 15. zum 16., und ferner „morgen (also am 16.) wird der Herzog in der Gegend von Nivelles sein". Aber dies besagt nicht viel, weil es sich hier nur um Bewegungen und deren Ergebnis handelt. Ist er bei Nivelles, gedenkt er Blücher zu unterstützen oder, nach einer zu nehmenden Abrede, den Feind seitwärts zu fassen. Nun beträgt die Entfernung von Nivelles bis Sombreffe, den Ort, welchen Blücher als den preußischen Sammelpunkt angegeben hatte, 3 Meilen. Wenn die englischen Reserven am 16. von Brüssel nach Nivelles marschieren, d. h. nahezu 4 Meilen machen sollen, und Wellington sich noch

---

etwas anders liegen, fragte ich auf der Berliner Kgl. Sternwarte an, und erhielt vom Direktor, Herrn Prof. Dr. Foerster die Antwort: in der Gegend von Brüssel ging der Mond am 15. und 16. Juni nachmittags 1 Uhr 18 Minuten auf.

mit Blücher verabreden will, so ist schon zeitlich und räumlich unmöglich, daß die Engländer noch am 16. bis zu den Preußen oder gar in den Rücken der Franzosen gelangen, frühzeitig genug, um eine große Schlacht zu gewinnen. Also auch diese Erwägungen weisen auf den 17. als Entscheidungstag.

Damit bleibt der 16. im wesentlichen übrig für die im Briefe angegebenen Maßnahmen; und in der That im Laufe dieses Tages konnte die englische Hauptmacht, soweit Wellington sie überhaupt für die offene Feldschlacht benutzen wollte, ganz wohl „in der Gegend von Nivelles" sein, wohl bemerkt, nicht „in" oder „bei" Nivelles, sondern in dessen Gegend, was schließlich noch eine Entfernung von einer Meile und mehr bedeuten kann.

Ist somit klar, was der englische Feldherr beabsichtigt, so wird auch gesagt, warum er es beabsichtigt, welche Pläne voraussichtlich der Feind habe, denen es zu begegnen gelte. Da heißt es: „entweder geht der Feind längs der Sambre, um sich mit Kolonnen zu vereinigen, welche von der Gegend von Givet kommen, oder er greift bei Fleurus an, und dann ist es wahrscheinlich, daß er auch bei Nivelles angreift". Dies bedeutet: 1. der Feind hat eine doppelte Anmarschlinie, eine längs der Sambre, eine längs der Maas, am Zusammenflusse von Sambre und Maas befindet sich das preußische Hauptquartier: die Stadt Namur; hier werden sich beide Heeresteile vereinigen, um gemeinsam weiter zu operieren, bezw. die Entscheidung zu erzwingen. 2. die Franzosen marschieren mit einem Teile ihrer Truppen längs der Sambre und stoßen bei Fleurus auf die zurückgewichenen Preußen*), mit einem zweiten biegen sie von der Sambre ab nordwärts geradeswegs über Nivelles auf Brüssel. Das würde bedeuten: in dem einen Falle: getrennt marschieren und bereint schlagen, wobei der Stoß gerade auf die Mitte der ausgedehnten preußischen Aufstellung treffen soll, in dem anderen: erst bereint marschieren und dann getrennt schlagen, wobei es bei Fleurus mit den Preußen, bei Nivelles mit den Engländern zum Kampfe kommt.

Genau betrachtet sind beides höchst unnapoleonische Pläne, und man muß sich wundern, daß ein Feldherr wie Wellington sie ihm zuschrieb. Der Stoß auf Namur hätte die Preußen zwar im Centrum getroffen, oder, da sie sich bei Sombreffe sammelten, einen Teil ihrer Truppen nach Osten abgedrängt; aber er fand kein entscheidendes Hinterland**) und hätte die

---

*) Hier liegt der Gedanke des Blücherschen Briefes vor: „Zieten hat den Auftrag, womöglich nicht weiter als bis Fleurus zurückzugehen".

**) Freilich hätte er sie von ihrer rückwärtigen Verbindung abgeschnitten, da aber die Schlacht unmittelbar bevorstand, und die Preußen im Notfalle in Belgien und von England aus verpflegt werden konnten, so hatte das nicht allzuviel zu bedeuten.

preußische Hauptmacht gewaltsam auf Wellington gewiesen: die beiden feindlichen Heere also vereinigt, statt sie auseinander zu halten, und doch hatte Wellington aus der Umgebung des Generals Bertrand, des Vertrauten Napoleons, erfahren, daß der Kaiser gerade letzteres, die Trennung der beiden Verbündeten, beabsichtige. Auf den sonderbaren Gedanken dieses Planes wird Wellington durch Blüchers und Zietens Meldung gekommen sein, daß die Franzosen auf beiden Seiten der Sambre vordrängten. Solch' ein Anmarsch mußte ein Ziel haben, und da war Namur der gegebene Knotenpunkt, weil von hier aus Sambre und Maas beherrscht wurden.

Der zweite Plan hatte eine längere Vorgeschichte. Er beruhte auf dem Befehle der englischen Regierung: Wellingtons Hauptaufgabe sei, Brüssel zu decken; und auf der im verbündeten und preußischen Heere herrschenden Ansicht, Napoleon werde sich im Falle eines Angriffs auf Wellington werfen, dessen Armee leichter besiegbar erschien und in Brüssel den höheren Siegespreis bot. Bestärkt wurde man in dieser Meinung durch ganz bestimmte Nachrichten aus Frankreich. So meldete Dörnberg am 6. Juni an das englische Hauptquartier: „Napoleon wird sobald wie möglich angreifen. Er selbst hat gesagt, daß er die Verbündeten vernichtet haben werde, bevor die Russen eintreffen könnten. Man vermutet, er wird einen Scheinangriff auf die Preußen, den wirklichen aber gegen die englische Armee machen*)". Noch bestimmter berichtete Graf de la Porterie den 8. Juni an Gneisenaus Adjutanten, Major von Barbeleben: „Nach Angabe eines Adjutanten des Generals Bertrand wird Napoleon am 6. Paris verlassen, am 7. in Douai sein und vom 7. bis 10. einen Scheinangriff auf Charleroi machen, um sich auf Mons oder Tournay zu werfen**). Man sieht hieraus, wie die Ansicht in Frankreich war, und zwar gerade in eingeweihten Kreisen. Unter solchen Umständen glaubte Wellington nicht vorsichtig genug sein zu können, jedenfalls einen Angriff auf Brüssel befürchten zu müssen. Diese Befürchtung zeigt auch eine zweite Wendung des Müfflingschen Briefes: „wenn der Feind nicht bei Nivelles zugleich angreift". Wir finden sie noch angedeutet in der Depesche, die Wellington am Morgen des 16. von Frasnes an Blücher sandte, und in dem Umstande, daß er trotz der Sicherheit einer Schlacht bei Mont-Saint-Jean fast ein ganzes Armeekorps weiter westlich stehen ließ.

Damit dürften die mannigfachen Schwierigkeiten, welche Müfflings Brief bietet, aufgeklärt sein. Das Ergebnis ist: Wellington hat die ernste und redliche Absicht, kameradschaftlich in Zusammenhang mit Blücher zu fechten. Der Bevollmächtigte meint deshalb, dieser werde mit der Thätigkeit des Herzogs zufrieden sein.

---

*) Suppl. Desp. X. 424.
**) VI C. 28. 1. p. 65 im Kriegsarchive.

Fragen wir nun, wie ist der Brief entstanden. In seinen Memoiren erzählt Müffling*), daß ihm um 3 Uhr von Zieten die Nachricht vom Angriffe der Franzosen zugegangen sei, er habe sie sofort Wellington übermittelt, welcher äußerte: "Wenn alles so ist, wie es Zieten ansieht, so konzentriere ich mich auf meinem linken Flügel, und stehe dann à portée mich in Gemeinschaft mit der preußischen Armee zu schlagen. Kommt jedoch ein Teil des Feindes über Mons, so muß ich mich mehr nach meinem Centrum zusammenziehen. Dies ist der Grund, weshalb ich durchaus erst die Meldung von Mons abwarten muß, ehe ich das Rendezvous bestimme. Da jedoch der Aufbruch der Truppen gewiß, und nur das Rendezvous noch ungewiß ist, so werde ich alles beordern, sich bereit zu halten, auch Reservetruppen sofort in Marsch gegen Quatre=Bras setzen." — "Die Befehle dazu wurden um 6—7 Uhr expediert. — Später ging dieselbe Nachricht von der Eröffnung der Feindseligkeiten, welche von Charleroi nach Namur gegangen war, von dort zum zweiten Male bei mir ein. Der Feldmarschall benachrichtigte mich von seiner Konzentrierung bei Sombreffe, und beauftragte mich, ihm schleunigst Nachricht von der Konzentrierung der Wellingtonschen Armee zu geben. — Ich teilte dies sofort dem Herzog mit, der mit den Anordnungen des Feldmarschalls Blücher ganz einverstanden war. Der Herzog konnte sich jedoch nicht entschließen, seine Konzentrierung zu bestimmen, ehe er die erwartete Nachricht von Mons habe. — Ich begab mich nach 10 Uhr nach Hause, erstattete meinen Bericht, so daß ich nur am Schluß die Rendezvous=Plätze zu nennen hatte, und ließ eine Kurier=Chaise vor meiner Thür halten."

Dies klingt alles sehr bestimmt und zuverlässig und erweist sich doch als nahezu unbrauchbar. Nicht der Zietensche Brief kam zuerst in Brüssel an, sondern der Blüchersche. Dadurch wird das ganze Raisonnement, welches Wellington gemacht haben soll, sehr verdächtig, umsomehr als er schon von Quatre=Bras spricht, welches am 15. weder im Haupt= noch im Nachtragsbefehle bekannt ist, und überhaupt erst durch die nachts eintreffende Depesche Constants Wichtigkeit erhielt. Erst ist von einem Rendezvous die Rede, was noch ungewiß sei; bis dies durch die Meldung von Mons bestimmt werde, soll sich alles bereit halten, d. h. doch sich in seinen kleineren Verbänden vereinigen, um beim Eintreffen des Befehls, sofort nach dem gemeinschaftlichen Sammelplatze der Armee abmarschieren zu können. Dann wird fortgefahren: Die Befehle dazu wurden um 6—7 Uhr expediert. Dies kann doch nur heißen: die Befehle, sich bereit zu halten. Nun besitzen wir die Befehle, und diese schreiben durchweg die Zusammenziehung im großen Divisionsverbande vor. Wieder heißt es dann: der Herzog konnte

---

*) Müffling 228.

sich nicht entschließen, seine Konzentrierung zu bestimmen. Erst um 10 Uhr begab sich Müffling von Wellington oder dem Geschäftslokale des englischen Hauptquartiers nach Haus und erstattete seinen Bericht, sandte ihn aber noch nicht ab, weil er am Schlusse die Rendezvous-Plätze nennen wollte. Vorhin hieß es nur: „das Rendezvous", d. i. der Sammelplatz der Armee, jetzt ist von Plätzen die Rede. Ob die Depesche fortgeschickt wurde, erfahren wir nicht, sondern nur, daß Wellington gegen Mitternacht zu Müffling kam und ihm sagte, die Ordres zur Konzentrierung seiner Armee bei Nivelles und Quatre-Bras seien bereits abgegangen. Dies ist nun wieder falsch, der Nachtragsbefehl, der gemeint ist, nennt Nivelles in dieser Schroffheit nicht, und kennt Quatre-Bras noch weniger. Erst am nächsten Morgen, wurde Dörnberg abgesandt, um Quatre-Bras für die Reserve als Marschziel anzugeben.

Man sieht, bei genauer Betrachtung hält eigentlich nichts Stand. Der Bericht, von dem Müffling spricht, scheint kein anderer als der uns erhaltene zu sein; in diesem ist aber nichts nachgetragen, sondern alles in einem Zuge geschrieben und er ist auch nicht nach Mitternacht abgesandt, sondern um 7 Uhr, nicht von Müfflings Zimmer, sondern vom englischen Hauptquartiere. Nur eines vermögen wir der Müfflingschen Erzählung zu entnehmen, daß wegen der strategischen Maßnahmen eifrig zwischen Müffling und Wellington beraten worden ist.

Fassen wir alles zusammen, so haben wir wahrscheinlich folgenden Hergang: Etwas vor 4 Uhr traf der Blüchersche Brief ein, Müffling begab sich damit zu Wellington und verhandelte, kam mit ihm aber noch zu keinem festen Ergebnisse, namentlich, weil der englische Feldherr die Gesamtsachlage nicht genügend übersah, und lieber keinen Befehl als einen vielleicht schlechten geben wollte. Deshalb gedachte er erst die Meldung Dörnbergs abzuwarten, von der er näheren Aufschluß erwartete. Zwischen 6 und 7 Uhr traf dann die Zietensche Nachricht ein mit genauen Angaben über die Bewegungen des Feindes und dem Hinweis auf Nivelles. Hierdurch hatte man im wesentlichen, was man wünschte. Abermals erschien Müffling vor Wellington und erreichte nun das Ergebnis, welches er um 7 Uhr an Blücher mitteilte. Da nun aber um 7½ Uhr zugleich der Hauptbefehl Wellingtons gegeben ist*), dessen Ziel

---

*) Schon aus der obigen Darstellung geht hervor, daß 7½ Uhr die ziemlich genaue Zeit des Befehles ist. Auf die gleiche weist das Eintreffen der Befehle. Wie über so vieles in diesen denkwürdigen Tagen gehen auch über diese Frage die Meinungen sehr auseinander. Chesney, Lectures 80, hat: „at what oxact hour is not agreed on". Siborne berichtet: „at once"; Hooper, Waterloo: „about 5 p. m."; Müffling 6 bis 7 Uhr; Ropes 77: zwischen 5 und 7 Uhr; Charras 5 ed. I, 132 gar erst 8 bis 9½ Uhr. Wellington selber drückt sich nicht bestimmt aus. In seinem Berichte an Bathurst heißt es: „I did not hear of these events till in the evening

sich im ganzen mit den Angaben des Briefes deckt, so ist klar, daß der Marschbefehl der zweite und wichtigere Erfolg des Zietenschen Briefes gewesen. Thatsächlich vollzog Wellington in seinem Befehle also den als richtig erkannten Wunsch des preußischen Generals.

Dies die Ereignisse nach den gleichzeitigen Briefen. Dabei erklärt sich der des Militärbevollmächtigten nicht aus den Folgen eines üppigen Mahles, sondern aus der Aufregung des eben stattgehabten Gespräches, der Freude, daß Wellington auf den preußischen Vorschlag eingegangen war, und der Eile, in welcher dies mitgeteilt wurde. Während Müffling sonst seinen Berichten sicherlich ein sorgfältiges Konzept zu Grunde legte, arbeitete er nun ohne ein solches aus freier Hand. Hierin wird auch die falsche Bemerkung über den Mondaufgang zu suchen sein. Im Hinblick auf die Hauptsache hatte man die Nebensache übersehen: die Truppen sollten nicht im Dunkeln abmarschieren, aber womöglich noch vor Tagesanbruch.

Sind somit die gleichzeitigen Quellen von größtem Werte, so muß dagegen die späte Müfflingsche Erzählung im wesentlichen gestrichen werden, weil sie von Unrichtigkeiten derartig durchwirkt ist, daß man nirgends weiß, wo die Wahrheit anfängt und wo sie aufhört.

Außer den genannten Zuschriften ist noch eine weitere abgesandt worden, denn das Brief-Journal des Generalstabes des (preußischen) Armee-Kommandos zum 15. Juni bietet folgende Eintragung:*)

„An General von Müffling.

Wegen der Unternehmung des Feindes. Benachrichtigung über das Eintreffen des Corps bei Sombref. Annahme der Schlacht hieselbst, im Falle der Feind uns nicht auf der rechten Flanke umgeht. Von Intension des Herzogs Wellington schleunigst bekannt zu machen."

Abgangsvermerk: „Abends".

Diese Depesche war von hoher Bedeutung, weil sie die Bewegung des Feindes von mittags bis abends zusammenfaßte, mitteilte, daß das erste Korps sich bei Sombreffe gefechtsbereit mache, daß man gesonnen sei, hier die Schlacht anzunehmen, aber befürchte, von Quatre-Bras her umgangen und dadurch von den Engländern abgedrängt zu werden. Deshalb soll der Herzog sofort von der Gesamtsachlage unterrichtet werden.

Aber dieser wichtige Bericht ist augenscheinlich nicht, oder doch nicht rechtzeitig in Müfflings Hände gekommen. Als Abgangsvermerk ist, wie

---

of the 15; and I immediately ordered the troops to prepare to march". Jedenfalls beweist dies, daß er nach dem zweiten Gespräche mit Müffling den Marschbefehl „sofort" erteilte. Disp. XII. 478.

*) VI D. 9, im Kriegsarchive.

oben gesagt, nur „abends" angegeben, unmittelbar vorher stehen drei Depeschen mit dem Vermerke: „abends ½11" und „abends 11 Uhr". Es ist deshalb anzunehmen, daß auch diese ungefähr um 11 Uhr verschickt wurde. Sie hätte zwischen 4 und 5 Uhr in Brüssel eintreffen können, oder etwas früher, wenn sie eher Sombreffe verließ. Nun werden wir aber noch sehen, daß die Franzosen die Straße zwischen Sombreffe und Quatre-Bras und wahrscheinlich ebenfalls die Brüsseler Straße nördlich von Quatre-Bras während der Nacht gesperrt hatten, so daß es auch einem Meldereiter Müfflings, der den umgekehrten Weg von Brüssel nach Sombreffe machen sollte, nicht gelang durchzubringen*). Dies muß also auch mit dem der Fall gewesen sein, der vom preußischen Hauptquartiere kam. Ferner berichtet Müffling zum 16. als er mit Wellington vormittags bei Quatre-Bras weilte: „mir war indes die Nachricht zugekommen, die preußische Armee versammele sich bei Ligny"**). Es darf angenommen werden, daß diese Nachricht eben obige Depesche ist, denn die Angabe Ligny statt Sombreffe darf bei dem ungenauen Autor nicht weiter befremden. Wie dem nun auch sei, in Brüssel erhielt Müffling die Depesche jedenfalls nicht mehr, denn wenn der Adjutant der sie überbrachte, den Franzosen auswich, so mußte er einen weiteren Umweg auf wenig bekannten Nebenstraßen machen, die sich in dunkler Nacht kaum so schnell bewältigen ließen. Hier wie auch sonst oft in diesem Feldzuge, zeigt sich eine große Mangelhaftigkeit des Meldewesens.

Wellingtons Zweifel am Morgen des 16. bei Quatre-Bras***), der Inhalt seiner Nachtragsbefehle während der Nacht vom 15. auf den 16., und besonders der von zwei Briefen, die er am Abend des 16. verfaßte, beweisen deutlich, daß er nicht mehr wußte, als was die erste Depesche Blüchers und die Zietens enthielt. Daß auch Müffling keine weiteren Depeschen in Brüssel erhalten hat, erhärtet seine Darstellung.

So viel ist sicher, daß Wellington von den Preußen nicht ausreichende Nachrichten erhielt. Lassen wir die zweite ungenügend beglaubigte Meldung und die dritte bei Seite†), so blieb er von allem, was nach 9 Uhr morgens an der Sambre vorgegangen war, preußischerseits ohne Kenntnis. Dies mußte für ihn um so verhängnisvoller werden, als in den verschiedenen Verfügungen, die das 1. Korps für den Fall eines französischen Angriffs

---

*) Hofmann 118.
**) Müffling 230.
***) Hofmann 120.
†) Möglich wäre auch, daß sie ebenfalls unterwegs verloren ging, daß die ungenaue Angabe von Damitz „gegen Abend" nur auf Berechnung beruht, doch stimmt die Zeitangabe wieder mit Müffling.

erhalten hatte, stets die Verteidigung der Sambre-Uebergänge vorgesehen war*), was natürlich Wellington wußte und womit er rechnete.

Die Preußen gaben Charleroi schon am Vormittage auf, um sich nach Sombreffe hin zu konzentrieren. Die Franzosen gingen über die Sambre, ihr Hauptheer drängte hinter den Preußen her, ihr Nebenheer unter Marschall Ney marschierte auf der Straße nach Quatre-Bras. Zu dieser Zeit befand sich die ganze Brigade Steinmetz noch westlich derselben und wurde durch Neys Erscheinen überrascht, erkämpfte sich aber bei Gosselies den Abzug nach Osten. Man sieht, wie völlig die Straße preußisches Militärgebiet gewesen, und wie überstürzt sie aufhörte, dies zu sein. Es hätte dem Herzoge klar und deutlich mitgeteilt werden müssen: Die Preußen geben die Straße Quatre-Bras auf, deren Deckung fällt von jetzt an der englischen Armee zu.

Da solche Vernachlässigung dem Verbündeten sonst nicht eigen war, so haben wir zu fragen, worauf sie beruhen mag. Die Antwort scheint einfach zu sein. Zieten hatte eine Meldung nach Brüssel gesandt und war dann auf höheren Befehl zurückgewichen. Er meinte augenscheinlich, mit dem Aufgeben seiner Stellung sei auch seine Verpflichtung dem verbündeten Hauptquartiere gegenüber gelöst und auf das Oberkommando übergegangen. Dieses aber kannte Zietens Auffassung nicht und glaubte den Verkehr mit Brüssel von ihm besorgt, um so eher, als es selber fern war, während Zieten an Ort und Stelle unter schnell wechselnden Verhältnissen die genaueste Auskunft geben konnte.

Noch weniger als Zieten sandte Steinmetz Aufklärung nach Brüssel, weil er nur Unterbefehlshaber Zietens war und keinen Befehl für Mitteilungen an Wellington hatte. Für das Hauptquartier, für Blücher und Gneisenau gesellte sich hinzu die Vorbereitung für die Schlacht des nächsten Tages, die vielen Sorgen und Gedanken, welche dadurch auf sie einstürmten, unter denen unwillkürlich der Blick auf die eigenen Angelegenheiten gerichtet blieb. Zu erwägen ist dabei, daß man am 15. überhaupt entschlossen war, die Schlacht zu liefern, ohne Rücksichtnahme auf Wellington**), daß man überzeugt war, das ganze Heer Napoleons auf sich allein gezogen zu haben, so daß den Engländern keine Gefahr zu drohen schien. Auch noch ein anderer Grund wird hinzugekommen sein, mehr politischer als militärischer Art. Die Preußen waren auf dem Wiener Kongresse schlecht behandelt worden und hatten nicht erreicht, was sie nach ihren Leistungen glaubten beanspruchen zu dürfen. Besonders tief wurmte dies die deutsch-preußischen Patrioten: Gneisenau und Blücher an der Spitze. Die einzige Wendung zum Besseren konnte nur auf dem Schlachtfelde gegen Napoleon erfochten werden. Mit inbrünstiger Sehnsucht hatte man deshalb eine

---
*) Vgl. das Tagebuch des 1. Armeekorps im Kriegsarchive VI, S. 13.
**) Vergl. auch Ropes 73 und Houssay 128.

solche im Hauptquartiere zu Lüttich und Namur erhofft, aber sich nicht stark und sicher genug gefühlt, durch Eröffnung des Krieges die Last der Verantwortung allein auf sich zu nehmen. Alle Bemühungen, den englischen Verbündeten mit sich fort zu reißen, waren gescheitert. Nun kam der Imperator; unerwartet bot er sich selber den preußischen Bajonetten dar, bot er eine Schlacht an: ein Glück, das man kaum noch zu erhoffen gewagt hatte. Er bot die Schlacht zunächst den Preußen allein — wenn man sie allein annahm, wenn man siegte, wie ganz anders stand Preußen plötzlich im Weltgetriebe da. Es allein hatte dann die schwere Gefahr abgewandt, welche Europa durch den furchtbaren korsischen Emporkömmling bedrohte — jetzt mußte Europa dankbar sein, wollend oder nicht. Es war dies ein Gedankengang so recht nach Gneisenaus und Blüchers Herzen: kühn, groß und entscheidend. Von ihm aus war englische Hilfe durchaus unerwünscht; sie wurde deshalb auch in keiner Weise erbeten, sondern nur gefragt, was Wellington zu thun beabsichtige. In der Nähe mußte dieser sein, denn seines Sieges sicher war das preußische Hauptquartier nicht. Wußte man das verbündete Heer aber in der Nähe, so durfte man um so getroster in die Schlacht gehen, denn wenn man besiegt wurde, konnte Wellington eintreten, um vor Vernichtung zu schützen. Man hatte auch dann noch das Verdienst: die Stirne geboten und den Feind aufgehalten zu haben.

Wir glauben, das ganze Verhalten Gneisenaus am 15. und 16. ist durch diesen Gesichtspunkt mitbestimmt worden. Ein irgend zwingender Grund zur Annahme der Schlacht bei Ligny lag nicht vor*); man hätte die Entscheidung ganz wohl einen oder zwei Tage später und dann zusammen mit den Verbündeten liefern können, wenn man gewollt hätte. Man wollte aber so wenig, daß man sogar Stand hielt, obwohl das ganze Korps Bülow ausblieb.

Ganz anders mußte die Wirkung auf Wellington sein. Er mußte annehmen, wenn seine sämtlichen Nachrichten von dem wichtigsten Ereignisse der Zeit alle auf den Morgen zurückgingen, so konnte sich am Mittage und Nachmittage nichts besonderes ereignet haben, denn sonst wäre es ihm sicherlich mitgeteilt worden. Ja, es hätte dann nahe gelegen, daß ein höherer preußischer Offizier von Namur nach Brüssel geeilt wäre, um bestimmte Maßnamen für den Sonderfall zu verabreden. Dies alles war aber nicht geschehen.

Wie wenig man in Brüssel eine Ahnung von der wirklichen Sachlage besaß, beweisen mehrere Briefe. Zwischen 6 und 7 Uhr schrieb der Prinz von Oranien an seinen Generalstabschef Constant nach Braine: „Wenn Ihr seit heute morgen keine Nachrichten habt, welche Euch nötig erscheinen lassen, die Truppen während der Nacht im Freien zu halten, so

---

*) Wir gedenken an einem andern Orte dies näher zu beweisen.

bitte ich, sie in meinem Namen anzuweisen, sich in ihre Kantonnements zu begeben, aber morgen früh um 4 Uhr an den festgestellten Punkten wieder versammelt zu sein. Uebermittelt dies auch an Abercromby für die englischen Truppen. Der Herzog von Wellington wünscht, daß ich diesen Abend hier bleibe. Ich werde deshalb nicht vor Mitternacht oder um ein Uhr aufbrechen"*).

Nach diesen Angaben schien man sich noch in vollem Frieden zu befinden. Es heißt, die Truppen sollen das machen, was sie in der letzten Zeit immer gethan haben: sich nachts in ihre weit zerstreuten Quartiere begeben, nur etwas früher als gewöhnlich müssen sie sich bataillonsweise auf ihren Rendezvousplätzen einfinden. Die Herzogin von Richmond giebt einen Ball, Wellington wünscht, daß Oranien an demselben teilnimmt. Dieser wird es thun und deshalb erst morgens früh in sein Hauptquartier zurückkehren.

Inzwischen hatte nun aber Wellington sein zweites Gespräch mit Müffling, welches die Auffassung der Sachlage so veränderte, daß er um 7½ Uhr den ersten großen Marschbefehl erteilte. Immerhin ging er noch in der Abenddämmerung, also zwischen 9 und 10 Uhr, mit dem englischen Gesandten zu Wien, mit Sir Charles Stuart, eifrig sich unterhaltend, spazieren**). Sir Charles war nicht der Mann, mit dem belgische Kriegspläne besprochen wurden, sondern derjenige dem Wellington sich wohl im Anschlusse an seinen Morgenbrief äußerte. Noch deutlicher erhellt die Unkenntnis und die damit zusammenhängende Ruhe des Oberfeldherrn aus zwei Briefen, die er bald nach dem Zusammensein mit dem Gesandten schrieb.

Um ½10 Uhr abends teilte er dem Herzoge von Berry mit, daß der Feind die Preußen diesen Morgen bei Thuin angegriffen habe und Charleroi zu bedrohen scheine. In einem anderen Schreiben von 10 Uhr an den Herzog von Feltre heißt es:***) „Ich erhalte die Nachricht, daß der Feind die preußischen Vorposten diesen Morgen bei Thuin an der Sambre angegriffen hat, und daß er Charleroi zu bedrohen schien. Seit diesen Morgen 9 Uhr habe ich nichts aus Charleroi gehört"†). Demnach war er also volle 13 Stunden an diesem entscheidenden Tage nicht über die Vorgänge in der preußischen Front unterrichtet††). Er glaubte Charleroi noch abends 10 Uhr in Händen der Preußen, als Ney schon bei Quatre-Bras stand.

---

*) De Bas III, 535. Abercromby war zum Balle des Herzogs von Richmond geladen. De Bas 1176.

**) Milit. Wochenbl. 1846. S. 54.

***) Disp. XII. 473.

†) Gemeint ist die Depesche Zietens von 9 Uhr.

††) Näheres in meinem Aufsatze: Die preuß. Berichterstattung ꝛc., im Hist. Jahrbuch 1902.

Ein unglücklicher Zufall wollte, daß auch die Depesche, die Wellington am meisten erwartete, ganz verspätet eintraf. Es war die Dörnbergs. Früh halb zehn Uhr hatte dieser aus Mons geschrieben: „Ein Trupp französischer Lanciers ist wieder bei Autreffe aufgestellt, aber bei Quivrain befinden sich nur Nationalgarden mit einigen wenigen Gendarmen. Gestern hat ein Mann in Maubeuge erzählt, daß alle Truppen gegen Beaumont und Philippeville marschieren, er meinte an 40000 Mann. Ich habe gegen Pont-sur-Sambre aufgeklärt, wo ich glaube, daß ein Korps steht. Soeben höre ich, die Preußen sind angegriffen"*). Hiernach also befand sich feindliche Linie bei Autreffe und ein Korps wird bei Pont-sur-Sambre vermutet, also an einer Stelle, von wo aus es über Mons näher nach Brüssel war, als über Charleroi. Ein Heer von 40000 Mann soll durch Maubeuge auf Philippeville marschiert sein, d. h. also ostwärts nach dem Rheine zu.

Wie alle Depeschen Dörnbergs ging auch diese erst an das Hauptquartier des Prinzen von Oranien nach Braine. Da dieser abwesend war, so blieb sie dort bis 2 Uhr liegen, worauf sie an den englischen Generalstab mit einer Zuschrift weiter gesandt wurde**), welche enthielt, daß die Rapporte verschiedener Quartiere bestätigten***), die Preußen seien in ihrer Frontstellung vor Charleroi angegriffen, sie hätten Binche aufgegeben und beabsichtigten sich zunächst bei Gosselies zu sammeln. Vor der englischen Front sei alles ruhig, die 3. niederländische Division bei Fay vereinigt. Sie enthielt auch die Abschrift eines Briefes des Kommandanten von Mons.

Das Begleitschreiben erhielt also nicht das geringste Neue über den Feind, sondern schloß sich im Wortlaute an die Depesche, welche 2 Stunden früher an den Prinzen von Oranien gesandt war, zur weiteren Sicherheit wurde noch eine Abschrift der Beerschen Meldung beigefügt. Fragen wir nach dem Grunde, weswegen die Depesche mehrere (wohl 3) Stunden in Braine liegen blieb, so werden wir ihn in Folgendem zu suchen haben. Die Dörnbergschen Mitteilungen waren Sekretsachen, die an den Prinzen persönlich, nicht an das Hauptquartier desselben gingen†). Sie wurden des-

---

*) Suppl. Disp. X, 481. Dörnberg erwähnt die Depesche auch in seinem Mskpt. (im Kriegsarchiv). In einer Anmerkung sagt er, Damitz behaupte in seinem Werke, diese Depesche sei erst um 12 Uhr nachts bei Wellington eingetroffen. Er kann es sich nicht anders erklären, als daß der Prinz von Oranien sie so lange aufgehalten habe.

**) Suppl. Desp. X, 480.

***) Es sind die der Generale Beer, Chassé und van Merlen, über die vorne gesprochen ist.

†) Dies ist auch der Grund, weshalb ihr Eingang weder im Tagebuche Constants noch im Eingangsjournale des niederländischen General-Quartiermeisters vermerkt ist; beide hatten amtlich nichts damit zu thun. Der Instanzenzug war folgender: Dörnberg sandte als General der englischen Armee seine Depeschen an den Prinzen persönlich, dieser gab sie an Wellington persönlich weiter, oder an dessen Adjutantur;

halb auch in seiner Wohnung abgegeben und blieben für gewöhnlich liegen, damit er selber sie öffnete, oder wurden ihm nachgesandt. Dies geschah nicht durch den niederländischen Stab, sondern durch den englischen, der dem Prinzen beigegeben war. Schwerlich mußte der nun immer, wann solche Depesche eingetroffen war, und so konnte bei Abwesenheit des Prinzen leicht eine Verzögerung eintreten. Eigentümlich erscheint, daß es in dem Begleitschreiben heißt, der Prinz sei um 5 Uhr morgens zu den Vorposten geritten und noch nicht zurückgekehrt. Dem Briefschreiber, Berkeley, scheint also unbekannt geblieben zu sein, daß der Prinz für kurze Zeit wieder in Braine gewesen ist*). Gerade hierauf könte auch die Verzögerung wesentlich beruhen. Man wartete auf die Rückkehr, weil es unwahrscheinlich erscheinen mußte, daß der Prinz sich in Felduniform nach Brüssel begeben würde. Erst als die Sache zu lange dauerte, sandte man den Brief weiter. Die Abwesenheit des Prinzen bei den Vorposten wird wesentlich kürzere Zeit gedauert haben, als man angenommen hatte. Das dem Prinzen eigene schnelle Reiten hätte dann in diesem Falle eine ungünstige Wirkung gehabt.

Die Depesche Dörnbergs und folglich auch das Begleitschreiben soll Wellington erst um Mitternacht erhalten haben, wie Grolman**) und indirekt auch Müffling***) angeben.

Das ist aber schwerlich richtig, sondern sie wird etwas vor 10 Uhr eingetroffen sein. Dies beweist die Angabe des englischen „Subaltern=Offiziers", welcher berichtet: „Gegen $^1/_2$10 Uhr oder 10 Uhr abends langte ein Dragoner staub- und schweißbedeckt, mit Depeschen von unseren Vorposten vor dem Hotel des Herzogs an und verlangte bringend, demselben vorgelassen zu werden." Da die Depeschen von den Vorposten des englischen Heeres kamen, so können es kaum andere, als die Dörnbergsche mit dem Nachtrage gewesen sein, umsoweniger als der Berichterstatter fortfährt: „Welches auch der Inhalt jener Depeschen ... gewesen sein mag, so wurde doch im Allgemeinen in den unsern Aufbruch betreffenden Dispositionen nichts geändert, sondern nur allein eine frühere Abmarschstunde ... festge=

---

war der Prinz verhindert, so geschah die Weiterbeförderung durch einen englischen Stabsoffizier. Die ganze Angelegenheit wurde eben als englische behandelt, nicht als niederländische. Vergl. auch De Bas 1165, 1166.

*) De Bas 1165 meint: des Prinzen Besuch in Brüssel auf Einladung Wellingtons (?) wünschte Constant geheim zu halten. Das ist möglich, aber keineswegs wahrscheinlich, da die Einladung des Prinzen zum Richmondschen Balle in eingeweihten Kreisen sicher eine ganz bekannte Sache war, umsomehr als auch Abercromby und mehrere Adjutanten des Prinzen gebeten waren. (De Bas 1176.) Constant besaß also gar nicht die Mittel, so etwas vor Berkeley geheim zu halten.

**) Damitz I, 105.

***) Müffling 229.

setzt"*). Es führt dies zu dem zweiten Punkte, der für das Eintreffen der Mitteilungen gegen 10 Uhr spricht: zu dem Nachtragsbefehle Wellingtons, der um 10 Uhr erteilt und augenscheinlich auf den von Braine eingegangenen Angaben beruht**).

Weshalb die Meldung, deren Begleitschreiben die Angabe 2 Uhr nachmittags trägt, erst um 10 Uhr in Brüssel eintraf, wo sie um 4 oder zwischen 4 und 5 Uhr hätte sein müssen, ist unbekannt. Am Wahrscheinlichsten erscheint, daß sie eben nicht um 2 Uhr abgesandt wurde, und zwar aus dem Grunde, weil man nichts eigentlich neues zu berichten wußte und doch stündlich genauere Meldungen über den Feind erwartete. Wellington selber sagt in seinem Berichte über die Schlacht bei Waterloo: „ich erfuhr erst am Abend des 15. von den Ereignissen"***).

Noch später als die Dörnbergsche Anzeige kam eine wichtige Meldung Constants de Rebecque, welche auf Angaben des Generals Perponcher beruhte. Dieser General, der Befehlshaber der zweiten niederländischen Division, hatte sein Hauptquartier in Nivelles und deckte mit einer Brigade die Straße, welche von Binche nach Brüssel führte, während die andere links davon bei Quatre=Bras eingelagert war, also auf der östlichen Straße Charleroi—Brüssel stand.

Bereits am Morgen hatte man mehrere Kanonenschüsse gehört, da es aber nicht eingeführt war, sich gegenseitig zu benachrichtigen, wenn im Feuer exerziert wurde, so beachtete man jene Schüsse, wie gewöhnlich, nicht weiter†). In den ersten Stunden des Nachmittags wird dann aber das Kampfgetöse von Gosselies deutlich herübergehallt sein. Gegen 4 oder $^1/_2$5 Uhr erhielt man eine Meldung des Majors Normann, der südlich von Quatre=Bras, bei Frasnes, auf Vorposten stand, daß südwärts von der Brüssel=Charleroier Chaussee her Geschütz= und Gewehrfeuer vernehmbar sei. Seit $^1/_2$7 Uhr vernahm man solches dann von Frasnes selbst, wo Normann seitens der Franzosen angegriffen wurde. Etwa 1½ Stunden später kam eine Meldung des Kommandeurs der 2. Brigade, des Prinzen von Sachsen=Weimar, aus der Gegend von Quatre=Bras, worin es hieß, daß die Franzosen im Anmarsch

---

*) Milit. Wochenbl. 1846, S. 54.

**) Olled 117. Müffling (229) giebt zwar an, daß er sich erst nach 10 Uhr nach Haus begeben habe; bei der Ungenauigkeit der Memoiren beweist das aber nicht viel. Müffling läßt Wellington dann ausdrücklich sagen, daß er auf Dörnbergs Meldung hin die Ordres zur Konzentration bei Nivelles und Quatre=Bras gegeben habe. Quatre=Bras ist hier Müfflingscher Zusatz.

***) Brialmont II, 383.

†) Alle Angaben über die Division Perponcher sind entnommen den „Begebenheiten der 2. niederländischen Division" im Kriegsarchive II. VI. S. 58, mitgeteilt hinten in den Beilagen. Dazu kommen die Memoiren Constants de Rebecque. Vergl. auch De Bas III, 538 ff. 1163 ff.

seien, Frasnes von den Verbündeten geräumt werde und der Prinz nach eigenem Entschlusse seine Brigade bei Quatre-Bras zusammenziehe*). Dieser Angabe folgte ein zweites Schreiben des Prinzen über den Angriff auf Frasnes**). Widersprechende Gerüchte verbreiteten sich in Nivelles, welche namentlich von versprengten preußischen Truppen aus Thuin, Lobez und Charleroi herrührten. Alles diente aber mehr zur Verwirrung als Aufklärung. Klug hatte Napoleon sich wesentlich auf dem rechten Ufer der Sambre gehalten, um die Engländer nicht aufzustören und über seine Angriffsrichtung zu täuschen***).

Abends um 7 Uhr fand das Hauptquartier Perponchers sich noch ungenügend unterrichtet. Man wußte, daß die Preußen bei Gosselies gefochten hatten und die eigenen Truppen aus Frasnes verdrängt seien, aber ob der Feind stark sei, wie sich die Dinge bei Charleroi weiter entwickelt hätten†), wohin der Marsch des französischen Heeres gehe, das alles kannte man nicht. Erst Verrat brachte Gewißheit.

Ein französischer Capitain adjoint traf in Nivelles ein, welcher die eigene Armee in Bauernkleidern verlassen hatte. Er übermittelte die Nachricht von dem Erfolge der Gefechte mit den Preußen, zugleich versichernd, daß Napoleon mit 150 000 Mann im Anmarsch auf Brüssel sei.

Noch war man dabei, den Ueberläufer auszufragen, als der Hauptmann von Gagern vom Prinzen von Sachsen-Weimar mit der bereits genannten Meldung eintraf. Es muß dies etwas nach 8 Uhr gewesen sein. In der Meinung, daß der Führer des Korps, der Prinz von Oranien, sich in seinem Hauptquartiere zu Braine-le-Comte befinde, befahl General Perponcher dem Hauptmanne, die wichtige Nachricht dorthin zu bringen und als Augenzeuge das Weitere zu berichten. Er konnte auch die Auskünfte mitteilen, welche der französische Ueberläufer gemacht hatte.

Gagern erreichte Braine um 10 Uhr und berichtete, daß die Truppen bei Frasnes angegriffen und auf das Gros der Brigade nach Quatre-Bras zurückgedrängt seien. Daraufhin sandte der Generalstabschef Constant de Rebecque den Grafen von Stirum an den General Perponcher und einen Brief an den Prinzen von Oranien in dem es hieß: "Soeben trifft hier der Hauptmann von Gagern aus Nivelles mit der Meldung ein, daß der Feind schon bis Quatre-Bras vorgedrungen ist. Ich habe auf mich genommen, den General Perponcher anzuweisen, seine angegriffene

---

*) De Bas, III, 536 ff., 1168; Mskpt. II. VI. S. 58.

**) Mitgeteilt weiter hinten.

***) Damitz 78.

†) De Bas läßt S. 541 zwischen 7 und 1/2 8 Uhr einige versprengte Preußen nach Nivelles kommen, welche meldeten, daß Charleroi vom Feinde besetzt sei.

zweite Brigade durch die erste zu verstärken und den Train nach Brüssel zu schicken. Ich habe einen Offizier nach Nivelles und Fay gesandt, um sich an Ort und Stelle über den Stand der Dinge zu unterrichten und sofort die Generale Chassé und Collaert zu benachrichtigen, sich im Bedürfnisfalle mit der zweiten Brigade zu vereinigen und sie zu unterstützen".

Der Rapport ist am Kopfende $10^1/_2$ Uhr datiert; er wurde mithin wohl um $10^3/_4$ Uhr dem Kapitän Webster, einem Adjutanten des Prinzen, übergeben, der ihn in einer Stunde nach Brüssel gebracht haben soll*). Da die Entfernung von Braine nach Brüssel aber 36 Kilometer, also $4^1/_2$ Meilen beträgt und Wellingtons Adjutanten auf besten englischen Pferden 3 Meilen für die beschleunigten Depeschen ihres Vorgesetzten in der Stunde brauchten**), so kann jener Ritt im besten Falle nicht unter $1^1/_2$ Stunden zurückgelegt sein, umsoweniger, als es Nacht war und der Mond unterging. Die Depesche hat also erst $12^1/_4$ oder $12^1/_2$ Uhr Brüssel erreicht, eher später als früher. Webster ritt gerüadeswegs zum britischen Hauptquartier in der Rue Royale, traf dort den Prinzen aber nicht, weil sich derselbe auf dem Balle befand. Der Adjutant stieg vom Pferde und begab sich zu Fuß dorthin, von einem Wellingtonschen Offiziere geleitet. Er kann hier unmöglich vor $12^1/_2$ Uhr eingetroffen sein***).

Dies ist wichtig, denn dann war der Nachtragsbefehl Wellingtons, den wir noch kennen lernen werden, schon vorher abgegangen, steht also mit dieser Meldung in keinem Zusammenhange. Dafür spricht auch unwiderleglich der Befehl selber, der noch nichts von Quatre-Bras, sondern nur von Nivelles weiß. Dies erscheint undenkbar, wenn obiger Brief vorgelegen hätte, der nicht auf Nivelles, sondern gerade auf Quatre-Bras hinweist. Auch jener Dragoner, von dem der englische Subalternoffizier erzählt, daß er um $1/_210$ oder 10 Uhr eingetroffen sei, ist nicht der hier gemeinte Depeschenträger gewesen, weil der in Brüssel bekannte Generalstabsoffizier Hauptmann Webster nicht so bezeichnet werden konnte und weil derselbe überhaupt erst $1/_211$ Uhr Braine verließ.

Die Angaben Constants waren die ersten, welche Wellington auf einen festen Punkt, auf das bedrohte Quatre-Bras, und damit die kriegerischen Maßnahmen desselben in eine bestimmte Richtung wiesen. Aber eine klare Einsicht gewährten sie immer noch nicht, namentlich keine Gewißheit, ob Napoleon auf Brüssel vorrücke oder sich seitwärts gegen die Preußen wende,

---

*) De Bas 543.

**) Müffling 214.

***) De Bas (543) läßt dies noch „vor Mitternacht" geschehen. Zu obiger Annahme stimmt, wenn General Vivian, einer der Festteilnehmer sagt, als ernste Nachrichten eintrafen, verließen die meisten Offiziere zwischen 12 und 1 Uhr den Saal. Siborne, Waterloo Letters 148.

wie die Depesche aus dem preußischen Hauptquartiere besagte. Nahm man einen Angriff auf Brüssel an, so konnte man nach wie vor zweifeln, ob er auf einem oder auf mehreren Wegen geschähe. Jedenfalls stand der Feind auf der Straße Charleroi—Brüssel, er befand sich hier sogar schon hinter Frasnes, aber sein Angriff war so wenig energisch gewesen, daß derselbe ebensowohl als bloße Demonstration zur Täuschung, wie als ernstes Unternehmen erscheinen mußte. Immerhin tappte man nicht mehr völlig im Dunkeln, sondern wußte, wohin man sein Augenmerk zu richten habe.

Als schwerer Uebelstand hat sich in den Vorgängen bei Frasnes und Quatre-Bras der militärische Instanzenzug erwiesen. Dadurch, daß der Prinz von Sachsen-Weimar erst an seinen direkten Vorgesetzten nach Nivelles berichtete, der mehr oder weniger Befehle von Braine erwartete, und wenn diese ausblieben, die Depesche entweder zurückbehielt, oder sie nach Braine schickte, worauf sie hier liegen blieb oder erst wieder nach Brüssel zu wandern hatte, so versäumte man nicht bloß viel Zeit, sondern es wurde auch der Eindruck geschwächt, und ein großer Teil der Kenntnisse verlor sich unterwegs. Hätte der Prinz direkt mit Brüssel verkehrt, dem er verhältnismäßig nahe stand, dann würde Wellington schon um 8 Uhr von dem Angriffe der Franzosen auf Frasnes unterrichtet gewesen sein.

Zieht man alles in Erwägung, so wird man zugeben müssen, daß der englische Feldherr während des Tages kaum zu handeln vermochte. Nur eins hätte er auch jetzt thun können und vorsorglich thun müssen: die Truppen in ihren Kantonnements, vielleicht gar in ihrem Brigadeverbande, vereinigen. Damit hätte er keine falsche Bewegung gemacht, also nichts aufs Spiel gesetzt, wohl aber seine Armee für weitere Befehle sofort marschbereit und mithin handlungsfähig gehabt, was jetzt nicht der Fall war. Mehr aber darf man ihm billigerweise nicht zumuten, denn bis zum Abend wußte er eigentlich nur, daß Napoleon in der Gegend zwischen Mons und Charleroi im Anmarsche sei, wahrscheinlich mit der Richtung nach Osten; ob in einer oder in mehreren Kolonnen war ihm unbekannt, ebenso ob nicht von Lille oder sonstwoher ein Seitenstoß erfolgen würde. Ueberdies kam wohl die politische Rücksicht auf die Belgier in Betracht.

Natürlich schwirrten in Brüssel allerlei Gerüchte umher. Gegen 3 Uhr nachmittags stürzten einige Bürger der Stadt in den Saal des Hotel de Tirlemont und verkündeten, daß an der Grenze ein Vorpostengefecht stattgefunden habe, in welchem die Franzosen geschlagen und zurückgeworfen worden seien. Es bezog sich dies auf die Kämpfe des I. preußischen Korps, die aber gerade umgekehrt verlaufen waren*). Eine wesentlich deutlichere Sprache redete ferner Kanonendonner, den man gegen Abend deutlich

---

*) Milit. Wochenbl. 1846, S. 53.

vor den Thoren von Brüssel hören konnte*). Aber woher kam der Schall? Bekanntlich läßt sich das nur sehr ungenügend feststellen. Soviel jedoch mußte sicher sein, daß irgendwo in der Südfront gefochten werde, vielleicht an verschiedenen Stellen**). Da aber die Kämpfe bei Frasnes und bei den Preußen abends nur unbedeutend waren, so konnte auch der ferne Kanonendonner bei schlachtenfesten Gemütern keine besondere Beunruhigung bewirken.

Jedenfalls erschien es jetzt nötig, strategische Maßnahmen zu ergreifen, doch naturgemäß zunächst nur solche, die sich innerhalb der englisch-niederländischen Verteidigungszone bewegten. Lag doch noch nicht der geringste Grund vor, Wellington zu etwas anderem zu bestimmen: keine Aufforderung seitens der Preußen zur Unterstützung, nicht einmal eine Andeutung, daß es für sie wünschenswert sei, die englische Armee schöbe sich möglichst nach links in ihre Nähe. Wellingtons strategisches Ziel blieb somit nach wie vor: die Deckung von Brüssel und in zweiter Linie die von Gent. Als Endpunkte seiner Operationslinie betrachtete er demnach die Orte Oudenarde und Nivelles***). Links hieran schloß sich die Aufstellung der Preußen, welche seiner Meinung nach noch Charleroi besetzt hielten und die Straße Charleroi—Quatre-Bras—Brüssel als ihrem Verteidigungsabschnitte zugehörig betrachteten. Von solchen Erwägungen ausgehend erteilte Wellington gegen 7½ Uhr abends die Marschbefehle für sein Heer. Abgesehen von den für Gent verwendeten Truppen brachte er seine Kriegsmacht in eine Dreieckstellung, dessen Längsseite dem Feinde zugekehrt war, während rückwärts am spitzen Winkel Brüssel lag. Seine Front wurde von den drei nach Brüssel führenden Straßen bei Ath, Braine und Nivelles durchschnitten, von denen die beiden erstgenannten Orte je durch eine Division mit einer dritten in Reserve bei Enghien, Nivelles durch zwei Divisionen im Falle eines feindlichen Angriffs durch ihrer drei gedeckt waren, und bei Brüssel sich die Reserven befanden. Dies war eine ganz vortrefflich erdachte Verteidigungsstellung. Kam der Feind auf einer der drei Straßen einher, so konnte er je bei den drei Orten aufgehalten werden, inzwischen eilten von rückwärts die Reserven, von seitwärts die anderen Frontdivisionen herbei. Hatte die angegriffene Division bereits weichen müssen, so erreichten die Reserven sie um so schneller, während die Frontdivisionen von seitwärts in den Feind stießen†).

---

*) Müffling, 230. Man hätte erwarten sollen, daß auch der englische „Subaltern-Offizier" oder Lady de Ros (De Bas 1174) davon berichteten. Da es nicht geschehen, muß der Kanonendonner doch wohl unbedeutend gewesen sein.

**) Jedenfalls war es der Kanonendonner von Frasnes, den man hörte.

***) Müffling, Gesch. 6. Vergl. die Karte von Treuenfeld Nr. 4.

†) Ropes 78 sagt: „The orders provided simply for the assembling of the various divisions of the army at certain convenient places". Vergl. 74 sq. Doch kaum genügend. Vergl. weiter hinten.

Wie völlig Wellington sich noch im Unklaren befand und wie vorsichtig er glaubte sein zu müssen, zeigt jener Teil des Befehls, der den Prinzen von Oranien betrifft. Es heißt da, der Prinz möge die 2. und 3. niederländische Division bei Nivelles sammeln und ebendorthin die 3. britische Division ziehen für den Fall, daß am 15. Nivelles angegriffen sei. „Aber", fügt er bei, „diese Bewegung hat nur dann stattzufinden, wenn es ganz sicher ist, daß der Angriff des Feindes den rechten preußischen und den linken britischen Flügel trifft"*).

Etwas nach 10 Uhr erhielt Wellington die Dörnbergsche Meldung, daß Napoleon sich gegen die Preußen gewandt habe, vermehrt durch den Geleitbrief aus Braine und mündliche Auskünfte des Ueberbringers, des Kapitäns Webster. Nach dem was bereits vorlag, bestand die Wichtigkeit der Depesche Dörnbergs weniger in der Nachricht vom Angriffe, als in der Angabe, daß vor ihm bei Mons kein Feind stehe, daß dieser seine Hauptmacht vielmehr ostwärts in die Richtung auf Beaumont bewege. Dies verglichen mit den Blücher-Zietenschen Meldungen ließ keinen Zweifel mehr, daß der Angriff zunächst dem rechten Flügel der Preußen gelte. Infolgedessen erließ der Herzog einen Nachtragsbefehl, der eine Linksschiebung seiner Truppen in der Weise vorschrieb, daß die bisher zur Deckung von Gent verwandten Abteilungen für Brüssel herangezogen wurden und sich nach Enghien begaben, dafür die zwei Divisionen, welche Enghien und Ath besetzt hielten, nach Braine gingen, während die Division von Braine nach Nivelles marschierte, wo sich auch die bisher vorgeschobene niederländische Kavalleriedivision einfinden sollte**). Mit diesen Veränderungen hatte Wellington Gent entblößt und seine gesamten Fronttruppen von Enghien bis Nivelles, also auf eine Entfernung von etwas über drei Meilen massiert und zwar so, daß sein linker Flügel bei Nivelles durch 3 Infanterie- und eine Kavalleriedivision besonders stark gedeckt war. Als Rückhalt behielt er zunächst noch die Reserve bei Brüssel, die aber auch nach der bedrohten Richtung hin zusammengezogen wurde und beim Morgengrauen in Bewegung gesetzt werden konnte. Mit der Linksschiebung hatte der englische Feldherr sich der preußischen Armee bedeutend genähert; er hielt sich aber nach wie vor durchaus in seinen Grenzen, einfach, weil er die Straße Charleroi—Quatre-Bras als nicht eigentlich für sich zuständig ansah. Daraus erklärt sich auch, daß der Ort Quatre-Bras in seinen Befehlen überhaupt nicht genannt wurde***). Noch hatte Wellington nicht

---
*) Siborne I, 447.
**) Disp. XII. 474 mit 10 Uhr abends. Treuenfeld, Karte Nr. 5. Vergl. Siborne I, 447 und Delbrück, Zeitschr. 669. Auf abweichende Einzelheiten kann hier nicht eingegangen werden.
***) Müffling (230) läßt Wellington sagen, er habe die Ordres zur Konzentration seiner Armee bei Nivelles und Quatre-Bras gegeben. Das wird eine der vielen Un-

die Meldung von dem Gefechte bei Frasnes und vermutete deshalb die Preußen in der Nähe von Gosselies. Nivelles liegt nur 1¹/₈ Meilen von Quatre-Bras. Traf nun etwa die Nachricht ein, daß die Preußen bei Gosselies im Gefecht stünden und dieses ungünstig für sie verlaufe, so konnte Wellington einerseits seine 4 Divisionen von Nivelles ebenso schnell nach Quatre-Bras werfen, als die Franzosen dort einzutreffen vermochten, andererseits trat diesen seine von Brüssel kommende Reserve so wie so in den Weg. Die übrigen Truppen ließen sich gleichzeitig von Braine und Enghien staffelweise heranziehen. Der Weg von Brüssel bis Quatre-Bras sowohl, wie bis Nivelles beträgt nur etwas über 4 Meilen und ist bis zur Hälfte derselbe, indem er sich erst bei Mont-Saint-Jean nach jenen beiden Orten abzweigt. Da man nun also noch nicht wußte, was der Feind thun werde, so hatte man die Möglichkeit, die Reserven je nach Bedürfnis mehr rechts oder links zu verwenden. Von Wellingtons Standpunkte aus war also alles trefflich berechnet. That es Not, konnte er dem Verbündeten mit 4 Divisionen von Nivelles aus beispringen, die sich im Laufe eines Tages um 5 Infanterie-Divisionen von Brüssel und Braine und ein Kavalleriekorps (Uxbridge) von Enghien aus verstärken ließen.

Für die Befehlsgabe hat der wichtige Brief Constants, welcher, wie wir sahen, gegen ¹/₂1 Uhr in Brüssel eintraf, zunächst keine Wirkung gehabt. Der Nachtragsbefehl wies die Truppen durchaus genügend nach Osten, umsomehr, als Quatre-Bras nicht entblößt, sondern nach Constants Meldung durch 2 Brigaden besetzt war. Weitere Anweisungen konnten augenblicklich nichts nützen, sondern nur verwirren. Beschleunigen ließ sich auch nichts mehr. Um so wichtiger ist die Depesche dann aber in der Morgenfrühe des 16. für das Reservekorps gewesen, weil der Oberbefehlshaber über dessen Marschziel jetzt nicht mehr zu zweifeln brauchte, sondern er es geradeswegs auf Quatre-Bras lenken konnte. Nicht einzeln, sondern im Rahmen des Ganzen betrachtet, erscheint Constants Maßnahme zur Deckung von Quatre-Bras keineswegs als Verstoß gegen Wellingtons Anordnungen, sondern als eine Ergänzung, eine Weiterbildung derselben.

Thatsächlich waren die beiden Befehle Wellingtons, der Haupt- und der Nachtragsbefehl tief durchdacht, sie beruhten aber auf ungenügenden Nachrichten, und damit auf falschen Voraussetzungen, welche bei stärkerer Thatkraft Neys die schwersten Folgen gehabt hätten. Es war äußerst vorsorglich gewesen, daß der englische Feldherr seine ursprüngliche Frontlinie nicht

---

genauigkeiten Müfflings sein. Der Herzog kann das nicht gesagt haben. Wellingtons Bericht an Bathurst lautet: „I ordered the troops ... to march to their left, as soon as I had intelligence from other quarters to prove that the enemy's movement upon Charleroi was the real attack". (Disp. XII. 478.) Ob Wellington schon um 10 Uhr so klar sah, muß bezweifelt werden. Constants Depesche, die später kam, war geeignet, die letzten Zweifel zu lösen.

neben der preußischen beendigte, er mit ihr nicht dort aufhörte, wo diese begann, sondern, daß er sie im Rücken der Preußen über Nivelles bis Quatre-Bras weitergeführt hatte. Dadurch beherrschte er sämtliche von Süden und Südwesten nach Brüssel führenden Straßen. Es widersprach also ganz seiner strategischen Gesamtauffassung, daß er eine derselben, die von Quatre-Bras, in dem Augenblicke aufgab, wo sie strategisch wichtig wurde. Daß er es that, beruht auf der völligen Unkenntnis von der klaffenden Lücke, welche der plötzliche Abmarsch des Zietenschen Korps bei Charleroi und Gosselies gerissen hatte. Aber auch die Preußen trifft für diese That kein besonderer Vorwurf, sie waren überraschend angegriffen und mußten sehen, wie sie sich aus ihrer für das I. Korps geradezu gefährlichen Lage herauswickelten. Wenn sie Gosselies aufgaben, so mußten sie, daß bei Quatre-Bras eine niederländische Brigade stand, die also den Feind, der doch hauptsächlich auf die Preußen drückte, wenigstens etwas aufzuhalten vermochte, bis von Brüssel oder Nivelles Verstärkung eintraf. Die Preußen konnten nicht ahnen, daß Wellington jener Brigade Befehl geben werde, abzurücken. Also wegen der Thatsache der Räumung der östlichsten Brüsseler Straße kann man ihnen kaum einen Vorwurf machen, wohl aber deswegen, daß sie dies nicht sofort an Wellington meldeten. Eben aus dem weitgehenden Schweigen der Preußen erklären sich ja wesentlich Wellingtons Maßnahmen: sie beruhen großenteils geradezu darauf.

Für eine ungünstige Wirkung seiner Befehle kam noch der rein äußere Umstand hinzu, daß sie abends erteilt wurden. Sie erreichten damit die betreffenden Truppenteile nachts oder morgens früh, also zu einer Zeit, wo dieselben in ihren Quartieren weitläufig auseinandergezogen waren. Wären sie bei Tage angelangt, so würden sie die Bataillone gesammelt gefunden haben.

Wiederholt ist die Ansicht ausgesprochen, Wellington hätte schon am 15. Brüssel verlassen und sich südwärts begeben sollen, um den kriegerischen Ereignissen näher zu sein. Das oben Dargethane dürfte diese Auffassung nicht bestätigen.

Wellington wußte ja noch gar nicht, ob und wo es denn eigentlich ernst werden würde, und für die ersten Befehle war Brüssel ein völlig ausreichender Ort. Seine Ansicht scheint gewesen zu sein, für die nächste Nacht, die vom 16. auf den 17. Juni, sein Hauptquartier nach Waterloo zu verlegen, an der Spitze der Gabelung der Straßen nach Nivelles und Quatre-Bras. Die Ereignisse wetterten dann aber schneller einher, als er geglaubt hatte. Man stand eben einem Napoleon gegenüber und nicht einem der Marschälle in Spanien.

Die Auffassung der Sachlage auf niederländischer Seite zeigt eine Zuschrift des Generals Tindal an den König der Niederlande vom 16. Juni. Dieselbe lautet in der Uebersetzung: „Ich habe die Ehre, Eurer Majestät hiermit einen Auszug anzubieten aus den bei mir heute eingegangenen vertraulichen Meldungen, woraus sich Hochdenselben ergeben wird, daß die Franzosen gestern, den 15. dieses, die Vorposten der Preußen bei Charleroi überrascht haben und demzufolge von Thuin bis Charleroi vorgedrungen sind. Aus diesen Meldungen muß ich schließen, daß die Linie der preußischen Armee dort nicht sehr auf der Hut gewesen ist. Die Bewegungen, welche ich heute bei den Truppen der verbündeten Mächte beobachtet habe, machen mich glauben, daß unsere Stellung bald wieder eingenommen sein wird.

Meines Wissens ist der Marschall, Herzog von Wellington, heute zur Armee abgegangen*)."

Dieselbe Ansicht, daß die preußischen Vorposten sich hätten überraschen lassen, herrschte auch sonst in den maßgebenden Kreisen Brüssels**).

Nach Erteilung des Nachtragsbefehls begab sich Wellington auf den berühmt gewordenen Ball des Herzogs von Richmond***). Müffling berichtet, daß der Feldherr gegen Mitternacht in sein Zimmer trat und ihn aufforderte, ihn zu begleiten. Seine Worte sind: „Lassen Sie uns noch auf den Ball zur Herzogin von Richmond gehen"†). Danach hätte Wellington ungefähr um 12 Uhr den Ball besucht. Hiermit scheint die Angabe von Lady de Ros zu stimmen, einer Tochter des Herzogs von Richmond, welche besagt: „Der Herzog kam ziemlich spät zum Balle"††).

Abweichend der englische „Subaltern-Offizier", dessen Erzählung durchweg genau ist. Ihm zufolge befand sich der Oberbefehlshaber bereits $^1/_2$10 oder 10 Uhr auf dem Balle, weil zu dieser Zeit der Meldereiter von den Vorposten eintraf, der zu Wellington nach dem Hotel des Herzogs von Richmond geführt wurde†††). Hier unter den Gästen machte seine Meldung natürlich großes Aufsehen. Demnach wäre Wellington also schon um 10 Uhr in der Gesellschaft gewesen. Diese Angabe wird durch eine andere von Lady Jane Dalrymple Hamilton bestätigt[1]), welche lautet: „Wir

---

*) Kopie im Generalstabsarchive des Haag: Die Abschrift dieses Briefes verdanke ich Herrn Obersten de Bas. Gedruckt De Bas 1164.

**) De Bas 1164.

***) Fraser, Word on Wellington. 183, 285, 301; Lettre de Hervey, 3. Juli 1815 (Nineteenth Century, März 1813); Fraser, Lettres 535; Cotton, Voice of Waterloo 14 sq.; Brief des Generals Vivian (Siborne, Waterloo, Letters 151); Houssaye 132; De Bas 554 sq. 1173 sq.

†) Müffling 230.

††) Swinton, A. Sketch of the Life of Georgiana, Lady de Ros, p. 123 sq. De Bas 1175; aus der weiteren Erzählung ersieht man überdies, daß Wellington schon bedenkliche Meldungen erhalten hatte.

†††) Milit. Wochenbl. 1846. S. 54.

[1]) Ropes 89, Note 58.

fanden den Herzog auf dem Balle bei unserer Ankunft um 10 Uhr". Gerade in solchen Dingen pflegen Damen genau zu sein und ein gutes Gedächtnis zu haben. Dazu stimmt auch, wenn Wellington den Prinzen von Oranien ermahnt hat, nicht zu spät zum Feste zu kommen, und er noch politische Absichten hegte, welche ebenfalls ein frühes Erscheinen wünschenswert machten.

Es scheinen also zwei verschiedene Berichtgruppen vorzuliegen, die sich widersprechen, doch werden wir sehen, wie dieser Widerspruch sich lösen dürfte*).

16. Juni.

In der ersten Hälfte des Juni war Brüssel ein kleines Paris. Es wimmelte von vornehmen Fremden und Offizieren. Man schlenderte durch die Straßen und traf sich lustwandelnd spätnachmittags im Parke. Fast alle Abende gab es Festlichkeiten, von denen namentlich die der Herzöge von Wellington und Richmond viel umworben waren. Die Gedanken galten mehr den Vergnügungen als dem Feinde. Am Abend des 15. hatte die Herzogin von Richmond einen großen Ball veranstaltet und zahlreiche Einladungen erlassen; für den 21., den Jahrestag der Schlacht bei Vittoria, plante Wellington ein Fest zu geben**).

Zwar seit dem Abend des 14. durchliefen allerlei Gerüchte die Stadt: es hieß, Napoleon sei bei der Armee angekommen und habe zu Avesnes eine Proklamation erlassen. Aber solche Nachrichten waren schon öfters verlautbart; man gab nicht mehr viel darauf. Das Sicherheitsgefühl war eigentlich vollständig. Als General Vivian am 13. unmittelbar an der Grenze in Tournay hörte, die französische Armee habe sich bei Maubeuge versammelt, und man meine in Frankreich, daß Napoleon am 15. den Feldzug eröffnen werde, da behandelte er dies mit Verachtung, weil er überzeugt war, der Feind werde keinen Angriff wagen***). Auch am Vormittage des 15. blieb es in der Hauptstadt ruhig; nachmittags sah man wiederholt Depeschenreiter kommen und fortsprengen, abends wollte man vor den Thoren sogar fernen Kanonendonner gehört haben†), aber im Hauptquartier war augenschein-

---

*) De Bas veröffentlicht 1159 einen Feldzugsplan Wellingtons, den er dem 15. (13.?) Juni 1815 zuweist. Wenn er wirklich hierhin gehörte, so wäre er von größter Wichtigkeit, aber die Vorbedingung ist falsch. Der Feldzugsplan ist nicht unbekannt, sondern längst in den Disp. XII, 337 veröffentlicht und zwar richtiger zum Ende April. Vergl. unsere Darstellung von S. 22.

**) General Vivian, in Siborne, Waterloo Letters 147.

***) Siborne, Waterloo Letters 147.

†) Müffling 230. Vergl. Maurice in United Service Magazine. New. Ser. I. p. 145.

lich alles still: der Prinz von Oranien hatte seine Stellung vor dem Feinde verlassen und speiste mit dem Herzog zu Mittag, neben Lord Uxbridge*) und General Picton, abends ergingen sich jene beiden im Parke, der Herzog mit dem englischen Botschafter am österreichischen Hofe. Alle Spitzen der Gesellschaft, militärische und nichtmilitärische, hatte ihr Erscheinen bei der Herzogin von Richmond zugesagt und besuchten durchweg auch die Festlichkeit. Etwas verdächtig war freilich, daß die Reservearmee um und bei Brüssel abends den Befehl erhielt, sich für den andern Morgen früh marschbereit zu halten. Aber auch dies fiel nicht sonderlich auf, weil die Truppen oft, ziemlich jeden dritten Tag, Uebungsmärsche unternahmen und man an militärische Unruhe gewöhnt war**).

Die Sorglosigkeit der Bevölkerung wurde von Wellington absichtlich gemehrt. Wie immer wuchs seine Ruhe mit zunehmender Gefahr; überdies hielt er die Sachlage auch noch nicht für bedrohlich. Er veranlaßte, daß der Ball möglichst viele seiner höchsten Offiziere sah; den Prinzen von Oranien ermahnte er, sich nicht zu spät borthin zu begeben. Wellington hatte mit all diesen Dingen seine bestimmten Zwecke, er wollte der ihm befreundeten Herzogin gefällig sein, wollte die Offiziere unauffällig beisammen haben, weil jeden Augenblick wichtige Meldungen eintreffen konnten, die sofortige Erledigung und Befehlsgabe nötig machten, und nicht zum wenigsten beabsichtigte er, die heimlichen Freunde Napoleons irre zu führen und die Gemüter der vornehmen Brüsseler, der fremden Diplomaten und Emigranten zu beschwichtigen, die durch mancherlei Anzeichen denn doch teilweise stutzig geworden waren***).

Vor 10 Uhr betrat Wellington den Ballsaal. Schon nach einer halben Stunde erschien ein Meldereiter, der ihm die Dörnbergsche Depesche einhändigte. Natürlich machte der Zwischenfall Aufsehen. Wellington verließ, wohl möglichst unauffällig, den Saal für einige Zeit, gab den Nachtragsbefehl und traf noch sonstige Anordnungen, worauf er sich gegen Mitternacht zu Müffling verfügte und ihn zum Feste abholte. Hierin lag eine tiefere politische Absicht: die bedrohlichen Nachrichten von der Grenze waren

---

*) So De Bas 544. General Vivian berichtet freilich, er habe am 15. bei Lord Uxbridge (Anglesey) gespeist. Nach dem Mittagessen sei Sir Pultney Malcomb vom Herzoge gekommen, bei dem er zu Mittag gegessen hatte. Siborne, Waterloo Letters 151.

**) Lady de Ros sagt ausdrücklich: "There were such constant rumours of the troops moving for two months before Waterloo, that when they were renewed some days before the 15. (gemeint ist vor allem der 15. selbst), we did not attach much importance to them". De Bas 1174.

***) Die Liste der vornehmsten Festteilnehmer giebt Houssaye 133 und De Bas 553; Fraser, Word on Wellington, veröffentlichte 285—294 und De Bas 1176 bis 1178 die Liste der Eingeladenen, welche Lady de Ros mitteilte. Aber dieselbe ist augenscheinlich nicht vollzählig, so fehlt auf derselben z. B. gerade General Müffling, der sicher geladen war, während Brockhausen, Baron Vincet u. a. sich genannt finden.

durchgesickert, die zahlreichen Freunde Napoleons machten lange Hälse, das Erscheinen des Depeschenreiters hatte noch mehr beunruhigt. Unter solchen Umständen mußte das Wiedererscheinen Wellingtons auf dem Balle und zwar in Begleitung des verbündeten Militär-Bevollmächtigten, den besten Eindruck machen*). Im Gewühle zeigte er sich unbefangen und heiter. Nachdem die Tanzbelustigung noch einige Zeit gedauert hatte, führte der Prinz von Oranien die Hausfrau zu Tische, ihm gegenüber saß Wellington. Kaum hatte man sich niedergelassen, als ein Kammerdiener dem Prinzen eine Depesche überreichte, die soeben ein Offizier gebracht hatte, es war Kapitän Webster. Der Prinz durchflog die Depesche und erblaßte. Da stand geschrieben:

Braine le Comte 15. Juin 1815.
a 10 h ½ du soir.

Monseigneur.

Dans cet instant le capitain Baron de Gagern vient d'arriver de Nivelles avec le rapport que l'ennemi a déja poussé jusqu'à Quatre bras.

J'ai cru devoir prendre sur moi de faire dire au general de Perponcher de soutenir sa seconde brigade par la première; et de faire evacuer l'hopital et le conseil de guerre sur Bruxelles.

J'ai envoyé un officier à Nivelles et à Fay pour s'assurer de l'état des choses au premier endroit, et avertir ensuite les généraux Chassé et de Collaert afin qu'ils joignent et soutiennent la 2e. division en cas de besoin.

le Gl. M.
Baron de Constant-Rebecque.

a. S. a. M.   Monseigneur le Prince d'Orange**).

Der Prinz muß wie vom Blitze getroffen worden sein. Während er an der Tafel sich sorglos dem Vergnügen hingab, waren seine Truppen nicht bloß angegriffen, sondern sogar zurückgedrängt, und — Napoleon stand wenige Meilen vor Brüssel. Er teilte dies sofort flüsternd Wellington mit.

---

*) Bei Müffling 230 sagt Wellington: „die Gutgesinnten müssen beruhigt werden, lassen Sie uns daher noch auf den Ball gehen". Wenn man bedenkt, daß er Oranien ermahnt hatte, nicht zu spät zu erscheinen, so klingt dies „noch" befremdlich. Vielleicht hat Müffling gar nicht gewußt, daß Wellington schon einmal dort gewesen ist. Lady de Ros wird es vorher als Tochter des Hauses nicht bemerkt, oder es später wieder vergessen haben.

**) Die Abschrift dieses Briefes verdanke ich Herrn Obersten De Bas. Das Original befindet sich im Kgl. Hausarchive des Haag. Vergl. De Bas III. 554.

Dieser wollte es anfangs nicht glauben*), erhob sich dann aber und las die Meldung prüfend durch. Schnell erkannte er, daß sie die Angaben aus Mons und Sombreffe bestätige und erweitere. Einen Augenblick versank er in Gedanken, dann winkte er einem Adjutanten, der sich schnell mit einem mündlichen Auftrage entfernte. Ruhig ging der Feldherr wieder an seinen Platz und äußerte absichtlich laut zum Prinzen, es bleibe bei den erteilten Befehlen. Die Kunde von der ungünstigen Depesche verbreitete sich schnell durch die Säle und erregte größtes Aufsehen, Wellingtons Ruhe aber schlug die Befürchtungen nieder und brachte die Feststimmung wieder zur Geltung.

Das Mahl wurde beendigt und die Musik begann aufs Neue ihre lustigen Weisen zu spielen. Aber für den Höchstkommandierenden gab es keine Freude mehr, sondern ernste Arbeit. Als eine Tochter des Gastgebers den Tanz unterbrach, zu ihm trat und ihn wegen der kriegerischen Gerüchte fragte, antwortete er sehr ernst: „Ja, sie sind wahr, wir brechen morgen auf"**). Den Prinzen von Oranien nahm er bei Seite und teilte ihm mit, daß er die Reserven einige Stunden früher aus Brüssel abmarschieren lasse***) und sie gradeswegs nach Quatre-Bras beordern werde. Der Prinz möge für alle Fälle nach Braine-le-Comte zurückkehren. Still, ohne sich zu verabschieden, verließ derselbe den Ball in solcher Eile, daß er vergaß, seinen Säbel umzuschnallen. Er befahl dem Kapitän Webster, die Nacht in Brüssel zu bleiben, warf sich kurz auf ein Ruhebett und bestieg gegen ½2 Uhr noch in Galauniform sein Pferd, jagte in die Nacht hinaus und erreichte ¼4 Uhr sein Hauptquartier. Wie den Prinzen, so unterrichtete Wellington auch andere in Betracht kommende Leute. Er rief eine Anzahl Divisions- und Brigadebefehlshaber zusammen und sagte ihnen, sie sollten sich bereit halten, am Morgen abzumarschieren. Infolgedessen verließ die Mehrzahl der höheren Offiziere zwischen 12 und 1 Uhr den Saal†). Als Wellington dem ebenfalls anwesenden Herzoge von Braunschweig mitteilte, daß Bonaparte den Feldzug begonnen habe und vielleicht schon im Laufe des Tages eine Schlacht stattfinde, überlief diesen ein

---

*) Der Prinz hat eigenhändig außen auf den Brief von Constant geschrieben: Ce 15. Juin 1815. Lettre du Gen. Constant-Rebecque m'ennonçant que mes postes étoient attaqués à Frasne. — Avant minuit du 15 Juin. Letzteres ist schwerlich genau, weil es den sonstigen Zeitumständen nicht entspricht. „Je la (lettre) reçus à Bruxelles et en donnait desuit connaissance au Duc de Wellington, qui ne voulut pas le croire." Diese Bemerkungen verraten etwas die Absicht und sind schwerlich ganz gleichzeitig.

**) Erzählung der Lady de Ros bei De Bas 1175.

***) De Bas 555 dürfte irren, wenn er den Beschluß des früheren Abmarsches auf Grund der Constantschen Depesche erfolgen läßt. Wir werden weiter hinten sehen, daß jener Befehl bereits um 10 oder ½11 Uhr bei der General-Adjutantur eingelaufen war, also viel früher, als der Constantsche Brief eintraf. Der Befehl wurde augenscheinlich auf Grund der Dörnbergschen Meldung gegeben.

†) Siborne, Waterloo Letters 148, 151.

kalter Schauer, wie eine Vorahnung seines nahen Todes. Er sprang vom Sessel auf und ließ den kleinen Prinzen von Ligne fallen, den er auf dem Schoße gehalten hatte. Man sieht, der englische Feldherr war alles andere eher als ein sorgloser Ballbesucher; er benutzte seine Zeit in dem Festtrubel besser, als er es irgenwo anders gekonnt hätte*). Zwischen 2 und 3 Uhr klopfte er dem Gastgeber auf die Schulter und sagte: „Ich meine, es ist Zeit auch für mich zu Bett zu gehen." Richmond führte ihn in ein Nebenzimmer, Wellington schloß die Thür und rief: „Donnerwetter, Napoleon hat mich genasführt, er hat 24 Stunden Marsch mir abgewonnen!**) Auf weitere Fragen soll er geäußert haben: „Ich habe befohlen, daß sich die Armee bei Quatre-Bras vereinigt, aber wir werden ihn da nicht festhalten, und wenn das, so muß ich ihn hier bekämpfen." Dabei zeigte er mit dem Finger auf eine Karte von Südbelgien: auf Waterloo. Dann verabschiedete er sich und verließ das Hotel de Galles auf einem Nebenausgange***). Andere hielten die Sache nicht für so ernst oder vermochten sich vom Vergnügen nicht zu trennen und blieben deshalb noch, bis es zu spät war, bis sie ihre Kleider nicht mehr wechseln konnten und deshalb in Balluniform auf und davon mußten.

---

*) Wir folgen hier im Wesentlichen De Bas 554; vergl. Houssaye 132. Der von Ropes 373 mitgeteilte Bericht des Kapitän Bowles lautet: „The Prince of Orange ... came back suddenly, just as the Duke of Wellington had taken his place at the supper table, and whispered some minutes to his Grace, who only said he had no fresh orders to give, and recommended the Prince to go back to his quarters and go to bed. The Duke of Wellington remained nearly twenty minutes after this, and then said to the Duke of Richmond: „I think it is time for me to go to bed". Wir werden gleich sehen, daß der Bericht nicht so zuverlässig ist, wie er es zu sein scheint. So heißt es auch: Wellington sei nach Haus gegangen „slept six hours and breakfasted". Dies ist sicher falsch. Lady Dalrymple sagt: „We remained till past two, and, when I left, the Duke was still there" (Ropes 89). Müffling läßt ihn bis 3 Uhr bleiben (S. 230). Da nun Dörnberg ihn um 5 Uhr weckte, so kann er höchstens $2^{1}/_{2}$ Stunden geschlafen haben. Die oben angegebenen 20 Minuten, werden deshalb auch nicht zu genau zu nehmen sein. Uebrigens kann das Gespräch mit dem Herzoge von Braunschweig vor dem Essen stattgefunden haben.

**) „Napoleon has humbugged me, by God, he has gained 24 hours march on me." De Bas 555; Ropes 373.

***) So Kapt. Bowles. Es erscheint aber durchaus unwahrscheinlich, daß der Herzog die zweite Auseinandersetzung gemacht hat; es sieht vielmehr aus, als ob Richmond sie sich nach dem Erfolge bei Waterloo zurechtlegte. Wellington hatte noch nicht einen Mann seiner Truppen nach Quatre-Bras beordert (mit der Reserve geschah es erst am Morgen) und war viel zu wenig unterrichtet, um so bestimmte Voraussagen machen zu können. Außerdem hätte er nicht auf Waterloo weisen dürfen, wo gar nicht gefochten wurde, sondern auf Mont-St.-Jean. Gerade der Name Waterloo, der der bloß offiziellen Schlachtbezeichnung, deutet von hinten nach vorn. Ropes 373; De Bas 555. Ganz anders lautet eine zweite Lesart, danach ließ die Herzogin

Ermüdet suchte Wellington seine Ruhestätte auf, um eines kurzen Schlummers zu genießen.

Inzwischen war General von Dörnberg, nachdem er am Morgen des 15. seine Meldung abgesandt hatte, gegen Binche vorgeritten und hatte dort gesehen, daß die Preußen sich zurückzögen. Er kehrte dann heim nach Mons. Da er Befehl hatte, nur bis zum Ausbruch der Feindseligkeiten zu warten, und die Möglichkeit nahe lag, daß die Franzosen alsbald vor Mons erschienen und die Stadt einschlössen, so verließ Dörnberg sie abends, traf am 16. früh zwischen 4 und 5 Uhr in Brüssel ein und begab sich sogleich zum Herzoge. Derselbe lag noch im Bette, sprang aber schnell auf und sagte, daß es während des Tages wahrscheinlich bei Quatre-Bras zum Kampfe kommen würde. Er befahl Dörnberg, sofort nach Waterloo zu reiten und dem General Picton die Weisung zu bringen, alsbald mit seiner Division nach Quatre-Bras zu marschieren*). Die Dörnbergsche Brigade, welche bei Mecheln kantonnierte, habe schon Befehl, sich ebendorthin zu begeben.

Jener Entschluß war unterdessen in ihm gereift. Constant de Rebecque berichtet in seinem Tagebuche, der Prinz von Oranien habe ihm erzählt, daß Wellington noch bis zuletzt der Ansicht gewesen sei, der Angriff des Feindes auf Charleroi sei nur eine Scheinbewegung gewesen**). Erst die Meldung vom Erscheinen der Franzosen bei Frasnes habe ihn bewogen, seine gesamten Streitkräfte nach Quatre-Bras zu führen***). Sofort nach Eintreffen der Constantschen Depesche muß Wellington diesen Gedanken aber noch nicht gehabt haben, denn er hätte alsdann wohl Picton selber die Weisung gegeben, mit dem er auf dem Balle war und den er nach Empfang der Meldung sicher noch gesprochen hat. Daß er den Befehl erst durch Dörnberg nachschickte, beweist, wie er sich die Sache sorgfältig überlegt hat. Aber er scheint sich doch schon schlüssig gewesen zu sein, als der Prinz von Oranien den Ball verließ, weil dieser am Morgen des 16. dem preußischen Major v. Brunneck mitteilte, daß 17 englische Bataillone auf Quatre-Bras in Marsch gesetzt seien†), freilich könnte Oranien

---

ihr jüngstes Kind wecken, und von dessen Händchen dem Oberbefehlshaber den Degen anlegen. Vergl. Lettres der Lady de Ros, bei Fraser, Word on Wellington 284, 300, 301, 305. Houssaye 133, 134. Man sieht, wie viel phantasiert worden ist.

*) M. S. Dörnberg im Kriegsarchive II. VI. S. 58 Vergl. hinten.

**) Augenscheinlich ist auf Wellingtons Gedankengang von Einfluß gewesen, daß er bereits früher mit dem Prinzen von Oranien eine Anzahl Verteidigungsstellungen zwischen Condé und Mons über Nivelles nach Brüssel rekognosziert hatte. Unter diesen befand sich die von Mont-St.-Jean, nicht aber Charleroi, Quatre-Bras und Ligny, wie es scheint. De Bas 565, 566.

***) De Bas 563.

†) Der Wortlaut des Briefes weiter hinten.

damit auch bloß die Marschrichtung gemeint oder diese Nachricht unterwegs, etwa in Nivelles erhalten haben*).

Nun bringen die Dispatches**) mehrere Befehle einfach unter dem Datum des 16. ohne nähere Zeitangabe, von denen es heißt, daß die Originale verloren gegangen seien und ihr Wortlaut nur von Offizieren eingesammelt sei, an die sie gerichtet gewesen***); zwei sind an Lord Hill gerichtet. Davon besagt der eine, er solle sofort (immediately) die 2. Division (Clinton) nach Braine schicken, auch die Reiterei sei dorthin befohlen; der Herzog gehe nach Waterloo. Es ist schwer, diese Depesche einzureihen. Da der Nachtragsbefehl die 2. Division erst abends 10 Uhr nach Enghien gewiesen hatte, so ließ sich das erst im Laufe des 16. ausführen, und doch soll „sofort" nach Braine marschiert werden. Das Kavalleriekorps Uxbridge berief der Wellingtonsche Nachtragsbefehl nach Enghien; hier heißt es nun, dasselbe sei nach Braine befohlen. Es muß also eine Zwischenordre zwischen dem Nachtragsbefehle und dieser Weisung erfolgt sein, die nicht erhalten blieb.

Der zweite Befehl vom 16. verlangt von Lord Hill, die 1. niederländische Division (Stedmann) und die erste indische Brigade „sofort" von Sotteghem nach Enghien zu schicken. Er bildet eine Ergänzung des ersten Wellington'schen Befehls vom 15., wonach beide Heeresteile bei Sotteghem konzentriert werden sollten, um mit Tagesanbruch abmarschieren zu können†). Die Summe der Weisungen bezweckte: stärkere Linksschiebung der Armee.

Am 16. nach Erwachen des Herzogs läßt sich nirgends ein Gedanke desselben auf Waterloo unterbringen, sondern laut Dörnbergs und Müfflings Angaben hatte Wellington schon in Brüssel die Absicht nach Quatre-Bras zu reiten. Etwaige Meldungen an ihn nach Waterloo hätten also einen ziemlich beträchtlichen Umweg machen müssen. Nach alledem ist am wahrscheinlichsten die Zuverlässigkeit ihres Wortlauts vorausgesetzt, die beiden Befehle in die Nacht zu verlegen, als Wellington vom Balle sein Hauptquartier aufsuchte. Vielleicht handelte es sich auch um bloße Ergänzungsbefehle, die zwischen 10 Uhr und der Rückkehr des Herzogs erlassen wurden††). Jene verlorene Ordre an Uxbridge könnte kurz zuvor, d. h. also ziemlich gleichzeitig mit der

---

*) Ropes 89 drückt sich zu bestimmt aus, wenn er sagt: „At some time after the issuing of the ordres to Lord Hill, which are dated the 16. th., and before 2 or 2, 30 A. M., the Duke decided to concentrate the army at Quatre Bras". Für eine so sichere Folgerung reicht leider unser Material nicht aus. Der Befehl an Lord Hill spricht mehr gegen als für die Annahme. Doch schon auf dem Balle soll Wellington dem Prinzen gesagt haben, daß er die Reserven geradeswegs auf Quatre-Bras führen werde. Vgl. S. 82.

**) XII. 474.

***) Disp. XII. 474.

†) Disp. XII. 473.

††) Siborne I. 88 setzt die Befehle ohne weiteres in Brüssel vor Wellingtons Aufbruch an; Ropes 82 thut es ebenso nach eingehenderer Prüfung.

erften an Lord Hill abgefandt fein. Auch noch ein anderer Anlaß deutet darauf, daß in der Nacht Marfchweifungen abgefchickt find, welche nicht erhalten blieben. Dörnberg läßt frühmorgens den Herzog fagen, daß feine Brigade Befehl erhalten habe, nach Quatre=Bras zu kommen. Nun wiffen wir fonft nur, und zwar aus dem erften Wellingtonfchen Befehle, daß die Brigade Dörnberg und die Cumberland=Hufaren (zum hannoverfchen Kontingente gehörig) nach Vilvorde marfchieren und dort biwakieren follten. Es muß alfo eine Aenderung diefer Weifung und zwar zwifchen 8 Uhr abends und 5 Uhr morgens erfolgt fein. Aehnlich fo fcheint es mit der Brigade Lambert zu liegen.

Nun erzählt Wellington in feinem Berichte an Bathurft vom 19., daß der Prinz von Oranien am frühen Morgen des 16. einen Teil des an die Franzofen verlorenen Geländes zurückgewonnen habe, und fährt dann fort: „Zur felben Zeit hatte ich den Marfch der ganzen Armee auf Quatre=Bras geleitet*)". Diefe Angabe fcheint eine Ergänzung durch diejenige Müfflings zu erfahren, daß der Herzog gegen Mitternacht zu ihm kam und ihm fagte, er habe die Meldung des Generals Dörnberg aus Mons erhalten, daß Napoleon fich mit allen feinen Kräften gegen Charleroi gewendet, und daher Befehl zur Konzentration feiner Armee bei Nivelles und Quatre=Bras gegeben**). Bereits wiederholt haben wir die Ungenauigkeit Müffling'fcher Angaben beobachtet***); hier fehen wir im befonderen, daß Wellington fo nicht vor Eintreffen der Conftant'fchen Meldung gefprochen haben kann, überdies befagt die Dörnberg'fche Depefche garnicht das, was Wellington in fie hineingelegt haben foll, fondern nur, daß die Preußen überhaupt angegriffen feien. Mit dem Müffling'fchen Bericht läßt fich alfo nicht viel machen, umfoweniger, als er die Sache auf Mitternacht, der Herzog fie auf morgens zwifchen 5 und 7 Uhr verlegt. Es bleibt alfo Wellingtons Ausfage an fich zu prüfen. Bereits vorne fahen wir, daß der Herzog in feinem Briefe keineswegs derartig zuverläffig ift, als man erwarten follte; fo fagt er, er habe den Angriff der Franzofen erft abends erfahren, während es bereits nachmittags um 3 Uhr der Fall war; dann giebt er an, der Prinz von Oranien habe feine Brigade bei Quatre=Bras fofort durch eine andere verftärkt, während derfelbe fich forgenlos in Brüffel befand und die Verftärkung gegen feinen ausdrücklichen Befehl gefchah, der das Armeekorps in die Kantonnements verwies. In unferem befonderen

---

*) In the mean time, I had directed the wohle army to marsch upon Les Quatre-Bras. Disp. XII, 479.

**) Müffling 229, 230.

***) Auch Maurice, Unit. Serv. Mag. N. S. I, 149, 150 legt ihnen zu viel Gewicht bei. Es ift bei Müffling ftets zwifchen feiner Gefchichte und feinen Memoiren zu unterfcheiden, die Nachrichten jener find älter und zuverläffiger als die der Lebensbefchreibung. Vergl. hinten die Sonderunterfuchung.

Falle liegt die Sache nun so, daß Wellington die "ganze Armee" überhaupt niemals nach Quatre-Bras verwiesen hat, sondern er unbeirrt auch Nivelles stark, und überdies noch andere Orte besetzt hielt. Ein Gesamtbefehl auf Quatre-Bras ist nicht erhalten, nirgends zu erweisen und sicherlich nie erlassen. Daß er ursprünglich doch vorhanden gewesen und nur in den uns erhaltenen Abschriften der Befehle fehle, entbehrt jeglicher Grundlage und würde alles ins Schwanken bringen, ohne daß eine solche Annahme nötig ist. Jegliches, was wir sonst wissen, spricht dagegen. Nicht die "ganze Armee" wies Wellington in der Frühe des 16. auf Quatre-Bras, sondern die ganze Reserve-Armee. Er hat hier die Thatsache etwas zu seinen Gunsten korrigiert, wie schon vorher ebenfalls, und zu Gunsten Oraniens. Irgend Schlüsse lassen sich nicht darauf bauen.

Wenden wir uns jetzt der englischen Reservearmee in und bei Brüssel zu. Die Maßnahmen des Abends zielten darauf, sie möglichst nahe zusammenzuziehen, damit sie früh am nächsten Morgen in Marsch gesetzt werden könnte.

Ein englischer Offizier sagt: "Alle Dispositionen für den Abmarsch der in und bei Brüssel einquartierten Reserven wurden von dem Generalstab ausgearbeitet und mit einer Thätigkeit ins Werk gesetzt, resp. vorbereitet, die ihn des höchsten Lobes würdig machte. Es gelang ihm nicht bloß, innerhalb 6 Stunden die einzelnen Abteilungen von fast zwei, in der weiten Stadt zerstreuten Divisionen zusammenzubringen, sondern auch noch alles herbeizuschaffen, was ihnen an Lebensmitteln, Munition und anderen Dingen für eine unmittelbar folgende Aktion nötig war"*). Für die Division Picton und eine hannoversche Brigade trifft dies ziemlich zu, für die anderen Truppenteile aber nicht. Der Aufbruch von Brüssel ist thatsächlich zu ganz verschiedenen Zeiten erfolgt, und zwar von $3^1/_2$ Uhr morgens bis gegen 1 Uhr nachmittags. Voran zog die Brigade Pack, als Nachzügler erschienen die braunschweigischen Batterien. Es ist deshalb auch nicht genau, wenn Wellington in seinem Memorandum sagt: "Die Reserve hatte Befehl, sich in und bei dem Park von Brüssel zu versammeln, was sie auch noch am Abend that, worauf sie am Morgen des 16. nach Quatre-Bras abmarschierte**).

Früher als der eigentliche Hauptbefehl für die auswärts stehende Armee wurde die erste Ordre für die Division Picton ausgegeben, welche im Weichbilde der Stadt eingelagert, aus den Brigaden Kempt und Pack bestand. Bereits abends gegen 7 Uhr durcheilten Ordonnanzen mit ihren Befehlsbüchern die Straßen, um die Offiziere aufzusuchen und jedem einzeln den schriftlichen Befehl zu zeigen, damit kein Mißverständnis möglich sei***). Die Weisung lautete, sich bereit zu machen, um morgen früh 4 Uhr abzumarschieren. Dieser Befehl war zunächst vertraulich und nur den Offizieren

---

*) Milit. Wochenbl. 1846, S. 54; Siborne, Waterloo-Letters 357.
**) Suppl. Desp. X, 524.
***) Milit. Wochenbl. 1846, S. 54.

mitgeteilt, damit dieselben rechtzeitig wüßten, was bevorstehe, und sie ihren Dienern die nötigen Anweisungen zum Packen und Bereithalten ihrer Feldbagage geben könnten. Im besonderen galt dies den zum Balle geladenen Offizieren, für die nachher die Zeit leicht zu knapp wurde*). Die Offiziere trafen ihre Vorbereitungen und lebten sonst in gewohnter Weise weiter. Einige legten sich frühzeitig zu Bett, um sich durch Schlaf zu stärken, andere gingen in die Kaffeehäuser oder unterhielten sich sonstwie. Durchweg nahm man die Weisung kaltblütig und leichtherzig auf, weil man an militärische Unruhe gewöhnt war und fast jeden zweiten Tag feldmarschmäßig ausrückte.

Nun kam die Dörnberg'sche Depesche und bewirkte eine sofortige Verschärfung des Befehls in der Weise, daß die Abmarschzeit statt auf 4 auf 2 Uhr morgens festgesetzt wurde. Die diesbezügliche Weisung ist von Seiten des Herzogs um 10 oder 10½ Uhr im Bureau des Generalquartiermeisters eingetroffen**), von wo sie an die Truppen auf dem Dienstwege weiter ging. Auch jetzt erhielten zunächst wieder bloß die Offiziere Nachricht, und zwar wurde der Befehl nach dem gewöhnlichen Brauche je in ihren Wohnungen abgegeben. Die Mannschaften rief man wohl zwischen 11½ und 12 Uhr durch Alarmsignale zusammen***), augenscheinlich möglichst spät, um die Einwohner so wenig wie möglich zu beunruhigen.

Schlimm erging es einer Anzahl Offiziere, die an dem Balle der Herzogin von Richmond teilnahmen. Ihnen wurde die Ordre nicht oder doch nicht immer mitgeteilt, sondern sie nur in ihren Quartieren abgegeben. Die Diener meinten, dem Willen ihrer Herren zu entsprechen, wenn sie deren Gepäck zwei Stunden früher verpackten und sich damit auf den Sammelplatz begaben. Sie nahmen an, daß die Offiziere über die Abänderung schon von anderer Seite auf dem Balle Kenntnis erhalten und sich demgemäß auch rechtzeitig an Ort und Stelle einfinden würden. Das geschah aber nicht. In der Aufregung des Tanzes beachteten sie nicht die Dinge außen und als sie dann in ihre Quartiere zurückkehrten, um schnell die Ballkleider abzuwerfen und sich um 4 Uhr zu ihrem Truppenteile zu begeben, da fanden sie die Zimmer leer und vernahmen von ihren Hausleuten, daß Diener, Pferde und Gepäck bereits unterwegs seien. Ehre und Dienstgrad waren verloren, wenn sie im Kampfe fehlten; so blieb ihnen nichts übrig, als im Ball-

---

*) Ebd. 57.

**) Ebd. 54.

***) Waterloo-Letters 385 geben 9 bis 10 Uhr an als Zeit der Truppenversammlung; augenscheinlich zu früh. Wenn Grolman bei Damitz, Gesch. des Feldzugs 1815, S. 105 sagt: „Gewiß ist, daß nach Mitternacht die Befehle zum Aufbruche ... entsendet wurden", so würde dies auf eine Folge der Constant'schen Depesche deuten, entspricht aber nicht den genauen Angaben des an Ort und Stelle beteiligten Subalternoffiziers, der deshalb unbedingt den Vorzug verdient. Grolman verwechselte Alarm und Befehlsgabe.

anzuge hinter ihren Verbänden herzueilen, die sie auch noch, wenngleich verspätet, erreichten. Die Sache war unangenehm und gab zu Neckerei und Gespött Anlaß, hatte aber weiter keine schlimmen Folgen, außer, daß sie vergrößert in die Oeffentlichkeit drang und zu dem Gerüchte Anlaß gab, die Engländer seien auf dem Balle von der Nachricht des französischen Angriffes „überrascht" und die Offiziere „in Escarpins und seidenen Strümpfen" in die Schlacht gezogen*).

Die Truppenteile fanden sich zunächst einzeln auf ihren Alarmplätzen ein, auf denen sie den Rest der Nacht verbrachten. Augenscheinlich wurden hier Waffen und Gepäck nachgesehen, ob alles für den Ernstfall in Ordnung sei. Um Tagesanbruch vereinigte sich dann die ganze Division im Parke, wo wohl scharfe Patronen ausgegeben wurden und jeder Mann für drei Tage Mundvorrat erhielt**). Darüber verging die Zeit, hier mehr, dort weniger. Erst mit Sonnenaufgang, zwischen $1/_24$ und 4 Uhr, war man so weit, um sich in Bewegung setzen zu können. Die letzten Bataillone verließen Brüssel erst nach 5 Uhr***). Beim Aufbruche marschierten die Hochländer Packs voran mit ihren schrill tönenden Dudelsäcken. Um die Leistungsfähigkeit der Mannschaften zu erhöhen, hatte man sie die Mäntel ablegen lassen, an deren Statt gute Decken nachgeführt wurden†).

Ursprünglich lag auch die 5. hannoversche Brigade Vincke in Brüssel, sie war aber umquartiert nach Hal und Umgegend. Dagegen war die 4. hannoversche Brigade Best in der Hauptstadt und dem nahen westlichen Vororte Anderlecht geblieben. Diese sammelte sich nachts, wie die englischen Abteilungen, und schloß sich beim Abmarsche der Division Picton an††). Den Schluß der lang auseinander gezogenen und vielfach durchbrochenen Kolonne bildeten wohl zwei Batterien.

In der Morgenfrische ging es rüstig vorwärts bis zum Bois de Soigne, unfern Waterloo, dessen Schatten zum Sammelplatze der gesamten Reservearmee ausersehen war. Hier wurde deshalb Halt gemacht. Noch war nicht bestimmt, ob links nach Nivelles oder gerade aus nach

---

*) Milit. Wochenbl. 1846, S. 53, 57. Vergl. auch Maurice in United Service Magazine. N. S. I (1890), p. 144.

**) Waterloo Letters 357, 385.

***) Ueber die Zeit des Abmarsches gehen die Angaben sehr auseinander. Der „Subalternoffizier" sagt „bei Nacht", wobei zu bedenken ist, daß es um 3 Uhr hell zu werden begann. Milit. Wochenbl. 1846, S. 58. Die Waterloo Letters haben: „early on the morning" (353), „about sunrise" (385), „about four o' clock" (357) „five o' clock" (23). Vergl. auch De Bas 557; Ropes 112. Grolman (Damitz I, 105), erzählt: „schon vor Anbruch des Morgens".

†) Milit. Wochenbl. 54.

††) II, VI, E. 58. Notizen über den Anteil der hannov. Truppen, im Kriegsarchive. Sichart, Geschichte der kgl. hannoverschen Armee, V, S. 148, ist für die hier in Betracht kommenden Fragen unbrauchbar.

Quatre-Bras weiter marschiert werden sollte. Das Eintreffen des Generals v. Dörnberg löste diese Ungewißheit, aber dennoch blieb man bis Mittag liegen. Der Grund hierfür war die Hitze und die augenscheinlich verspätete Ankunft einzelner Truppenteile, vor allem aber wohl das vergebliche Warten auf die Brigade Vincke, welche nach Waterloo berufen war, aber nicht kam. Hinzu gesellte sich die Thatsache, daß vorne alles still blieb, man also keine besondere Eile zu haben schien*). Noch hatte die Division nicht lange die Gewehre zusammengesetzt, als Wellington mit seinem Stabe nach Süden zu vorbeiritt**). Die Soldaten begannen abzukochen und waren ziemlich allgemein der Ansicht, es handle sich um blinden Lärm oder schwache feindliche Unternehmungen, so daß man bald nach Brüssel umkehren würde. Doch noch bevor das Fleisch überall gar geworden und genossen war***), kam Befehl, sofort den Marsch wieder aufzunehmen. Es geschah gegen 12 Uhr. Die Hitze stieg bis auf 30 Grad, die Chaussee wurde von einer Staubwolke verhüllt. Um 2 Uhr erreichte man Genappe†). Deutlich und zunehmend stärker vernahm man den Gefechtslärm von Quatre-Bras††). In beschleunigten Schritten ging es vorwärts; entgegenkommende Adjutanten werden zur Eile gemahnt haben†††). Bei der Wegkreuzung angelangt, stürzte sich die Brigade Pack sofort in den Kampf,

---

*) Das Armee-Journal giebt den Halt auf nur 2 Stunden an, was für einige Truppenteile richtig sein mag. Siborne Waterloo Letters 23. Major Calvert nennt: „halted for a couple of hours". W. L. 353.

**) Waterloo Letters 357, 385.

***) Ebd. 357, 385.

†) Die Angabe, daß Genappe um 1 Uhr erreicht worden, ist nach den Zeitumständen und Entfernungen unmöglich. Ibid. 23. Vgl. auch De Bas 568.

††) Nach Forbes Darstellung (357) müßte man ihn schon zwischen Waterloo und Genappe gehört haben, was auf Ankunft in Genappe nach 2 Uhr deuten würde. Möglich wäre auch, daß vor Genappe noch einmal ausgetreten wurde. Hierauf ließe sich das Armee-Journal deuten, wonach die Truppen Genappe um 1 Uhr erreichten, aber erst 3½ Uhr bei Quatre-Bras ankamen. Ibid. 23, 24. Unter den obwaltenden Umständen ist die Zeit von 2½ Stunden zu lang für die Entfernung. Auch der Subalternoffizier sagt ausdrücklich, daß zwei lange Halts gemacht seien. Milit. Wochenbl. 1846, S. 58.

†††) Ganz ungenügend ist hier De Bas 557. Er sagt: „Ter hoogte van Mont-St.-Jean werd van tien tot twaalf uur halt gehouden in afwachting van nadere bevelen — naar Nivelles of naar Quatre-Bras." Von Brüssel nach Waterloo sind nur etwas über 2 Meilen, wenn man also zwischen 2 und 3 Uhr (557) Brüssel verließ, mußte man um 7 Uhr in Waterloo sein, nicht erst um 10 Uhr. Die Entscheidung nach Quatre-Bras traf Wellington schon morgens um 5 Uhr in Brüssel, wie wir sahen, während De Bas die Engländer noch bis 12 Uhr darauf warten läßt. Gomm läßt sie gar erst um 1 Uhr wieder aufbrechen. (Ropes 112.) Es ist hier noch vieles unsicher, was nur auf Grund archivalischer Quellen in London, zumal nach den Regiments- und Bataillonsberichten festgestellt werden kann. Ropes Darlegungen S. 111 ff. genügen bei weitem nicht.

der sich für Perponcher ungünstig gestaltet hatte*). Anders die Brigade Kempt: sie stellte auf der Chaussee von Quatre-Bras ihre Gewehre in der Marschordnung für eine Viertelstunde zusammen**). Es geschah augenscheinlich, damit die Mannschaften erst etwas zu Atem kämen und die Oberleitung sich klar würde, wohin man die neuen Truppen am besten werfe. Von einer Bodenerhebung bot sich ein voller Ueberblick über das Gefecht, während zugleich von links her heftiger Kanonendonner herüberscholl: es war der der Schlacht bei Ligny. Ueber das Eintreffen der Division Picton gehen die Angaben auseinander: ihre Spitze wird zwischen 3 und 3¼ Uhr den Ort der Entscheidung erreicht haben***).

Auf die Division Picton folgte beim Abmarsche aus Brüssel der größere Teil der braunschweigischen Truppen. Das braunschweigische Kontingent gehörte nicht zur eigentlichen Besatzung der Hauptstadt, sondern lag, weit auseinander gezogen, in den nördlichen Vororten, und war so verteilt, daß der Kanal von Willebroek die Grenze ihrer beiden Brigadebezirke bildete. Die Abteilung Buttlar war westlich, die Infanterie der Kolonne Specht östlich davon untergebracht, jene hatte ihr Hauptquartier in Vilvorde, diese in Laeken, wo auch der Befehlshaber des Korps, der Herzog Friedrich Wilhelm, wohnte. Die beiden Batterien standen in Asche, die Ulanen in Merchtem, die Husaren in Cobbeghem mit umliegenden Ortschaften, die Infanterie in mehr als 30 Orten, wobei die der Spechtschen Brigade sich noch in bedeutender Entfernung von ihren berittenen Truppen befand†). Diese Verzettelung sollte sich bei dem plötzlichen Uebergang von Ruhe zum Kriegszustande äußerst nachteilig erweisen. Es handelte sich zum größeren Teile um junge Mannschaft, welche ihr Befehlshaber möglichst immer so hielt, als wenn sie vor dem Feinde lagerten. Sie stellten Vedetten und Vorposten aus††), übten sich im Gebrauch der Waffen, im Feuer und auf Märschen, kurz, waren trotz ihrer Einlagerung allezeit schlagfertig.

Am 15. Juni abends, etwas vor 10 Uhr†††), als der Herzog sich auf den Ball nach Brüssel begeben wollte, erhielt er vom englischen Hauptquartiere den Befehl, sein Korps in der bevorstehenden Nacht auf der Chaussee zwischen Brüssel und Vilvorde zu sammeln. Er ließ die einzelnen

---

*) Waterloo Letters 385.

**) Näheres hinten in der Anmerkung über die Zurückkunft Wellingtons. Vergl. Waterloo Letters 344.

***) Waterloo Letters 358, 373.

†) Ueber die braunschweigischen Truppen liegt ein gutes Buch vor: von Kortzfleisch, Gesch. des Herzogl. Braunschweigischen Infanterie-Regiments und seiner Stammtruppen. S. 55 ff.

††) Mercer, Journal of the Waterloo Campaign I, 198.

†††) Vergl. hinten die Untersuchung über Wellingtons Hauptbefehl.

Marschordres ausfertigen, denen zufolge die Abteilungen mit Tagesanbruch bei Laeken stehen und hier ihre eisernen Portionen an Zwieback erhalten sollten, während das Gepäck nachfolge. Um 11 Uhr gingen die Befehle direkt an die Bataillone ab, vom Herzoge eigenhändig mit dem Zusatze versehen: „Immer Trapp und Galopp". Aber wegen der Dunkelheit und der weiten Ausdehnung der Quartiere trafen die Meldungen sehr verschieden ein. Durch Alarmsignale wurden die Mannschaften aus dem Schlafe geweckt, zusammengezogen und nach Laeken geführt. Das 1. Linienbataillon kam hier schon um 2 Uhr an, das Leibbataillon um 5 Uhr, das 2. leichte und das 3. der Linie noch später. Inzwischen hatte der Herzog auch den Ball verlassen, sich nach dem Sammelplatze begeben und sich an der Zugbrücke des Kanals von Willebroek niedergesetzt, seine Pfeife rauchend. Die anwesenden 4 Bataillone ließ er um 7 Uhr früh an sich vorbei ziehen, als sie auf Wellingtons Befehl ihren Marsch begannen*). Noch fehlten drei Bataillone, die Kavallerie und die Artillerie. Bevor der Herzog sich den Abmarschierenden anschloß, ließ er für jene Truppenteile einen Fähnrich seines Stabes mit der offenen Weisung zurück, sie sollten alle auf der Straße Waterloo=Quatre=Bras nachfolgen, die Reiter aber sich nicht nach der Infanterie richten, sondern sobald wie möglich die Hauptkolonne zu erreichen suchen, ebensowenig sollten die zwei leichten Bataillone auf das etwa noch ausstehende Linienbataillon warten **).

Der Marsch ging erst durch Brüssel, dann südwärts auf staubiger, anfangs stark verstopfter Chaussee. Bald holte das Husaren=Regiment die Kolonne ein; es hatte sich augenscheinlich möglichst in Trab gesetzt und sich an den Nassauern vorbeigeschoben. Wie die Division Picton rasteten auch die Braunschweiger im Walde von Soignes. Noch verweilte man hier, als die Ulanen und das 2. Linien=Bataillon eintrafen, so daß mit 5 Bataillonen und der Reiterei wieder aufgebrochen werden konnte. Der Weitermarsch führte an der Division Picton vorbei, welche noch der Ruhe pflegte. Da wunderten sich die braunschweigischen Rekruten nicht wenig über die bunte kniefreie Hochlandstracht, und die Schotten sich ebensosehr über die schwarzen Uniformen und Totenköpfe der Braunschweiger. Um Mittag erreichte das Korps Genappe, wo es nach einem Vorbeimarsche an dem Oberst Olfermann eine längere Rast machte, sich mit seinem Zwieback verpflegte und die Pferde tränkte und fütterte. Hier traf auch der Herzog wieder bei den Seinen ein, nachdem er Wellington bis zur Wegkreuzung begleitet hatte. Er fand die Leute meistens auf den Feldern und in den Chausseegräben schlummern. Auch er war übernächtigt; von dem

---

*) Nachdem Wellington früh aufgestanden war, wurde ebenso wie an die Division Picton auch an Friedrich Wilhelm die Weisung auf Quatre=Bras gesandt.

**) Dieser letzte Befehl des Herzogs, ein Musterstück an Umsicht, findet sich im Wortlaute bei Kortzfleisch 75.

starken Ritte und der furchtbaren Hitze ermüdet, legte er sich ebenfalls in den Schatten einer Pappel und schlief so fest ein, daß er nicht einmal den Vorbeimarsch der Division Picton hörte, welche hier die Braunschweiger wieder überholte, obwohl sie mit Gesang und Dudelsack einherzog. Es sollte der letzte Schlaf des Herzogs sein. Erst etwa 20 Minuten später erfuhr er, daß die Briten und Hannoveraner schon voraus seien, und ließ dann gegen 2 Uhr auf erhaltene Weisung*) zum Aufbruche blasen. Schon hörte man den beginnenden Kampfeslärm bei Quatre-Bras. Der Herzog ließ das Korps wieder an sich vorbeimarschieren, trabte neben der Kolonne entlang nach vorn und ritt mit der hannoverschen Batterie Rettberg zu der Wegkreuzung. Das braunschweigische Korps bewegte sich im Eilmarsche, häufig im Laufschritte, hinterdrein. Vor dem Meierhofe La Baracque wurde gehalten, die Patronen wurden bereit gemacht und die Gewehre geladen. Einzelne Befehlshaber hielten Ansprachen an ihre Bataillone. Inzwischen hatte der Herzog das Schlachtfeld erreicht; er fand die Franzosen in vollem Vordringen und sah, wie General Picton seine Truppen längs der Straße nach Namur aufmarschieren ließ. Friedrich Wilhelm sprengte zurück nach La Baracque, wo die ermüdeten Bataillone mit Gesang an ihm vorüberschritten, um alsbald in das Gefecht einzugreifen. Dies geschah zwischen 3 und 3½ Uhr. Anders der Rest der braunschweigischen Abteilung: das 1. und 3. leichte Bataillon und die Artillerie: sie erreichten Quatre-Bras erst nach 7 Uhr Abends**).

Man hat das befremdlich erachtet, und keine genügende Erklärung für diese „auffallende Verspätung" gefunden. Unseres Erachtens konnten die Truppen gar nicht schneller auf dem Schlachtfelde sein. Die Hauptkolonne verließ um 7 Uhr Laeken und war um 3½ Uhr bei der Wegkreuzung, brauchte also 8 bis 8½ Stunden. Von den noch zurückbleibenden Abteilungen hatte das dritte leichte Bataillon 10 km die Artillerie gar 15 km vom Standquartiere bis zum Sammelplatze. Nun besagte der Befehl des Herzogs: „Das 1. leichte Bataillon, das 3. leichte Bataillon und die beiden Batterien sollen, wenn sie zusammen sind, ihren Marsch durch Brüssel fortsetzen". Wohl bemerkt: „wenn sie zusammen sind", also nicht einzeln, haben sie von Laeken aufzubrechen. Die Artillerie vermochte aber überhaupt erst um 8 Uhr früh ihr Standquartier Asche zu verlassen***), sie wird mithin schwerlich vor 11 Uhr in Laeken gewesen sein. Ob die Infanterie wirklich so lange gewartet hat, wissen wir nicht, nur heißt es, daß die Batterien schließlich 3 Stunden Trab fahren mußten†); es geschah doch wohl, um die in-

---
*) Es zeigt dies, daß der Prinz von Oranien auch hierhin gesandt hatte.
**) Kortfleisch, 75.
***) Der Aufbruch einer Artilleriekolonne mit Munition und Proviant erfordert naturgemäß mehr Zeit als der von Infanterie.
†) Treuenfeld, Ligny und Belle Alliance 250.

zwischen vorausbefindliche Infanterie einzuholen. Ob dies von vorne herein obgewaltet oder sich erst während des Marsches so gestaltet hat, mag dahin gestellt bleiben. Inzwischen hatte die Hitze ihren Höhepunkt erreicht, die Landstraße muß ununterbrochen mit einer dichten Staubwolke bedeckt gewesen sein und, wie wir noch sehen werden, erfolgte teilweise eine so starke Rückwärtsströmung, daß die Truppen bisweilen schlechterdings Halt machen oder die Chaussee verlassen mußten. Dies ermüdete noch mehr, machte massenhaft marode und erforderte mindestens eine zweimalige größere Ruhepause. Alle spät abmarschierten Truppen mußten schwer unter diesem Ungemache leiden, dem die Frühkolonnen besser entgingen. Rechnen wir den Aufbruch um 11 Uhr, so brauchte die Abteilung 8 Stunden, wie die erste Kolonne; setzt man den Abmarsch früher an, so erklärt sich die etwas längere Dauer aus den erschwerenden Umständen.

Ebensowenig konnte das **nassauische Kontingent** sein Ziel rechtzeitig erreichen. Es bestand aus drei Bataillonen, welche östlich von Brüssel in Woluwe und Umgebung lagen. Ein Auszug aus dem Tagebuche des 1. leichten nassauischen Regiments, der sich im Kriegsarchive befindet*), belehrt uns, wie es hier zuging. Schon am 15. hielt man sich in Bereitschaft zum Aufbruche. Abends 11 Uhr kam der Befehl, daß das Regiment sich marschfertig halten sollte, worauf ein weiterer um 1½ Uhr nachts verfügte, daß das Regiment in voller Stärke früh um 7 Uhr auf dem Rendezvous-Platze vor dem Löwener, also dem östlichen Thore von Brüssel zu stehen und weitere Befehle zu erwarten habe. Aber wegen der Entfernung einiger Quartiere konnten bloß das 1. und 2. Bataillon zur befohlenen Stunde zur Stelle sein, und auch sie teilweise nur mit knapper Not. Man wartete zwei Stunden, als das dritte Bataillon auch dann noch nicht erschien, setzte man sich um 9 Uhr in Marsch und zwar um die Stadt herum, bis südlich die Straße, welche nach Quatra-Bras führt, erreicht war.

Die junge Mannschaft zeigte sich durch die Aufregung, den Nachtmarsch und die Hitze äußerst angegriffen. Man machte deshalb im Walde von Soignes eine kurze, im Dorfe Mont-St.-Jean eine längere Rast. Hier lagerte sie bis gegen 3 Uhr, denn man vernahm sowohl den Kanonendonner von Ligny als Quatre-Bras. Der Chef des Regiments, General von Kruse, eilte mit seinem Adjutanten voraus, während die Bataillone sich weiter bewegten. Immer schwieriger gestaltete sich das Fortkommen, denn die Straße war bedeckt mit zurückgebliebenen (schlaffgewordenen) Leuten Pictons, dem Personal und dem Trosse des Hauptquartiers und anderem. Vorbei lassen mußte man die braunschweigische Reiterei und dann die braunschweigischen Batterien, während von vorne zurückströmte eine Menge Bagage, untermischt mit einer wachsenden Anzahl Verwundeter vom 2. Regi-

---
*) Kriegsarchiv II. VI. S. 58.

ment Nassau, welches schon am Tage zuvor gefochten hatte, von Braunschweigern und Engländern, ja selbst von fliehenden Holländern und Belgiern*). Infolge falscher Gerüchte eilten die Gepäckwagen in solch wilder Hast zurück, daß die Kutscher teilweise die Pferde losschirrten, um schneller fort zu kommen**).

Den Befehl über die zwei Bataillone Nassauer führte Oberst v. Steuben. Ein Mißverständnis veranlaßte ihn, nicht bis Quatre-Bras zu ziehen, sondern nach mehrstündigem Marsche schon vorher eine Stellung neben der Straße einzunehmen, die er dann freilich schnell mit einer zweiten stärker südwärts gelegenen vertauschte. Nach viertelstündigem Aufenthalte kam die Weisung des Generals von Kruse zu beschleunigter Weiterbewegung.

Erst gegen 8 Uhr, etwas vor Beendigung des Gefechts, erreichten die beiden Bataillone die letzten Häuser von Quatre-Bras, während das 3. Bataillon nicht vor einbrechender Dunkelheit, also ungefähr ½10 Uhr ankam***). Die Braunschweiger und Nassauer hatten durchweg über 40 Kilometer zurückgelegt.

Gar nicht zur Stelle gelangte die 5. hannoversche Brigade unter Oberst von Vincke, die, wie wir bereits erwähnten, zur Division Picton gehörte. Sie war südwestlich von Brüssel nach Hal und Umgegend, also auf die Straße, die von Mons kam, vorgeschoben, und befand sich auf dem Wege über Nivelles näher bei Quatre-Bras als die Hauptmasse der Division in Brüssel. Die Brigade erhielt in der Nacht vom 15. auf den 16. Befehl, sich in Hal zu sammeln, und sich bereit zu halten, mit Tagesanbruch nach Brüssel zu marschieren, d. h. also sich mit ihrem zuständigen Truppenkörper zu vereinigen. Am Morgen des 16., um 11 Uhr, kam dann die Weisung, sich nach Waterloo zu begeben. Dieser Auftrag erscheint im ersten Augenblicke unverständlich, aber ganz klar, wenn man die Vereinigung der Reserve im Auge behält. Die Division Picton marschierte von Brüssel nach Waterloo, die Brigade Vincke sollte sich von Hal direkt dorthin begeben. Nur dadurch, daß der Befehl zu spät ankam, und noch andere Schwierigkeiten obwalteten, wie wir gleich sehen werden, wurde die Vereinigung unmöglich. Der Befehl muß aus Brüssel vom englischen Hauptquartier oder irgendwann von Picton erlassen, und der Depeschenträger nicht rechtzeitig eingetroffen sein. Der verhältnismäßig lange Aufenthalt der Division Picton bei Waterloo wird mit dem Erwarten der Brigade zusammenhängen†).

---

*) Bericht des engl. Subaltern-Offiziers. 1846, M. W. S. 58.

**) Kortzfleisch, 75.

***) Treuenfeld, 256, läßt das nassauische Kontingent fälschlich schon um 5½ Uhr eintreffen; ähnlich so auch andere.

†) Unverständlich ist mir die Angabe des Armee-Journals (Siborne, Waterloo Letters 24) „Two Brigades of the 4 Division and one Brigade of Hanoverians are posted at Hal to counteract the movements of a body of Cavalry the emy had

Jedenfalls war die Brigade bei der allgemeinen Sachlage zur Unthätigkeit verurteilt. Sehr verstreut einquartiert vermochte sie sich nicht schnell zusammenzuziehen, so daß erst 12 Uhr mittags abmarschiert werden konnte. Die Entfernung von Hal nach Waterloo betrug 1½ Meilen, welche auf Landwegen zurückgelegt werden mußten, die unbeschreiblich schlecht waren. Erst abends erreichte die Brigade ihren Bestimmungsort. Hier blieb dann guter Rat teuer; man fand weder einen weiteren Befehl noch irgend jemand, der Anweisung erteilen konnte. Da nun aber ununterbrochenes Feuer ein Gefecht südwärts anzeigte, so brach die Brigade wieder auf, als die Mannschaften sich einigermaßen ausgeruht hatten, und kam nachts gegen 11 Uhr vor Genappe an. Endlich erhielt sie von Wellington die Weisung an Ort und Stelle zu biwakieren und am nächsten Morgen mit Tagesanbruch nach Quatre-Bras zu kommen*). Augenscheinlich haben hier schwere Fehler in der obersten Befehlserteilung stattgefunden, die aber nicht dem braven Obersten von Vincke zur Last fallen.

Von der 6. Division (Cole) stand die hannoversche Brigade Best, wie wir sahen, in und bei Brüssel (in Anderlecht). Nach dem Hauptbefehle sollte sie sich, wie die Division Picton, bereit halten, auf den ersten Wink von der Hauptstadt abzumarschieren. Das ist auch geschehen. Von der britischen Brigade Lambert befand sich das zweite Bataillon des 81. Regiments ebenfalls bei Brüssel; es mußte sich deshalb in derselben Weise wie die Division Picton verhalten, was es auch gethan hat. Die drei anderen Bataillone der Brigade hatten ihre Quartiere in und bei Gent. Sie sind in keinem der beiden Befehle erwähnt, befanden sich aber am Abend des 16. bei Asche**), also unfern Brüssel, müssen mithin während des Tages herangezogen sein. Am 16. trug man der Brigade auf, mit Tagesanbruch des 17. nach Genappe zu marschieren***).

Die Reserve-Artillerie stand unter dem Befehle von Oberst Wood. Bereits der Hauptbefehl schrieb diesem vor, sich zum Aufbruch im Morgengrauen des 16. fertig zu halten. Der Abmarsch scheint dann verschieden erfolgt zu sein. Der der reitenden Batterien des Oberstleutnants Webber-Smith geschah am Morgen des 16., so daß sie erst am 17. gegen 10 Uhr früh Quatre-Bras erreichten†). Die Sechspfünder Gardiners erhielten noch in der Nacht zum 16. Befehl, sich auf dem Wege zwischen Ninove und Alost

---

detached in that direction, threatening our right flank." Es wird Verwechslung mit dem 18. Juni obwalten.

*) II. VI. S. 58. Brief von Vinckes an Oberst von Berger.

**) Siborne 130; Treuenfeld 255. Sehr übersichtlich, wenngleich nicht überall richtig, sind die Karten Treuenfelds, die von Ropes stehen dagegen zurück.

***) Disp. XII, 475.

†) Waterloo Letters 192.

aufzustellen. Noch marschierten sie, als eine neue Weisung sie nach Enghien rief. Hier fanden sie Kavallerie und wurden schließlich der Husarenbrigade Vivians zugeteilt. Spät am Abend biwakierten sie bei Braine, um am nächsten Morgen vor Tagesanbruch wieder weiter nach Quartre-Bras zu ziehen*). Der eigentlichen Reserve-Artillerie ging erst im Laufe des 16. die Weisung zu, am 17. in erster Frühe nach Quatre-Bras aufzubrechen**).

Gehen wir über zum I. Armeekorps des Prinzen von Oranien. Es umfaßte die Divisionen Cooke (1. englische Division), Alten (3. englische), Perponcher (2. niederländische), und Chassé (3. niederländische), und auch die niederländische Reiterdivision Collaert stand unter dem Befehle des Prinzen.

In dem vorne S. 66 mitgeteilten Briefe des Prinzen an Constant heißt es: „A moins que vous ayez des nouvelles depuis ce matin, qui puissent vous faire croire nécessaire de tenir les troupes dehors toute la nuit, je vous prie de leur envoyer l'ordre en mon nom de se rendre à leurs cantonnements***). Bedenkt man, daß der niederländische Teil des Armeekorps den Befehl hatte, sich täglich in seinen Bataillons- oder Regimentsverbänden zu sammeln†) und abends wieder die Einzelquartiere aufzusuchen, so ergiebt obiger Brief etwas Ungewöhnliches. Der Prinz sagt: wenn Ihr seit meiner Abreise diesen Morgen keine Nachrichten erhalten habt, welche es Euch nötig erscheinen lassen, die Truppen während der ganzen Nacht im Freien zu halten. Daraus ist zu folgern: entweder es waren schon am Morgen Weisungen an die Truppen erteilt, während der Nacht beisammen zu bleiben, oder Constant hatte den Auftrag, wenn bedenkliche Meldungen einträfen, so sollte er einen derartigen Befehl geben.

Nun berichtet Constant in seinem Tagebuche nachdem er gegen Mittag durch General Behr die Nachricht vom Angriffe der Franzosen erhalten und diese sofort an den Prinzen nach Brüssel gesandt hatte: „zur selben Zeit schickte ich den Befehl an General von Perponcher, seine 1. Brigade auf der Chaussee bei Nivelles, seine 2. in Quatre-Bras zu sammeln, den Generalen Chassé und Collaert, ihre Divisionen, je in Fay und hinter der Haine zu

---

*) Ibidem 194.
**) Disp. XII. 475.
***) De Bas 535.
†) Zurückkommend auf die zweite Anmerkung vorn S. 33 bemerke ich, daß Herr De Bas mir inzwischen die Korrekturbogen der Anmerkungen seines dritten Bandes übersandt hat. Dieselben bringen S. 1160 und 1161 drei Befehle des Prinzen von Oranien: 1) an die Generale Chassé und Perponcher, die Truppen je ihrer Infanteriedivisionen tagsüber bataillonsweise, 2) an General Collaert, seine Reiterregimentsweise tagsüber beisammen zu halten. Das heißt also: der niederländische Teil des I. Korps erhielt Bereitschaftsbefehle, wogegen uns vom englischen Teile desselben solche nicht bekannt sind. Vergl. hinten die Abhandlung über die Bereitschaft der Niederländer.

vereinigen*). Leider sind diese Befehle nicht im Wortlaute erhalten, wohl aber ist das mit zwei anderen an die Generale Collaert und Perponcher der Fall, welche von nachmittags 3 Uhr datiert sind, und dahin lauten, der Prinz von Oranien habe ihn (Constant) beauftragt (ihm befohlen), dem betr. Generale mitzuteilen, seine Truppen in Brigadeverbänden zusammenzuziehen. Da sich auch um 3 Uhr der Prinz noch in Brüssel befand, ohne daß inzwischen eine Antwort auf Constants Mittagsmeldung zurück sein konnte, so finden wir hier die Ergänzung zu Oraniens Nachmittagsbrief. Augenscheinlich hatte der Prinz beim Verlassen seines Hauptquartiers bestimmte Weisung für gewisse Fälle gegeben, welche durch die Kunde vom Angriffe des Feindes eingetreten waren. Man erkennt die Schwüle der kriegerischen Atmosphäre**).

Infolge der Meldungen der letzten Tage konnte man jeden Augenblick den Losbruch eines verheerenden Gewittersturmes befürchten. Da die Abwesenheit des Prinzen in Brüssel wegen des Richmondschen Balles nun mindestens 18 Stunden dauerte, so war nichts natürlicher, als daß er seinen Generalstabschef nicht ohne Verhaltungsmaßregeln ließ.

Hierbei freilich entsteht die Frage, wie verhält sich je die erste Weisung Constants zu der zweiten. Die für Perponcher lauteten beide Male augenscheinlich gleich, die für Collaert ist das zweite Mal ein wenig anders; sie schrieb hier vor, eine Brigade bei Havré und eine zweite hinter Strepy zu versammeln. Von diesen beiden Orten liegt jener links, dieser rechts des Haineflusses; die Vereinigung sollte also nicht hinter der Haine geschehen, wie der erste vorschrieb. Im Wortlaute liegt, wie schon gesagt, die erste Befehlsreihe nicht vor, das muß auffallen, weil Constants Weisungen sonst trefflich erhalten sind. Man könnte nun vielleicht meinen, daß der niederländische Generalstabschef es ähnlich wie Wellington gemacht, die Vorkommnisse etwas zu seinen Gunsten stilisiert habe. Wenn er erst um 3 Uhr einen Sammelbefehl absandte, so war das spät und konnte ihm Vorwürfe eintragen: deshalb rückte er die Sache etwas nach vorne. Wie naheliegend dies erscheint, so dürfte es bei einem so zuverlässigen und in Einzelheiten genauen Manne, als welcher Constant sich in seinem Tagebuche erweist, doch nicht zulässig sein. Wir müssen vielmehr eine andere Erklärung suchen. Am nächsten liegt die, daß die ersten Befehle, vielleicht in einer mehr ratgebenden Form, mündlich übersandt wurden, weil Constant wahrscheinlich glaubte, der Prinz würde auf seine Mittagsmeldung alsbald nach Braine zurückkehren

---

*) De Bas 534; Navez, Les Belges 16.

**) Nach einer Angabe des Grafen Stirum soll Oranien bei seinem Ritte längs der Vorposten den Eindruck gehabt haben, daß der Feind Angriffsabsichten hege. (De Bas 1165.) Diese Nachricht entstammt dem Jahre 1841, ist also sehr spät, mag aber etwas Wahres enthalten, freilich auch nicht mehr, denn an ernste Gefahr des Augenblicks dachte der Prinz sicher nicht.

und das weitere selber besorgen. Daß ähnliche Verhältnisse bei der englischen Abteilung des Korps obwalteten, werden wir bei der Division Cooke sehen, was auch zur Bestätigung unserer Annahme dient. Erst als dem Generalstabschef die Zeit zu lang wurde, und inzwischen auch sonstige Meldungen eingegangen waren, entschloß er sich zum bündigen Befehle im Namen des Prinzen.

Suchen wir nun zu ergründen, weshalb nicht auch ein schriftlicher Befehl für General Chassé vorliegt, so finden wir wesentlich andere Verhältnisse. Chassé meldete um 11 Uhr an Constant, daß er seine Division in Fay versammelt habe. Diese Meldung wird wahrscheinlich später als Constants erste Weisung eingetroffen sein, beide dürften sich also gekreuzt haben. Daß beide Anschauungen in Fay zusammentrafen, kann nicht befremden, weil augenscheinlich solche Vorkommnisse längst vorher beraten und festgestellt waren*), und Fay das Stabsquartier der Division, also der gegebene Sammelplatz war. Eines zweiten Befehls an Chassé bedurfte es dann nicht mehr, weil das Gewünschte bereits ausgeführt worden. Aus der Weisung an Collaert werden wir noch sehen, daß Oranien schon morgens während seiner Anwesenheit bei van Merlen in St. Symphorien mündlich bestimmte Aufträge gegeben hatte, wie mithin alles in Fluß war. In den letzten Tagen hielt man sich eben jeden Augenblick einer stärkeren Heeresvereinigung gewärtig.

Abends 10½ Uhr traf der Hauptbefehl Wellingtons in Braine ein, er wurde von dem Kapitän Russel überbracht und lautete: „Der Prinz von Oranien wird ersucht, die 2. und 3. niederländische Division bei Nivelles zusammenzuziehen. Die Truppen haben sich um 1 Uhr früh in Bewegung zu setzen. — Die gesamte niederländische Reiterei hat sich hinter die Haine zu begeben und sich hinter den Höhen von St. Pierre zu vereinigen. Eine Brigade muß den Uebergang des Flusses bei Haine St. Pol mit der nötigen Zuteilung von Artillerie behaupten"**).

Von anderem abgesehen, ist an diesem Befehle beachtenswert, daß er nicht vor 7½ Uhr ausgegeben sein kann, er zunächst an den Prinzen von Oranien ging und von ihm weiter geschickt, erst 10½ Uhr in Braine ankam, und doch schon verlangte, daß die zwei Divisionen um 1 Uhr früh abmarschieren sollten. Dies ist kaum anders zu erklären, als daß Constant seine 3 Uhr-Weisungen nach Brüssel hin berichtet hatte und daraufhin die Entscheidung des Oberbefehlshabers fußte. Bezeichnend an der Depesche erscheint ferner, daß sie eine Besetzung und damit eventuelle Verteidigung

---

*) Derartige Operationspläne bei einem französischen Angriffe enthält z. B. schon der Brief Oraniens an Wellington vom 10. Mai. De Bas 1150.

**) De Bas 1171. Dieser Befehl lautet wesentlich anders wie der als Memorandum in Disp. XII. 472, 473 mitgeteilte. Vergl. hinten die Untersuchung über Wellingtons Hauptbefehl.

des Ueberganges über den Haineflug vorschreibt. Dies beweist besonders deutlich, daß der Oberfeldherr an jener Stelle einen Angriff des Feindes befürchtete. — Bereits in einem Briefe Oraniens vom 10. Mai war die Straße von Nivelles nach Binche als schwächster Punkt bezeichnet, auf der der Angriff der Franzosen erfolgen könne*). In dem Zusatze zum Wellingtonschen Nachtragsbefehle sagte der Prinz: „Das Hauptquartier soll sich morgen von Braine nach Nivelles begeben"**), nicht nach Quatre-Bras, wo es zur Schlacht kam. Also auch hieraus ergiebt sich deutlich, daß nach wie vor Nivelles im Vordergrunde der Befürchtungen stand.

Wenden wir uns nun den einzelnen Divisionen zu. Dabei lassen wir die Division Perponcher zunächst unberührt, weil bei ihr besondere Verhältnisse obwalteten, die eine eingehendere Behandlung an einem anderen Orte verlangen.

Sehr wertvoll sollte das Eintreffen der dritten Division (Alten) für das Gefecht bei Quatre-Bras sein. Sie gehörte zum Armeekorps des Prinzen von Oranien und bildete eine gemischte Division, bestehend aus der 5. britischen Brigade Halkett, der 2. Brigade der deutschen Legion unter Oberst von Ompteda, der 1. hannoverschen Brigade unter Graf Kielmannsegge und einer deutschen und englischen Batterie.

Diese Truppen lagen am 15. auseinandergezogen in den Ortschaften zwischen Mons und Ath. Die Weisung, welche der Generalstabschef Constant an die Generale Collaert und Chassé wegen Vereinigung ihrer Divisionen schickte, wird auch den General von Alten erreicht haben, denn schon am Abend des 15. war seine Division teilweise in Soignies zusammengezogen***). Nachts werden die beiden Befehle Wellingtons eingetroffen sein, welche erst auf Braine-le-Comte, dann auf Nivelles lauteten. Schon in der Morgenfrühe zwischen 2 und 3 Uhr vermochte die Division anzutreten, um über Braine teils auf Landwegen nach Nivelles zu marschieren, wo ihre Spitze gegen $\frac{1}{2}$10 Uhr eintraf†), um ungefähr bis Mittag vollzählig zu werden.

Die wohl zuerst eintreffende deutsche Legion wurde sofort mit der reitenden Batterie weiter nach Arquennes gesandt, damit sie die südliche Straße nach Binche beobachte. Durch den weiten Marsch waren die Truppen sehr über-

---

*) De Bas 1150. Vgl. hinten die Nachträge zu S. 23.
**) De Bas 1173.
***) II. VI. S. 58. Notizen über den Anteil der hannoverschen Truppen. Vgl. auch: Hülsemann, Gesch. des Kgl. Hannov. 4. Inf.-Regts. 71.
†) Dies ergiebt sich daraus, daß das abgelöste Bataillon der Division Perponcher gegen 12 Uhr Quatre-Bras erreichte (vergl. hinten) und aus dem Berichte Constants. De Bas 565.

anstrengt und lagerten noch ermüdet, als sie um 3 Uhr ein Befehl nach Quatre-Bras rief*). Die zwei Brigaden samt der Fußbatterie brachen alsbald wieder auf, um Quatre-Bras im Eilmarsche in der Zeit von ein wenig vor 5 bis ½6 Uhr zu erreichen**). Man war 15 Stunden unterwegs gewesen, hatte nur den einen längeren Halt bei Nivelles gemacht und mußte nun ohne Verzug in die Schlacht eingreifen***). In den ersten Stunden der Nacht wurde dann auch die deutsche Brigade Ompteda von Arquennes nach Quatre-Bras gezogen†).

Die Garde-Division Cooke befand sich in Enghien und Umgegend. Wellingtons erster Befehl verfügte wohl, daß sie sich sofort in Enghien sammeln sollte††), um hier zunächst noch die beiden Straßen, welche von Mons—Soignies und von Valenciennes—Ath über Enghien nach Brüssel führten, zu decken. Der Nachtragsbefehl rief die Division dann nach Braine-le-Comte, schob sie mithin ein wenig südostwärts auf Nivelles zu.

Schon ehe diese Weisung eintreffen konnte, war vom englischen Hauptquartiere des Prinzen von Oranien gehandelt. Kapitän Powell vom 1. Fuß-Garde-Regiment (Brigade Maitland) berichtet: „Am 15. um 2 Uhr nachmittags brachte ein Dragoner die Nachricht, die Franzosen hätten die Grenze überschritten und die Brigade solle sich marschfertig halten". Diese Verfügung ist augenscheinlich von Abercromby, dem englischen Stabschef beim Prinzen, ausgegangen. Darauf deutet jener Brief Oraniens, den er nachmittags an Constant schrieb, denn in demselben spricht er von Abercromby und der britischen Division. Es ist mithin anzunehmen, daß der Prinz bei seiner Abreise die gleiche Vollmacht an Abercromby für die Engländer wie an Constant für die Niederländer gegeben hat. Hierin wird auch der Grund beruhen, weswegen Abercromby in Braine blieb, obwohl er zum Balle Richmond geladen war†††). Abends um 8 Uhr erschien ein zweiter Dragoner in Enghien, der die Kunde brachte, daß die Preußen gezwungen worden seien, die Sambre zu überschreiten. In der Nacht wurde Alarm geschlagen, das 1. Garde-Regiment,

---

*) Major Rudyard sagt (Waterloo Letters 230), „It might have been about noon or an hour later, when Colonel Harvey ordered the Division to move on the scene of action." Diese Zeitangabe ist falsch, von einem Kampfe (action) konnte um 12 oder 1 Uhr überhaupt noch keine Rede sein.

**) Ganz unrichtig ist, wenn Clausewitz 87 sie erst zwischen 7 und 8 Uhr ankommen läßt.

***) Die Brigade Colin-Halkett traf der Angriff der Kürassiere Kellermanns. So Waterloo Letters 318. Vergl. 325, 334. Die Ermüdung der Leute trug viel zu dessen Erfolg bei.

†) Königer, Der Krieg von 1815 und die Verträge von Wien und Paris, 271; Treuenfeld 252; De Bas 568.

††) Näheres hinten in der Untersuchung über Wellingtons Befehle.

†††) Siborne, Waterloo Letters 250.

(und folglich auch wohl die anderen), sollte um 2 Uhr bereit zum Abmarsche stehen. Um 3 Uhr traf der Befehl für die Brigade ein, sich in Hove zu sammeln und ihre ganze Bagage samt dem Hospital nach Brüssel zu senden. Um 4 Uhr kam dann die Weisung, sich nach Braine-le-Comte zu begeben. Zuletzt also finden wir erst den Wellingtonschen Nachtragsbefehl, woraus man erkennt, wie rührig inzwischen die Unterführer gewesen sind. Alles klappte vortrefflich: auf dem Marsche vereinigten sich die beiden Garde-Brigaden und schon um 9 Uhr erreichten sie Braine. Hier mußte Halt gemacht werden, weil kein weiterer Verhaltungsbefehl vorlag*). Da man sich am Orte des bisherigen Hauptquartieres befand, so erfuhr General Cooke natürlich von den Vorgängen bei Frasnes und von der Linksschiebung der Armee. Um noch nähere Nachrichten einzuziehen, unternahm er eine Rekognoszierung nach Süden, von der er um 12 Uhr zurückkehrte. Nach einer Lesart hat er sich dann alsbald auf eigene Verantwortung mit seiner Division nach Nivelles in Marsch gesetzt. Anderseits schrieb aber Oranien schon morgens um 7 Uhr an Wellington, er habe die 1. Division von Braine nach Nivelles beordert**). Dieser Befehl hätte also spätestens um 9 Uhr in Braine sein müssen. Ob er nicht eingetroffen ist, oder Cookes Bewegung thatsächlich auf demselben beruhte, vermag ich nicht festzustellen. Wahrscheinlicher ist letzteres***). Die Sonne sengte und die Leute litten stark unter dem Gewichte ihres Gepäcks; sie hatten es also nicht abgelegt, wie es die englischen Reserveregimenter gethan. Gegen 3 Uhr kam die Division vor Nivelles an und bezog eine Stellung, welche die Stadt beherrschte. Man meinte das Tagewerk sei gethan; aber kaum war Halt gemacht und ausgetreten, als ein Adjutant erschien und die Weisung brachte, sofort nach Quatre-Bras weiter zu rücken. So trat die Division wieder unter die Gewehre und eilte den Hügel nach Nivelles hinab, fürchtend, der Feind könnte auf der anderen Seite der Stadt eindringen. Das Feuer war nämlich inzwischen sehr stark geworden und schien ganz nahe zu sein. Etwas langsamer zog man dann weiter bis Hautain-le-Val, wo Halt gemacht wurde, um die Nachzügler zu erwarten und die Artillerie vor zu lassen. Als dies geschehen, setzte man sich zum letzten Male in Marsch, unterwegs wurden die Patronen schußfertig gemacht, die Feuersteine nachgesehen und die Bajonette aufgepflanzt. Wohl etwas vor 6 Uhr begann die Infanterie das Schlachtfeld zu erreichen†), wo sie vom Prinzen von Oranien empfangen und in den

---

*) De Bas 1176.
**) Ropes 111; De Bas 568.
***) De Bas 565, 568; vergl. auch Ropes 111.
†) Powell erzählt: and (as said at the time) on his own judgment ordered the Division to move to the left. Waterloo Letters 250.

Kampf geführt wurde*). Im Laufe von dreiviertel Stunden kamen die übrigen Truppen der Division heran. Die Leute hatten im Durchschnitte 43 Kilometer zurückgelegt.

Die Division Chassé lag in den Orten hinter Binche und Fontaine l'Evêque, welche beide von den Preußen besetzt waren. Sie befand sich also eigentlich erst in zweiter Linie, gelangte aber durch den plötzlichen Abmarsch der Preußen unmittelbar in die Front. Ihr Führer hatte am 15. aus seinem Hauptquartiere Haine St. Pierre um 11 Uhr an Constant die Meldung geschickt, daß er soeben die sichere Nachricht erhalte, der Feind habe die Grenze überschritten. Binche sei von den Preußen geräumt, und seine Division in Fay versammelt, erwarte weitere Befehle**). Augenscheinlich hatte der General die preußischen Alarmschüsse und den Lärm der Gefechte gehört, auch wohl bestimmte Nachrichten eingezogen, und daraufhin sofort aus eigenem Antriebe und in früher festgesetztem Einverständnisse mit dem Hauptquartiere gehandelt. Wohl weil jene Anzeige verspätet eintraf, verfügte Constant dieselbe Bewegung, sah sich dann aber weiterer Anweisungen zunächst überhoben. Gegen 6 Uhr nachmittags bezog Chassé unfern Fay bei Beaume ein Biwak. Er hielt Haine St. Pierre und Haine St. Pol besetzt und sandte fortwährend Patrouillen nach Süden***). Der vom Hauptquartiere zu Braine übermittelte Hauptbefehl Wellingtons wies die Division nach Nivelles, schon um 1 Uhr nachts sollte sie dorthin abmarschieren†). Da nun Constant denselben erst 11½ Uhr von Braine absandte, so konnte als sicher gelten, daß der Zeitpunkt des Aufbruchs nicht zu erreichen war. Der Generalstabschef gestaltete die Weisung deshalb dahin um: die Division solle unverzüglich (immédiatement) nach Nivelles marschieren, um die 2. Division im Bedürfnisfalle zu unterstützen. General Chassé wurde gleichzeitig unterrichtet, daß General Collaert eine Stellung hinter der Haine einnehme††). Dieser Befehl wurde von Kapitän Nepveu überbracht, und erreichte seinen Bestimmungsort mit Tagesanbruch. Die Truppen machten sich so schnell wie möglich auf den Weg und kamen gegen ½10 Uhr in Nivelles an. Mühelos hätten sie von hier nach Quatre-Bras weiter ziehen können; das geschah

---

*) Powell sagt „nearly five p. m." Waterloo Letters 251. Andere geben 6 Uhr an, so General Gomm. Ibid. 25. De Bas 568, 600. Wenn die Division um 3 Uhr, wahrscheinlich ein wenig später aufbrach, zunächst eine halbe englische Meile bis Nivelles marschierte, die Stadt durchschreiten mußte, dann gelegentliche Stockungen und einen Halt hatte, und überdies sehr ermüdet war, so konnte sie erst nach 5½ Uhr bei Quatre-Bras ankommen. Die Einleitungen der Waterloo Letters nennen 6½ Uhr. W. L. 241, 258.

**) Waterloo Letters 270.

***) De Bas 1166.

†) De Bas 534.

††) De Bas 546, 1171, 1186.

aber nicht, weil die Heeresleitung sie in Nivelles gegen einen etwaigen Angriff des Feindes für notwendig erachtete.

Ueber die niederländische Kavallerie-Division Collaert enthielt das Konzept des Wellingtonschen Hauptbefehls nichts, wohl aber der Teilbefehl desselben, der im niederländischen Hauptquartiere eintraf. Wahrscheinlich hatte der Feldherr die Division erst vergessen oder wollte, daß sie in ihren bisherigen Quartieren verbleibe, dann aber erfuhr er von Oranien die durch Constants Weisungen bereits erfolgten Bewegungen und schloß sich denselben an*). Am 15. stand die niederländische Reiterei nämlich folgendermaßen verteilt: die Brigade Trip mit dem Stabe in Roeulx, die Brigade Ghigny in Havré, die Brigade van Merlen in St. Syphorien, jedes Regiment in einem oder mehreren Orten**). Das Stabsquartier befand sich in Boussoit-sur-Haine. Die Anfangsbefehle kennen wir schon. Mittags sandte Constant die wohl mündliche Weisung, sich hinter der Haine mit Gesamtmacht zu vereinigen. Um 3 Uhr folgte ein schriftlicher Befehl folgenden Wortlautes: „Der Prinz von Oranien beauftragt mich, Sie zu ersuchen, sofort zu versammeln Ihre Brigade Ghigny bei Havré, die Brigade Trip hinter Strepy und sie dort beieinander zu halten bis auf neue Befehle. Der Prinz persönlich hat diesen Morgen dem General van Merlen Weisungen über seine Brigade erteilt***)."

Schon vorne verwiesen wir auf den Unterschied beider Befehle: der eine vereinigte die Division hinter der Haine, der andere ließ einen Teil derselben links, den anderen rechts. Nun ist nicht sicher, was mit „derrière la Haine" gemeint worden, ob Constant meint, von sich aus, oder vom Feinde aus. Wahrscheinlicher erscheint letzteres. Die Weisungen liefen dann darauf hinaus, daß der Generalstabschef im ersten Schrecken über den Angriff des Feindes das Gelände vor der Haine räumen ließ, dann aber nicht genügend Grund zu einer so weitreichenden Maßregel zu haben glaubte und deshalb eine Brigade noch jenseits des Flusses ließ. Jedenfalls verfügte auch der zweite Befehl eine bessere Zusammenziehung der weit verstreuten Division†).

Alles wurde richtig ausgeführt, denn um 6 Uhr befanden sich die Brigaden im Biwak bei Strépy und Havré††). Wohl gegen 1 Uhr nachts traf der Hauptbefehl Wellingtons ein, der mit einer entsprechenden Zuschrift Constants Braine um 11½ Uhr verlassen hatte†††). Derselbe griff auf

---

*) Oranien wird, wenn nicht beide Befehlsreihen, so doch die erste erhalten haben. Darauf deutet der Umstand, daß Wellingtons Hauptbefehl an die erste Weisung Constants anknüpft, nicht an die zweite. Vergl. S. 98.
**) De Bas 1163.
***) De Bas 1167.
†) De Bas 1163, die Tabelle (6 heures).
††) De Bas 551.
†††) De Bas 1171. Der Befehl wurde durch den Kapitän Heineke überbracht.

Constants erste Weisung zurück und verfügte, wie wir sahen, eine vollständige Vereinigung der Reitermasse und zwar auf den Höhen hinter Haine St. Pierre, wobei eine Brigade gegen den Hainefluß vorgeschoben werden sollte, um den Uebergang bei St. Pol zu decken. Der Nachtragsbefehl Wellingtons, welcher die englische Kavallerie mehr nach Nivelles zu beorderte, nannte die Division Collaert nicht. Infolgedessen schrieb der Prinz in Brüssel eigenhändig darunter: „Die niederländische Kavalleriedivision hat sich von Haine St. Pol und St. Pierre nach Arquennes zu begeben und sich hinter diesem Dorfe aufzustellen"*). Diese Weisung erweiterte den Wellingtonschen Grundgedanken, denn Arquennes liegt unfern Nivelles und zwar nach Süden, also dem Feinde zu. Der Hainefluß war nunmehr endgiltig aufgegeben und das Schwergewicht weiter nach Brüssel zu, nach Nivelles gerückt.

Der Nachtragsbefehl gelangte um ½3 Uhr nachts nach Braine. Schon um 3 Uhr sandte Constant ihn an Collaert weiter**), der ihn um 5 Uhr erhielt, und die vorgeschriebene Bewegung nach Arquennes ohne Schwierigkeit ausführen konnte.

Betrachten wir nunmehr das II. Korps, von dem freilich nichts auf dem Schlachtfelde eingetroffen ist. Nach der Liste der zum Richmond=Balle Eingeladenen waren sowohl der Befehlshaber Lord Hill als auch der Kommandeur der 2. Division Sir Clinton gebeten***). Lord Hill leistete der Einladung Folge. Erst am 13. war er vom königlichen Hoflager aus Gent zurückgekehrt. Hier und durch Depeschen von der Grenze hatte er erfahren, daß der Feind eine sehr starke Truppenmacht bei Maubeuge versammelt habe, auch Soult sei dort eingetroffen, Napoleon aber wohl noch nicht†). Das erschien bedrohlich, aber doch nicht als sofortige Gefahr, weshalb er die Reise nach Brüssel wagte. Schon am Nachmittage des 15. besuchte er die Familie Richmond. Er fand die Damen im Garten beisammen. Naturgemäß kam das Gespräch auf das herannahende Fest und die bedrohlichen Umstände, unter denen es stattfinden sollte, wobei er jede Kenntnis einer bevorstehenden Truppenbewegung ableugnete††). Früh muß

---

*) De Bas 551, 1173. Die Nachschrift des Prinzen muß auf dem Balle erfolgt sein.

**) Ebb. 1173 der Wortlaut der Befehle.

***) Die Einladungsliste von Lady de Ros bei Fraser, Word on Wellington, 285—294. Vergl. De Bas 1176—1178. Auch Lord Hills Adjutant, Kapitän Mackworth, war geladen, ferner der Adjutant Lord Arthur Hill und die Brüder des Lords Robert und Noel.

†) De Bas 1158.

††) Die Stelle der Lady de Ros beweist die Anwesenheit Hills in Brüssel. Der Anfang des Briefes könnte sonst dagegen sprechen: „In diesem Augenblicke habe ich Befehl vom Herzoge empfangen".

er dann den Ball verlassen und sich schnell auf sein Pferd oder in den Eilwagen geworfen haben*), denn schon um 3 Uhr morgens schrieb er von Grammont, seinem Hauptquartiere, einen Brief an den Prinzen Friedrich der Niederlande**).

Das Korps bestand aus der 2. englischen Division Clinton, der 4. englischen Division Colville und der niederländischen Abteilung unter dem Prinzen Friedrich der Niederlande, umfassend die 1. holländische Division Stedmann und die holländisch-belgische indische Brigade des Generals Anthing.

Die Division Clinton erhielt zunächst Befehl, sich bei Ath zu sammeln, und nachträglich den, auf Enghien zu marschieren, was ihr aber erst am 16. nicht vor 10 Uhr morgens bekannt geworden sein soll. Unter solchen Umständen vermochten die Truppen erst um 2 Uhr Enghien zu erreichen. Der Weitermarsch auf Braine geschah dann infolge jenes Separatbefehls, den wir bereits besprochen haben. Wegen der großen Hitze und vielleicht starken Gewitterregens***) scheint lange Halt gemacht zu sein. Möglicherweise auch verzögerte sich die Ankunft jenes Befehls zum Weitermarsche, kurz, erst um Mitternacht traf man ein in Braine-le-Comte. Ein letzter Befehl, welcher schon morgens von Genappe erlassen war, rief die Division mit Tagesanbruch des 17. über Nivelles weiter nach Quatre-Bras †).

Am stärksten westwärts stand die Division Colville, nämlich in der Gegend von Renaix—Audenarde und noch mehr rechts jenseits der Schelde. Nun gebot der Wellingtonsche Hauptbefehl, daß die Truppen jenseits der Schelde sich bei Audenarde, die übrigen sich bei Grammont, also beim Korpshauptquartiere, versammelten. Der Nachtragsbefehl schrieb dann vor, mit beiden Truppenteilen auf Enghien in Marsch zu bleiben. Hier sollten sie Biwak beziehen, um laut Morgenbefehl des 16. von Genappe, am 17. mit Tagesanbruch durch Braine-le-Comte nach Nivelles zu gelangen ††).

Zum Korps des Lord Hill gehörten auch die 1. niederländische Division Stedmann und die indische Brigade. Sie standen aber unter dem Sonderbefehle des Prinzen Friedrich der Niederlande, und hatten ihre Quartiere westlich von Brüssel in der Gegend von Leeuwergen und Landskauter mit dem Hauptquartier in Sotteghem, befanden sich also

---

*) Nach Bivians Angabe verließen die meisten Offiziere zwischen 12 und 1 Uhr den Ball. (Waterloo Letters 148.)

**) Disp. XII, 474. Vergl. vorn S. 85. Dieser Befehl ist augenscheinlich früher geschickt wie der zweite, der gegen 12 Uhr Grammont erreichte.

***) Vergl. weiter hinten die Truppen Prinz Friedrichs.

†) Disp. 475; de Bas 610. Ropes 111 meint, Clinton habe den Weg verfehlt. Das läßt sich nirgends belegen und ist eigentlich ausgeschlossen, weil von Enghien nach Braine eine gute Chaussee führt.

††) Disp. XII 475; De Bas 610.

weit vom Kriegsschauplatze entfernt. Morgens um 3 Uhr sandte Lord Hill folgendes Schreiben an den Prinzen: „Soeben erhalte ich Befehle vom Herzog von Wellington zur Bewegung der von mir befehligten Truppen. Seine Durchlaucht ersucht, Eure Königl. Hoheit möge Audenarde mit 500 Mann besetzen und die 1. niederländische Division samt der indischen Brigade in Sotteghem versammeln. Diese Bewegungen haben ohne Verzug stattzufinden"*). Weder in Wellingtons Haupt= noch in seinem Nachtragsbefehle war dieser Truppenteil berücksichtigt, die Weisung Lord Hills beruhte also auf einem Sonderbefehle, wie wir deren mehrere in dieser Nacht und am nächsten Morgen nachweisen können, oder, was ebenso wahrscheinlich ist, wurde nachträglich in den Nachtragsbefehl aufgenommen.

Prinz Friedrich war zwar zum Balle geladen, ihm aber fern geblieben, und lag wach im Bette, als zwei britische Husaren früh 4½ Uhr obigen Brief überbrachten. Er überwies denselben sofort seinem Stabschef, dem Obersten van Aldegonde, der zwar krank war, aber sich doch sofort erhob, um die Marschordres zu versenden. Ein Teil der Truppen sammelte sich schnell, die indische Brigade jedoch war zu einem Uebungsmarsche ausgerückt, so daß es Mittag wurde, bevor alle Abteilungen auf den ihnen angewiesenen Plätzen standen, und zwar in Sotteghem und den benachbarten Orten. 500 Mann des 14. Milizbataillons waren für Audenarde bestimmt. Während die Truppen sich sammelten, wird der Prinz nach dem nahen Grammont zu Lord Hill gesprengt sein und sich mit ihm besprochen haben**). Dieser konnte ihm nur sagen, er solle weitere Befehle abwarten, da er selber solche noch nicht besitze. Nach Sotteghem zurückgekehrt, schrieb der Prinz seinem Vater, dem Könige: „Es scheint, Lord Hill erwartet jeden Augenblick den Befehl des Herzogs, um aufzubrechen. Ich werde sehr zufrieden sein, wenn ich die Weisung erhalte, mich sofort in Marsch zu setzen." Dieselbe ließ auf sich warten, denn erst in dem zweiten Sonderbefehle an Lord Hill hieß es, er solle den Prinzen anweisen, sofort die 1. niederländische Division samt der indischen Brigade von Sotteghem nach Enghien zu ziehen, und 500 Mann in Audenarde zu lassen, wie vorher angegeben sei***). Dieser Befehl traf etwas vor Mittag bei Lord Hill in Grammont ein, der ihn um 12 Uhr an den Prinzen weiter gab. Er muß diesen ungefähr um 1½ Uhr erreicht haben. Dennoch dauerte es bis 4 Uhr, bevor sich die Truppen in Bewegung setzten†), so daß sich erst gegen 5 Uhr der Rest auf dem Marsche nach

---

*) De Bas 608. Vergl. hier auch das Folgende.
**) Dies geht aus den Worten des Briefes hervor: „(l'ordre) à quoi Lord Hill m'a dit que je devais m'attendre" (De Bas 609). Da der Befehl Hills nichts derartiges enthält, läßt sich der Satz kaum anders erklären, wie oben geschehen. In einer guten Stunde konnte der Prinz Grammont erreichen. Augenscheinlich ritt er früh, etwa um 7 oder 8 Uhr.
***) Disp. XII, 474.
†) Löben=Sels 181.

Enghien befand. Als man sich Grammont näherte, hörte man fernen Kanonendonner aus südöstlicher Richtung. Die Hitze war groß, ein heftiger Platzregen fiel, die Gewißheit einer Schlacht wirkte auf die junge, vielfach franzosenfreundliche Mannschaft auch nicht immer anregend. Kurz, man kam nur langsam vorwärts und viele blieben unterwegs liegen. Die meisten Truppen erreichten ihren Bestimmungsort erst nach Mitternacht, die letzten gar erst am 17. etwa 5 Uhr morgens*). Das Stabsquartier und die 1. Division lagerten in Enghien, mit dem 16. Jägerbataillon auf Vorposten bei Hoves**); die indische Brigade blieb in St. Pierre en Marcq. Die Marschleistung dieses Armeeteils ist die schlechteste des Tages.

Die nächste Weisung besagte nur, daß der Feind gestern angegriffen habe und keine weitere Instruktion für den Prinzen vorläge.

Lord Hill mit seinem Hauptquartiere brachte die Nacht in Braine-le-Comte zu, um sich am 17. früh morgens sofort weiter nach Nivelles zu begeben***).

Zum Schlusse haben wir uns noch dem Kavalleriekorps Uxbridge zuzuwenden, welches weit verstreut von Menin bis Mecheln und Mons eingelagert war, dessen Hauptmacht sich aber von Ninove bis Ath befand, also nicht allzufern westlich und südwestlich von Brüssel. Ihr Führer, Lord Uxbridge, speiste am 15. bei Wellington zu Mittag und nahm abends mit seinen Brigadegeneralen Ponsonby und Vivian†) an dem Balle teil, verließ ihn dann aber wie Lord Hill, als die Nachrichten ernst wurden, eilte sofort in sein Hauptquartier nach Ninove und von da aus, nach kurzem Aufenthalte zur Befehlsgabe, weiter nach Quatre-Bras, welches er zwischen 2 und 3 Uhr erreichte, als der Prinz von Oranien schon in schwerem Kampfe stand. Da derselbe völlig ohne Reiterei war, so ritt Uxbridge wieder fort, seiner Kavallerie entgegen, um den Marsch der vordersten leichten Regimenter zu beschleunigen. Trotz alledem kamen die 11. leichten Dragoner als vorderstes Regiment erst an, als der Kampf gerade beendet war. Sie konnten nur noch vor die Front genommen werden, und Piketts ausstellen††).

Der Wellingtonsche Hauptbefehl verfügte:

1. Daß die Brigade Dörnberg und die Cumberland-Husaren noch in der Nacht nach Vilvorde aufbrechen und unfern dieser Stadt biwakieren sollten. Die genannten Truppenteile standen bei Mecheln†††), hatten also

---

*) Löben-Sels 181.
**) Vergl. auch de Bas 569.
***) De Bas 610.
†) Siborne, Waterloo Letters 147.
††) Ibid. 4, 5, 111.
†††) So besagt der Bericht Dörnbergs und ergiebt sich auch aus dem Befehle. Wenn Treuenfeld, Kartenblatt Nr. 3, die Brigade bei Mons angiebt, so verwechselt er die Truppen mit ihrem Führer, welch' letzterer für den Depeschendienst abkommandiert war.

nur einen kleinen Marsch bis Vilvorde. Noch in der Nacht erhielten sie dann Weiterbefehl nach Quatre=Bras*), erreichten diesen Ort jedoch nicht.

2. Graf Uxbridge hat diese Nacht die Kavallerie in Ninove zu versammeln, außer die 2. Husaren.

Der Nachtragsbefehl erweiterte die Bewegung von Ninove nach Enghien, und eine verloren gegangene Weisung, augenscheinlich noch aus der Nacht oder der Frühe des 16., führte die Reiter nach Braine=le=Comte**). Wir haben damit eine ununterbrochene Weiterschiebung in der Richtung nach Nivelles. Nun befand sich aber, wie wir sahen, Lord Uxbridge am 15. nicht in seinem Hauptquartiere, sondern in Brüssel. Dies war ein großer Uebelstand, der eine anfängliche Unruhe in der Befehlsgabe bewirkt zu haben scheint***), was zur Folge hatte, daß ein Teil der Einzelausfertigungen sich verzögerte, dies um so mehr, als sie wegen der Mannigfaltigkeit und Verstreutheit der Truppen schwierig waren. Die Befehle sind vom Generalquartiermeister der Kavallerie erlassen, blieben aber teilweise ohne Orts= und Abgangszeit: ein Zeichen ihrer hastigen Niederschrift†). Am 16. folgten dann die weiteren Ordres Schlag auf Schlag, die die Reiter immer bis zum nächsten Orte riefen: erst nach Enghien, dann nach Braine, darauf nach Nivelles und schließlich nach Quatre=Bras††). Wie der Korpskommandeur, so nahmen auch zwei Brigadeführer am Balle teil: die Generale Ponsonby (2. Brigade) und Vivian (6. Brigade)†††), welche mithin alle drei anfangs am entscheidenden Orte fehlten.

Unter solchen Umständen erhielten die einzelnen Truppenteile ihre Befehle zu sehr verschiedenen Zeiten, einige noch in der Nacht, andere im Morgengrauen, noch andere erst gegen 4$^{1}/_{2}$ oder gar erst gegen 6 Uhr[1]). Die Weisung für Kapitän Mercer lautete folgendermaßen:

„Die Truppen Kapitän Mercers haben in größter Eile nach Enghien zu marschieren, wo er Major M'Donald treffen wird, der ihm den Ort seines Nachtbiwaks anweisen wird." Diese Verfügung beruhte, wie man sieht, nicht auf dem ersten Befehle Wellingtons, sondern auf dem Nachtrags=

---

*) Bericht Dörnbergs; hinten Beilage.

**) Disp. XII, 474.

***) Zu beachten ist die Höflichkeitswendung im Hauptbefehle: „The Earl of Uxbridge will be pleased to collect the cavalry". Aehnlich so verlautet: „Lord Hill will be so good as to order", während es sonst heißt: „The 1. Division to collect". Selbst beim Prinzen von Oranien wurde gesagt: „The Prince of Orange is requested to collect." Es zeigt dies das gesellschaftliche Ansehen, in welchem Uxbridge stand.

†) Cavalié Mercer, Journal of the Waterloo Compaign I, 230.

††) Waterloo Letters 151.

†††) De Bas 1177.

[1]) Waterloo Letters 165; Historial Record of the Life Guards 193; English Historical Magazine 1888, July 549.

befehle*), erhärtet also, daß letzterer den ersteren bereits im Hauptquartiere überholt hatte; ein übles Zeichen für den Depeschendienst und die augenblicklichen Umstände. Die Forderung des sofortigen Aufbruches setzte das Eintreffen zu Enghien noch während der Dunkelheit voraus, wo deshalb auch Nachtruhe gehalten werden sollte. Wir werden weiter hinten sehen, wie es sich hiermit in Wirklichkeit gestaltete. Als Wellington sich vor dem Feinde bei Frasnes befand, gab er noch einen Schlußbefehl, der die Reiterei an den Ort der Entscheidung, nach Quatre-Bras berief. Aber was konnte derselbe den Thatsachen gegenüber bewirken? Zwar schrieb Wellington an Blücher, die Kavallerie werde um 12 Uhr in Nivelles sein, und gab damit eine Hindeutung, daß jener Befehl vor diesem Briefe erlassen ist. In Wahrheit hatte zu dieser Zeit aber erst ein Teil der Truppen Enghien oder die Straße von Enghien nach Braine erreicht**). Als die Schlacht eben zu Ende ging und die Nacht schon herabsank***), trafen die vordersten Schwadronen nach forciertem Marsche†) bei Quatre-Bras ein. Das Korps hatte an dem glühend heißen Tage 7 Meilen zurückgelegt††),

---

*) Dasselbe war z. B. mit dem Befehle für die 23. leichten Dragoner der Fall, welche ebenfalls direkt nach Enghien gerufen wurden. Mercer, Journal I, 235.

**) Treuenfeld 256.

***) Charras giebt die ersten Stunden der Nacht als Ankunftszeit an. Historical Record of the Life Guards 194 hat: „The evening was far advanced and the conflict had ceased". Historical Magazine 1888, p. 549 nennt 8 Uhr. Das Armee-Journal hat: The British Cavalry arrives upon the ground at nightfall. Siborne, Waterloo Letters 27. Lord Uxbridge verzeichnet: about eight o'clock; doch ist hierbei zu beachten, daß die Nachricht erst aus dem Jahre 1842 herrührt, und der Lord keinen Grund hatte, eine irgend späte Zeit anzugeben. Der immer sehr zuverlässige Constant sagt: „à la tombée de la nuit, lord Uxbridge arrive avec la cavalerie anglaise" (De Bas 600). Besonders eingehend behandelt Mercer die Angelegenheit. S. 246 sagt er, als er sich Nivelles nähert: „an ancient castle, sweetly touched by the golden light of the setting sun, whilst the greater part lay in deep-toned purple obscurity. Danach ging bei Nivelles gerade die Sonne unter. Von Hautain-le-Val heißt es (251): „it began to grow dusk". Es fing also an dunkel zu werden. Schließlich (252): „The firing began to grow slacker and even intermitting as we entered on the field of Quatre-Bras." Einige Granaten hatte die Batterie noch bei ihrer Annäherung erhalten. „Dark crowds of men moved in the increasing obscurity of evening." Es ist mithin schon so dunkel, daß man die Truppen nur noch als dunkele Massen erkennt. Nach alledem war es ungefähr 10 Uhr. Hiermit stimmt Kenedy überein, der von der Brigade Ponsonby sagt, sie erreichte Quatre-Bras „towards evening, where it arrived about dusk. All firing, except a little skirmishing having ceased. Waterloo Letters 66. Zu beachten ist natürlich, daß das Eintreffen vereinzelter Regimenter zu ganz verschiedener Zeit geschah. Vor 8½ oder 9 Uhr scheint also doch keines zur Stelle gewesen zu sein.

†) Constant: „La cavalerie anglaise, qui a fait une marche forcée. (De Bas 600.)

††) Diese Zahl giebt Lord Uxbridge an, Siborne, Waterloo Letters 4; so auch Oberstleutnant Taylor von den 10. Husaren. Ibid. 166.

ungerechnet die Entfernung der einzelnen Kantonnements bis Ninove, welche teilweis ebenfalls weite Strecken betragen konnte. So lauten denn die Angaben, von Uebertreibungen abgesehen, auf 30 bis 40 englische Meilen und mehr*). Die Reiterei war demnach ungemein stark und schnell marschiert**), und dennoch kam sie durchweg in guter Verfassung an***). Ein Beweis für ihre Leistungsfähigkeit, die sich später auch bei Belle Alliance in der Schlacht gezeigt hat.

Um die Verhältnisse, die beim Kavalleriekorps obwalteten, näher zu beleuchten, teilen wir einige Berichte mit:

Oberst Clark Kennedy von den Königsdragonern erzählt †). Die Königsdragoner lagen in und bei Ninove. Am Morgen des 16. erfolgte Alarm, weil sie um 4 Uhr abmarschieren sollten. Die Truppen wurden so schnell wie möglich zusammengezogen und mit Proviant für drei Tage versehen. Das Regiment bewegte sich erst über Grammont nach Ath, in dessen Nähe sich die ganze Dragonerbrigade unter dem Befehl des Generals Ponsonby vereinigte. Die Richtung unseres Marsches änderte sich drei- oder viermal und mehrmals wurde Halt gemacht. Gegen Abend erreichten wir Quatre-Bras, nachdem wir teilweise an 50 englische Meilen gemacht hatten.

Von den 10. Husaren berichtet Kapitän Taylor: Am Morgen des 16. gegen 4½ Uhr weckte mich mein Bursche und sagte mir, das Regiment habe Befehl, mit voller Bepackung aufzubrechen, um die Quartiere zu wechseln. Die Brigade sammelte sich auf dem Wege von Vilvorde nach Grammont, wo wir eine zeitlang auf die 18. Husaren warteten. Als diese eingetroffen waren, begann der Marsch gegen 7 Uhr. Wir zogen durch Grammont und Enghien und begegneten anderen Kavallerie-Abteilungen. In Enghien traf Leutnant Parsons von unserer Truppe ein, der geradeswegs von Brüssel kam und Neuigkeiten mitbrachte. Nach einigen Stunden saßen wir ab, fütterten, aßen und ritten dann nach Braine weiter. In einem dichten Walde bei jener Stadt vernahmen wir fernes Feuer, welches deutlich wurde, als wir den Wald verließen, und bald vermochten wir denn auch den Pulverdampf des Kampfes von Quatre-Bras zu sehen. Von Lord Uxbridge traf der Befehl ein, unser Heu wegzuwerfen und 9 Meilen in der Stunde gegen Nivelles zu traben. Dies geschah. Nun ging es weiter auf der Namurer Straße. Als wir uns Quatre-Bras näherten, dauerte das Feuer noch fort, einige Kanonenkugeln strichen an uns vorüber. Wir bildeten

---

*) Das Armee-Journal sagt: Having made a long and very rapid march. Waterloo Letters 27.

**) Das beweist das Verhalten der Reiter sofort nach Eintreffen auf dem Schlachtfelde. Taylor sagt es ausdrücklich: Our horses in spite of the long march were very fresh. Waterloo Letters 166.

***) Siborne, Waterloo Letters 65.

†) Waterloo Letters 165.

Halbschwadronen und rückten auf das Schlachtfeld. Der Kampf war jetzt vorbei, nur noch ein Geschütz feuerte und dann und wann fiel ein Tirailleurschuß.

Der bereits genannte Kapitän Mercer befehligte eine reitende Batterie des Uxbridgeschen Korps, mit der er sich in Strytem befand*). Er lag in tiefem Schlaf, als sein Diener ins Zimmer eilte, ihn aufweckte und ihm einen Befehl einhändigte, den ein Husar soeben überbracht hatte, um dann sofort weiter zu jagen. Der Befehl war der vorne mitgeteilte**). Die Dringlichkeit seines Inhalts fiel dem Lesenden schwer auf die Seele, denn alle Offiziere, sämtliche Landwagen und ein Drittel der Truppen waren abwesend. Schnell ließ er die Batterie alarmieren und den Feldwebel kommen, den er beauftragte, für 3 Tage Mundvorrat und Pferdefutter zu verpacken und die Abwesenden durch einen Eilboten herbeizurufen. Dem Kommissariats-Offizier befahl er, die Wagen zusammenzubringen und der Batterie so bald als möglich zu folgen. Inzwischen waren auch die Offiziere zurückgekehrt; sie waren in Brüssel gewesen und hatten die Vorgänge früher als ihr Hauptmann erfahren. Die zwei Abteilungen standen bald marschfertig; da aber auf die dritte gewartet werden mußte, so gewann man Zeit zu einem kräftigen Frühstück. Gegen 7 Uhr kamen die erwarteten Leute an. Man nahm Abschied von seinen Quartierwirten, die Trompeten schmetterten und fort gings, einer ungewissen Zukunft entgegen. Anfangs gestaltete sich alles gut, dann aber machte sich der Mangel eines Führers geltend, weil zahlreiche Wege sich kreuzten, die bisweilen nur Holzwege zu sein schienen. Begierig, schneller vorwärts zu kommen und aufgehalten durch die schlechte Wegeverfassung, ließ der Hauptmann seine Munitionswagen zurück und eilte mit den Geschützen weiter. Er sollte später schwer darunter leiden, daß seine Batterie in drei Teile zerfiel: in die Geschütze, die Munitionswagen und die Proviantkolonne.

Wenn der Weg es erlaubte, ging es im Trabe, bis Castre erreicht war, wo man die 23. Leichten Dragoner traf, welche ebenfalls Befehl hatten, nach Enghien zu marschieren. Ein Rittmeister, dem Mercer sich für kurze Zeit anschloß, erzählte, er sei diese Nacht auf dem Balle in Brüssel gewesen, wo bei seinem Aufbruch verlautbarte, daß Blücher morgens angegriffen sei, den Feind aber mit schweren Verlusten zurückgeworfen habe. Der Vormarsch jetzt gelte der Unterstützung der Preußen. Hinter Castre führte der Weg ein Stück weit durch nahezu ungangbares Moor. Die Reiterei wand sich so gut als möglich hindurch, aber nur langsam und mit größter Anstrengung vermochten die Geschütze zu folgen. Auch nachher blieb der Weg noch sumpfig und voller Pfützen, wozu wieder die Unsicherheit kam, ob

---

*) Bei Ternath unfern Asche.
**) Mercer, Journal I 230 sq.

man sich nicht verirrt habe. Endlich gelangte man in ein offenes Gelände an einen Park, von dem es hieß, daß es richtig der von Enghien sei. Verschiedene Reiterkolonnen bewegten sich hierhin; bei der Parkmauer war die Brigade Vandeleur abgesessen und fütterte die Pferde. Auch die reitende Batterie machte Halt, um ihrer Weisung gemäß den Major M'Donald zu erwarten. Da Mercer das Tagewerk gethan glaubte, so verschob er die Fütterung bis zur Einrichtung des Biwaks. Eine Reiterabteilung folgte der anderen, alle bewegten sich weiter auf der Straße nach Braine-le-Comte. Dies beunruhigte Mercer. Als er eine gute halbe Stunde gewartet hatte, schaute er aus, ob nicht jemand ihm Mitteilung machen könnte; aber kein Stabsoffizier war zu sehen und niemand sonst wußte etwas. Schwadron auf Schwadron zog vorüber, gewöhnlich ohne nur anzuhalten. Keiner vermochte Auskunft zu erteilen. Schließlich begab Mercer sich zum General Vandeleur, der bei seiner Brigade am Wege saß. Aber auch dieser verweigerte jede Aufklärung, stieg zu Pferde und ritt mit seinen Truppen gleichfalls ab in der Richtung auf Braine. Unter diesen Umständen beschloß Mercer, sich wieder in Bewegung zu setzen. Schon waren seine Leute aufgesessen, als die Husarenbrigade Vivian eintraf, gefolgt von der reitenden Artillerie des Majors Bull. Auch dieser war ohne Befehle geblieben, erachtete aber geraten, sich dicht hinter der Kavallerie zu halten, und beauftragte Mercer, es ebenso zu machen, was auch geschah. Gerade als derselbe aufbrechen wollte, erschien die Trainkolonne der Kavallerie von Ninove her. Dies fiel Mercer schwer aufs Gewissen; er begann zu fürchten, daß er seine Wagen nicht wieder zu sehen bekomme. Die Senne wurde auf einer alten Steinbrücke überschritten. Ein Adjutant sprengte vorbei in vollem gestickten Ballanzuge, eine Thatsache, welche man sich zunächst nicht zu erklären wußte. Gegen 4 Uhr nachmittags erreichte man Braine, halb verhungert und gebraten von der sengenden Sonne. Aber die Stadt wurde nicht betreten, sondern auf einem Seitenwege umgangen, bis sich am anderen Ende mehrere Regimenter eng aufgeschlossen zeigten, abgesessen und fütternd.

Auch Mercer ließ halten und füttern. Kaum war damit begonnen, als die Schwadronen wieder aufbrachen und fortritten. So mußte er sich ebenfalls in Bewegung setzen, nachdem die Tiere kaum halb gefressen hatten. Noch immer vermochte er nichts über Ziel und Zweck des Marsches zu erfahren. Der Weg war an einer Stelle durch die Bagage-Wagen einer wahrscheinlich hannoverschen Abteilung so vollständig gesperrt, daß er für längere Zeit unbenutzbar blieb. Die Reiterei umging das Hindernis, indem sie sich auf den angrenzenden Acker begab, die Geschütze jedoch mußten warten. Nun zog man auf schlechtem Wege im Zickzack bergan, infolgedessen die Pferde vor den einzelnen Stücken verdoppelt werden mußten, so daß nur eine Hälfte vorwärts kam, bis die andere nachgeholt war. Dies bewirkte wieder Verzögerungen. Gruppen von Dragonern und Husaren vermischten sich mit den Artilleristen, sämtlich den steilen Anstieg emporstrebend.

Als alle Geschütze die Höhe erreicht hatten, waren die Reiter auf und davon. So setzte die Batterie denn allein ihren Marsch über die Hochfläche durch dichten Wald fort, bis eine Senkung eine weite Fernsicht gewährte. Zugleich vernahm man hier dumpfe Laute, die sich immer deutlicher als schweres Geschütz- und Infanteriefeuer herausstellten. Der Blick wurde durch eine dunkele Waldwand begrenzt, über der man in der Richtung des Getöses bald graue Rauchwolken erkannte. Jetzt war das Ziel des Marsches klar: man zog in die Schlacht.

Als die Batterie den Abhang hinunter kam, wurde sie von Major M'Donald überholt. Er hatte schwerlich etwas von dem Biwak erfahren, welches der Aufbruchsbefehl nach Enghien verlegte, denn ohne es zu erwähnen, gab er Mercer Auftrag, sich der Trainbrigade anzuschließen, freilich ohne sich über das wo? und wann? zu äußern. Mercer verschwieg, daß dieselbe sich hinten befände, weil es für seine Leute, die dem Kampfe entgegendrängten, zu hart gewesen wäre. Im Thale angelangt, ließ Mercer Halt machen, um die Pferde zu tränken.

Noch war man hiermit beschäftigt, als ein Adjutant erschien. Er kam von einem Hügel herab, auf dem eine Gruppe von Offizieren stand, welche mit Gläsern nach der Richtung der Schlacht blickten. Der Adjutant berief den Hauptmann zu General Vivian, einem jener Offiziere. Dieser fragte ihn schon von weitem: zu welchem Truppenteile er gehöre. Mercer meldete es und ebenso daß er zum Train kommandiert sei. „Das macht nichts", erwiderte der General, „es geht etwas Ernstes vor, nach dem schweren Feuer zu urteilen. Man wird Artillerie nötig haben. Machen Sie deshalb ihre Geschütze so schnell wie möglich fertig und schließen Sie sich meinen Husaren an." In wenigen Minuten befanden sich die Kanonen auf dem Hügel; die Husaren saßen auf und setzten sich in Trab, gefolgt von der Batterie. Um ihre Pferde zu erleichtern, öffneten die Reiter ihre Netze mit Heu und ihre Beutel voll Korn, so daß der Weg bald mit Heu und Hafer bestreut war. Man erreichte Nivelles beim Sinken der Sonne unter fortwährend zunehmendem Schlachtgetöse. Kurz vor der Stadt hielt man still: die Kanonen wurden mit Pulver geladen und alles zu sofortigem Eingreifen ins Gefecht hergerichtet. In Nivelles ging alles drunter und drüber. Die Einwohner befanden sich auf den Straßen, Thüren und Fenster standen weit geöffnet, viele Verwundete wurden sichtbar, Priester rannten hin und her, um den Sterbenden beizustehen.

Von Nivelles aus führte eine gute Chaussee weiter; sie war voll von Soldaten, verwundeten und gesunden. Die Zahl solcher Drückeberger schien außerordentlich groß zu sein.

Schon begann es zu dunkeln, als die Batterie das Dorf Hautain-le-Val durchzog, in welchem sich Truppen verschiedenster Waffengattungen drängten. Endlich erreichte man das Schlachtfeld, gerade als das Feuer aufhörte. Noch kreuzten einige Granaten die Marschkolonne; die Pferde waren derart müde, daß sie über die Körper der Toten strauchelten. Dicke Menschenmengen zeigten sich in der zunehmenden Dunkelheit. Es war zu spät, um noch einzugreifen. Auf dem Felde neben Quatre-Bras bezogen die Artilleristen ein Biwak. Das einzige Wasser in der Nähe lieferte ein Brunnen an der Wegkreuzung. Bei ihm fanden sich die Erschöpften haufenweise ein, so daß es zwei Stunden dauerte, bevor die Tiere völlig getränkt waren.

Abgezweigt vom Kavalleriekorps war, wie wir sahen, die Brigade Dörnberg. Zu dieser gehörten die 23. leichten Dragoner. Diese lagen in verschiedenen Quartieren an 7 englische Meilen von Brüssel. Um 2 Uhr erhielten sie den Befehl sich im Stabsquartiere des Regiments zu sammeln. Als dies geschehen war, setzten sie sich kurz nach Tagesanbruch in Marsch. Unterwegs trafen sie andere Dragoner-Abteilungen; unmittelbar vor ihnen zog das 13. leichte Dragoner-Regiment. Teilweis waren die Wege schlecht und verzögerten die Bewegungen sehr; dafür ritt man Trab, wo es irgend ging, um möglichst schnell vorwärts zu kommen. Einige Meilen vor Nivelles ertönte vernehmlich Kanonendonner. In der Stadt selber herrschte große Erregung, viele Umwohner waren dorthin geflüchtet, die Fenster waren voll Mädchen und Frauen, welche die vorbeireitenden Truppen mit Zurufen und Tücherschwenken begrüßten. Dicht bei Quatre-Bras zeigte der Weg sich mit Toten und Sterbenden bedeckt. Das Schlachtfeld wurde erst gegen Ende des Kampfes erreicht. Die 23. Dragoner waren eines der ersten Kavallerieregimenter an Ort und Stelle*).

Nimmt man alles in allem, so dürften die Befehle Wellingtons vom 15. und 16. Folgendes ergeben: Nach den zu Brüssel eingetroffenen Meldungen**) hätte der Feldherr vorsichtiger Weise seine Truppen am 14. in größeren Verbänden zusammenziehen können, um sie jeden Augenblick schlagfertig zu wissen. Eine strategische Notwendigkeit für diese Maßnahme lag aber nicht vor***); sie hätte Verpflegungsschwierigkeiten verur-

---

*) Bericht von Major Banner bei Siborne, Waterloo Letters 92. Die Zeit der Ankunft, 6 Uhr, ist unrichtig. Der Bericht wurde 1837 geschrieben.

**) Bemerkt mag werden, daß Müffling in seiner Gesch. des Feldzugs sagt, Wellington habe um $4^1/_2$ Uhr die preußische Nachricht vom Angriffe seitens der Franzosen erhalten. Es stimmt dies nicht zu seinen Memoiren, wo er um 3 Uhr die Nachricht Zietens eintreffen läßt (gemeint ist die Blüchers). Vergl. vorn S. 53. Die Angaben der Geschichte sind älter und besser.

***) Vergl. Wellingtons Auffassung nach Clausewitz, Der Feldzug 1815, S. 43. Hofmanns Urteil, Gesch. des Feldzugs 1815, S. 32.

8*

facht und ficherlich großes Auffehen erregt. Alles Weitere als jene Heer=
körpervereinigung aber konnte unter Umftänden mehr fchaden als nützen.
Der Grundfatz des Feldherrn: lieber keine Bewegung zu machen als eine
vielleicht falfche, war unzweifelhaft richtig*). Erft zum Fehler wurde
Wellingtons Verhalten feit 3 Uhr, wo er von Oranien den Angriff der
Franzofen erfahren und er Blüchers Brief erhalten hatte. Jetzt hätte
jener Sammelbefehl erfolgen follen, den er erft 4 Stunden fpäter er=
teilte**). Der ungemeine Nutzen desfelben wäre nicht bloß der Gewinn von
4 Stunden, fondern für einen Teil des Heeres nahezu der eines Tages gewefen,
weil deffen Truppen fich nachmittags noch in den Bataillons= und Regiments=
verbänden befanden, alfo fich in wenigen Stunden zu Brigaden und Divi=
fionen vereinigen konnten. Wellington felbft hat diefen Fehler fchon in der
Nacht erkannt, als er zu Richmond fagte, Napoleon hätte ihm 24 Stunden
Marfch abgewonnen. Hier alfo läßt fich unferes Erachtens nichts weg=
deuten. Wellington verhielt fich zu vorfichtig und ließ fich dadurch vom
Feinde überrafchen***).

Dies war nun gefchehen. Inwiefern entfprachen dann die Befehle
der gegebenen Sachlage. Unftreitig erwiefen fie fich klar und zweckmäßig,
litten aber an folgenden Mängeln†):

1. Sie gefchahen zu fpät. General Vivian, der mit auf dem Balle
des Herzogs von Richmond war, erklärt dies richtig dahin: Daß die
Ungewißheit, wo die Franzofen ihren Angriff machen würden, Wellington
verhinderte, fein Heer früher zufammen zu ziehen, und daß er den Angriff
nicht fo bald erwartet hatte††). Da nun aber das Unerwartete eintrat, fo
mußte das Verfäumte möglichft nachgeholt werden und das gefchah feit
dem Eintreffen der Dörnbergfchen Meldung mit größter Energie†††). Aber

---

*) Vergl. hier auch Maurice, in Unit. Serv. Mag. N. S. I. 148 sq.

**) Maurice irrt, p. 149, wenn er denfelben um 5 Uhr anfetzt.

***) Vergl. auch Maurice 146. Wenn Hofmann 38 meint: „Es war ein Miß=
ftand, daß die niederländifche Kavallerie nicht angewiefen war, die Lücke zu beobachten,
die bei jedem Konzentrieren zwifchen ihr und den Preußen entftehen mußte", fo ift
dies an fich nicht unrichtig, zieht aber die Gefamtfachlage nicht in Erwägung.

†) Es fei bemerkt, daß die bisherige Kenntnis der Vorgänge bei den einzelnen
Truppenteilen während des 15. und 16. vielfach noch ungenügend ift. Es wird fich
aus den Regiments= und Bataillonsberichten, welche die Archive von London, Haag
und Hannover enthalten dürften, noch wefentlich Genaueres feftftellen laffen, als von
uns gefchehen. Sehr zu beklagen ift, daß in den Waterloo Letters die Vorgefchichte
von Waterloo meiftens weggelaffen wurde.

††) Siborne, Waterloo Letters 151.

†††) Dem Sinne nach fehr richtig fagt Grolman (Damitz I, 105): „Als um
Mitternacht die Meldung des Generals v. Dörnberg eintraf, daß die gegenüber=
geftandenen feindlichen Truppen fich rechts gegen die Sambre gezogen hätten und ihm
kein Feind mehr entgegenftehe, da fchien die Abficht Napoleons enthüllt." Wie wir

die Folge war, daß vom Oberkommando Forderungen gestellt wurden, die sich nicht erfüllen ließen. Man erwäge: das Korps Uxbridge sollte sich noch während der Nacht in Ninove vereinigen. Nun verließ der Befehl nicht vor 7½—8 Uhr das Hauptquartier, ging erst an Uxbridge in Brüssel und von ihm an seinen Generalstab in Ninove. Dieser mußte die Einzelbefehle entwerfen und ausstellen*), sie an die Brigaden oder direkt an die bisweilen meilenweit entfernten Regimenter und Truppenverbände verteilen, welche diese zu alarmieren oder sonst die Schwadronen und Batterien zusammenzubringen, sie mit Futter und Proviant zu versehen, ihren Regimentern und Brigaden und schließlich dem Korpsverbande zuzuführen hatten. Da die Nacht im Hochsommer höchstens bis 4 Uhr gerechnet werden kann, so forderte der Wellingtonsche Befehl eine augenscheinliche Unmöglichkeit. Aehnlich so verhält es sich mit vielen, wenn nicht gar bei den meisten anderen Truppenteilen: Die 2. und 3. niederländische Division sollten schon um 1 Uhr abmarschieren, zu einer Zeit, wo die Befehle dazu kaum eingetroffen sein konnten; die 2. englische Division sollte sich noch während der Nacht in und bei Ath vereinigen, die 3. in Braine-le-Comte u. s. w. Wurden somit Unmöglichkeiten verlangt, so darf doch nicht unerwogen bleiben, daß Wellington bei der Befehlsgabe etwas Politik trieb: indem er Unerreichbares forderte, konnte er sicher sein, daß alle Beteiligten sich bis aufs Aeußerste anstrengen würden, um wenigstens das Erreichbare zu leisten.

2. Für das bloße Sammeln waren die Orte richtig gewählt. Nun aber griff der Feind im Süden von Brüssel an, statt der bloßen Vereinigung wäre deshalb wegen des ungeheuren Zeitmangels ein Sammeln in der Richtung des Angriffs empfehlenswert gewesen, weil dadurch ganze Stunden erspart werden konnten. Wenn z. B. die Brigade Vivian aus der Gegend von Ath nach Ninove mußte, so entfernte sie sich mehr von Nivelles, als sie sich näherte und machte überdies nahezu 3 Meilen völlig nutzlos**), ähnlich so verhielt es sich mit den Brigaden Grant und Ponsonby bei Grammont u. a. Der mit Rücksicht auf den feindlichen Angriff ge-

---

vorne S. 68 sahen, lautete Dörnbergs Meldung keineswegs so unzweifelhaft deutlich. Vergl. auch Ollech 114. Daß der Herzog von Braunschweig den Feldherrn für den Aufbruch bestimmt habe (Damitz 105) ist sicherlich unrichtig, da der Nachtragsbefehl früher ist, als des Braunscheigers Einwirkung stattfinden konnte. Abermals richtig sind Grolmans Worte (Damitz 106): "Mit dem Entschluß den Preußen zu Hilfe zu eilen, war die regste Thätigkeit und der größte Eifer im britischen Heere eingetreten."

*) Unmöglich wäre nicht, daß sie schon ausgeschrieben, ohne Ort und Datum dalagen, weil es sich um eine augenscheinlich längst vorgesehene Versammlung handelte. Aehnliches könnte auch anderswo der Fall gewesen sein; wahrscheinlich ist es aber eigentlich nicht, weil man keinen Angriff mehr erwartete.

**) Von Mons entfernte sie sich sogar ums Doppelte.

gegebene Sammelplatz war nicht Ninove, sondern Enghien, welches der Nachtragsbefehl richtig nannte, und wohin, wie wir sahen, ein Teil der Reiterei auch vom Korpskommando direkt beordert wurde.

3. Als Sammelplätze hatte Wellington immer möglichst die Divisions-Hauptquartiere genommen*). Das war naturgemäß, führte aber doch zu einem Schema, was den augenblicklich obwaltenden Umständen nicht immer entsprach. Den deutlichsten Fall hierfür haben wir bei der Division Perponcher, die sich in Nivelles vereinigen sollte. Nivelles war Divisionshauptort, aber nach den erhaltenen Meldungen hatte der Feind auf Charleroi vorgedrängt und Zieten gab Befehl, sich bis Fleurus zurückzuziehen. Wenn Wellington nun auch annahm, so schnell würde die Bewegung nicht ausgeführt und die Straße Quatre-Bras am 15. noch in den Händen der Preußen sein, so war dies doch nicht sicher. Jedenfalls war Charleroi ein gefährdeter Punkt, und der Weg von Charleroi nach Brüssel ging über Quatre-Bras, nicht über das westlich abseits liegende Nivelles, mochte er für dieses fürchten so viel er wollte. Demnach erwies es sich strategisch unrichtig, die Brigade des Prinzen von Weimar nach Nivelles zu beordern: 1. weil in der Brüsseler Abmachung Quatre-Bras als verbündeter Sammelplatz bezeichnet war**), für den Fall, daß die Preußen angegriffen würden; 2. weil die Sachlage gebot, die verbündeten Truppen möglichst nahe an die Preußen zu schieben, nicht sie von ihnen zu entfernen. Bei der Unsicherheit über den Feind wäre es richtig gewesen: Nivelles und Quatre-Bras besetzt zu halten, also wenigstens die Brigade, die hier war, auch hier zu lassen. Es sieht fast aus, als ob das Divisionsschema, welches im Hauptbefehle herrscht, eingewirkt und zu einer gedankenlosen Verfügung Anlaß gegeben habe.

4. Einen weiteren Uebelstand barg die schnelle Folge der Befehle und die starke Steigerung ihrer Ansprüche. Der erste wurde gegen 8 Uhr ausgegeben, der Nachtragsbefehl und eine Reihe Einzelweisungen je nur wenige Stunden später. Bewirkte schon der unerwartete erste Befehl und der Alarm Unruhe und Aufregung, so mußten diese durch die erneuerten, teilweise Schlag auf Schlag folgenden weiteren Weisungen gesteigert und bisweilen zu wirklicher Unordnung werden; zumal die Anforderungen keineswegs immer Rücksicht auf das von den Truppen Erreichte oder auch nur Erreichbare nahmen.

5. Die Befehle geschahen ohne Rücksicht auf die gegenseitigen Truppenbewegungen. Dadurch gerieten große Massen auf ein und dieselbe Straße

---

*) Wie sehr dieser Gedanke ausgeprägt war, zeigt das Heeres-Journal, welches sagt: During the night of the 15., the 4 Divisions … receive orders to concentrate about their respective head-quarters at Oudenarde, Grammont, Enghien, Hal and the cavalry at Ninove". Siborne, Waterloo Letters 23.

**) Die Richtigkeit des Wortlautes vorausgesetzt.

und zwar desto mehr, je näher sie Nivelles und Quatre-Bras kamen, während andere Wege leer und unbenutzt blieben. Es war auch nichts über die Bagage verfügt. Weil nun jeder Truppenteil sein Gepäck möglichst bei sich zu haben wünschte, so geriet es ebenfalls auf die an sich schon überfüllten Straßen und sperrte sie zeitweise vollends*). Auch Truppenkreuzungen standen zu befürchten, wie sie z. B. zwischen den Divisionen Alten und Chassé in Nivelles vorgekommen sind**), wo eine Division die andere durchschnitt und diese so lange festhielt, bis sie vorüber war. Am meisten mußten solche Uebelstände sich in einigen stark benutzten Städten steigern, wie es sich schon am Morgen äußerst schwierig erwies, durch Braine-le-Comte zu gelangen, weil endlose Wagen und Bagage sich in der Hauptstraße festgefahren hatten***). Man sah sich hier deshalb noch nachmittags genötigt, die Stadt zu umgehen, womit natürlich wieder Zeitverluste verbunden waren†).

Unseres Erachtens hätten die Befehle nicht so skizzenhaft hingeworfen werden dürfen, sondern sorgfältig mit Rücksicht auf ihre Folgen ausgearbeitet sein sollen. Zwar besitzen wir die meisten nicht im Originale, können aber sicher sein, daß Wellingtons Entwürfe so gelautet haben, und die ausgegebenen Weisungen dem im wesentlichen entsprechen††).

6. Die Wirkung dieser Dinge: der Plötzlichkeit, der starken Zumutungen und der schnellen Befehlsfolge, blieb nicht aus, sondern erzeugte sowohl in der Einzelbefehlsgabe, als in deren Ankunft und in der Ausführung des Befohlenen vielerlei Verzögerungen, Halbheiten und Unordnung. Sehr nachteilig wirkte hierbei der Ball des Herzogs von Richmond. Zu ihm war das meiste geladen, was von Engländern Ansehen in der Armee besaß: alle drei Korpsführer: Oranien, Hill und Uxbridge, der Prinz Friedrich der Niederlande, der Herzog von Braunschweig, die Generale Clinton, Cooke, Byng, Pack, Ponsonby, Picton, Vivian, Somerset, Elley, Kempt, Maitland, und schließlich eine Menge Obersten, unter diesen Abercromby, viele Majors und andere Offiziere. Wenn ein Teil der Auserwählten auch dem Rufe wegen der bedrohlichen Nachrichten der letzten Tage nicht Folge geleistet hatte, so war doch die weitaus größte Anzahl erschienen, um so mehr, als die glänzende Veranstaltung ausgesprochenermaßen vom Oberfeldherrn begünstigt wurde†††). Alle drei Korpsbefehlshaber waren zu-

---

*) Namentlich die von Braine bis Nivelles. Von ihr sagt Constant: „La route était encombrée du bagage de la 3ième division anglaise." De Bas 565. Vergl. auch weiter vorn den Bericht von Mercer.
**) De Bas 565.
***) Waterloo Letters 250.
†) Mercer, Journal I, 230 sq.
††) Vergl. hinten die Untersuchung über den Hauptbefehl Wellingtons.
†††) Obgleich Oranien mittags dem Herzoge die Mitteilung vom Angriffe der Preußen gemacht hatte, und Müffling dann um 4 oder 4½ Uhr Blüchers Brief über-

gegen. Und den Geladenen hatte sich eine Menge Offiziere der nicht zu entfernt liegenden Garnisonen beigesellt, welche ebenfalls in Brüssel einige angeregte Stunden verleben wollten. Der ganze Sinn war auf Genuß und Vergnügen gelenkt, fern ab vom blutigen Ernste des Krieges. Die lange Wartezeit hatte bewirkt, daß man sich vollkommen sicher fühlte und längst nicht mehr an einen Angriff Napoleons glaubte. So kam es, daß die Anzeige des Versammlungsbefehls die Offiziere der Brüsseler Garnison unbesorgt ließ, daß die Division Picton gar noch unterwegs glaubte, als sie im Walde von Soignes lagerte, es handele sich wesentlich um blinden Lärm, man werde ohne Kampf nach Brüssel zurückkehren. Dies Gefühl der Sicherheit teilte sich natürlich auch den Gästen mit, den geladenen, wie den ungeladenen. Obwohl sie erfuhren, daß etwas im Werke sei, beeilten sie sich keineswegs, sondern blieben in der festlich erregten Hauptstadt, so lange als möglich*).

Die Umstände verhinderten demnach auch die Stäbe so zu arbeiten, wie im gewöhnlichen Laufe der Dinge, weil ihre Befehlshaber oder andere wichtige Mitglieder, zumal viele Adjutanten, fehlten. Während sonst die Befehle vom Oberkommando geradeswegs an die Stabsquartiere gingen, wo man alles zur Hand hatte und ohne Verzug das weitere veranlassen konnte, erhielten jetzt die Korpsführer in Brüssel ihre Weisungen und zwar die erste gerade zu einer Zeit, als sie ihre Vorbereitungen für den Besuch des Balles trafen, oder sonst gesellschaftliche Verpflichtungen hatten. Ihnen blieb also nur, sie an ihre Stäbe je in ihren Hauptquartieren weiter zu geben und mit eigenen Bemerkungen zu versehen, wo solche nötig schienen**). Daß diese nicht immer genügten und eine Menge Sonderfragen sich aufdrängen mußten, liegt auf der Hand und wird durch das Hauptquartier Oraniens grell bewiesen, welches freilich unter besonders ungünstigen Umständen arbeiten mußte. Geschah obiges nicht oder nur teilweise, so mußten die Generale in der Nacht aufbrechen, in ihr Hauptquartier eilen und hier nun hastig das weitere veranlassen.

---

reicht hatte, der für den folgenden Tag eine Schlacht zwischen den Preußen und Napoleon in Aussicht stellte, konnte der Prinz noch zwischen 6 und 7 Uhr an Constant schreiben: Le Duc de Wellington désire, que je reste ici ce soir; je ne partirai donc qu'à minuit ou une heure". De Bas III, 535. Müffling, der beunruhigt noch auf weitere Nachrichten wartete, holte der Herzog selbst zum Balle ab. Müffling 230.

*) Von dieser Zeit sagt L. J. in einem Aufsatze: „Eine historische Pythia" im Berliner Lokal-Anzeiger 1902, Nr. 139: „Die jüngeren Offiziere benutzten die freien Stunden, die ihnen der Dienst des Lagerlebens übrig ließ, um sich in Brüssel für die Strapazen desselben durch Zerstreuung zu entschädigen. Wenige Tage vor der Schlacht bei Waterloo ritten so zwei Offiziere der Cumberland-Husaren nach der Hauptstadt und ließen sich von der Kartenlegerin Lenormand wahrsagen."

**) Wie die Befehlsgabe war, ersieht man besonders deutlich bei De Bas 546 ff., 551 ff.

Und nicht bloß die Befehlsgabe, der Aufbruch ganzer Truppenteile hat durch die Abwesenheit oder überhastete Rückkehr maßgebender Offiziere gelitten. Viele derselben waren übernächtig und abgespannt, wo die höchste Kraftentfaltung notwendig wurde. Es war Napoleons alterprobtes Glück, daß er gerade angriff, als in einem Teile des Wellingtonschen Heeres ein Ausnahmezustand herrschte.

Zwar hätte der Oberfeldherr hier Wandel schaffen können; er hätte nur den ersten Befehl mit der Weisung auszugeben brauchen, daß alle in Brüssel anwesenden Offiziere sich sofort zu ihren Heeresteilen begeben sollten, wo sie notwendig seien. Da dies nicht geschah, aber trotz Wellingtons Freundschaft mit Richmond unfraglich geschehen wäre, wenn der Feldherr es notwendig erachtet hätte, so müssen wir die Gründe für sein Verhalten aufzufinden suchen. Der erste Befehl galt, wie wir sahen, wesentlich der Truppenversammlung in großen Verbänden; diese war von langer Hand her eingeübt und deshalb leicht auch ohne die höheren Befehlshaber auszuführen. Nun glaubte Wellington, wie ebenfalls erörtert wurde, nicht an eine Waffenentscheidung am 16., sondern erst an eine am 17. Er meinte also für seine Bewegungen einen Tag und eine Nacht zur Verfügung zu haben, welche vollauf genügten, die Truppen nach der wahrscheinlichen Entscheidungsstätte: nach Nivelles zu führen. Behielt er die Generale in Brüssel, so hatte er sie sämtlich auf dem Balle bei einander und konnte ihnen dort mündlich seine Absichten mitteilen. Auch hier war also alles wohlbedacht. Freilich hat sich der Gedankengang als trügerisch erwiesen, die Dinge entwickelten sich anders, wie er erwartet hatte: die Dörnbergsche Meldung kam und bewirkte den Marschbefehl. Weil sie aber keineswegs unmittelbar kriegerisch für das englisch-deutsche Heer, sondern sogar beruhigend lautete, so konnte die Ueberzeugung, daß es erst am 17. zur Schlacht komme, nur verstärkt werden. Man hatte also nach wie vor Zeit, den Ball noch etwas auszukosten. Da donnerte der Bericht Constants herein und veränderte die Sachlage von Grund aus. Wellington that, was er unter diesen Umständen konnte, er berief alsbald seine höheren Offiziere, teilte ihnen die Sachlage mit und veranlaßte sie, sofort ihre Truppen aufzusuchen.

Zu beachten bei der ganzen Sache ist, daß Wellington eben so sehr Hofmann und Diplomat als Militär war und daß er der Herzogin gern gefällig sein wollte. Die englische Auffassung solcher Dinge war damals und ist noch jetzt eine andere, als die preußische, die alles schroff gegen die militärische Erwägung zurücksetzt*).

Auch auf das ungenügende Meldewesen der Stäbe muß hingewiesen werden, mit dem z. B. die Verspätung des Dörnbergschen Berichts zusammen-

---

*) General v. Röder klagte wiederholt, daß er sich nicht in die englische Auffassungsweise zu finden vermöge.

hängt*). Der Instanzenzug sowohl, wie die Ueberbringung und die Annahme der Depeschen waren vielfach nicht fest und systematisch geordnet. So klagt der preußische Bevollmächtigte v. Röder wiederholt, daß er nur mit Schwierigkeiten überhaupt einen Meldereiter erhalten könne; erst Müffling setzte einen regelmäßigen Depeschenwechsel zwischen Brüssel und dem preußischen Hauptquartiere durch. Der Prinz von Sachsen-Weimar berichtete, wie wir sahen, erst nach Nivelles, von wo aus seine Angaben nach Braine und dann erst nach Brüssel gingen. Hier hätte ein weit empfindlicherer, schneller und sicherer wirkender Mechanismus geschaffen werden müssen, der wichtige Dinge sofort nicht nur an den direkten Vorgesetzten, sondern auch an das Oberkommando übermittelte. Der mangelhafte Depeschendienst trägt eine Hauptschuld an der ungenügenden Sachkenntnis in Brüssel und damit auch an den verspäteten Befehlen.

Es trafen eben die verschiedensten Dinge zusammen. Wellington lebte seiner Ueberzeugung nach in vollkommener Vorausberechnung aller Möglichkeiten. Sein zunächst gefährdetes I. Korps befand sich unzweifelhaft in besserer Kriegsvorbereitung als das entsprechende I. preußische Korps**). Dennoch überraschte Napoleon ihn wie die Preußen. Die Folge war, daß die Berechnung nicht stimmte, es überall haperte, vielfach mehr als der Feldherr wußte und ahnte. Wesentlich dem guten Geiste der überwiegenden Mehrzahl seiner Truppen und des Durchschnittes seiner Offiziere war es zu danken, daß trotz alledem fast die ganze für die Schlacht in Betracht kommende Armee 24 Stunden nach der ersten Befehlsgabe in Quatre-Bras, Nivelles und dessen Nähe beisammen stand***). Die Umstände in Betracht gezogen, war das eine gewaltige Leistung. Wellington, der als Taktiker durchaus Mann der Praxis war, hat sich hier in der Strategie als Theoretiker erwiesen.

Am Morgen des 16. verließ er Brüssel. Die Zeit seines Aufbruches wird leider, wie so vieles an diesem wichtigen Tage, verschieden angegeben, doch scheint 7 Uhr die ungefähr richtige Stunde zu sein. Gegen 5 Uhr hatte er sich nach kurzem Schlummer erhoben und dann fand sich noch vieles zu erledigen†).

Auf seinem Ritte südwärts umgab den Oberfeldherrn außer seinen Adjutanten ein größeres Gefolge, bestehend aus dem Herzoge von Braun-

---

*) Zur Sache vergl. Maurice I, 545 sq. Was er 540, 541 über Dörnbergs Depesche sagt, ist teils ungenügend, teils falsch. Vergl. hinten: Wellington und sein Hauptquartier.

**) Vergl. hinten: Die Vorbereitungen der Niederländer gegen Ueberraschung.

***) Vgl. die Karte Nr. 7 von Treuenfeld.

†) Wellington erzählt in seinem Memorandum p. 524: „The Duke went in person at daylight in the morning of the 16. th. to Quatre-Bras". Dies ist eine sachliche Entstellung zu eigenen Gunsten, wie wir sie öfters in dieser Verteidigungs-

schweig, dem Erbprinzen von Naſſau, den Generalen Müffling und Picton, dem braunſchweigiſchen Oberſten von Herzberg*), denen ſich unterwegs auch General von Dörnberg anſchloß**). Den Generalquartiermeiſter und andere Häupter ſeines Generalſtabes ließ er vorerſt noch in Brüſſel zurück***), augenſcheinlich damit von dort aus die angeordnete Zuſammen=ziehung weiter geleitet würde, und weil er nicht dachte, daß es noch an dieſem Tage zur Schlacht kommen würde. Wie üblich, ritt man ſchnell. Als man am Walde von Soignes vorbeikam, lagerten hier die voraus=marſchierten Truppen: die Diviſion Picton und die 4. hannoverſche Bri=gade†). Bei Mont=St.=Jean verweilte Wellington kurze Zeit und erkundigte ſich nach mehreren Wegen, wohin ſie führten††); namentlich wird er es wegen der Straße nach Nivelles gethan haben, welche hier abzweigt. Auch bei Genappe wird Halt gemacht ſein, weil von dort jene Depeſche an Lord Hill datiert iſt, welche dieſem befahl, die 2. Diviſion am nächſten Morgen mit Tagesanbruch von Nivelles nach Quatre=Bras zu ſchicken, die 4. eben=ſo nach Nivelles†††). Nun ſahen wir oben, daß wahrſcheinlich in der Nacht vom 15. zum 16. die 2. Diviſion nach Braine gewieſen war; in dem nunmehrigen Befehle wird ſie ſchon in Nivelles vorausgeſetzt: es muß alſo zwiſchen dieſen beiden Erlaſſen eine Zwiſchenordre liegen, die die Diviſion von Braine nach Nivelles zog. Ein anderer Befehl ganz obiger Art verweiſt die Reſerveartillerie beim nächſten Tagesanbruche ebenfalls nach Quatre=Bras, wo ſie weitere Ordres erhalten werde[1]). Ein dritter an General Lambert ſchreibt vor, deſſen Brigade von Aſche mit Tagesanbruch nach Genappe

---

ſchrift begegnen. In vollem Gegenſatz dazu befindet ſich Lord Fitzroy Somerſet, der 8 Uhr angiebt (Siborne, Waterloo Letters 3), womit der durchweg gut unterrichtete Grolman ſtimmt (Damitz I, 106). Müffling, dem man ſich in Deutſchland meiſtens anſchließt, ſagt: „Um 5 Uhr waren wir zu Pferde" (S. 230). Vergl. auch Hofmann 119. Aber wie wir oft ſahen, ſind ſeine Angaben im Einzelnen ſehr ungenau, ſo be=richtet er hier ſchon im nachfolgenden Satze, daß Wellington um 11 Uhr Quatre=Bras erreicht habe, dabei hat er ſchon $10^{1}/_{2}$ Uhr eine Depeſche aus Frasnes, alſo ſüdlich von Quatre=Bras, datiert. Die Hauptangaben hat Ropes zuſammengetragen p. 105, Note 1.

*) Kortzfleiſch 59; Damitz I, 106.

**) Bemerkt mag werden, daß Maurice angiebt: Wellington habe einen Expreß an Dörnberg (nach Mons) am 15. geſandt. (Un. Serv. Mag. 150). Mir iſt ſonſt nichts davon bekannt.

***) Ropes 89, 104.

†) Kortzfleiſch berichtet S. 59, daß Wellington auch die Braunſchweiger überholt habe. Das kann aber nicht richtig ſein, wenn ſie erſt um 7 Uhr Laeken verließen, ſelbſt dann nicht, wenn man den Feldherrn erſt um $7^{1}/_{2}$ Uhr wegreiten läßt, was der ſpäteſte Termin ſein würde.

††) Dörnberg Mſkpt. Vergl. hinten: Beilagen.

†††) Disp. XII. 475.

[1]) Disp. XII, 475.

marschieren zu lassen und dort auf neue Anweisungen zu warten. Alle diese Erlasse zeigen, wie Wellington nicht glaubte, noch an diesem Tage bei Quatre-Bras zur Schlacht zu kommen, sondern, wenn solche überhaupt erfolge, so erst morgen. Der Sache nach handelte es sich um Verstärkung seiner Truppenmacht bei Quatre-Bras und dessen Nähe. Wahrscheinlich stehen seine Handlungen in Beziehung zu der Meldung, die der Prinz von Oranien morgens 7 Uhr an ihn abgesandt hatte und die wir noch näher kennen lernen werden.

Lange kann der Aufenthalt Wellingtons nicht gedauert haben. In der Gegend von Genappe kam dem Reitertrupp auch Müfflings Adjutant Wucherer entgegen. Der General hatte ihn um Mitternacht, als er von Wellington die Maßnahmen des Nachtragsbefehls erfahren hatte, mit Kurierpferden über Quatre-Bras nach Sombreffe an Blücher abgefertigt, um diesem von allem Bericht zu erstatten, was ihm zu wissen nötig war oder nützlich sein konnte*). Aber der Adjutant hatte den Ort seiner Bestimmung nicht erreichen können, weil er die Straße von Quatre-Bras nach Sombeffe durch feindliche Reiterei gesperrt fand. Es scheint fast, daß er von einer Eskorte begleitet war, welche nachts durchzubrechen versuchte, aber mit den Waffen abgewiesen wurde**). Da die Begegnung mit dem Adjutanten kaum vor 8½ Uhr stattgefunden haben kann, so muß die Straße also noch bis in den Morgen hinein gesperrt gewesen sein. Nun werden wir aber bald sehen, daß ein preußischer Generalstabsmajor in umgekehrter Richtung von Sombreffe nach Quatre-Bras hinübergekommen ist, wo er sich schon gegen 6 Uhr einfand. Dieser wird also querfeldein geritten sein und die Hauptstraße im Bogen umgangen haben, während der Adjutant, der im Wagen fuhr***), sich auf die Chaussee angewiesen sah. Für Wellington erschien die Rückkehr Wucherers höchst unangenehm, weil Blücher nun von den entscheidenden Marschbewegungen des verbündeten Heeres nicht unterrichtet war.

---

*) Müfflings Brief an Hofmann, bei diesem S. 119. In seinen Memoiren sagt Müffling, er habe einen Bericht erstattet, an dessen Schluß er die Rendez-vous-Plätze offen gelassen habe. Dies deutet mehr auf den ersten, den Konzentrationsbefehl. Bei Hofmann scheint er mit der Zusammenziehung der Armee einen Marschbefehl, also den Nachtragsbefehl zu meinen, was auch richtig wäre, weil es sich um Mitternacht handelte. Merkwürdigerweise sagt er hier aber nichts von einem schriftlichen Berichte, sondern nur, daß er seinen Adjutanten mit mündlichen Aufträgen abgeschickt habe. Möglich wäre demnach, daß er den ursprünglichen Bericht zurückbehielt, weil er auf die eingetretene Wendung nicht mehr paßte, und er ihn deshalb durch mündliche Weisungen ersetzte. Die Zeit drängte, denn Wellington wartete. Ausgeschlossen ist keineswegs, wie wir schon sahen (S. 62), daß er seinen Brief von 7 Uhr bis zur Absendung des Adjutanten liegen ließ.

**) Es heißt: „mein Adjutant, der nach einem nächtlichen Gefecht bei Quatre-Bras nicht nach Sombref kommen konnte."

***) Müffling 229 spricht von der Kurier-Chaise.

Wohl zwischen ½10 und 10 Uhr erreichte der Herzog die Wegkreuzung, welche immer mehr der Angelpunkt der englischen Heeresleitung wurde*).

Es ist bekannt, daß die linke Flügelabteilung des französischen Heeres unter Marschall Ney bei Gosselies am 15. nachmittags ein Gefecht mit den Preußen gehabt hatte und dann auf der Heerstraße nach Brüssel zu weiter drängte, bis sie bei dem Dorfe Frasnes auf einen Wellingtonschen Vortrupp stieß.

Den äußersten linken Flügel der verbündeten Armee bildete die 2. niederländische Division des I. Korps unter dem Befehle des Generals Perponcher. Ihre erste Brigade, bestehend aus einem Jäger-, einem Linien- und 3 Milizbataillonen samt einer Fußbatterie, hatte das Hauptquartier zu Nivelles und war in 9 Ortschaften verteilt**). Die zweite (nassauische) Brigade zählte drei Bataillone Nassau-Usingen, zwei Bataillone Nassau-Oranien Nr. 28, eine freiwillige Jägerabteilung und eine holländische reitende Batterie; im ganzen 3899 Mann ohne Kanoniere. Die Quartierverteilung umfaßte hier nicht weniger als 12 Ortschaften rund um Quatre-Bras in einer Entfernung von ¼ bis über ¾ Meilen gelegen, in Fühlung mit der 1. Brigade, vorgeschoben auf der großen Brüsseler Straße bis Frasnes. Das Hauptquartier befand sich in Houtain-le-Val, auf dem Wege Quatre-Bras—Nivelles. Dies bedeutet also: der Knotenpunkt für die Brigade war Quatre-Bras, sie sollte aber zugleich die Strecke zwischen diesem Orte und Nivelles sperren. Die gefährdete Stelle für einen etwaigen Angriff bildete der Ort Frasnes.

Wie die übrigen Heeresteile, so lebte auch die Nassauische Brigade in geschäftiger Ruhe, sie sammelte sich täglich bataillonsweise, war aber so wenig auf einen plötzlichen Ernstfall vorbereitet, daß sie für einen Teil

---

*) Wie über so vieles gehen auch die Meinungen über die Zeit von Wellingtons Ankunft bei Quatre-Bras sehr auseinander. Wenn er erst um 7 Uhr Brüssel verlassen hat und sich noch zweimal, obgleich nur kurz, unterwegs aufhielt, so kann er nicht vor ½10 Uhr eingetroffen sein. Um 10½ Uhr schrieb er seinen Brief an Blücher. Es ist deshalb falsch, wenn Müffling, Geschichte des Feldzuges 9, den Herzog erst um 11 Uhr die Wegekreuzung erreichen läßt. Ihm schließt sich u. a. Plotho an, S. 46. Siborne, History I, 92 verzeichnet gar zwischen 11 und 12 Uhr.

**) 1. Brigade: das 27. Jägerbataillon in Nivelles, das 7. Linienbataillon zu Feluy, Argennes und Petit Roeux, das 5. Milizbataillon zu Obay und Beuzet, das 7. zu Nivelles und Beaulies, das 8. zu Monstreuil und Bornival. 2. Brigade: 1. Bat. Nassau zu Hautin-le-Val, Vieux Genappe und Loupoigne; 2. Bat. zu Frasnes und Villers Peruin, 3. Bat. zu Bezy und Sart-à-Mabelines, 1. Reg. Nr. 24 zu Bousseval, Thy und Glabbaix. 2. Reg. zu Genappe und Ways; Jäger zu Thines, Fußbatterie zu Nivelles, reitende Batt. zu Frasnes. Alle Mitteilungen über die Division Perponcher hier und in der Folge nach dem Mskpt. Begebenheiten der 2. niederl. Div.; im Kriegsarchiv II, VI S. 58. Vergl. auch De Bas III, 536 ff. und dessen Anmerkungen und Nachträge.

ihrer Truppen nur 10 scharfe Patronen auf den Mann besaß. Nun traf es sich noch, daß dem Führer der Brigade, Oberst von Goedecke, von einem Pferde das rechte Schienbein zerschlagen und er damit befehlsunfähig wurde. Das Kommando ging auf den rangältesten Offizier über, auf den Prinzen Bernhard von Sachsen=Weimar, aber doch nur provisorisch. Die Folge hiervon war ein Doppelzustand: das Stabsquartier blieb in Houtain=le=Val, der Prinz aber wohnte bei seinem bisherigen 1. Bataillon Oranien=Nassau in Genappe. Am 14. hatte derselbe das neueingetroffene 2. Bataillon Oranien=Nassau und die Jägerkompagnie dem Divisionär General v. Perponcher vorgestellt, am 15. war er mit dem Major Vigelius nach Thines zu den freiwilligen Jägern geritten und erst gegen 11 Uhr nach Genappe zurückgekehrt, wo er die übliche Wachtparade abhielt*). Vorgeschoben bei Frasnes stand die reitende Batterie und ein halbes Bataillon Nassau=Usingen unter dem Major Normann, während das andere Halbbataillon links von der Straße in Villers=Peruin eingelagert war. Dem bereits besprochenen Befehle gemäß, befand sich die Brigade mittags bataillonsweise zusammen, folglich das ganze zweite Bataillon Nassau=Usingen mit der Batterie in und bei Frasnes. In der Ferne erklang Geschützfeuer, man beachtete es aber nicht sonderlich, weil die preußische Artillerie seit einiger Zeit Schießübungen anstellte.

Gegen Mittag kamen flüchtige Landleute auf der Straße einher mit Wagen voll Hausrat, Frauen und Kindern, das Vieh vor sich hintreibend. Hauptmann Bijleveld ließ seine Batterie anspannen und Major von Normann verstärkte die Vorposten und ließ das Bataillon antreten. Gegen 3 Uhr vernahm man südwärts in nicht weiter Entfernung lebhaftes Geschütz- und Gewehrfeuer, welches sich deutlich näherte. Es war das Getöse des Gefechts bei Gosselies. Normann sandte hiervon sofort Meldung über Houtain=le=Val nach Nivelles an General Perponcher, die ungefähr um 4 Uhr eintraf. Daraufhin befahl der General, die Division brigadeweise auf ihren Alarmplätzen in Nivelles und Quatre=Bras zusammenzuziehen. Aber noch bevor diese Weisung Quatre=Bras erreichte, fand man sich bei Frasnes vom Feinde angegriffen.

Eine zeitlang war hier alles still gewesen. Die Preußen hatten sich von Gosselies nach Osten gezogen, während die Spitze der Franzosen auf der Hauptstraße weiter marschierte, bestehend aus Lanciers und Chasseurs der Kaisergarde. Gegen 6½ Uhr stießen diese auf die Nassauischen Posten und warfen sie über den Haufen. Normann sandte dem Feinde die erste Flankenkompagnie unter dem Hauptmann Müller und 80 Freiwillige unter Leutnant Gölschen entgegen, die

---

*) Vergl. für dies und das folgende neben dem Divisionsberichte namentlich: Starklof, Das Leben des Herzogs Bernhard von Sachsen=Weimar I, 180 ff. Ferner Loben=Sels, Précis de la Campagne de 1815 dans les Pays-Bas 130 sq; Navez, Les Belges à Waterloo 15 sq; De Bas III, 538 ff.

ihn auch aufhielten. Mit einer Kompagnie besetzte er das Dorf, den Rest seiner Infanterie stellte er hinter dasselbe in Reserve. Die Mehrzahl seiner Geschütze benutzte er zur Befestigung seiner Front, zwei Stücke behielt er zurück.

Bald verschlimmerte sich die Lage Normanns. Die Franzosen begannen Umgehungsbewegungen, während sie die an der Straße fechtenden Nassauer festzuhalten suchten. Namentlich östlich aus dem Busche bei Villers-Peruin entwickelten sich stärkere Reitermengen: es waren Lanciers; die Schwadron der Insel Elba drang sogar im Rücken der Deutschen bis Quatre-Bras vor, das sie noch unbesetzt fand.

Major Normann hatte von früher her den allgemeinen Befehl, im Falle eines Angriffs sein Bataillon in Frasnes zu vereinigen, aber unter keinen Umständen die kostbare Artillerie im Stiche zu lassen. Als er nun erkannte, daß seine vorgeschobene Stellung gefährdet sei, als sich auch die Artillerie nicht mehr vor dem Dorfe zu halten vermochte, gab er den Befehl zum Rückzuge auf der Straße Quatre-Bras.

Sobald der Feind dies merkte, drängte er heftig nach, aber Normann verstand es, ihn durch Flinten und Kanonen auf Schußweite fern zu halten, bis er den 2 Kilometer von Quatre-Bras gelegenen Wald von Bossu erreicht hatte, wo er abermals Stand hielt. Zu statten kam ihm, daß er es nur mit Kavallerie zu thun hatte.

Inzwischen hatte auch der Brigadekommandeur, der Prinz von Sachsen-Weimar gehandelt. Noch ehe er die Weisung Perponchers erhielt, war ihm aus Charleroi die Mitteilung vom Anmarsch der Franzosen zugegangen. Ein Offizier der Sicherheitstruppe hatte sie überbracht*), ob aus eigenem Antriebe oder von den Preußen gesandt, wissen wir nicht. Anderseits wird sicherlich auch die Meldung Normanns von Houtain-le-Val an ihn weiter gegeben sein. Sofort erteilte der Prinz die Befehle zur Zusammenziehung der Brigade. Wegen der weiten Zerstreuung der einzelnen Truppenteile kostete die Vereinigung jedoch Zeit. Jene konnten nur ruckweise zu ganz verschiedenen Zeiten bei Quatre-Bras eintreffen, so daß die Hauptmasse hier erst bereit stand, als Normann schon auf den Wald von Bossu zurückgewichen war**). Bei der Plötzlichkeit der Ereignisse wird sicherlich auch jetzt noch ein Teil der Mannschaften gefehlt haben, weshalb der Prinz höchstens 3500 Mann

---

*) De Bas sagt: 538: „een marechausée officier uit Charleroi". Eine andere Lesart ist, daß der Prinz zufällig in Genappe den Uebergang der Franzosen über die Sambre erfahren habe.

**) Hierauf deuten die Verhältnisse, der Divisionsbericht, der noch mitzuteilende Brief des Prinzen und die Meldung Gagerns an Perponcher (vorn S. 76). Starklof I, 184 meint, die eine Hälfte der nassauischen Truppen sei 4³/₄ Uhr, die andere ¹/₂ 6 Uhr in Quatre-Bras eingetroffen, wäre das der Fall, so begreift man nicht, weshalb die erstere Normann im Stiche ließ, da der Feind ja erst ¹/₂ 6 Uhr angriff.

zur Stelle hatte*). Er berief seine Bataillonskommandeure und sagte ihnen: „Meine Herren, ich bin vollständig ohne irgend welche Ordre, aber ich habe noch nie gehört, daß ein Feldzug mit einem Rückzuge beginnt, darum wollen wir bei Quatre-Bras stand halten".

Während des Marsches hatte ihn Kapitän v. Gagern getroffen, ein Adjutant der 2. Division. Derselbe war von General Perponcher aus Nivelles nach Genappe gesandt, um dem Prinzen den endgültigen Befehl über die Brigade während der Krankheit des Obersten v. Gödecke zu übertragen. Augenscheinlich ging der Befehl vom Prinzen von Oranien aus und hing mit der bedrohlichen Unsicherheit der Verhältnisse zusammen. So kam er gerade recht im letzten Augenblicke. Wahrscheinlich brachte Gagern auch den Auftrag, die Brigade bei der Wegkreuzung zu sammeln, den Constant bereits mittags abgesandt und dann um 3 Uhr erneuert hatte**). Möglich freilich, daß derselbe erst später eintraf; jedenfalls war er durch die Ereignisse überholt.

Der Prinz sandte Gagern mit einer Meldung über die Sachlage zurück und handelte weiter nach eigenem Ermessen, in mannhaftem Entschlusse, denn weil er keine Ahnung von der Stärke des Feindes besaß und er ohne Reiterei nahezu hilflos blieb, so durfte er sich nicht verhehlen, daß er möglicherweise einem vernichtenden Wagnisse entgegengehe.

Vor allem galt es, Normanns tapfere Schar zu unterstützen. Zu diesem Zwecke schob der Prinz 5 Kompagnien vor, denen 4 weitere als Rückhalt dienen sollten. Zwei Kompagnien und die freiwilligen Jäger wurden in das rechts gelegene Gehölz von Bossu geworfen***), mehrere Geschütze geschickt bis auf die Straße von Namur verteilt, um Umgehungen und Flankenstöße zu verhindern. Der Rest der Brigade verblieb bei Quatre-Bras als Reserve.

Die Spitze des Neyschen Heeres bestand nur aus etwa 1700 Lanciers und Chasseurs†), befand sich also in bedeutender Minderzahl. Mannschaften und Pferde waren äußerst angestrengt und marsch-

---

*) Navez 15 rechnet 4300 Mann und eine Batterie, Siborne I 423 giebt die Brigade Sachsen-Weimar auch auf 4300 Mann an, dazu kamen aber noch 1 Batterie und die freiwilligen Jäger; Starklof berechnet sie, wie oben angegeben ist, auf 3899 Mann ohne die Batterie. Houssaye 113 läßt den Prinzen nur mit 4 nassauischen Bataillonen eintreffen, nun gab es deren blos 3 und eines befand sich unter Normann schon an Ort und Stelle. S. 114 giebt er eine richtige Aufzählung der Truppenteile und die Zahl 4500. Der Prinz selbst sagt: „meine Brigade war 4000 Mann stark". De Bas 1183.

**) Vgl. vorn S. 98.

***) So Starklof 183, der dies genauer angiebt. Etwas anders der weiter unten folgende Brief. Vergl. auch hinten den Divisionsbericht.

†) Wie Herr General v. Lettow-Vorbeck mir mitteilte, traf das Infanterie-Bataillon erst nach Beendigung des Gefechtes ein. Vergl. auch weiter hinten den Brief des Prinzen.

müde, und Ney hegte überhaupt nicht die Absicht, sich besonders weit vorzuwagen. Unter solchen Umständen kam es nur noch zu leichten Scharmützeln. Die französischen Reiter versuchten einige Attacken, wichen aber vor dem Gewehr= und namentlich dem Geschützfeuer ohne besonderen Widerstand zurück*). Da anderseits der Prinz keine Kavallerie hatte, so konnte auch er dem Feinde nicht viel anhaben. Durch ihre weitläufige Aufstellung und wegen des hügeligen und bewaldeten Geländes schienen die Nassauer stärker zu sein, als sie waren. Der Feind schätzte sie auf das Doppelte ihrer wirklichen Zahl, auf 10 Bataillone, und da auch die Sonne sich zur Rüste neigte, stellte er gegen 1/29 Uhr das Geplänkel ein und zog sich auf Frasnes zurück**). Der Prinz war hocherfreut über diesen Verlauf der Dinge, seinen Begleitern drückte er leuchtenden Auges die Hand. Nicht minder befand sich die ganze Brigade in gehobener Stimmung. Wie bei den Preußen, hatten auch im Wellingtonschen Heere deutsche Soldaten den Kampf gegen den Erbfeind eröffnet, sich gut bewährt und standgehalten***).

Alsbald nach dem Gefechte sandte der Prinz folgenden Bericht an Perponcher:

„Quatre=Bras†), den 15. Juny, Abends 9 Uhr.

Eurer Excellenz habe ich die Ehre zu melden, daß der Feind gegen 1/27 Uhr die Vorposten bey Frasne mit Cavallerie (und Infanterie) ††) ange= griffen hat. Das 2. Bataillon Nassau und die Batterie Byleveldt mußten bis halben Weges Quatre=Bras retiriren. Die Brigade versammelte sich sogleich bey Quatre=Bras. Ich detachirte demnächst das 3. Bataillon Nassau in Colonne auf der Straße nach Frasne vorwärts, das 1. Bataillon zu Vertheidigung des Waldes rechts von Houtain le Val und zur Unterstützung des 2. Bataillons, und den Rest an Quatre= Bras und an die Straße von Marbais. Die Artillerie, die sich äußerst gut und brav hielt, hat den Feind abgehalten, weiter als Frasne vor= zudringen. Die äußersten feindlichen Cavallerie=Vorposten stehen an den ersten diesseitigen Häusern von Frasne. Feindliche Cavallerie hat sich in die Gegend von Sart à Mavelines gezogen, und bedrohet meine linke Flanke. Da keine Preußische Truppen sich hieher zurückgezogen haben, so kann ich nicht wissen, in welcher Verbindung ich mit andern Corps stehe, und riskire von Brüssel abgeschnitten zu werden. Die Anzahl der feindlichen Truppen kann ich nicht bestimmen, wegen der vielen Wälder

---

*) Der Prinz schrieb seinem Vater: (ich) kanonierte von hier aus den Feind." De Bas 1183.

**) Ganz falsch ist es, wenn Maurice Un. Serv. Mag. N. S. I 145 den Ort Frasnes erst um 10 Uhr besetzen läßt.

***) Nur die Batterie war holländisch."

†) De Bas 1168 hat diesen Brief nach dem Originale ediert. Völlig wertlos ist der Druck bei Starklof. I, 187.

††) Dies „und Infanterie" ist befremdlich.

und Anhöhen und wegen des hohen Kornes, das vor mir liegt. Von feindlicher Artillerie habe ich nichts entdecken können. Alle Maßregeln sind getroffen worden, um uns für diese Nacht zu sichern. Eurer Excellenz muß ich gestehen, daß ich zu schwach bin, um mich lange hier zu halten. Das 2. Bataillon Oranien=Nassau hat französische Gewehre und jeder Mann nur 10 Stück Patronen. Die freywilligen Jäger haben Büchsen von 4erley Caliber und nur 10 Patronen auf die Büchse.

Den mir anvertrauten Parten werde so gut und so lange als möglich vertheidigen. Mit Tagesanbruch erwarte ich einen feindlichen Angriff. Die Truppen sind vom besten Geiste beseelt.

Als Parole und Contresigne habe ich gegeben: Wisbaden, Wilhelm. Eiligst.
Der Colonel,
B. Pz. v. Sachsen=Weimar.

Bey der Batterie befinden sich keine Infanterie=Patronen!"

Der Verlust der Brigade betrug 40 Mann und 3 Pferde, war also nur gering. Er beweist die geschickte und entschlossene Führung Normanns, zugleich aber auch den Mangel ernsten Willens beim Feinde und die Unmöglichkeit mit Kavallerie allein viel auszurichten.

Bei der Wegkreuzung von Quatre=Bras bezog die zweite Brigade ein Biwak in einer längst vorher erkundeten Stellung. Das 1. Bataillon Nassau=Usingen stand längs des Weges von Houtain=le=Val mit zwei Kompagnien westwärts des Busches von Bossu zur Unterstützung der aus Thines dorthin gezogenen nassauischen freiwilligen Jäger und des zweiten Bataillons aus Frasnes. Das Gros des Regiments Oranien=Nassau besetzte das Plateau von Quatre=Bras und den Weg nach Marbaix. Das 3. Bataillon Nassau=Usingen und drei Kompagnien des 2. Bataillons Oranien=Nassau verstärkten zugleich das 2. Bataillon Nassau=Usingen auf der Charleroier Chaussee und schoben Feldwachen vor zwischen dem Gehölz von Bossu und dem Weiler Piraumont. Die reitende Artillerie hatte zwei Geschütze auf dem Wege nach Marbaix, vier längs dem von Frasnes, und den Train hinten bei Quatre=Bras.

Andererseits hielt der Feind die Höhen unmittelbar nördlich von Frasnes besetzt. Während der Nacht schob er seine Patrouillen links vor bis Sart=Dames=Avelines und über die Straße von Nivelles*), rechts bis über die Straße von Sombreffe**), ja schon am Tage schickte er Posten bis Genappe***), also in den Rücken der niederländischen Brigade. Es

---

*) Ist ausdrücklich in dem Berichte von Brunnecks gesagt. Kriegsarchiv VI. C. Nr. 3, Vol. II, 105. Vergl. hinten.

**) Müffling bei Hofmann, 119.

***) So in der Relation an den König Friedrich Wilhelm, im Kriegsarchiv VI, C. I. S. 25, und in Knesebecks Bericht: „Der Feind schickte seine Posten den Tag bis Genappe, um die Verbindung mit beiden Armeen zu unterbrechen". VI. D. 118. II, 3.

waren dies sehr geschickte Bewegungen, die den Prinzen umringten und von seinen Verbindungen abschnitten, freilich nicht vollständig, wie wir sehen werden. Ermöglicht wurden sie, weil er keine Reiterei besaß. Den äußersten linken Flügel ganz ohne Kavallerie zu lassen, würde als schwerer Fehler der Oberleitung erscheinen, wenn nicht zu erwägen bliebe, daß die niederländischen Truppen erst in zweiter Linie standen und ein ganzes preußisches Korps vor sich hatten. Erst dadurch, daß dieses plötzlich die Charleroier Straße freigab, gestaltete sich der Mangel zu einer Unbequemlichkeit, die bei mehr Unternehmungsgeist und bei größerer Stärke auf feindlicher Seite sich leicht zu einer schweren Gefahr hätte gestalten können.

Aber die Franzosen nutzten ihre Zeit nicht aus. Weder zogen sie beschleunigt genügende Truppenmengen herbei für einen Angriff des nachts oder in der Morgenfrühe, noch sperrten sie völlig die Straßen um Quatre-Bras. Am meisten scheint es mit der geschehen zu sein, die nach Sombreffe, also nach den Preußen führte: ein Kurier Mafflings vermochte hier nicht durchzukommen, und ebenso scheint es einem Adjutanten des Hauptquartiers ergangen zu sein. Selbst ein kleines nächtliches Scharmützel hat hier stattgefunden*). Anders auf der entgegengesetzten Seite nach Nivelles. Hier sind Meldereiter hin und her geeilt. Die erste Depesche überbrachte Gagern, wie wir sahen, ungefähr zwischen 7 und 8 Uhr an Perponcher des Inhalts, daß Normann Frasnes geräumt hätte. Dann erhielt der Prinz die Weisung, seine Stellung bei Quatre-Bras zu halten, worauf er den oben mitgeteilten Brief schrieb.

General Perponcher befand sich in schwerer Verlegenheit. Erst hatte er den Mittagsauftrag Constants erhalten, seine Brigaden bei Nivelles und Quatre-Bras zu sammeln; dann den von 3 Uhr: der Prinz von Oranien habe ihm (Constant) befohlen, daß er (Perponcher) bei Empfang dieses Schreibens eiligst seine Division zusammenziehe: eine Brigade auf der Straße nach Nivelles, die andere bei Quatre-Bras. Im Fall sie bereits seit dem Morgen so versammelt seien, sollten sie dort abkochen. Diese Weisung wird bei Perponcher nach 4 Uhr eingetroffen sein. Ordnungsgemäß gab er sie weiter an den Prinzen von Sachsen-Weimar**). Sonstige Verhaltungsregeln besaß Perponcher nicht.

Sehr bald nach der Ankunft des zweiten Constantschen Befehls kam die Meldung Normanns, daß man südwärts lebhaftes Feuer vernehme. Zwischen 7 und 8 Uhr hatte ein französischer Ueberläufer erzählt, Napoleon sei mit 150000 Mann im Anmarsche. Wohl etwas nach 8 Uhr war der Hauptmann von Gagern eingetroffen, der seitens des Prinzen von Sachsen-Weimar mündlich Bericht erstattete; augenscheinlich: der Feind sei im Anmarsche, Frasnes werde geräumt, die Brigade sammele sich bei Quatre-

---
*) Hofmann 119.
**) De Bas 1167. Ueber den Zusammenhang dieses Befehls vergl. vorn S. 98.

Bras, sei aber hier für einen ernsten Angriff zu schwach, weshalb Verstärkung notwendig sei*).

Nach alledem war die Gefahr für die Straße von Charleroi nach Brüssel groß, und doch konnte Perponcher eigentlich nichts ihr gegenüber thun, denn Nivelles galt seit Monaten sowohl im englischen Hauptquartier wie beim Könige der Niederlande als besonders gefährlicher Punkt, den der General um so weniger verlassen durfte, weil die Constantsche Weisung ihn noch ausdrücklich dort festhielt, und er damit einen wichtigen Zugang auf Brüssel preis gegeben hätte. Er sandte deshalb den Chef des Stabes, den Obersten van Zuylen van Nijevelt, zum Prinzen von Sachsen-Weimar mit dem Auftrage: er solle sich bis zum Aeußersten verteidigen. Nur wenn der Feind mit großer Uebermacht angreife, möge er nach Mont-St.-Jean zurückweichen, wo alsdann die 1. Brigade auf der Straße von Nivelles her, sich mit ihm vereinigen würde. Außerdem sagte Perponcher dem Prinzen Unterstützung zu.

Schon vorher hatte der General militärische Maßnahmen getroffen. Er hatte den Train, das Feldhospital und alles, was die Bewegungen hindern konnte, nach Waterloo geschickt. Eine Kompagnie Jäger und eine Infanteriekompagnie sandte er gegen Houtain-le-Val, um den Weg zwischen Nivelles und Quatre-Bras zu sichern, weil man nicht wissen konnte, ob der Feind nicht von dorther erscheine. Das 27. Jägerbataillon ließ er auf dem Platze St. Paul durch das 7. der Linie ablösen, so daß Nivelles selbst im Innern besetzt war, während er das Gros der Brigade feldmarschmäßig vor der Stadt hielt, sich selber und den Ort durch zahlreiche Patrouillen sichernd, welche nach verschiedenen Seiten, zumal südwärts, geschickt wurden, um eine etwaige Annäherung des Feindes sofort zu erspähen.

Nachts gegen 12 Uhr kam der Generalstabsmajor Graf von Limburg-Stirum vom Hauptquartier aus Braine mit der Meldung**), daß der Prinz von Oranien sich noch in Brüssel befinde, aber jeden Augenblick zurückerwartet werde. Constant erachte es für wichtig, die 2. Brigade durch die 1. zu unterstützen, und wenn es nötig sei, daß Perponcher sie noch weiter verstärken lasse durch die 3. Division, welche sich in Fay, und die Reiterei Collaert, welche sich in der Umgegend von Roeulx befinde. Unter allen Umständen möge Perponcher einen Offizier an Chassé nach Fay senden, um ihn vom Stande der Dinge zu unterrichten und ihn zu bitten, denselben dem General Collaert mitzuteilen.

Genau betrachtet, hat sich Constant hier auf den äußersten Standpunkt gestellt. Er meint, es soll alles nach dem bisher allein wirklich bedrohten Punkte, nach Quatre-Bras geworfen werden: erst die 1. Brigade,

---

*) De Bas 539, 541, 1168. Weil die Meldung unterwegs und augenscheinlich mündlich erteilt wurde, ist ihr Wortlaut nicht erhalten.

**) Sie war um $10^{1}/_{4}$ Uhr abgegangen. De Bas 1169.

dann im Notfall noch die 3. Division und die gesamte Reiterei. Da er aber in Braine die Sachlage nicht genügend übersehen und jeden Augenblick auf der Front ein wichtiges Ereignis stattfinden kann, so stellt er Perponcher das weitere anheim. Dieser soll zur Vorbereitung etwaiger Möglichkeiten alsbald einen Offizier an Chassé schicken, der diesen über die Verhältnisse und natürlich auch über das, was kommen könnte, unterrichtet. Constant hatte mit diesen seinen Ratschlägen Nivelles aufgegeben, wohl in der Erwägung, daß dieses zunächst noch durch Chassé und Collaert gedeckt sei, und sich bei deren etwaigem schnellen Abrücken nach Quatre-Bras von seitwärts her wieder besetzen lasse*). Es ist dies ein kühner und selbständiger Entschluß, durchaus abweichend von dem sonst herrschenden Gedankengange, der sich schlechterdings nicht von Nivelles losmachen konnte. Constant dachte hier als praktischer Stratege, der dort möglichst viel Macht haben will, wo Gefahr droht.

Bei Quatre-Bras befand man sich mit schwachen Truppen einem anscheinend überlegenen Feinde gegenüber, der auf einem sehr gefährlichen Punkte, auf der geraden Straße nach Brüssel, stand. Folglich kam es darauf an, während der Nacht soviel Truppen wie möglich nach Quatre-Bras zu bringen, um den Weg dort zu versperren. Der nächste Nachschub konnte nur von Nivelles kommen, vorausgesetzt, daß man nicht auch hier bedroht werde. Aus dieser einfachen Erwägung ergab sich alles Weitere, und es muß den beteiligten Führern zur Ehre gerechnet werden, daß sie das Notwendige leisteten, trotz durch das Oberkommando erschwerter Umstände. Anderseits darf aber auch das Verhalten der Führer nicht zu hoch angeschlagen werden, wie es vielfach geschieht. Sie thaten nur das, was aufgeklärte Unterführer unter gleichen Umständen stets thun sollen, freilich aus Furcht vor Verantwortung nicht immer thun.

Eine Viertelstunde nachdem Constant seinen Brief an Perponcher geschickt hatte, teilte er dem Prinzen von Oranien die Sachlage mit. Er schrieb ihm**), daß der Kapitän von Gagern in diesem Augenblicke von Nivelles mit der Meldung ankomme, der Feind sei schon bis Quatre-Bras vorgedrungen. „Ich habe geglaubt, auf mich nehmen zu sollen, dem General Perponcher

---

*) Graf Stirum soll mündlich noch ungefähr folgendes von Constant auszurichten gehabt haben: „Le Duc de Wellington doit déjà être informé des événements par le Maréchal Blucher: il ne tardera pas de prendre ses mesures en conséquence. Il est urgent de se maintenir aux Quatre-Bras et à Nivelles le plus longtemps possible. Je ne puis engager le général de Perponcher à abandonner Nivelles pour marcher avec toute la 1. brigade aux Quatre-Bras; mais s'il le juge à propos, il peut y envoyer un renfort de quelques bataillons." De Bas 1169. Diese Angabe widerspricht geradezu dem Wortlaute der Meldung; sie stammt aus dem Jahre 1841, ist also sehr spät und damit wertlos.

**) De Bas 543, 1169, 1170.

sagen zu lassen, daß er seine 2. Brigade durch die 1. unterstütze. Ich habe einen Offizier nach Nivelles und Fay geschickt, um mich dort über den Stand der Dinge zu unterrichten und alsdann den Generälen Chassé und Collaert anzuzeigen, sich im Falle des Bedürfnisses mit der 2. Division zu vereinigen und sie zu unterstützen." Aus diesem Schreiben geht hervor, daß die Benachrichtigung der beiden Generäle nicht nur von Perponcher, sondern auch vom Generalstabe ausgehen sollte. Constant fürchtete wohl, daß sie einem einseitigen Gesuche Perponchers nicht Folge leisten würden. Der Offizier, von dem er spricht, ist augenscheinlich der Graf von Limburg-Stirum, der Ueberbringer des Briefes an Perponcher.

Eben hatten die beiden Meldereiter, der eine für Brüssel, der andere für Nivelles, ½11 Uhr Braine verlassen, als hier die Befehle Wellingtons für die entscheidenden Bewegungen eintrafen*). Sie schrieben, wie wir sahen, im Ganzen eine Linksschiebung vor und lauteten u. a. dahin, daß der Prinz von Oranien die 2. Division Perponcher und die 3. Division Chassé bei Nivelles und die Reiterei hinter dem Haineflusse versammeln solle.

Da die aufklärende Depesche erst eben von Braine nach Brüssel abgegangen, der Befehl aber schon zwischen 7 und 8 Uhr ausgestellt war, so lag klar, daß er auf falschen Voraussetzungen beruhte, daß man in Brüssel über den wahren Sachverhalt, über die große Gefahr bei Quatre-Bras, nicht unterrichtet sei, denn der Befehl setzte voraus, daß dieser Ort noch seitens der Preußen wie bisher gedeckt werde, und die Gefahr für die britische Armee vielmehr von Nivelles her drohe. Daher die Weisung, Quatre-Bras von der 2. Brigade zu entblößen und diese mit der 1. bei Nivelles zu vereinigen.

Constant handelte wie ein Mann in seiner Lage handeln muß. Liegen lassen durfte er den Befehl des Feldherrn nicht, der von diesem an den Prinzen

---

*) Ich folge in der Zeitangabe De Bas III, 546; Loben-Sells 176 und Navez, haben „gegen 11 Uhr". Wäre der Befehl zwischen 7 und ½8 Uhr von Wellington abgesandt, so hätte er also 3 bis 3½ Stunden bis zur Ankunft gebraucht, was um so befremdlicher erscheinen würde, wenn man bedenkt, daß De Bas die Constantsche Depesche nach Brüssel, die also den gleichen Weg, nur umgekehrt, zu machen hatte, in einer Stunde überbringen läßt (543): einmal also eine Stunde, einmal über drei Stunden. Hätte Wellingtons Befehl zu der durchweg angenommenen Zeit die Hauptstadt verlassen, so hätte er lange vor Abgang der Constantschen Meldung eintreffen müssen. Der Befehl wurde nach Braine durch den Kapitän Russel, den Adjutanten des Prinzen überbracht, er ging also erst an den Prinzen; möglich wäre, daß hierdurch Verzögerung eingetreten. Vielleicht kam er beim Prinzen an, als derselbe auf Besuchen abwesend war, und mußte liegen bleiben. Kapitän Russel wird es nicht an sich haben fehlen lassen. De Bas sagt, er „spoedde zich met deze order". Das Ganze klärt sich dadurch auf, daß die Ordre erst 9 oder 9½ Uhr abgeschickt worden ist. Vergl. hinten: Der Haupt- und Nachtragsbefehl Wellingtons.

gegangen und vom Prinzen an das Hauptquartier in Braine geschickt, also doppelt bündig war. Ihn zurück zu halten, wäre gleich Unterschlagung gewesen, und solch' eine Verantwortung konnte der Generalstabschef eines Armeekorps nicht auf sich laden. Für die Generäle Chassé und Collaert ergänzte der Wellingtonsche Befehl diejenigen Weisungen, welche Constant mittags und nachmittags gegeben hatte. Er sandte den Befehl deshalb noch vor Mitternacht einfach an sie weiter.

Die Schwierigkeit des Auftrages lag nicht bei ihnen, sondern bei der 2. Division, beim General Perponcher. Kurz nach Mitternacht schickte Constant diesem den Kapitän Schreuder mit einem Briefe, in dem es hieß: „Nachdem ich den Grafen von Stirum an Euch abgesandt hatte, empfing ich den Befehl des Prinzen von Oranien aus Brüssel, daß Ihr Eure Division bei Nivelles zusammenziehen sollt". Die Division Chassé habe Befehl erhalten, sich nach Nivelles zu ziehen, der General Collaert eine Stellung bei Haine einzunehmen*). Mündlich ließ der Generalstabschef dann Perponcher dringend ans Herz legen, Quatre-Bras nach Kräften zu verstärken. Constant erfüllte also schriftlich seine Pflicht und gab den Befehl des Prinzen weiter, zeigte aber dem Empfänger zugleich, daß Nivelles durch Chassé und Collaert gedeckt werde, durch Chassé in der Weise, daß er den Ort selber besetze, durch Collaert in der, daß er die südliche Straße, die von Binche nach Nivelles führt, bei Haine sperre. Da Haine noch unfern Binche und von Nivelles 2½ deutsche Meilen entfernt liegt, so konnte man, im Falle Collaert dort angegriffen wurde, immer noch allerlei Maßnahmen treffen, bevor der Feind Nivelles erreichte. Nachdem auf diese Weise durch die bloße Darlegung der Sachlage schriftlich vorgearbeitet war, gab Constant dem Generale mündlich den Rat, dem Wellingtonschen Befehle überhaupt nicht zu gehorchen, weil er augenscheinlich auf Unkenntnis der Verhältnisse beruhe, sondern nach Kräften das Gegenteil zu thun, und Quatre-Bras zu verstärken.

Perponcher erhielt den Befehl gegen ½3 Uhr nachts**).

Mit diesen Angaben stimmt die Divisionsgeschichte nicht überein. Sie erzählt, daß ½11 Uhr ein Befehl des Prinzen von Oranien gekommen sei, die ganze Division in Nivelles zu versammeln, wo sie von der dritten Division unterstützt werden sollte, während die Kavallerie Befehl hatte, sich auf den Höhen von Haine zu vereinigen. Der Inhalt dieses Befehls entspricht genau dem Briefe Constants. Die Zeit der Ankunft widerstreitet aber völlig, weil sie ½11 Uhr angiebt, wärend Constants Brief überhaupt erst von 12¼ Uhr datiert ist. Dieser Widerspruch wird um so augenfälliger, wenn man weiß, daß die Divisionsgeschichte sonst in ihren Angaben genau ist, und daß sie erst hinter

---

*) Es ist zu beachten, daß der Brief an Perponcher vor den Nachtragsbefehl an Collaert gehört.

**) De Bas 547.

obiger Mitteilung, zu 12 Uhr, die Ankunft des Grafen Stirum berichtet, der nach dem Wortlaut des Briefes vorher abgeschickt war.

Denkbar erscheint, daß die Divisionsgeschichte ihrem Führer Perponcher möglichst viel Verdienst an den kommenden Ereignissen zuschreiben will und ihn deshalb in den Vordergrund rückt, ausgeschlossen aber ist auch nicht, daß der Prinz von Oranien denselben Befehl, den er seinem Generalstabschef sandte, auch an Perponcher direkt schickte, weil dieser die zunächst in Betracht kommende Persönlichkeit war. Hierfür ließe sich noch anführen, daß die Depeschen in Nivelles und Braine fast zu gleicher Zeit, ½11 Uhr, eingetroffen sein sollen. Nimmt man dies an, so hätte Constant nur den Befehl des Prinzen, der vielleicht dem Wortlaute des Wellingtonschen beigegeben war, wörtlich an Perponcher weiter gegeben. Sicherheit vermag ich mit dem mir zu Gebote stehenden Materiale nicht zu bieten.

Wie dem nun auch sei, jedenfalls konnte Constant nur raten, — die Entscheidung lag bei dem kommandierenden Truppenführer: bei Perponcher. Dieser überdachte eingehend die Sachlage. Der Befehl des Prinzen bezweckte augenscheinlich das gesamte I. Korps zu vereinigen, um dem Feinde mit geschlossener Masse entgegentreten zu können. Das war an sich vortrefflich, aber es beruhte auf falschen Voraussetzungen, denn unfraglich war man in Brüssel nur ungenügend über die Bewegungen der französischen und preußischen Armee unterrichtet. Man wußte schwerlich schon, daß Charleroi geräumt sei und daß die Preußen sich bei Fleurus konzentrierten. Der General kannte beides aus den verschiedenen, bei ihm eingetroffenen Berichten und Rapporten, wußte damit aber auch, daß zwischen den Preußen und Nivelles eine Lücke bestehe, eben die Straße Charleroi—Quatre-Bras. Er erwog nun, daß es vor allem gelte, diese Lücke zu schließen, damit der Feind abgehalten würde, sich Quatre-Bras zu bemächtigen und bis an den Wald von Soignes vorzubringen, wodurch alle Unterstützung von Brüssel her zugleich für Quatre-Bras und Nivelles abgeschnitten und der Weg auf die Hauptstadt freigegeben wäre*). Aus diesen schwerwiegenden Gründen glaubte Perponcher es auf sich nehmen zu können, dem Befehle des Oraniers keine Folge zu leisten, Quatre-Bras nicht von Truppen zu entblößen, sondern umgekehrt, es mit der größten Anstrengung zu

---

*) Der Gedanke, daß Ney von Quatre-Bras aus den Preußen in den Rücken fallen könnte, ist Perponcher augenscheinlich nicht gekommen; er dachte nur an die Bedürfnisse seiner Armee. Vergl. den Divisionsbericht. Deshalb geht Ropes 103 von einem falschen Gesichtspunkte aus, wenn er sagt: „The Dutch-Belgian generals — Constant, Perponcher and the Prince of Saxe Weimar — having learned the situation of the French and Prussian armies before the Duke heard of it, did what Wellington, had he known what they knew, would have ordered to be done". Die Kenntnis der niederländischen Unterführer über die Absichten der Franzosen und der der Preußen war im Gegenteil gering. Wie Ropes so auch Chesney 102, Hooper, Waterloo 84 u. a.

behaupten. Von diesem Entschlusse machte er dem Prinzen Meldung. Letzteres könnte, wie der Anfang des Berichtes, darauf gedeutet werden, daß Perponcher direkt mit seinem Korpsführer verkehrte.

In der neueren niederländisch-belgisch-französischen Kriegsdarstellung ist man geneigt, Constant auf Kosten Perponchers in den Vordergrund zu stellen*). Schwerlich mit Recht. Nicht blos durch Constants Weisungen, sondern zugleich aus sich selber hat Perponcher die Wichtigkeit der Stellung bei Quatre-Bras von vorne herein erkannt und demgemäß dem Prinzen von Sachsen-Weimar Anweisungen gegeben. Constant konnte wohl Rats erteilen, mehr aber auch nicht; die volle Verantwortung übernahm Perponcher als Divisionskommandeur. Es ist deshalb auch richtig, wenn ihm nachher auf Gneisenaus Antrag vom Könige von Preußen das Großkreuz des Roten Adlerordens verliehen wurde. In der Begründung des Antrages hieß es: dadurch, daß er trotz Wellingtons Befehl nicht nach Nivelles marschierte, sondern bei Quatre-Bras kräftigen Widerstand leistete, habe er Ney verhindert, den Preußen in den Rücken zu fallen und sie vernichten zu können. Freilich ganz zurücksetzen hätte man Constant nicht sollen, wie es geschehen ist. Er hat sich in seiner, durch die Abwesenheit des Prinzen von Oranien ungemein schwierigen und verantwortlichen Stellung so vortrefflich benommen, wie nur möglich. Die Schuld für diese Zurücksetzung trifft aber nicht die Preußen, sondern den Erbprinzen der Niederlande, der augenscheinlich eifersüchtig auf Constant gewesen und nicht gerne sah, daß dessen Verdienste zu sehr anerkannt wurden, weil dies zugleich einen stillen Vorwurf gegen ihn selbst enthalten hätte, der in Brüssel die Freuden des Balles genoß, während sein Untergebener die Pflichten des Korpsführers erfüllte.

Früh am 16. Juni um 2 Uhr brach Perponcher mit dem 27. Jäger- und dem 8. Milizbataillon nach Quatre-Bras auf, welches diese Truppen um 4 Uhr erreichten. Den größten Teil seiner Brigade ließ er in und bei Nivelles unter dem Befehle des Generals Byland zurück: es waren das 7. Linienbataillon, das 5. und 7. Milizbataillon**) und die Batterie.

Dabei ist zu beachten, daß Constants erster Rat dahin ging, die ganze erste Brigade zur Verstärkung nach Quatre-Bras zu führen, während der

---

*) Vergl. De Bas III, 546; Navez, Les Belges 16; Houssaye 185 u. a. Auch Rose II 462 sagt: Credit is primarily due to Constant de Rebecque.

**) De Bas III, 558, 559 berichtet, daß Perponcher beim Vorausreiten das 5. Milizbataillon schon in Quatre-Bras gefunden habe, wohin es sich von Obah begeben hatte. Abgesehen davon, daß es solche Bewegung ohne Befehl des Generals Perponcher garnicht vornehmen konnte, besagt der Divisionsbericht ausdrücklich, daß sich das 5. und 7. Milizbataillon erst später auf Befehl des Prinzen von Oranien nach Quatre-Bras begaben. Ich weiß natürlich nicht, auf welche etwa bessere Quelle De Bas seine Angabe stützt. Starklof 187 läßt das betr. Bataillon gegen 6 Uhr eintreffen.

zweite nur besagte, diesen Ort möglichst zu verstärken*). Perponcher schloß sich also mehr der zweiten Auffassung an, aber doch nur in geringem Umfange; er handelte hier mithin wesentlich nach eigenem Ermessen. Glück oder Unglück hing vom Feinde ab. Hätte Ney in der Morgenfrühe bei Quatre-Bras entschlossen angegriffen, so wäre Perponchers Verhalten leicht als halbe Maßregel erschienen. Sandte Napoleon aber während der Nacht einen Heeresteil gegen Nivelles, so würde es als schwere Pflichtverletzung des niederländischen Generals erschienen sein, wenn er den ihm angewiesenen wichtigen Posten trotz höheren Befehls verlassen hätte. Perponcher wagte nicht, den Ort stärker zu entblößen, obwohl auf dem Wege nach Frankreich zu eine ganze Kavalleriedivision stand. Ein energischer Infanterieangriff hätte diese zurückgeschleubert, und die neue Besatzung für Nivelles konnte erst am Vormittage eintreffen. Ein Abmarsch der ganzen Brigade würde den Ort also etwa 7 Stunden ohne Truppen gelassen haben. Nach alledem verfuhr Perponcher sehr vorsichtig, die Uebertretung des Wellingtonschen Befehles war nicht annähernd so stark, als man gemeinhin annimmt**).

Während des Marsches zog der General die entsandten Kompagnien seiner beiden Bataillone an sich. Unterwegs traf er auch eine Abteilung preußischer Reiter. Es waren 50 Mann vom 1. schlesischen Husaren-Regiment unter dem Leutnant von Sellin***). Diese waren bei Mont St. Geneviède auf Vorposten gewesen, hatten sich bei dem Linksabmarsche der Brigade verspätet und Gosselies erst erreicht, als der Ort sich schon in der Hand des Feindes befand. Um von der überlegenen Gardekavallerie nicht abgefangen zu werden, gab Sellin die westliche Richtung auf und bog nordwärts gegen Nivelles ab. Nachts um 12 Uhr erreichte er die Straße Nivelles—Quatre-Bras, wie es scheint, unfern des letzteren Ortes. Da Perponcher nun nicht einen einzigen Kavalleristen zur Verfügung hatte, schlug er dem Führer der Husaren vor, bei ihm zu bleiben, was auch angenommen wurde.

Perponcher ritt seinen Truppen nach Quatre-Bras voraus†), wo er alsbald mit dem Prinzen von Sachsen-Weimar die eingenommene Stellung besichtigte.

---

*) De Bas hat: "om Quatre-Bras zooveel mogelijk te versterken". Vgl. auch hinten seine Anmerkungen.

**) Völlig unrichtig ist, wenn Nabez p. 17 sagt: il porta sa première brigade, sauf le bataillon de ligne No. 7 de Nivelles à Quatre-Bras. Houssay läßt Perponcher gar die ganze Brigade Byland nach Quatre-Bras führen (p. 135).

***) So der Bericht Sellins im Kriegsarchive VI. E. 7. I. p. 61 und der der niederl. Division. Das Tagebuch Zietens (VI. E. 13) nennt unrichtig einen Offizier und 30 Mann. Wie angegeben, liegt ein eigener Bericht Sellins vor. Derselbe ist aber recht mangelhaft. Verbunden mit den Angaben des Berichts der niederländischen Division scheint er obige Darstellung zu ergeben. De Bas 558 sagt, sie seien "door Kolonel van Zuylen op zijn terugkeer van den Viersprong nabij Houtain-le-Val gelagert". Den Leutnant nennt er Zehelin.

†) Er erreichte es gegen 3 Uhr morgens, Loben-Sels 183.

Er befand sie gut; nur das Gehölz von Bossu besetzte er mehr und dehnte seine Linie weiter aus, um dem Feinde stärker zu erscheinen, als er war. Das Milizbataillon blieb hinter den Häusern von Quatre-Bras in Reserve. Dagegen wurde das Jägerbataillon nach einer Stunde Ruhe, um 5 Uhr, zur Ablösung des 3. Bataillons Nassau verwendet, wobei es eine vorgeschobene Stellung links von der Chaussee erhielt. Ungefähr zur selben Zeit, ebenfalls gegen 5 Uhr, begann auch das gegenseitige Plänklerfeuer aufs Neue*). Das 2. Bataillon Nassau, welches sich schon am 15. so gut bewährt hatte, schickte Patrouillen ins Vorgelände, und als sie es frei fanden, begab sich auch das Bataillon dorthin. Feindliche Reiter, auf die man stieß, wurden mit leichter Mühe durch einige Gewehrschüsse verjagt. So gelangte das Bataillon bis an die Höhe bei Frasnes, faßte auf derselben festen Fuß, beobachtete mit einer Kompagnie das Dorf, während zwei andere den Ausläufer des Gehölzes deckten und eine Sektion reitender Artillerie die neu eingenommene Stellung verstärkte. Die Nassauer hatten somit fast den ganzen Wald von Bossu und das am vorigen Tage verlorene Gelände zurückgewonnen, an der Spitze der unternehmende Major Normann. Die deutsche Zähigkeit hatte sich aufs Beste bewährt.

Um 6 Uhr schickte nun auch das Jägerbataillon (Nr. 27) auf dem linken Flügel zwei Kompagnien ab, um eine Höhe zu nehmen, von der der Feind die Bewegungen der Holländer beobachten konnte. Es glückte ihnen, dieselbe zu erreichen, aber beim Gehölze von Delhütte trat ihnen eine stärkere Infanteriemenge entgegen, die sie an weiterem Vorrücken hinderte. Es kam zu lebhaftem Gliederfeuer, von Zeit zu Zeit durch Kanonenschüsse unterbrochen. Ergebnislos zog sich das Gefecht in die Länge.

Inzwischen war der Prinz von Oranien um 3½ Uhr in Braine eingetroffen. Constant de Rebecque hielt ihm Vortrag und der Prinz billigte seine Maßnahmen, zumal die Verstärkung von Quatre-Bras, obwohl er sich immer noch nicht von dem Gedanken eines feindlichen Angriffs auf Nivelles freizumachen wagte. Der Prinz beauftragte seinen Generalstabschef, sich alsbald voraus nach Quatre-Bras zu begeben und die noch in Nivelles stehenden Truppen in Marschbereitschaft zu setzen**). Da alle Offiziere des Generalstabs sich mit Aufträgen unterwegs befanden, so stieg Constant allein zu Pferde und ritt etwas vor 4 Uhr ab nach Nivelles. Hier befahl er der Abteilung des Generals van Bylandt sich marschfertig zu machen, um nach Quatre-Bras aufzubrechen. Er jagte dann weiter und erreichte wohl vor 6 Uhr die Weg-

---

*) Bericht Oraniens, De Bas 1186.

**) In seinem Berichte an den König stellt Oranien seine Befehlsgabe in ein unverdient günstiges Licht, wenn er sagt: „Sobald ich von dem Angriff auf Quatre-Bras erfuhr, gab ich der 3. Division, der Kavallerie und zwei englischen Divisionen Befehl, nach Nivelles zu marschieren und der 2. Division die Stellung bei Quatre-Bras zu halten. Das Verdienst Constants wird völlig verschwiegen. De Bas 1186.

kreuzung, wo er den General von Perponcher fand, mit dem er die Aufstellung besichtigte.

Unterdessen kleidete sich der Prinz in Braine um, frühstückte wohl etwas, stieg wieder zu Pferde und erreichte zwischen ½6 und 6 Uhr Nivelles*). Den hier haltenden beiden Milizbataillonen und der Artillerie der 1. Brigade erteilte er die Weisung zum Abmarsche. Nur das Linienbataillon sollte in Nivelles zurückbleiben, doch auch nicht länger, als bis es von einem Bataillon der 3. Division abgelöst würde**). Dann sprengte der Prinz eilig nach Quatre-Bras, wo er in schnellem Ritte etwas vor ½7 Uhr eingetroffen sein wird. Sofort prüfte er die Frontlinie seiner Truppen, welche sich noch im Gefecht befanden. Er kam dabei so nahe an den Feind, daß auf ihn gefeuert wurde. Der Prinz von Sachsen-Weimar bemerkte über das Verhalten des Oraniers: „Der gute Prinz hat die unglückliche noble Passion, nicht aus dem Tirailleur-Feuer wegzugehen, und wo er nicht hinging, schickte er mich hin, so daß ich mehrere Stunden lang das beneidenswerte Glück genoß, unter Sr. königlichen Hoheit Augen die Tirailleur-Linie zu kommandieren"***). Dieses übertriebene Aussetzen seiner Person hat dann bei Belle-Alliance die Verwundung des Oraniers bewirkt.

Derselbe erkannte, daß das Geplänkel zwecklos sei, vor allem keine Klarheit über den entgegenstehenden Feind gewähre. Und doch erschien diese dringend geboten. Er befahl deshalb mehr Truppen, ein volles Bataillon mit zwei Geschützen†) unter dem Prinzen Bernhard, in gewaltsamer Reco-

---

*) Der Divisionsbericht giebt 6 Uhr an; Constant (De Bas 563) läßt ihn schon um 6 Uhr in Quatre-Bras sein. Das erscheint aber gar früh, weil er erst noch in Braine und dann in Nivelles zu thun hatte. Immerhin befand er sich ½7 Uhr schon einige Zeit in Quatre-Bras, wie der Bericht Brunnecks und das Schreiben des Prinzen an Wellington (beide weiter hinten) beweisen. De Bas läßt den Oranier nun gar vom Balle weg ohne Degen in die Schlacht eilen. Er sagt p. 592: „Zijne K. Hoogheid commandeerde hier in persoon en met den hoed zwaaiende — de prins had bij zijn vertrek van het bal te Brussel vergeten zijn sabel aan te gespen — sprong hij voor te troepen uit en deed dezelve meerdere charges doen". Hier beruht der Rückschluß auf falscher Voraussetzung: eben das Vorreiten und Schwenken mit dem Hute war das Zeichen für den Angriff, denn dasselbe Zeichen machte Wellington bei Mont-St.-Jean in dem denkwürdigen Augenblicke, als er seine Gesamtarmee gegen die geschlagenen Franzosen vorrücken ließ. (Houssaye 356.) Schon das Verweilen in Braine, während er Constant vorausschickte, beweist, daß der Prinz dort irgend etwas vornahm, also jedenfalls sich umkleidete. Vergl. Löben-Sels 185, Chesney 109, Hofmann 58 (6 Uhr).

**) So der Divisionsbericht. Oder es war das 5. Milizbataillon bereits abmarschiert und erreichte Quatre-Bras gegen 6 Uhr. Starklof 187.

***) De Bas 562. Auch Constant berichtet darüber, wie der Oranier sich in der Front zu sehr preis gab. De Bas 564.

†) So besagt der Brief des Prinzen, De Bas 1184; Starklof nennt das Bataillon Norman und zwei Kompagnien des 27. Jägerbataillons. Vergl. auch

gnoscierung vorrücken zu lassen. Infolgedessen belebte sich das Gefecht am Bois de la Hutte, wobei die beiden Prinzen wieder in der Plänklerkette hielten. Aber bei der Unübersichtlichkeit des Geländes und dem Mangel an Reiterei*) erreichte man auch jetzt nicht das gewünschte Ergebnis. Oranien begnügte sich damit, seine Stellung etwas vorzuschieben und sie parallel mit der Chaussee so weit zu verlängern, daß sein rechter Flügel nur noch eine kleine Viertelstunde von Frasnes entfernt blieb und der Wald von Bossu bis an seine Spitze besetzt wurde. Die 8 Geschütze der reitenden Batterie wurden gegen das feindliche Feuer gedeckt in Reserve gehalten. Man sieht daraus, weder dem Prinzen noch den Franzosen war es Ernst mit dem Kampfe. Einige Reiterangriffe, welche diese etwas nach 7 Uhr machten, wurden mit Verlust abgewiesen. Bei diesen Gefechten haben sich die preußischen Husaren beteiligt. Vor der verbündeten Infanterielinie scharmützelten sie mit dem Feinde und machten zwei schneidige Stöße gegen die weit überlegene französische Reiterei**) wobei sie so erfolgreich einhieben, daß sie dieselben mit Verlust von 4 Mann und 13 Pferden vertrieben. Die Husaren verloren dabei nur einen Mann, freilich auch 12 Pferde tot und verwundet, augenscheinlich meistens durch Flintenkugeln. Sie haben dann noch der Schlacht von Quatre-Bras beigewohnt, ohne aber weiter verwendet zu werden. Erst am Morgen des 17. Juni, als sie nähere Nachricht von ihrem Korps erhalten hatten, verließen sie die Verbündeten auf dem Wege nach Sombreffe***).

Da auch die Franzosen nichts weiter unternahmen, ließ der Prinz von Oranien seine Truppen um 7½ Uhr ruhen und abkochen. Ihre Stellung erstreckte sich in dünnen Abteilungen rechts von der Spitze des Gehölzes von Bossu vor Gemioncourt entlang bis an den Weiler Piraumont und den Teich Materne zur Linken also bis dicht an die Chaussee nach Namur. Einzelne Schüsse fielen bis gegen Mittag. Prinz Bernhard ritt nach Quatre-Bras zurück. Er war seit dem vorigen Morgen fast ununterbrochen in

---

Siborne, History I, 90. Clausewitz, Feldzug von 1815, irrt, wenn er S. 85 am Vormittag des 16. zwei Kavallerieregimenter bei Quatre-Bras stehen läßt.

*) Vergl. Hofmann 38.

**) Constant in seinem Tagebuche erzählt: Cette petite troupe montre le plus grand zèle, et escarmouche avec l'ennemie en avant de notre chaine de postes d'infanterie et fait plusieurs charges sur les lanciers. De Bas 563.

***) Der Bericht Sellins sagt (VI. E. 7. I. p. 61), am 16. morgens wurde General Perponcher vom Feinde mit überlegener Macht angegriffen, da habe er ihm (dem Leutnant) den Befehl gegeben, bei ihm zu bleiben, welchen er auch, da sich das Gefecht schon heftig engagiert hatte, und er glaubte, hier nützlich sein zu können, gehorsamte. Nach dem niederländischen Berichte (VI. E. 58) fand Perponcher die Preußen bei Nivelles und schlug ihnen vor, bei ihm zu bleiben, was auch angenommen wurde. Letzteres ist jedenfalls richtiger. Der Leutnant sucht durch seine Darstellung die Verantwortung möglichst von sich abzulenken. Deshalb ließ er sich auch am 17. morgens alles vom General Perponcher „attestieren".

Bewegung gewesen und hatte während der Nacht keinen Augenblick geschlafen. Jetzt warf er sich auf das Strohlager, um eines kurzen Schlummers zu genießen.

Das Gefecht bei Frasnes am Abend des 15. war von den Preußen gehört worden und hatte deren Hauptquartier bei Sombreffe beunruhigt, weil man eine Umgehung von dorther befürchtete*). Es wurde deshalb in der Morgenfrühe der Major von Brunneck abgeordnet, um genaueren Bericht zu erstatten. Derselbe schickte folgende Mitteilung in Bleistiftschrift**) auf kleinen Stücken Papier:

Quatre-Bras, morgens ½7 Uhr.

Ew. Durchlaucht melde ich ganz gehorsamst, daß ich hieselbst den Prinzen von Oranien mit 7 Bataillons vorgefunden habe. Das Gefecht, was gestern Abend zur äußersten Rechten zu hören war, ist bei Frasne, welches anfänglich von den belgischen Truppen besetzt gewesen ist, vorgefallen. Der Feind hat Frasne noch besetzt und in der Nacht sind seine Patrouillen bis Sant-dam-a-Belines und über die Straße nach Nivelles vorgeschoben gewesen, so daß die Communication zwischen den beiden Armeen in der Nacht unterbrochen gewesen ist. Auch jetzt wird solche nur durch 1 Offizier und 30 Pferde, welche zu Marbais steht***), erhalten. Der Punkt von Quatre-Bras und der, bei demselben liegend Wald ist im gestrigen Gefecht gehalten worden, und auch noch jetzt in Besitz der Belgischen Truppen.

Die einzelnen Kanonen und kleinen Gewehrschüsse, welche Ew. Durchlaucht von Zeit zu Zeit hören, fallen bei Frasne zwischen den französischen und belgischen Truppen. Seit gestern Abend hat sich im Wesentlichen beim Feind nichts verändert, und er verhält sich bis jetzt noch ruhig. Bewegung sind bei demselben nicht zu entdecken.

Der Prinz von Oranien glaubt, daß in Zeit von 3 Stunden die ganze Belgische und der größte Teil der englischen Armee bei Nivelles concentrirt sein kann.

17 englische Bataillons sind von Brüssel aus zur Unterstützung des Punkts von Quatre-Bras in Marsch gesetzt worden.

Ich werde noch hier bei den Prinzen von Oranien auf dessen Vorposten bleiben, um den Feind auf diesen Punkt zu beobachten und Ew. Durchlaucht darüber Bericht abstatten zu können. v. Brunneck.

Major und Adjudant.

---

*) Vergl. vorn S. 63; die Angabe des Brief-Journals.
**) II. C. Nr. 3 Vol. II. 105, im Kriegsarchive. Die Schrift wurde später mit Tinte nachgezogen.
***) Gemeint ist die Seitenabteilung Zietens, welche dieser in dem Tagebuche bei Villers—Peruin stehen läßt. Villers und Marbais liegen nicht weit voneinander. Die Reiter standen augenscheinlich zwischen beiden Orten auf der Römerstraße. Vergl. unten.

Wie eine Bemerkung auf der Rückseite zeigt, ist diese Meldung ¼11 Uhr im preußischen Hauptquartiere von Grolman entgegen genommen*).

Besonders beachtenswert erscheint der Satz, daß der Prinz glaube, in Zeit von drei Stunden könne die ganze belgische und der größte Teil der englischen Armee bei Nivelles vereinigt sein; — bei Nivelles, nicht bei Quatre-Bras, denn es wird fortgefahren, daß 17 englische Bataillone von Brüssel aus nach Quatre-Bras in Marsch gesetzt seien.

Ergänzt wird diese Depesche durch eine andere, welche der Prinz von Oranien um 7 Uhr an Wellington sandte. Er sagt darin, daß er eben angekommen sei**). Die Franzosen befänden sich im Besitze von Frasnes, seien aber noch nicht sonderlich stark. Die Niederländer stünden nahe dem Dorfe und „schossen sich mit dem Feinde bei meiner Ankunft herum. Aber ich befahl, das Feuer einzustellen, worauf auch das der Franzosen nachließ". Ich beorderte eine Kavalleriebrigade hierher, die anderen zwei bleiben bei Arquennes. Die britische 3. Brigade soll bei Arquennes und Nivelles aufgestellt werden. Ich gab der 1. Division Befehl, von Braine-le-Comte nach Nivelles zu marschieren***).

Man sieht, schon während seines Rittes hatte der Prinz Entschlüsse gefaßt, mit denen auch der Abmarsch von 2 Bataillonen der Division Perponcher zusammen hing. Der Befehl an eine Kavalleriebrigade ist der an die Brigade van Merlen. Da man außer den wenigen preußischen Husaren gar keine Reiterei bei Quatre-Bras besaß, während die des Feindes noch jetzt und später bis an die Straße Nivelles—Quatre-Bras streifte, so gestaltete sich das Eintreffen einer größeren Kavallerieabteilung zur unabweisbaren Notwendigkeit. Aber dies blieb zunächst auch alles; zwei englische Divisionen waren nicht nach Quatre-Bras, sondern für Nivelles bestimmt.

Das zaghafte Verhalten der Franzosen hatte den Prinzen wieder stutzig gemacht, und ihn auf seinen und Wellingtons alten Gedanken zurückgebracht. In der That war man übel daran: man wußte nicht, ob der Feind vor der Front stark oder schwach sei, weil man außer etwas Linieninfanterie nur reitende Jäger, Lanciers und reitende Artillerie bemerkte, sämtlich Truppen der Garde, also eines einzigen zusammenhängenden Verbandes. Zwar konnte sich hinter den vorliegenden Gehölzen und Hügeln eine größere Heeresmacht verbergen, aber das erschien doch nicht wahrscheinlich, weil gar kein Anzeichen

---

*) Plotho, Der Krieg Europas gegen Frankreich 1815, hat S. 35: „nach erhaltenen Meldungen von seiten des Prinzen von Oranien konnte man höchstens auf 20 000 Mann Unterstützung von seiten der Engländer rechnen, weil am Abend nicht mehr vereinigt sein konnten". Eine solche Meldung des Prinzen findet sich nirgend im Kriegsarchive, und ist auch an sich nicht wahrscheinlich. Obige Angabe wird deshalb wohl auf dem Briefe Brunnecks beruhen, erscheint dann aber als sehr ungenau.

**) Aus dem Folgenden ergiebt sich aber, daß „I am just arrived" nicht zu wörtlich genommen werden darf. De Bas 565.

***) Gemeint ist die englische Division Cooke.

darauf hinwies. Der Stoß auf Quatre-Bras war ungemein schwach gewesen und nicht wieder aufgenommen worden, obwohl er wegen der geringen niederländischen Truppenzahl sicherlich Erfolg gebracht hätte. Dies ließ vermuten, daß es sich hier überhaupt nur um eine Scheinbewegung handle, und der Hauptangriff des Feindes entweder weiter ost- oder weiter westwärts geschähe. Aber sowohl im Westen wie im Osten blieb alles still. Im Osten war dies auffallend, weil man vom Major v. Brunneck hören konnte, daß es dort gestern ziemlich bedenklich ausgesehen hatte. Es wäre also anzunehmen gewesen, daß die Franzosen hier ihre Erfolge weiter auszunutzen suchten. Das geschah, wie gesagt, nicht oder doch nur in geringem Umfange, wie das Herüberhallen vereinzelter Schüsse bewies. Damit lebte die Furcht für Nivelles wieder auf.

Es scheint als ob der Oranier mit Constant, dem englischen Oberst Abercromby, Perponcher und dem Prinzen von Sachsen-Weimar einen lebhaften Gedankenaustausch gehabt hat*). Schwerlich war Napoleon zu einem gleichzeitigen Kampfe auf zwei Stellen stark genug; man durfte also annehmen, daß er seine Macht zu einem Hauptschlage an einem Orte vereinige. Quatre-Bras war dieser Ort augenscheinlich nicht, so verlockend er dadurch erscheinen mußte, daß auf dem Wege von Charleroi bis Brüssel keine einzige Festung einen etwaigen Einmarsch erschwerte, und weil er den Schlüssel der Verbindung zwischen den Niederländern und den Preußen bildete. Nichts hätte näher gelegen, als hier kräftig einzusetzen und zugleich eine oder zwei Divisionen weiter links über Binche und Nivelles zu senden, um Quatre-Bras entweder zu umgehen und es von hinten zu fassen, oder auf beiden Wegen, dem von Quatre-Bras und Nivelles zugleich, Brüssel zu bedrohen, wenigstens den wichtigen Wald von Soignes bei Mont-Saint-Jean zu besetzen und hiermit die Zugänge von Norden nach Süden zu sperren. Da dies bisher nicht geschehen war, so lag die Möglichkeit vor, daß der Feind sowohl gegen die Preußen und die Nassauer nur Scheinbewegungen gemacht hatte, um seine Hauptmacht weiter rückwärts zu sammeln, sie vernichtend auf Nivelles zu werfen und sich den Weg nach Brüssel zu erzwingen.

Dieser Gedanke begann den Oranier zu beunruhigen. Er beauftragte seinen niederländischen und seinen englischen**) Generalstabschef nach Nivelles zurückzureiten, um dort ein passendes Gelände für ein Defensivgefecht auszuwählen und dasselbe mit der 3. niederländischen Division (Chassé) und der 3. englischen Division (Alten) zu besetzen. In veränderter Form hatte der Prinz also wieder seinen ursprünglichen Gedanken aufgenommen. Während er für Quatre-Bras nur eine Infanterie-Division und eine Kavallerie-Brigade bestimmte, eine Truppenmacht, welche freilich im Laufe des Tages voraussichtlich durch die anrückenden englischen Reserven verstärkt wurde, stellte er für Nivelles

---

*) Darauf deuten die Angaben Constants, zusammengestellt mit denen des Divisionsberichtes.

**) Vergl. hinten: Die Stellung der Niederländer.

2 Infanteriedivisionen und 2 Kavalleriebrigaden zur Verfügung, welche die von Westen kommenden Regimenter und das Kavalleriekorps Uxbridge aufzunehmen hatten. War somit auch der Wellingtonsche Gedanke neu belebt, so war doch zugleich von ihm abgewichen. Wellingtons Plan bezweckte, sein Heer an einem Orte zu massieren, um eine richtige Schlacht liefern zu können; die Weisung des Prinzen verteilte es in zwei Lager: eines bei Nivelles, eines bei Quatre-Bras, freilich an zwei Orte, die nur 2½ Wegstunden von einander entfernt lagen.

Gegen ½9 Uhr verließen Constant und Abercromby Quatre-Bras. Bei Hautain-le-Val stießen sie auf das 5. und 7. Milizbataillon mit der Fußbatterie, welche dem Befehle des Oraniers gemäß von Nivelles heranzogen. Aber in ihrer rechten Flanke erschien feindliche Reiterei: General Constant übernahm den Oberbefehl, wohl als rangältester Offizier. Er ließ das 7. Bataillon gegen Süden Front machen und die übrige Heersäule weiter marschieren*). Wie bei Frasnes so waren die Franzosen auch hier nicht angriffslustig. Ohne weitere Zwischenfälle konnte die niederländische Abteilung Quatre-Bras um 9 Uhr erreichen, wo sie auf der Chaussee eine Reservestellung bezog.

Constant und Abercromby setzten ihren Ritt nach Nivelles fort, wo sie ½10 Uhr eingetroffen sein werden. Den Feind fanden sie hier nicht, wohl aber große Unordnung. Von zwei verschiedenen Seiten waren die Divisionen Chassé und Alten in der Stadt eingetroffen, die Spitze der Niederländer wohl etwas früher; aber die Engländer waren darauf losmarschiert und hatten so die Spitze von dem Haupttrupp abgeschnitten. Es blieb nur, die Engländer erst ganz vorbei zu lassen, um sich dann niederländischerseits wieder in Bewegung zu setzen. Constant und Abercromby besichtigten das Gelände und ließen Chassé rechts und Alten links in Stellung rücken. Nach vorne war dieselbe bei Arquennes durch die inzwischen eingetroffene Reiterei Collaerts gedeckt.

Zwischen 10 und 11 Uhr befand man sich also bei Nivelles sowohl wie bei Quatre-Bras gefechtsbereit.

Nach Ankunft der Verstärkung aus Nivelles, also gegen 9 Uhr, waren ungefähr 6500 Deutsche und Niederländer bei Quatre-Bras versammelt**) die sich gegen Mittag noch durch das 7. Linienbataillon verstärkten, welches der Weisung des Prinzen entsprechend, Nivelles verließ, als Chassé dort eintraf. Hiermit war dann die ganze Division Perponcher beisammen; aber wie ungenügend würde sie geblieben sein, wenn Ney irgend Ernstliches unternommen hätte. Dabei fehlte es immer noch an Reiterei, denn die van Merlensche Brigade zeigte sich erst gegen 3 Uhr, obwohl der Prinz ihr schon vor 7 Uhr

---

*) Dies erzählt Constant selber merkwürdiger Weise nicht (De Bas 565), sondern nur der Divisionsbericht.

**) Man muß bei allen diesen Berechnungen nicht den Soll- sondern den Effektivbestand rechnen. Viele Kranke und Drückeberger blieben fern.

befohlen hatte, sofort nach Quatre-Bras zu kommen. Augenscheinlich war sie nicht hinreichend gesammelt gewesen oder nicht leistungsfähig genug, um der Aufforderung schneller entsprechen zu können.

Die Verhältnisse erfuhren eine gewisse Veränderung, als der Höchstkommandierende, als Wellington, zwischen 9½ und 10 Uhr bei Quatre-Bras eintraf*). Völlige Ruhe war immer noch nicht eingetreten, denn nach Angabe Dörnbergs, der den Herzog begleitete, fielen sogar vereinzelte Kanonenschüsse. Augenscheinlich erst jetzt an Ort und Stelle vor dem Feinde gewann Wellington klarere Einsicht in die Verhältnisse, zumal erkannte er, daß die wichtige Heerstraße schwer gefährdet sei. Man hatte die Meinung gehabt, daß Zieten dieselbe noch decke und daß die Gefechte Normanns keine strategische Wichtigkeit gehabt hätten, wie sie ja auch thatsächlich unbedeutend gewesen. Ohne besondere Anstrengung hatte die nassauische Brigade gestern Quatre-Bras behauptet, und heute war bisher eigentlich nichts von seiten des Feindes geschehen. Aber gerade diese Dinge machten wieder irre. Wie stand es mit den Preußen? Man wußte so wenig von ihnen, daß Müffling die wesentlichsten Mitteilungen erst jetzt von Leuten der Brigade Steinmetz erfahren haben will**), welche während des Gefechtes bei Gosselies abgedrängt und nach Quatre-Bras geraten waren, nämlich: daß Zieten bereits am 15. Mittags die Sambre verlassen hatte, daß Napoleon mit der rechten Flügel-Kolonne Charleroi, mit der linken Marchienne passiert habe, daß der Feind diesseits Charleroi und Marchienne bereits am vorigen Nachmittage mit Energie angegriffen habe und ernstere Kämpfe stattgefunden hätten, daß das Gefecht der linken Kolonne sich bis über Gosselies fortgezogen habe, und daß die Franzosen bei Dunkelwerden bis unfern Quatre-Bras vorgepreßt, zwar von den Nassauern abgewiesen seien, doch zugleich die Verbindung zwischen den beiden verbündeten Heeren auf der Straße von Quatre-Bras nach Sombreffe unterbrochen hätten***). Die ganze Sachlage kam dem Herzoge unerwartet; er mußte das Gefühl haben, daß er preußischerseits nicht ausreichend unterrichtet worden †). War das Korps Zieten geschlagen? War

---

*) Der Divisionsbericht sagt bestimmt: „Um 9 Uhr kam der Herzog von Wellington hierher". Dieselbe Zeit hat De Bas 566. Rose II, 467 läßt Wellington erst um 8 Uhr Brüssel verlassen und ein wenig nach 10 Uhr eintreffen. Er und seine Umgebung hätten dann sechs Meilen in 2 Stunden zurücklegen müssen, was unmöglich ist.

**) Der gegebene Mann für Auskünfte war Major v. Brunneck. Es erscheint merkwürdig, daß er nirgends hervortritt. Ob er links oder rechts zur Rekognoszierung fortgeritten war? Ob er Auftrag hatte, nicht viel zu sagen? Ob Müfflings Darstellung ungenau ist und ihn absichtlich verschweigt? Vgl. S. 142.

***) Hofmann 119. Vorher hatte Müffling schon seinen Adjutanten gesprochen.

†) Es ist hier nicht der Ort, auf die unendlichen Phantasien, Fehler und Halbwahrheiten einzugehen, die Mangel an Kenntnis und eingehender Forschung in diese Bewegungen und Wellingtons Pläne hineingetragen hat. Vergl. z. B. Charras I, 132; Maurice in United Service Magazine N. S. I. 344 sq., Ropes 93 sq. Noch in dem

die Vereinigung der Preußen bei Sombreffe geschehen? Wollte Blücher noch dort eine Schlacht annehmen oder nicht? Was waren die Absichten des Feindes? Befand man sich vielleicht in größter Gefahr, von einer erdrückenden Mehrheit überrannt zu werden? Müffling sagt nicht mit Unrecht: „Das Ungünstige unserer Lage war dadurch entstanden, daß der General von Zieten am 15. um 11 Uhr von Marchienne ab, dem Feinde alles eingeräumt hatte*)".

Wellington erkannte, daß seine Unterführer richtiger als er geurteilt hätten. Er billigte deshalb die Stellung der niederländischen Truppen und beglückwünschte die Generale Perponcher und den Prinzen von Oranien wegen der von ihnen getroffenen Anordnungen**). Um Näheres zu erkunden, ritt er bis in die Nähe von Frasnes vor. Er konnte wenig vom Feinde sehen, weil derselbe durch Höhen verdeckt wurde***), glaubte aber doch zu bemerken, daß derselbe nur schwach sei†). Müffling erzählt: „Wir mußten annehmen, Napoleon habe mit seinem rechten Flügel bei Fleurus und mit seinem linken in der Gegend von Gosselies die Nacht verbracht, er werde beide Armeeteile zum Angriff auf Blücher vereinigen, so daß er nur unbedeutende Truppen bei Frasnes gelassen habe††). Augenscheinlich war dies mehr Müfflings Meinung als die des Herzogs, welche ganz unsicher blieb. Da sich nun die Gegend um Quatre-Bras für eine Verteidigungsstellung wenig zu eignen schien, so drängte sich dem preußischen Bevollmächtigten der Wunsch auf, der Herzog möchte sofort den Befehl zum Vorrücken nach

---

neuesten Napoleonwerke von 1902, in dem von Rose, The Life of Napoleon I, lesen wir S. 459: „Not a single British brigade was posted on the Waterloo-Charleroi road, which was at that time guarded only by a Dutch-Belgian division, a fact which supports Mr. Ropes's contention that no definite plan of co-operation had been formed by the allied leaders. Or, if there was one" etc. Hiergegen ist zu bemerken, daß nicht eine holländisch-belgische Division auf der Straße Waterloo-Charleroi stand, sondern eine holländisch-deutsche Brigade; daß dies nicht gegen Direktiven gemeinsamen Handelns der verbündeten Heere, sondern umgekehrt dafür spricht, weil die vordere Hälfte des Wegs durch die Preußen gedeckt wurde. Eigentlich alle Erörterungen, auch die von Ropes, leiden an dem Fehler, daß sie Wellington eine Kenntnis der Sachlage zuschreiben, die er nicht besaß. Dieser Grundirrtum führt dann zu allerlei falschen Schlüssen, bei denen der Herzog nur zu leicht als ganz dummer Kerl erscheint, was nach Ansicht seiner Zeitgenossen seine letzte Eigenschaft war.

*) Hofmann 122 unten. Der Nachsatz paßt nicht, es soll wohl Fleurus oder Ligny heißen.

**) Die Art, wie Houssaye 136 von Wellington spricht, erscheint kaum ganz gerecht. Es dürfte Vorurteilslosigkeit und Seelengröße zeigen, daß Wellington so unumwunden handelte und dadurch seine Fehler eingestand. Der Prinz von Oranien war bei der Sache beteiligt, wie wir sahen, weil er die Hauptmasse der I. Brigade von Nivelles nach Quatre-Bras schickte.

***) Vergl. auch hinten, S. 159.

†) Dies sagt Müffling ausdrücklich in seiner Gesch. des Feldzuges 9.

††) Hofmann 121.

Frasnes erteilen und dort sein Heer versammeln. Allein die Frage, ob Blücher die Schlacht annehmen werde, war immer noch nicht gelöst*).

Es galt deshalb vor allem, mit dem preußischen Hauptquartiere in engere Fühlung zu treten, um so mehr, als aus der Richtung von Sombreffe gelegentlicher Kanonendonner herüberscholl**). So sandte denn Wellington folgenden eigenhändigen Brief an Blücher, dessen Original noch jetzt im Kriegsarchive zu Berlin erhalten ist***).

Sur les hauteurs derrière Frasne le 16†) Juin 1815.
à 10 heures et demi.

Mon Cher Prince,

Mon Armée est situé comme il suit:

Le Corps d'Armée du Prince d'Orange a††) une division ici et à quatre Bras; et le reste à Nivelles.

La Reserve est en marche de Waterloo sur Genappe; ou elle arrivera à Midi.

La Cavalerie Anglaise sera à la même heure à Nivelles.

Le Corps de Lord Hill est à Braine le Comte.

Je ne vois pas beaucoup de l'Ennemi†††) en avant de vous, et j'attends les Nouvelles de votre Altesse et l'arrivée des troupes pour decider mes operations pour la journée.

Rien n'a paru du cote de Binch, ni sur notre droite.

Votre trés obeissant Serviteur
Wellington.

Der Brief ist augenscheinlich schnell und etwas hastig geschrieben; darauf deuten: die Schrift, das starke Fehlen der Accente und die Korrekturen. Prüfen wir ihn auf seinen militärischen Inhalt. Derselbe entsprach durchaus der strategischen Aufgabe Wellingtons und dessen bisherigem Gedankengange. Er besagte: Ich decke für alle Fälle die drei auf Brüssel führenden südlichen Straßen: in Braine die von Mons kommende, in Nivelles die von Binche, in Quatre-Bras die von Charleroi kommende. Die meisten Streitkräfte habe ich von 12 Uhr an in der Gegend von Quatre-Bras. Es läßt sich strategisch folgern, werde ich hier angegriffen und an den beiden anderen Orten nicht, so lassen sich die bei Nivelles stehenden Truppen herbeiziehen. Um dies anzudeuten, berichtet er am Schlusse noch ausdrücklich:

---

*) So erzählt Müffling bei Hofmann 121, wobei aber zu erwägen bleibt, daß jener sich in seinen Darstellungen auch sonst gern vordrängt.

**) Bericht der Division Perponcher.

***) VI. C. Nr. 3, Vol. II; Facsimile bei Ollech 124.

†) Die 6 ist aus 5 korrigiert.

††) Korrigiert aus dem Anfange von „est".

†††) Es steht „honemi".

bisher ist im Südwesten und Westen kein Feind aufgetaucht. Sobald weitere Truppen und Nachricht von Blücher eingetroffen sind, will er sich über sein Verhalten schlüssig machen. Bezeichnend in der Depesche ist wieder der Hinweis nach Westen, im besonderen auf Binche, demselben Binche—Nivelles, dem wir schon so oft begegnet sind. Man sieht, noch jetzt betrachtete Wellington es gewissermaßen als wunden Punkt.

In der Depesche heißt es nun auch: „Ich sehe nicht viel vom Feinde vor Eurer Front", d. h. vor der Front der Preußen. Ollech, dem philologische Genauigkeit fern lag, und dessen Texte deshalb oft fehlerhaft sind, hat hier gelesen „avant de vous", und merkwürdigerweise ist man ihm kritiklos gefolgt*), obwohl schon das seinem Werk beigegebene Facsimile in genügender Nachbildung der Originalvorlage deutlich die richtige Lesart zeigt**). Von seiner Höhenstellung aus konnte Wellington fern die dunkelen Massen der Preußen und das Blitzen ihrer Waffen hinter Ligny und St. Amand erkennen***), noch besser übersah er einen Teil des ihnen vorliegenden Geländes. Da zeigten sich nun nicht viele Franzosen. Mit Rücksicht auf den Brief Blüchers vom Tage zuvor, daß er sein Heer bei Sombreffe zusammenziehe und im Hinblicke auf die gegenseitige Abmachung, daß der Nichtangegriffene dem Angegriffenen Hilfe zu leisten habe, meint Wellington, er sehe nicht viel vom Feinde vor der Front der Preußen, d. h. zugleich: eine Schlacht stehe also schwerlich unmittelbar bevor. Dies entspricht wieder in allem der auch sonst nachgewiesenen Auffassung des Herzogs von der Sachlage.

Unterziehen wir den Inhalt des Briefes einer Prüfung auf seine Richtigkeit†):

1. Das Korps des Prinzen von Oranien hat eine Division hier und in Quatre-Bras, den Rest in Nivelles. Das Korps bestand aus 4 Divisionen;

---

*) So auch Delbrück, in Zeitschr. für preuß. Gesch. XIV, 662, Ropes 106, 377 und Houssaye-Ostermeier 136, 137. Anm.

**) Der Vergleich des v von „vous" mit dem v von „vois" ergiebt denselben Buchstaben, während das n von „ne" zeigt, wie Wellington ein n macht. Ueberdies pflegt man auch zu sagen: „ich sehe nicht viel vor mir", aber nicht: „ich sehe nicht viel vor uns", zumal wenn nur wenige Leute zugegen sind.

***) Im Memorandum 524 heißt es: „The Duke went on from Quatre-Bras to the Prussian army, which was in sight, formed on the hights behind Ligny and St. Amand". Das ist freilich viel später geschrieben; es liegt aber kein genügender Grund vor, hier Unwahrheit anzunehmen. Dunkele Massen und das Blitzen der Waffen sieht man an hellen Sommertagen, zumal bei feuchter Luft, sehr weit; so erkannte Napoleon schon Mittags die heranziehende preußische Heersäule aus großer Entfernung. Natürlich handelt es sich hier nicht um Einzelkenntnis. Durch das Fernrohr wird man nachgeholfen haben.

†) Delbrück in Zeitschr. XIV, 670, 671, 677 ist ungenügend. Vergl. auch Ropes 106 u. a.

von diesen befanden sich die Division Perponcher zur Zeit richtig bei Quatre-Bras, die Divisionen Alten und Chassé ebenso richtig bei Nivelles. Aber die Division Cooke stand noch in Braine-le-Comte, wahrscheinlich mit dem Befehle, sich nach Nivelles zu begeben*).

2. Die Reserve marschiert von Waterloo auf Genappe, wo sie mittags (12 Uhr) eintreffen wird. Um $10^{1}/_{2}$ Uhr lagerte die Division Picton mit der Brigade Best und einem Bataillon des 81. Regiments bei Waterloo, welches die erste Abteilung Braunschweiger fast, aber noch nicht ganz erreicht hatte. Alle übrigen Truppen der Reserve befanden sich noch weiter zurück, oder waren kaum aufgebrochen. Bei Genappe trafen zuerst die Braunschweiger ein, und zwar frühestens um $1^{1}/_{2}$ Uhr**), die Spitze der Brigade Picton kam nicht vor $2^{1}/_{4}$ Uhr dorthin***).

3. Die englische Reiterei, d. h. das Kavalleriekorps Lord Uxbridge, wird um Mittag (12 Uhr) in Nivelles eintreffen. Das entsprach der Sachlage noch viel weniger, denn die Reiterei war damals selbst mit ihrer Spitze schwerlich über Enghien hinaus und erreichte erst seit 6—7 Uhr abends abteilungsweise Nivelles.

4. An dem dritten Orte, den die Depesche nennt, in Braine, sollte das Korps des Lord Hill stehen. Von diesem hatte die 2. Division Clinton erst nur Befehl bis Enghien, der dann durch Sonderweisung bis Braine ausgedehnt wurde. Doch diese vermochte an den Bewegungen selber nichts mehr zu ändern. Um Mittag war Enghien noch nicht einmal, oder doch erst mit einem kleinen Teile der Truppen erreicht. Auch der Auftrag für die Division Colville lautete nur auf Enghien. Schließlich befand sich die

---

*) Vergl. vorn S. 102.

**) Die Braunschweiger sind um 7 Uhr von Laeken abmarschiert und $3^{1}/_{2}$ Uhr in Quatre-Bras eingetroffen; sie gebrauchten also $8^{1}/_{2}$ Stunden für eine Entfernung von $4^{1}/_{2}$ Meilen. Zweimal haben sie unterwegs gerastet, einmal bei Waterloo, rechnen wir $^{1}/_{2}$ Stunde, einmal etwas länger bei Genappe, etwa $^{3}/_{4}$ Stunde, macht zusammen $1^{1}/_{4}$ Stunde, womit $7^{1}/_{4}$ Stunden für den Marsch bleiben; oder mit anderen Worten, die Meile wurde in 97 Minuten zurückgelegt. Von Laeken bis Waterloo sind $2^{1}/_{2}$ Meilen; man hat sie in 4 Stunden durchmessen, womit die Ankunft um 11 Uhr erfolgte. Abmarsch von Waterloo $11^{1}/_{2}$ Uhr. Die nächste Strecke bis Genappe beträgt $1^{1}/_{2}$ Meile, ergiebt $2^{1}/_{2}$ Stunden, mithin: Ankunft 2 Uhr. Aufbruch von hier $2^{3}/_{4}$ Uhr, Eintreffen bei Quatre-Bras $3^{1}/_{2}$ Uhr. Rechnet man letzteres $^{1}/_{4}$ Stunde früher, und den Aufenthalt bei Genappe länger, so würde sich die Ankunftszeit bei Waterloo und Genappe ein wenig nach vorne verschieben, aber schwerlich mehr als bis $10^{3}/_{4}$ Uhr und $1^{1}/_{2}$ Uhr. Nach dieser Berechnung ist die Zeitangabe von Genappe auf S. 92 zu berichtigen.

***) Da seit 2 Uhr der Gefechtslärm herüberscholl, wird der Marsch der Division zunehmend schneller geworden sein. Die Truppen erreichten atemlos das Schlachtfeld, weshalb die Brigade Kempt hier einen kurzen Halt machte, so bringend notwendig ihr Eingreifen sein mochte. Vergl. S. 90.

Division Stedmann mit der indischen Brigade im besten Falle auf dem Marsche von Sotteghem nach Enghien. In dem von Wellington genannten Braine befand sich also noch kein Soldat vom Korps Hill.

Als Ergebnis hätten wir, daß die Angaben Wellingtons nur in geringem Umfange richtig sind, nur insofern, als sie die Hauptmasse des I. Korps und einen Teil der Reserve, diesen wenigstens insofern betraf, als er statt um 12 Uhr, von $1^1/_2$ bis $2^1/_2$ in Genappe sein konnte. Es fragt sich nun, wie wir diese Ungenauigkeit zu erklären haben. Möglich ist, daß dem Herzoge ein Marschtableau vorgelegen hat, welches unrichtig berechnet war, doch ist mit dem uns erhaltenen in dieser Hinsicht nicht viel zu machen*). Es läßt sich keineswegs beweisen, daß Wellington es benutzte; und wenn er es that, so wäre es sehr ungenau geschehen. Ebenso gut kann er aus dem Gedächtnisse und eigener Gedankenverbindung gearbeitet haben: sein Heer war nicht übergroß, seit Monaten war er mit dessen Standquartieren vertraut, und seine Marschbefehle kannte er natürlich auch, nun gar, wo es sich nur um ganze Korps handelte.

Man könnte meinen, daß Wellington die Stellungen angenommen hätte, wohin sein Nachtragsbefehl die Truppen wies, ohne zu erwägen, ob sie wirklich schon erreicht wären. Doch auch das stimmt nicht, denn danach sollten die Divisionen Alten, Perponcher und Chassé bei Nivelles sein, die Division Cooke (I. Korps) in Braine, zwei Divisionen des II. Korps und die Kavallerie in Enghien.

So viel darf als sicher gelten, daß der Herzog überzeugt war, seine Angaben träfen wesentlich das Richtige. Dafür bürgt seine staatsmännische Vorsicht, die ihn hindern mußte, etwas wissentlich Falsches aus der Hand zu geben, dafür bürgt sein militärischer Ernst und seine Gesamthaltung den Preußen gegenüber, dafür bürgen auch seine eigenen Worte, denn beim Wegreiten von Brye äußerte er, wie wir noch sehen werden, er sei überzeugt, daß um 2 Uhr so viele Truppen um Quatre=Bras versammelt seien, daß er die Offensive sogleich ergreifen könne. Das Gleiche ergiebt der Vorschlag, den Müffling bei Brye gemacht haben will und den er mit den Worten begleitete: „auf diese Art vermied ich, die falschen Berechnungen des Herzogs über die Zeit der Versammlung seiner Armee ... öffentlich zu erwähnen"**). Aber nicht Wellington allein lebte der von ihm geäußerten Ansicht, denn bereits morgens $^1/_2$7 Uhr konnte Major von Brunneck an Blücher schreiben: „Der Prinz von Oranien glaubt, daß in Zeit von drei Stunden die ganze belgische und der größte Teil der englischen Armee bei Nivelles konzentriert sein kann," das wäre also um $^1/_2$10 Uhr! Von Nivelles ließ sich Quatre=Bras in zwei Stunden erreichen. Um 12 Uhr wären nach

---

*) Vergl. hinten die Untersuchung: Die „Disposition of the British Army".
**) Freilich sind derartige Angaben Müfflings sehr unzuverlässig.

dieser Rechnung also die ganze belgische und der größte Teil der englischen Armee, eingeschlossen 17 Bataillone der Reserve, beisammen gewesen*). Man hat hier eine Auffassung, die noch weit mehr als die Wellingtonsche übers Ziel hinausschießt. Anderseits giebt Müffling an, daß er Gneisenau bei Brye mitgeteilt habe, die englischen Reserven könnten nicht vor 4 oder gar erst um 6 Uhr bei Quatre=Bras eintreffen**). Bei der Unzuverlässigkeit Müfflings ist hier nicht ausgeschlossen, daß er sich diese Angaben später zurechtgelegt hat, wenn er sie aber machte, so widersprechen sie sich unter einander um zwei entscheidend wichtige Stunden, und nicht erst um 4 Uhr, sondern schon um 3 Uhr erschien die Spitze der Reservearmee auf dem Platze. Müffling hätte sich also ebenso wie Wellington geirrt, nur nach der entgegengesetzten Seite.

Nach alledem scheinen verschiedene Umstände bei der Abfassung des Briefes zusammengewirkt zu haben. Zunächst ist zu bedenken, daß es sich um ein schnell hingeworfenes Schreiben auf Vorposten handelt. Der Verfasser hatte hier nicht die Sammlung wie in seinem Arbeitszimmer und mußte auf möglichst prägnante Kürze sehen. Deshalb spricht er auch nur von Armeekorps, obwohl sie aus bislang verstreuten Teilen bestanden, die nicht einmal immer nach demselben Orte gewiesen waren, die also unmöglich an der genannten Stelle beisammen sein konnten. Am deutlichsten ist dies bei dem Reservekorps. Wellington sagt: es befinde sich auf dem Marsche von Waterloo nach Genappe, wo es um 12 Uhr eintreffen werde***). Diese Ausdrucksweise setzt voraus, daß sich die Truppen dicht geschlossen hinter einander, als einheitliche Heersäule bewegten und zwar um $10^1/_2$ Uhr auf der Strecke von Waterloo bis Caillou, den Raum von etwa einer Meile einnahmen. Das war nun aber, wie wir bereits darthaten, in keiner Weise der Fall; im Gegenteile, es handelte sich um lauter Bruchstücke: voran Picton und Best, dahinter, anfangs getrennt, die größere Hälfte der Braunschweiger, dann Nassauer und schließlich wieder Braunschweiger. Um $^1/_2$11 Uhr waren diese Truppen verteilt von Waterloo bis hinter Brüssel; und dazu gesellte sich noch der Marsch der Brigade Vinke von rechts, von Hal her, und das Ansammeln der Division Cole. Es handelte sich also um Heeresteile, die sich über eine ganze Anzahl von Meilen erstreckten. Nun hat Wellington dies sicher nicht in vollem Umfange gekannt, aber immerhin mußte er bei seinem verspäteten Aufbruche und bei seinem Ritte auf der Chaussee genug bemerkt haben, um sich zu sagen, daß die Reserve nicht in Kolonne einherziehe. Und nicht minder konnte er denken, daß es sich mit

---

*) Müffling 286.
**) Hofmann 123; Müffling 234.
***) Hierzu ist die Stelle des Armee=Journals zu vergleichen, wonach die Reserve um 1 Uhr durch Genappe marschierte. Siborne, Waterloo Letters 23.

den übrigen Truppen ebenso verhalte. Da er dies nun aber nicht erwähnt, sondern überall bestimmte Orte angiebt, so hatte er seine Gründe hierfür, und die werden in Kürze und Prägnanz zu suchen sein, wozu ihn einerseits die Umstände zwangen, anderseits der Wunsch, möglichst klar zu sein, den Verbündeten nicht zu verwirren, sondern ihm ein knappes, aber bestimmtes Bild zu geben. Dies hat er dann freilich in einer für sich und sein Heer möglichst günstigen Weise gethan. Unkenntnis und Absicht mögen hier zusammengewirkt haben, verbunden wohl mit wirklichem Irrtume. Seit Monaten hatte Wellington und sein Hauptquartier Marschberechnungen angestellt, alle Entfernungen waren im voraus erwogen. Unwillkürlich werden sich ihm diese Berechnungen aufgedrängt haben, ohne daß er im Augenblicke bedachte, wie sie auf Tages- und nicht auf Nachtbefehlen beruhten, wie die Soldaten plötzlich aus der langen Ruhe aufgeschreckt, nicht gleich ihre volle Leistungsfähigkeit entfalten würden*).

Echt englisch zeigt Wellingtons Depesche ausschließlich den eigenen Standpunkt.

Er sagt bloß: da und da stehen meine Streitkräfte. Die Reserve ist in Marsch; die Ankunft von Truppen, zunächst der Reserve, wird erwartet, sobald sie und Nachrichten von Blücher eingetroffen sind, gedenkt er sich über die Maßnahmen für den Tag schlüssig zu machen. Am 15. hatte Müffling ihn im Auftrage Blüchers gefragt: wann und wo sich der Herzog konzentriere und was er beschlossen habe. Der heutige Brief beantwortete die eine, nicht aber die andere Frage. Als vorsichtiger Diplomat sagte er nur in knappen Worten, so und so liegen augenblicklich die Dinge bei mir, das übrige wird sich finden. Er behält sich also die Freiheit des Handelns vor. Nun war aber gerade der Entschluß für die Preußen das Entscheidende; sie wollten wissen, in wie weit sie bei einem Angriffe des Feindes auf englische Hilfe rechnen konnten. Ihrerseits ließ sich deshalb der Depesche entnehmen, bei solcher Stellung vermag Hilfe um die und die Zeit da zu sein. Thatsächlich hat auch Gneisenau so gerechnet, und nach ihm eine Menge Historiker, zumal preußische, bis auf den heutigen Tag**).

Hiermit ist aber etwas in die Meldung hineingetragen, was nicht darin steht und nach Wellingtons Auffassung nicht darin stehen sollte, denn sonst hätte er sich wohl anders ausgedrückt. Aus den früheren Abmachungen verstand sich seine Unterstützung der Preußen im Falle eines Angriffs von selber. Bisher hatten sie aber mit keinem Worte geäußert, daß sie

---

*) Später äußerte Wellington sich einmal weniger günstig über die Marschfähigkeit seiner Truppen. Müffling 251.

**) Vergl. z. B. Delbrück 662: „Nach diesem Briefe mußte Wellington um 3 Uhr spätestens drei seiner Armeekorps bei Quatre-Bras vereinigen können (an sich falsch!) und am Abend konnte möglicherweise auch noch das vierte anlangen." Vergl. auch Ollech 125.

diese für dringend notwendig hielten. Ihm selbst kam es nicht so vor, denn ausdrücklich schrieb er, er bemerke nicht viel vom Feinde vor ihnen. Noch immer fühlte er sich unsicher, ob nicht ihn der Hauptstoß treffen, noch immer, ob dieser nicht über Mons oder Binche gehen würde. Die Ruhe des Feindes in seiner Front konnte solche Befürchtung nur bestärken. Deshalb hegte er noch gar nicht die Absicht, die Truppen aus Nivelles und Braine nach Quatre-Bras zu ziehen*), sondern im Gegenteil, sie sollten dort bleiben, bis sich die Sachlage geklärt hätte. Alles hatte nach seiner Meinung vor Binche, Quatre-Bras und Sombreffe noch Zeit, denn heute würde es nicht mehr zu einem ernsten Zusammenstoße kommen, sondern frühestens morgen, und bis dahin konnte er sein Heer beisammen haben und je nach Bedürfnis verschieben.

Dies ist unseres Erachtens der Kern der Depesche. Mehr als Diplomat wie als Feldherr stellte er seine Sachlage möglichst günstig dar, in der Ueberzeugung, daß er das ohne Benachteiligung der Preußen thun könne. Und in Wirklichkeit sind sie auch nicht besonders geschädigt worden, denn, wie wir sahen, war Blücher schon am 15. entschlossen, die Schlacht zu liefern und zwar auf eigene Faust, ohne Zuratziehung Wellingtons. Demgemäß waren die Befehle zur Vereinigung der Armee bei Sombreffe schon seit der Nacht zum 15. erteilt und am Morgen des 16. die Aufstellung zur Schlacht erfolgt. Da nun die britische Depesche erst ½12 Uhr bei Gneisenau eintraf, so war sie kaum noch geeignet, besondere Umwandlungen in dessen Maßnahmen zu bewirken.

Es schien, daß Wellington die Sachlage mit Befriedigung betrachten konnte. Die Hauptmängel: die Lücke bei Quatre-Bras und das etwas späte Eintreffen der Reserven, waren, erstere durch die Unterführer, letzteres durch Neys Verhalten wesentlich ausgeglichen. Jetzt hielt man alle drei auf Brüssel führenden und möglicherweise gefährdeten Straßen besetzt, doch so, daß das Schwergewicht nach Osten, den Preußen zugewandt war. Am Nachmittage mußten in Quatre-Bras mindesten 20 000 Mann vereinigt sein, welche den augenscheinlich schwachen gegenüberstehenden feindlichen Kräften mehr als gewachsen erschienen. Ungefähr gleich viele befanden sich in Nivelles; beide Orte lagen dicht bei einander, so daß im Notfalle Verstärkungen von dem einen nach dem anderen abgehen konnten. Hier schien mithin alles in bester Ordnung zu sein. Und ebenso verhielt es sich nach Wellingtons Annahme bei den Preußen: sie hatten vier Armeekorps beisammen

---

*) Bezeichnend ist die Stelle im Armee-Journal (Siborne, Waterloo Letters 24), wo es heißt: „Quatre-Bras, it being sufficiently ascertained that the Enemy is making his principal attack in this direction, and not on the side of Mons, as was at first apprehended. Also auch jetzt nicht mehr als „Hauptangriff", der Nebenstoß konnte immer noch über Mons gehen.

oder vereinigten sie doch im Laufe des Nachmittags, konnten dem Feind also mit 120000 Mann begegnen. Dazu die Wellingtonschen Truppen gerechnet, ergab die Uebermacht seitens der Verbündeten, die sich am nächsten Tage, wo es voraussichtlich zur Schlacht kam, noch um 40000 Mann von Braine her vergrößern ließ. Die Entscheidung vermochte man also mit 200000 Verbündeten gegen 120000 Franzosen anzunehmen. Die Dinge lagen nach alledem durchaus günstig.

Nun war aber inzwischen bei den Preußen etwas eingetreten, was die Lage wenigstens für den 16. insofern verschlechterte, als an diesem Tage nicht die ganze Armee beisammen sein konnte. Das wußte jedoch Wellington nicht, denn Blücher hatte ihm ausdrücklich geschrieben: „Die Armee wird sich morgen in der Stellung bei Sombreffe konzentrieren," und zwar alle vier Korps*).

Ziemlich gleichzeitig mit der Nachricht Wellingtons ging eine zweite des Majors von Brunneck ab. Sie war, wie die vorige, flüchtig mit Bleistift geschrieben und hat folgenden Wortlaut:

„Auf den Vorposten zwischen Quatre-Bras und Frasne.
Vormittags 3/4 10 Uhr.

Der Feind steht noch bei Frasne, so wie er heute früh stand. Seine Stärke läßt sich wegen des hohen Getraides und des mit Büschen durchschnittenen Terrains nicht schätzen. 3 Batls., etwa 2 Lanzier Regimenter und ½ Batterie ist alles, was sich bis jetzt von ihm gezeigt hat, und welches das Gefecht auf den Vorposten unterhelt. Wie weit sich sein linker Flügel erstreckt und in welcher Richtung derselbe fortläuft, läßt sich gleichfalls nicht absehen. Rebes scheint indessen nicht von ihm besetzt zu sein**)".

Man erkennt, weder die Meldung des englischen Feldherrn noch die des preußischen Offiziers lauteten sonderlich beunruhigend; ein Beweis, daß die Sachlage bei Quatre-Bras vor der Hand keine Besorgnis einflößte. Sie konnte sich aber jeden Augenblick ändern. Wellington sandte deshalb an Lord Uxbridge für seine bei Enghien versammelte Reiterei den Befehl, sofort nach Quatre-

---

*) Varnhagen von Ense, Leben Blüchers 427, teilt mit, daß Wellington um Mitternacht auf dem Balle eine dritte Botschaft empfing, welche berichtete, der Feind habe den Uebergang über die Sambre bei Marchiennes, Charleroi und daraufhin bei Chattelet erzwungen, den Heeresteil Zietens bis hinter Fleurus zurückgedrängt, sogar schon einen Posten des Prinzen von Oranien bei Frasnes angegriffen, werfe sich aber mit ganzer Macht auf das preußische Heer. Blücher fügte die bringende Aufforderung hinzu, ihn für die nahen Ereignisse nicht ohne Unterstützung zu lassen. Da Varnhagen keine Quellen angiebt, so weiß man nicht, worauf seine Angaben beruhen. Die hier gegebenen scheinen meistens freie Phantasie zu sein.

**) VI. C. Nr. 3, Vol. II, p. 113, im Kriegsarchive. Beachtenswert ist, daß Brunneck kein Wort von der inzwischen erfolgten Ankunft Wellingtons sagt. Vergl. die Anmerkung. S. 146.

Bras aufzubrechen*). Inzwischen wurde es 12 Uhr, ohne daß die Ruhe bei Frasnes wesentlich gestört wäre; auch von Westen her verlautete nichts Bedrohliches. Um so ernster konnten sich die Dinge im Osten bei den Preußen gestalten. Wiederholt ertönte von dorther Kanonen= und Flintenfeuer, wie von kleineren Gefechten, und in weiter Ferne erkannte man den Aufmarsch zur Schlacht**).

Die Preußen befanden sich in steter Fühlung mit Quatre=Bras. Der Major von Brunneck war eigens deshalb dorthin gesandt, und General v. Zieten hatte von Blücher Befehl, die Verbindung mit den Verbündeten aufrecht zu erhalten. Er hatte deshalb einen Offizier mit 40 Reitern seitwärts auf die Römerstraße nach Villers Peruin zu geschoben, der die Franzosen beob= achtete und zu den Holländern hinüber patrouillieren ließ***). Von Brunneck oder von einer dieser Patrouillen erhielt Wellington die Bestätigung des Briefes vom vorigen Tage, daß Blücher sich in Sombreffe befinde†). Auch Müffling will die Nachricht erhalten haben, daß die preußische Armee sich bei Ligny sam= mele††); vielleicht geschah es durch die Depesche Blüchers vom letzten Abend, die erst jetzt in die richtigen Hände gelangte; doch ist ein direkter Gedankenaustausch zwischen Müffling und seinem Hauptquartier keineswegs ausgeschlossen, wenn auch nichts davon erhalten blieb.

Unter diesen Umständen scheint das Eintreffen des Oberstleutnants Hardinge bei Wellington von größter Wichtigkeit geworden zu sein†††). Augenscheinlich hielt dieser auf den Höhen bei Frasnes und beobachtete den Feind, einfach gekleidet und nur von einem Offizier seines Stabes be= gleitet, um nicht die Aufmerksamkeit der Franzosen zu erregen. Der heran= sprengende Hardinge erkannte ihn aus der Entfernung nicht, vermutete aber nach den beschnittenen Schwänzen der Pferde, daß die beiden Männer Eng= länder seien. So galoppierte er auf sie zu, im Vertrauen, daß die Schnellig= keit seines Pferdes ihn retten würde, wenn er etwa auf Feinde stoße[1]).

---

*) Nach Angabe Dörnbergs. Der Befehl selbst blieb nicht erhalten.

**) Wellington sagt: the Prussian army, which was in sight. Suppl. Disp. X. 525. Vergl. auch den Brief Wellingtons an Blücher, daß er vor den Preußen nicht viel bemerke.

***) Tagebuch Zietens, im Kriegsarchive VI. S. 13.

†) Bericht Dörnbergs.

††) Müffling 230.

†††) Wir erfahren von demselben vornehmlich durch Kapt. Bowles, welcher erzählt: „The Duke rode at speed to Quatre-Bras, where he met Hardinge and went with him to Blücher." Ropes 373.

[1]) In einem späteren Gespräche Hardinges herrscht augenscheinlich Verwirrung. Da heißt es: „The Duke came over before the battle (of Waterloo) to Quatre-Bras and examined the Prussian position". Dies ist falsch. Wellington begab sich entweder nach Brye bezw. Ligny, oder es handelte sich nicht um Rekognoszierung der Preußen, sondern der Franzosen bei Quatre=Bras. Hardinge fährt dann fort: „I saw

Die Begegnung Hardinges mit Wellington wird erst nach Absendung der Depesche an Blücher stattgefunden haben, weil diese kaum erfolgt wäre, wenn der Herzog schon den Entschluß gefaßt hätte, sich selber zu Blücher zu begeben*). Sehr möglich ist, daß Müffling seinen Adjutanten oder sonst einen Reiter an das preußische Hauptquartier geschickt hat, der diesem die Entwickelung der Dinge auf englischer Seite schilderte und ihm die Ankunft Wellingtons bei Quatre=Bras meldete**). Hardinge hätte dann zwischen ½12 und 12 Uhr seinen Feldherrn erreicht. Im preußischen Hauptquartiere mußte man ein dringendes Bedürfnis empfinden, sich mit ihm zu verständigen. Da die Morgendepesche Wellingtons noch nicht eingetroffen war, so befand man sich in weitgehender Unkenntnis von den Absichten und Möglichkeiten der englischen Heeresleitung. Besaß man Müfflings Brief vom vorigen Abend, so ergab sich daraus eine Versammlung des englischen Heeres bei Nivelles, also an einem Orte, der für schnelle Unterstützung zu weit entfernt lag. Nun hatte man dem Briten mitgeteilt, daß Napoleon an beiden Ufern der Sambre vordringe, daß Zieten bis Fleurus zurückgehe und sich das ganze preußische Heer bei Sombreffe sammele, wo der Fürst entschlossen sei, die Schlacht anzunehmen. Hiermit trat die Vereinbarung von Brüssel in Kraft, welche besagte, wenn der Feind über Charleroi angreife, so sollten die Preußen sich derartig (augenscheinlich bei Sombreffe) aufstellen, daß ihnen die Engländer, die sich in Quatre=Bras vereinigen würden, sicher zu Hilfe eilen könnten***). Welling=

you, Sir, in the distance as horsemen and I thougt yon must be English by the cut tails. You had, I think, several of your staff with you. ‚Only William Gordon', interrupted the Duke." Augenscheinlich ist dies die Schilderung von Hardinges Zusammentreffen mit Wellington bei Frasnes, denn nur dort paßt es hin, nicht aber auf Wellingtons Ankunft oder Aufenthalt bei der Mühle. Hierhin gehört aber „examined the Prussian possition", weil Wellington diese von Frasnes nur ungenau sehen konnte. Daran schließt sich, was nun folgt: „When you had examined the Prussian position". Stanhope, der diesem Gespräche 1837 beiwohnte und es aufzeichnete, kannte den Hergang nicht und warf zwei verschiedene Dinge zusammen. Aehnliche Ungenauigkeiten finden sich bei Stanhope auch sonst. Stanhope, Conversations with the Duke of Wellington. 108, 109.

*) Ergiebt sich aus dem Befehle und der Darstellung Müfflings bei Hofmann, 120, 121. Hiernach wußte Wellington bis zuletzt nicht, ob die vier preußischen Korps sich vereinigten.

**) Er wird dann auch den Brief Müfflings vom Abend zuvor überbracht haben, der wegen der Unterbrechung der Heerstraße nicht angekommen war. Einen Ankunftvermerk (ein praesentatum) trägt das Original nicht.

***) Vorausgesetzt, daß der Wortlaut richtig ist. Wir wiesen bereits darauf hin, daß dies wegen der Ortsbezeichnung Quatre=Bras nicht ganz feststeht. Ropes 71 sq. 91, betont zu sehr, daß kein definitiver Plan bestand. Die genannten sind solche; sie entgingen Ropes aber und machen seine ganze Auffassung schief. Bekanntlich knüpfen sich an unsere Vorgänge die verschiedensten Auslegungen und Meinungen: wir erwähnen nur die Napoleons in seinen Correspondance de Napoleon I, vol. 31,

tons Unterstützung stand demnach in Aussicht, aber sicher war sie keineswges und Sicherheit erschien in dieser ernsten Lage unbedingt notwendig. Ebenso wenig wußte man, ob die Versammlung des verbündeten Heeres dem Briefe zufolge bei Nivelles, oder der Abmachung gemäß bei Quatre-Bras geschehen würde, ja man wußte nicht einmal, ob Wellington wirklich im stande sei, die Seinigen in der kurz gemessenen Spanne Zeit zu vereinigen, bezw. wie viel Truppen er bis zur bevorstehenden Schlacht zur Verfügung haben würde.

Vor allem aber hatte sich, wie wir andeuteten, die Sachlage für die Preußen ungünstig gestaltet. Gneisenaus Absicht bezweckte ursprünglich: Napoleon mit ganzer Macht bei Ligny entgegenzutreten. Er hoffte dafür das weitest entfernte Korps Bülows am 16. im Laufe des Nachmittags zur Stelle zu haben*). Doch bereits in der Nacht vom 15. zum 16. wurde klar, daß auf dessen rechtzeitiges Eintreffen nicht zu rechnen sei. Dies bedeutete, daß die Schlacht am 16. vermieden oder nur mit drei Korps, also mit nur 80—90000 Mann statt mit 120000 Mann, mithin voraussichtlich in der Minderzahl geliefert werden müsse. Ebenso sehr aus politischen als aus strategischen Gründen entschloß sich Blücher dennoch, stand zu halten. Hiermit aber war die Möglichkeit eines unglücklichen Ausganges bedeutend näher gerückt, oder mit anderen Worten, die Unterstützung Wellingtons erlangte jetzt eine Wichtigkeit, die sie vorher nicht besaß. Hatte man am 15. geglaubt, allein, ohne Wellington, siegen zu können, und dessen Nähe nur für alle Fälle gewünscht, so meinte man am 16. die Schlacht zwar noch anzunehmen und sie zur Not halten zu können**), aber zum Siege brauchte man statt des Bülowschen Korps Wellington: seine Hilfe erschien jetzt als eine Notwendigkeit.

Nun genoß Hardinge sowohl Blüchers Vertrauen, wie auch das des Herzogs, und die Umwandlung auf preußischer Seite war ihm sicher bekannt***). Die preußische Heeresleitung wird ihn deshalb ersucht haben, sich

---

p. 254, wonach die Preußen sich nicht bei Ligny hätten sammeln sollen, welches sich bereits unter den Kanonen des Feindes befand, sondern bei Wavre, wo die Franzosen erst am Abend des 16. eintreffen konnten, Blücher also Zeit hatte, seine Armee zu vereinigen. — Das ist an sich richtig, eine Aufstellung bei Wavre aber widersprach der Abmachung von Brüssel und hätte thatsächlich die Engländer preisgegeben, denn Napoleon brauchte Blücher nicht nach Wavre zu folgen, sondern konnte sich auf Quatre-Bras und Nivelles werfen und hier die verstreuten Truppenteile vernichten.

*) Olech 106.

**) Blücher und Gneisenau waren hiervon überzeugt, bis der Durchbruchstoß des Feindes in der Mitte die preußische Linie zerriß.

***) Freilich besitzen wir vom Nachmittage des 15. keine Depesche Hardinges an Wellington, welche diesem den Entschluß der Preußen zur Schlacht mitteilte, es wäre damit möglich, daß Gneisenau ihn nicht gleich in alles einweihte, jedenfalls wird es aber während der Nacht geschehen sein. Ebenso wahrscheinlich ist, daß Hardinge von

zu Wellington zu begeben, um ihm die veränderten Verhältnisse darzulegen. Hierzu stimmt eine Angabe Müfflings, die er in seiner Geschichte des Feldzugs von 1815 macht, welche schon in dem Kriegsjahre geschrieben, mithin ziemlich gleichzeitig ist*). Da heißt es: „Der Herzog erhielt vom Fürsten Blücher die Nachricht, daß sich beträchtliche Massen gegen ihn in Bewegung setzten, und er in der Gegend von Sombref eine Stellung genommen habe, in der er den Feind erwarte"**). Von einem Briefe oder sonstigen Abgesandten Blüchers an Wellington zu dieser Zeit ist nichts bekannt; es kann also nur Hardinge jene Mitteilungen gemacht haben. Auf diese Weise würde sich auch das Befremdliche von dessen Erscheinen bei Quatre-Bras erklären, denn als englischer Bevollmächtigter gehörte er unmittelbar vor Beginn einer großen Entscheidung ebenso in das preußische Hauptquartier, wie Müffling in das englische. Seine Sendung entsprach weniger der Stellung eines Militärbevollmächtigten, als der eines von Blücher und Gneisenau geschickten Vertrauensmannes.

Wesentlich auf seiner Darlegung dürfte beruhen, was jetzt folgte. Hardinge wird Wellington berichtet haben: die Preußen erwarteten jeden Augenblick den Angriff Napoleons und befänden sich in vollem Aufmarsche zur Schlacht. Der Herzog, immer noch in seiner Auffassung lebend, glaubte das nicht recht. Nach Angabe des hier unbedingt zuverlässigen Augenzeugen Grolman zweifelte Wellington noch auf dem Schlachtfelde von Ligny, daß der Hauptangriff den Preußen gelte***). Hardinge hingegen wird die Gneisenausche Meinung geteilt haben. Nur eigene Anschauung konnte helfen†). Schon war die Zeit bis zum Mittage vorgerückt, ohne daß der Feind bei Frasnes irgend etwas unternommen hätte. Eine Entscheidung an diesem Tage war damit unwahrscheinlich geworden; der Oberfeldherr schien hier also zunächst entbehrlich zu sein, jedenfalls durch persönliche Aussprache mit Blücher und selbständige Prüfung bei den Preußen mehr als durch thatenloses Warten nützen zu können. Er beschloß deshalb, Quatre-Bras für kurze Zeit zu verlassen, um sich ins preußische Hauptquartier zu begeben, welches sich in einer Stunde erreichen ließ.

---

dem Mittags-Briefe (des 15.) Blüchers an Wellington unterrichtet war, für ihn also kein Anlaß zur Berichterstattung vorlag, zumal er nicht mehr sagen konnte, als schon in dem Briefe stand.

*) Das Vorwort ist vom Januar 1816.

**) Gesch. 9. Sehr bezeichnend erscheint, wie Müffling obige Angabe, daß der Herzog die Nachricht erhielt, in seinen Memoiren 230 dahin geändert hat: „Da . . . mir aber die Nachricht zugekommen war".

***) Damitz I, 105.

†) Sehr richtig sagt der sonst in vielen Dingen ungenaue Clausewitz 44, der Herzog eilte zu Blücher, „um sich selbst zu überzeugen, ob der Feind hier mit der Hauptarmee vordringe". Hardinge erzählte später ausdrücklich: The duke came over . . . and mexamined the Prussian position. Stanhope, Conversations 108.

Beim Aufbruche soll er zum Prinzen von Oranien gesagt haben: „wenn Ihr angegriffen werdet, so rechne ich darauf, daß Ihr die Stellung bis zur Ankunft der Verstärkungen haltet"*). Daß er so gesprochen hat, ist möglich; gewiß erscheint, daß er dem Prinzen bestimmte Weisungen über dessen Verhalten gab.

Von seinem Gefolge begleitet, sprengte Wellington auf der Straße nach Namur einher. Müffling behauptet, daß er ihm unterwegs gesagt habe: „Wenn, wie es scheint, das, was vom Feinde bei Frasnes steht, nur unbedeutend ist, und die englische Armee maskieren soll, so kann ich meine ganzen Kräfte zur Unterstützung des Feldmarschalls verwenden, und alles, was er als gemeinschaftliche Operation wünscht, werde ich gern ausführen." Der Berichterstatter will die feste Ueberzeugung gehabt haben, daß die Aeußerung des Herzogs auch seinem ernsten Willen entsprochen habe**).

Daß es Wellingtons Absicht gewesen ist, den verbündeten Preußen zu helfen, wenn er konnte, darf nicht angezweifelt werden. Im übrigen aber dürften Müfflings Angaben so ungenau und unzuverlässig, wie gewöhnlich sein, weil sie nicht zu den folgenden Verhandlungen stimmen. Als Thatsache kann gelten, daß der Herzog unterwegs Müffling anredete und ihm Mitteilungen über seine Pläne und Meinungen machte, vielleicht auch einige derselben mit ihm besprach, weil er wünschte, daß derselbe Gneisenau davon verständige. Es war 1 Uhr, als Wellington den greisen Blücher bei der hochgelegenen Mühle von Brye traf. Der Feldmarschall hat den Verbündeten gewiß freudig begrüßt, wahrscheinlich hatte er ihn erwartet. Da standen sich nun die beiden Männer gegenüber, in deren Händen das nächste Schicksal Europas lag, beide äußerst einfach gekleidet. Blücher trug einen geringen Kriegsrock mit rotem Kragen, einen alten Säbel umgeschnallt und eine Mütze auf dem Kopfe. Wellington war in blauem Ueberrock und weißen Unterkleidern mit weißer Halsbinde, ein englischer Gentleman; der Degen und der dreieckige Hut kennzeichneten den Krieger, und die vierfache Kokarde deutete auf die vierfache ihm von England, Spanien, Portugal und Niederland verliehene Feldmarschallwürde***).

Von ihrem Standpunkte aus konnten die Feldherren den Anmarsch der Franzosen deutlich erkennen, welcher durch den preußischen Generalstab eifrig beobachtet wurde. In kurzem Gedankenaustausche zeigte Blücher dem Herzoge an, daß er entschlossen sei, die Schlacht anzunehmen. Um besser sehen zu können, bestiegen beide die Mühle, auf deren Höhe sich bereits Gneisenau

---

*) Charras 183.
**) Müffling 230.
***) Varnhagen von Ense, Leben Blüchers 425. Da Varnhagen nicht citiert, so ist nicht ersichtlich, ob er eine Quellenangabe für diese Beschreibung gehabt, oder sie Bildwerken entnommen hat.

und Grolman befanden*). Oben angekommen, betrachtete Wellington das Gelände und machte sich ein Bild von den Vorgängen: die Hauptmacht des Feindes rückte den Preußen entgegen, diese hatten bereits großenteils ihre Verteidigungsstellungen bezogen, und richteten sich in denselben ein, zum Teil marschierten sie noch auf ihre Plätze. Das Bild war grundverschieden von dem bei Quatre-Bras. Erst jetzt wird der Brite den ganzen Ernst der Sachlage erkannt und sich überzeugt haben, daß bei Frasnes im besten Falle nur ein Seitenkorps stehe.

Inzwischen erstattete Müffling kurz Gneisenau Bericht. Wie er angiebt, versicherte er, daß es Wellingtons wirkliche Absicht sei, den Verbündeten beizustehen, daß man ihm aber nicht zumuten möge, seine Armee zu teilen. Bei Quatre-Bras stünden bisher erst wenige verbündete Truppen, und die Reserven könnten nicht vor 4 Uhr eintreffen; es sei deshalb wünschenswert, daß sich die Wellingtonsche Macht auf der Straße nach Charleroi bis Frasnes begebe, um von dort aus, links abmarschierend, Napoleons linke Flanke zu umfassen. Bereits vorher sahen wir, wie Müffling den Wunsch hatte, der Herzog möge bis Frasnes vorstoßen. Während des Rittes scheint Wellington auf diese Bewegung, welche zu seinen eigenen Plänen stimmte, eingegangen zu sein. Sie bot für die Engländer den Vorteil, daß sie beisammen blieben und die wichtige Brüsseler Straße besetzt hielten. Gneisenau antwortete nicht auf Müfflings Vortrag, sondern schüttelte mit dem Kopfe.

Nun begannen die eigentlichen Verhandlungen**). Bei der Enge des Raums waren nur die entscheidenden Persönlichkeiten zugegen: preußischerseits Blücher, Gneisenau, Grolman und Müffling, englischerseits Wellington, Dörnberg und gewiß auch Hardinge. An der Beratung selber beteiligten sich nur Gneisenau, Wellington, Grolman und Müffling. Blücher that es nicht, weil er solche Auseinandersetzungen überhaupt nicht liebte, und er ihnen in diesem besonderen Falle nicht folgen konnte, denn sie fanden französisch statt, also in einer Sprache, die der Fürst nicht verstand.

Von vorneherein wurde die Thatsache als feststehend betrachtet, daß die Schlacht in der von den Preußen gewählten Stellung stattfinden würde, sobald die Franzosen sie angriffen. Damit war die entscheidende Frage gegeben: wie, auf welche Weise der Herzog den Fürsten am wirksamsten unterstützen könne. Wellington brachte den bereits von Müffling erörterten Plan

---

*) Vergl. meinen Aufsatz: Die Verhandlungen Wellingtons und Blüchers auf der Windmühle bei Brhe, im Histor. Jahrbuch 1902, S. 80 ff., 91 ff.

**) Beitzke, Gesch. des Jahres 1815, S. 132, und Treuenfeld, Die Tage von Ligny 2c. 180, sind zweifelhaft, in welcher Sprache die Verhandlungen geführt wurden. Natürlich französisch, welche damals noch mehr wie jetzt die internationale Sprache war. Deshalb giebt Müffling auch einzelne Redewendungen Wellingtons französisch und nicht englisch.

in Vorschlag: er wolle die augenscheinlich geringen feindlichen Kräfte bei Frasnes überwältigen und sich dann im Laufe des Gefechtes, je nach Umständen, an die Preußen heranziehen, oder Napoleon im Rücken bedrängen, oder durch kräftigen Vorstoß auf Charleroi ihn von seinen rückwärtigen Verbindungen abschneiden. Müffling unterstützte diese Ansicht und führte sie näher aus. Darauf erwiderte Gneisenau: „Wenn Sie das, was Ihnen bei Quatre-Bras entgegensteht, über den Haufen werfen und rasch vorgehen können, so würde es das größte Resultat erzielen, indem Sie dadurch der französischen Armee in den Rücken kämen." Aber, fürchtete der preußische Generalstabschef, die Bewegung erfordere zu viel Zeit, um so mehr, als man bei einem Seiten- oder Rückenstoße auf kleine Nebenwege angewiesen sei. Eine wirkliche Unterstützung des preußischen Heeres würde dadurch also voraussichtlich nicht erreicht, sondern dasselbe laufe Gefahr, von der Uebermacht Napoleons erdrückt zu werden, bevor die Umgehung sich vollenden lasse. Hier war es Grolman, der den Ausführungen Gneisenaus beitrat. Man sieht deutlich, wie jede der beiden Gruppen von ihrem eigenen Heere ausging: Wellington wollte in erster Linie Brüssel gesichert wissen, den Preußen galt Brüssel als Nebensache, für sie war die Hauptfrage: möglichst schnelle und kräftige Hilfe. Der Brite wünschte deshalb die Straße Quatre-Bras — Charleroi in der Hand zu behalten und auf sie gestützt, von ihr aus seine Bewegungen zu entwickeln; Gneisenau fürchtete, dieses Festklammern an einer Seitenlinie würde ihm einen großen Teil, wenn nicht die ganze Unterstützung der Verbündeten entziehen.

Der Herzog äußerte sich nicht, sondern verlangte einen bestimmten Vorschlag mit den kurzen Worten: „Was wollen Sie, daß ich thue?" Nun entwickelte Gneisenau seinen eigenen Plan, der dahin ging, Wellington solle nicht geradeaus vorstoßen, sondern mit seiner Armee auf der Chaussee Quatre-Bras—Namur links abziehen, um zwischen der Kreuzung derselben mit der alten Römerstraße und Sombreffe als Reserve der Preußen aufzumarschieren. Dies war eine schroff preußische Forderung, welche nur die augenblickliche Sachlage, die bevorstehende Schlacht, nicht aber die englischen Wünsche und Aufgaben berücksichtigte. Es war ein echt Gneisenauscher Vorschlag: voll und ganz, ohne alle Nebenrücksichten. Der Generalstabschef ging dabei offenbar von der Ansicht aus, daß Napoleon seinen linken Flügel im wesentlichen von der Straße Charleroi—Quatre-Bras an das Hauptheer herangezogen habe*), jene Straße also den Engländern keine Gefahr bringe, wohl aber die Preußen durch die Gesamtmacht des Imperators bedroht seien. Diese Annahme war möglich, vielleicht wahrscheinlich, doch keineswegs sicher, und der Brite war Mann der Sicherheit. Kraft ihm von seiner Regierung erteilten Weisungen, durfte er die Brüsseler Straße nur im äußersten Not-

---

*) Vergl. auch Chesney 109.

falle freigeben. Er erwiderte deshalb: „Das kann doch nur für den Fall eintreten, daß ich nicht selbst in Quatre-Bras angegriffen werde." Hiermit machte er einen natürlichen und richtigen Einwand, der auch bejaht wurde, worauf Gneisenau seinen Plan dahin einschränkte, daß Wellington den vor ihm stehenden Feind festhalten und nur mit dem Reste seiner Truppen links abmarschieren möge, d. h. also, daß er den kleineren Teil seines Heeres bei Frasnes oder Quatre-Bras zur Deckung Brüssels stehen lasse, mit der Hauptmacht aber den Preußen geradeswegs Hilfe bringe. Weil es nun nach Müfflings Erörterung den Grundsätzen des Herzogs zuwider lief, seine Armee zu teilen, so erschien auch dies als schwer empfundene Zumutung. Gneisenau scheint deshalb noch ferner zugestanden zu haben, daß der Marsch der Verbündeten nicht bis Sombreffe fortgesetzt zu werden brauche, sondern nur bis hinter den rechten preußischen Flügel, also nur bis zur Kreuzung der Römerstraße. Auf diese Weise blieb Wellington der Brüsseler Chaussee mit seinem abgezweigten Truppenkörper näher und konnte je nach Umständen als Reserve oder als Verlängerung des preußischen rechten Fügels dienen, oder den Feind überflügeln und dessen linke Flanke seitwärts fassen. Daraufhin erwiderte der Herzog wohl: „Das Raisonnement ist richtig. Ich werde sehen, was gegen mich steht und wie viel von meiner Armee angekommen ist, um demgemäß zu handeln."

Das Ergebnis der Besprechung bildete einen Ausgleich zwischen der englischen und der preußischen Auffassung. Beide Teile kamen dahin überein: Wenn hinreichende Truppenmengen in Quatre-Bras versammelt seien, so solle der Herzog sofort über Frasnes nach Gosselies vorstoßen, den ihm gegenüberstehenden Feind zum Rückzuge nach Charleroi zwingen, um selber dem Napoleonischen Hauptheere schräge in Flanke und Rücken zu fallen. Aber bei diesem Unternehmen komme alles auf die Schnelligkeit der Durchführung an. Vorbedingung folglich sei: stark überlegene Kräfte auf englischer und untergeordnete auf französischer Seite. Bis 4 Uhr, mithin nach Wellingtons Rückkehr in einer Stunde, müsse der Erfolg absehbar sein. Lasse sich ein solcher bis dahin nicht erreichen, so sei eine direkte Unterstützung der bis 5 Uhr gewiß schon schwer bedrängten Preußen vorteilhafter, als eine entferntere Offensive. Ob und inwiefern der Herzog sie leisten wolle und könne, ließ man außerhalb der Uebereinkunft. Alles blieb hier den eingetretenen Umständen und dem Ermessen des Briten anheim gegeben. Dieser behielt mithin freie Hand, falls der sofortige Stoß nach vorwärts nicht glücke*). Bei Wellington hatte sich nicht mehr erreichen lassen. Man konnte thatsächlich nicht wissen, wie die Dinge sich gestalten würden und der

---

*) Kurz, aber im Ganzen richtig ist Plothos Darstellung: Der Krieg Europas 1815, S. 39. Anders derselbe S. 46, 47.

Herzog war in solchen Fällen prinzipiell gegen bestimmte Abmachungen, die mehr belasten als nützen konnten.

Inzwischen hatte sich die französische Armee von Fleurus aus immer deutlicher entwickelt. Wellington erhielt die Ueberzeugung, daß Napoleon sein Hauptheer in der That gegen die Preußen versammele, und somit die Entscheidung bevorstehe. Bis 3/42 Uhr hat er den Anmarsch des Feindes beobachtet. Nach späteren Angaben äußerte er zu Hardinge, wenn die Preußen hier fechten, werden sie geschlagen werden; und den preußischen Generalen will er seine Befürchtung in der Form mitgeteilt haben: „jeder kennt seine eigene Armee am besten, aber wenn ich mit der meinigen hier kämpfen müßte, so würde ich erwarten, zu unterliegen"*). Ob der Herzog wirklich so gesprochen, oder es sich erst später bloß zurechtgelegt bezw. sich eingeredet hat, mag dahingestellt bleiben. Daß ihm bei dem Aufmarsche der Franzosen, welche er für ziemlich vollzählig hielt, Bedenken gekommen sind, erscheint keineswegs ausgeschlossen. Den Preußen fehlte ein ganzes Korps und ihre Aufstellung war gedrängt und unübersichtlich. Auch Gneisenau hielt sich nicht stark genug, dem Feinde allein widerstehen zu können. Schließlich verabschiedete Wellington sich mit den Worten: „Ich bin überzeugt, daß um 2 Uhr so viele von meinen Truppen versammelt sind, um unverzüglich die Offensive ergreifen zu können"**).

Nach Quatre-Bras zurückreitend, begleitete Blücher ihn mit einem Teil seines Stabes ein Stück Wegs, während Müffling noch kurz zurückblieb, um

---

*) Stanhope, Conversations 109.

**) Auffallend erscheint die zweite Stunde, da es ja fast schon 2 Uhr war, und Wellington doch augenscheinlich die Zeit seiner Rückkunft, mithin 3 Uhr meinte. In seinen „Aanteekeningen" hat De Bas 1180, Nr. 211 eine bisher unbekannte Mitteilung veröffentlicht. Sie lautet: „of Ligny. The Duke of W. had an interview with Blucher at „Moulin de Bry" and assured him, that the greater part of his troops being concentered, he was going to put them in a movement to carry them to the serveral points attacked. Blucher on his side therefore resolved, to give battle in a situation, which offered him but few advantages and whished the D. of W. to assist his movements upon the left flank of the enemy. It was from this moment only that Blucher resolved to give battle, because it was to be foreseen, that unless this was done, the British army would be overpowered. This accounts, why the villages were so little fortified." (Ich gebe diesen Druck nach einer mir gütigst übersandten Abschrift des Herrn Obersten De Bas.) De Bas meint, der Text rühre höchstwahrscheinlich von Müffling her. Dies scheint uns nahezu ausgeschlossen, denn die Darstellung giebt nicht Müfflings Auffassung wieder, sondern die des preußischen Generalstabes. Vergl. z. B. Damitz I, 110, 118; Clausewitz, Hinterlassene Werke VII, 58 u. a. Augenscheinlich ist der Text nicht gleichzeitig und ziemlich wertlos. — Ganz haltlos ist, was Clausewitz 86 ausführt: „Bei Blücher überzeugte Wellington sich erst, daß die feindliche Hauptmacht gegen Blücher stehe und nun erst scheint er den Befehl nach dem Ausgange des Waldes von Soigne geschickt zu haben, wo die Divisionen seiner Reserve seit 10 Uhr standen, sich nach Quatre-Bras in Bewegung zu setzen."

Gneisenau und Grolman auseinanderzusetzen, er fürchte, daß die englische Truppenmacht zu spät ankommen und der Herzog nach seiner (Müfflings) Ueberzeugung die Brüsseler Straße nicht verlassen würde, wenn ein Angriff auf ihn erfolge*). Die Preußen dürften demnach auf keine Unterstützung der verbündeten Armee rechnen. Müffling kannte Wellington und seine Pläne genügend, um nicht zu wissen, daß er seiner Regierung gegenüber zu korrekt bleibe, um irgend eine Gefahr für Brüssel zuzulassen. Hinter dem Herzoge einhersprengend, holte er ihn bald wieder ein, und ritt dann noch neben Blücher. Kurz bevor dieser umkehrte, will Nostiz, ein Adjutant des Feldmarschalls, zu Müffling gesagt haben: er möge nach Verlauf einiger Stunden der Preußen gedenken, denn dann würden sie höchst wahrscheinlich schon tüchtig ausgeklopft sein. „Warum glauben Sie das?" fragte der General: „Weil von allen den Suppositionen, welche uns veranlaßt haben, die Schlacht anzunehmen, keine eintreffen wird; der Herzog wird uns keine Unterstützung senden, und unser IV. Armeekorps werden wir vergeblich erwarten," erwiderte Nostiz**). Ob dieser genau so gesprochen hat, mag dahingestellt bleiben. Jedenfalls beziehen sich die Worte nicht eigentlich auf die Vereinbarungen von Brye, sondern auf die Gründe für die Annahme der Schlacht bei Ligny, welche preußischerseits ohne Befragung Wellingtons beschlossen war und Nostiz schon vorher besprochen hatte. Eine bange Ahnung, daß das Ereignis nicht gut abgehen werde, mag viele beschlichen haben, Müffling selber teilte diese Ansicht, wie wir sahen. Als Blücher sich verabschiedete, hatte die jugendfrische Greiserscheinung solchen Eindruck auf Wellington gemacht, daß er zu Dörnberg äußerte: „Was für ein netter Kerl das doch ist"***). Mit der Absicht, den Preußen direkte Hilfe zu bringen, näherte er sich gegen 3 Uhr Quatre-Bras, wo er, wie wir bald sehen werden, wohl zwischen 3 Uhr 5 Minuten und 3 Uhr 15 Minuten eingetroffen ist.

Aber da war inzwischen alles verändert. Schon während des Rittes hatte man ein zunehmendes Feuer aus der Gegend südlich der Wegkreuzung vernommen, was auf einen Angriff seitens der Franzosen schließen ließ.

---

*) Hierbei ist freilich zu erwägen, daß Wellington dies ja selber gesagt hatte, und daß man preußischerseits nicht an einen ernsten Kampf bei Quatre-Bras glaubte.

**) Das Tagebuch des Generals v. Nostiz, in: Kriegsgeschichtliche Einzelschriften VI, 23, 24.

***) Aehnlich äußerte Wellington sich im Jahre 1838: „He (Blücher) was a very fine fellow, and whenever there was any question of fighting, always ready and eager if anything to eager". Stanhope, Conversations 120. Was hier über Blüchers Verrücktheit gesagt wird, dürfte auf Unkenntnis der französischen Sprache seitens Blüchers oder auf Klatsch beruhen.

Als der Herzog eintraf, fand er ein voll entwickeltes Gefecht*), doch zeigte der Feind noch keine besonders starken Truppenmassen. Bald aber drängte er dermaßen, daß Müffling dem Fürsten meldete: „Wellington kann keine Hilfe senden". Wesentlich zur Beruhigung diente diesem, daß er von Gefangenen mit Gewißheit erfuhr, der Angriff auf Quatre-Bras werde durch zwei feindliche Infanteriekorps nebst einer bedeutenden Kavallerie ausgeführt, folglich könne die mit Blücher beschäftigte Macht ihm nicht sonderlich überlegen sein**). Während der Schlacht kamen von Stunde zu Stunde Nachrichten vom preußischen Heere und wurden dahin abgesandt. Um 8½ Uhr erfolgte die letzte, nach welcher sich Blücher noch an der Windmühle zwischen Ligny und Brye befand, und das Dorf Ligny, ungeachtet der feindlichen Uebermacht und Anstrengungen zu behaupten glaubte***). Bis zuletzt also erkennt man den ernsten Willen des Zusammenhaltens, des gemeinschaftlichen Kampfes, und aus diesem Geiste heraus erklärt sich dann auch Gneisenaus Rückzug nach Wavre†). Als das Getöse der Schlacht bei Ligny aufhörte, war Wellington überzeugt, daß die Preußen die Schlacht gehalten hätten.

Fassen wir noch einmal das Ergebnis der Beratung der beiden Feldherrn zusammen, so geht es dahin: Wellingtons Plan war von vornherein, die Straße von Brüssel nicht aufzugeben, sondern durch Vordringen auf derselben dem Verbündeten erst indirekte, dann durch einen Flanken- und Rückenstoß direkte Unterstützung zu bringen. Unter den Eindrücken des aufmarschierenden Feindes und der klaren Gneisenauschen Darlegung aber neigte er eine kurze Zeit zum Linksabmarsche, zur unumwundenen Hilfeleistung hinüber, wenigstens mit einem Teile seines Heeres. Doch auch jetzt geschah es nur unter der Voraussetzung, daß er nicht selber angegriffen werde, d. h. die Brüsseler Straße nicht bedroht erscheine. Sogar in diesem Zeitpunkte, als er den preußischen Wünschen am nächsten stand, machte er keine unbedingte, sondern

---

*) Vergl. die Angaben Dörnbergs hinten. Fitzroy Somerset sagt: „his army, which he (Wellington) reached very shortly before it was engaged with the enemy." Siborne, Waterloo Letters 3.

**) Dieser Gedankengang wird ausdrücklich von Müffling in seiner fast gleichzeitigen Geschichte des Feldzugs 11 mitgeteilt.

***) So Müffling, Gesch. 12. Der letzte Depeschenreiter wäre also zwischen 7 und 7½ Uhr von Brye weggeritten.

†) Maurice berichtet in dem United Service Magazine. N. S. I, p. 355: „Hardinge records, that as he was on the 17 th lying on his bed Blücher burst into his room, triumphantly announcing: „Gneisenau has given way. We are to march to join Wellington". Maurice meint, diese Worte seien in Wavre gefallen, nach der Ankunft von Wellingtons Meldung, daß er die Schlacht bei Waterloo annehmen würde, wenn Blücher ihm Hilfe leiste. Uns erscheint diese späte Aussage viel zu schlecht beglaubigt, um ihr Gewicht beizulegen. Außerdem sind die Gründe nicht genügend bekannt, die Gneisenau vielleicht etwas zurückhaltend machten; vor allem fürchtete er wegen der ungenügenden Munition und Verpflegung. Daß er Wellington aus Neid oder Aerger nicht helfen wollte, widerspricht völlig Gneisenaus Wesen.

nur eine bedingte Zusage*), eine solche, die durch Neys Angriff hinfällig wurde.

Betrachten wir die Pläne als solche, so ergiebt sich, daß Wellington zwei getrennte Schlachten wünschte, deren Ergebnis im Laufe der Zeit auf einander einwirken sollte, daß Gneisenau dagegen eine große Einzelschlacht vor Augen hatte, welche von den Preußen allein eingeleitet, von den Preußen und ihren Verbündeten gemeinsam entschieden würde. Wellington blieb auch jetzt noch Politiker, der die Ziele seiner Regierung fest und unverrückt im Auge behielt, Gneisenau war ausschließlich Stratege, der davon ausging, die Schlacht erzeuge aus sich selber die politischen Folgen. Siege man, schlüge man Napoleon, so sei es ganz gleichgültig, ob eine kleinere Heeresabteilung inzwischen auf Brüssel marschiere; sie renne dann nur in ihr Verderben oder müsse schleunigst wieder umkehren. Genau wie bei den beiderseitigen Feldzugsplänen, welche wir am Anfange unserer Schrift kennen lernten, steht Gneisenau wieder als der größere, gewaltiger arbeitende Geist da, vor dessen mächtigem Ziele alle Nebendinge abfielen wie Schlacken vom Eisenkerne. Anderseits aber hat Wellington sich durchaus als zuverlässiger Verbündeter erwiesen, der die ernste Absicht hegte, den Preußen zu nützen, so weit er nach seiner Ueberzeugung irgend vermochte**), daß Ney ihm diese Absicht verdarb, lag nicht an ihm, sondern an der Gestaltung der Sachlage. Wellington hat sich bei Brye in jeder Weise „korrekt" gezeigt und sich den Verbündeten gegenüber nichts zu Schulden kommen lassen***).

---

*) Von seinem Standpunkte konnte man um so weniger eine völlige Hingebung an die zunächst preußischen Interessen erwarten, weil die Preußen die Schlacht selbständig beschlossen und bisher (wenigstens bis zum Eintreffen Hardinges) keine Forderung auf notwendige Unterstützung gemacht hatten.

**) Vergl. hier, daß Müffling dem Herzoge gesagt haben will: „Wir werden Ihnen stets mit dem entgegen kommen, was wir können; der Fürst wird vollständig befriedigt sein, wenn Sie dasselbe thun." Müffling 217.

***) Mit diesen Worten schloß ich meine vorne genannte Abhandlung im Histor. Jahrbuch. Sie steht der Ansicht Lehmanns und Delbrücks schroff gegenüber. Ganz neuerdings äußerte sich Lettow=Vorbeck in einem Artikel der Kreuz=Zeitung von 1902, Nr. 293. (Eine Fahrt über die Schlachtfelder von Ligny und Belle Alliance): „Da Wellington nach den von ihm getroffenen Anordnungen keine wirksame Unterstützung leisten konnte, so durfte er auch nicht einmal eine bestimmte Zusage machen. Mir scheint es nicht zweifelhaft, daß auf Grund dieser Zusage preußischerseits die Annahme der Schlacht stattgefunden hat." Darauf erwidern wir 1. Wellington glaubte sicher, daß er helfen könne, wie seine Morgenmeldung an Blücher und seine eigenen Schlußworte beweisen: „Ich bin überzeugt, daß um 2 Uhr so viel Truppen versammelt sind, daß ich die Offensive unverzüglich ergreifen kann". 2. Thatsächlich waren auch so viel Truppen beisammen, daß er wirken konnte, wenn Ney ihm nicht mit 2 Armeekorps gegenüber gestanden hätte. Bis 4 Uhr, dem Zeitpunkte, den Gneisenau angegeben, befanden sich 18 000 bis 20 000 Mann bei Quatre=Bras, nicht so viel wie Wellington erwartet hatte, aber immerhin eine ansehnliche Macht, um so mehr, als es zur Hälfte

Bekanntlich haben sich an das Gespräch bei Brye allerlei Vorwürfe und Auseinandersetzungen geknüpft*). Obwohl Wellington in denselben vielfach angegriffen wurde, blieb sein Urteil über Gneisenau doch ein gerechtes. So äußerte er noch 1838: „Gneisenau war nicht eigentlich ein Taktiker, aber tief in Strategie. Mit Strategie meine ich den Feldzugsplan, mit Taktik die Bewegungen auf dem Schlachtfelde. In letzterer war er nicht so sehr geschickt. Das volle Gegenteil war Blücher: er verstand nichts von Feldzugsplänen, wohl aber kannte er das Schlachtfeld. Im ganzen kamen Gneisenau und ich sehr gut mit einander aus, und gewöhnlich veranlaßte ich Blücher, meinem Wunsche zu entsprechen**)."

Die offizielle Darstellung preußischerseits, diejenige, welche der Generaladjutant v. d. Knesebeck dem Könige „nach der Aussage der soeben anlangenden Couriers" am 21. Juni machte, hat folgenden Wortlaut: „Den 15. um $1/_25$ Uhr morgens wurden die Posten des 1. preußischen Armeekorps unter Zieten an beiden Ufern der Sambre angegriffen und die Punkte von Thuin und Charleroi nach einer sehr heftigen Gegenwehr der darin gelegenen Truppen genommen. Dieser General zog sich seiner Instruktion gemäß fechtend zurück und stellte sich bei Fleurus auf. Blücher versammelte das in der Nähe liegende 2. Armeekorps bei Sombreffe. Wellington versammelte seine Truppen bei Soignies und Braine le Comte.

---

beste Kerntruppen waren. 3. Blücher hat sicherlich nicht auf so ungenügende Zusagen, wie der Brite sie machte, und billiger Weise nur machen konnte, die Schlacht bei Ligny geschlagen. Hätte er das gethan, so hätte er und Gneisenau wegen Leichtfertigkeit vors Kriegsgericht gehört. Die Schlacht stand schon am 15. fest, wie Blüchers Briefe an Müffling, an den König und andere Dinge beweisen. Wir gedenken auf diesen Gegenstand an einem anderen Orte zurückzukommen. Bemerkt mag noch werden, daß Delbrück in Zeitschr. XIV, 673 sagt: „Diese Idee Napoleons hat Wellington nicht begriffen. Man möchte sagen, weil Wellingtons ganzes Bestreben dahin ging, Belgien zu verteidigen, so habe er umgekehrt geschlossen, Napoleon wolle nichts als Belgien in Besitz nehmen und würde deshalb in mehreren getrennten Kolonnen vorgehen". In dieser Ausführung liegt, wie leider so oft auf deutscher Seite, eine tiefe und keineswegs begründete Unterschätzung Wellingtons. Er glaubte nicht, daß Napoleon in mehreren getrennten Kolonnen vorgehe, bloß um Belgien zu besetzen, sondern meinte, daß sein erstes Ziel Brüssel sei, und er hiergegen auf zwei Straßen vorstoßen werde mit einer Haupt- und einer Nebenkolonne, wie es auch thatsächlich bei Ligny und Quatre-Bras geschehen ist.

*) Vergl. meine öfters genannte Abhandlung. Bemerkt mag noch werden, daß das Tagebuch von Nostitz sagt: „Gegen 1 Uhr traf der Herzog von Wellington in Begleitung des Generals Müffling daselbst ein. Es fanden zwischen ihnen und den Generalen v. Gneisenau und v. Grolman lange Besprechungen statt, in welchen der Herzog wiederholt die gemachte Zusage einer kräftigen Unterstützung erneute." Das Tagebuch ist in späten Jahren vielfach überarbeitet und zeigt so in diesem Punkte die Auffassung des preußischen Generalstabes. Zugegen war Nostitz bei den Verhandlungen nicht; sein Zeugnis steht schon deshalb gegen das der Teilnehmer zurück.

**) Stanhope, Conversations 119.

Der Feind schickte seine Posten den Tag bis Genappe, um die Verbindung mit den beiden Armeen zu unterbrechen. Dies veranlaßte den Herzog von Wellington, seine Reserve den 16. morgens bei Quatre-Bras aufzustellen, um dadurch der preußischen Armee sich seinerseits zu nähern, und indem er auf diese Weise den Feind nötigte, einen Teil seiner Kräfte gegen die englische Armee zu verwenden, dem Fürsten Blücher die möglichste Hilfe zu leisten*)."

Ohne auf Einzelheiten einzugehen, bemerken wir nur, daß Knesebecks Auffassung ist: Napoleon greift die Preußen überraschend an und nötigt sie, sich seitlich auf Fleurus zurückzuziehen. Dadurch entsteht eine Lücke zwischen dem preußischen und englischen Heere, welche der Kaiser alsbald benutzt, um bis Genappe vorzuprellen und die Verbindung der Verbündeten zu unterbrechen. Inzwischen hat Blücher einen Teil seines Heeres bei Sombreffe und Wellington seine Fronttruppen bei Soignies und Braine gesammelt. Um aber die Verbindung wieder herzustellen, führt Wellington schnell seine Reserven von Brüssel bis Quatre-Bras. Er nähert sich dadurch den Preußen, zieht einen Teil der feindlichen Armee auf sich und leistet Blücher die möglichste Hilfe. Knesebecks Anschauung ist somit, daß Wellington seinen Bundespflichten entsprochen hat. Von einem Vorwurfe findet sich keine Spur.

Kehren wir nach der Wegkreuzung zurück. Während der Verhandlungen hatte der Prinz von Oranien den Befehl bei Frasnes geführt und sorgsam den Feind beobachtet. Er ließ das 2. Bataillon Nassau, welches seit gestern in der Front gestanden hatte, durch das 3. Bataillon ablösen und zog es nach Quatre-Bras zurück, um es ausruhen und abkochen zu lassen. Als hier gegen 12 Uhr das letzte Bataillon der 2. Division eintraf, welches bei Nivelles zurückgeblieben und von der 3. Division abgelöst war, wurde es in geschlossener Kolonne gefechtsbereit hinter dem Busche von Bossu aufgestellt. Die ganze Division war nunmehr beisammen.

Selbstverständlich hatte man schon die gefangenen Franzosen ausgefragt, doch wohl nicht viel von ihnen erfahren, weil sie als Spitzentruppen nicht wußten, was hinter ihnen marschierte. Da erschien ein übergelaufener französischer Generaladjutant, von dem man erfuhr, daß der Feind aus acht Infanterie- und vier Kavallerie-Divisionen bestehe unter dem Befehle des Marschalls Ney. Es ist in dem Berichte der Perponcherschen Division nicht genau mitgeteilt, wann dieser Ueberläufer ankam, doch deutet die Stellung des ihn behandelnden Satzes und die Wendung, „man bekam durch ihn die Sicherheit" darauf, daß er zwischen 12 und 1 Uhr seine Angaben gemacht hat. Wäre er früher gekommen, hätte Wellington schwerlich seinen Ritt zu den Preußen unter-

---
*) VI D. 118. II, im Kriegsarchive. Wegen anderer Auffassung vergl. hinten: Die Auffassung des preußischen Generalstabes.

nommen, benn er hätte bamit gewagt, baß bie nieberländische Division von bem fast sechsmal überlegenen Feinde weggefegt worden wäre, bevor er zurückkehrte. Ueberbies beruhen seine ganzen Erörterungen bei Brye barauf, baß er bie Franzosen vor Quatre-Bras nicht für besonders stark hielt*).

Die Angaben bes Ueberläufers enthüllten bem Prinzen bie ganze Größe ber Gefahr, in ber er schwebte: vor ihm eine gewaltige Heeresmacht, links bie Preußen im Aufmarsche zur Schlacht, rechts alles still. Jetzt enblich sah man einigermaßen klar, nicht bei Nivelles, sondern bei Quatre-Bras und Sombreffe mußte die Entscheidung fallen. Schon begann auch der Feind vor ihm in Bewegung zu kommen; jeden Augenblick konnte er sich vorwärts stürzen.

Oranien scheint seine Entschlüsse schnell gefaßt zu haben. Er sandte Befehl an die englischen Divisionen Alten und Cooke, schleunigst nach Quatre-Bras zu eilen. Dagegen beließ er die nieberländische Division Chassé und die Reiterei Collaerts noch bei Nivelles, und beorderte die englische Division Clinton ebenfalls dorthin; immer noch in der Besorgnis, daß ein französischer Heeresteil hier vordringen und die rückwärtige Verbindung nach Brüssel verlegen könnte. Die Befehle des Prinzen für biese Bewegungen sind nicht erhalten, doch führen folgende Erwägungen auf ihre Erteilung. Die Division Alten befand sich, wie wir sahen, seit ½10 Uhr bei Nivelles, doch jedenfalls nicht ganz, sondern einzelne Teile derselben scheinen hier erst gegen Mittag angekommen zu sein. Um 3 Uhr erhielt sie bie Weisung nach Quatre-Bras zu kommen**). Ein guter Reiter legt die Strecke zwischen beiden Orten in dreiviertel Stunde zurück; sie muß also gegen 2 Uhr von hier abgegangen sein. Von 12 bis 3 Uhr führte aber der Prinz bei Quatre-Bras den Oberbefehl, weil Wellington weitab nach Brye geritten war. Gegen 5½ Uhr ist die Division Alten auf dem Schlachtfelde von Quatre-Bras eingetroffen***). Bald darauf erschien hier eine reitende Batterie der Division Cooke, während die Infanterie dieses Heerteiles mit der anderen Batterie das Schlachtfeld erst gegen 6 Uhr zu erreichen begann. Die Division hatte in der Frühe Enghien verlassen und um 3 Uhr bei Nivelles Halt gemacht, wo sie alsbald nach Quatre-Bras weiter berufen wurde, b. h. also, bies geschah ziemlich gleichzeitig mit der Division Alten.

Etwas nach 1 Uhr bemerkte Oranien Bewegungen der Franzosen bei Frasnes, welche auf einen Angriff schließen ließen. Mehr und mehr entwickelte der Feind starke Truppenmassen, infolgebessen gegen 2 Uhr ein heftiges Tirailleurgefecht begann, und die ersten Kanonenschüsse fielen†). Damit war die eigentliche Schlacht eröffnet.

---

*) Die Worte, welche Wellington bem Prinzen von Oranien gesagt haben soll: „Vous ne tarderez sans doute pas à être attaqué" können bagegen nicht aufkommen, weil solche Aussprüche selten genau wiedergegeben werden.

**) Treuenfeld 248. Vorn S. 102.

***) Treuenfeld 248. Vorn S. 101.

†) Die Begebenheiten der Division Perponcher sagen: „Um 1 Uhr wurde es burch bie Bewegungen bes Feindes klar" ꝛc. Gegen 2 Uhr beginnt bann bas Gefecht.

Die Division Perponcher stand bereit, den Gegner zu empfangen. Um seine Schwäche zu verbergen, hatte der Prinz das zwischen Quatre-Bras und Frasnes westlich der Straße sich erstreckende Gehölz geschickt benutzt. Vor, in und hinter demselben standen die Bataillone nur etwas in das freie Feld hinausgeschoben, bis über Gemioncourt an die Chaussee. Diese Aufstellung bot den Vorteil, daß der Feind schlechterdings nicht sehen konnte, was er vor sich habe; eine ihm so unangenehme Thatsache, daß sie Reille veranlaßte, Ney zu sagen: „Das könnte eine Schlacht wie in Spanien werden, wo die Engländer sich erst zeigten, wenn für sie der richtige Zeitpunkt gekommen war*)". Nur ein Teil der niederländischen Artillerie war möglichst sichtbar gemacht; sie bildete gewissermaßen das im Ernstfalle auszufüllende Gerippe der Schlachtordnung, und da sie sich vom Teiche Materne bis auf die Straße von Namur erstreckte, so mußte man französischerseits annehmen, daß dieselbe ziemlich ausgedehnt sein würde. Die Artillerie stand folgendermaßen: Auf dem Wege Frasnes—Quatre-Bras: zwei 6-Pfünder und eine Haubitze der reitenden Batterie. Sie bildeten das Centrum, rechts davon ein 6-Pfünder und eine Haubitze und noch weiter zwei 6-Pfünder, während links drei Geschütze der reitenden Batterie auf dem Wege nach Namur hielten. Die übrigen Geschütze befanden sich weiter rückwärts vor und hinter Quatre-Bras**). Infanterie deckte die Geschütze der Front.

Eine Eigentümlichkeit der Schlacht bei Quatre-Bras ist bekanntlich die Aufnahme derselben von niederländisch-deutscher Seite mit völlig ungenügenden Kräften, und das andauernde ruckweise Eintreffen von Verstärkungen. Diese Umstände hätten Ney ermöglicht, den Feind anfangs geradezu zu zermalmen, wenn er seine beiden Korps statt des einen zur Stelle gehabt hätte. Da nun das verbündete Heer stark genug war, an der entscheidenden Stelle nicht nur mit gleicher, sondern sogar mit weit überlegener Truppenzahl aufzutreten, so erweist die obige Thatsache unzweifelhafte strategische Unterlassungssünden. Diese werden bekanntlich Wellington zugeschrieben, und bis zu gewissem Grade mit Recht, denn wie wir sahen, hätte er schon am 14., sicher im Laufe des 15. Juni Befehle ausgeben können, die eine stärkere Sammlung seiner Streitkräfte in größeren Verbänden anordneten, so daß er sie im Falle der augenblicklichen Not schneller hin und herzuschieben vermochte, als es jetzt möglich war. Immerhin bewirkten seine freilich nicht unbeeinflußten Anordnungen, daß am 16. morgens 10 Uhr bei Nivelles zwei neue Divisionen und

---

Es läßt sich dies damit vereinigen, daß die Avantgarde von Reille kurz vor 1½ Uhr bei Frasnes ankam und Reille um dieselbe Zeit mit Ney zusammentraf. Houssaye 171, De Bas 1183.

*) Houssaye 172.

**) Wir folgen hier dem Divisionsberichte. Näheres, teilweis abweichend bei De Bas III, 587, 588. Berichtigung 1182.

zwei Kavalleriebrigaden standen. Da war es nicht Wellington, sondern der Befehl des Prinzen von Oranien, der diese bedeutende Truppenmacht in Nivelles festhielt und augenscheinlich eine der Divisionen, die Division Chassé, dauernd festgehalten hat. Hätte Oranien verfügt, daß die Divisionen Alten und Chassé samt der Reiterei sofort nach Quatre-Bras weiter marschieren sollten, so wären hier noch vor 1 Uhr an 14000 Mann Infanterie und 2500 Reiter mehr zur Stelle gewesen, d. h. also, man hätte sofort mit nahezu 25000 Mann den Franzosen entgegentreten können, welche mit nur 9000 Bajonetten und 1800 Pferden den Kampf eröffneten*). Also die letzte Entscheidung, welche so gefahrbringend wirkte, ist nicht von Wellington, sondern von Oranien ausgegangen.

Dieselbe Besorgnis, welche der Prinz schon am Morgen für Nivelles hegte, hat ihn auch am Abend nicht verlassen. Ja, sie ging hier so weit, daß sie ihn veranlaßte, das 27. Jägerbataillon noch vor Beendigung des Kampfes von Quatre-Bras nach Nivelles zurückzusenden. Oranien schickte dieses Bataillon also vom Schlachtfelde fort — auf einen thatsächlich gar nicht gefährdeten Punkt. Die Divisionsgeschichte unterläßt deshalb auch nicht, ausdrücklich anzugeben, Seine Königliche Hoheit habe selber den Befehl dazu erteilt. Oberflächlich betrachtet, erscheint die Maßnahme ganz unsinnig, näher angesehen, erkennt man den Grund dafür. Jener französische Ueberläufer hatte ausgesagt, daß Ney zwei Korps befehlige: nun aber hatte nur ein solches das Gefecht geführt, und eben weil nur eines es that, so neigte sich der Kampf zu Ungunsten der Franzosen. Damit drängte sich die Frage auf, wo das andere Korps geblieben sei? Es konnte sich ostwärts gegen die Preußen, es konnte sich aber ebensogut westwärts gewandt haben, um über Nivelles die Stellung bei Quatre-Bras zu umgehen und sich zwischen die hier befindlichen Verbündeten und Brüssel zu schieben. Die Besorgnis vor einer derartigen Bewegung des Feindes bewirkte augenscheinlich den Befehl des Prinzen**), der damit ganz verständlich wird, wenngleich er eine zu große Vorsicht bekundet, weil ja bei Nivelles eine Infanteriedivision und zwei Reiterbrigaden standen, also genug Truppen, um den Feind vorläufig aufzuhalten, während von Braine her ein ganzes englisches Korps herankommen konnte.

Auch in dem Berichte, den der Prinz an den König sandte, betonte er in erster Linie Nivelles, wohin er, wie er sagte, eine Kavallerie- und drei Infanteriedivisionen beordert hätte, während er nur eine für Quatre-

---

*) De Bas 1182.

**) Müffling berichtet über die Auffassung im englisch-niederländischen Lager (Memoiren 222): „Es schien dem Herzoge nicht wahrscheinlich, daß die ganze französische Armee über Charleroi vorbrechen werde, und vor allem erwartete er eine Kolonne auf der Hauptchaussee über Mons nach Brüssel".

Bras verwandte, und auch von dieser die eine Brigade in Nivelles zurück=
hielt, bis die Verstärkungen eintrafen*). Man sieht, welch ein Gewicht
auf diesen Ort gerade niederländischer Seite gelegt wurde; guten Teils
augenscheinlich auf Wunsch des Königs, der für Brüssel fürchtete.

Nach alledem thäte man unrecht, dem Prinzen besondere Schuld bei=
zumessen: er handelte nach bestem Wissen und Gewissen, und ging wie Welling=
ton, vielfach von falschen Voraussetzungen aus. Die Menschen sind eben nicht
allwissend, und wir Modernen, die von rückwärts sehen, wie alles gekommen
ist, haben leicht reden und kritisieren. Wäre das eingetreten, was Wellington und
Oranien befürchteten, hätte Napoleon einen Heeresteil über Nivelles bis an die
Brüsseler Straße geschickt, so würde die Nachwelt klar und deutlich beweisen,
wie unvorsichtig der englische und der niederländische Führer gewesen seien,
wie es doch auf der Hand lag, die wichtige Straße nicht preis zu geben**).

Es ist ja so leicht, nach dem Erfolge zu urteilen. Thatsächlich war
Wellington ein besserer Feldherr, als alle die Berufenen und Unberufenen, die
ihm nachträglich die richtigen Wege vorgerechnet haben.

Und noch ein anderes. Die eintreffenden Verstärkungen sollen bewirkt
haben, daß der Herzog die Uebermacht erlangte, in dessen Folge er die Fran=
zosen abends in die mittags bei Frasnes verlassene Stellung zurückdrängen
konnte. Prüfen wir diese Meinung auf ihre Richtigkeit.

Leider weichen die Zahlenangaben über die einzelnen Truppenteile viel=
fach von einander ab, ohne daß wir in der Lage sind, dieselben genau feststellen
zu können. Aber für unsere Zwecke ist das auch kaum erforderlich, weil eine
ungefähre Berechnung der Stärkeverhältnisse genügt.

Demgemäß kämpften am Schlusse der Schlacht auf englischer Seite:

Perponcher	Mann	7 000 ***)
van Merlen	„	1 080
Picton	„	7 500 †)
Braunschweig	„	5 000
Alten (ohne Ompteda) . . .	„	5 500
Cooke	„	4 000
		30 080 ††)

---

*) De Bas 1186.

**) Wir halten die Erörterungen von Ropes 95 sq. und anderen deshalb auch
im Wesentlichen für falsch.

***) Diese Zahl giebt der Divisionsbericht angenscheinlich richtig De Bas 566
hat 7831 Mann, das ist aber nur die nominelle Zahl, die thatsächlich nicht vorhanden
war. Siborne I, 101 rechnet nur 6832 Mann. Vergl. p. 423.

†) Brigaden Kempt und Pack 4644, Best.: 2582. 81. Regiment 439 und dazu
noch Artillerie. De Bas 591 rechnet 7200 Mann.

††) Das Nassauische Kontingent (2800 Mann) darf kaum mitgerechnet werden, weil
seine ersten beiden Bataillone erst um 8 Uhr bei Quatre=Bras eintrafen. Auch Uxbridge

Auf französischer Seite:

Reille (ohne Division Girard)	Mann	20000*)
Kellermann	„	3500
Lefèbvre	„	2000
		25500

Hiernach hätten also zuletzt etwa 5000 Mann auf englischer Seite mehr gefochten**). Mit diesen bloßen Zahlen ist die Sache aber nicht abgethan. Die Franzosen standen entweder direkt vor dem Feinde oder hatten nur die kurze Strecke von Gosselies bis Frasnes auf guter Chaussee zu marschieren. Sie traten also ausgeruht und verhältnismäßig vollzählig in den Kampf. Wesentlich anders die Verbündeten, von ihnen befand sich nur eine Brigade der Division Perponcher am Feinde, die andere hatte ähnlich wie der größere Teil der Franzosen eine unbedeutende Wegstrecke, die von Nivelles nach Quatre-Bras, zurückzulegen. Doch dies waren zusammen nur etwa 7000 Mann. Alle übrigen Truppenteile mußten weite Märsche machen, teilweise 4 und 5 Meilen, auf nicht immer guten Wegen bei großer Hitze. Sie trafen deshalb nicht bloß abgemattet ein, sondern nicht selten wegen andauernden Eilmarsches völlig atemlos. Viele Leute waren vor Anstrengung, Aufregung und Furcht unterwegs liegen geblieben. Namentlich galt dies von den an sich nicht kriegslustigen neuen Regimentern der Belgier. Dazu kam die Drückebergerei, die in deren Reihen üppig gewuchert zu haben scheint. Der englische Subaltern-Offizier, dem wir bereits manche Mitteilung verdankten, berichtet: „Das Gefecht bei Quatre-Bras hatte bereits seit einer Stunde begonnen, als ich zu meiner Truppe stieß. Auf dem Wege dahin begegnete ich einer beträchtlichen Zahl von jenen „braven" Belgiern, wie man sie nennt, welche so schnell als möglich sich nach rückwärts begaben. Ich konnte nicht begreifen, was das zu bedeuten habe, aber die Schlacht am 18. öffnete mir die Augen". Von dieser erzählt der Offizier: „Kaum begann das furchtbare Geschützfeuer (½11 Uhr) bei Belle-Alliance, so sahen wir eine Masse belgischer Truppen den Kamm der von uns eingenommenen Anhöhe verlassen, auf welchen sie in gewisser Art, ein erstes Treffen vor uns bildend, postiert waren. Es schien, als wären sie ausgerissen. Ihre Offiziere konnten sie nicht wieder zum Stehen bringen, und einige unserer Leute wollten auf sie schießen, was aber verhindert wurde***)". Wenn aus diesen Worten auch der Hochmut des Briten spricht, so sind die erzählten That-

---

kommt nicht mehr in Betracht. Clausewitz 86 giebt ziemlich richtig die gegenseitige Stärke während der zweiten Gefechtsperiode an auf einige 20000 Mann mit je 1800 und 4000 Reitern.

*) Houssaye 91 bezeichnet die Stärke des ganzen Korps auf 25179 Mann.

**) Treuenfeld (S. 250) läßt Wellington doppelt so stark als Ney sein. De Bas 597 giebt 20000 Mann auf französischer und 31000 Mann auf englischer Seite an. Meine Berechnungen ergaben obige Zahlen.

***) Militär. Wochenbl. 1846, S. 58, 70. Vergl. auch Siborne, Waterloo Letters 30.

— 175 —

sachen doch im wesentlichen wahr, da sie auch sonst bezeugt werden*), besonders deutlich z. B. von Mercer. Dieser sagt über seinen Marsch von

---

*) Ich kann bei dieser Gelegenheit leider nicht umhin, zu bemerken, daß De Bas, dessen Fleiß und große Quellenkenntnis in jeder Weise Anerkennung verdient, doch etwas voreingenommen vom niederländischen Standpunkte schreibt. Solche Dinge, wie oben, übersieht er, dagegen unterläßt er nicht, die Deroute auf französischer Seite in den übertrieben lebhaften Farben anzuführen, die Constant ihr verlieh, der sie gar nicht gesehen hat (De Bas 599). Vor Beginn der Schlachten bei Ligny und Quatre-Bras sagt er: „Blücher en Oranje, Constant en de Perponcher zijn de mannen van beteckenis op de dagen van 15. en 16. Juni 1815". Hiervon sind Constant und Perponcher anzuerkennen, was aber Blücher zu dieser Zeit Großes geleistet hat und nun gar Oranien, ist ganz unverständlich. Die Leistungen des Letzteren bestanden doch wesentlich darin, daß er bei Wellington gut gegessen hatte, daß er unbekümmert auf den Ball der Herzogin ging, von dort so überhastet wegeilte, daß er seinen Säbel vergaß, und dann übernächtig in schneidigem Ritte nach Braine, Nivelles und Quatre-Bras eilte. Da hier der Feind nichts that, ließ auch er seine Leute ausruhen. Die Herüberführung der 2 Bataillone von Nivelles nach Braine war doch zunächst bloße Fortsetzung von Constants und Perponchers Unternehmungen, und ebenso die stärkere Besetzung von Nivelles. Erst mit Beginn der Schlacht bei Quatre-Bras zeigt Oranien sich als Mann der Sachlage, umsichtig, zäh und kühn. Wenn man jemand neben Perponcher und Constant nennen will, so ist es unfraglich Normann, aber der war freilich ein Deutscher und bloß Major; ihm zunächst kommt der Prinz von Sachsen-Weimar, der zwar keine Gelegenheit hatte, selbständig zu kämpfen, aber vortrefflich alle Anstalten zum Widerstande traf und vor allem sofort die große Gefahr erkannte und demgemäß jene wichtigen Meldungen machte, auf denen Constants Depeschen und Perponchers Maßnahmen und schließlich selbst Wellingtons Entschlüsse beruhten. Von preußischer Seite kommt für den 15. nicht Blücher in Betracht, sondern Zieten, der einen schwierigen Rückzug umsichtig leitete. — Freilich De Bas hat einen Verbündeten seiner günstigen Auffassung des Prinzen von Oranien und zwar keinen geringeren als Napoleon, der auf St. Helena zu Montholon äußerte: „Sans l'héroïque détermination du prince d'Orange, qui avec une poignée d'hommes, a osé prendre position aux Quatre-Bras, ... j'étais vainqueur comme à Friedland". (De Bas 605.) Das klingt sehr annehmbar, ist aber völlig falsch, denn der Entschluß, bei Quatre-Bras Stand zu halten, geschah, ohne daß der Prinz eine Ahnung davon hatte; er war auch nicht heroisch, sondern ganz selbstverständlich, da Ney am 15. nichts Ernstliches that, um ihn besonders schwer erscheinen zu lassen. Napoleon geht davon aus, daß Oranien, soll heißen: zunächst der Prinz von Sachsen-Weimar, gewußt, oder auch nur gedacht hätte, daß Ney über 40000 Mann gegen ihn führe; dies war aber, wie wir sahen, durchaus nicht der Fall. Als dann Oranien eintraf, gehörte auch am Vormittage des 16. kein Heldenmut dazu, vor einem Feinde Stand zu halten, der nicht angriff, und als dieser es endlich nachmittags that, da handelte der Prinz auf Befehl Wellingtons und wußte, daß die Verstärkungen in nächster Nähe seien. Es ist deshalb reiner Unsinn, wenn Napoleon fortfuhr: „Le prince d'Orange a fait preuve dans cette journée, qu'il a le coup d'œil et le génie do la guerre. Tout l'honneur de cette campagne lui appartient". Hieraus spricht weniger Achtung vor dem Prinzen als Haß gegen Wellington und Blücher. Napoleon wollte lieber von Oranien als von diesen seinen beiden Todfeinden besiegt sein. Uebrigens hat der Prinz selber seine Verdienste nicht unter den Scheffel gestellt. Seine Meldung an den König vom 17. (De Bas 1185, 1186) ist ein Musterstück offizieller Darstellung zu eigenen

Nivelles nach Quatre-Bras*): „Der Weg war mit Soldaten angefüllt, viele verwundet, viele augenscheinlich unberührt. Die Menge, welche auf diese Weise in der Schlacht fehlte, erschien äußerst beträchtlich (extraordinary). Viele der Verwundeten hatten 6, 8, 10 und mehr Begleiter. Befragte man diese, so antworteten sie: ‚Herr, alles ist verloren! Die Engländer sind geschlagen und fliehen'. Dann machten sie sich schamlos weiter auf und davon." Es waren Belgier, kein Engländer befand sich darunter**).

Die erste Autorität in der Frage ist Wellington, und der beurteilte die Thatsachen am 22. Mai in einem Briefe dahin: „In allen Teilen Belgiens giebt es Leute, welche in der französischen Armee gedient haben (wahrscheinlich 30—40000 Mann), welche in die belgische Armee nicht eingereiht werden, aber es in die britische könnten. Sie würden uns jedoch bei jeder Gelegenheit verlassen, wie die Belgier, und wenn man sie ihrer bürgerlichen Beschäftigung entzöge, würde man nur dem Feinde Rekruten liefern. Leute, welche sagen, daß man hier zu Lande Rekruten ausheben könne, lassen jene Umstände unbeachtet***)."

Gunsten. Es heißt da, die Preußen seien am 15. sehr früh angegriffen und auf Fleurus zurückgewichen. Sobald er (Oranien) von diesem Angriffe unterrichtet ward, erteilte er die nötigen Befehle. Worin diese bestanden, sagt er nicht, denn thatsächlich beauftragte er seinen Generalstabschef, die Truppen könnten nachts nach Hause gehen. Die Vorgänge bei den Preußen hatten dann zur Folge, daß abends Frasnes angegriffen wurde, die Truppen aber blieben hier im Besitz ihrer Stellung nicht weit von Quatre-Bras. Dies ist, wie wir wissen, unrichtig, Normann mußte vielmehr auf Quatre-Bras zurückweichen. Sobald er (der Prinz) von dem Kampfe Kenntnis erhielt, gab er Befehl, daß sich 1 Division Kavallerie und 3 Divisionen Infanterie nach Nivelles in Bewegung setzten und die zweite Division die Stellung von Quatre-Bras behaupte. Auch diese Angaben sind völlig entstellt, zwei Divisionen wurden noch von Wellington nach Nivelles beordert, der Prinz führte hier nur die höhere Weisung aus; die dritte Division berief er erst am Morgen des 16. Die Behauptung von Quatre-Bras geschah durch Sachsen-Weimar, Perponcher und Constant, nur der Befehl wegen der Reiterei geht auf Oranien zurück. Es dürfte damit genug sein und wir auf weitere Kritik verzichten können.

*) Mercer, Journal I, 250.

**) Mercer 250: „whether they were of Nassau or Belgians, I know not; they were one or the other — I think the latter." Da Mercer eben vorher sagte: „the answer was invariably: „Monsieur, tout est perdu etc.", so ist hiermit jeder Zweifel ausgeschlossen, da die Nassauer deutsch und nicht französisch sprachen. Uebrigens findet sich diese Verwechslung zu Ungunsten der Nassauer auch sonst, so in Stanhopes Conversations 221: „The Duke adverted to the Nassau troops, wo fled at the first firo ... The next thing I saw of them was running off at Waterloo, and what is more, firing upon us as they ran". Dieser Erzählung von 1840 steht der sehr genaue Subalternoffizier gegenüber, der, wie wir sahen (S. 174), ausdrücklich berichtet, daß die Fliehenden Belgier gewesen sind. Es handelte sich um die holländisch-belgische Brigade Bylandt. Eine andere Auffassung De Bas 498, 499.

***) Disp. XII, 416. Vergl. vorn S. 19.

Nach alledem war beim besten Willen nicht viel von den Belgiern wider Frankreich zu erwarten. Man muß selber wiederholt dem Kanonendonner entgegen und bei großer Hitze marschiert sein, um zu wissen, wie groß in solchen Zeiten die Anziehungskraft der Chausseegräben ist. Der Verfasser hat diese selbst bei guten deutschen Truppen 1870 recht reichlich gefüllt gesehen. Die Ermattung der Reiterei van Merlen war am 16. Juni so groß, daß sie beim Eintreffen vor Quatre-Bras erst absitzen, ruhen und futtern mußte*), obwohl sie, von Baume kommend, nur etwa 3½ Meilen zurückgelegt hatte, und die Division Perponcher das Gefecht kaum noch aufrecht zu halten vermochte. Beweist dies schon keinen besonderen Eifer, so ergab auch die bald erfolgende Attacke der Niederländer keinen großen Heldenmut. Sir Horace Seymour urteilt in den Waterloo Letters über das Verhalten der holländischen Reiterei bei Belle-Alliance**): So weit ich mich erinnere, zeigte die holländische Brigade schwerer Reiter einen kläglichen Mangel an Mut, Lord Uxbridge that alles, was in seiner Macht stand, sie vorwärts zu bringen, aber sie folgte ihm nicht***).

Zieht man dies alles in Erwägung, so wird man nicht fehl gehen, daß wenigstens ⅛ des oben gerechneten Sollbestandes der Wellingtonschen Armee gar nicht in die Schlacht eingetreten ist†). Wir dürfen deshalb von den gerechneten 30 000 Mann getrost 4 bis 5000 abziehen. Es bleiben damit dem Herzoge nur noch 25 bis 26 000, die gegen 24 bis 25 000 Mann im Felde standen. Dabei ist dann aber zu erwägen, daß der englische Feldherr diese nicht gleich hatte, daß eine Stunde lang 7000 Mann einer sich entwickelnden doppelten Uebermacht gegenüberstanden, und daß erst zwischen 3 und 4 Uhr, als Picton und ein Teil der Braunschweiger eingetroffen waren††), sich die beiderseitigen Zahlen näherten, aber immer noch eine

---

*) De Bas 591.
**) Siborne 18.
***) Noch schlechter war bekanntlich das Verhalten der hannoverschen Cumberland-Husaren. Sie waren Freiwillige und ritten auf eigenen Pferden. Siborne 18.
†) Zu erwägen ist auch, daß bei der großen Hitze viele Leute krank oder geschwächt (namentlich durch Durchfall) waren und daß bei dem plötzlichen Abmarsch manche wohl gar nicht aus ihren weit verstreuten Quartieren eintrafen. Ganze Bataillone mußten stundenlang warten, bevor die Mannschaften einigermaßen gesammelt waren. Letzteres kam für die Franzosen ganz in Wegfall und bei ihrer größeren Nüchternheit teils auch ersteres.
††) Es ist ein Fehler, daß man die Divisionen bei Quatre-Bras zu einer bestimmten Zeit eintreffen läßt. Eine Division, die einen langen Marsch hinter sich hat, braucht mindestens eine halbe Stunde zum Eintreffen. Siborne I, 104 sagt: „Wellington traf kurz vor Picton bei Quatre-Bras ein". Das gleiche Zeitverhältnis ergiebt die Darstellung Müfflings in seiner Gesch. 10, 11; sie läßt Wellington gegen 3 Uhr, die Reserven aber erst gegen 4 Uhr ankommen, welch letzteres nachweislich falsch ist. Ein Augenzeuge wie Müffling ist Dörnberg, der umgekehrt in einer Anmerkung mitteilt: „Wir fanden die Division Picton schon im Feuer, als wir von Brye bei

Ueberlegenheit auf französischer Seite blieb. Da Ney nur die Ankunft der Kellermannschen Reiterei verzeichnen konnte, während bei den Verbündeten

---

Quatre-Bras ankamen". Unfraglich verdient diese Mitteilung den Vorzug. Nach Grolman blieb Wellington bis ³/₄2 Uhr auf der Mühle von Brye (Damitz I, 118), andere weniger genaue Angaben nennen 3 Uhr. Da der Herzog in beschleunigtem Ritte sehr wohl in einer Stunde zurück sein konnte, so enthält Wellingtons freilich späte Angabe (Disp. XII, 478), daß die Division Picton um 2½ Uhr auf dem Schlachtfelde eingetroffen sei, nur eine geringe Uebertreibung. Ropes 178 hat deshalb auch die Ankunft des Herzogs um 2½ angenommen, wozu freilich nicht stimmt, wenn er die Division Picton auf das Schlachtfeld erst um 3½ Uhr eintreffen läßt. Müffling, der Wellington begleitete, sagt, „gegen 3 Uhr" kam der Herzog wieder bei Quatre-Bras an (Gesch. 10), die gleiche Zeit nennt der Herausgeber der Suppl. Desp. X, 525, und diesen beiden folgt eine Reihe von Darstellern, wie Chesney 110, Hofmann 59 u. a. Löben-Sels rechnet zwischen 3 und 4 Uhr, und Clausewitz 86 gar „nicht vor 5 Uhr". Der englische „Subaltern-Offizier" läßt Quatre-Bras von der Division Picton um 2 Uhr erreichen (Militär-Wochenbl. 1846. S. 58), da er selber aber gerade abkommandiert war und erst während des Gefechtes eintraf, so ist seine Angabe nicht gleichwertig mit Erlebtem. Nach Siborne I, 102 erscheinen die Briten um 2½ oder vielleicht 2¾ auf den Höhen hinter der Wegkreuzung. Das Armee-Journal läßt die Reserve um 1 Uhr Genappe und gegen 3½ Uhr Quatre-Bras erreichen (Siborne, Waterloo Letters 23, 24); dieselbe Zeit nennt Hofmann S. 59. Major Winchester giebt an zwischen 2 und 3 Uhr. W. L. 385. Constant in seinem Tagebuche sagt: „il était un peu plus de trois heures, et heureusement dans cet instant la cinquième division anglaise (Picton) arrivait". De Bas 598. Der Bericht der Division Perponcher verzeichnet: „½3 Uhr griff der Feind mit Nachdruck an. Unsere Kavallerie sollte in jedem Augenblicke ankommen und erschien auch etwas später. Nur die englischen ... Truppen konnten nicht so schnell sein. ... Die Spitzen der Kolonnen von der englischen Division Picton und der braunschweigischen Abteilung entwickelten sich gegen 3 Uhr in der Position". Nach alledem ist anzunehmen: die niederländische Reiterei traf ungefähr um ³/₄3 Uhr, die Spitze der Division Picton um 3 bis 3¼ Uhr ein. Als die Spitze der Division eben in den Kampf getreten war, also etwa 3 Uhr 5 Minuten bis 3 Uhr 15 Minuten, kam Wellington. Dem scheint zu widersprechen, daß Oranien in seinem Berichte an den König sagt, daß die Brigade van Merlen erst gegen 4 Uhr anlangen konnte. (De Bas 1186.) Aber dieser Bericht ist auch sonst nicht sonderlich zuverlässig, vielmehr sehr zu Gunsten des Schreibenden abgefaßt. In diesem Falle kommt es ihm darauf an, zu zeigen, wie er mit 1 Division ohne Kavallerie seit 2 Uhr 2 feindliche Armeekorps aufgehalten habe. Im Gedränge der Ereignisse mag dem Prinzen auch das Gedächtnis etwas versagt haben. Wenn van Löben 196, 197 die Reiterei zu derselben Zeit wie die Division Picton Quatre-Bras erreichen läßt, so ist das dem obigen Berichte gegenüber nicht genau. Auch De Bas 591 läßt van Merlen und Picton gleichzeitig (gelijktijdig) ankommen und Wellington zugleich mit dem Mißglücken des Angriffs der niederländischen Husaren (596). An einer anderen Stelle äußert er (567), die Truppen Pictons konnten nicht vor ½4 Uhr ankommen. Oberstleutnant Macdonald sagt: at or about 3 o'clock (ibid. 372). Rose II, 473 sagt: At this crisis the Iron Duke himself rode up; and the arrival of a Dutch-Belgian brigade (gemeint ist die Reiterbrigade) and of Picton's division of British infantry, about 3 p. m., sufficed etc. Vergl. Charras 186; Beitzke II, 190; Houssaye-Ostermeyer 173.

fortwährend Nachschübe kamen, so glich sich das Verhältnis allmählich aus, um schließlich Wellington eine ganz kleine Mehrheit zuzuweisen.

Aber selbst diese Ueberlegenheit wird bei genauer Betrachtung minderwertig. Schon deshalb, weil die ankommenden Truppen fast alle ermattet und außer Atem, also nicht völlig kampffähig waren. Die braunschweigischen Batterien waren z. B. drei Stunden lang Trab gefahren. Eine bedeutende Ueberlegenheit besaß Wellington an Geschützen, aber wohl bemerkt auch erst gegen Ende der Schlacht: da konnte er 70 englisch-niederländische Kanonen 46 französischen gegenüberstellen*). Doch auch dies wurde mehr als ausgeglichen durch einen schreienden Mangel an Reiterei. Er verfügte nur über die Brigade Merlen, schwerlich thatsächlich mehr als 1000 Pferde, und 800 Braunschweiger, während Ney reichlich 5500 zur Verfügung hatte, und dies die besten Schwadronen des ganzen Heeres, die berühmten Küraffiere Kellermanns und die stolzen Reiter der Garde. Hinwider konnte die van Merlensche Kavallerie, wie wir schon oben sahen, schlechterdings nicht als Elitetruppe gelten, und sie hat sich im Ernstfalle auch nicht als solche benommen. Besser schlugen sich die Braunschweiger, sie waren aber zu wenig, um etwas auszurichten. Und nun noch der moralische Halt im Heere: ein zusammengewürfelter Völkermischmasch auf Wellingtons Seite, dem die Franzosen ein einheitliches Volk und vielfach Veteranen entgegensetzten.

Nimmt man alles in allem, so lag die wirkliche Ueberlegenheit nicht auf Wellingtons Seite, sondern weit eher auf der Neys. Daß jener dennoch schließlich die Oberhand behielt und Ney zurückbrängte, beruhte auf dem Feldherrn. Wellingtons zielbewußter Taktik, seiner eisernen Ruhe und weitschauenden Umsicht, war der aufgeregte, wütende, taktisch und strategisch beschränkte Ney nicht annähernd gewachsen. Was vermochte aller persönlicher Mut, was nützten nahezu wüste Gewaltstöße, gegen das unerschütterlich ruhige Feuer der gut gedrillten englischen Bataillone, gegen die Hingebung der Braunschweiger und Nassauer.

Wie Blücher die Schlacht bei Ligny hätte gewinnen, oder doch unentschieden hinhalten müssen, so hätte Ney ebenso Wellington bei Quatre-Bras schlagen sollen, und zwar in den ersten Stunden des Kampfes, bevor die Division Alten eintraf. Und nachher hätte er das Gefecht wenigstens halten und sich nicht zurückdrängen lassen dürfen. Bei Ligny wie bei Quatre-Bras hat die überlegene Führung den Ausschlag gegeben: einmal zu Gunsten der Verbündeten, einmal zu ihren Ungunsten.

Es war ein Unglück für Napoleon, es war ein schwerer Mißgriff, daß er den brutalen Ney, der sich in großen, selbständigen Aufgaben fast immer un-

---

*) De Bas 597.

zuverlässig erwiesen hatte, daß er Grouchy, der für solche völlig unerprobt war, an die Spitze starker Heerkörper stellte, und seine besten militärischen Kräfte lahm legte: Soult als Generalstabschef, wofür er nicht paßte, Davout als Kriegsminister, wofür er zwar sehr paßte, aber doch in den Tagen der Entscheidung fehlte.

Und Wellington? er steht da als Mann des praktischen Entschlusses, der praktischen That, als Verbündeter, der sich seiner Pflicht vollauf bewußt ist, aber keinen Augenblick das eigene Interesse außer Augen läßt. Ohne irgend Neigung sich aufzuopfern, leistet er doch ehrlich was irgend er vermag. Er zaudert mit seinen endgültigen Entschlüssen so lange wie irgend möglich, er zaudert sogar zu lange, zeigt dann aber sofort seinen Wert, beweist, daß er die Riesenmaschine seines bunten Heeres fest in der Hand hat und sie entschlossen arbeiten läßt. Seine Unterfeldherrn gehorchen, sind aber nicht blind, sondern haben den Mut und auch die Kraft der eigenen Ueberzeugung und Verantwortung. Seine Truppen leisten sowohl im Marsche als im Gefechte Hervorragendes, und über allem steht er, der Zauberer, — „der große Zauberer", wie sein Geistesverwandter, Erzherzog Karl, ihn genannt hat. Wenn sonst die Heerführer mit Unbehagen, sogar mit einer gewissen Furcht ihrer ersten Begegnung mit dem gewaltigsten Kriegergeiste ihrer Zeit entgegenzusehen pflegten, so läßt sich bei Wellington nicht die geringste Erregung nachweisen. Wie ein erfahrener Kaufmann hat er alle Aussichten und Bedenken seines Unternehmens geprüft; er ist dabei zu einem günstigen Ergebnisse gelangt, er ist gewohnt, daß seine Berechnung stimmt, und so erwartet er gelassen, ja mit einer gewissen Gleichgültigkeit die Entscheidung.

Beachtenswert sind die Gründe, welche Napoleon zu seinem Angriffe auf die Preußen veranlaßt haben sollen. Sie beruhen nämlich hauptsächlich auf dem Wesen Blüchers und Wellingtons. General Gourgaud berichtet darüber*): „In der Berechnung Napoleons spielte der Charakter der beiden feindlichen Feldherrn eine Hauptrolle. Die Husarenart des Marschalls Blücher, seine Rührigkeit und Entschlossenheit stachen sehr ab von der Bedächtigkeit, Langsamkeit und methodischen Kriegführung des Herzogs von Wellington. Ebenfalls war leicht vorauszusehen, daß die preußische Armee schneller vereinigt sein und sie entschiedener und eiliger ihrem Verbündeten zu Hilfe eilen würde. Wenn Blücher nur zwei Bataillone beisammen gehabt hätte, würde er sie zur Unterstützung des englischen Heeres eingesetzt haben, während man anderseits annehmen konnte, daß Wellington die Franzosen nicht angreife um Blücher beizu-

---

*) Gourgaub, Campagne de dix-huit cent quinze, pendant les cent jours 42, 43.

stehen bis sein ganzes Heer zusammengezogen wäre. Diese Gründe machten es wünschenswert, daß der erste Stoß den Preußen gelte."

Ob Napoleon genau so gedacht hat, mag fraglich erscheinen, aber sicher waren solche Erwägungen mitbestimmend für seinen Entschluß. Ganz unrecht hat er in der Beurteilung Wellingtons nicht gehabt, doch ebensowenig ganz recht.

Einzel-Unterſuchungen.

Nr. 1.
Wellington und sein Hauptquartier.

Wellington war sein eigener Generalstab. Sein Oberkommando war durchaus persönlich, und dem entsprach die Einrichtung des Hauptquartiers. In demselben gab es weniger Mitarbeiter, als bloß ausführende Organe, keine selbstthätig schaffenden Behörden, sondern gewissermaßen nur Erweiterungen des Feldherrn. Sah man ab von der Vornehmheit und der Anzahl der Leute, so erschien der Stab seinem Wesen nach mehr als der eines Korpsgenerals, wie als der eines weitschichtigen Oberkommandos. Selbst das höhere Meldewesen gipfelte nicht im Generalstabe, sondern im Feldherrn direkt, die Adjutanten begaben sich zu keinem Chef des Generalstabes, sondern geradeswegs nach der Wohnung des Herzogs, wenn ihre Auftraggeber sie nicht anderswohin gewiesen hatten.

Die Hauptpersonen der Umgebung waren der Militärsekretär und der Generalquartiermeister, beides erprobte Offiziere.

Alle Briefe und Berichte für den Feldherrn gingen an das Militärsekretariat, an dessen Spitze Oberstleutnant Lord Fitz Roy Somerset stand*). Korrespondenzen, zumal ständige, wie die Dörnbergs, konnten deshalb auch an Lord Fitz Roy, statt an den Herzog adressiert werden; es war dies nur eine Umschreibung derselben Sache, denn Fitz Roy war nicht Militärsekretär der Armee oder des Krieges, sondern des Herzogs von Wellington. Das Sekretariat diente also nicht sachlich dem Oberkommando, sondern war das persönliche Bureau des Inhabers der höchsten militärischen Würde. So weit derselbe die an ihn gerichteten Briefe nicht selber öffnete, geschah es durch seinen Sekretär, und sofern er die Briefe nicht selber beantwortete oder die Antworten diktierte, wurden die Konzepte durch das Sekretariat gemacht, wo ebenfalls die Reinschriften angefertigt, die Eingänge und Ausgänge registriert wurden, und die etwaigen Vorarbeiten für die Briefe des Herzogs stattfanden.

Einen Generalstab im preußischen Sinne gab es nicht, deshalb fehlte auch das Amt eines Generalstabschefs. Wellington konnte eben einen Gneisenau nicht gebrauchen. Wohl bestand eine militärisch-strategische Ab-

---

*) In einer Polemik gegen Ollech führt De Bas 1166 aus, daß Fitz Roy nicht Chef des Stabes war, sondern „Deputy Adjutant General". Dabei kann man sich nicht viel denken; seine Aemter waren vielmehr: „Lieut.-Colonel 1. Foot Guards and Military Secretary of the Duke of Wellington." Siborne, Waterloo Letters 3.

teilung, wenn wir sie so nennen wollen, dieselbe besaß aber nur untergeordnete Befugnisse. Ihr Vorstand war der Deputy Quarter Master General, Oberst Sir W. De Lancey, dessen verhältnismäßig niederer Rang schon seine Thätigkeit erweist. An der Spitze des preußischen Generalstabes stand ein Generalleutnant, selbst an der des niederländischen ein Generalmajor. Wellingtons herrschgewohnte Persönlichkeit duldete niemand neben sich, dessen militärischer Grad schon Anspruch auf Berücksichtigung bedingte.

Beim Generalquartiermeisteramte trafen die laufenden dienstlichen Meldungen ein, und ihm lag die Bearbeitung der Befehle des Höchstkommandierenden ob. Wellington, der alle irgend wichtigen Befehle selber erließ, pflegte diese wohl im Konzepte einzureichen, worauf sie dann seitens des Amtes für die einzelnen Heeresteile ausgearbeitet, ausgefertigt, gewöhnlich auch unterfertigt und schließlich übermittelt wurden. Natürlich konnte der Herzog seine Weisungen auch mündlich erteilen, worauf die Behandlung die gleiche blieb. Selbständige Befehle gab der Generalquartiermeister unter normalen Verhältnissen nicht, ebensowenig wagte er, selbständige Aenderungen vorzunehmen; er war eben im wesentlichen nur ausführende, nicht auch mitbestimmende Kraft. Wenn nachträgliche Aenderungen eintraten, so gingen sie auf den Herzog zurück, oder waren wenigstens mit seiner Genehmigung geschehen, bezw. waren ihm vorgelegt worden. Daneben hatte der Generalstab natürlich die notwendigen militärischen Arbeiten und Vorbereitungen für die strategischen und sonstigen kriegerischen Maßnahmen des Feldmarschalls zu machen, und alle die vielen technischen Geschäfte zu bearbeiten, also für Quartiere, Munition, Mundvorrat, Geschütz- und Pferdematerial 2c. zu sorgen. Doch behielt auch hier Wellington durchaus die Oberleitung in der Hand, ja er kümmerte sich selbst um die geringfügigsten Dinge. Der Einfluß, auch der amtlich scheinbar berufensten Männer, auf ihn, blieb ungemein gering.

Die Adjutanten und Meldeoffiziere waren junge Männer aus vornehmen englischen Familien, die es sich zur Ehre rechneten, ihrem Vaterlande und Englands größtem Feldherrn ihre Kräfte zu widmen. Im Besitze der besten Pferde, galt es als Ehrensache, mit einer beschleunigten Meldung drei deutsche Meilen in der Stunde und eine Meile in achtzehn Minuten zurückzulegen*). Wie so oft in England, herrschte hier also mehr der Sport, mehr die äußere Leistung, als ein tieferes inneres Wesen.

Auch sonst hat der Generalstab keineswegs überall auf der Höhe gestanden. Viele der Vorwürfe, welche man ihm gemacht hat, sind freilich nicht stichhaltig**), aber es bleiben doch noch genug berechtigte übrig. Die Berechnung von Zeit und Entfernung in Truppenbewegungen war nicht immer

---

*) Müffling 214.
**) So namentlich Maurice, in Unit. Serv. Mag. N. S. I. p. 548.

richtig, man beachtete nicht den Unterschied zwischen Befehlsüberbringung während der Nacht und des Tages, selbst die Verarbeitung empfangener Meldungen scheint bisweilen der Gründlichkeit und Schnelligkeit entbehrt zu haben, und vieles andere mehr. Vor allem fehlte eine gewisse Pedanterie des Instanzenzuges, die bei einem großen Betriebe notwendig ist. Die einzelnen Ressorts waren nicht immer fest abgegrenzt, vor allem, wie es scheint, nicht das wichtige Meldewesen von der Front. Während dasselbe direkt an Wellington oder an dessen Sekretariat zu gehen pflegte, konnte doch auch wieder an den Generalquartiermeister geschrieben werden*). Augenscheinlich bestand eine Anzahl der Generalstabsoffiziere aus vornehmen Herren, die mehr aus Familienrücksichten, als wegen ihrer Fähigkeit in die bevorzugten Stellungen gekommen waren. Solche Leute paßten dann nicht für ernste Arbeit, am wenigsten für den trockenen Bureaudienst, der sich in einem Stabe nicht umgehen läßt.

Die erdrückende Ueberlegenheit des Führers, der alles möglichst selbst machte und alles kontrollierte, wirkte lähmend auf seine Umgebung, sie schwächte das Gefühl der Verantwortung, die selbstlose Arbeitslust und die Kraft des Schaffens.

Wellington ist von seinem Stabe bei weitem nicht so schlecht unterstützt worden, wie man vielfach angenommen hat, doch immerhin hätte derselbe mehr leisten können und eigentlich auch leisten sollen. Der Herzog selbst hat seinen Stab einmal als schlecht bezeichnet**). Es ging hier, wie oft bei den Engländern; man verließ sich auf das praktische Geschick, auf die Anstelligkeit als Rasseneigenschaft, auf den Zwang des Bedürfnisses im Gebrauchsfalle. Und diese Auffassung hat ja auch nicht ganz getrügt, denn thatsächlich ist vom Abend des 15. bis zum Abend des 18. Gewaltiges von seiten des Oberkommandos geleistet worden, und daß es geleistet werden konnte, beruht doch eben auf dem vorhandenen Materiale.

Immerhin bewirkte die ungeheure Arbeitskraft, die Vielseitigkeit und Selbständigkeit Wellingtons, daß er überall der Herr war und blieb. Als bei Belle-Alliance der Generalquartiermeister fiel und der Generaladjutant Barnis samt dem Militärsekretäre verwundet wurden, mußte der Herzog fast alles allein machen.

Nr. 2.

Die Stellung der Niederländer im Wellingtonschen Heere.

Bei Napoleons Rückkehr aus Elba stand in Belgien ein niederländisches und ein kleines englisches Heer, beide unter eigenem Oberbefehle;

---

*) Vergl. Maurice 548.
**) De Bas 1144.

das niederländische unter dem des Erbprinzen Wilhelm von Oranien. Als die Kongreßmächte den Imperator in die Acht und ihm den Vernichtungskrieg erklärt hatten, bestellten sie den Vertreter einer der Großmächte, den in jeder Weise erprobten Wellington zum Oberbefehlshaber der in Belgien zu bildenden Feldarmee. Sie thaten dies ohne den König der Niederlande, ein Geschöpf ihrer Gnade, zu Rate zu ziehen. Das wurmte denselben doppelt, weil er eifersüchtig auf sein Ansehen war und gerne selber den Oberbefehl gehabt hätte.

Diese Umstände, das Vorhandensein eines niederländischen Generals en chef, auf dessen Volkstümlichkeit der eigene Vater eifersüchtig war, und die Abneigung des Königs, irgend einem Fremden eine von ihm unabhängige Autorität in seinem Lande ausüben zu sehen, mußten die Stellung Wellingtons ungemein schwierig machen, während anderseits die Verhältnisse in Belgien so unerquicklich und verwickelt wurden, daß sie dringend einer sicheren Hand, eines höheren Armes bedurften.

In der Nacht vom 3. auf den 4. April traf Wellington in Brüssel ein*) und übernahm als Beauftragter des Wiener Kongresses den Oberbefehl. Der König war aber weit entfernt, ihm denselben glatt zu übertragen und die niederländischen Wünsche preiszugeben. Ueberall, wo er diese gefährdet glaubte, machte er Schwierigkeiten. Schon am 6. April konnte Wellington an Bathurst schreiben: Die niederländischen Truppen machten ihm einen schlechten Eindruck und der König scheine nicht erlauben zu wollen, sie mit den englischen zu untermischen, welche, obwohl sie auch nicht die besten seien, doch wenigstens die Möglichkeit böten, etwas aus ihnen zu machen**).

Während Wellington glaubte, eine geschickte, starke Vermischung beider Truppenteile sei militärisch das beste für das Ganze, ging das Verhalten des Königs dahin, der niederländischen Armee eine möglichst weitgehende Sonderstellung in dem Gesamtheere zu verschaffen. Es war das ein politischer Wunsch. Ihn veranlaßte die eigene Eitelkeit, die Absicht, seinem jungen Staate auch äußerlich eine Stellung zu verschaffen, weit mehr aber augenscheinlich das Bestreben, die niederländischen Truppen für alle Fälle in der Hand zu behalten. Man konnte nicht wissen, wie sich die Ereignisse gestalten würden, um so weniger als das Land des Königs voraussichtlich den Kriegsschauplatz bildete. Waren die Niederländer dem englischen Heere durcheinandergewürfelt einverleibt, so waren sie dem Könige verloren; bildeten sie aber geschlossene Verbände, so ließen sie sich im Notfalle für die eigenen Interessen verwenden. Der König hat diese seine Auffassung mit unerschütterlicher Zähigkeit verfochten, die unheilvoll

---
*) Disp. XII, 288, 290.
**) Disp. XII, 291.

hätte werden können, wenn Napoleon früher ins Feld gerückt wäre, wenn man nicht Zeit gehabt hätte, sich auszugleichen.

So hat es denn mehr als einen Monat, hat es bis zum 5. Mai gedauert, bevor alle Schwierigkeiten beseitigt waren, und der König durch Generalbefehl am 6. bekannt gab, daß er dem Feldmarschalle Herzog von Wellington die gesamte niederländische Feldarmee in den südlichen Departements übertrage. Also auch jetzt geschah es nicht voll und ganz, sondern in beschränkter Fassung.

Noch an demselben 5. Mai konnte Wellington an Bathurst schreiben: „Bisher habe ich nicht das geringste Kommando über die holländischen Truppen. Die Daumenschraube, welche ich dem Könige ansetzte, besteht in der Drohung, meine wirkliche Stellung ihnen gegenüber der Welt und der britischen Regierung bekannt zu geben. Aber ich glaube, die Sache wird sich jetzt in einer Weise machen, daß sie nicht nur thatsächlich unter meinen Befehl treten, sondern auch, daß ich im stande sein werde, Schurkereien seiner Minister zu verhindern"*). Schon am folgenden Tage, am 6., vermochte er dann Bathurst mitzuteilen: „Beifolgend übersende ich die Abschriften der königlichen Dekrete, durch welche die Armee ganz unter meinen Befehl gestellt ist. Der König giebt als einen Grund der Verzögerung an, er habe von England keine Antwort auf sein Gesuch erhalten, mir zu erlauben, daß ich die Würde eines Generals seiner Armeen annehme. Ich kann den Befehl, oder richtiger die Führung seiner Heere ohne solche Erlaubnis auf mich nehmen, aber ich kann keinen Auftrag von ihm ohne einen solchen annehmen"**). Man sieht, bis zum letzten Augenblicke machte der König Ausflüchte und suchte nach Scheingründen zur Verzögerung. Erst als es gar nicht mehr ging, weil Wellington die englische Regierung und die Kongreßmächte hinter sich hatte, fügte er sich widerstrebend.

Aber auch jetzt keineswegs ganz, sondern Wellington erhielt örtlich nur den Befehl in den südlichen Departements. Aeußerlich schien dies harmlos zu sein, weil in ihnen sich die Entscheidung abspielen, sie also das Schlachtfeld bieten sollten. In Wirklichkeit hatte der König offenbar Nebengründe, namentlich dachte er im Notfalle an die Deckung von Holland durch eigene Macht. Eine zweite thatsächliche Beschränkung des Oberbefehls bot die Organisation des Ganzen. Der Herzog erhielt nämlich innerhalb des niederländischen Heeres nicht die weitgehende Machtfülle, welche er über die englisch-hannöverschen und selbst über die braunschweigisch-nassauischen Truppen der Reserve besaß. Es war nämlich überall ein niederländischer Prinz zwischen dem Oberbefehle und dem Divisionsbefehle eingeschoben, ein Mann

---

*) Suppl. Desp. X, 230.

**) Disp. XII, 356. Wir gehen auf die Angelegenheit hier nicht weiter ein, weil sie uns zu weit abseits führen würde.

also, der als königliche Hoheit ein großes gesellschaftliches, und durch seinen Offiziers-Rang ein bedeutendes militärisches Gewicht besaß.

Der Prinz von Oranien, der bisher den Oberbefehl über die niederländische Armee geführt hatte, gab denselben thatsächlich ab und wurde dem Feldmarschall als Befehlshaber des I. Korps und der niederländischen Reiterei unterstellt, aber dem Range und Titel nach blieb er „General en chef der niederländischen Armee"?). Und daß dies kein leerer Schall blieb, dafür war zwiefach gesorgt: 1. dadurch, daß er ein gemischtes Kommando über Infanterie und Reiterei hatte, und 2. in der Weise, daß alle Rapporte, die die niederländischen Feld- und Garnisontruppen innerhalb des Wellington-schen Befehlsbezirkes betrafen, direkt an den Prinzen zu gehen hatten. Dem entsprach es auch, wenn z. B. General v. Dörnberg seine Berichte für das englische Hauptquartier erst an den Prinzen nach Braine sandte, der sie dann seinerseits nach Brüssel weiter gab. Und was sehr bezeichnend ist, jenen Befehl wegen der Rapporte verfügte nicht der König oder der Feldmarschall, sondern der Prinz als Höchstkommandierender der niederländischen Armee*). In Wirklichkeit bestand somit neben dem Gesamt-Oberbefehle, ein niederländischer Neben-Oberbefehl; Wellington war für den niederländischen Teil der Truppen gewissermaßen Minister des Auswärtigen, Oranien Minister des Innern. Wie wenig Einfluß jener innerhalb des niederländischen Heeres besaß, beweist die Thatsache, daß es ihm nicht möglich war, dem hochverdienten General Kruse eine niederländische Division zu verschaffen, obwohl er sich deswegen persönlich beim Könige verwandte.

Hinzu gesellte sich ferner, daß der Prinz zwar im allgemeinen Kriegsinteresse eine Division und eine Brigade an das II. Korps abgab, hierfür aber zwei englische Divisionen wieder erhielt und zwar die vornehmste der englischen Armee, die Garde-Division Cooke, welche an Truppen freilich nicht vollzählig war, dazu die vollzählige englisch-hannoversche 3. Division Alten. Ueberdies bestand eine seiner Brigaden nicht aus holländischen, sondern aus nassauischen Truppen. So gewann der Prinz noch an Zahl, wenngleich nicht viel; weit mehr aber gewann er an Gehalt, da er lauter gute Linientruppen bekam, während er großenteils Milizbataillone abgab. Die Folge hiervon war weiter, daß sein Armeekorps 4 Divisionen zählte, wozu noch die Reiterdivision kam, wogegen das II. Korps nur 3 Divisionen und eine Brigade umfaßte, mithin an Zahl nachstand.

Verlor der Prinz das thatsächliche Oberkommando über die Niederländer, so gewann er dafür die Würde eines englischen Generals, infolge dessen er die eines niederländischen und englischen Befehlshabers in Personalunion vereinigte. Dies kam besonders deutlich in den Stäben zum Ausdrucke. Der Prinz hatte deren zwei: einen niederländischen, mit dem General-

---

*) De Bas 1151.

major Constant de Rebecque an der Spitze*), und einen englischen, unter Führung des Obersten Abercromby. Innerhalb seines Korps übte der Prinz weitgehende Verfügungsfreiheit, wie wir vorne bei der Darstellung der Begebenheiten wiederholt beobachten konnten. Er legte großes Gewicht auf seine Würde als englischer General.

Die dem bisherigen niederländischen Oberbefehle entzogenen Truppen waren: die Division Stedmann und die indische Brigade. Diese wurden nun nicht, wie es zunächst gelegen hätte, einfach dem Befehlshaber des II. Korps, dem Lord Hill unterstellt, sondern beide erhielten den Prinzen Friedrich der Niederlande als Oberbefehlshaber, und erst dieser trat unter Lord Hill, es geschah mit einer Truppenmacht von 10000 Mann**). Die Teilung der niederländischen Armee geschah in der Form einer Generalordre des Hauptquartiers der niederländischen Armee. Deren erster Artikel lautete: „Unter dem Befehle S. K. H. des Prinzen Friedrich werden zum englischen Armeekorps detachiert: die indische Brigade und die 1. Division, welche aber unter dem Befehle S. K. H. des Prinzen von Oranien bleiben. Vom Stab des mobilen Lagers werden zum Stabe des Prinzen Friedrich detachiert die folgenden Offiziere: Oberst Graf von St. Aldegonde, Leutnant-Quartiermeister-General . . . . Sie sollen korrespondieren mit den Vorständen der verschiedenen Departements vom Hauptquartiere des Prinzen von Oranien***)" u. s. w. Man sieht, das Ganze ist gehalten, als handele es sich nur um eine vorläufige Detachierung eines Teiles des niederländischen Heeres in ein englisches Korps, wobei diesem Teile aber nicht bloß sein Sonderwesen bewahrt wurde, sondern er auch direkt unter der niederländischen Oberleitung verblieb. Der rein niederländische Stab, den der Prinz Friedrich erhielt, bestand aus 13 Offizieren: darunter 1 Oberst, 1 Oberstleutnant und 2 Majore; er war also der eines Armeekorps, entschieden stärker als dienstlich notwendig erschien.

Die zähe Lokalpolitik des Königs der Niederlande hatte damit dem niederländischen Teile des verbündeten Wellingtonschen Heeres eine Stellung erobert, welche seine militärische Bedeutung weit übertraf, denn die Niederländer bildeten nicht bloß das weitaus kleinste Drittel der drei Bestände (der Deutschen, Engländer und Niederländer), sondern sie stellten auch die minderwertigsten Truppen. Die Holländer hatten guten Willen, waren aber jung und kriegsunerfahren, die Belgier galten nahezu als Verräter. Die

---

*) De Bas sagt 1166: „De Nederlandsche generale staf correspondeerde middellijk, niet rechtstreeks, met het Britsche Hoofdkwartier te Brussel." Also der niederländische Generalstab verkehrte nicht unmittelbar, sondern nur mittelbar mit Wellington. Dies kann doch nur bedeuten, er verkehrte durch die englische Abteilung des oranischen Generalstabes. Das ist meines Wissens nicht richtig.

**) De Bas 512.

***) De Bas 1151.

englischen Offiziere zeigten ihnen ihre Verachtung ganz offen*), und bei Belle-Alliance und Hal am 18. war es nahe daran, daß die Engländer auf die Belgier schossen**). Am 16. morgens durchschnitt die englische Division Alten die Marschkolonne der niederländischen Division Chassé***), ohne daß diese etwas dagegen zu unternehmen wagte. Dem entsprach auch die Stellung, welche Wellington den niederländischen Truppen in der Gesamtanordnung gab: nirgends befand sich die Infanterie unmittelbar am Feinde, sondern erst in zweiter Linie. Die 2. und 3. Division hatte die Preußen, die 1. Division und die indische Brigade die Engländer und Hannoveraner vor sich. Nur auf der kurzen Strecke von der alten Römerstraße bis Mons standen Niederländer in der Front, aber es waren Reiter†).

Trotz des hiermit ausgesprochenen offenen Mißtrauens bildete die niederländische Abteilung, verstärkt noch durch eine deutsche Brigade, geradezu ein Heer im Heere, dessen innerer Zusammenhang in seiner Verteilung über zwei Armeekorps gewahrt blieb. Man sieht, eine wie äußerst heikele Sache das unter Umständen werden konnte, weil bei etwaigen Streitigkeiten zwischen dem Feldmarschall und dem niederländischen General en chef, letzterer stets auf die Unterstützung seines Vaters, des Königs, rechnen konnte, was namentlich insofern bedenklich war, weil der König die Hilfsmittel des Landes besaß. Nur größter Takt und wirklich guter Wille vermochte hier durchzukommen. Da war nun Wellington ganz an seinem Platze. Er war ein begabter Diplomat und verstand die Menschen durch Ruhe und gewandte Liebenswürdigkeit zu behandeln wie wenige. Dem jungen, militärisch wenig erfahrenen Prinzen stand er gegenüber als der gefeierte Feldherr, als der Sieger vieler Schlachten, als der überlegene Mensch und Soldat. Und der Prinz hatte das dringende Interesse, jedes Zerwürfnis zu vermeiden, weil ein Napoleon drohte, dessen Sieg den Verlust von Belgien, wenn nicht gar der ganzen Niederlande bedeutet hätte.

So waren es die Persönlichkeiten und der äußere Zwang, welche die schlechten Zustände im Oberkommando der Armee zu verdecken, auszugleichen hatten. Aber diese blieben nichtsdestoweniger bestehen und hätten gar leicht zum Durchbruch gelangen können, wenn der Krieg sich lange hingezogen hätte oder ungünstig verlaufen wäre.

Bei solchen Umständen und bei unzähligen anderen Schwierigkeiten kann es nicht Wunder nehmen, daß Wellington bisweilen unmutig war und

---

*) Vergl. hinten den Bericht Röders.

**) Milit. Wochenbl. 1846, S. 70; Maurice, in United Service Magazine, N. S. I, 1890, p. 538: „All I can say is that we were expecting all day long to have to fire on the Belgians, who were with us".

***) Vergl. vorn S. 145.

†) Freilich erst in den letzten Tagen vor Ausbruch der Feindseligkeiten.

nur niedrig von seiner Armee dachte. So schrieb er einmal an Lord Bathurst: „Ich meine in der That, daß, mit Ausnahme meiner alten spanischen Infanterie, ich nicht nur die schlechtesten Truppen, sondern auch die schlechtest ausgerüstete Armee mit dem schlechtesten Stabe habe, die je zusammengebracht wurden". Ganz so schlimm war die Sachlage nun allerdings nicht. Auch eine andere Angabe Wellingtons lautet: er habe gesagt, daß er niemals eine so schlechte Armee hatte, seit er die Schlacht bei Talavera focht*).

Bedenkt man alles, wird man immer wieder Wellingtons großes Organisationstalent bewundern müssen. Er verstand nicht bloß alle diplomatischen, militärischen und persönlichen Klippen zu umschiffen, sondern machte aus der bunten, nationslosen bewaffneten Menschenansammlung ein Heer ersten Ranges, welches es wagen konnte, gegen einen Napoleon mit seinen Veteranen gleichwertig in offener Entscheidungsschlacht um die Siegespalme zu ringen.

Nr. 3.
Die Furcht um Nivelles.

In unserer Darstellung verwiesen wir wiederholt darauf, daß die englische Oberleitung sowohl, wie die niederländische Nivelles gewissermaßen als wunden Punkt der Gesamtaufstellung betrachteten. Bis zur Entscheidung bei Belle-Alliance blieb die Furcht bestehen: Napoleon würde mit seiner Hauptmacht über Binche—Nivelles auf Brüssel vordringen, oder wenn das nicht, doch ein starkes Korps auf dieser Straße vortreiben. Dieser Gedanke lag deshalb nahe, weil es sich um die kürzeste Entfernung nach Brüssel handelte, die überdies durch keine Festung gedeckt war. Er hatte sich so fest gesetzt, daß Wellington nicht anstand, ihm zu Liebe die englische Linie bei Belle-Alliance erheblich zu schwächen. — Verfolgen wir denselben deshalb kurz in seinen Anfängen.

In einem Briefe vom 10. Mai teilte der Prinz von Oranien an Wellington mit, daß die ihm anbefohlenen Bewegungen ausgeführt seien. Es heißt darin: „Die 2. Division bleibt in Nivelles und Umgebung, um die Wege von Binche nach Nivelles und von Charleroi nach Genappe zu beobachten. Die beiden leichten Kavalleriebrigaden . . . stehen nach links mit den preußischen Posten in Verbindung . . . Sollten die Franzosen von Binche auf Nivelles vordringen, werde ich General Altens Division und die 3. niederländische Division gegen Nivelles in Bewegung setzen und dort Stand halten . . . Ließe sich hierbei eine kombinierte Bewegung mit den Preußen ermöglichen, so scheint sie mir Erfolg versprechend. Die Niveller

---

*) De Bas III, 1144.

Straße ist die am wenigsten gut bewachte, sowohl*) unsererseits als von den Preußen, welche nur einen sehr schwachen Kavallerieposten in Binche haben; sie ist die nächste nach Maubeuge, wo sich die Hauptmacht der Franzosen befindet. Es beunruhigt mich als nicht unwahrscheinlich, daß diese im Falle eines Angriffs auf jenem Wege ihre wesentlichste Anstrengung machen werden." (De Bas III, 1150.)

Hier haben wir rundweg die Furcht ausgesprochen, daß die Straße Binche—Nivelles von dem Feinde hauptsächlich für seine kriegerischen Unternehmungen benutzt werde. Der Prinz meint, sie lasse sich am besten durch ein Zusammenwirken mit den Preußen decken. Daraus ergiebt sich: 1. daß der Prinz als Niederländer sein ganzes Augenmerk auf die Hauptstadt Brüssel gerichtet hielt, woneben alle übrigen Erwägungen nebensächlich erschienen, 2. er denkt schon am 10. Mai, also bald nach der Vereinbarung bei Tirlemont, an Verbindung mit den Preußen, und zwar ganz in dem zu Tirlemont besprochenen Sinne (vergl. vorn S. 23). Schon am nächsten Tage beantwortete Wellington eingehend den Brief des Prinzen. Er schrieb ihm: „Ich gestehe zu, daß ich Ihre Einlagerung in Roeulx nicht höher als einen Beobachtungsposten anschlage, und ich würde vorziehen, die 3. niederländische Division auf dem Hochwege nach Nivelles oder dem von Mons nach Hal zu haben. In unserer augenblicklichen Lage ist es schwer, wenn nicht unmöglich, eine Operation zu entwerfen, weil die Grundlagen für eine solche fehlen. Wir können nichts weiter thun, als unsere Truppen in eine Stellung bringen, in welcher sie bei einem plötzlichen Angriffe des Feindes sich leicht sammeln können und möglichst gegen teilweise Abdrängung gesichert sind. Ich habe nichts dawider, daß Sie die 2. Division auf dem Niveller Wege lassen, wenn Sie es angebracht erachten. Dieselbe hat den Vormarsch des Feindes auf jener Straße möglichst zu verhindern. Bei Arquennes kann ein kleinerer Truppenkörper Stand halten, und die Stadt Nivelles gewährt auch wohl auf kurze Zeit Mittel zur Verteidigung. Aber ob der Feind beim Erscheinen auf jenem Wege von der 3. britischen Division oder von den Preußen anzugreifen ist, hängt von Umständen ab, welche sich jetzt nicht entscheiden lassen"**).

Auf diese Mitteilung hin erklärte Oranien am 12. Mai: „In Folge Ihres Briefes von gestern habe ich der 3. niederländischen Division Befehl erteilt, sich weiter nach links bis an den Niveller Weg zu schieben. Reux wird dann nur von einem Bataillon besetzt bleiben." (De Bas 1150.) Somit ist also die Straße, welche im vorigen Briefe für schlecht gedeckt erklärt wurde, verstärkt besetzt und zwar auf Kosten von Roeulx, welches auf

---

*) So ist doch wohl der Satz zu verstehen: „The Nivelle road is the least well guarded as well by us." Das Komma steht falsch und muß weg.

**) Disp. XII, 375, 376.

dem Wege Binche—Soignies—Braine—Brüssel, also auf dem weiteren nach der Hauptstadt liegt.

Am 14. Mai berichtete Oranien dann mit Rücksicht auf Wellingtons weitere Auseinandersetzungen: „Gestern war ich in Nivelles und Arquennes, um mich über die Sachlage zu unterrichten. Ich glaube nicht, daß der Angriff des Feindes sich bei Arquennes auch nur kurze Zeit aufhalten läßt. Dagegen scheint mir, daß es bei Nivelles sehr wirkungsvoll geschehen kann, weil sich dicht hinter der Stadt eine gute nicht zu ausgedehnte Stellung befindet, von der der Ort das Centrum bildet. Nivelles selbst ist von hohen Mauern und Türmen umgeben und läßt sich leicht als starker Posten verteidigen." Die Straßenverbindungen nach Nivelles werden als gut bezeichnet. (De Bas 1150.)

Allgemach hat sich der Gedanke eines feindlichen Angriffes bis in seine Einzelheiten ausgebildet. Von Maubeuge über Binche vordringend käme der Feind zunächst nach Arquennes. Das eignet sich aber nicht zur Verteidigung, um so besser thut es das nur wenig weiter zurückliegende Nivelles. Der Prinz zeigt sich deshalb entschlossen, hier entschiedenen Widerstand zu leisten. Er will in solch einem Falle die 3. englische Division (Alten) und die 3. niederländische Division (Chassé) an die bereits in Nivelles stehende 1. niederländische Brigade heranziehen und mit dieser mehr als 16000 Mann betragenden Heeresmacht auf den Höhen hinter Nivelles Stellung nehmen, den festummauerten Ort in der Mitte vor der Front. Kommt es zum Kampfe, so wird auf militärische Unterstützung seitens der Preußen, also auf eine Bewegung in die rechte Flanke des Feindes gerechnet. Man sieht, es handelt sich um einen fertigen und durchaus brauchbaren Plan.

Die Furcht um Nivelles hat das strategische Denken des niederländischen Hauptquartiers nahezu beherrscht. Aus ihr heraus hat man am 10. Juni eine stärkere Truppenverschiebung vorgenommen, und selbst am Tage der Schlacht bei Quatre-Bras vermochte man sie so wenig abzuschütteln, daß während derselben Nivelles nicht nur stark besetzt blieb, sehr zum Nachteile des offenen Kampfes, sondern auch gegen deren Ende sofort eine Truppenabteilung dorthin zurückgeführt wurde, obwohl keine Anzeichen vorhanden waren, daß sie gebraucht würde*).

Nr. 4.
Der niederländische Nachrichtendienst vom 10. bis 15. Juni.

In folgendem stellen wir die Nachrichten und Meldungen über den Feind zusammen, welche während der letzten Tage vor der Eröffnung des

---

*) Vergl. vorn S. 172 und hinten „Die Maßnahmen der Niederländer". S. 196.

Feldzugs bei den niederländischen Hauptquartieren eingingen. Sie sind den Quellenmitteilungen der Korrekturbogen entnommen, welche Herr Oberst De Bas mir liebenswürdig zur Verfügung stellte.

Auch aus ihnen geht mit zwingender Deutlichkeit hervor, daß die Franzosen ein großes militärisches Unternehmen vorhatten, von dem wahrscheinlich war, daß es Mitte des Monats und gegen die Preußen erfolgen würde*).

Am 10. Juni schickte der niederländische Gesandte in Gent einen eingehenden und sehr wichtigen Bericht an den niederländischen Generalstabschef Constant de Rebecque, der augenscheinlich auf Angaben aus dem französischen Kriegsministerium beruhte. Darin heißt es, daß sich die Hauptmacht des Feindes von Rocroy nach Lille erstrecke. Die einzelnen Korps, ihre Führer, Stärken und ähnliches wird mitgeteilt. Die Feldarmee des Nordens wird auf 120 000 Mann angegeben, wozu noch 14 000 Garden kämen. Teilweis behaupte man, daß Napoleon am 10. Juni angreifen wolle, und zwar von Rocroy aus. Die Reiterei sei ungenügend, aber die Artillerie sehr gut und 500 Geschütze stark. Der Gesandte spricht dann noch über die französischen Festungen und die übrigen Truppenteile, um schließlich eine Uebersicht über die einzelnen Streitkräfte Napoleons zu geben, die er insgesamt auf 227 000 Mann berechnet**).

General Collaert schrieb am 13. Juni an Constant, daß er ihm einige von General van Merlen eingetroffene Berichte übersende. Ein Deserteur vom 5. französischen Lancierregimente habe erklärt, daß er gestern vor Napoleon bei Maubeuge Revue passiert und der Kaiser die Nacht in Avesnes zugebracht habe. Er versichere, daß die fünf ersten Lancierregimenter und drei Kompagnien reitender Artillerie noch heute die Sambre überschreiten würden***). Die angegebenen Berichte van Merlens waren vom 12. Juni und boten einen Ueberschlag über die Truppen in einer Anzahl französischer Städte und Dörfer und eine Art graphischer Darstellung der französischen Truppenansammlung zwischen Beaumont—Maubeuge und Avesnes†). Ein Brief Paravicinis, des Stabschefs van Merlens, besagte, General Dörnberg sei durch General Zieten benachrichtigt, daß das Korps Vandamme sich von Mézières nach Maubeuge bewegt habe. General Behr habe gestern Abend die Nachricht erhalten, daß die Division Reille sich dort zusammenziehe und man irgend ein militärisches Unternehmen vorbereite††).

---

*) Vergl. vorn S. 32 ff.
**) De Bas IV, 1153. Ein ähnlicher Bericht findet sich im Kriegsarchive zu Berlin.
***) De Bas 1157.
†) De Bas 1157.
††) De Bas 1158.

Am 14. Juni sandte General van Merlen an Constant den Brief eines französischen Kapitäns namens Baron Niel. Derselbe war an einen Bourgoing gerichtet, dem er die größte Umsicht anempfiehlt; er glaube, daß übermorgen (also richtig am 15.) große Schläge bevorstünden; der Kaiser sei in Avesnes und die Gardereiterei stehe in Linie. Wie dieser Brief in die Hände des niederländischen Reiterführers gekommen ist, wissen wir nicht. Er begleitete ihn mit den Worten, daß man einen Schlag irgendwo vorzubereiten scheine. Die französischen Posten von Bettignies und Goegnies seien verschwunden, nur noch vor Villers-sire-Nicole habe sich abends eine Bedette befunden. Er glaube, es sei gut, den Prinzen über diese Sache zu benachrichtigen, damit er sich bereit halte. Man scheine den Preußen zu Leibe zu wollen. Alle Truppen hätten Lebensmittel und Fourage für 8 Tage aus den Magazinen von Maubeuge, welche inzwischen wieder gefüllt seien*).

An demselben Tage schrieb Lord Hill dem Prinzen Friedrich der Niederlande, daß er gestern bei seiner Rückkehr von Gent, und letzte Nacht verschiedene Berichte von der Grenze erhalten habe, woraus erhelle, daß der Feind eine starke Heeresmacht bei Maubeuge versammelt halte. Zu diesem Zwecke hätten seit einigen Tagen Truppenbewegungen von Laon, Valenciennes und Mézières stattgefunden. Es scheine, daß Napoleon noch nicht bei der Armee eingetroffen sei, dagegen befinde sich Soult sicher dort**).

Noch am 15. Juni empfing man in Braine-le-Comte Angaben vom 14. über die Stellung der französischen Nordarmee***).

Nr. 5.
Die Maßnahmen der Niederländer gegen feindliche Ueberraschung.

Die vielfach beunruhigenden Nachrichten scheinen den Führer der niederländischen Reiterei, den General Collaert, dessen Hauptquartier sich in Boussoit-sur-Haine befand, veranlaßt zu haben, am 6. Juni Verhaltungsmaßregeln bei seinem direkten Oberkommando zu erbitten. Darauf erwiderte Constant aus Brain-le-Comte am 7. Juni: die leichte Kavallerie solle in den Quartieren bleiben, die sie inne habe, vor allem keine Dörfer rechts der Chaussee von Mons nach Maubenge besetzen, außer Acquillies und Bougnies. Im Falle eines feindlichen Angriffes mit überlegener Macht haben sich die zwei Brigaden leichter Kavallerie und die reitende Artillerie nach Fay zurückzuziehen, um sich mit der 3. Infanterie-Division zu ver-

---
*) De Bas 1158.
**) De Bas 1158.
***) De Bas 1157.

einigen. Versammlungspunkt der schweren Reiterei des Generals Trip sei Casteau. Bei den Franzosen zeige sich viel Bewegung; der General solle deshalb sehr auf seiner Hut sein*).

Hier ist also genau angegeben, wie die vor dem Feinde stehende Reiterei sich im Falle eines überlegenen Angriffes zu verhalten habe. Im wesentlichen ist dem auch am 15. entsprochen. Doch erfolgte schon am 9. eine teilweise Truppenverschiebung. Ihr zufolge sollte General Trip am Morgen des 10. die Ortschaften Roeulx, St. Foeillien, Goegnies, Houdeng und Meignault besetzen und der General selber sein Quartier in Roeulx nehmen**). Diese Plätze hatte bisher Infanterie der 3. Division des Generals Chassé inne. Ihr wurde deshalb aufgetragen, die Orte zu räumen und dafür die Dörfer Fay, Baume und St. Pol zu beziehen***). Der Zweck einer solchen Verschiebung liegt klar. Seitdem man mehr und mehr mit einem Vorstoße der Franzosen rechnen mußte, und dieser sich von Maubeuge aus weiter links auf Binche und Charleroi als rechts auf Mons zu richten schien, entfernte man die Infanterie aus der Gegend von Mons und schob sie nach der Straße Binche—Nivelles zu, um diese zu verstärken. Es handelte sich dabei um die wiederholt nachgewiesene Furcht um Nivelles.

Die niederländische Heeresleitung ließ es aber mit der Umquartierung nicht genug sein, sondern traf auch noch eine andere Maßregel, welche die denkbar schnellste Schlagfertigkeit bezweckte†).

Am 9. Juni erließ der Prinz durch Constant eine Reihe von Befehlen. Zwei derselben galten der Infanterie: der 2. und 3. Division (Perponcher und Chassé). Beiden wurde gleichmäßig vorgeschrieben, sich bereit zu halten, auf die erste Anzeige sofort abmarschieren zu können. Um dies zu ermöglichen, sollten die einzelnen Bataillone sich in ihrem Stabsquartiere des morgens früh zusammenziehen und während des ganzen Tages bis zum Dunkelwerden dort beisammen bleiben, stets in einer Verfassung, um ohne Verzug unter die Waffen treten zu können. Wenn alles ruhig sei, könnten die Truppen des Nachts sich in ihre Quartiere zurückbegeben. Es sei Sorge zu tragen, daß die Bataillone am Orte ihrer Vereinigung in gewohnter Weise abkochen könnten. Dies alles sei fortzusetzen, bis der Prinz von Oranien es anders befehle††).

---

*) De Bas 1160. Bemerkt mag werden, nach Befehl des Prinzen von Oranien, schon vom 6. Mai, hatte sich die Division Perponcher im Falle von Alarm mit der 1. Brigade in Nivelles und mit der 2. bei Quatre-Bras zu versammeln und dort weitere Befehle abzuwarten. Die anfänglichen Maßnahmen Constants, Perponchers und des Prinzen von Sachsen-Weimar entsprachen mithin nur dieser Weisung.

**) De Bas 1160, 1161.

***) De Bas 1160.

†) Vergl. vorn S. 33, 97.

††) De Bas 1160, 1161.

Infolge dieser Weisung erließ General Perponcher noch an demselben 9. Juni mehrere Divisionsbefehle. Danach muß die Division sich bereit halten, jeden Augenblick aufbrechen zu können. Deshalb soll jedes Bataillon morgens pünktlich um 5 Uhr in seinem Stabsquartiere sein und dort unter Waffen bleiben bis 7 Uhr abends. Hat der Bataillonskommandeur um 7 Uhr keinen anderen Befehl, so rückt jedes Bataillon wieder in seine Kantonnements bis zum anderen Morgen. In den Kantonnements soll nichts zurückbleiben, sämtliche Wagen sind gepackt zu halten, damit alles auf den ersten Trommelschlag marschieren kann und niemand daheim bleibe. Die Truppen sollen ihre Lebensmittel mitbringen, diese von Köchen zubereitet und gleichmäßig verteilt werden. Bei Alarm gelten die bisherigen Anweisungen.

Eine andere Verfügung schrieb vor, daß die 60 Trainpferde von Nèves einzuholen und die ganze Kompagnie reitender Artillerie in Frasnes zusammenzuziehen sei. Die gesamte Artillerie soll von morgens 5 Uhr bis abends 7 Uhr unter Waffen bleiben, dann aber, wenn kein Befehl es anders verfüge, wieder einrücken. Gekocht und gegessen soll abteilungsweise werden. Die eine Hälfte der Pferde ist morgens um 5 Uhr anzuspannen und um 12 Uhr von der anderen Hälfte abzulösen.

Wohl ein Nachtragsbefehl desselben Tages verfügte noch, daß die Bataillonskommandeure sich um 5 Uhr von der Anwesenheit des gesamten Bataillons vergewissern müßten; dann sollten sie die Waffen zusammenstellen lassen, aber die Mannschaften stets in nächster Nähe halten, von dessen Befolgung sie sich durch fortwährende Appells zu versichern hätten*).

In derselben Weise wurde es mit der Reiterei gehalten. General Collaert erhielt am 9. Juni den Auftrag, daß bis auf neue Ordre sich alle Truppen der Armee bereit halten müßten, bei erster Aufforderung abzumarschieren. Darum hätte sich die Kavallerie regimenterweise in ihren Kantonnements zu vereinigen, gewärtig, sofort die Waffen zu ergreifen. Wenn alles ruhig bleibe, sollen sie sich nachts in ihre Quartiere zurückbegeben. Es seien Maßregeln zu treffen, daß die Truppen in üblicher Weise abkochen könnten**). Dem Befehlshaber der schweren Reiter, General Trip, wurde noch im besonderen anheim gestellt, die nötigen Verfügungen zu erlassen, daß seine Truppe sich beim ersten Rufe an dem Orte versammeln könne, den General Collaert bezeichne***).

Hiernach also hatte sich die niederländische Infanterie des I. Korps bataillonsweise, die Reiterei regimenterweise während des ganzen Tages schlagfertig zu halten. Da dies ein beschwerlicher Dienst war, so sollten sich die Truppen des Nachts in ihre Quartiere heimbegeben, um hier auszuschlafen.

---

*) De Bas 1161, 1162.
**) De Bas 1160, 1161.
***) De Bas 1161.

Immerhin war auch die Schlafenszeit so knapp wie möglich bemessen, denn wenn die Bataillone um 5 Uhr versammelt stehen sollten, so mußten sich die entfernteren Mannschaften schon gegen $^1/_24$ Uhr erheben.

Die Anordnungen sind beachtenswert, sowohl ihres Zweckes als auch ihrer sorgfältigen Durcharbeitung wegen. Sie beweisen klares Erkennen der Sachlage und etwa möglicher Gefahren, und daraus erwachsend eine weitschauende Vorsicht. Die Niederländer haben hierin unfraglich das Beste der derzeitigen Bereitschaft geleistet, denn sowohl die Engländer, wie die Preußen stehen in Abwehrmaßnahmen gegen sie zurück. Beide erachteten die Gefahr nicht für so dringend, wie sie wirklich war, wie sie sich den Niederländern mit richtigem Instinkte anzeigte, deren Haus und Hof durch einen französischen Angriff bedroht wurde.

Ob sich die Bereitschaftsanordnungen nicht auch auf die beiden englischen Divisionen erstreckt haben, die dem Befehle Oraniens unterstanden, vermag ich mit dem mir zu Gebote stehenden Materiale nicht zu entscheiden. Einerseits liegen mir keine Befehle oder Angaben vor, daß es der Fall gewesen, anderseits ließe sich die Wendung in Oraniens Brief an Constant, vom Nachmittage des 15. darauf beziehen. Es heißt dort: „Veuillez dire à Abercromby en mon nom d'en faire autant pour les troupes anglaises." Immerhin könnte es sich hier um Sondermaßregeln für den betreffenden Tag handeln. Die Frage wird sich aus englischen Archiven entscheiden lassen.

Alles in allem sind die Maßregeln um so beachtenswerter, als die niederländische Infanterie erst in zweiter Linie hinter den Preußen stand. Sie werden auf den Generalstabschef, auf Constant de Rebecque, zurückgehen, der sich hier ebenso tüchtig erwies, wie am Abend des 15. Juni.

Nr. 6.
Die niederländischen Meldungen vom Angriffe der Franzosen.

Das Tagebuch Constants de Rebecque berichtet zum 15. Mai: „Gegen Mittag empfange ich die Nachricht vom General Behr (aus Mons), daß die Preußen diesen Morgen auf der Seite von Thuin angegriffen seien, und daß das preußische Detachement, welches Binche besetzt hielt, sich auf Gosselies zurückgezogen habe. Kein Feind habe sich in der Gegend von Binche gezeigt. Ich sende diese Nachricht sofort an den Prinzen nach Brüssel*)."

Diese Meldung wurde nicht in dem Register der eingehenden Stücke aufgenommen, welches der Generalquartiermeister führte**). Dagegen finden

---

*) De Bas 534.
**) De Bas 1165.

sich hier als Nr. 207 und 208 zwei ähnliche Briefe. Der eine vom Kommandeur der 3. niederländischen Division, General Chassé, lautet:

„Haine St. Pierre, den 15. Juni 1815, 11 Uhr.

Soeben empfangen wir die sichere Nachricht, daß der Feind unsere Grenzen überschritten hat. Binche ist von den Preußen geräumt. Die Division ist in Fay versammelt und ich erwarte weitere Ordre von Sr. Königlichen Hoheit."

Der zweite Brief rührt vom Major de Paravicini her, dem Stabschef des Generals van Merlen, und ist auf dessen Befehl geschrieben, hier heißt es:

„St. Symphorien, 15. Juni 1815.

Ich habe die Ehre, Ihnen zu melden, daß der General Steinmetz mir soeben einen Offizier schickt, mit der Nachricht, daß die zweite preußische Brigade diesen Morgen angegriffen worden ist. Er hatte noch keine Meldung deswegen. Die Alarmkanonen sind auf der ganzen preußischen Linie gelöst. Das Feuer der Infanterie erschien ziemlich lebhaft und bewegte sich in der Richtung auf Charleroi. Die Absicht der Preußen ist, sofort Binche und die benachbarten Dörfer zu räumen, um mit seiner Brigade bei Gosselies, hinter dem Pléton-Bache Stellung zu nehmen, und im Falle eines entschiedenen feindlichen Angriffes, ist die Stellung ihres Armeekorps bei Fleurus festgesetzt."

Wie verhalten sich nun diese drei Berichte zu einander? Der unmittelbarste ist offenbar der van Merlensche, welcher leider die Stunde des Abganges nicht vermerkt. Danach hat General von Steinmetz ihm einen Offizier geschickt: „pour me donner avis", daß die 2. preußische Brigade angegriffen sei. Die Wendung macht es nicht sicher, deutet aber darauf, daß die Meldung mündlich überbracht worden ist. Der preußische Führer hat seinerseits über die Vorgänge noch keinen „Rapport" erhalten*), er weiß davon nur durch das Lösen der Alarmkanonen und durch den Gefechtslärm, der sich auf Charleroi hinzog, d. h. also beweist, daß die Preußen zurückweichen. Er giebt dann an, wie er sich zunächst verhalten werde, und was bei einem energisch durchgeführten Angriffe des Feindes weiter bevorstehe. Das Ganze macht den Eindruck einer vertraulichen Mitteilung, um den benachbarten General auf dem Laufenden zu halten.

In der Meldung Chassés heißt es nun: „Binch is door de Pruissen geëvacuëerd." Danach ist also Binche bereits geräumt, während Stein-

---

*) Meine Angabe S. 52: „Pirch meldete also an Steinmetz, und dieser vermittelte die Depesche nur" ist nach obigem zu berichtigen. Die anfängliche Darstellung wurde nach dem erzählenden Texte von De Bas gemacht; so kannte ich noch nicht den Satz: „Il n'avait pas encore reçu de rapport". Ueberhaupt ist das dort abweichend Gesagte, nach dieser Sonderuntersuchung zu ändern.

metz nur gemeldet hatte, er beabsichtige es sofort zu räumen. Die Nachricht Chassé kann mithin auf eine andere Angabe, aber auch auf die van Merlens beruhen, wobei man den Fortschritt der Zeit angerechnet hatte.

Den Behrschen Brief kennen wir nur aus dem Auszuge Constants. Demnach sind die Preußen diesen Morgen bei Thuin angegriffen. Hiervon wußte van Merlen nichts. Das Detachement, welches Binche besetzt hielt, hat sich auf Gosselies zurückgezogen. Was Steinmetz als Absicht darstellte, ist hier ebenfalls als geschehen berichtet. Bei Binche habe sich kein Feind gezeigt. Auch dies entstammt nicht der van Merlenschen Depesche, deutet vielmehr darauf, daß der Wortlaut später ist, als der van Merlensche.

Nun haben wir von demselben Morgen durch Dörnberg die Mitteilung aus Mons, daß die Preußen angegriffen seien, und zwar, wie wir sehen werden, beruht dieselbe wahrscheinlich auf eigener Kenntnis. Dann hatte Dörnberg sich aufs Pferd geworfen, war gegen Binche vorgeritten und hatte dort gesehen, daß die Preußen zurückwichen*). Augenscheinlich hat er also genauere Erkundigungen eingezogen, wobei er gehört haben wird, daß die Preußen Binche bereits geräumt hätten und bei Thuin angegriffen seien. Durch den Augenschein konnte er sich vergewissern, daß bei Binche selber noch alles ruhig, nichts vom Feinde bemerkbar, der gegnerische Stoß also nicht hierhin gerichtet sei. Seinen eigenen Angaben zufolge ist Dörnberg dann wieder nach Mons zurückgekehrt. Das Erkundete wird er hier sicher dem Kommandanten der Festung, dem General Behr, mitgeteilt haben, um so mehr, als es wahrscheinlich war, daß die Franzosen hier alsbald erschienen, und er infolgedessen den Ort dauernd verließ. Nach alledem wird diese Dörnbergsche oder ähnliche Auskunft dem Behrschen Briefe zu Grunde liegen. Noch besonders deutet darauf die Angabe, daß Binche bereits geräumt sei.

Nun findet sich in den Suppl. Despatches X, 481 eine Meldung des Generals Behr an den Prinzen von Oranien, datiert „Mons, den 15. Juni 1815", die der hochverdiente General Ollech in einem Aufsatze: „Carl Friedrich Wilhelm von Reyher**)" aufgenommen hat. Dieselbe bietet folgenden Wortlaut: „Ich habe die Ehre, Ew. Königliche Hoheit von der Anzeige Bericht zu erstatten, welche mir soeben der General-Major van Merle gemacht hat. Es geht aus derselben hervor, daß der General Steinmetz, Kommandeur zu Fontaine l'Evêque, ihm (van Merlen) soeben einen Offizier gesendet, um ihn zu benachrichtigen, daß die 2. preußische Brigade diesen Morgen angegriffen worden sei, und daß die Alarmgeschütze auf der ganzen Linie gelöst worden sind. Es scheint, daß der Angriff auf Charleroi gerichtet ist, von wo man sehr lebhaftes Infanterie-

---

*) Vergl. das Dörnbergsche Mskt., hinten abgedruckt, auch born S. 84.

**) Beiheft des Militär. Wochenblatts 1874, VIII. Heft, S. 120; Ollech, Gesch. 114. Auch dieser Brief fand keine Aufnahme in dem Register des Hauptquartiers.

feuer hörte. Auf den Vorposten des Generals van Merle ist Alles still. Auch die Vorposten südlich von Mons sind ebenfalls ganz ruhig."

Wie man sieht, ist dies im wesentlichen bloße Abschrift der van Merlenschen Meldung, mit einem kurzen selbständigen Zusatze am Schlusse. Wir erfahren hier, daß van Merlen seine Kenntnis nicht bloß nach Braine-le-Comte, sondern auch nach Mons weitergegeben hat; es kann dann natürlich auch nach Haine St. Pierre der Fall gewesen sein*). Folglich steht nichts im Wege, diese zweite Behrsche und die kurze Chasséesche Meldung auf dieselbe Quelle zurückzuführen**).

Nun bleibt aber die andere Behrsche übrig. Wie wir schon sahen, ist darin von Thuin die Rede und von dem bereits geschehenen Zurückweichen der Preußen auf Gosselies. Beides kann dem erhaltenen Briefe nicht entlehnt sein, denn beides steht in demselben nicht. Damit bliebe nur, zwei Schreiben Behrs anzunehmen, wobei die Sachlage wahrscheinlich die folgende ist: Der Kommandant von Mons erhielt erst die Meldung van Merlens und gab diese sofort mit einem kurzen Zusatze an den Prinzen von Oranien weiter. Da derselbe sich nicht mehr in Braine befand, wurde sie ihm nach Brüssel nachgeschickt. Auf diese Thatsache deutet folgender Umstand: Die Depesche blieb nicht in einem niederländischen, sondern in einem englischen Archive erhalten, von wo sie die Despatches entnahmen. Das läßt sich kaum anders erklären, als daß Oranien die Meldung Wellington oder De Lancey einhändigte, der sie für sich zurückbehielt. Auffallend bleibt nur, daß Oranien in seinem Nachmittagsbriefe an Constant weder diese Nachricht, noch die zweite von seinem Generalstabschef erwähnt, die inzwischen ebenfalls längst eingetroffen sein mußte. Es beweist dies, wie geringes Gewicht er denselben für seine Heeresabteilung beilegte.

Bald nachdem Behr seinen Brief an den Prinzen verabfolgt hatte, bekam er genauere und weiter reichende Auskunft, die er in einem Schreiben für den Generalstabschef zusammenfaßte***). Das letztere ist es, welches Constant erhalten und in seinem Tagebuche excerpiert hat. Warum Behr den ersten an den Prinzen, das zweite an Constant schickte, wissen wir nicht. Nahe liegt die Vermutung, daß beide doch sehr ähnlichen Inhalt hatten, den er nicht zweimal an dieselbe Person mitteilen wollte,

---

*) Van Merlen könnte die Depesche den näheren Weg über Havré geschickt haben. Dann hatte der Meldereiter aber teilweise Landwege, oder er begab sich über Mons, wo er stets Chaussee fand. In letzterem Falle könnte er die zweite Depesche bei Behr abgegeben haben, doch erscheint dies deshalb nicht wahrscheinlich, weil Behr dieselbe ebenfalls einsandte.

**) Die Angabe, daß Binche geräumt sei, könnte auch auf Mitteilung von Mons deuten.

***) Es heißt: Vers midi je reçois l'avis du général Behr, also Constant selber empfängt.

und ferner, daß er sicherer ging, wenn er je den Prinzen und Constant benachrichtigte, da man nicht wissen konnte, ob der Prinz zugegen sei und den Brief gleich öffnen werde. Wahrscheinlich wußte Behr sogar, daß Oranien eine Einladung zum Balle nach Brüssel hatte.

Wäre der Weg, den die Kenntnis vom Angriffe der Franzosen bei den Niederländern genommen hat, damit ungezwungen gezeigt, so bleibt immer noch auffallend, wie es kommt, daß Constant den Brief, der den weitesten Weg machen mußte und augenscheinlich am spätesten abgeschickt ist, zuerst erhalten hat. Und ferner, daß er in seinem Tagebuche nur von ihm und nicht auch von den beiden anderen spricht, daß diese dagegen im Journale erhalten sind, jener hier dagegen fehlt. Letzteres könnte man dahin erklären, daß Constant den Brief Behrs als eine persönliche Mitteilung ansah und er sie deshalb nicht registrieren ließ*). Die anderen Fragen aber bleiben offen.

Es ist ganz unzweifelhaft anzunehmen, daß General van Merlen die wichtige Depesche nicht früher an Behr als an das Hauptquartier abgesandt hat; entweder beide Reiter verließen St. Symphorien zu gleicher Zeit, oder der für das Hauptquartier früher, denn er überbrachte die wichtigere Meldung. Nun hat Steinmetz seine Mitteilungen ungefähr um 9 Uhr**) abgesandt. Von Fontaine l'Evêque bis St. Symphorien sind nahezu drei Meilen, der Reiter brauchte dazu $1\frac{1}{4}$ bis $1\frac{1}{2}$ Stunden, von St. Symphorien bis Braine ist ziemlich ebenso weit, rechnen wir also den Aufenthalt nicht, den Empfang und Niederschrift der Meldung verursachte, so haben wir 3 Stunden. Die van Merlensche Depesche traf mithin „vers midi" gegen 12 Uhr bei Constant ein. Die erste Behrsche Depesche, welche zunächst von St. Symphorien nach Mons gehen und hier abermals umgearbeitet werden mußte, kam mindestens $\frac{1}{2}$ Stunde später, und abermals mindestens $\frac{1}{2}$ Stunde später konnte frühestens die zweite eintreffen, d. h. also diese verließ ungefähr um 11 oder $11\frac{1}{2}$ Uhr Mons und erreichte Braine sicher nicht vor 1 Uhr, was sich kaum noch als „vers midi" bezeichnen läßt***). Freilich darf man dem entgegenhalten: In der Meldung, welche Dörnberg schon um $9\frac{1}{2}$ Uhr von Mons absandte, sagt er in einem augenscheinlichen Nachsatze am Schlusse: „Ich erfahre soeben, daß die Preußen angegriffen sind†)". Leider ist dieser Satz so kurz, daß sich nicht sicher folgern läßt, ob er auf die van Merlensche Depesche zurückgeht, die Dörnberg angezeigt wurde, oder ob dieser sonstwie Nachrichten hatte. Bei den vielen Verbindungen, die gerade der Leiter des Kundschafterwesens

---

*) Vergl. auch den Schluß dieser Abhandlung.
**) Vergl. vorn S. 51.
***) Der Generalstabschef ist in seinen Zeitangaben sehr genau.
†) Suppl. Desp. X, 481.

nach vorne und seitwärts besaß, ist letzteres keineswegs ausgeschlossen. Die Kürze der Angabe deutet hierauf sogar ganz direkt. Dörnberg hat nur soeben allgemein vernommen, die Preußen seien angegriffen, weiteres weiß er noch nicht. Hätte er den genaueren Inhalt der van Merlenschen Depesche gekannt, würde er bei der ihm eigenen Genauigkeit diesen sicher mitgeteilt und sich nicht mit der allgemeinen Alarmnachricht begnügt haben. In dieselbe Richtung weist es, daß er alsbald nach Abgang der Depesche zu Pferde stieg und gegen Binche vorritt, um näheres zu erkunden. Die Entfernung von Mons nach Binche beträgt über zwei Meilen, also ungefähr eine Wegstunde Rittes. Nach dem Ausdrucke „gegen Binche vorgeritten", hat er diesen Ort selber nicht erreicht. Immerhin ist durch die Verzögerung bis zum Aufbruche und auf die Einziehung von Nachrichten Zeit verstrichen, so daß er ungefähr zwei Stunden für das Unternehmen gebrauchte, er mithin ungefähr um 11½ Uhr wieder in Mons war. Das ist nun, wie wir sahen, dieselbe Zeit, welche wir für den Abgang der zweiten Behrschen Meldung berechneten, die wahrscheinlich auf Dörnbergs Mitteilungen zurückgeht.

Selbst wenn wir das Unwahrscheinliche annehmen, daß die Angabe der Dörnbergschen Depesche auf der van Merlenschen beruht, diese also schon 9½ Uhr in Mons bekannt, sie mithin weit früher von Steinmetz abgesandt war, als wir aus guten Gründen folgerten, so käme man doch nicht um die Schwierigkeit hinweg, daß die van Merlensche direkte Meldung früher im Hauptquartiere zu Braine gewesen sein muß als die erste, und nun gar als die zweite Behrsche. Es sei denn, daß dem Ueberbringer ein Unglück oder sonst ein verzögernder Zufall in den Weg gekommen. Zu einer solchen Annahme liegt aber kein Grund vor, die Eintragung ins Journal spricht dagegen. Bemerkt mag noch werden, daß es um zwei Uhr in dem englischen Begleitschreiben, welches der Dörnbergschen Depesche aus Braine beigegeben, heißt: „General Constant ersucht mich, Ihnen anzuzeigen, daß soeben von verschiedenen Seiten her die Nachricht bestätigt wird, die Preußen seien auf ihrer ganzen Linie südlich von Charleroi angegriffen worden. Die Gegend von Binche haben dieselben geräumt, in der Absicht, sich zunächst bei Gosselies zu sammeln. Unserer Front gegenüber ist alles ruhig. Die 3. niederländische Division (Chassé) ist bereits bei Fay vereinigt. Auch ist die Abschrift der Meldung des Kommandanten von Mons beigefügt*)." Diese Angaben liefern den deutlichen Beweis, daß bis 2 Uhr eingetroffen waren: 1. die Meldung van Merlens, 2. die Chassés, und 3. der zweite Brief Behrs, der in Abschrift beigefügt wird. Um den ersten kann es sich nicht wohl handeln, weil der nur das wiederholt hätte, was schon in dem Texte der Mitteilung gesagt war, und Constant

---

*) Suppl. Desp. X 480; Ollech, Beiheft 120, 121; Ollech, Gesch. 114.

ihn nach seinem Tagebuche überhaupt nicht gekannt zu haben scheint, wie er ja auch an den Prinzen persönlich, nicht an Constant oder an das Hauptquartier gerichtet war. Jedenfalls war um 2 Uhr die Meldung Constants an den Prinzen schon abgegangen, wie aus dem Wortlaut obigen Begleitschreibens zu schließen ist. Ganz klar erscheint die Sachlage keineswegs in allen Teilen.

Es ist nicht unmöglich, daß irgend etwas verschwiegen wurde. Daß Constant den zweiten Behrschen Bericht an den Prinzen nach Brüssel gemeldet hat, sagt er selbst, und seine Zuverlässigkeit ist groß. Es wird bestätigt durch Wellingtons Memorandum, wo ebenfalls von Thuin die Rede ist*). Wenn das aber geschah, so kann die Meldung nicht vor 1 Uhr, wahrscheinlich nicht vor 1½ Uhr, Braine verlassen haben, und traf dann erst bei Oranien ein, als derselbe sich um 3 Uhr gerade zu Wellington begeben wollte, oder bereits bei ihm war. Er hat sie ihm dann persönlich überreicht, weshalb sie auch in einem englischen Archive niedergelegt wurde.

Wenn Verschleierungen vorgenommen sind, so hängen sie mit der Abwesenheit des Prinzen in Brüssel und den verspäteten Wellingtonschen Marschbefehlen zusammen. Obwohl Oranien und Wellington seit 3 Uhr wußten, daß die Preußen angegriffen, der Krieg also eröffnet sei, ließen sie und ihre Umgebung davon nicht das geringste verlautbaren. Man that, als ob alles beim alten sei, bis die Abend- und Nachtmeldungen weiteres Schweigen unmöglich machten. Die offizielle Lesart dieses Verhaltens giebt Wellington selbst in seinem Berichte an Bathurst, wenn er behauptet, daß er erst am Abend des 15. vom Morgenangriffe der Franzosen erfahren habe**). Oranien schrieb noch gegen 7 Uhr einen Brief an Constant, daß die Bataillone für die Nacht sich friedfertig in ihre Quartiere begeben könnten***). Solche Dinge erschienen nach den Ereignissen des 16. als höchst unangenehm. Da lag es nun im Interesse sowohl des Prinzen als des Herzogs, nicht gar zu deutlich verlauten zu lassen, daß von ca. 12 bis ca. 1½ Uhr nicht weniger als drei Depeschen in Braine, und von etwa 2 bis 3½ Uhr ihrer zwei in Brüssel eingegangen waren, welche die wirklichen Vorgänge meldeten†).

---

*) Mitgeteilt auch bei Ollech, Beiheft 121; Ollech, Gesch. 115.

**) Disp. XII, 478.

***) De Bas 535.

†) Der Ansicht von De Bas 1165, daß Constant den Aufenthalt Oraniens geheim halten wollte, widersprachen wir schon S. 69, als einer Unmöglichkeit, da die Sache in eingeweihten Kreisen allbekannt war. Ollechs Angabe (Beiheft 120), daß die Behrsche Depesche in Braine vorläufig liegen geblieben sei, beruht auf Zusammenwerfen mit der Dörnbergschen Meldung. Es war deshalb unrichtig, wenn Ropes 76 und Maurice 540, 541 sich ihm anschlossen. Vergl. De Bas 1165.

An anderen Orten haben wir gesehen, daß weder Oranien noch Wellington sich besonderen Zwang anthaten, die Darstellung der Ereignisse zu ihren Gunsten zu gestalten.

Nr. 7.
Gneisenaus Angriffsplan.

Eine der bedeutendsten strategischen Arbeiten Gneisenaus findet sich an einem Orte, wo niemand sie sucht. Sein Originalangriffsplan der Verbündeten gegen Napoleon im Jahre 1815 geriet unter die Papiere Knesebecks, mit denen er in das Kriegsarchiv zu Berlin gelangte*). Die Sache wird folgendermaßen zusammenhängen: In der Besorgnis, „daß man sich in Wien verleiten lassen könne, künstliche, mit einem Anstrich von Gelehrsamkeit versehene Feldzugs-Entwürfe anzunehmen", übersandte Gneisenau seinen „ganz einfachen" Feldzugsplan in Gestalt eines Briefes an den König. Dieser gab ihn seinem Generaladjutanten v. d. Knesebeck, um ihn den in Betracht kommenden Bevollmächtigten vorzulegen; der König that dies, obwohl die ziemlich verächtlich klingende Einleitung augenscheinlich auf Schwarzenberg und Knesebeck gemünzt war.

Knesebeck konnte den Brief in seiner Originalform wegen der Einleitung und wegen des Schlusses nicht gebrauchen, sondern mußte den eigentlichen Feldzugsplan aus ihm herausschälen. Ueberdies konnte er ihn nicht in deutscher Sprache verwenden, weil die Verhandlungen französisch geführt wurden, und einige der Anwesenden kein Deutsch verstanden. Demgemäß hat er den Feldzugsplan als geschlossenes Ganze behandelt und ihn übersetzt. Dabei ist er aber nicht stehen geblieben, sondern er hat eine Anzahl Veränderungen vorgenommen.

Im Folgenden teilen wir nun den bisher unbekannt gebliebenen Originalwortlaut des wichtigen Briefes mit und bemerken dazu, daß er eigenhändig geschrieben ist. Hieran reihen wir die Uebersetzung Knesebecks, wie sie sich unter seinen Papieren findet. Auch diese ist neu. Bekannt dagegen ist ein Text der Supplementary Despatches, den Bernhardi ebenfalls gegeben und Ollech benutzt hat, und ferner ein Druck, welchen Delbrück nach dem Konzepte lieferte. Hiervon sind jenes, wie man sehen wird, Ueberarbeitungen, die von dem ursprünglichen Wortlaute teilweise wesentlich abweichen, für diesen also nicht bloß wertlos sind, sondern ihn entstellen.

---

*) VI D. 118. I, p. 24, 25. Vergl. vorn die Darstellung S. 2, 3.

„An Seine Majestät den König.

In der Besorgniß, daß man in Wien sich verleiten lassen könne, künstliche mit einem Anstrich von Gelehrsamkeit versehene Feldzugs-Entwürfe anzunehmen, eine Besorgniß, die durch vorausgegangene Erfahrungen sich rechtfertigt, wage ich es, Ew. Königlichen Majestät, meine nach ganz einfachen Momenten aufgefaßte Ansicht eines Feldzugsplans gegen Napoleon Bonaparte zu Füßen zu legen:

1. Eine Armee in Belgien;
2. eine andere am Mittel Rhein;
3. eine dritte am Ober Rhein;
4. hinter der Armee des Mittel-Rheins eine große Reserve-Armee; diese die stärkste.

Die Feldherren der drei ersteren Armeen bringen in Frankreich ein und nehmen sämmtlich die Richtung auf Paris: Ob einer seiner Nachbarn geschlagen werde, darf keinen dieser Feldherrn irre machen, sondern jeder derselben geht auf seinen Zweck loß, zur Bewachung der nächsten Festungen Abtheilungen zurücklassend.

Die Reserve-Armee ist dazu bestimmt, die Unfälle, die einer oder der andern der vorderen Armeen begegnen könnten, wieder gut zu machen, entweder durch Flankenbewegungen gegen des Feindes Communikationen oder durch direkte Hülfeleistung.

Dieser Feldzugsplan ist begründet durch die numerische Ueberlegenheit der Truppen der verbündeten Mächte. Schlüge auch Napoleon eines der drei Heere, so bringen während er verfolgt, die beiden andern in seinem Rücken vor, und die Reserve-Armee macht dann die Unfälle der geschlagenen Armee wieder gut. Wendet sich Napoleon nach einem Siege gegen eine der noch ungeschlagenen Nachbar-Armeen, so hat er einen neuen Kampf zu bestehen, den ihm die zu Hülfe eilende Reserve-Armee sehr erschweren kann, während die geschlagene, jetzt unverfolgte Armee, sich erhohlt und die Offensive wieder ergreift.

Die zu lösende Aufgabe hierbei ist, daß die drei vorderen Armeen es vermeiden einander sich zu sehr zu nähern, damit Napoleon immer erst eine Reihe von Märschen zu machen habe, bevor er gegen eine Nachbar-Armee sich wenden kann.

Jeder Entwurf zu einem Feldzug der die Armee in Italien in die disseitigen Berechnungen aufnimmt, ist gekünstelt und deswegen unausführbar, oder verzögernd, folglich unheilbringend.

Der hier anwesende General Maison berechnet, daß Napoleon nicht mehr als 130—140000 Mann in Allem vorerst aufstellen könne. Die neu zu errichtenden Bataillone der Departemente werden zu den Besatzungen der Festungen gebraucht werden. Da aber das alte Frankreich etwa

90 feste Plätze hatte, so dürften diese Bataillone hiezu nicht hinreichen, und man könnte auf eine niedere Zahl als die von dem General Maison angegebene, im freien Felde gegen uns, zu schließen berechtigt seyn.

Aachen, d. 3. April 1815.

Der Generallieutenant
Graf N. v. Gneisenau."

Die Uebertragung Knesebecks findet sich unmittelbar hinter dem Briefe. Sie lautet:

„Résumé
des idées du Général comte de Gneisenau*).

Je hasarde de mettre aux pieds de Votre Majesté mes réflexions sur la manière dont je crois qu'il faudrait agir contre Napoléon**) Bonaparte:

1. une armée en Belgique;
2. une seconde armée du Mi-Rhin (entre le haut et bas Rhin: Mittel-Rhein);
3. une troisième armée au haut Rhin;
4. une grande armée de réserve (la plus forte) derrière la seconde armée.

Les généraux commandants des trois premières armées entrent en France et prennent tous la direction sur Paris. Chacun d'eux poursuit son but séparément sans s'embarrasser de la défaite de ses collègues, si elle pouvait arriver, et en ne laissant en arrière que les troupes nécessaires, soit pour observer soit pour assiéger les places fortes et forteresses sur sa route. On déterminera en particulier les places nommément qui seront soumises à un siége et celles qui ne seront qu'observées.

La destination de l'armée de réserve est de redresser les accidents, qui peuvent arriver aux armées en avant, soit par des secours directs, soit par des mouvements sur les flancs de l'ennemi et par là sur ses communications.

---

*) Von Knesebecks Hand. Bemerkt muß werden, daß ich den Druck nicht mit der Originalvorlage nachvergleichen konnte, weil das Aktenstück nach auswärts verliehen war.

**) Durch Korrektur von Knesebecks Hand hergestellt; ursprünglich stand davor, was durchstrichen wurde: „L'expérience de tous les temps a prouvé que les plans de campagne faits sur les lieux et par les généraux-commandants des troupes qui se trouvent vis-à-vis de l'ennemi répondent mieux à la vérité des circonstances et garantissent avec plus de vraisemblance le succès que les plans de campagne tracés dans l'éloignement. C'est sous ce point de vue et dans cette supposition que je hasarde ...

Ce plan de campagne est basé sur les forces supérieurs en nombre des puissances alliées. Que Napoléon parvienne à battre l'une des trois armées en avant, les deux autres avancent sur son dos tandis qu'il poursuit la première et l'armée battue. Si au contraire après une première victoire Napoléon marche contre l'une des armées voisines et non battues, il a une nouvelle lutte à soutenir. L'armée de réserve en venant au secours la lui rendra plus désavantageuse, et l'armée battue mais point poursuivie reprend l'offensive dès qu'elle s'est un peu remise.

La solution du problème consiste de cette manière en ce que les trois armées en avant évitent de trop se rapprocher l'une de l'autre, afin que Napoléon se voie toujours obligé de faire une série de marches avant de pouvoir arriver à l'une ou l'autre des armées voisines.

Par ce moyen les opérations sur le Rhin et dans la Belgique influeront indirectement sur*) les opérations en Italie, qui doivent poursuivre leur but séparément pour ne point amener des retards défavorables et par là nuisibles.

Le Général Maison . . . .**)

Aix la Chapelle le 3 Avril 1815.

Die Abweichungen des Knesebeckschen Résumé vom Gneisenauschen Briefe sind folgende:

1. Die Einleitung Gneisenaus wurde verkürzt. Da der Feldzugsplan in Wien vorgelegt werden sollte, war es geboten, die polemische und abschätzige Vorbemerkung des Verfassers, welche nur für das Auge seines Königs bestimmt war, abzuändern.

2. Gneisenau sagt: Jeder Feldherr geht auf Paris los, „zur Bewachung der nächsten Festungen Abteilungen zurücklassend". Das heißt also: Das einzige Ziel ist Paris; es sollen nur geringere Truppenmengen zurückbleiben, um die nächsten, mithin die dringendst notwendigen Festungen zu beobachten, die aber weiter nichts gegen sie unternehmen. Hieraus macht Knesebeck: „en ne laissant en arrière que les troupes nécessaires, soit pour observer soit pour assiéger les places fortes et forteresses sur sa route. On déterminera en particulier les places nommément, qui seront soumises à un siége et celles qui ne seront qu'observées." Danach also hätte man die betreffenden Festungen und befestigten Plätze nicht bloß zu beobachten, sondern auch zu belagern. Was von beiden

---

*) Es stand ursprünglich: Belgique en se concentrant directement entre elles consolident indirectement les.

**) Der Schluß ist richtig übersetzt.

jeweilig stattzufinden hat, „wird man im besonderen bestimmen". Dies trägt einen Gedanken in den Plan Gneisenaus hinein, der demselben geradezu widerspricht. Gneisenau drängt ausschließlich vorwärts und will zu diesem Zwecke das Heer so stark behalten, als irgend möglich, deshalb nur die unumgänglich nötigen Abzweigungen. Knesebeck fürchtet für die rückwärtigen Verbindungen und will deshalb die gefährlicheren Festungen belagert wissen. Natürlich würden dadurch die einzelnen Hauptarmeen geschwächt werden und allerlei Verzögerung eintreten, überhaupt würden auf diese Weise außer dem Hauptinteresse noch Nebeninteressen und Nebenrücksichten erzeugt. Während Gneisenau jedes Heer ausschließlich aus sich selbst handelnd dachte, zog Knesebeck mit den Worten: „On déterminera en particulier les places nommément" fremde Vorschläge und Meinungen in die Maßnahmen des Einzelheeres hinein. — Ob Knesebeck diese Aenderung aus eigenem Antriebe oder mit Rücksicht auf Schwarzenberg vorgenommen hat, läßt sich nicht entscheiden.

3. Gneisenau lehnt jede Verkoppelung des Feldzuges in Frankreich mit dem italienischen schroff ab. Knesebeck ist weniger bestimmt. Er sagt: „Par ce moyen les opérations sur le Rhin et dans la Belgique influeront indirectement sur les opérations en Italie", dann setzt er aber zu, daß diese ihr eigenes Ziel verfolgen müßten. In diesem Falle erkennt man ziemlich deutlich, daß die Abschwächung gemacht ist, weil Schwarzenberg und die österreichische Regierung durchaus ein Zusammenwirken von Italien und Deutschland aus haben wollten.

Wenn sich somit der Grund für die Aenderungen Knesebecks erkennen läßt und derselbe aus praktischen Erwägungen kaum ganz zu verwerfen ist, so hätten dieselben doch nicht in einen Plan gehört, der Gneisenaus Namen trug.

Nun besitzen wir noch eine zweite französische Uebersetzung des Gneisenauschen Planes, diejenige, welche die Supplementary Despatches X, 196 und Bernhardi, Geschichte Rußlands I, 518 mitteilen. Sie erweist sich unabhängig von der Knesebeckschen und hat auch ihrerseits Abweichungen.

Die Ueberschrift lautet in den Desp.: „Plan de campagne envoyé à Vienne"; ein Datum fehlt, die Unterschrift bietet Gneisenaus Namen. Eine Einleitung hat dieser Text nicht, sondern er beginnt gleich mit: 1. „Une armée en Belgique". Dann stimmt er mit dem Gneisenauschen Briefe überein bis zu dem Absatze: „Dieser Feldzugsplan ist", wo nach dem ersten Satze eingeschoben ist: „L'ancienne France avait 90 places fortes, dont les garnisons nécessaires absorbent un nombre considérable de forces ennemies", was im Wesentlichen den Schlußangaben Gneisenaus entnommen wurde. Das Uebrige des Absatzes stimmt dann wieder ziemlich. Dagegen ist der: „Die zu lösende Aufgabe" wesentlich ausführlicher gestaltet. Er lautet nämlich: „Ces trois armées de première ligne doivent éviter de se rapprocher de trop près l'une de l'autre, afin que l'ennemi ne puisse disparaître de devant l'une et tomber inopinément sur l'autre, mais qu'il soit forcé de parcourir un nombre de marches suffisant pour les instruire, l'une de sa disparition de devant elle, et l'autre de son approche. Celle des armées avec laquelle il cherche le combat, ne doit se battre, que dans un terrain très favorable, et il vaut mieux de rétrograder quelques marches pour trouver cet avantage".

Der letzte Satz giebt verkürzt den der Vorlage, und erweitert ihn dann durch einen Zusatz: „Tout projet de campagne qui s'occupe à admettre dans le calcul les armées en Italie est vicieux, parcequ'il est dangereux en ce qu'il nous fait perdre du tems. Les armées une fois rassemblées sur la frontière orientale de la France, on doit pousser les opérations vigoureusement." Letzteres klingt sehr energisch, ist aber unnötig, weil die Haltung des ganzen Feldzugsplanes auf Energie weist. Ueberdies trägt es einen Zeitpunkt in die Unternehmungen hinein, den Gneisenau gewiß mit Absicht nicht angegeben hatte.

Wie Knesebeck den vorigen Text erst nach Abschweifungen feststellte, die wir in den Anmerkungen mitgeteilt haben, so könnte er schließlich mit der Arbeit doch nicht zufrieden gewesen sein, und sie neu unternommen haben. Da die zweite Bearbeitung nicht dem Konzepte Knesebecks, sondern einem englischen und vielleicht einem russischen Archive entstammt, so ist sie augenscheinlich als amtlich behandelt und den Bevollmächtigten mitgeteilt.

Nun besitzen wir noch einen vierten Text. Es ist der, den Delbrück in seinem Leben Gneisenaus IV, 346, 347 „nach dem eigenhändigen Konzept" mitteilt. Dieser Text stimmt nun in der ersten Hälfte mit dem Briefe überein, in der zweiten aber ähnelt er den Abweichungen, welche die Despatches bieten. Es heißt hier nämlich: „Wendet sich Napoleon nach einem Siege gegen eine der noch ungeschlagenen Armeen, so hat er einen neuen Kampf, den ihm die zu Hilfe eilende Reserve-Armee sehr erschweren kann, während die geschlagene, jetzt unverfolgte Armee sich erholt.

Die Aufgabe hierbei ist, daß die drei Armeen es vermeiden, einander sich zu sehr zu nähern, damit nicht der Feind von einer derselben schnell zu der anderen sich wenden könne, ohne daß er nicht eine Reihe von Märschen zu durchlaufen habe, folglich die eine derselben von dem Verschwinden des Feindes vor ihr und die andere von seiner Annäherung gegen sie unterrichtet zu werden die nötige Zeit gewinne.

Die Armee, welcher er sich nähert, muß nur in vorteilhaftem Terrain sich schlagen, und um dies zu können, manövrieren und lieber selbst einige Märsche zurückgehen. Jeder Entwurf zu einem Feldzug, der die italienische

Armee in die diesseitigen Berechnungen aufnimmt, ist gekünstelt und unausführbar."

Man sieht, der Wortlaut steht dem der Despatches derartig nahe, daß er als etwas knappere Vorlage desselben erscheinen könnte, so daß der französische Text nur einige verdeutlichende Erweiterungen böte, wie: „au lieu de poursuivre ses succès sur l'armée battue", „pendant que la troisième de nos armées de première ligne continue à s'avancer", „et reprend l'offensive", „cet avantage". Andererseits findet sich aber der Satz „und die Offensive wieder ergreift" im Originaltexte und im französischen, aber nicht im Konzept=Texte. Damit erscheint es schwierig, das Verhältnis des letzteren zu den anderen festzustellen. Zunächst läge natürlich, das „eigenhändige Konzept" als Vorlage für den Originalbrief zu betrachten, der dann teilweis umgearbeitet wäre. Aber es scheint auch die Vorlage zu der offiziellen französischen Uebersetzung gewesen zu sein, und doch wieder hat hier ein kurzer Satz des Originals Aufnahme gefunden. Es wäre demnach nicht ausgeschlossen, daß der Uebersetzer beide deutschen Texte benutzt hat, d. h. mit anderen Worten, daß er so von Knesebeck oder von Gneisenau selber, von diesem etwa mit Rücksicht auf ihm von Knesebeck mitgeteilte Bedenken, hergestellt wurde. Als Bedingung für solche Annahme gilt natürlich, daß Delbrücks Angabe richtig ist. Da er nicht sagt, woher er das „eigenhändige Konzept" hat, vermag ich nicht nachzuprüfen.

Jedenfalls bietet der Originalbericht strategisch die kühnste und bedeutendste Auffassung in knapper, lapidarer Form.

Nr. 8.
Der Haupt= und Nachtragsbefehl Wellingtons.
(Am Abend des 15. Juni.)

Ein für die Kriegsgeschichte bedauerlicher Zufall hat gewollt, daß Wellingtons Befehle vom 15. Juni mit den Papieren des Generalquartiermeisters Obersten de Lancey nach seinem Tode bei Belle=Alliance verloren gegangen sind. Sie scheinen nur teilweise in Abschriften von Sir de Lacy Evans erhalten oder sonst wiederhergestellt zu sein, so gut und so schlecht es eben ging*). Damit ist von vorne herein klar, daß ihr Wortlaut keineswegs auf unbedingte Zuverlässigkeit Anspruch erheben kann.

---

*) Vergl. die Bemerkungen in den Despatches und Maurice in United Service Magazine 1890, N. S. I, 144, 548.

Treten wir mit dieser Erkenntnis heran an den Hauptbefehl vom Abend des 15. Derselbe verfügte über die Niederländer:

„The Prince of Orange is requested to collect at Nivelles the 2. and 3. divisions of the army of the Low Countries; and, should that point habe been attacked this day, to move the 3. division of British infantery upon Nivelles as soon as collected. This movement is not to take place until it is quite certain, that the enemy's attack is upon the right of the Prussian army and the left of the British army*)."

Der in Braine-le-Comte eingetroffene Befehl lautete:

„The Prince of Orange is requested to collect at Nivelles the 2. and 3. divisions of the Netherlands; the troops to move at one o'clock in the morning.

The cavalry of the Low Countries is all to move behind the Haine and to be collected on the hights behind St. Pierre; one brigade holding the passage of the river at Haine St. Paul with the necessary proportion of artillery**)."

Wie man sieht, stimmen die Stücke nur im ersten Satze überein. Da nun aber beide Lesarten augenscheinlich zu Recht bestehen, so liefern sie folgendes Ergebnis:

1. Der bisherige Text darf im besten Falle zwar als amtlich angesehen werden; er wurde aber bei der Ausgabe der Einzelbefehle keineswegs immer übernommen, sondern diese können anders gelautet haben. Der Wortlaut der letzteren steht deshalb nicht fest, außer für die niederländische Armee, der von niederländischer Seite erhalten blieb. In diesem Falle erweisen sich aber Wortlaut und Inhalt fast völlig abweichend.

2. Daraus folgt, daß der bisherige Text nicht der wirkliche Befehl, sondern nur Wellingtons Konzept desselben ist, welches für die offizielle Ausgabe noch umgearbeitet werden konnte und nachweislich umgearbeitet ist.

3. Die Umarbeitung für die niederländische Armee ist so stark, daß sie besondere Gründe gehabt haben muß. Diese werden darin beruhen, daß Wellington unmittelbar nach seiner Besprechung mit Müffling, der den Zietenschen Brief überbrachte, den Gesamtbefehl entwarf. Unter dem Eindrucke der preußischen Ausführungen befürchtete er, daß die Franzosen bereits Nivelles angegriffen haben könnten und richtete deshalb seinen Befehl für diesen Fall ein. Als er sich die Sache dann aber ruhiger überlegte, kam er wieder mehr auf seine alten Anschauungen zurück, und meinte, daß

---

*) Disp. XII, 473. Ueberschrift: Memorandum for the Deputy Quarter Master General. Unterzeichnet Wellington.

**) De Bas 1171. Unterzeichnet: „p. copie conforme B. de Constant." Vergl. 1186.

sie nicht so gefährlich sein würde. Ueberdies mußte er sich sagen, daß solche Befehle mit einem „wenn", leicht falsche Maßnahmen veranlassen könnten. Er gab seiner Weisung deshalb eine bestimmte Form, welche keinen Irrtum möglich machte, warf nach Nivelles noch in der Nacht mög= lichst viele Truppen und sperrte einen der dorthin führenden Hauptzugänge. Augenscheinlich enthält der zweite Text große Vorteile vor dem ersten.

Wir sahen, daß der uns überlieferte Gesamtbefehl günstigsten Falls bloß das Konzept Wellingtons ist, aber auch dies nicht im Originale, welches verloren ging, sondern nur in einer Abschrift. Und selbst die Ab= schrift scheint nicht einmal ganz in Ordnung zu sein. Es heißt da: „The 1 st. division of infantry to collect this night at Ath". Hier wird ein Druck= oder Schreibfehler obwalten, denn es muß „2 d. division" heißen. Die 1. Division lag bei Enghien, hätte nach Ath also erst $2^1/_2$ Meilen westwärts (mithin in verkehrter Richtung) machen müssen, was sich nicht als „to collect" bezeichnen läßt. Dagegen befand sich die zweite Division in Ath und Umgegend, mit Ath als natürlichem Sammelplatze. Demgemäß verfügt auch der Nachtragsbefehl richtig, daß die 1. Divi= sion von Enghien, die 2. von Ath abmarschieren solle. Es scheint demnach, als sei ein Absatz im Hauptbefehl ausgefallen. Hier war ursprünglich das Verhalten für alle 5 englischen Divisionen gegeben, für die 1., 2., 3. 2c. Jetzt hingegen springt der Text von der 1. auf die 3. Division über und bietet für die 1. Unsinn. Die Sache klärt sich so auf, daß der Kopist erst richtig den Text der 1. Division begann, dann aber durch das formelhafte „to collect this night at" in den Text für die 2. Division hineingeriet und in diesem fortfuhr. Ursprünglich wird also gestanden haben:

„The 1 st. division of infantry to collect this night at Enghien, and to be in readiness to move at a moment's notice", (oder: „at the shortest notice").

„The 2 nd division to collect this night at Ath and adjacent, and to be in readiness to move at a moment's notice".

„The 3 rd division to collect this night at Braine" etc.

Das Konzept des Oberbefehlshabers ist augenscheinlich vom General= Quartiermeister für die einzelnen Korps und sonstigen selbständigen Ver= bände verarbeitet und dann Wellington noch einmal vorgelegt, wobei Aenderungen wünschenswert erschienen. Nun dauerte das Gespräch mit Müffling bis gegen 7 Uhr, aus welcher Zeit dessen Brief an Blücher datiert ist. Auf die geistige Arbeit für den Hauptbefehl und auf dessen Niederschrift ist $1/2$ bis $3/4$ Stunde anzunehmen, die gleiche Zeit ungefähr für die Einzelausfertigung und für die Revision gerechnet, käme man auf 8—$8^1/_2$ Uhr. Dann mußten die Befehle erst an die in Brüssel befindlichen Korpskommandeure gehen, die schwerlich immer sofort zu finden waren.

Diese hatten schließlich ihrerseits Anstalten zu treffen, daß je ihre Angelegenheit nach ihrem Hauptquartiere kam, worüber auch wieder etwas Zeit verfloß, weil erst der überbringende Adjutant oder Meldereiter gefunden und dessen Pferd mobil gemacht werden mußte. Auch hierauf darf man ½ Stunde rechnen, was in Summa nahezu zwei Stunden ergäbe. Es darf also angenommen werden, daß die meisten Korps= u. s. w. Befehle erst um 9, im besten Falle ½9 Uhr Brüssel verließen.

Von mehreren Befehlen kennen wir die Ankunftszeit. Dem Herzoge von Braunschweig wurde der seinige gegen 10 Uhr durch den hannoverschen Leutnant v. Dincklage überreicht, als er sich eben auf den Ball begeben wollte*). Da Wellington hier schon um 10 Uhr war und Friedrich Wilhelm schwerlich viel später eintreffen wollte, so dürfen wir die Ankunft des Befehls vor 10 Uhr annehmen. Bei der geringen Entfernung von Brüssel nach Lacken kann der Offizier somit erst nach 9 Uhr abgeritten sein. Der niederländische Befehl traf um 10½ Uhr in Braine=le=Comte ein**). Rechnet man von Brüssel bis Braine zwei Stunden***), so hätte die Meldung um 8½ Uhr die Hauptstadt verlassen. Der Befehl für die Nassauer erreichte um 11 Uhr Woluwe†), danach wird er kaum vor 10 Uhr von der Hauptstadt abgesandt sein.

Also auch diese Gegenprobe ergiebt eine verhältnismäßig späte Zeit, und zugleich, daß die Einzelbefehle nicht mit einem Male, sondern von 8½ bis 10 Uhr fortgeschickt wurden, je nach der Dringlichkeit, die man ihnen beimaß, und je nach obwaltenden günstigen oder ungünstigen Umständen.

Auch der Nachtragsbefehl trägt keine Zeitmerkmale, denn die Angabe „After orders, 10 o'clock, P. M." kennzeichnet sich schon durch ihre Kursivschrift als Zusatz des Herausgebers††). Aus dem Wortlaute des Befehls ließ sie sich nicht entnehmen. Wenn nicht andere uns unbekannte handschriftliche Mitteilungen vorgelegen haben, was aber als unwahrscheinlich bezeichnet werden muß, so wird der Herausgeber die Zeit aus den Gesamtereignissen berechnet haben. Sie dürfte nach dem was wir sonst wissen, ziemlich richtig sein, doch besser wohl 10½ Uhr als 10 Uhr lauten. Eingetroffen ist der Nachtragsbefehl in Woluwe erst um 1½ Uhr nachts, er wird also erst um 12½ Uhr abgegangen sein. General Constant erhielt ihn 2½ Uhr†††), was ebenfalls auf Verschickung desselben um 12 oder 12—12½ Uhr deutet. Also auch hier liegt eine ziemlich bedeutende

---

*) Kortzfleisch 58.
**) De Bas 1171. Vergl. vorn S. 99.
***) Born, S. 72, rechneten wir für den Constantschen Bericht an Oranien noch weniger.
†) Vergl. hinten den Auszug aus dem Tagebuche.
††) Disp. XII, 474.
†††) De Bas 551, 1173.

Pause zwischen Konceptniederschrift des kommandierenden Feldherrn und Versendung der Einzelausfertigungen durch das Hauptquartier. Dem Prinzen von Oranien muß der Befehl auf den Ball gebracht sein, wo er noch einen Zusatz machte.

Nr. 9.
Die „Disposition of the British Army".

In dem Supplementary Despatches X, 496 findet sich ein Schriftstück, welches den Titel führt: „Disposition of the British Army at 7 o'clock a. M. 16 th. June". Ueber dasselbe ist bereits manches gesagt; es wurde bisweilen geradezu für die Armeebewegungen zu Grunde gelegt, wenn auch nur, um zu zeigen, daß die Thatsachen und die Angaben der „Disposition" schlecht zueinander stimmen.

Die „Disposition" enthält eine Liste der Wellingtonschen Truppenteile, verbunden mit Ortschaften, und schließt mit den Worten: „Die obige Disposition ist von Oberst Sir W. De Lancey zur Information des Oberbefehlshabers ausgeschrieben. Die Mittelreihe der Namen bezeichnet die Orte, an denen die Truppen eingetroffen waren oder auf die sie heranmarschierten*). Die rechte Seitenkolonne bezeichnet die Orte, auf welche der Marschbefehl der betreffenden Truppen für 7 Uhr früh den 16. Juni lautete, bevor die Briten irgend angegriffen waren. — De Lacy Evans."

Im Voraus zu erwägen ist, worauf schon in der vorigen Untersuchung verwiesen wurde, daß die Originale der Befehle und sonstigen Generalstabsarbeiten dieser Tage sämtlich verloren gegangen sind. Die Ueberschrift der „Disposition" ist gewiß nicht ursprünglich, sondern von den Herausgebern nur aus dem Texte gefolgert, wie schon ihr Kursivdruck beweist. Anders die Unterzeichnung; sie scheint das Schriftstück zunächst als offiziell im Wortlaute zu erweisen. Aber das ist unmöglich, denn ein solches hätte vom Generalquartiermeister, also von De Lancey, oder doch von einem höheren Offizier des General-Quartiermeisteramtes unterfertigt sein müssen. Das geschah jedoch nicht, sondern es trägt den Namen De Lacy Evans, der nur Major und außerordentlicher Adjutant des Generals Ponsonby war**). Dieser befehligte die zweite Kavallerie-Brigade, welche, zum Korps Uxbridge gehörig, in der Gegend von Grammont stand. Nun war Ponsonby zum Balle des Herzogs von Richmond geladen; es erscheint also nicht aus-

---

*) So verstehe ich: the places at which the troops had arrived or were moving on.
**) Ropes 86.

geschlossen, daß auch sein Adjutant in Brüssel gewesen. Wahrscheinlich ist das aber schwerlich, denn auf der Einladungsliste findet sich De Lacys Name nicht, wohl aber der vieler anderer Adjutanten*). Doch selbst das Unwahrscheinlichere angenommen, so wäre De Lacy auch dann nicht der Mann, eine allgemeine Marschberechnung aufzustellen, denn dazu besaß er keineswegs die Kenntnisse. Er hätte jene höchstens für Ponsonby abschreiben können. Auch das muß dahin gestellt bleiben, denn eine Liste für 7 Uhr wird wegen des Nachtragsbefehls und einzelner Sonderweisungen schwerlich vor 3 oder 4 Uhr, vielleicht erst um 6 Uhr fertig gewesen sein. Zu dieser Zeit hatte Ponsonby aber bereits Brüssel verlassen. Ueberdies ist kaum zu glauben, daß die Liste, bevor sie vom Oberfeldherrn benutzt wurde, dem Adjutanten eines Brigadegenerals, für den sie thatsächlich wertlos war, ausgehändigt sein sollte. Daß sie bloß abgeschrieben, ausgeschrieben, darauf deuten die Worte: „the above disposition written out".

Nun aber gehört das ganze Nachwort augenscheinlich nicht ursprünglich zu der Liste, wie schon die Wendung beweist: „previous to any attack on the British", denn dieselbe setzt die Kenntnis der Schlacht bei Quatre-Bras voraus, welche am 16. in der Morgenfrühe noch nicht erfolgt war. Von einem offiziellen Aktenstücke für den Oberfeldherrn sagt man nicht in einem Nachworte, „es sei ausgeschrieben zur Information des Kommandeurs der Streitkräfte von Oberst Sir W. De Lancey", sondern dieser stellt die Liste auf, versieht sie mit der entsprechenden Ueber- und mit seiner Unterschrift. Ebenso ist die Bezeichnung „commander of the Forces" ganz ungewöhnlich, es hätte heißen sollen „His Grace the Duke of Wellington" oder dergl. Nicht minder inoffiziell klingen die Erklärungen des Nachwortes über die Bedeutung der Kolumnen. In der Regel pflegte man für solche „Tableaux" Querkolumnen anzulegen, deren Kopf man mit den nötigen Angaben versah. Nach alledem haben wir kein aus dem Laufe der Ereignisse erwachsenes amtliches Aktenstück vor uns, sondern eins, das erst nachträglich entstanden ist.

Treten wir mit diesem Ergebnisse an den Inhalt, so wird es in jeder Weise bestätigt: die Marschangaben erweisen sich nur in wenigen Fällen als richtig; teilweis sind sie ungenau, teilweis völlig falsch. Die 5. hannoversche Brigade z. B. soll sich in Hal befunden und um 7 Uhr auf Genappe und Quatre-Bras gewiesen sein. Nach dem uns vorliegenden, vom kommandierenden Brigadegenerale herrührenden, Brigadeberichte aber**) sammelte sich die Truppe zwar in Hal, erhielt aber erst um 11 Uhr einen Befehl und zwar den: auf Waterloo zu marschieren. Nach Genappe begab sie sich

---

*) De Bas 1176—1178.
**) Veröffentlicht hinten in den Beilagen.

auf eigene Faust; erst gegen 11 Uhr abends traf hier die Weisung ein, vor Genappe zu biwakieren und am anderen Morgen nach Quatre-Bras aufzubrechen. Die Disposition bietet also reinen Unsinn. Aehnlich verhält es sich mit der Brigade Dörnberg: dieselbe war erst in der Nacht von Mecheln nach Quatre-Bras gewiesen*). Sie sollte sich nach der Liste schon unterhalb Waterloo auf dem Marsche nach Genappe befinden, während sie zu dieser Zeit sicher noch gar nicht Brüssel oder die Höhe von Brüssel erreicht hatte, den Ort also, wo die Aufstellung gemacht sein soll. Die gleiche Ungeheuerlichkeit bieten die Angaben, welche die „übrige Reiterei" des Lord Uxbridge betreffen. Diese hatte sich nach der Disposition auf Nivelles und Quatre-Bras zu bewegen, während überhaupt erst gegen 11 Uhr von der Vorpostenstellung bei Frasnes jener Befehl an das Korps abging, der es nach Quatre-Bras berief*).

Es liegt unseres Erachtens völlig klar, daß ein Generalquartiermeister solche unsinnigen Aufstellungen gar nicht machen konnte, sondern nur jemand, der durchaus ungenügend unterrichtet war, oder Grund hatte, die Wirklichkeit der Truppenverteilung zu korrigieren, und zwar, wie deutlich ist, sie korrigieren zu gunsten der Nähe von Quatre-Bras. Demnach erscheint uns das Schriftstück für den Morgen des 16. als völlig wertlos**); und eine Folgerung, daß Wellington von seinen Untergebenen, hier De Lancey selber, „nicht gut bedient" sei***), ist falsch. Wellington hätte einem Generalquartiermeister, der sich so verrechnete und damit sich unbrauchbar erwies, gewiß ohne Zaudern den Abschied erteilt, oder richtiger, er hätte einen solchen Mann nie auf den verantwortungsvollen Posten berufen.

Daß die Wirkung der Disposition sich noch besonders verhängnisvoll gestaltet habe, weil Wellington sie $10^1/_2$ Uhr seinem Briefe an Blücher zu grunde legte, ist unbeweisbar. Was der Herzog schrieb, konnte er sich leicht ohne fremde Berechnung selber zurecht legen; seine Auffassung deckt sich überdies, wie wir sahen, wesentlich mit der, die Oranien schon zu einer Zeit bei Quatre-Bras hatte, als die Disposition in Brüssel kaum fertig gestellt war†).

Ein philologischer Beweis der Zusammengehörigkeit von Disposition und Brief ist nicht zu erbringen; übereinstimmende Wendungen und Ausdrücke, gleiche Gedankenfolge und dergl. finden sich nicht. Ihre Aehnlichkeit beruht eigentlich nur darauf, daß sie beide der Sachlage nicht überall entsprechen und beide das Bestreben haben, die englische Heeresstellung möglichst günstig vorzuführen.

---

*) Bericht Dörnbergs, hinten in den Beilagen.

**) Damit dürfte auch das hinfällig sein, was De Bas 556 erörtert. Weiteres vergl. bei Ropes 111 sq.; De Bas 568, 569.

***) Ropes 114. De Bas 569 sagt sogar: De hertog ... en ten volle vertrouwende op de berekening van kolonel De Lancey.

†) Die siebente Stunde als richtig angenommen.

Unseres Erachtens ist die „Aufstellung" später entstanden, wahrscheinlich unter Benutzung der Marschbefehle, die mit großer Unkenntnis oder mit Absicht so verwertet wurden, wie geschehen ist. Giebt man dies zu, dann zeigt sich als weitere Folge, daß man Wellington augenscheinlich von dem bald auftauchenden Vorwurfe zu großer Sorglosigkeit, zu später Inmarschsetzung seiner Truppen, entlasten wollte*).

Die Angaben der Liste stimmen weit besser zu 11, als zu 7 Uhr. Man könnte deshalb meinen, sie sei nachträglich, mit Rücksicht auf Wellingtons Brief an Blücher, verfaßt. Dagegen aber spricht, daß keine Wortübereinstimmung obwaltet, und daß die Angaben auch für diese Zeit nur teilweise richtig sind. Oberst De Lancey konnte sie auch nicht für den Brief machen, weil derselbe sich nicht bei Wellington, sondern in Brüssel befand.

Schließlich wäre möglich, daß eine Liste, wie die vorliegende, ursprünglich von der Hand des Quartiermeisters herrührte, vielleicht ein bloßer Entwurf. Dieser wäre dann aber ohne Zeitmerkmale gewesen und wird sich ungefähr auf die Mittagsstunden bezogen haben. Also auch in diesem Falle läßt sich das Machwerk kaum verwerten. Um eine bloße Abschrift von De Lacy Evans handelt es sich in dem Gesamtschriftstücke eben nicht.

Nr. 10.
General Napiers Brief.

Die Zusammenbringung der Waterloo Letters ist ein großes Verdienst des Kapitän Siborne**). In diesem Buche legten solche englische Offiziere, welche den Feldzug 1815 mitgemacht hatten, ihre Erinnerungen in knapper Form nieder. Eine Fülle bislang unbekannten Materials ist dadurch erwachsen. Aber bei aller Güte zeigt das Unternehmen doch auch mancherlei Mängel, unter denen der schlimmste sein dürfte, daß die Mitteilungen nicht unmittelbar nach den Ereignissen, sondern erst 20—30 Jahre später gesammelt wurden. In einer so langen Zwischenzeit hatte das Gedächtnis bei den einzelnen Briefschreibern natürlich stark gelitten, bei einem mehr, bei dem anderen weniger. Allerlei Einflüsse hatten sich hinzugesellt, um das ursprüngliche Bild und damit die Wahrheit zu entstellen. Und merkwürdigerweise gerade der erste Brief ist in dieser Weise der schlechteste, der die treffliche Sammlung geradezu entstellt. Er rührt her vom Generalmajor Napier und wurde im November 1842 geschrieben***).

---

*) Anders ist die Auffassung von Ropes 87.
**) Veröffentlicht von dessen Sohn, erschienen die Briefe 1891 in London. Näheres in der Einleitung der Letters.
***) Siborne, Waterloo Letters p. 2.

Verheißungsvoll sagt Napier zu Anfang: „Was er erzähle, habe er von Wellington selber (from the Duke's mouth)". Dann fährt er fort: „The Duke found the Prince of Orange at the Duchess of Richmond's ball. He was surprised to see him, because he had placed him at Binche, an important outpost, for the purpose of observing and giving notice of the movements of the Enemy. He went up to him and asked, if there was any news? „No! nothing but that the French have crossed the Sambre and had a brush with the Prussians. Have you heard of it?" This was news. So he told him quietly that he had better go back to his post, and then by degrees, he got the principal Officers away from the ball and sent them to their troops. This was done, I think he said, about 11 o'clock."

Diese Angaben sind eigentlich in allem unrichtig. Der Herzog war nicht erstaunt, den Prinzen bei Richmond zu treffen, sondern er selber hatte ihn veranlaßt, dorthin zu kommen (vorn S. 80). Oranien hatte ihm schon beim Mittagessen den Angriff der Franzosen auf die Preußen mitgeteilt; ihm war auch nicht der wichtige Vorposten von Binche überwiesen, sondern der war von preußischen Truppen besetzt. Der Herzog sandte die Hauptoffiziere nicht um 11 Uhr, sondern erst gegen 1 Uhr zurück, weil um 12½ Uhr die Constant'sche Depesche eintraf.

„He then went to his quarters and found Müffling there, coming from Blucher with the news; he ought to have arrived long before, but, said the Duke to me, „I cannot tell the world that Blucher picked the fattest man in his army, to ride with an express to me, and that he took thirty hours to go thirty miles."

Also: nachdem Wellington die hauptsächlichsten Offiziere vom Balle fortgeschickt hatte, begab er sich in sein Hauptquartier zurück und fand dort Müffling, der von Blücher kam. Thatsächlich hat Müffling am 15. Brüssel gar nicht verlassen, am allerwenigsten bis nach Namur. Er, mithin doch Müffling, hätte viel früher eintreffen müssen, aber, heißt es dann im Nachsatze, Blücher nahm den dicksten Mann in seinem Heere als Expreß, der für 30 englische Meilen 30 Stunden gebrauchte. Schon grammatisch ist das Unsinn; sachlich noch mehr. Wenn die Ueberbringung der Blücherschen Meldung vom Angriffe der Franzosen gemeint ist, so dauerte die nicht 30, sondern nachweislich nur 4 Stunden*). Das Ganze ist wieder völlig unbrauchbar. Es wird ein dunkler Nachklang von wirklichen Ereignissen obwalten, der geradezu sagenhaft entstellt zur Geltung kommt. Zunächst scheint die erste Entfernung Wellingtons vom Balle gemeint zu sein infolge der Dörnbergschen Depesche, der Herzog begab sich dann zu Müffling und holte ihn

---

*) Vergl. vorn S. 59.

ab, um den Ball zum zweiten Male zu besuchen. Das zu späte Eintreffen des Expreßbriefes dürfte der Zietensche sein, der in der That von Morgens bis zum Nachmittage gebrauchte, um von Charleroi nach Brüssel zu gelangen.

„There is a very curious story about the Espionage, which I believe no man knows but myself now. My authority (Grant, the Chief of the Espionage) is dead. General Dornberg was the real cause of the Duke's being surprised in his cantonments."

Wenn Grant dies gesagt hat, so ist es eine Verleumdung. Dörnberg hat bis zuletzt mit größter Umsicht und unermüdlichem Eifer Kundschaft eingezogen. Daß sein letzter Brief, den er morgens von Mons absandte, erst abends 10 Uhr in Brüssel eintraf, war nicht seine Schuld, sondern, wenn überhaupt jemandes Schuld, so die der englischen Stabsoffiziere in Braine-le-Comte.

In ihrer Gesamtheit erscheinen die Mitteilungen Napiers als ganz gemeiner Klatsch, der die Verbündeten mit Schmutz bewirft, um Wellington zu reinigen. Als Entschuldigung kann man nur anführen, daß sie von einem kranken Manne herrühren. Napier sagt von sich: „I am in a state of great debility from sickness and pain." Sein Gedächtnis hatte augenscheinlich gelitten und seine Kenntnis von den wirklichen Vorgängen war gering.

Uebrigens mag bemerkt werden, daß selbst Wellington nicht besonders hoch von Napiers Zuverlässigkeit als Erzähler geschichtlicher Vorgänge dachte*).

Nr. 11.
Die Auffassung des preußischen Generalstabes von Wellingtons Beistand.

Der Umstand, daß die Preußen den Verbündeten bei Belle-Alliance zu Hilfe kamen, obwohl sie selber bei Wavre angegriffen wurden, während die Verbündeten bei Ligny solche Hilfe nicht leisteten, weil sie zugleich bei Quatre-Bras fochten, und der hiermit zusammenhängende verschiedene Ausgang der beiden Schlachten: Der Sieg bei Belle-Alliance, die Niederlage bei Ligny, haben von vorne herein von sich reden gemacht und verschiedene Auffassungen bis auf den heutigen Tag bewirkt. Aeußerlich angesehen liegt der Thatbestand am 16. und 18. Juni ziemlich gleich, so daß der Argwohn berechtigt erscheint, der Engländer habe am 16. nicht in derselben Bundestreue gehandelt, wie Blücher am 18. Aber nur halbwegs genauere Be-

---
*) Stanhope, Conversations 58, 59.

trachtung ergiebt dann alsbald den großen, den entscheidenden Unterschied. Während Blücher bei Wavre 110000 Mann hatte, betrug die verbündete Armee bei Quatre-Bras zunächst nur 7000 Mann, die erst im Laufe des Kampfes auf etwa 30000 Mann anwuchs. Während Blücher also nahezu drei Korps abgeben konnte*) und doch noch über 20000 Mann zurückbehielt, vermochte Wellington bis zuletzt keinen Mann zu entbehren. Sachlich also befand er sich außer Stande, Hilfe zu leisten. Es fragt sich nun, ob ihn ein persönliches Verschulden trifft: 1. weil er seine Truppen ungenügend beisammen hatte, und 2. weil er den Preußen Zusagen machte, die er dann nicht hielt, bezw. wegen seiner zu wenig vereinigten Truppenmacht nicht halten konnte. Die erstere Frage haben wir bereits vorne S. 116 ff. bis zu gewissem Grade bejaht, die zweite mag hier untersucht werden, und zwar auf Grund der Angaben oder Vorwürfe, welche seitens der zunächst beteiligten Körperschaft, seitens des preußischen Generalstabes gemacht worden sind **).

Diese treten schon unmittelbar nach der Entscheidung bei Ligny auf.

Am 17. Juni sandte Blücher den ersten Bericht über diese Schlacht an den König. Derselbe ist von Grolmans Hand und vom Feldmarschalle unterzeichnet ***). Darin heißt es: „Das 4. Armeekorps war noch nicht nahe genug herangekommen, worüber ich E. M. die Aktenstücke nächstens vorzulegen mir vorbehalte. Ebenso war die Armee des Herzogs von Wellington wider Vermuten und Zusage noch nicht konzentriert genug, um gleichmäßig gegen den Feind mitwirken zu können; — sie hat an diesem Tage zwar ein Gefecht geliefert, welches aber zum Ausgange des ganzen nur wenig beitragen konnte." — Hier sind als Gründe für den Verlust der Schlacht angegeben: das Ausbleiben des IV. Korps und das Wellingtons. Dieselben stimmen ganz mit denen, welche Nostitz schon vor der Schlacht Müffling angegeben haben will, als er sagte: „Von allen den Suppositionen, welche uns veranlaßt haben, die Schlacht anzunehmen, wird keine eintreffen; der Herzog wird uns keine Unterstützung senden und unser IV. Armeekorps werden wir vergeblich erwarten†).

Objektiv betrachtet, ist das richtig: wäre das Blüchersche Heer noch durch das IV. Korps oder durch die Wellingtonsche Armee verstärkt gewesen, so hätte der Feldmarschall bei Ligny gesiegt, oder mindestens die Schlacht gehalten. Aber wie steht es nun mit den Voraussetzungen für

---

*) Ein kleiner Teil des I. Korps kämpfte noch bei Wavre mit. Vergl.: Das I. preußische Korps bei Belle-Alliance und Wavre, im Jahrb. f. Armee u. Marine 1903. Febr.
**) Vergl. auch meine Abhandlung: Die Verhandlungen Wellingtons und Blüchers auf der Windmühle bei Brye, im Histor. Jahrbuch 1902, S. 80 ff.
***) Ollech, 162, Lehmann, in Hist. Zeitschr. XXXVIII, 284.
†) Born, S. 165.

jene beiden Fälle. Auf den Bülowschen gehen wir hier nicht näher ein*); bemerken nur, daß Bülows Ungehorsam und das mangelhafte Meldewesen der höheren preußischen Stäbe für den Ausfall zusammengewirkt haben. Der ursprüngliche Text bezüglich Wellingtons lautete: „Ebenso war die Armee des Herzogs von Wellington wider Vermuten nicht konzentriert genug". Dies würde nur heißen, daß der preußische Generalstab sich in seiner Annahme irrte, würde also nur subjektiv bedeuten: daß die verbündete Armee nicht so stark zusammengezogen war, als man geglaubt hätte. Ob die Schuld an der verbündeten Armee, an dem Verhalten des Feldherrn oder an ungenügender Begründung der Vermutung lag, bleibt offen. Ganz anders gestalten sich die Dinge durch die Erweiterung: „und Zusage". Dieselbe ist nachträglich hinzugefügt. Nun ist bei einem Manne wie Grolman anzunehmen, daß er das wirklich wichtige sofort niederschrieb, und ein nachträglich eingeschobener Zusatz dem eigentlichen Texte an ursprünglichem Werte nicht gleichkommt**); mögen die Gründe dieses Nachtrages sein, welche es wollen. Aber hiervon abgesehen, so bezieht sich die Zusage doch nur auf das, was da steht: auf die genügende Konzentrierung der verbündeten Armee, um gleichmäßig gegen den Feind mitwirken zu können. Wie dieses gleichmäßige Mitwirken verstanden werden soll, ist unsicher; es kann heißen: indem er sein Heer mit dem unsrigen vereinigte; es kann aber auch bedeuten: indem er überhaupt in der Art wirkte wie wir, also den Feind wie wir bekämpfte. Letzteres erscheint als das Wahrscheinlichere, sowohl an sich, wie wegen des Nachsatzes, daß Wellington an demselben Tage zwar ein Gefecht, aber kein besonders nutzbringendes geliefert habe. Von einer Zusage, daß Wellington sein Heer genügend vereinigt den Preußen direkt zu Hilfe führen wollte, steht nichts in der Stelle. Weil nun dem preußischen Generalstabe daran liegen mußte, sich dem Könige gegenüber möglichst unschuldig an der Niederlage hinzustellen, so sollte man meinen, daß gar kein Grund vorgelegen hätte, jene Thatsache zu verschweigen, wenn sie obgewaltet hätte.

Es fragt sich, wann und wo Wellington die Zusage gemacht haben soll, sein Heer konzentriert genug zu halten, um gleichmäßig gegen den Feind mitwirken zu können. Auf der Mühle von Brye ist sie in der Form nicht erfolgt, wie wir vorne (S. 161 ff.) sahen; es wäre auch viel zu spät dafür gewesen, denn die Preußen standen bereits aufmarschiert und eine Stunde später begann die Schlacht.

Als nächstes kommt dann der Morgenbrief Wellingtons vom 16. in Betracht. Aber in demselben findet sich nichts von Hilfeleistung, sondern nur, daß seine Truppen so und so ständen und er sein weiteres Verhalten

---

*) Vergl. weiter hinten Nr. 13.

**) Anders Lehmann; er legt eine Betonung auf den Nachtrag, den man gemeinhin einem solchen nicht zuerkennt. Vergl. weiter hinten.

von den Umständen abhängig machen werde*). Nun schilderte Wellington hier seine Truppen näher an Nivelles und Quatre-Bras, wie sie wirklich waren. Die Preußen konnten dem entnehmen, wenn so und so viel Macht dort und dort stehe, vermag Wellington uns unter günstigen Voraussetzungen so und so zu helfen. Aber diese Voraussetzungen waren durch die 40000 Mann, welche Ney führte, falsch, denn selbst wenn alle Truppen derart gestanden hätten, wie Wellington angab, so würden sie mit der Gesamtmacht Neys vollauf beschäftigt gewesen sein. Ueberdies gelangte die Depesche erst etwas vor Mittag, also nur 3 bis 3½ Stunden vor Beginn der Schlacht, in die Hände Blüchers. Dieser hatte dieselbe mithin längst thatsächlich angenommen und seine Vorbereitungen demgemäß getroffen. Die Depesche konnte kaum noch eine Wirkung auf Annahme oder Ablehnung der Schlacht ausüben. Von einer Zusage auf Unterstützung enthält sie kein Wort. Und schließlich weiß ja auch die Meldung nichts von einer solchen, sondern nur von: „Zusage ... um gleichmäßig gegen den Feind mitzuwirken". Und die hat Wellington bei Quatre-Bras redlich gehalten.

Dann kommt der Brief Mifflings an Blücher vom Spätnachmittage des 15. in Betracht. Von dem ist es fraglich, wann er in Blüchers Hände gelangt ist, und außerdem heißt es in demselben, der Herzog werde am 16. mit ganzer Macht in der Gegend von Nivelles eintreffen**), bei Nivelles, nicht bei Ligny! im Gegenteil drei Meilen von hier entfernt, womit, wie wir vorne darthaten, räumlich ganz unmöglich wird, noch an demselben Tage sich mit den Preußen für die Schlacht zu vereinigen***). Der Brief spricht also nicht für eine Vereinigung am 16., sondern gegen eine solche.

Es bleiben schließlich noch die Besprechung Wellingtons mit Pfuel und die Abmachungen von Brüssel, welche die gegenseitige Hilfeleistung und gemeinsame Kriegsoperation festsetzten, aber nur im Prinzip, ohne Bezug auf den besonderen Fall, der später bei Ligny eintrat.

Die Preußen haben Wellington am 15. überhaupt nicht um Unterstützung gebeten, und am 16. geschah es, so weit wir absehen, erst mittags durch Oberstleutnant Hardinge, wo sich also nichts mehr machen ließ; ein Grund für eine Zusage Wellingtons in jener Richtung liegt also nicht vor, ist vielmehr ausgeschlossen. Noch am Mittage des 15. wollte Blücher nur wissen: „wann und wo sich der Herzog konzentriere und was er beschlossen hat"†). Und am Abend des 15. schrieb er noch an Schwarzenberg: „Von dem Herzoge von Wellington habe ich in diesem Augenblicke noch keine

---

*) Vergl. vorn. S. 148 ff.
**) Born, S. 56.
***) Born, S. 58, 59.
†) Born, S. 53.

Nachricht"*). Also obwohl Blücher schon mittags Wellington bestimmt mitgeteilt hatte, er werde die Schlacht bei Sombreffe (Ligny) annehmen, und demgemäß seine Befehle gegeben waren, wußte er abends 10 Uhr von Wellington noch nichts. Blücher fährt dann fort an Schwarzenberg: „Doch ist sein linker Flügel heute im Gefecht gewesen, und es läßt sich danach vermuten, daß der Feind die Absicht hat, zwischen der Armee des Herzogs und der meinigen durchzubrechen". Dies 17 Stunden vor der Schlacht geschrieben, läßt in keinem Worte vermuten, daß Blücher diese nur schlagen wollte, wenn Wellington sich mit ihm vereinigt habe. Im Gegenteil, der äußerste Punkt zur Linken Wellingtons ist angegriffen gewesen, wie soll letzterer sich da mit seiner bis hinter Brüssel und Gent stehenden Armee in der kurzen Zeit am Feinde vorüber schieben, um zu den Preußen zu gelangen? So heißt es denn auch zum Schluß: „In wenigen Tagen werde ich Ew. Durchlaucht die ersten wichtigen Resultate der heute beginnenden Feindseligkeiten mitteilen können". Also in wenigen Tagen die ersten Ergebnisse! diese fielen aber nicht erst in wenigen Tagen, sondern schon am nächsten.

Man mag sich drehen und wenden wie man will: eine wirkliche Zusage zur Hilfeleistung in der Schlacht bei Ligny läßt sich nirgends auffinden. Alles was wir wissen, spricht für die gemeinsame Direktive, aber gegen eine bestimmte Abmachung für den besonderen Fall. Es bleibt nur, daß der preußische Generalstab bei einer Schlacht irgendwelche Unterstützung von Wellington „vermutete". Und diese ist denn auch geleistet worden: Wellington hat bei Quatre-Bras über 40000 Mann auf sich gezogen und dadurch bewirkt, daß die Preußen bei Ligny nicht in der Minderheit, sondern in der Uebermacht fochten. Wäre das verbündete Heer nicht gewesen, würden die Preußen geradezu zerschmettert worden sein. Es ist deshalb auch falsch, wenn in dem Berichte an den König gesagt wurde: „Die Armee des Herzogs ... hat an diesem Tage zwar ein Gefecht geliefert, welches aber zum Ausgange des ganzen nur wenig beitragen konnte". Daß Blücher bei Ligny geschlagen wurde, war nicht Wellingtons Schuld, sondern beruhte auf der schlechten Aufstellung der Preußen, der überlegenen napoleonischen Taktik und dem überlegenen napoleonischen Heere.

Prüfen wir jetzt die übrigen Aeußerungen des Generalstabes. Besonders ausführlich behandelte Gneisenau die Frage in einem wahrscheinlich an Knesebeck gerichteten Schreiben: „Als am 15. Juni bereits das 1. Armeekorps ein sehr lang dauerndes Gefecht bestanden hatte, erhielten wir vom Herzoge von Wellington die schriftliche Zusage, daß er, wenn der Feind uns angreifen sollte, in dessen Rücken ihn hinwiederum angreifen würde; ein gleiches erwarte er von uns, wenn er angegriffen werden

---
*) Ollech 106.

sollte*)". Eine solche schriftliche Zusage existiert nicht und ist sicher auch nie vorhanden gewesen. In der Hast der Ereignisse und im Verdrusse über die Niederlage bei Ligny warf Gneisenau verschiedene Dinge zusammen. An sich ist es schon ein Unding, daß Wellington am 15. nachmittags oder abends**) Blücher geschrieben haben soll, wenn der Feind die Preußen angreife, so wolle er ihn in den Rücken fassen, wenn die Verbündeten angegriffen würden, so erwarte er ein gleiches von den Preußen. Es waren die Preußen ja schon nach dem Vordersatze angegriffen und hatten ein lang dauerndes Gefecht gehabt, die Eventualität war mithin schon entschieden. Da preußischerseits, wie bereits gesagt, gar nicht um Mitwirkung angefragt war, so kann Wellington von sich aus obige Zusage kaum gemacht haben. Vom 15. liegt nun der Müfflingsche Brief vor, an dessen Schluß es heißt, der Herzog werde morgen mit ganzer Macht bei Nivelles sein, um, falls er dort nicht selber angegriffen werde, Blücher zu unterstützen, oder falls dieser bereits angegriffen sei, nach einer zu nehmenden Abrede dem Feinde in Flanke oder Rücken zu fallen. Man sieht, Gneisenau meint diesen Brief. Hier haben wir auch die Einseitigkeit der Unterstützung, welche wir oben nach den Ereignissen verlangten. Immerhin lautet der Brief wesentlich anders, als der Gneisenausche, vor allem nur bedingt, falls er nicht selber angegriffen sei. Dann handelt es sich, wie wir sahen, überhaupt nicht um Ligny, sondern um Nivelles und schließlich nicht um ein Schreiben Wellingtons, sondern um eines Müfflings. Freilich sagt Gneisenau nur: „wir erhielten vom Herzoge die schriftliche Zusage", das könnte auch die schriftliche Zusage des Herzogs durch jemand anders sein, — aber eigentlich herauszulesen vermag es doch niemand. Beeinflußt scheint Gneisenaus Darlegung durch die Abmachungen von Brüssel zu sein, welche gegenseitige Unterstützung festsetzten.

In jenem Briefe an Knesebeck heißt es nun weiter: „Am 16. Juni morgens versprach der Herzog Wellington um 10 Uhr mit 20000 Mann in Quatre-Bras zu sein, seine Kavallerie in Nivelles. Auf alle diese Anordnungen und Verheißungen gestützt, nahmen wir die Schlacht an". Hier ist entweder zu lesen: der Herzog versprach um 10 Uhr, oder wenn gemeint ist, daß er versprach, um 10 Uhr mit 20000 Mann in Quatre-Bras zu sein***), so beruht das auf Irrtum, wahrscheinlich auf Verwechslung mit der Stundenangabe des Briefes: $10^{1}/_{2}$ Uhr. Aber es verlautet auch nicht im Briefe, daß Wellington mit 20000 Mann in Quatre-Bras sein wollte, sondern da

---

*) Olech 141 f. 164, 165; Lehmann 284.

**) Darauf deutet: „als das I. Armeekorps ein sehr lang dauerndes Gefecht bestanden hatte".

***) Daß dies der richtige Sinn ist, erweist der weiter hinten mitgeteilte Brief an Dobschütz.

steht: 1 Division in Quatre-Bras und die Reserve um 12 Uhr in Genappe. Die eine Division betrug nur 7000 Mann. Die übrigen Truppen konnten auch nach Wellingtons Angabe frühestens um 1 Uhr in Quatre-Bras sein; das bedeutet also einen Unterschied von reichlich 3 Stunden! Die Ungenauigkeiten des Wellingtonschen Briefes sind hier noch gesteigert und ergeben ein völliges Zerrbild der wahren Sachlage. Ganz unrichtig ist dann auch: "Auf alle diese Anordnungen und Verheißungen gestützt, nahmen wir die Schlacht an". Die besprochenen "Anordnungen" erwiesen sich als durchaus ungenau aufgefaßt, und Verheißungen für Ligny sind überhaupt nicht gemacht. Die Annahme der Schlacht stand schon seit 24 Stunden fest, als obiger Brief im preußischen Hauptquartiere eintraf; er kann somit nicht mehr sonderlich auf Annahme der Schlacht eingewirkt haben. In dem "Armee-Berichte" heißt es: "Der Feldmarschall Blücher war gesonnen, dem Feinde so schnell wie möglich eine große Schlacht zu liefern"*).

Gneisenau spricht dann von dem Kampfe bis zu seinem Höhepunkt, und meint, wenn Hilfe von irgendwo gekommen, so wäre der Sieg erfochten. Aber Bülow blieb aus. "Die Konzentrierung der Wellingtonschen Armee hat auch nicht in der zugesagten Zeit stattgehabt. Vier Stunden später, als versprochen war, langte ein Teil der Reserve aus Brüssel bei Quatre-Bras an, mußte aber dort sogleich selbst ein Gefecht bestehen". Hier ist richtig, daß die Wellingtonsche Armee nicht so gesammelt war, als ihr Führer mitteilte, aber es ist unrichtig, von einer "zugesagten Zeit" zu sprechen; es handelte sich bloß um die Angaben eines militärischen Berichtes. "Vier Stunden später, als versprochen war, langte ein Teil der Reserve an". Wellington sagte, um Mittag würde die Reserve in Genappe sein. Die Braunschweiger waren dort um 1½ oder 2 Uhr, die Division Picton um 2¼—2½ Uhr, es handelte sich somit rund gerechnet nicht um 4, sondern nur um 2 Stunden Verspätung; Gneisenau hat Genappe und Quatre-Bras verwechselt. Außerdem kam nicht bloß "ein Teil der Reserve", sondern der weitaus größte Teil. Aus dem Satze "ein Teil der Reserve . . . mußte aber dort sogleich selbst ein Gefecht bestehen" läßt sich entnehmen, daß es sich um einen leichteren Zusammenstoß einer geringen Truppenmacht gehandelt habe, während Wellington schließlich 30000 Mann auf dem Schlachtfelde hatte und Ney mit über 40000 Mann ihm ursprünglich gegenüberstand. "Ein Teil der Reserve" erscheint demnach als falsche Bezeichnung.

"Warum das 4. Armeekorps nicht zur Schlacht angelangt und warum die Konzentrierung des Herzogs Wellington so spät erst und in so geringer Anzahl nur stattgefunden, ist beiderseits noch aufzuklären."

---

*) Müffling, Gesch. 93.

Man erkennt deutlich den tiefen Kummer, den Gneisenau über den Ausgang der Schlacht bei Ligny empfand. In dieser subjektiven, verdrossenen Stimmung that er Wellington Unrecht. Er unterschätzte dessen Leistung, weil sie scheinbar so wenig für Ligny bewirkt hatte, während sie thatsächlich das preußische Heer vom Verderben errettete. Aber es ist zu erwägen, daß der Brief nicht ruhig und stets genau überlegt niedergeschrieben, sondern mitten aus den Ereignissen hervorgegangen ist. Er wurde nämlich am Mittage des 17. Juni verfaßt*), mithin zu einer Zeit, als sich die Preußen im Anmarsche auf Belle-Alliance befanden. Da war man erregt, kannte und übersah die Einzeldinge noch nicht genau und hatte keine Zeit, die früheren Depeschen vorurteilslos durchzulesen und zu prüfen. So legte Gneisenau sie sich aus dem Gedächtnisse subjektiv zurecht, und berichtete, wie sie ihm augenblicklich erschienen und nicht, wie sie wirklich lauteten. Dabei stand er unter dem Eindrucke einer verlorenen Schlacht und traute Wellington nicht über den Weg. Alle diese Dinge wirkten zusammen, um das objektive Bild der Ereignisse zu trüben. Sehr beachtenswert ist, daß Gneisenau nichts von einem Versprechen in Brye erwähnt, was er sicher gethan hätte, wenn es erfolgt wäre. Ferner, daß nur von zwei Zusagen die Rede ist, also von genau so viel, als uns Zuschriften erhalten blieben. Wir haben darin gewissermaßen eine Gegenprobe, daß ihrer nicht mehr gewechselt wurden.

Kehren wir mit diesem Ergebnisse zu dem Schreiber des ersten Briefes, zu Grolman zurück. In der geschichtlichen Darstellung der Ereignisse finden wir gerade ihn sehr objektiv. Gerade er ist es, der das Ergebnis des Gespräches bei Brye richtig darstellt. Dem entspricht es auch, wenn er ursprünglich schrieb, daß die Armee Wellingtons wider Vermuten nicht konzentriert genug gewesen sei. Diese Auffassung deckt sich mit seiner Darstellung. Demnach erschiene nicht unwahrscheinlich, daß der Nachtrag „und Zusage" nicht auf ihn zurückgeht, sondern vielmehr auf Gneisenaus Wunsch erfolgt ist. Man darf nicht außer Acht lassen, daß die ganze Verantwortung auf dem Chef des Generalstabes ruhte, und daß er sich durch das eine Wort seinem Könige gegenüber stark entlastete**).

Das Mitgeteilte bildet den Grundton in allen Briefen, wo Gneisenau auf die Angelegenheit zu sprechen kommt. An Hardenberg schrieb er: „Der Herzog von Wellington hatte verheißen, den Feind im Rücken anzugreifen. Er kam nicht, da seine Armee, weiß der Himmel aus welcher Ursache, sich

---

*) Ollech 164. Es heißt in dem Briefe: Bülow war „gestern nachmittags noch in Lüttich".

**) Lehmann sagt: „Die Worte ‚und Zusage' sind nicht etwa so leichthin geschrieben; sie sind nachträglich also nach reiflicher Ueberlegung beigefügt". Gewiß wird das geschehen sein, aber in ganz anderem Sinne als Lehmann annimmt.

nicht konzentrieren konnte". Hier hat sich die Sache zu einem schweren Vorwurfe verdichtet. Bei dieser Stelle fragt sich zunächst, ob wir den ersten Satz allgemein, oder besonders fassen müssen. Allgemein hat Wellington nie versprochen, die Franzosen im Rücken zu fassen, falls sie die Preußen angriffen; er konnte dies auch gar nicht versprechen, weil man in keiner Weise vorher wußte, wie der Angriff erfolge, ob ein Rückenstoß überhaupt möglich oder zulässig sein würde. Ueberhaupt widerspricht eine solche Zusage durchaus dem Wesen Wellingtons. In Brüssel hat er nur vereinbart: Dringe Napoleon in der Richtung Charleroi vor, und gelte dessen Angriff den Preußen, so sollten sie die Schlacht annehmen und das Schlachtfeld so wählen, daß die Hilfeleistung der Engländer gesichert sei. In diesem Falle versprach Wellington, sein Heer bei Quatre=Bras (?) zu vereinigen und Unterstützung zu bringen*). Man sieht, von näherer Festsetzung, von einem Rückenangriffe verlautet nichts.

Es bleibt damit der besondere Fall der Schlacht bei Ligny. In dem Gespräche mit Pfuel kann jene Zusage schwerlich erfolgt sein, weil Wellington damals überhaupt noch nicht an einen Angriff glaubte, und es deshalb unmöglich war, Verhaltungsmaßregeln über Einzel=Möglichkeiten zu geben. Aeußerlich stand man noch ganz so dem Feinde gegenüber, wie vordem zu Brüssel. In dem Mufflingschen Briefe heißt es: wenn Wellington bei Nivelles nicht selber angegriffen würde, wolle er die Preußen unterstützen, wenn diese ihrerseits schon im Kampfe stünden, werde er sich mit Blücher des Näheren verabreden, um dem Feinde in Seite und Rücken zu gehen. Ebenso verhält es sich mit Brye, auch da war alles von den Umständen abhängig gemacht. Könne Wellington bis 4 Uhr keinen absehbaren Erfolg nach vorne erzielen, so erscheine eine direkte Unterstützung als das vorteilhafteste. Ob und inwiefern der Herzog sie leisten könne, blieb außerhalb der Uebereinkunft. Da er nun mit erdrückender Uebermacht angegriffen wurde, so war ganz selbstverständlich, daß er sein Heer nicht nach den Preußen abmarschieren lassen konnte, sondern er sich erst selber seiner Haut wehren mußte. Sogar wenn er direkte Hilfe bestimmt zugesagt hätte, was er nicht that, so wurde sie doch durch die veränderten Umstände hinfällig, denn sie beruhte auf der Wellington und Gneisenau gemeinsamen falschen Annahme, daß der Feind bei Quatre=Bras schwach sei. Folglich war die Voraussetzung falsch. Das erscheint als Unglück für Blücher, aber den Herzog trifft kein Tadel. — Der Schlußsatz des Briefes an Hardenberg ist im wesentlichen richtig, Wellington konnte seine Armee nicht schnell genug konzentrieren. Daran aber waren die Preußen nicht unschuldig, sie hatten dies am 15. von ihm nicht als dringend verlangt, sie hatten ihn am 15. durchaus ungenügend unterrichtet, und Napoleon erschien so über=

---

*) Vorn, S. 25.

raschend, daß die Preußen selber so wenig konzentriert waren, daß ihnen das ausschlaggebende IV. Korps fehlte.

In einem Berichte an General Kleist wird dieses Ereignis bei Ligny erzählt und geschlossen: „Dies ist das Resultat der Schlacht, die mit einem vollständigen Siege geendet haben würde, wenn das 4. Armeekorps oder der Herzog von Wellington an der Schlacht teilgenommen hätten, wie solches in der Verabredung lag". Dem General Dobschütz wurde mitgeteilt: „Lord Wellington wollte um 10 Uhr vormittags bei Quatre-Bras in Bereitschaft sein, zu unserer Unterstützung zu marschieren*)". In einem Briefe Gneisenaus an Gibsone heißt es: „Das uns am 16. betroffene Unglück hatte seinen Grund darin, daß der Herzog Wellington seine Armee nicht zu konzentrieren vermochte. Er hatte diese Konzentrierung zu wiederholten Malen und namentlich noch am 15. Juni auf das bestimmteste, und zwar binnen 12 Stunden, zugesagt, und mit uns verabredet, der Feind möge die von beiden Armeen, welche er wolle, angreifen, so solle die andere ihm in den Rücken fallen. Aber der Herzog konnte seine Konzentrierung nicht zu Stande bringen, vermutlich aus Fehlern in der Berechnung der Zeit und des Raumes**)".

Ueberall wiederholen sich die gleichen, von uns widerlegten Vorwürfe. In dem letzten Briefe gehen sie am weitesten; da ist dargelegt, wie es eine Verleumdung sei, wenn man den Preußen nachsage, sie wären vom Feinde überfallen, im Gegenteil, dieselben erschienen völlig vorbereitet; wäre gegen Abend ihre Reserve angelangt, so hätten sie allein einen der vollständigsten Siege erfochten. Die Reserve erschien indessen nicht. Aber der eigentliche Grund des Unglückes war das Ausbleiben Wellingtons trotz wiederholter Zusagen. — Wie es damit in Wirklichkeit steht, sahen wir bereits. Hier soll Wellington nun gar noch am 15. auf das bestimmteste seine Konzentrierung zugesagt haben und zwar binnen 12 Stunden. Der Müfflingsche Brief enthält davon kein Wort. Es handelt sich um Verwechslung mit der Wellington-Pfuelschen Besprechung vom 13. oder 14. Juni, wo der Herzog geäußert hatte, er vermöge sein Heer in 22 Stunden zusammenzuziehen***). Aber dies konnte doch kaum als Zusage für einen bestimmten Fall betrachtet werden. Wellington verfuhr hier, wie immer in ähnlichen Fällen: er sprach nur aus, was er thun würde und thun könne, wenn der Feldzug beginne.

Je weiter man sich zeitlich von den Ereignissen entfernte, desto schwerer wurde die Anklage. Sie begann mit der Einschiebung eines Wortes: „Zu-

---

*) Lehmann, 284.
**) Delbrück, in Zeitschr., XIV, 659.
***) Born, S. 34. Vergl. auch Müffling, 221: „In dieser Zuversicht war ... die Stunde berechnet, in welcher sie — vom Augenblick der Absendung der Kavallerie-Ordonnanzen aus Brüssel — auf dem einen oder dem andern der drei verschiedenen Rendezvous versammelt sein konnte. — Die Rechnungen selbst waren mir nicht bekannt."

sage", daraus wurden „Anordnungen und Verheißungen" für 20 000 Mann bei Quatre-Bras, dann „verheißt" Wellington, „den Feind im Rücken anzugreifen", und schließlich handelt es sich um „bestimmteste und wiederholte Zusage" am 15. Juni. Diese Entwickelung ist von den Briefen in die Litteratur übergegangen, wo sie sich mehr und mehr in dem Gespräche bei Brye zusammenfand, bis Treitschke wußte, Wellington habe sich bei der Windmühle von Blücher mit den Worten verabschiedet: „Um 4 Uhr werde ich hier sein"*).

In den älteren Briefen findet sich diese Zusammenkunft niemals erwähnt, was kaum anders gedeutet werden kann, als daß dort keine Zusage gemacht war, wie dies ja auch der Wahrheit entspricht**). Ja die Zuschriften lauten, genau betrachtet, auch verschieden, je nach dem Empfänger, an den sie gerichtet sind. In dem Berichte an den König war der Vorwurf erst gering, mehr angedeutet und nachträglich eingeschoben. In einem für das große Hauptquartier bestimmten Schriftstücke erklärte Blücher: „Zwischen mir und dem Herzoge von Wellington war festgestellt, daß diejenige Armee, gegen welche der Hauptangriff erfolge, sich verteidigen solle, während die andere, auf welche dafür der Scheinangriff stattgehabt, die Offensive ergreifen sollte"***). Dies entspricht im Wesentlichen der Vereinbarung von Brüssel, es läßt sich nichts dagegen geltend machen, ist aber himmelweit verschieden von den übrigen Behauptungen, welche auf Ligny zugespitzt waren.

Die Briefe Gneisenaus an Freunde und preußische Würdenträger müssen als Privatbriefe pathologisch betrachtet werden. Gneisenau hatte im Interesse seines Vaterlandes die größten Hoffnungen auf den belgischen Feldzug gesetzt. Als Napoleon die Preußen angriff, schienen sie in

---

*) Mein Aufsatz, Histor. Jahrb. 1902, S. 96, 97. Vergl. hinten Abhandlung Nr. 13.

**) Lehmann, Zeitschr. 285 bezieht die zwei Stellen der Briefe auf die Unterredung bei Brye. Er sagt: „Es ist wahr, in diesen Berichten wird die Unterredung von Bry nicht ausdrücklich erwähnt. Da aber an der Thatsache der Unterredung selbst kein Zweifel aufkommen kann, so ist die Erklärung: ‚Wellington versprach zu kommen' auch auf sie zu beziehen. Hätte der Herzog auf dem Windmühlenberg ein früher gegebenes Versprechen zurückgenommen, oder modifiziert, so müßte dies irgend eine Spur in den Aeußerungen des Blücherschen Hauptquartieres zurückgelassen haben." Letzteres ist richtig, nur folgern wir, auf die Depeschen und die Unterredung gestützt, umgekehrt, da sich solch' ein Niederschlag nicht findet, so hat der Herzog auf dem Windmühlenberge nichts „zurückgenommen oder modifiziert". Lehmann hat nicht genügend nachgeprüft, denn sonst würde er gesehen haben, daß sich die Angaben vom 15. nicht auf das Gespräch beziehen können, weil dasselbe erst am 16. erfolgte, und die vom 16. ebensowenig, weil sie sich auf Vorgänge von 10 Uhr beziehen, und das Gespräch erst zwischen 1 und 2 Uhr stattfand.

***) Lehmann, 284.

Erfüllung gehen zu können, schien die Möglichkeit gegeben zu sein, den Feind Europas allein durch preußische Bajonette niederzuwerfen, und damit eine gebietende Stellung zu gewinnen. Er schrieb deshalb noch an Gibsone: „Wäre gegen Abend unsere Reserve angelangt, so hätten wir Preußen allein einen der vollständigsten Siege erfochten"*). Nun aber wandte alles sich anders: die Preußen wurden bei Ligny geschlagen, während Wellington sich bei Quatre-Bras siegreich behauptete, die Entscheidungsschlacht bei Belle-Alliance gestaltete sich zu einem englischen Siege, an dem die Preußen bloß mitbeteiligt waren. Das Schwergewicht des Erfolges, welches Gneisenau für Preußen zu erringen hoffte, fiel in die Wagschale Englands. Mit Ligny war nicht nur eine Schlacht verloren, sondern der wichtigste politische Erfolg eingebüßt, bei Belle-Alliance hatte die preußische Bundestreue wesentlich Englands Sache verfochten, wenigstens verstand England, die Schlacht nach dieser Richtung auszubeuten. England, das nur 32000 Mann im Felde besaß, drängte in der Benutzung des Erfolges Preußen mit seinen 120000 Mann zurück, obwohl dieses die größten Anstrengungen gemacht und die schwersten Opfer gebracht hatte. Da versteht man Gneisenaus vaterländischen Zorn, und im Zorn gegen den Politiker Wellington wird er ungerecht gegen den Feldherrn. Bitter bemerkt er: „Nach unserem Rückzuge (von Ligny) hätten wir, wenn von selbstsüchtigen Motiven und Verdruß geleitet, die Schlacht am 18. ablehnen können; wir thaten es aber nicht, sondern kamen dem Herzoge redlich zu Hilfe — auch aus Selbstsucht, weil wir vorhersahen, daß des Herzogs Armee ohne unseren Beistand zertrümmert werden würde". Die Verbitterung spricht hier aus jeder Zelle, ganz abgesehen davon, daß der Thatbestand wieder subjektiv unrichtig aufgefaßt wird, weil Wellington die Schlacht überhaupt wegen der fest zugesagten Unterstützung annahm. Wäre die bestimmte Zusage nicht erfolgt, würde er sich einfach weiter zurückgezogen haben, und seine Armee wäre dann nicht zertrümmert worden**).

Unwillkürlich sagte man sich: als die Engländer bei Belle-Alliance in Not waren, da hieben wir sie heraus, als der Feind uns bei Ligny bedrängte, da blieb englische Hilfe fern. Oder wie Blücher sich äußerte: „Wellington hat sich immer nicht guht betragen, den wenn wihr im am 18ten so beystanden, wie er uns am 16ten, würde er den nahmen Erretter Frankreichs nicht von Fuche erhalten haben"***). Der Schmerz um diese Wendung steigerte sich bei dem vaterländischen, feinfühlenden Gneisenau

---

*) Delbrück, Zeitschr. 659.

**) Bereits Delbrück verwies auf eine unrichtige Angabe in dem Briefe, freilich in der bezeichnenden Form: „Die Angabe ... ist wohl nicht genau".

***) Delbrück, Zeitschr. 660.

zu tiefer Verstimmung, zu einer Bitterkeit, in der er die Dinge nicht mehr vorurteilslos ansah.

Als Ergebnis bleibt: das Wellingtonsche Heer war nicht so gesammelt, wie man preußischerseits erwartet hatte, Verpflichtungen zum Eingreifen in die Schlacht bei Ligny aber war der Herzog nicht eingegangen. Alle dahin zielenden Vorwürfe sind ungerecht.

Nr. 12.
Wellingtons Schuld.

Stellen wir den objektiven und den subjektiven Thatbestand über Wellingtons Hilfeleistung bei Ligny zusammen.

Objektiver Thatbestand. Es war Wellingtons Wille, den Preußen im Falle eines feindlichen Angriffes ehrlich beizustehen, aber die Weisungen seines Ministeriums und die des Königs der Niederlande machten ihm die Deckung von Brüssel und Gent zur vornehmsten Verteidigungspflicht, diese Aufträge wiesen also nach Norden, wogegen die Preußen ostwärts standen. Im Ernstfalle konnte dadurch leicht ein Zwiespalt der Pflichten eintreten. Auf der Zusammenkunft in Brüssel war für den Fall eines Angriffes auf die Preußen festgesetzt, daß die Preußen nicht zurückweichen, sondern sich auf dem rechten Flügel ihrer Aufstellung, also den Engländern möglichst nahe, sammeln sollten, während Wellington sein Heer umgekehrt auf seinem linken Flügel und zwar bei Quatre-Bras (?) zu vereinigen hätte, um die Angegriffenen zu unterstützen. Mit dieser Bewegung deckte er zugleich eine der Hauptstraßen auf Brüssel. Als Blücher am 13. Juni den Obersten Pfuel sandte, glaubte der Herzog nicht recht an eine Bedrohung der Preußen, versicherte aber, daß er nach dem ersten Kanonenschusse binnen 22 Stunden sein Heer bei Quatre-Bras (?) oder Nivelles konzentriert haben würde*), sagte also, was er thun wolle, nicht mehr. Noch am 14. Juni stellte Müffling ihm amtlich die Frage, welchen Tag er für zweckmäßig erachte, die Feindseligkeiten seinerseits zu eröffnen (vorn, S. 41). Auf Anregung

---

*) Vorn S. 34. Leider besitzen wir über diese Besprechung keinen Bericht, sondern nur eine kurze Angabe bei Damitz. Soll die Aeußerung bedeuten: 22 Stunden, nachdem der erste Schuß gefallen, oder nachdem Wellington in Brüssel davon erfuhr? Thatsächlich hat am 15. zwischen diesen beiden Dingen ein Zeitunterschied von ungefähr 11 Stunden gelegen. Wenn man geradeswegs vom ersten Kanonenschusse die Armee zusammenrief, so konnte sie allerdings in 22 Stunden größtenteils (wenn auch nicht ganz) beisammen sein. Da man aber nicht wußte, wo der erste Schuß fallen würde und das Hauptquartier sich in Brüssel befand, so blieb die Vereinigung innerhalb jener Zeit unmöglich.

Zietens beschloß Wellington ebenfalls am 14., sich bei Nivelles zu konzentrieren, aber da die Dinge weder ihm noch dem preußischen Hauptquartiere übermäßig dringend erschienen, vollzog er diese Bewegung nicht sofort (vorn, S. 44). Als dann die Zietensche Meldung vom Angriffe der Franzosen eintraf, hielt er den Zeitpunkt zur Ausführung der beabsichtigten Maßregel gekommen. Er teilte Müffling mit, daß er morgen (also am 16.) mit ganzer Macht in der Gegend bei Nivelles stehen würde. Greife hier der Feind ihn nicht an, wohl aber Blücher, so würde er sich mit diesem ins Einvernehmen setzen, um die Franzosen in Seite oder Rücken zu fassen. Es konnte dies frühestens am 17. geschehen (vorn, S. 56).

Der Gang der Ereignisse veranlaßte den Herzog, einen großen Teil der Truppen nicht nach Nivelles, sondern nach Quatre-Bras zu ziehen. Am 16. berichtete er von hier aus um 10½ an Blücher kurz Stellung und Bewegungen seiner Truppen, in einer Weise, die sie näher bei Quatre-Bras erscheinen ließen, als sie sich befanden. Er deutete dabei aber an, daß es an diesem Tage kaum zur Schlacht kommen würde, und er Nachricht von Blücher und die Ankunft von Truppen erwarte, um sich über seine Operationen schlüssig zu machen (148).

Es erfolgte das Gespräch auf der Windmühle. Dessen Ergebnis war: Wenn hinreichend Truppen in Quatre-Bras beisammen seien, so solle der Herzog auf der anscheinend schwach besetzten Charleroier Straße vorstoßen und dem napoleonischen Hauptheer in den Rücken fallen. Lasse sich bis 4 Uhr ein Erfolg in dieser Richtung nicht erzielen, so sei eine direkte Unterstützung der Preußen vorteilhafter. Ob und in wiefern der Herzog sie leisten könne, sei seinem eigenen Ermessen anheimgestellt (S. 163). — Bei Quatre-Bras stand nicht, wie man preußischer- und englischerseits angenommen hatte, eine schwache Abteilung, sondern Ney mit über 40000 Mann; es trat also das freie Ermessen des Herzogs ein, welches ausdrücklich vereinbart war, und dies entschied unter dem Zwang der Verhältnisse für den Kampf an Ort und Stelle, d. h. für das einzig mögliche.

Wir sehen: nirgends war Wellington eine Verpflichtung zur Hilfeleistung am 16. bei Ligny eingegangen. Am verfänglichsten war seine Aeußerung Pfuel gegenüber gewesen, daß er nach dem ersten Kanonenschusse in 22 Stunden konzentriert sein würde, vorausgesetzt, daß sie wirklich so gelautet hat. Nun aber erhielt er erst 11 Stunden später durch Oranien und 12 Stunden später durch Müffling die Nachricht, daß der erste Kanonenschuß gefallen sei. Dadurch änderte sich thatsächlich alles.

Subjektive Auffassung des preußischen Generalstabes. Der Generalstab hatte die Zusage, daß Wellington in bestimmter Weise helfen wolle, wenn Blücher über Charleroi angegriffen würde. Ihm war durch Pfuel versichert, daß das englische Heer 22 Stunden nach dem ersten Kanonenschusse versammelt sein könne; dann hatte Müffling mitgeteilt, daß es sich am 16. bei Nivelles befinden würde, bereit, den Franzosen in den Rücken zu fallen, und schließlich war durch Wellington zugestanden, daß es am günstigsten sei, direkt bei Ligny zu helfen, wenn er vorne bis 4 Uhr keinen entscheidenden Erfolg erziele. Alle diese Dinge, ohne genaue Kenntnis der augenblicklichen Sachlage, mit dem Wunsche auf Erfüllung zusammengenommen, waren geeignet, im preußischen Hauptquartiere Hoffnungen, vielleicht sogar die Zuversicht der Hilfeleistung zu erwecken. Freilich wenn man alles einzeln genau geprüft hätte, so würde man anderer Ansicht geworden sein, aber dazu ließ der Drang der Ereignisse weder Muße noch Zeit übrig. Das einzige, worauf man preußischerseits wirklich fußen konnte, war die Versammlung innerhalb 22 Stunden nach dem ersten Kanonenschusse. Aber da hätte man sich sagen sollen, daß es nicht darauf ankomme, wann der Schuß abgefeuert würde, sondern wann Wellington das erfahre. Es hätte Vorsorge getroffen werden müssen, daß Zieten sofort nach Lösung der Alarmkanonen, also schon um 4½ Uhr, seinen besten Reiter nach Brüssel mit der Anzeige sandte, und daß er diese Meldungen womöglich alle Stunden je nach dem Vorrücken des Feindes wiederholte. Wäre das geschehen, würde sicher in Brüssel etwas erreicht sein. Statt dessen traf Zietens Nachricht aber erst abends um 6 Uhr, also 14 Stunden nach Eröffnung der Feindseligkeiten, ein. Wellington erfuhr überhaupt nicht zuerst durch die Preußen, sondern durch Oranien von dem Ereignisse. Er mußte sich sagen, wenn die Preußen es so wenig eilig haben, dann kann die Sache nicht sonderlich schlimm sein. Hinzu kam noch, daß auch der Blüchersche Brief keine direkte Hilfeleistung verlangte. Hier ist entschieden preußischerseits etwas unterlassen worden, was verhängnisvoll wurde, weil der Zietensche Meldereiter sich ungemein verspätete. Das war ein Unglück für die Preußen, aber Wellington trug nicht die Schuld daran. Es ist hier gegangen, wie es im Leben oft ergeht, der Benachteiligte denkt schlechter von dem, der ihm hätte helfen sollen, als er ist, und zwar weil er die Dinge subjektiv auffaßt und die wirklichen Hergänge und Gründe nicht in ihren Einzelheiten kennt. Hier kam noch hinzu, daß man Wellington im preußischen Hauptquartiere überhaupt nicht liebte und ihn wegen seiner politischen Haltung in Wien geradezu beargwohnte. Die Niederlage mußte tief verstimmen, um so mehr, als sich der Vergleich mit der Schlacht bei Belle-Alliance aufdrängte, und man überzeugt war, durch Uebermacht besiegt zu sein, obwohl eine feindliche Minderheit gefochten hatte. Während man sich unwillkürlich zu entlasten suchte, belastete man den Bundesgenossen, und überzeugte sich, daß er Unterstützung zugesagt, aber sein Versprechen nicht gehalten habe.

Hierbei erscheint nun beachtenswert, daß diese Auffassung nicht anfangs am schroffsten hervortrat, als das Gemüt am stärksten belastet war, sondern sich erst allmählich verschärfte.

Wir sahen bereits, wie die Unterlassung Wellingtons erst durch nachträgliche Einfügung in den Bericht Grolmans hineinkam (vorn S. 168). In dem zweiten Berichte an den König über die Schlacht bei Ligny, dem Knesebecks, heißt es*):

„Da beide Armeen an der äußersten Grenze des Feindes mit allen ihren Truppen kantonnirten, so war ihre Vereinigung nur in der Gegend von Brüssel möglich. Diesen Hauptzweck wechselseitiger Vereinigung nicht aus den Augen zu verlieren und die Bewegungen demgemäß zu lenken, war der Vorsatz beider mit Ruhm gekrönter Feldherren, und er war den 14. (!) unter fortwährenden sehr blutigen Gefechten, durch den Mut ihrer Truppen, wie durch die abermaligen Beweise ihrer Talente glücklich erreicht.

Folgendes ist nach der Aussage des darüber soeben anlangenden Couriers der Hergang der Sachen:

Den 15. um $1/2$ fünf Uhr morgens wurden die Posten des 1. Preußischen Armee Corps unter dem General v. Zieten, an beiden Ufern der Sambre angegriffen, und die Punkte von Thuin und Charleroy, nach einer sehr heftigen Gegenwehr der darin gelegenen Truppen genommen. Dieser General zog sich, seiner Instruction gemäß, fechtend zurück und stellte sich bei Fleurus auf. — Der Feldmarschall Fürst Blücher, der sein Hauptquartier in Namur hatte, versammelte das in der Nähe liegende 2te Armee Corps bey Sombref. Der Herzog v. Wellington versammelte seine Truppen bey Soignies und Braine le Comte.

Der Feind schickte seine Posten den Tag bis Genappe, um die Verbindung mit den beiden Armeen zu unterbrechen.

Dies veranlaßte den Herzog v. Wellington, seine Reserve den 16. morgens bey Quatre-Bras aufzustellen, um dadurch der preußischen Armee sich seinerseits zu nähern, und indem er auf diese Weise den Feind nötigte, einen Teil seiner Kräfte gegen die englische Armee zu verwenden, dem Fürsten Blücher die möglichste Hilfe zu leisten . . . .

Dem 4ten preußischen Korps, das in der Gegend von Lüttich cantonnirte, war es nicht möglich gewesen, sich mit den übrigen zu vereinen.

. . . Es war zwischen 8 und 9 Uhr abend; da wandte der Feind seine Cavallerie-Massen an, seinen Zweck durchzusetzen, die Verbindung der preußischen mit der englischen Armee zu unterbrechen. Dies veranlaßte den Feldmarschall Blücher, noch in der Nacht seine Armee eine Bewegung über Tilly nach Wavre machen zu lassen, um dort das 4. Corps der preußischen Truppen an sich zu ziehen, und sich mit dem Herzog v. Wellington unmittelbar zu vereinen.

Gegen die englische Armee hatte am 16. der Marschall Ney und die französische Cavallerie des Generals Kellermann gefochten, und auch

---

*) VI, E. I, p. 1, im Kriegsarchive; vorn S. 168, 169 wurde er aus VI, D. 118, II, dem Knesebeckschen Nachlasse, mitgeteilt.

da war das Gefecht äußerst blutig gewesen. Auch der Herzog von Wellington hatte nur einen Theil seiner Truppen an sich ziehen können. Indeß auch hier hatte der Feind kein Feld gewonnen, und der Herzog stand den 17. morgens um 9 Uhr noch auf dem Schlachtfelde, und hatte seine Bewegung, sich mit der preußischen Armee zu vereinen, so angeordnet, daß er die seinigen am 17. bey Waterloo aufstellte.

Hier wollten beide Feldherrn, den weiteren Bewegungen des Feindes nach, entweder ihn selbst angreifen, oder in gedachten Stellungen seinen Angriff abwarten."

Ohne auf den Bericht im einzelnen einzugehen*), bemerken wir nur, daß der Grundgedanke in demselben ist: die Vereinigung des Wellingtonschen und des Blücherschen Heeres zu gemeinsamem Kampfe. Dieses Ziel wird bei Ligny und Quatre-Bras noch nicht durchgesetzt, wohl aber bei Belle-Alliance erreicht, wo beide Heere zusammen mit Gesamtmacht fechten und demgemäß auch siegen. Wellington ist am 16. noch nicht konzentriert, Blücher ist es aber ebensowenig. Beide Führer handeln nach einem festen Plane, erreichen diesen und gewinnen dadurch das große Ergebnis. Ganz so waren die Dinge nun allerdings nicht gegangen, aber doch fast so. Wie Blücher, so handelt Wellington nach bestem Vermögen, von irgend einem Verschulden seinerseits findet sich keine Spur..

Gehen wir zu einer dritten Relation an den König über. Dieselbe besagt**):

"Bey dem am 15. Juny erfolgten Angriff Bonapartes auf Charleroi durfte der Feldm. Blücher hoffen, an diesem Tage die ganze Armee in der Stellung von Sombref zu versammeln. Der Herzog v. Wellington hatte jedoch nicht die Zeit, sich an diesem Tage mit der Armée des Fürsten Blücher zu vereinigen und mußte daher sich begnügen, an diesem Tage den wichtigen Posten von Quatre-Bras zu vertheidigen, von welchem aus am folgenden Tage die gemeinschaftliche Offensive gegen den Feind beginnen sollte."

Hiermit ist zu vergleichen der „Armee-Bericht der preußischen Armee", welcher besagt: „General Zieten behauptete seine Stellung bei Fleurus. Der Feldmarschall Blücher war gesonnen, dem Feinde so schnell wie möglich eine große Schlacht zu liefern. Die 3 übrigen preußischen Armee-Corps waren demzufolge gegen Sombref in Marsch gesetzt worden, wo das II. und III. den 15. und das IV. den 16. eintreffen mußte. Lord Wellington hatte seine Armee den 15. bei Ath und Nivelles zusammengezogen, und war auf diese Art imstande, im Fall es am 16. zur Schlacht kommen

---

*) Vergl. deßwegen vorn S. 169.
**) VI, C. Nr. 3, Vol. II, p. 59, im Kriegsarchive.

sollte, den Feldmarschall zu unterstützen*).„ Hier ist also ausdrücklich ausgesprochen, Blücher will die Schlacht so schnell wie möglich und unternimmt sie unter den und den Bedingungen. Diese waren aber falsch. Das IV. Korps erreichte nicht am 16. Sombreffe, und Wellington hatte am 15. seine Armee keineswegs bei Ath und Nivelles zusammengezogen, sondern noch nicht einen Mann in Bewegung gesetzt. In dem Armee-Berichte wird darauf weiter erzählt, wie sich das IV. Korps „durch allerlei Zufälligkeiten etwas verspätete" und „nicht herangekommen war". „Nichtsdestoweniger entschloß sich der Feldmarschall zu schlagen, da Lord Wellington bereits eine starke Abteilung seines Heeres, sowie alle seine bei Brüssel stehenden Reserven, ihm zur Unterstützung in Marsch gesetzt hatte, und das IV. Armee-Korps erwartet wurde." Hier ist eine falsche Auffassung neben der anderen: noch klammerte man sich an die Hoffnung, das IV. Korps würde trotz alledem eintreffen, und Wellington soll sein Heer zur Unterstützung Blüchers in Marsch gesetzt haben. Dies war ihm gar nicht eingefallen: er marschierte, um Nivelles und Quatre-Bras zu decken, erst wenn er selber nicht angegriffen würde, wollte er den Preußen helfen. Im Verlaufe der Schilderung der Schlacht bei Ligny wird dann ausgeführt: „Doch es ging die Nachricht ein, daß die zu unserer Unterstützung bestimmte Abtheilung des englischen Heeres selbst von einem französischen Armee-Corps heftig angegriffen worden sey, und sich nur mit Anstrengung in seiner Stellung bei Quatrebras behauptet habe." Wohl bemerkt: „Die zu unserer Unterstützung bestimmte Abtheilung".

Wir haben hier den Grundirrtum des Generalstabs. Er ging von dem Schicksale des preußischen Heeres aus, und übertrug dieselbe Anschauung Wellington, der aber eine ganz andere hatte, die, daß er vor allem die Brüsseler Straße zu decken habe, die, daß er zuerst die Aufgaben seines Heeres lösen müsse, er erst in zweiter Linie an die Verbündeten denken dürfe. Der preußische Irrtum ist verständlich, sogar subjektiv begründet, aber er bleibt immer ein Irrtum und erklärt eigentlich alles.

Ueber Stimmung und Ansichten im preußischen Hauptquartiere am 15. verbreitet folgender Brief einiges Licht**):

„H. Q. Namur, den 15. Juny 1815.

Lieber Bruder!

Schon gestern hatten wir die Nachricht, daß Bonaparte mit seinen Garden in Maubeuge angekommen sey. Es war daher zu erwarten, daß wir in diesen Tagen angegriffen werden würden. Dieses scheint nunmehr außer allen Zweifel zu seyn, nachdem der General Leutnant von Zieten, welcher mit dem 1ten Armee Corps bei Charleroi zunächst am

---

*) VI, E. I, im Kriegsarchive; Müffling, Gesch. 92, 93; Delbrück, Zeitschr. 660.
**) VI, C. Nr. 3, Vol. II, p. 59, im Kriegsarchive.

Feinde steht, so eben gemeldet hat, daß man zur Rechten in der Richtung auf Nivelles Kanonen und kleines Gewehrfeuer höre. Der linke Flügel der englischen Armee unter dem Herzog von Wellington oder unser rechter Flügel scheint daher angegriffen zu seyn. Diesen Nachrichten zufolge wird unsere Armee heute Corpsweise in Echellons und zwar:

      das 1. Corps bei Fleurus,
      „ 2.   „   „ Onor und Spie,
      „ 3.   „   „ Namur,
      „ 4.   „   „ Hanut,

demnächst aber bei Onor concentrirt aufgestellt werden, um nicht weit von dem Schlachtfelde von Fleurus, auf welchem sich einst Turenne 1690 schlug, eine Schlacht anzunehmen.

Diesen Augenblick läßt der General Lieutnant von Zieten melden, daß unsre Vorposten angegriffen sind. Es ist daher wahrscheinlich, daß es morgen oder übermorgen zur Schlacht kommen werde.

Ich will Dir diese Nachricht mittheilen*) und verbleibe mit der**) unvermünderlichen Gesinnung und treuer Bruderliebe

                    Dein
                      guter Bruder
                      v. Brünneck."

Bezeichnend in diesem Briefe ist der alte Grundgedanke, daß Wellington angegriffen werde.

Von dem unerschütterlichen Entschlusse, am Lignybache eine Schlacht zu liefern, weiß auch Oberstleutnant von Reiche, Chef des Generalstabes vom I. Korps, in seinen Memoiren zu erzählen. Mit Einwilligung Zietens ritt er am 16. nach Sombreffe und stellte Gneisenau vor, daß das I. Korps möglicherweise den Angriff des Feindes allein aushalten müsse und dadurch besiegt werden könne, bevor die übrigen Truppen zur Stelle wären. Deshalb schlug er vor, daß das Korps unverzüglich über den Lignybach zurückgehe und die Höhen von Sombreffe besetze, um in dieser stärkeren Stellung die Schlacht zu erwarten. Aber Gneisenau wies das ab und erklärte, das I. Korps müsse stehen bleiben, um die Vereinigung des ganzen Heeres zu bewirken. Ein Zurückweichen über den Lignybach sei unzulässig, „indem wir sonst riskierten, daß die Engländer einer solchen Bewegung die Absicht, nach dem Rheine zurückzugehen, unterlegen und sich nach Antwerpen zu ihren Schiffen verfügen würden***)". Hier wie bei allen solchen Gesprächen erscheint fraglich, ob ihre Wiedergabe richtig ist. Halten wir uns an der Mittellung, so beweist sie, daß Gneisenau unbedingt

---

   *) Es steht „mitzutheilen".
 **) Es steht „ben".
***) Beitzke II, 109; Reiche, Memoiren II, 171, 172.

in der bereits vorher ausgewählten Stellung Stand halten wollte*), daß er noch hoffte, auch das IV. Korps würde schließlich heran kommen, aber befürchtete, wenn er zu weit nach Osten gehe, von den Engländern abgedrängt zu werden, infolgedessen diese auf Antwerpen zurückweichen könnten. In dieser Form war das Bedenken völlig unzutreffend und zog wieder nicht in Erwägung, daß das Verhältnis Wellingtons zu den Preußen, und folglich auch sein Verhalten ihnen gegenüber sich nicht in erster, sondern erst in zweiter Linie befand, daß derselbe zunächst eigene strategische Aufgaben besaß, und die wiesen auf Brüssel. Er hatte deshalb schon früher erklärt, vor Brüssel eine Schlacht zu liefern, er hatte zu dem Zwecke ganz bestimmte Stellungen ins Auge gefaßt, und ebenso hatte es der Prinz von Oranien gethan. Wenn also Gneisenau sich wirklich so geäußert hat, wie Reiche ihm zuschreibt, so irrte er sich über die Verbündeten und ihre Maßnahmen.

Gneisenau war der Hauptvertreter der schroff preußischen Anschauung. Wohl auf sein Betreiben ist der Zusatz in den Grolmanschen Bericht gekommen, womit eine Auffassung dort hineingetragen wurde, welche sich mit der Zeitentfernung und unter der Wirkung des englischen Verhaltens nach der Schlacht bei Belle=Alliance steigerte und zur offiziellen Auffassung des Generalstabes wurde.

Es war selbstverständlich, daß sie auch in die preußische Kriegs=litteratur überging, um so mehr, als diese wesentlich in Händen hoher Militärs lag. Freilich auch hier finden wir gewissermaßen denselben Weg. Anfänglich weiß man nichts von Wellingtons Vergehen; dies beginnt dann aufzutreten und nimmt zu, bis es schließlich den wissenschaftlichen Stempel in voller Form erhält. Der erste Darsteller des Krieges ist Müffling, in seinem wohl schon Dezember 1815 beendeten Buche: „Geschichte des Feldzugs im Jahre 1815"**). Müffling könnte allerdings voreingenommen für Wellington erscheinen, aber immerhin verdient seine Erzählung Beachtung, denn sie ist unter dem vollen Eindrucke der Ereignisse niedergeschrieben und lieferte ein entschieden gutes Buch, welches noch nicht durch seine spätere Zielstrebigkeit entstellt wurde. Dort sagt er nun: „Der Herzog, entschlossen, den Fürsten Blücher nach Kräften zu unterstützen, beorderte seine sämtlichen Truppen nach Nivelles und les Quatrebras***)." Hinten geht Müffling in ausführlichen „Betrachtungen" über die belgischen Schlachten auch auf die Fehler ein, deren man die „alliierten Marschälle" beschuldige. Da heißt es unter Nr. 6: „Daß der Herzog Wellington am 18(!)ten von Quatrebras aus den Fürsten Blücher nicht unterstützt†); — dies ist leicht

---

*) Vergl. auch vorn S. 65.
**) Die Einleitung ist vom Januar 1815 datiert.
***) Müffling, Gesch. 9.
†) Gesch. 76.

widerlegt. Man wird aus der Relation der Schlacht gesehen haben, daß der Herzog selbst Unterstützung bedurfte, indem er stets schwächer war, als der Feind, und nur dadurch das Gefecht so glücklich bestehen konnte, daß der Feind von seinen Truppen einen großen Teil auf dem Wege zwischen Mellet und Frasnes hin und her marschieren ließ." Man sieht, der Vorwurf war 1815 neben vielen anderen schon lebendig, wurde aber von Müffling als durchaus nicht schwerwiegend aufgefaßt.

Die erste umfangreichere Darstellung des Krieges lieferte Oberstleutnant v. Plotho 1818 in: „Der Krieg des verbündeten Europa gegen Frankreich im Jahre 1815". Darin heißt es: „Der Feldmarschall Fürst Blücher faßte den Entschluß, die Schlacht anzunehmen, und die Gründe, welche ihn bewogen, waren ... daß am Abend schon die Hülfe von 20 000 Engländern in des Feindes linker Flanke zugesagt war*)". Diese Stelle ist bloß Wiederholung der Generalstabsauffassung, und doch weicht sie bezeichnend davon ab, denn auf derselben Seite hieß es eben vorher, daß der Prinz von Oranien gemeldet habe, es könnten am Abend nicht mehr als 20 000 Mann Unterstützung seitens der Engländer vereinigt sein. Danach wäre die Zusage gar nicht von Wellington, sondern von Oranien gemacht. Dies aber widerstreitet allem, was wir sonst wissen; es sieht fast aus, als ob Plotho Wellington selber nicht beschuldigen mochte.

Einige Jahre später erschien das Buch Wagners, „Plane der Schlachten und Treffen, welche von der preußischen Armee in den Feldzügen der Jahre 1813, 14 und 15 geliefert worden". Da wird berichtet IV, 29: „Um 1 Uhr, kurz vor dem Anfange der Schlacht, kam der Herzog von Wellington auf die Höhe der Windmühle bei Bry und hatte mit dem Feldmarschall Blücher eine Unterredung, wobei er ihm die Versicherung gab, daß in diesem Augenblicke seine Armee versammelt sei, und daß er sie sogleich in Bewegung setzen werde. Dagegen versprach der letztere das Gefecht in einer Stellung anzunehmen, die wenig Vorteile bot, und ersuchte den englischen Feldherrn, seine Operationen auf den linken Flügel des Feindes zu richten. Der Entschluß, in der genommenen Stellung eine Schlacht zu liefern, wurde eigentlich erst jetzt ganz fest." Wir möchten sagen: dies ist die Auffassung, wie sie preußischerseits gewünscht wurde; sie entspricht aber in vielen Beziehungen nicht der Wahrheit: 1. die Unterredung war nicht mit Blücher, sondern mit Gneisenau und Grolman. 2. Wellington kann gar nicht die Versicherung gegeben haben, daß seine Armee in diesem Augenblicke versammelt sei, weil er $2^1/_2$ Stunden vorher eine Depesche an Blücher geschickt hatte, welche diesem sein Heer als in drei weit von einander liegenden Orten verteilt bezeichnete. 3. Auf Wellingtons Zusage versprach

---

*) Vergl. auch die Zusammenstellung Lehmanns, in Zeitschr. 282 ff.

Blücher das Gefecht in unvorteilhafter Stellung anzunehmen. Dies widerstreitet der Thatsache, daß Blücher im Wesentlichen schon aufmarschiert war. 4. Blücher ersuchte den Herzog, auf den linken Flügel des Feindes zu stoßen. Gerade umgekehrt: Gneisenau wünschte Aufmarsch hinter der preußischen Linie. 5. „Der Entschluß ... eine Schlacht zu liefern, wurde eigentlich erst jetzt ganz fest". Schon die gewundene Ausdrucksweise „eigentlich erst jetzt ganz fest", deutet darauf, daß dem Autor seine Angabe selber etwas bedenklich erschien, weil die Schlacht ja schon eine Stunde nachher begann, man sie aber doch nicht aus dem Aermel schüttelte, sondern umfangreiche Vorbereitungen dafür nötig hatte. Wir sahen bereits wiederholt, daß die Schlacht schon seit dem 15. mittags 12 Uhr feststand. Wellingtons Kommen beruhte auf dem zufälligen Umstande, daß Ney spät angriff. Wäre jener nicht erschienen, würde also die preußische Heeresleitung gefochten haben, ohne selber zu wissen, ob sie eigentlich wollte oder nicht. Schon ehe der Herzog bei Blücher eintraf, befand Napoleon sich in der Lage, den Kampf zu eröffnen und die Preußen hatten sich darauf vorbereitet. Genau geprüft, fällt Wagners ganzer Bericht zusammen.

Ferner kommt Clausewitz in Betracht. Derselbe erzählt: „Hinterlassene Werke" VIII, 57*): „Um 1 Uhr kam der Herzog von Wellington zum Feldmarschall Blücher bei der Windmühle von Bry an. Der Herzog sagte dem Feldmarschall, daß seine Armee sich in diesem Augenblicke bei Quatre-Bras versammele und daß er damit zu seiner Hilfe in wenig Stunden herbeieilen werde; „à quatre heures je serai ici", sollen seine Worte gewesen sein, indem er dem Pferde die Sporen gab." Der Anfang deckt sich fast wörtlich mit der Darstellung Wagners, nur daß sie vorsichtiger lautet: während Wagner den Herzog die Versicherung geben läßt, daß in diesem Augenblicke seine Armee versammelt sei, läßt Clausewitz ihn in diesem Augenblicke seine Armee versammeln; dort ist die Bewegung schon fertig, hier erst in der Ausführung begriffen. Und selbst dies schwächt Clausewitz ab, indem er sagt: „Daß der Herzog mit seiner ganzen Armee in wenig Stunden eintreffen könne, wäre eine unvernünftige Voraussetzung gewesen. Wellington meinte wohl nichts damit, als seinen linken Flügel, vereint mit seiner Reserve". Man sieht, hier ändert das Bild sich schon wesentlich. Wellington soll nun gesagt haben, er werde mit seinen Truppen in wenig Stunden zur Hilfe herbeieilen, und beim Wegreiten 4 Uhr als Zeitpunkt seines Eintreffens genannt haben. Ersteres geht weiter als Wagners Angabe: daß Wellington seine Armee sogleich in Bewegung setzen werde; schließlich aber macht der vorsichtigere Clausewitz die bezeichnende Wendung: „sollen seine Worte gewesen sein".

---

*) Die erste Auflage erschien 1834, die zweite 1862.

In der Darstellung des Gespräches*) sahen wir, daß Wellington thatsächlich diese Worte nicht geäußert hat. Sie erinnern an diejenigen, welche Müffling in seinen Memoiren den Herzog sagen läßt: „Wohlan! ich werde kommen, sofern ich nicht selber angegriffen werde"; Worte, die sich von den obigen denn doch sehr unterscheiden. Zu beachten ist, daß Clausewitz bei der Unterredung nicht anwesend war.

Wie übrigens Clausewitz auch sonst nicht immer zuverlässig ist, beweisen die 40 bis 50000 Mann, welche er Wellington zuschreibt. Man folgert daraus unwillkürlich, daß dieser mit einer solchen Macht mehr hätte leisten müssen. Da man auch noch auf Bülows Ankunft rechnete, geht Clausewitzens Schlußergebnis dahin: „So wurde die Schlacht angenommen in der Meinung, daß man es vor der Hand mit einer großen Uebermacht zu thun habe, daß man aber am Ende des Tages die Ueberlegenheit auf seiner Seite haben werde und daß es nur darauf ankomme, bis dahin mit dem Widerstande auszureichen". Blücher hat schwerlich ganz so fest vertraut und die Führung in der Schlacht zeigt kein bloßes Widerstehen.

Man sieht, wie die Auffassung des Generalstabes in die Litteratur überging und sich dort weiter bildete. Sie hat jedoch nicht ausschließlich geherrscht, sondern einen gewissen Widerspruch im Generalstabe selbst und zwar durch keinen Geringeren als Grolman erfahren, dessen Darstellung von dem Gespräche bei Brye, wie wir sahen, einen wesentlich anderen Thatbestand erkennen läßt. Nun hat aber das Unglück gewollt, daß Grolman seine Gedanken nicht selber veröffentlichte, sondern sie von Major Damitz verarbeiten ließ. Dabei hat letzterer sich nun nicht auf Grolmans Vorträge beschränkt, sondern auch stark aus Wagner geschöpft. In unserem Falle erzählt er den Hergang derart, daß man übereinkam, wenn der Herzog nach vorne bis 4 Uhr keinen Erfolg erzielen könne, so sei eine direkte Unterstützung vorteilhafter, diese solle aber den eingetretenen Umständen und dem Ermessen des Herzogs überlassen bleiben. Beim Wegreiten sagte Wellington: „Ich bin überzeugt, daß um 2 Uhr so viel Truppen versammelt sind, daß ich die Offensive sogleich ergreifen kann"**). Hier ist mithin alles in der Schwebe gelassen: der Herzog hofft, stark genug zu sein, um nach vorne vorstoßen zu können; wohl bemerkt nach vorne, nicht seitwärts nach Blücher zu marschieren.

Nun fährt Damitz fort: „Nach dieser festen Zusicherung wurde von preußischer Seite eigentlich erst definitiv die Schlacht anzunehmen beschlossen". Das paßt durchaus nicht zum Vorhergehenden, wo sich das Gegenteil einer festen Zusicherung findet. Der Widerspruch erklärt sich, wie wir bereits

---

*) Vorn, S. 161 ff., 166. Unsere Abhandlung im Hist. Jahrbuche 1902, S. 80 ff.

**) Damitz I, 118; soll doch wohl 3 Uhr heißen.

früher nachwiesen, daraus, daß Damitz sich hier kritiklos Wagners Auffassung anschloß*). So besitzt es denn auch keinen Wert, wenn er weiter erzählt: „Fürst Blücher sah die Notwendigkeit ein, die sehr gefährdete Konzentrierung der englischen Armee zu schützen, indem er dem feindlichen Andrange einen stählernen Damm entgegensetzte". Hier also opfert sich Blücher gar noch für die Engländer auf. Hieß es sonst, man nahm an, Wellington sei rechtzeitig konzentriert, um den bedrohten Preußen beispringen zu können, so ist jetzt das Verhältnis umgekehrt: „Indes mußte er mit Bestimmtheit hoffen, daß der größere Teil der Armee des Herzogs von Wellington wenigstens am Nachmittage des heutigen Tages vereinigt sein würde, und daß diese Masse hinreichend wäre, die versprochene Hilfsleistung auszuführen". Wie man sieht, paßt dies wieder nicht zum vorhergehenden Satze. Warum erschien dann die Konzentrierung Wellingtons gefährdet, wenn sie schon an demselben Nachmittage so weit gediehen war, daß er seinerseits den Preußen Beistand gewähren konnte. Damitz ist nach dem ersten Gedanken in die Auffassung des Generalstabes verfallen und setzt beide lose nebeneinander.

Auch die bereits vorne (S. 165) angeführten Aeußerungen des Grafen Nostiz gehören nicht ganz in die Generalstabsauffassung, weil Nostiz danach schon vor Beginn der Schlacht gewußt haben will, daß Bülow und Wellington nicht eintreffen würden. Unter anderen älteren Schriftstellern verweisen wir noch auf General Hofmann, welcher in seiner Geschichte des Feldzugs von 1815 (Koblenz 1849) S. 34 sagt: „Wie viele Kräfte endlich Wellington aus seiner gedehnten Kantonnierung bei dem noch 1$^1/_2$ Meilen von Sombref entlegenen Quatre-Bras würde versammeln können, war sehr ungewiß". Auch über das Gespräch und eine etwaige Zusage drückt er sich vorsichtig aus. Er meint u. a. S. 40: „Wellingtons Hilfe hing von dem Angriff des Feindes ab, aber auch von dessen eigener Stärke." Von neueren Forschern vertreten eine ähnlich vermittelnde Richtung Ollech, Treuenfeld**) und Delbrück. Auf der entgegengesetzten Seite stehen Bernhardi***), Lehmann, Treitschke†) und abermals Delbrück, also lauter Civilisten und Fachhistoriker, während vorher die Militärs überwogen. Vor allem war es eine kritische Untersuchung Lehmanns, welche entscheidend wurde††). Sie beginnt mit dem Satze: „Die weitaus größte Verschuldung des eisernen Herzogs aber ist durch eine unverdiente Gunst des Schicksals bis jetzt nicht in ihrem ganzen Umfange zu Tage getreten." Diesen a priori

---

*) Vergl. Histor. Jahrbuch 1902, S. 90.
**) Ollech 127, 133; Treuenfeld 183, 184; Delbrück, Gneisenau IV; Exkurs. 656. Wir sprechen hier überall nur von deutschen Darstellungen.
***) Geschichte Rußlands und der europäischen Politik I, 289.
†) Deutsche Gesch. I, 737.
††) Zur Geschichte des Jahres 1815, in Sybels Hist. Zeitschr. XXXVIII, 274 ff.

aufgestellten Satz sucht nun Lehmann mit glänzender Folgerichtigkeit zu beweisen, aber gerade darin beruht der Fehler seiner Arbeit, der schließlich alles in sich selber zerstört. Statt vorurteilslos zu prüfen, wie war der objektive Thatbestand? Und nun die Urteile, Meinungen und abweichenden Schilderungen nach diesem Thatbestande abzuwägen, verfährt er umgekehrt, modelt er den Thatbestand nach der vorangestellten These. Dabei tritt ihm das Gespräch von Brye in den Vordergrund. Für dasselbe geht er aber nicht von den Berichten der Augenzeugen aus, deren es nicht weniger als drei giebt: Grolman, Dörnberg und Müffling (letzterer in 3 Fassungen), sondern er stellt Müffling, Plotho, Wagner und Clausewitz zusammen, also neben einem Augenzeugen bloße Erzähler, folglich Darstellungen von ganz verschiedenem Werte. Die entscheidend wichtige Schilderung Damitzens nach Grolmans Vorträgen, wird in einer Anmerkung abgethan*) und der augenscheinlich gute und genaue Bericht Dörnbergs wird durch das Urteil abgeschwächt: „Die äußere Beglaubigung dieser Aufzeichnung ist sehr schwach; wir haben es nicht mit einem Original, sondern mit einer Abschrift von gänzlich unsicherer Provenienz zu thun", während die Abschrift ebenso gut ist, wie alle übrigen, die sich in dem gleichen Aktenstücke befinden und die man folglich mit gleichem Rechte beseitigen könnte. So gelten denn auch die Aeußerungen Gneisenaus ohne Weiteres als vollgiltige Beweise, ebenso wie das Schweigen Wellingtons. Auf diese Weise wird das Ergebnis eines unbedingten Versprechens der Unterstützung erreicht, wird, — man darf wohl sagen — die Wahrheit einfach tot bewiesen und ein Zerrbild unbefangener Kritik geschaffen.

Die patriotischen Lorbeeren Lehmanns haben dann Delbrück zu einer Arbeit veranlaßt, in welcher er ebenfalls eingehend auf den Gegenstand zu sprechen kommt**) und noch einige weitere Beiträge liefert, die er in dem angegebenem Sinne verwendet. Dabei gelangt er zu dem Ergebnisse: „völlig ehrlich war Wellington an jenem Tage gegen die Bundesgenossen nicht***). Den gleichen Gedankengang hat Delbrück dann in seinem Gneisenau wieder aufgenommen, wo er IV, 374 sagt: „Wir wissen nicht, was der englische Herzog empfand, als er Blücher, ohne einen Zweifel laut werden zu lassen, seine Hilfe zusagte". Aber merkwürdig! Denselben Delbrück fanden wir bereits auf der vermittelnden Seite. Eben bei der zuletzt angeführten Darlegung verweist er auf einen Excurs, und da heißt es: „Ein bestimmtes Versprechen hat Wellington nicht gegeben"†). Man sieht, wie unsicher Delbrück sich fühlt.

*) Hist. Zeitschr. 282.
**) Einiges zum Feldzuge von 1815, in Zeitschr. für preuß. Gesch. und Landeskunde XIV, 645 ff.
***) Zeitschr. 679.
†) Ueber die Sache vergl. meinen Aufsatz: Die Verhandlungen Wellingtons und Blüchers auf der Windmühle bei Brye, im Hist. Jahrbuche 1902, S. 80 ff.

Weit früher trat Wellington auf den litterarischen Kampfplatz, es geschah, um sich von den Vorwürfen zu reinigen, die ihm namentlich Clausewitz gemacht hatte, und zwar durch ein: "Memorandum on the battle of Waterloo"*). Dieses Schriftstück steht den Ereignissen freilich sehr fern, denn es wurde erst im September des Jahres 1842 großenteils augenscheinlich in einem Zuge aus dem Gedächtnisse geschrieben. Daraus erklären sich manche Ungenauigkeiten, andere aber auch aus dem Bestreben der Selbstverteidigung. Immerhin zeigt Wellington sich sehr maßvoll und verschweigt eine Menge Vorwürfe, die er gegen die preußische Führung hätte erheben können, wenn es ihm darauf angekommen wäre. Wie bei Quatre-Bras und Mont-Saint-Jean als Feldherr, so hielt Wellington sich auch als Schriftsteller möglichst in der Defensive, wogegen der preußische Geist ein mehr angreifender war.

Während man im preußischen Generalstabe zäh daran festhielt, daß die Schlacht bei Ligny wesentlich durch Wellingtons Ausbleiben verloren ging, verfocht der Herzog ebenso entschieden die Behauptung, daß eine völlig ausreichende Heeresmacht rechtzeitig in Quatre-Bras gewesen wäre. Demgemäß sagte er: "Die Reserve marschierte am Morgen des 16. auf Quatre-Bras, wohin auch alle Truppen des linken Flügels und des Zentrums der Armee, im Besonderen die Reiterei, beordert wurden". Das giebt ein verschobenes Bild. "Während**) er mit Blücher verhandelte, traf die Reserve in Quatre-Bras ein". Thatsächlich erschien zur Zeit des Gespräches nichts bei der Wegkreuzung und der größere Teil der Reserve kam erst 2 bis 3 Stunden später. Der geringere Teil erreichte sein Ziel überhaupt nicht mehr. Wellington erklärt: "Clausewitz behauptet, der Herzog habe befohlen, daß die Reservetruppen an der Stelle Halt machen sollten, wo sie aus dem Walde von Soignes traten. Dies läßt sich nicht beweisen." Thatsächlich haben die Truppen dort gehalten, die Division Picton sogar mehrere Stunden. "In Wirklichkeit waren die zwei Armeen (die britische und niederländische) am Mittag des 16. auf dem linken Flügel der Alliierten vereinigt". Das ist kühn, als "Armeen" waren sie abends noch nicht einmal beisammen. Der Satz wird dann im Folgenden abgeschwächt und dahin gewandt, daß das verbündete britische und niederländische Heer in der Linie Quatre-Bras 24 Stunden eher war, als ein ganzes preußisches Korps unter General Bülow herankam, und General Zieten seine Stellung in der Schlachtlinie von Ligny eingenommen hatte". Man sieht, es geht hier wie gewöhnlich bei solchen gegenseitigen Erörterungen, Wellington schoß über das Ziel, wie es vorher die preußische Polemik gethan hatte.

---

*) Suppl. Despatches X, 513 sq.
**) Es heißt: in the mean time p. 525.

In diesem Zusammenhange kommt der Herzog auch auf die Besprechung bei Brye, indem er sagt: „Von Quatre-Bras begab Wellington sich zum preußischen Heere, welches man auf den Höhen hinter Ligny und St. Amand sehen konnte. Er verhandelte persönlich mit Blücher und dem preußischen Hauptquartiere*)." Aus dieser Kürze sind Wellington von neueren preußischen Historikern schwere Vorwürfe gemacht. Max Lehmann meint: „Ist es nicht im höchsten Grade auffällig, daß der Herzog von Wellington . . . kein Wort über die mit dem preußischen Hauptquartiere getroffene Verabredung sagte, obwohl, wie wir sahen, Clausewitz ihn unumwunden bezichtigte, ein später nicht gehaltenes Versprechen gegeben zu haben. Wer sich nicht verteidigt, giebt seine Sache verloren, und darum bin ich (Lehmann) ganz außer Sorge, dem britischen Feldherrn ein Unrecht zu thun". Wenn Wellington ein deutscher Professor und im Besonderen ein deutscher Historiker gewesen wäre, so würde Lehmann Recht haben; aber er war der große, vielvergötterte, aristokratisch zurückhaltende Fürst. Als Blücher ihn befragen ließ, wie er es auffassen würde, wenn man preußischerseits Napoleon erschießen lasse, lautete die Erwiderung: er und der Feldmarschall seien seit dem Siege von Waterloo viel zu vornehme Leute geworden, um eine solche Handlung rechtfertigen zu können**).

Wellingtons ganze Darlegung ist eine wesentlich strategische, in der er Dinge hervorhebt, die ihm wichtig scheinen, andere wieder kurz übergeht. So verwendet er auf die Schlachten bei Ligny und Quatre-Bras zusammen nur etwas über 5 Zeilen, wenn er deren 4 für das Gespräch giebt, so ist das in diesem Zusammenhange wahrlich genügend. In den Worten „er verhandelte" liegt angedeutet, er besprach sich mit Blücher ohne bündige Vereinbarung, was ja auch dem Sachverhalte entspricht. Wellington wollte keine persönliche Polemik, wie er überall zeigt, und die hätte sich leicht aus diesem für die Preußen wichtigen, den Engländern ganz gleichgiltigen Punkte entwickelt.

Wie mühelos hätte er sagen können: in Preußen entstellt man die Verhandlung, es ist völlig unwahr, daß ich ein Versprechen gegeben habe, wie Clausewitz es behauptet, ich hatte gar keinen Grund, es zu geben, denn vor mir befand sich Ney mit mehr als 40 000 Mann. Hätte Wellington dies erwidert, so würde er, der dabei war, gegen Clausewitz gestanden haben, der nicht dabei war, und alle Welt, vielleicht mit Ausnahme eines Teils der Preußen, würde Wellingtons Entgegnung für richtig gehalten haben. Mit Ausführungen, wie den Lehmannschen, läßt sich gar nichts machen, um so weniger, wenn sie mit den Worten eingeleitet werden: „kein Be-

---

*) Suppl. Desp. X, 524, 525.
**) Müffling 252.

weis ist mit solcher Vorsicht anzuwenden, als der aus dem Stillschweigen*)."

Das Ergebnis unserer Untersuchungen weist immer wieder dahin, daß Wellington nicht über eine bedingte Zusage der Unterstützung hinausgegangen ist, daß die Umstände den bedingten Fall bewirkten, und ihn somit keine moralische Schuld wegen seines Ausbleibens trifft. Fragen wir nach seiner Verantwortung als Feldherr. Hier neigt sich die Wagschale etwas mehr zu seinen Ungunsten. Nach freilich preußischer Mitteilung gab er dem Obersten Pfuel die Versicherung, daß er 22 Stunden nach dem ersten Kanonenschusse das Heer auf seinem linken Flügel beisammen habe. Im Hinblicke hierauf hätte er sofort, nachdem ihm die Eröffnung des Feldzuges mitgeteilt war, die Vereinigung seiner Truppen anordnen sollen. Der Befehl hierfür konnte am 15. ungefähr um 4 Uhr erfolgen. Die zunächst am Feinde stehenden Niederländer blieben bis 7 Uhr bataillonsweise zusammen. Man hatte mithin nur noch drei Stunden zur Verfügung. Wäre der Befehl den üblichen Instanzenweg nach dem Hauptquartiere Braine und von dort aus an das Divisions-, dann an das Brigade-, darauf an das Regiments- und schließlich an das Bataillonskommando gegangen, so hätte er höchstens zur Not noch in Nivelles eine Wirkung erzielen können, an allen übrigen Stellen wäre er zu spät gekommen. So blieb noch die direkte Befehlsgabe, die, daß man von Brüssel aus Adjutanten an die einzelnen Truppenteile schickte, aber auch dann wäre man höchstens in Quatre-Bras und Nivelles rechtzeitig eingetroffen, die nach Binche und Mons zu befindlichen Truppenteile standen zu entfernt, um sie bis 7 Uhr erreichen zu können. Nun war aber der ganze niederländische Teil des I. Korps und bis zu gewissem Grade auch der englische bereits weit früher durch Constant und durch die lokalen Vorgänge in Bewegung gebracht, so daß die Sammelverbände schon zu einer Zeit hergestellt waren, als frühestens der Befehl dazu aus Brüssel hätte anlangen können. Dank der Umsicht der niederländischen Unterführer war das Gewünschte schon geleistet, die verspätete Befehlsausgabe des Oberkommandos, erst um 8 Uhr, blieb hier mithin ohne Einfluß**). Stärker wäre die Wirkung bei der Reserve gewesen. Dieselbe hätte noch am Nachmittage in Brüssel gesammelt werden, hätte abends abmarschieren und Quatre-Bras oder Nivelles in der Morgenfrühe des 16. erreichen können. Auch das II. Korps und die Reiterei wären imstande gewesen, ihre Bewegungen 4 Stunden früher anzufangen; freilich würden dieselben in der Nacht vielfach gehemmt gewesen sein, aber

---

*) Delbrück, Zeitschr. 667 sagt: „Wellington übergeht die ganze Verabredung mit Blücher mit Stillschweigen und damit ist die Diskussion zu Ende".

**) Hiernach ist das einzuschränken, was vorne wesentlich auf Müfflings Autorität hin von der Befehlsüberbringung bei Nacht und bei Tage gesagt ist.

immerhin hätten die Truppen einige Stunden eher ihren Bestimmungsort erreicht.

Als dieser erschien dem Herzoge am 15. bei den entscheidenden Marschbefehlen aber nicht Quatre-Bras, sondern Nivelles. Und auch nachher noch bewirkte die Furcht um Nivelles geradezu eine Zweiteilung des Heeres, welche verhinderte, alles bei Quatre-Bras anzusammeln, dessen man habhaft werden konnte. Hier jedoch traf nicht Wellington, sondern Oranien die letzten Maßnahmen.

Die Gründe, weshalb die Heeresleitung am Abend des 15. so handelte, wie sie gethan, haben wir kennen gelernt.

Wellington und mit ihm Blücher, beide erwarteten überhaupt keinen ernsten Angriff Napoleons mehr und glaubten, wenn ein solcher erfolge, so würde er die englische Linie treffen und nicht die preußische*). Die erste Nachricht lautete keineswegs besonders bedrohlich und selbst der Blüchersche Brief ließ die Gefahr kaum unmittelbar schon für den nächsten Tag erwarten. Noch fehlte die entscheidende Meldung von den eigenen Vorposten. Infolgedessen ließ sich nicht klar übersehen, ob Napoleon an einer, an zwei oder gar an mehreren Stellen einrücke, ob man die Truppen also nach Mons, nach Nivelles oder Quatre-Bras zu führen habe. Der Herzog war nicht frei in seinen Bewegungen, sondern hatte die Weisung: Brüssel und die rückwärtige Verbindung mit England zu decken. Diese durfte er nie außer Augen lassen. Die auseinanderstrebenden Interessen machten sich hier geltend: die der Preußen wiesen nach Osten, die des wellingtonschen Heeres nach Norden und Nordwesten. Dennoch würde Wellington unfraglich schneller gehandelt haben, wenn er eine Ahnung von der drohenden Nähe und Schwere der Gefahr gehabt hätte; die ging ihm aber ab und nicht ohne Schuld der preußischen Berichterstattung. Hätte man von Namur am 15. mittags statt des Briefes an Müffling einen hohen Offizier, etwa Grolman oder Roeder, zur persönlichen Rücksprache nach Brüssel gesandt, so würde alles anders gekommen sein, mindestens hätten die Preußen dann genau gewußt, woran sie waren und sich danach einrichten können, wenn sie gewollt, wenn der Beschluß zur Schlacht nicht bei ihnen schon fest gestanden hätte. Sie handelten aber umgekehrt: sie teilten Wellington die Thatsache mit: wir nehmen bei Sombreffe die Schlacht an, danach hast Du Dich zu richten, ohne genügend zu erwägen, ob er in der Lage sei, das jetzt noch so schnell zu können. Dabei wollte das Unglück, daß sie die falsche Angabe über die Vereinigung des Gesamtheeres machten, während bei der Entscheidung ein volles Korps fehlte. Nimmt man dies alles in allem, wird man auch hier die Schuld Wellingtons als gering anschlagen müssen, wenn sich überhaupt von einer solchen reden läßt.

---

*) Vergl. auch vorn S. 239 den Brief Brünnecks vom 15. Juni.

Bei Quatre-Bras lagen die Dinge so, daß Ney am 15. wegen der Ermüdung seiner Truppen und wegen der Verzögerung, die das Gefecht bei Gosselies verursachte, kaum noch etwas machen konnte. Bei Frasnes stand nur eine geringe Reiterabteilung; das erste Infanteriebataillon traf erst ein, als die Sonne schon unterging. Anders am Morgen des 16. Da lag es ganz bei dem Marschalle, den schwachen und überdies teilweise minderwertigen Feind einfach wie Spreu hinweg zu fegen und die Wegkreuzung bei Quatre-Bras zu besetzen. Daß er dies nicht that, war ein großes Glück für Wellington. Das zweite Glück war, daß der Befehl des Kaisers dem Marschalle die 20000 Mann des Korps Erlon entzog, und infolgedessen die Franzosen nicht mit erdrückender Uebermacht, sondern mit immer geringer bis zur Minderheit werdender Truppenzahl im Felde standen. Zu diesen beiden Glücksfällen kam das Verdienst der thatkräftigen, überlegenen Führung Wellingtons. Glück und Verdienst also wirkten hier zusammen.

Aber was sich für Wellington als Glück gestaltete, that es in noch viel höherem Maße für die Preußen. Hätte Ney am Morgen seine Truppen herangezogen und Quatre-Bras besetzt, so hätte nichts ihn hindern können, zum mindesten die Hälfte seines Heeres den Preußen in den Rücken zu führen. Und ebenso erging es mit dem Korps Erlon. Dieses sollte nach Napoleons Willen die Preußen seitwärts fassen, statt dessen zog es als Verlängerung des französischen linken Flügels heran, bewirkte großen Schrecken und falsche Maßnahmen im napoleonischen Heere und verschwand dann thatenlos wieder, wie es gekommen war. So hat es den Preußen genützt, statt geschadet. Das war in keiner Weise Wellingtons Verdienst, sondern Blüchers Glück.

Nun ließe sich sagen: daß eben die Neysche Abteilung stark genug war, ungehindert 20000 Mann gegen die Preußen abgeben zu können, beruhte auf der Schwäche Wellingtons; und diese Schwäche entsprang wieder dem Mangel an Vereinigung. Dagegen läßt sich erwidern, es kommt bei der Beurteilung des Feldherrn nicht sowohl darauf an, ob er genügend Truppen zur Stelle hatte, als darauf, ob es seine Schuld war, daß sie ungenügend blieben. Hiermit aber sind wir wieder auf die bereits beantwortete Frage zurückgekommen.

Wie sonderbar es klingt, so ist doch wahr: die Vorgänge bei Quatre-Bras haben eine weit geringere Wirkung für das Wellingtonsche als für das Blüchersche Heer gehabt. Thatsächlich hat der zähe Widerstand des eisernen Herzogs 43000 Feinde auf sich gezogen, so daß die Preußen bei Ligny mit ungefähr 85000 Mann etwa 65000 Franzosen entgegen treten konnten. Der Zahl nach besaßen sie die volle Aussicht auf Erfolg, und zwar durch Wellington. Dieser hat die preußische Armee nicht bloß vor Vernichtung bewahrt, sondern ihnen die Möglichkeit des Sieges verschafft, während umgekehrt ihr Mißgeschick ihn trotz des eigenen Erfolges zum Rückzuge nötigte.

Die Sonne von Ligny und Quatre-Bras hat eine einheitliche Schlacht beleuchtet, denn taktisch bildete Wellington den rechten Flügel der Preußen. Sein Erfolg konnte deshalb nicht den Rückzug der Preußen verhindern, weil das Centrum der Gesamtstellung durchbrochen war. Wäre er geschlagen und hätte Blücher sich behauptet, so hätte dieser doch den Rückzug antreten müssen, vorausgesetzt, daß nicht das Eintreffen Bülows auf andere Weise die Sachlage beeinflußte. Wellington befand sich taktisch in gleicher Lage wie Zieten: auch dieser hatte tapfer La Haye festgehalten. Wäre es Wellington geglückt, rechtzeitig einen großen Sieg zu erfechten, auf der Straße nach Charleroi vorzustoßen und das napoleonische Heer im Rücken zu bedrohen, so mußte dieses ebenso weichen, als wenn Zieten Vandamme vor sich niedergeworfen hätte. Die Dinge lagen am 16. wesentlich anders als am 18. bei Belle-Alliance, wo letzteres allein entschied. Daß sich ein weiterer Zwischenraum zwischen einzelnen Heeresteilen findet, und eine große Schlacht in Einzelkämpfen ausgefochten wird, kommt auch sonst vor. Der äußere Zusammenhang entscheidet in solchem Falle weniger als der innere.

Wie der Mythus vom Wortbruche Wellingtons, so hat auch der von der Nebensächlichkeit des „Gefechtes" bei Quatre-Bras in der deutschen Litteratur Eingang gefunden und sich zähe behauptet.

Nr. 13.
Bülows Schuld.

Die verhältnismäßig weite Entfernung des IV. Korps von den drei übrigen, welche wesentlich durch Verpflegungsrücksichten geboten war, erregte natürlich Bedenken der preußischen Heeresleitung bei einem plötzlichen Angriffe. Nur dadurch wurden die Besorgnisse vermindert, daß der Feind ausblieb, und man schließlich überhaupt nicht mehr an einen Angriff glaubte. Dennoch verfuhr man äußerst vorsichtig. In einer Weisung vom 6. Juni an den General Valentini, den Generalstabschef des IV. Korps, wurde die Belegung von Bilsen als Quartierort untersagt, weil das Korps derartig eingelagert sein mußte, um sich in einem Tage bei Hannut versammeln zu können*). Eine andere Weisung vom 8. Juni schrieb vor, daß sämtliche

---

*) VI. D. 9, Journal, im Kriegsarchive. — Ich muß leider bemerken: diese Arbeit hat unter dem Umstande gelitten, daß sämtliche in Betracht kommenden Akten des IV. Korps vom Kriegsarchive auf längere Zeit verschickt und mir deshalb nicht zugäng-

Truppenabteilungen der Artillerie in drei Orten zwischen Lüttich und Namur ihre Nachtlager beziehen sollten. Diese waren also für eine Vereinigung der Armee so günstig wie möglich gelegt*).

Als sich dann die Sachlage Mitte Juni immer bedrohlicher gestaltete, erließ Blücher am 14. folgenden Befehl an Bülow**). Die Nachrichten vom Feinde besagen, daß Napoleon sich bei Maubeuge konzentriere und die Offensive gegen die Niederlande beginnen zu wollen scheine. Bülow werde deshalb ersucht, solche Einrichtungen in der Verlegung seiner Truppen zu treffen, daß sich das Korps in einem Marsche bei Hannut vereinigen könne***). Die Depesche ist einem Briefe Gneisenaus zufolge mittags nach Lüttich abgegangen†). Die Entfernung von Namur bis Lüttich beträgt ungefähr 7½ Meilen auf guter Chaussee längs der Maas. Bülow hätte den Befehl mithin um 4 Uhr oder zwischen 4 und 5 Uhr nachmittags erhalten müssen, wenn Gneisenaus Angabe richtig ist. Das geschah jedoch nicht, sondern derselbe gelangte erst am 15. morgens 5 Uhr in seine Hände. Der General führte die Weisung derartig aus, daß seinen Truppen für den folgenden Tag nur noch ein leicht zu bewältigender Marsch bis Hannut blieb. Im Einzelnen gab er über die Bewegung vermittelst eines „Dislokationsentwurfs" Rechenschaft. Danach sollten die Brigaden am Abend des 15. derartig eingelagert sein, daß sie je die Orte Hognoul, Boilhe, Hanneffe und Odeur als Rendezvousplätze hatten, alles Orte zwischen Lüttich und Hannut befindlich, von letzterem 1 bis 3½ Meilen entfernt. Die Bewegung bedeutete eine Verschiebung von sämtlichen Truppenteilen aus ihren bisherigen Kantonnements nach Hannut zu††). Der Befehl Blüchers war mithin wortgetreu befolgt. Und doch war die Weisung dem Sinne nach nicht ausgeführt, denn Gneisenau, welcher auf deren Eintreffen am Nachmittage des 14. rechnete, meinte, daß „Angesichts dieses" d. h. am Nachmittag und

---

lich gewesen sind. Was ich an Briefen mitteile, entnahm ich meiner Abschriftensammlung.

   *) Ebendort Nr. 227.

   **) Die Frage nach Bülows Ausbleiben ist oft behandelt worden. Vergl. Clausewitz 20; Chesney 82, 101; Siborne I, 70, 71; Treuenfeld 75 ff., 121 ff. Charras I, 128; Delbrück, Gneisenau IV. 360 ff; Ollech 90; Maurice United Service Magaz. 1890, 259, 546; Ropes 73. Vor allem Militär-Wochenblatt 1845, S. 19—27.

   ***) Ollech 90. M.-W.-B. 19.

   †) Ollech sagt im Allgemeinen: Blücher erließ am 14. Juni vormittags folgende Befehle. Doch in Gneisenaus Brief an Gibsone heißt es bestimmt: „Am 14. Mittags ward unsere Reserve, das 4. Armeekorps nach Hanut beordert". Delbrück in Zeitschr. XIV. 659.

   ††) Wir folgen hier dem Dislokations-Entwurfe Bülows. Dazu passen die Angaben M. W. B. 19 nicht. Die Orte lagen keineswegs alle „ziemlich nahe bei Lüttich". Es wäre auch ganz unsinnig gewesen, das Korps „in und um Lüttich" zu konzentrieren, da die 15. und mehr noch die 14. Brigade dann rückwärts nach Osten hätten marschieren müssen, während ihr Ziel nach Westen, nach Hannut zu, lag.

während der Nacht, die Bewegungen der Truppen erfolgten, damit sie am Morgen des 15. im Stande seien, jenen Marsch nach Hannut antreten zu können. Sachlich wäre das durchaus erreichbar gewesen, denn die Urquartiere der Brigaden lagen ungefähr 2 bis 5 Meilen von Hannut. Nun bringt ein solcher Aufbruch immer Verzögerungen; wenn die Marschordres jedoch bereits am Spätnachmittage oder am Abend in den Quartieren ankamen, so ließ sich in einer Nacht und einem Tage selbst die größte Entfernung von 5 Meilen unschwer zurücklegen; im Notfalle hätte man noch den Abend oder einen Teil der Nacht des 15. hinzugenommen.

Wie man sieht, trifft hier weder das Hauptquartier noch Bülow eine Schuld, sondern diese beruht auf der langsamen Überbringung des Befehls, welche statt 4 oder 5 Stunden, deren 14 bis 17 gedauert hat*). Wir begegnen damit einem Falle, wie bei der Depesche, die Zieten am Morgen des 15. nach Brüssel sandte, nur daß diesmal die Verzögerung noch bedeutender war. Selbstverständlich rechnete Gneisenau nicht mit einer solchen.

Das Unglück wollte ferner, daß der Befehl höflich, aber doch kurz und bündig lautete. Bülow wußte deshalb nicht, in welchem Zusammenhange derselbe mit anderen stehe, wohin seine Bewegung eigentlich ziele. Und doch glaubte er durch sein Wesen und seine Vergangenheit höher als ein gewöhnlicher Korpsführer zu stehen. Er wünschte nicht bloß etwas zu thun, weil es befohlen war, sondern wollte wissen, warum es geschah. Aber wohl eben deshalb hatte Gneisenau den Befehl so kurz gefaßt. Er brauchte keine selbständigen Erwägungen, sondern Gehorsam. Wäre der Wortlaut ausführlicher gewesen, und hätte dargelegt, daß das Hauptquartier gesonnen sei, bei Sombreffe die Schlacht anzunehmen, vielleicht schon am am 16., so hätte Bülow sich danach richten können**). Aber wie gesagt, solche Ausführungen wollte Gneisenau schwerlich machen, und er konnte es am Mittage des 14. auch noch gar nicht, weil keineswegs feststand, ob und wo der Feind angreifen würde.

Die Dinge haben sich hier fast genau so gestaltet, wie am 15. in Brüssel: auch da übten verspätete und ungenügende Berichte eine unheilvolle Wirkung.

Immerhin ließ sich das Verhängnis, welches über dem ersten Befehle schwebte, durch einen zweiten bestimmter lautenden bis zu gewissem Grade ausgleichen. Und dieser ist auch richtig und vorsorglich erfolgt. Nachts

---

*) Vergl. hinten Belows Aussage, wonach der Befehl in der Nacht vom 14. zum 15. eingetroffen ist.

**) Ropes 73 sagt: „Gneisenau . . . was partly to blame for this mischance, by not inserting in the order a statement of the effect that hostilities were imminent". Ropes muß die Befehle gar nicht gelesen haben, denn sonst könnte er solche Behauptung nicht aufstellen. Es ist ja ausdrücklich gesagt, daß man unverzüglich die Offensive des Feindes zu erwarten habe.

12 Uhr vom 14. auf den 15. Juni schrieb Gneisenau folgenden Befehl an Bülow: „Ew. Excellenz gebe ich mir die Ehre ergebenst zu ersuchen, das unter Dero Befehl stehende 4. Armee-Corps morgen, als den 15. h., bei Hannut in gedrängten Kantonnirungen konzentriren zu wollen. Die eingehenden Nachrichten machen es immer wahrscheinlicher, daß die französische Armee sich uns gegenüber zusammengezogen hat, und daß wir unverzüglich ein Uebergehen zur Offensive von derselben zu erwarten haben*)." Diese Weisung bedeutet eine einfache Fortsetzung der vorigen. Noch ist man nicht sicher über einen Angriff; die erhaltenen Meldungen machen ihn aber immer wahrscheinlicher, und zwar als „unverzügliche" Offensive. Demgemäß erteilt das Oberkommando einen bestimmten fest umgrenzten Auftrag.

Alsbald nach der Niederschrift sprengte der Meldereiter in die Nacht hinaus**). Gneisenau durfte sich sagen: am Abend des 15. befindet sich das ganze IV. Korps bei Hannut.

Aber es kam anders. Bülow erhielt die Weisung den 15. in Lüttich um ½11 Uhr vormittags***). Er geriet dadurch in eine unangenehme Lage, weil erst wenige Stunden zuvor die ersten Marschbefehle ergangen waren. Das unfraglich Richtige wäre gewesen, sofort Anordnungen zu treffen, daß die Truppen nicht ihre Nachtkantonnements bezögen, sondern die begonnene Bewegung auf Hannut fortsetzten. Dieser Ort ließ sich freilich jetzt von einem großen Teile des Korps nur noch durch einen Nachtmarsch erreichen.

Von der falschen Voraussetzung ausgehend, daß Hannut nicht bloß eine Marschetappe, sondern zunächst das Endziel seiner Bewegung sei, hielt es Bülow nicht für nötig, den Truppen die neue Zumutung zu machen, sondern er ließ es bei der bisherigen Bewegung, und bestimmte nur ergänzend, daß die Brigaden sich am Morgen des 16. früh um 4 Uhr aus ihren Quartieren nach den oben genannten Sammelplätzen verfügten und

---

*) M.-W.-B. 20. Ollech 91 ist ungenau.

**) Im Journal VI, D. A. trägt das Regest Nr. 243 den Vermerk: „Abgang 14. p. Estafette." Demnach ist die Versendung also noch am 14. Juni erfolgt. Als Nr. 249 findet sich eingetragen, ebenfalls zum 14. Juni: „An 4 Corps Commandanten, Disposition zur Concentrirung den 15. Juni Mitternacht per Ordonnanz A ††† ad Acta A. 1". Man könnte hieraus schließen, daß noch ein weiterer Befehl an Bülow abgegangen ist. Das erscheint aber nicht wahrscheinlich, weil der oben mitgeteilte Befehl ein Konzentrierungsbefehl ist und um Mitternacht verschickt wurde. Man müßte dann annehmen, daß zwei gleiche oder ähnliche Befehle zu gleicher Zeit erfolgten. Hierzu entschließt man sich schwerer als zu der Ansicht, daß im Journal ein Versehen obwaltet, bewirkt durch die Zusammenziehung der 4 Befehle in ein Regest. Auch das ad Acta 1 ist verdächtig, da ein Befehl an das IV. Korps ad Acta 4 gehört. Freilich auch Ritz weiß von 2 Ordonnanzen, dicht nach einander. VI. H. 18. Unmöglich wären 2 Befehle also nicht. Die drei Kreuze sind das Zeichen für größte Eile.

***) Ollech 107, oder „gegen Mittag" M.-W.-B. 20.

dann so marschierten, daß sie sich abends in engen Kantonnierungen bei Hannut befänden. Um sich aber über die Pläne des Hauptquartieres und dieses von seinen Maßnahmen zu unterrichten, sandte er den Rittmeister von Below mit einem Briefe dorthin. Derselbe begab sich über Hannut nach Namur und als er Blücher und Gneisenau hier nicht traf, eilte er ihnen nach und fand sie in Sombreffe, wo er in der Nacht vom 15. auf den 16. anlangte*).

Der Brief, den er überbrachte, hatte folgenden Wortlaut**):

„Nach dem heute früh eingegangenen Befehle des Herrn Feldmarschalls Durchlaucht sind die Truppen des 4ten Armee Corps heute schon so concentrirt worden, daß sie nur einen kleinen Marsch bis Hannut haben. Da nunmehr aber ein Kreuzen der Ordres eintreten würde, wenn die Truppen noch heute andere Cantonnements bezögen, habe ich zum Zusammenrücken bei Hannut anliegenden Dislocations=Entwurf befohlen***), der morgen mit dem frühesten ausgeführt werden wird.

Ich weise den Rittmeister v. Below an Ew. Excellenz, um demselben die etwa erforderlichen Instructionen zu ertheilen, da in dem an mich gerichteten Befehle nichts über die angrenzenden Armee=Corps gesagt worden ist.

Im Falle Lüttich ganz ohne Besatzung bleiben sollte, bemerke ich, daß der hier anwesende Belagerungs=Train eine andere Direction erhalten müßte.

Bülow v. Dennewitz.

Dieser Brief klingt etwas sonderbar. Der „heute früh eingegangene Befehl" ist der zuerst abgesandte, ihm zufolge läßt Bülow das Korps so zusammenrücken, daß es am nächsten Tage unschwer Hannut erreichen kann. Der nächste Satz: „Da nunmehr aber ein Kreuzen der Ordres eintreten würde, wenn die Truppen noch heute andere Cantonnements bezögen" gilt dann dem zweiten Befehle, der nicht als solcher, sondern nur in seiner unangenehmen Wirkung für das Korps genannt wird. Im dritten Satze heißt es wieder bloß „der an mich gerichtete Befehl", obwohl deren schon zwei vorlagen. Wir werden diese Unklarheiten mit einer gewissen Verstimmtheit Bülows erklären müssen. Der zweite Befehl war nämlich von Gneisenau unterzeichnet, deshalb umgeht Bülow absichtlich, ihn zu nennen. Wie wenig er an eine endgiltige Entscheidung auf dem rechten preußischen Flügel dachte, beweist die Rücksichtnahme auf Lüttich.

In dem Gefühle, daß seine schriftliche Ausführung nicht genüge, und dem bringenden Wunsche, näheren Aufschluß über die Sachlage zu erhalten;

---

*) M.=W.=B. 23 läßt ihn „gegen Abend in Namur anlangen" und „am Spätabend" in Sombreffe eintreffen. Von Namur nach Sombreffe sind 3 Meilen.

**) VI, C. Nr. 3, Vol II, 69, im Kriegsarchive.

***) Es ist der bereits S. 253 mitgeteilte. Er folgt im Aktenstücke auf S. 71.

fügte er dem Briefe den bereits besprochenen Dislokations=Entwurf bei und schickte ihn nicht mit einem bloßen Meldereiter, sondern durch einen erprobten Offizier, dem er überdies mündliche Anweisungen erteilte. Dieselben gingen dahin: Bülow und Valentini seien der Meinung, daß alle vier Korps sich bei Hannut konzentrieren würden. In diesem Falle habe der kommandierende General nicht für geboten erachtet, den Nachtmarsch am 15. in die Kantonnements um Hannut zu fordern. Hannut sei dem 4. Armee=Korps in früheren Befehlen schon mehrere Male als Konzentrations= punkt bezeichnet worden. Wären ihm in der Nacht vom 14. zum 15. auch die Konzentrationspunkte der drei anderen Korps genannt worden, so würde er hieraus auf die Absichten des Feldmarschalls geschlossen haben. Für einen wirklichen Ausbruch der Feindseligkeiten habe er auf die Bekannt= machung einer vorangehenden Kriegserklärung gerechnet*).

Die von Below mitgeteilten Gedanken mochten alle schön und gut sein, entsprachen aber in sofern nicht den Verhältnissen, als das Ober= kommando nähere Mitteilungen machen konnte, wenn es wollte, dies aber durchaus nicht zu thun brauchte. Daß Bülow eine vorangehende Kriegs= erklärung erwartete, war schlechterdings unsinnig, denn die lag bei Napoleon und nicht bei den Verbündeten. Es ging Bülow ähnlich, wie es Welling= ton und bis zu gewissem Grade auch dem preußischen Hauptquartiere ergangen ist. Nach der monatelangen Ruhe erwartete er keinen Angriff der Franzosen mehr, am wenigsten einen so plötzlichen. Er meinte des= halb, auf einen Tag mehr oder weniger komme es nicht an, in Namur sei man wohl durch die Nachrichten vom Feinde etwas aufgeregt, die Sache ließe sich mit viel mehr Ruhe behandeln. Solch eine Denkweise entspricht durchaus Bülows Wesen, sie entspricht aber nicht dem bestimmten ihm gegebenen Befehle.

Lange bevor v. Below in Sombreffe die traurige Kunde überbracht hatte, war seitens des Hauptquartiers ein dritter Befehl an Bülow ge= schickt, und zwar am 15. um 11½ Uhr von Namur aus. Er besagte „Der Feind hat heute morgen die Feindseligkeiten angefangen und drängt mit Heftigkeit die Vorposten des I. Korps auf beiden Ufern der Sambre auf Charleroi zurück. Bonaparte ist mit seinen Garden selbst zugegen. E. E. ersuche ich daher, sobald Ihr Korps die nötige Ruhe bei Hannut genossen hat, spätestens morgen früh mit Tagesanbruch aufzubrechen und auf Gemblour**) zu marschieren, auch mich von der Stunde Ihres Ein=

---

*) Ollech 107. Weitere Gründe Bülows giebt Valentini in seiner Lehre vom Kriege II, 329, 330. Vergl. auch M.=W.=B. 20, 22.

**) Im Journal, wo der Befehl als Nr. 251 Acta A. 4 verzeichnet steht, ist als Marschziel Sombreffe genannt.

treffens genau zu benachrichtigen. Ich werde noch heute mein Quartier nach Sombreffe verlegen, wohin ich die ferneren Meldungen erwarte*)".

Gneisenau sandte diesen Befehl an Bülow nach Hannut. Der Grund hierfür war folgender. In seiner zweiten Weisung hatte er ausgeführt: „Das Hauptquartier E. E. dürfte sich wohl am zweckmäßigsten in Hannut befinden, und ersuche ich E. E. zugleich, zur Brief-Kommunikation einen Brief-Ordonnanzposten zwischen hier (Namur) und Hannut in Hanret stellen zu lassen." Weitschauend hatte Gneisenau auch diese Angelegenheit erwogen und, wie er glauben mußte, geordnet. Das war aber keineswegs der Fall: der Meldereiter traf mit dem dritten Befehle in Hannut ein, fand dort Bülow nicht und wußte nichts Besseres zu thun, als den Befehl einfach abzugeben.

Inzwischen erhielt man im Blücherschen Hauptquartiere den Eindruck, daß die Sache mit Bülow nicht klappen werde. Im Journale stehen zum 15. Juni drei Schreiben desselben über die Konzentrierung bei Hannut verzeichnet**). Ohne die Möglichkeit, die verschickten Akten des Generalstabes einsehen zu können, vermögen wir über dieselben nicht zu urteilen. Eines derselben ist sicherlich jener Brief Bülows, welchen Below überbrachte. Obige Notiz bewiese dann, daß dieser vor Mitternacht eingetroffen ist. Möglich wäre, daß die schriftlich gegebene Ausführung Belows als zweites Schreiben aufgefaßt ist, und als drittes könnte eine Kundschaftermeldung gelten, welche Bülow samt einigen begleitenden Worten übersandte. Diese Meldung, ohne Ortsangabe und Unterschrift vom 14. Juni, berichtet in französischer Sprache, daß zwischen Givet und Avesnes sich 120 000 Mann zusammenzögen; alles sei seit vorgestern in Bewegung. Ein Vorpostengeneral habe sich dahin geäußert, wenn die Preußen nicht innerhalb dreimal 24 Stunden angriffen, so würden die Franzosen es thun. Die stärkste Truppenmasse scheine sich gegen Chimay und Beaumont zu bewegen. Diese an sich wichtigen, aber durch die Ereignisse überholten Angaben sandte Bülow ans Hauptquartier mit den Worten: „Ew. Hochwohlgeboren verfehle ich nicht, die soeben erhaltene Nachricht, um keine Zeit zu verlieren, augenblicklich zuzustellen, und bedaure ich, keine Zeitungen erhalten zu haben***)."

Beachtenswert ist dieser Brief, weil er kein Wort von den Bewegungen des Korps enthält. Es wird dies darauf beruhen, daß Bülow meinte, es sei alles in Ordnung. Er führe den ersten Befehl aus, der zweite habe keine Eile, deswegen werde ja durch Below berichtet, und der dritte war noch nicht angekommen†). Vielleicht beruht die Kürze auch auf

---

*) Ollech 99; Mil. W.-B. 23.
**) VI, D. 9, Nr. 253.
***) VI, C I, III, 154, im Kriegsarchive.
†) Ich las neben dem Datum des 15. Juni einen Ortsnamen ähnlich wie „Grax". Derselbe wird kaum richtig sein. Da das Mskpt. aber verliehen ist, kann ich

der Thatsache, daß der Brief an Grolman und nicht an Blücher gerichtet war.

Im Hauptquartiere konnte die Beunruhigung nur wachsen, wenn man dort eine solche Zuschrift erhielt. Besorgt sandte Gneisenau den Premierleutnant Roth*) an Bülow mit dem mündlichen Auftrage, der Feldmarschall würde bei Sombreffe eine Schlacht annehmen und rechne bestimmt darauf, daß das 4. Korps dazu um 10 Uhr morgens bei jenem Orte eintreffe**). Am Spätnachmittage, wohl zwischen 6 und 7 Uhr, verließ Roth das Hauptquartier und traf gegen 11 Uhr in Hannut ein. Wie er hier die Dinge fand, erhellt aus seinem Briefe an Grolman***).

Euer Hochwohlgeb. Befehl zu folge habe ich mich auf das Schleunigste hierher begeben, um mich der mündlichen Befehle an den Herrn General Grafen v. Bülow zu entledigen. Allein ich habe hier weiter Niemand als die Generalstabs-Offiziere von den Brigaden des 4ten Armee-Corps vorgefunden, welche für die erst morgen von Lüttich abrückenden und hier eintreffenden Truppen gedachten Corps die Quartiere reguliren wollen. Mir ist unter diesen Umständen nichts weiter übrig geblieben, als meinen Weg mit Courier-Pferden nach Lüttich fortzusetzen, wo nach der Aussage der gedachten Offiziere, des Herrn General Grafen v. Bülow Excellenz diese Nacht noch ihr Quartier behalten haben.

Das Schreiben nach der Expeditions-Nummer 999, welches wahrscheinlich den Befehl an gedachten Herrn General zum Marsch von Hanut nach Gembloux enthält, habe ich unerbrochen hier vorgefunden; ich nehme es nach Lüttich mit.

Indem ich mich beeile, Euer Hochwohlgeborn hievon die schuldigste Anzeige zu machen, bemerke ich zugleich unterthänigst, wie es nach Lage der Dinge wohl ganz unmöglich sein wird, daß das 4te Corps morgen die Höhe von Gembloux erreicht.

Hannut d. 15. Juni 1815,
    Abend 11½ Uhr.
                                                Roth.

---

nicht nachprüfen. Immerhin scheint, als ob Bülow zur Zeit der Absendung des Briefes nicht in Lüttich gewesen ist. Abends kehrte er dann dorthin zurück.

*) Eine Kabinettsorbre vom 21. Mai 1815 ernannte den beim Generalmajor von Müffling angestellt gewesenen Oberjäger Roth zum Premierleutnant von der Armee (Sammlung der Kabinettsorbres im Kriegsarchibe). Er wurde im Generalstabe dem Chef desselben zur Dienstleistung überwiesen. Das M.-W.-Bl. 23 und Ollech 107 bezeichnen Roth als Feldjäger. Das ist falsch, weil die Feldjäger Subalterne zu sein pflegten.

**) Vergl. hier die Angaben Roths im M.-W.-B. 23.

***) VI C. Nr. 3. Vol. II, 31, im Kriegsarchibe.

Dieses Schreiben sandte er durch die Ordonnanz, welche ihn nach Hannut begleitet hatte, an das Hauptquartier in Sombreffe. Er selber eilte sofort nach Lüttich weiter, welches er bei Sonnenaufgang erreichte. Auf der Straße traf er Valentini, beide begaben sich zum kommandierenden Generale. Als der die Schreckenskunde von der Sachlage hörte, rief er aus: „Mein Gott, warum hat man mich nicht benachrichtigt, daß der Feind schon die Offensive ergriffen hat!" Ohne Verzug wurde Alarm geschlagen, die Truppen eilten zusammen und suchten durch einen Gewaltmarsch die unwiederbringliche Zeit einzuholen. Mittags erhielt Bülow einen Zettel von Gneisenau, der ihn hinter die preußische Schlachtlinie berief. Bülow antwortete, er würde abends 8 Uhr mit seiner Spitze dort eintreffen. Aber auch das war unmöglich. Deutlich vernahm man nachmittags den Kanonendonner der Schlacht, der mahnend zu Hilfe rief. Vor Hitze, Aufregung und Ueberanstrengung brachen Manche tot zusammen. Alles umsonst, als die Sonne unterging, und der Gefechtslärm verstummte, befand man sich noch über eine Meile entfernt.

Das Ergebnis war: Bülow erhielt den entscheidenden Befehl, der ihn in die Nähe von Ligny berief erst am Frühmorgen des 16., also zu einer Zeit, wo sich nichts mehr machen ließ, und Gneisenau wurde in der Nacht oder in den ersten Morgenstunden zwiefach über Bülow unterrichtet. Zunächst geschah es durch Below, doch ließ dessen Aussage noch die Möglichkeit offen, daß Bülow wenigstens einen Teil der Truppen in Eilmärschen heranführe; dann aber kam Roths Brief. Dessen Ueberbringung erforderte mindestens 4 bis 5 Stunden, so daß er wohl bis 5 Uhr in Gneisenaus Hände gekommen sein wird. Jedenfalls kannte derselbe am Vormittage des 16. seinen Inhalt. Ob nicht doch noch die zunächst stehenden Truppen durch äußerste Anstrengung einträfen, mußte abgewartet werden. Sein Zettel an Bülow beweist, daß er immer noch hoffte.

Fragen wir nun nach dem Verschulden der Beteiligten. Da muß anerkannt werden, daß die Befehle des Hauptquartiers tadellos sind. Einer entwickelte sich folgerichtig aus dem andern, ohne Hast und Sprung, in ganz bestimmten Verfügungen. Wären sie rechtzeitig eingetroffen, und hätte Bülow ihnen entsprechend gehandelt, so mußte er zur Stelle sein. Ohne besondere Schwierigkeit hätte das Korps am Abend des 15. bei Hannut vereinigt sein können, um sich mit Tagesanbruch des 16. wieder in Bewegung auf Sombreffe zu setzen. Das war zwar ein starker Marsch von 5 Meilen auf Landwegen, aber da man mindestens 12 Stunden Zeit hatte, so ließ er sich bewältigen. Gneisenau hatte allen Grund, auf das Eintreffen Bülows zu rechnen. Früher als am Mittage des 14. konnte seinerseits nicht wohl ein Sammelbefehl gegeben werden*).

---
*) Delbrück, Gneisenau IV, 300 sagt: „Noch wäre möglich gewesen, durch zwei forcierte Märsche das Heer wirklich am 16. auf einen Punkt zu vereinigen... Eine

Gehen wir zu Bülow über. Es fällt ihm nicht zur Last, daß er den ersten Befehl verspätet erhielt. Er hat demselben entsprechend gehandelt. Aber damit war es eigentlich nicht genug. Bülow hätte dem Hauptquartiere sofort die Verzögerung des Befehls und folglich auch die der Ausführung mitteilen sollen*). Aus dem Datum und den Angaben des Meldereiters ließen sich die betr. Thatsachen entnehmen. Hätte Bülow die Meldung gemacht, so würde sie ungefähr um Mittag in Gneisenaus Händen gewesen sein. Derselbe hätte mithin 12 Stunden früher die Sachlage erfahren, als es jetzt durch den Rittmeister v. Below geschah, und 12 Stunden vor einer Schlacht ist viel, ist unter Umständen entscheidend. Warum Bülow die doch an sich so nahe liegende Mitteilung verabsäumt hat, läßt sich nicht feststellen. Den besten Aufschluß darüber gewährt sein erster Brief und die Auskunft Belows. Aus denselben erhellt, daß er alles aufs beste geordnet glaubte und gar nicht an eine unmittelbare Gefährdung des Heeres auf dem rechten Flügel schon am 16. dachte.

Ganz entlastet wird er dadurch aber keineswegs. Er mußte sich sagen: mag kommen was da will, es ist nicht bloß richtig, sondern notwendig, daß das Oberkommando genau über das IV. Korps unterrichtet ist; bleibt es ohne Kenntnis, so kann es schädigende Entschließungen fassen.

Vermögen wir schon hier dem verdienten Manne einen Tadel nicht zu ersparen, so gilt dies noch mehr für den zweiten Befehl. Weder hat er seine Truppen nach Hannut in Marsch gesetzt, noch hat er die Weisungen über das Meldewesen erfüllt. Durch jenes Versäumnis machte er unmöglich, daß wenigstens ein Teil seines Korps, etwa die 14. und 15. Brigade, das Schlachtfeld noch erreichte, durch dieses blieb der entscheidende Befehl, der ihn vielleicht noch aufgerüttelt hätte, in Hannut liegen. Wohl fühlte er sich veranlaßt, dem Hauptquartiere seine Eigenmächtigkeit und den Grund derselben mitzuteilen, aber eine Einwirkung auf den Gang der Ereignisse konnte nicht mehr erzielt werden, weil zu viel

---

solche Berechnung aber, die nicht den geringsten Spielraum für widrige Zufälle läßt, ist im Kriege schon ein großes Wagnis. Die kleinste Incongruenz der Umstände vereitelt das Gelingen und bei der Bewegung eines großen Heeres fehlt es selten an derartigen Friktionen." — 1. Gneisenau konnte den Befehl nicht früher erlassen, als bis er wenigstens einigermaßen sicher war, daß Napoleon angriff, und das war er vor dem Mittage des 14. nicht. 2. Bülows Truppen sollten in steter Marschbereitschaft und so verteilt sein, daß sie in einem Tage Hannut erreichen konnten. In dem obwaltenden Falle hatten sie nach Gneisenaus Ansicht: vom 14. noch einige Stunden, dann eine Nacht, darauf einen langen Sommertag, und schließlich im Notfalle noch eine Nacht. Es war also genügend Spielraum für widrige Zufälle. Von Lüttich nach Ligny sind 10 Meilen, die ließen sich in 2 Tagen und 2 Nächten von völlig ausgeruhten Soldaten machen. Ueberdies stand eine Brigade nur ungefähr 7 und eine ungefähr 8 Meilen entfernt.

*) Freilich M.-W.-B. 19 sagt, B.'s Verfügung sei gemeldet, ohne Beleg. Gehört die Liste zum Belowschen Briefe? Vergl. Nachtrag.

Zeit verloren und die regelmäßige Verbindung mit dem Hauptquartiere geradezu unterbrochen war, — unterbrochen in den entscheidenden Stunden. Mag man zur Entschuldigung Bülows anführen, was man will, es ist einfach unentschuldbar, wenn ein General bereits vor Mittag den Befehl erhält, noch am 15. das Korps bei Hannut gedrängt zu konzentrieren, weil eine unverzügliche Offensive des Feindes zu erwarten sei, und er befindet sich am Abend des 15. nicht einmal auf dem Marsche dorthin, sondern weilt noch am Morgen des 16. in Lüttich*). Ein großer Teil des Unglücks wird daher rühren, daß der entscheidende zweite Befehl nicht von Blücher, sondern von Gneisenau unterzeichnet war. Nach dem Grundsatze, daß er, Bülow, der rangältere Offizier sei, hielt er denselben nicht für verbindlich. Damaliger formell preußischer Anschauung mochte dies entsprechen, Bülow mußte aber wissen, daß durch sie bereits großes Unheil angerichtet war, daß Gneisenau kein Bernadotte sei, und kleinliche Empfindlichkeit vor einem Napoleon überhaupt nicht hingehöre. Der König hatte Gneisenau auf den Posten gestellt und das genügte. Gneisenau erließ den Befehl nicht zum Vergnügen und nicht in seiner Eigenschaft als jüngerer General, sondern als Vertreter des Feldmarschalls**).

---

*) Delbrück sagt, Gneisenau IV, 361: „Der Befehl schien ihm eine vom Schreck eingegebene Uebereilung". Darauf ist zu erwidern, wenn Bülow das Kommando eines Korps übernimmt, so hat er auch die damit verbundenen Pflichten zu erfüllen, d. h. in erster Linie dem Oberbefehle zu gehorchen. Ein General vor dem Feinde in Bülows Lage darf nicht „meinen", und noch weniger so niedrig von seinen Vorgesetzten denken, zumal, wenn es erprobte Männer sind. „Bülow stand in seiner Anschauung, betreffs der Wichtigkeit der Rücksicht auf das Wohl der Mannschaft in demselben Gegensatze zu Gneisenau, wie ehedem York". Man kann nur wiederholen, wenn er ein Korpskommando übernimmt, so hat er zu dem Oberbefehl in keinem Gegensatz zu stehen. „Die Rücksicht auf das Wohl der Mannschaft" dient leicht als Deckmantel eigener Widerspenstigkeit. Gerade die Rücksicht auf Schonung der Truppen wird auch von Valentini und einem Generalstabsoffizier des IV. Korps betont (M.-W.-B. 20, 22). Sie war hier aber nicht am Platze, denn völlig ausgeruhte Truppen konnten sehr wohl in einem Zuge den Marsch von ungefähr Lüttich bis Hannut machen und blieben auch noch brauchbar für den nächsten Tag. Am 16. als man von Lüttich zu spät forteilte und der gute Name Bülows auf dem Spiele stand, da gab es solche Rücksicht nicht. „B. teilte die Eifersucht des älteren Generals gegen den einflußreichen jüngeren Generalstabschef". Wenn B. eifersüchtig sein wollte, gehörte er nicht an die Spitze eines Armeekorps. „So hatten die oppositionellen Suppositionen Bülows den freiesten Spielraum, und, an Selbständigkeit gewöhnt ... nahm er die Verantwortung auf sich, den Befehl Gneisenaus nicht zu befolgen". Er that weit mehr, er nahm die Verantwortung auf sich, daß das preußische Heer geschlagen, vielleicht vernichtet wurde, und Preußen damit die Stellung einbüßte, die allein sein Heer ihm verschaffte. Mit Gründen, wie den Delbrückschen, hört jede Disziplin und damit eine geordnete Heeresleitung auf; mit solchen Entschuldigungen läßt sich alles verwaschen.

**) Man pflegt anzunehmen, daß Gneisenau den alten Blücher nicht aus dem Schlafe wecken wollte und es deshalb übernahm, persönlich den Befehl zu erlassen (Ollech 90). Dem widersprechen die Angaben, welche der Major Ritz dem General-

Alles fällt eigentlich auf Bülows Persönlichkeit zurück. Der kundige Reiche sagt*): „General Bülow war von Natur ein sehr heftiger, leidenschaftlicher und widerstrebender Charakter, und war denen in der Umgebung Blüchers, von welchen er wußte, daß sie an der Armeeführung Teil hatten, noch aus dem vorigen Feldzuge her sehr abhold. In dieser Beziehung hatte er, wie ehedem auch York, auf Gneisenau und Grolman seinen ganzen Haß geworfen. Diese Herren, denen so etwas nicht verborgen bleiben konnte, bemühten sich, aus Achtung vor dem hochverdienten General, dessen Reizbarkeit möglichst zu schonen, aus welchem Grunde sie unter anderm einen scharfen und befehlenden Ton in den an ihn erlassenen Verfügungen zu vermeiden suchten." Bei solcher Sachlage war eine geordnete Heeresleitung geradezu unmöglich. Lautete der Befehl kurz und bestimmt, dann ärgerte er Bülow, war er verbindlich, mehr beratend gehalten, dann hielt Bülow ihn nicht für einen Befehl, sondern für einen Ratschlag, den er befolgen oder auch nicht befolgen könne. Der rein äußere Umstand, daß Gneisenau aus bestimmten, obwaltenden Gründen den Befehl seinerseits unterzeichnete, genügte Bülow, ihn zunächst als nicht vorhanden zu betrachten. Um dem zu entgehen, sah Gneisenau sich in Zukunft vor. Selbst den Bleistiftzettel vom 16. unterfertigte er: „Im Auftrage des Herrn Feldmarschall. G. N. v. Gneisenau"**). Irgend ein dienstlich stichhaltiger Grund für Bülows Verhalten ist nicht vorhanden***).

Die Eigenmächtigkeiten, welche Bernadotte gegenüber segensreich gewirkt hatten, stifteten bei einer Gneisenauschen Heeresleitung tiefes Unheil. Der Gedanke, welcher 1815 bei den Korpskommandeurstellen maßgebend gewesen war, sie mit Männern von geringerem Dienstalter zu besetzen, hat sich in der einen Ausnahme, die gemacht wurde, schwer gerächt. Dasselbe Uebel, welches 1813 und 1814 das preußische Heer so nachteilig beeinflußt hatte, wirkte auch 1815. Es veranlaßte den Verlust der Schlacht bei Ligny und

---

stabe machte. Danach geleitete er in der Nacht des 14/15. einen höheren übergelaufenen französischen Offizier zu Blücher, sah diesen zweimal, sah auch Gneisenau in Blüchers Wohnung treten und bald darauf, um 12 Uhr, zwei Ordonnanzen zu Bülow fortsprengen (VI H. 18, im Kriegsarchive). Die Sache ist etwas geheimnisvoll, weil sonst nichts von dem Ueberläufer bekannt ist.

*) Memoiren II. 196.

**) M.-W.-B. 24.

***) M.-W.-B. 22; Ollech 91; Ropes 73 u. a. meinen, der zweite Befehl hätte weniger höflich und dafür bringender lauten sollen. Wir können dem in keiner Weise beipflichten, eben weil Gneisenau der jüngere Offizier war. Hätte er eindringlichere Wendungen gebraucht, würden sie Bülow wohl noch unangenehmer berührt haben. Wäre der Angriff ausgeblieben, was keineswegs unmöglich erschien, so hätte Gneisenau sich Bülow gegenüber vergeben, und das durfte auf keinen Fall geschehen. Ganz unverständlich erscheint die Ausführung von Maurice, der 546 sagt: „In not sending an actual order to Bulow, he had thrown to Bulow the responsibility of decision". Was

mit ihr das Scheitern von Preußens beherrschender Stellung, wie sie Gneisenau vor Augen schwebte.

Aber Bülow war nicht allein schuldig; neben sein Vergehen tritt mildernd das ungenügende Meldewesen. Ließ dies im Wellingtonschen Heere schon viel zu wünschen übrig, so noch mehr im preußischen. Es ist fast unbegreiflich, daß jede der drei entscheidenden Meldungen mit großer Verspätung eintraf. Die erste gebrauchte von Namur nach Lüttich auf guter Chaussee 14 bis 17 Stunden, die zweite mit den Zeichen höchster Eile abgesandte $10^{1}/_{2}$ Stunden*), während beide in 4 bis 5 Stunden hätten eintreffen müssen. Die dritte blieb überhaupt in Hannut liegen und wurde erst durch den Generalstabsleutnant Roth weiter befördert. Nun erwies sich der Befehl allerdings nach Hannut adressiert, aber da der Ort doch Nebensache, der Empfänger die Hauptsache war, so hätte der Meldereiter sie entweder aus eigenem Antriebe weiter befördern müssen, oder, wenn er das nicht wagte, hätte der höchste unter den in Hannut anwesenden Offizieren die Verantwortung auf sich nehmen sollen, obwohl sie freilich nicht zu seinen Obliegenheiten gehörte. Mindestens hätte an Bülow irgend eine Nachricht abgehen müssen, daß in Hannut ein Befehl aus dem Hauptquartiere läge, welcher mit den Zeichen höchster Eile versehen sei. Die Unvollkommenheit der Meldeleistungen scheint guten Teils darauf zu beruhen, daß die Befehle meist durch Meldereiter (Ordonnanz-Unteroffiziere) und nicht durch Offiziere überbracht wurden**), daß die Berichterstattung durch einen Offizier weit verläßlicher war und schneller ging, zeigt das Beispiel des Rittmeisters von Below, der vormittags nach $^{1}/_{2}11$ Uhr, vielleicht erst gegen 12 Uhr oder noch später Lüttich verließ, sich zunächst nach Hannut, dann nach Namur und schließlich nach Sombreffe begab, und hier ungefähr um 10 Uhr eintraf***). Wie mangelhaft die Sachen auch bei Offizieren, selbst bei dringendster Notwendigkeit, liegen konnten, zeigen die Angaben Roths. Als er von Hannut weiter mußte, war sein Pferd zu abgetrieben; er benutzte deshalb ein Postpferd, wechselte dies unterwegs mit anderen schlechten

---

war Gneisenaus Weisung denn anders als ein „actual order"? Inwiefern warf Gneisenau durch sie die Verantwortung der Entscheidnng auf Bülow? Das war wahrlich nicht Gneisenaus Art. Umgekehrt: Bülow maßte sich eine Entscheidung an, die ihm nicht zustand.

*) Ritz macht Andeutungen über Gründe der Verzögerung. VI. H. 18, im Kriegsarchive.

**) Dabei scheint auch noch die Reise zu Wagen, namentlich für Offiziere, beliebt gewesen zu sein. So läßt Müffling z. B. am 15. für die wichtigste Mitteilung „eine Courier-Chaise" warten (Aus meinem Leben S. 229). Die Wagenfahrt war für den Ueberbringer weit angenehmer, ging aber langsamer, war mehr an gute Wege gebunden und führte besonders des Nachts leichter zu allerlei Zwischenfällen.

***) Ollech 106. Vergl. vorn S. 256.

Pferden und erreichte Lüttich, als die Sonne aufging *). Immerhin 5 Meilen in 4—4½ Stunden. In dieser Hinsicht war das Wellingtonsche Heer besser bedient, weil dort alle wichtigen Depeschen meistens an Offiziere übergeben wurden, wobei sich die des Generalstabes noch durch besonders gute Pferde auszeichneten.

Es ließe sich gegen unsere Erörterung einwenden, daß nicht bloß Bülow selbständig handelte, sondern daß Perponcher und Constant im verbündeten Heere es noch weit mehr thaten. Darauf ist zu erwidern: die Art der Selbständigkeit und die Vorbedingungen für dieselbe waren grundverschieden. Die Handlungsweise der Niederländer beruhte auf der Einsicht, daß man vor dem Feinde besser unterrichtet sei als das entfernte Hauptquartier, und man deshalb aus dieser überlegenen Kenntnis heraus so handle, wie das Oberkommando voraussichtlich thun würde, wenn es dieselbe besessen hätte. Umgekehrt Bülow, seine Selbständigkeit entsprang aus ungenügendem Wissen, aus falscher Meinung über die Pläne Blüchers, aus angeborener Eigenwilligkeit, aus Verdruß, daß ein jüngerer General ihm befehlen wolle, man ihn nicht in die Absichten der Heeresleitung einweihe und ihm dadurch die persönliche Prüfung entziehe. In einer Lage, wie Bülow sich befand, soll und muß ein Unterführer einfach gehorchen. Sein Benehmen war Ungehorsam, das der Niederländer dagegen richtige, ja notwendige Selbständigkeit des Unterführers.

Vergleicht man das Verschulden Wellingtons mit dem Bülows am Ausbleiben bei Ligny, so wiegt auch hier das des letzteren unverhältnismäßig schwerer. Wellington führte ein eigenes Heer mit eigenen Aufgaben, Bülow dagegen blos ein Armeekorps, ohne besondere Ziele: nur einen Heeresteil, der sich dem Ganzen einzufügen hatte. Die bei Wellington eingehenden Meldungen lauteten nicht so bedrohlich, wie die bei Blücher ankommenden, und zwar naturgemäß deshalb, weil der Feind sich mehr den Preußen gegenüber vereinigte. Der Herzog hätte am Nachmittage des 14. oder am Morgen des 15. Sammelbefehle geben können, doch nötig erschienen sie nach den vorliegenden Berichten keineswegs. Notwendig wurden sie erst, seitdem ihm der Angriff des Feindes bekannt geworden war. Daß er dennoch 3 bis 4 Stunden zauderte, mag man tadeln; er that es aber auf Grund bestimmter strategischer Erwägungen. Außerdem handelte es sich nur um Stunden**). Sobald er einigermaßen klar sah, versuchte er mit großer Energie. Von dem allen trifft bei Bülow nichts zu. Bülow befolgte den zweiten Befehl überhaupt nicht, obwohl die Verspätung des ersten ihn hätte vorwärts treiben sollen, und der dritte blieb durch seinen Ungehorsam unterwegs liegen.

---

*) M.-W.-B. 23.

**) Daß die Befehlsüberbringung während der Nacht nicht so nachteilig wirkte, wie wir früher annahmen, sahen wir vorn S. 249.

Das Ergebnis also lautet: die Hauptschuld an dem Ausbleiben der Verstärkungen bei Ligny trägt einerseits eine mangelhafte Einrichtung im preußischen Heere, das ungenügende Meldewesen der höheren Stäbe, andererseits Bülows Ungehorsam. Weit dagegen zurück steht das Verhalten Wellingtons.

Unseres Erachtens ist das preußische Urteil über Wellington zu streng, über Bülow zu milde. Letzterer hat eines der schwersten Vergehen im Felde, das des Ungehorsams, das der Disziplinlosigkeit, begangen. Mit Unrecht rechnet man ihm seine großen Verdienste zugute: die sind und bleiben bestehen; für diesen Fall aber wirken sie eher erschwerend als mildernd. Denn gerade ein Mann, dem bei etwaiger Verhinderung Blüchers der Oberbefehl zufiel, mußte mit guten und nicht mit allerschlechtestem Beispiele vorangehen.

Zum Schlusse teilen wir noch einen Brief an den König von Preußen mit, der, streng genommen, nicht in den Rahmen dieser Untersuchung gehört, aber doch einen Einblick in einige vielleicht mitwirkende Verhältnisse gewährt. Es erscheint nämlich nicht unmöglich, daß die bei Schwarzenberg und Wrede aufgekommene falsche Meinung von einer Konzentrierung des Feindes auf dem linken Flügel Blüchers, also in der Gegend von Lüttich, Bülow beeinflußt hat, der, wie wir sahen, eine Vereinigung des preußischen Heeres bei Hannut, also nach seiner Seite hinüber, vermutete. Wrede hielt es, stark in bayerischem Sinne, angebracht, ohne Befragen Blüchers, sich mit Kleist direkt in Verbindung zu setzen. Sehr möglich, daß von diesen Dingen auch bei Bülow etwas verlautete, und ihn in seinem Selbständigkeitstriebe bestärkte. — Der fragliche Brief bietet folgenden Wortlaut*):

„Euer Majestät

werden ohne Zweifel schon davon unterrichtet seyn, daß Bonaparte sehr bedeutende Kräfte in einer den linken Flügel des Feldmarschalls Blücher bedrohenden Richtung zusammenzieht. Wenn er diese Bewegung in Eilmärschen unternommen hat, so kann er heute seine Truppen vereinigt haben und schon morgen etwas unternehmen, wenn er den Augenblick für günstig hält, und die Wegnahme zweier seiner Schiffe von Seiten der Engländer als Vorwand benutzen will, um die Alliirten zu beschuldigen, die Feindseligkeiten angefangen zu haben. In sofern der Feldmarschall Blücher seine Armee aus den bisher sehr ausgedehnten Cantonnirungs Quartieren bereits concentrirt hat, und damit bivouacquirt, so ist er, der Meinung der Fürsten Schwarzenberg und Wrede gemäß, durchaus keiner Art von Gefahr ausgesetzt. Indessen hat ersterer dem

---
*) VI, C. Nr. 3, Vol. II, 83, im Kriegsarchive.

Fürsten Blücher dieserhalb einen Courier gesendet, um ihn nicht nur auf die Nothwendigkeit einer concentrirten Stellung, sondern auch auf den Nuzen aufmerksam zu machen, sich durchaus auf nichts einzulassen, vielmehr im Fall er angegriffen würde, seinen linken Flügel zu repliren, den General Grafen Kleist zwischen Arlon und Luxemburg aufzustellen und, wenn der Feind in die Falle gehen sollte, der Bayrischen Armee Zeit zum Vorrücken zu lassen, um alsdann gemeinschaftlich mit dieser um so entschiedener zu wirken. Da es möglich ist, daß Graf Kleist auf diesem Umwege zu spät von dieser Ansicht unterrichtet werden könnte und vielleicht ermächtigt ist, in nöthigen Fällen keine besondere Instruction abzuwarten, so hat Fürst Wrede ihm dieserhalb einen besonderen Courier geschickt, durch welchen ich denselben hievon ausführlich unterrichtet habe.

Heute sind 240 Mann von der Königlich französischen Schweizer-Garde aus der Schweiz hier eingetroffen und begeben sich nach Gent.

In tiefster Ehrfurcht verharre ich

Euer Majestät
alleruntertänigster
Waldburg-Truchseß.

H. Q. Mannheim, d. 15. Juny 1815.

N. S. So eben sagt mir der Feldmarschall, daß in Folge der letzten Konferenz in Heidelberg die Feindseligkeiten wohl schon innerhalb zehn bis zwölf Tagen ihren Anfang nehmen dürften, er selbst aber bis zum 10. oder 20. d. M. sein Hauptquartier einige Stunden vorwärts von hier verlegen würde."

Nr. 14.
Müfflings Memoiren.

Der Geh. Regierungsrat Eduard Freiherr von Müffling gab im Januar 1851 eine Schrift seines Vaters heraus, betitelt: „Aus meinem Leben". Dazu sagt er in der Einleitung, daß er dieselbe unter den Papieren des Verstorbenen mit der Bestimmung gefunden habe, sie sogleich nach seinem Tode zu veröffentlichen. Er meint, daß das allgemeine Interesse an diesen Memoiren noch erhöht werde durch die persönliche Begabung des Verewigten, dessen klare unbefangene Auffassung der Verhältnisse und Begebenheiten, sowie seine seltene, allgemein bekannte Wahrheitsliebe und Gewissenhaftigkeit.

Auch der Verfasser der Schrift eröffnet sie mit einer Einleitung, die an seinem 70. Geburtstage 1844 verfaßt ist. Ihr zufolge war er in einer großen Zeit merkwürdiger Weltbegebenheiten bestimmt, durch seine Dienststellung den ungewöhnlichen Ereignissen näher zu stehen. Er fühle sich deshalb verpflichtet, über manche Begebenheiten, von denen er Augenzeuge war, und welche ein allgemeines europäisches Interesse haben, Aufklärungen oder Berichtigungen zu hinterlassen. Im weiteren Verlaufe erklärt der General, sich dann durchaus als Mann der Grundsätze, nicht als ein solcher, der nach den augenblicklichen Umständen handle.

Seine Memoiren zerfallen in vier Abschnitte, deren erster die Jahre 1805 und 1806 und den Feldzug von 1813, deren zweiter den Feldzug von 1814, deren dritter die Zeit vom ersten bis zum zweiten Pariser Frieden, und deren vierter Müfflings Sendung nach Konstantinopel und St. Petersburg in den Jahren 1829 und 1830 umfaßt.

Für uns kommt nur der dritte Abschnitt in Betracht, welcher den Feldzug von 1815 behandelt. Gerade in diesem spielte Müffling eine wichtige Rolle als preußischer Militärbevollmächtigter im englischen Hauptquartier, als Vermittler zwischen Blücher und Gneisenau mit Wellington. Er besaß demnach die Gelegenheit, die entscheidenden Ereignisse nicht blos aus nächster Nähe, sondern als Mitbeteiligter kennen zu lernen. Müffling konnte hier also das denkbar beste liefern. Nach seiner eigenen Ansicht und der seines Sohnes hat er das gethan, nach dem Urteile des Geschichtsforschers aber ist dies nicht geschehen, sondern statt dessen ein Werk von vielfach zweifelhaftem Werte geliefert.

Die Gründe hierfür ergeben sich aus der Schrift mehr wie genügend. Zunächst war Müffling nicht das, als was er sich hinstellte, ein fester Charakter, sondern ziemlich das Gegenteil: ein Mann, der sich sehr nach den Umständen richtete und diese trefflich für sich und seine Zwecke zu benutzen verstand. Aus dieser Selbsttäuschung erklärt sich vieles. Dann stand Müffling im wogenden Leben der Zeit mit ihren Gegensätzen, ihren Idealen und Leidenschaften. Auch er blieb von diesen Dingen keineswegs unberührt, um so weniger, als er eitel und selbstgefällig war. So erzählt er in den Memoiren durchweg gut und anregend, aber nirgends verleugnet er sich selber, seine eigene Größe. Und als letztes zu dem allen gesellt sich, daß er in hohem Alter schrieb, 20 und 30 Jahre nach den Ereignissen, wo sein Gedächtnis gelitten und sich vieles in seiner Vorstellung verschoben hatte. Gleichzeitige schriftliche Aufzeichnungen scheint er fast gar nicht besessen und Archive nicht benutzt zu haben, sondern er arbeitete wesentlich aus der Erinnerung. Bedenkt man, wie diese nicht bloß durch die Jahre, sondern auch durch sachliche und persönliche Gegensätze und eine Reihe viel behandelter strittiger Fragen gelitten hatte, wie er überall wesentlich subjektiv dachte, so kann es kaum Wunder nehmen, daß der Benutzer immer zweifelhafter wird, je eingehender er sich mit dem Buche beschäftigt. Dabei erweist Müffling sich als geradezu gefährlicher Schriftsteller, der durch scheinbar genaue, selbst äußerlich wortgetreue Wiedergabe und bestimmte Stundennennung sehr glaubwürdig aussieht, ohne es zu sein. Freilich darf man bei solcher Beurteilung nicht aus den Augen verlieren, daß der General kein Geschichts-

sondern eben ein Memoirenwerk schrieb. Dasselbe wurde auch nicht in einem Zuge hergestellt, sondern deutlich blieb erkennbar, wie einzelne Stücke umgearbeitet und andere nachträglich eingefügt wurden, ohne genügend verarbeitet zu sein.

In unserer Darstellung haben wir uns des öfteren mit dieser Quelle beschäftigt und ihren geringen Wert, ihre Irreführung dargethan. Es sei deshalb hier nur auf einiges im Zusammenhange verwiesen.

Ein wichtiger Zeuge seiner litterarischen Unzuverläßlichkeit ist Müffling selber. Er hat nämlich einen Teil der hier in Betracht kommenden Dinge dreimal erzählt und sich dabei mancherlei Abweichungen und Widersprüche zu Schulden kommen lassen. Am besten und zuverlässigsten ist seine kurze Geschichte des Feldzuges von 1815, zu der er schon im Januar 1816 die Vorrede schrieb, und welche er 1817 als C. v. W. veröffentlichte. Diese ebenfalls auf der Erinnerung und auf guten Erkundigungen beruhende Schrift ist gleichzeitig oder doch unmittelbar nachher gesammelt, und steht deshalb noch unter dem Eindrucke der gewaltigen Ereignisse und großen Persönlichkeiten, neben denen das liebe Ich des Erzählers doch recht nebensächlich blieb. Teile einer zweiten Darstellung giebt Müffling dann in einem „Schreiben an den General-Leutnant v. Hofmann", welches letzterer in seiner Geschichte des Feldzuges von 1815, S. 119—127, mitteilte. Dieses Schreiben wurde augenscheinlich für den Zweck der Veröffentlichung abgefaßt; aus welchem Jahre es stammt, ist nicht gesagt*). Auch hier findet sich noch manches Gute und Neue, doch tritt die Wichtigkeit des Verfassers und seine Eifersucht oder sagen wir sein Neid auf Gneisenau schon unverhüllter zu Tage**). Diese Dinge zeigen sich dann bedeutend gesteigert in dem Memoirenwerke, verbunden mit entschieden geringerer Gewissenhaftigkeit der Auffassung und Einzeldarstellung. Hatte Müffling in den beiden früheren Schriften die Kritik noch fürchten müssen, so fiel das nach seinem Tode weg. Er konnte sich ungezwungen gehen lassen, konnte sich schärfer und polemischer ausdrücken, als es sich für einen noch lebenden preußischen Feldmarschall geziemt hätte. Als Grundgedanke erscheint jetzt eigentlich: der bedeutendste Mann der Zeit war Müffling, dann kommt Wellington, ein vortrefflicher Mensch, den Gneisenau falsch beurteilte***), der aber dem großen Müffling volles Vertrauen schenkte und auf den dieser bedeutenden Einfluß besaß†). Müffling hat Gneisenau innerlich nie vergeben, daß er ihn von dem Posten eines

---

*) Die erste Auflage erschien: Koblenz 1849.
**) Das Urteil, welches er dem Generale Kleist in den Mund legt, ist augenscheinlich das Müfflings. Müffling 200.
***) Vergl. z. B. Müffling 212, 215.
†) Passim z. B. 218: Er fand meine Anträge ganz nach seinen Grundsätzen und genehmigte Alles.

Generalstabschefs verdrängte. Als Kleist noch am Rheine kommandierte, war Müffling dessen Generalstabschef gewesen, da wurden vom Könige Blücher und Gneisenau zur Leitung des Feldzugs bestimmt, zu denen sich noch Grolman als Generalquartiermeister gesellte. Hiernach war es mit Müfflings Herrlichkeit aus. Ein aktives Kommando erhielt er nicht, so daß er froh sein konnte, als er die zwar schwierige, seinem Wesen und seinen Kenntnissen aber sehr angemessene Stellung am englischen Hauptquartiere bekam*).

In einem Briefe an den Kriegsminister von Boyen schrieb Müffling den 24. Juni**): „Mit dem Herzog Wellington habe ich mich auf meine Geschäfte beschränkt, bis die Bataillen, Cameradschaft und Gewohnheit vertraulicher zu reden jetzt seit einigen Tagen uns näher gebracht hat." Demnach also trat die Vertraulichkeit erst in der letzten Hälfte des Juni ein. Hiezu stimmt, was Müffling in seinem zweiten Briefe an Hofmann erzählt***). Demnach erfuhr Wellington durch seinen Adjutanten den Rückzug Blüchers von Ligny. Darauf sah er Müffling mit großen Augen an, in denen zu lesen war: „Hast Du das gewußt und mir diplomatisch verschwiegen?" Müffling fährt fort: „Ich fand das natürlich, da wir uns noch zu wenig in wichtigen Augenblicken gesehen hatten." Allmählich gelingt es ihm, den Argwohn des Herzogs zu verscheuchen, und erst „dieser Beweis, daß ich nichts vor ihm verheimlichen wollte, hat mir des Herzogs volles Vertrauen für das Leben gewonnen". Vergleicht man hiermit die zahlreich erhaltenen Berichte und sonstigen Zuschriften Müfflings aus dem Mai und Juni, so zeigen sie einen starken und eingehenden amtlichen Verkehr des Herzogs mit dem Militärbevollmächtigten, aber nicht mehr. Wellingtons Briefe ergeben nichts über irgend nähere Beziehungen zwischen beiden.

Alles deutet also auf die Richtigkeit der Mitteilungen an Boyen.

Ganz anders die Memoiren. Sie sind so gehalten, daß man Wellingtons Vertraulichkeit bald nach Müfflings Eintreffen in Brüssel annehmen muß†). Hiedurch aber tritt die gesamte frühere Thätigkeit des Bevollmächtigten in eine fremde, unrichtige Beleuchtung, welche noch durch folgende Darlegung verstärkt wird: „Es konnte nur Einheit in die Armeeführung kommen, wenn ich sicher war, die alleinige Mittelsperson zwischen der preußischen Armee und dem englischen Ober=Feldherrn zu sein, und mir die Vollmacht erteilt wurde, wo es nötig war, im Namen des Fürsten Blücher Anträge zu machen oder zu bewilligen. Der General Gneisenau,

---

*) Müffling 212.
**) Hofmann 124.
***) Müffling 213, 219 u. a. O.
†) Müffling 218.

gegen den ich diese Ansichten mündlich aussprach ... billigte meine Ansicht, und der Fürst erteilte mir die nötige Vollmacht. Sie entsprach der Stellung, welche mir der König gegeben hatte, und es bedurfte daher nichts anders, als die nötigen Anweisungen an die höheren preußischen Generale, meinen Aufforderungen Folge zu leisten*).“ Aus den Akten ist mir weder die Vollmacht Blüchers noch eine Anweisung an die kommandierenden Generale bekannt, den Weisungen Müfflings zu gehorchen. Beide würden keineswegs der Stellung eines Militärbevollmächtigten entsprechen, sondern weit darüber hinausgehen. Es hätten die kommandierenden Generäle auch schwerlich Müfflingschen „Aufforderungen" gehorcht, weil ihm solche nicht zukamen und das Oberkommando ihm keine Vorrechte verleihen konnte, die er nicht kraft seines Ranges besaß. Uns liegen ja überreichlich Berichte vor, daraus ergibt sich, daß Müffling zwar Anträge stellen konnte, aber sich ihretwegen doch stets mit seinem Hauptquartiere in Verbindung setzte, daß er fremde Wünsche bewilligte, aber nur vorläufig, stets die Genehmigung seiner Vorgesetzten vorausgesetzt. Wohin hätte es auch führen sollen, wenn ein Untergebener hier nach eigenem Gutbefinden hätte handeln dürfen. Er kannte keineswegs immer genau die Ziele des Oberkomandos und dieses hätte zu seinen Gunsten geradezu abgedankt. Ueberdies war Müffling nicht, wie er sich hinstellt, alleinige Mittelsperson, sondern neben ihm wirkte Oberstleutnant Hardinge, der, wie wir wissen, das Vertrauen Blüchers und Gneisenaus sowohl wie Wellingtons besaß. Als es sich vor der Schlacht bei Ligny um persönliche Aussprache handelte, wurde deren Vermittelung nicht Müffling sondern Hardinge übertragen. Nach alledem erkennt man, wie Müffling den Mund voll nahm und sich eine Stellung zuschrieb, die er thatsächlich nicht eingenommen hat. Er konnte dies um so leichter, weil die Leute, die ihm entgegentreten konnten, weil Blücher, Gneisenau und Grolman bereits gestorben waren, als er seine Memoiren schrieb. Dieselbe Anmaßung finden wir auch an einer anderen Stelle, wo Müffling auseinandersetzt, es blieb dem Herzoge freigestellt, ob er seine Vorschläge durch ihn, Müffling, oder durch Hardinge machen wollte, aber der Preuße sei dafür ganz anders ausgerüstet gewesen: er habe 4 Adjutanten nebst Bureau, Ordonnanzen, Feldjäger, Feldpost und so viele berittene Offiziere gehabt, als er bedurfte, und „war noch in der Stellung als General-Quartiermeister der preußischen Armee im Blücherschen Hauptquartiere durch den General von Grolman vertreten**)“. Natürlich war der Generalmajor Müffling besser ausgerüstet als der Oberstleutnant Hardinge; in dem Maße überlegen aber war er keineswegs, wie er sich darstellt, sondern im gewöhnlichen Laufe der Dinge standen sich beide

---

*) Müffling 218.
**) Müffling 215.

gleich, weil der Regel nach täglich ein Depeschenreiter von Brüssel und einer von Namur abging. Diesem Zurückdrängen von Hardinge entspricht es auch, wenn Müffling in seiner Geschichte des Feldzugs, S. 9, sagt, Wellington habe bei Frasnes Nachricht von Brüssel erhalten, daß er den Feind bei Sombreffe erwarte, ohne daß er angiebt, wie Hardinge diese Meldung machte. In den Memoiren findet sich dann die Sache gar dahin verschoben, daß nicht Wellington, sondern Müffling die Mitteilung erhielt*), wobei natürlich noch weniger des Ueberbringers gedacht wurde.

In obiger Stelle erscheint auch die Andeutung über Grolman nicht ganz klar. Es sieht aus, wie wenn Müffling diesen als seinen Vertreter auffaßte. In Wirklichkeit aber lag die Sache so, daß Müffling, von Kleist übernommen, anfangs Generalquartiermeisterdienste unter Blücher that. Am 12. April aber wurden Grolman in dieser Eigenschaft nach Lüttich und am 19. April Müffling als Bevollmächtigter nach Brüssel versetzt. Ende April traf Grolman im Hauptquartiere ein und Ende Mai begab Müffling sich auf seinen neuen Posten**). Das Verhältnis war also keineswegs jenes, welches Müffling andeutete; freilich sehr zu seinem Aerger.

Solch ein Vordrängen seiner Person betrieb Müffling nun überall, wo es sich irgend bewerkstelligen ließ. Beim Aufruhr der Sachsen spielt er die Hauptrolle. Das Zerwürfnis zwischen dem Könige der Niederlande und dem preußischen Hauptquartiere wegen der Truppenverpflegung stellt er ungenau dar, und schließlich ist er es, der „nach Zeit und Raum" berechnete, daß die Vereinigung der Blücherschen und Wellingtonschen Armee zwischen der französischen Grenze und Brüssel aufgegeben werden müsse, wenn man den Feldmarschall nötige, bis Aachen zurückzugehen (S. 220), als ob diese Berechnung nicht jeder Unterleutnant machen könnte; außerdem entspricht jene Angabe auch nicht einmal den Akten.

Wellington will er „unterrichtet" haben, „daß die Espionage des Fürsten Blücher schlecht organisiert war" (221). Abgesehen von der Frage, ob solche Mitteilung besonders notwendig erscheint, muß sie auch noch als falsch bezeichnet werden: der Spionage- und Kundschafterdienst war preußischerseits durchaus gut und leistete ziemlich dasselbe wie der englische, der mit unvergleichlich größeren Geldmitteln arbeitete.

Dann heißt es: „Als es wahrscheinlich wurde, daß Napoleon einen Angriff gegen die Niederlande beabsichtige, hatte ich solche Maßregeln getroffen, daß ich jeden Angriff auf die preußische Armee in der möglichst kurzen Zeit erfahren mußte" (221). Das ist bloße Renommage, welche

---

*) Mir war indeß die Nachricht zugekommen. Müffling 230.
**) Conrady, Karl von Grolman II, 277, 281.

darauf hinausläuft, zu zeigen, wie vorsichtig Müffling war, während Wellington und Blücher sich überraschen ließen. In Wirklichkeit hat Müffling keine solche Maßregeln getroffen, konnte es auch gar nicht, weil er abwarten mußte, was ihm gemeldet wurde; und vorne (S. 47) haben wir gesehen, wie Müffling sich genau so vertrauensvoll benahm, wie der englische Feldherr. Der Darstellungsweise entspricht es nun, wenn Müffling schon am 14. von Zieten erfahren haben will, daß die ganze französische Armee sich vor seinen Vorposten sammele und ihr Angriff wahrscheinlich ihn treffen werde (221). Ein Bericht Zietens an Müffling vom 14. ist nicht erhalten, dagegen zwei Meldungen an Blücher. Aus denselben ergiebt sich, daß Napoleon und zwei französische Armeekorps an der Grenze angekommen seien, man habe die Feuer von zwei großen feindlichen Lagern gesehen. Der General habe deshalb veranlaßt, daß sich die Brigaden auf den ersten Befehl zusammenziehen könnten. Im ganzen hatte Zieten den Eindruck, daß er angegriffen würde und deshalb Wellington ersucht, sich bei Nivelles zu konzentrieren*). Vergleicht man dies mit den Memoirenangaben, so erkennt man eine augenscheinliche Verwandtschaft, aber eben so sehr, daß die Meldung Zietens nicht annähernd so bestimmt gelautet haben kann, wie Müffling glauben machen will. Dieser gewinnt dadurch, daß er sich in der Lage befindet, dem englischen Feldherrn die bevorstehende Gefahr melden zu können, an welche derselbe aber nicht glaubt.

Ebensowenig entspricht es der Wahrheit, wenn Müffling berichtet (225), daß Blücher von der Kriegführung gar nichts verstanden habe, Gneisenau habe kommandiert und Blücher nur in der Schlacht als der Tapferste das Beispiel gegeben und durch feurige Anreden begeistert. Ganz solch ein Trodbel war Blücher keineswegs; Gneisenau trieb die Strategie, die Taktik in der Schlacht aber besorgte Blücher wesentlich selber: er war eine viel zu stürmische und selbstbewußte Natur, um hier nicht seinem eigenen Kopfe zu folgen. Richtiger als Müffling beurteilte Wellington den Marschall Vorwärts, wenn er sagte, „er wußte nichts von Feldzugsplänen, aber er verstand vortrefflich ein Schlachtfeld**)".

Von besonderer Wichtigkeit scheinen die eingehenden Angaben zum 15. und 16. Juni zu sein, aber sie scheinen es nur, thatsächlich wimmeln sie von Ungenauigkeiten und verwirren mehr als sie fördern. Wir sind an anderen Orten wiederholt auf die hier in Betracht kommenden Dinge eingegangen und bemerken deshalb bloß, daß Müffling die Meldung des Generals Zieten mit dem Mittagsbriefe Blüchers verwechselt, und daß deshalb und auch sonst vieles, was er Wellington sagen läßt, unsicher, ungenau

---

*) Vergl. vorn S. 44, 45.
**) Stanhope, Conversations 119.

oder gar unrichtig ist. Auch mit der Angabe über seinen Bericht, an dessen Schluß er die Rendez-vous-Plätze nennen wollte, läßt sich nicht viel machen, weil von einem solchen sonst nicht das Geringste bekannt ist, und Müffling in seinem Briefe an Hofmann nur von mündlicher Auskunft des Adjutanten Wucherer spricht*). Wenn er dann erzählt, daß er und der Herzog um 5 Uhr zu Pferde saßen und Brüssel verließen, so ist dies falsch, denn Wellington ritt erst um 7 Uhr, vielleicht noch etwas später, fort. Auch hier handelt es sich wieder um eine kleine Verschiebung zu seinen und Wellingtons Gunsten. Bei Quatre-Bras erhält Müffling die Nachricht von der Versammlung der preußischen Armee bei Ligny, worauf der Herzog meint, es sei am besten, sich zu Blücher zu begeben. Wieder ist also Müffling die anregende Person, während er in Wirklichkeit für die Frage ganz zurückgetreten zu sein scheint und sein Rivale Hardinge den Ausschlag gab. Unterwegs schüttet Wellington dem preußischen Bevollmächtigten sein Herz in der Weise aus, daß er beabsichtige, seine gesamten Kräfte zur Unterstützung des Feldmarschalls zu verwenden (230). Dabei liegt auf der Hand, daß derselbe gar nicht so geredet haben kann, und deshalb ist auch die Absicht deutlich: er will Wellington und demnach sich selber in ein möglichst günstiges Licht setzen. Das wirkt um so eigentümlicher, wenn er gleich hinterher von dem Mißtrauen Gneisenaus gegen den Herzog spricht, was bei der bevorstehenden Verabredung von Einfluß zu werden drohte. In Wirklichkeit war diese Besorgnis völlig unnötig, denn beide Männer standen hoch genug, um sich rein sachlich zu besprechen, ohne persönliche Empfindlichkeiten. Nach einem abschweifenden Excurse, der damit eingeleitet wird, daß in Müfflings Stellung als Mittelsperson vorzüglich die Verabredung aller gemeinschaftlichen Operationen lag, kommt er endlich auf das Gespräch bei Brye. Während er in seinen beiden älteren Darstellungen Wellington und Gneisenau die Verhandlungen eröffnen läßt, geschieht es jetzt wieder durch Müffling, der „mit wenigen Worten" seinem Generalstabschef die Sachlage auseinandersetzt und ihm vorschlägt, daß Wellington auf der Straße nach Frasnes vorstoßen möge. In beiden früheren Darstellungen macht nicht Müffling, sondern Wellington diesen Antrag. Das ist hier umgangen, indem Müffling den Herzog bloß fragen läßt, was er thun solle, worauf Gneisenau seinen Plan entwickelt. In Wirklichkeit erscheint solch ein Hergang weit unwahrscheinlicher. Wellington war nicht der Mann, sich seine Angelegenheit von einem anderen vorweg nehmen zu lassen. Es wird so liegen: Wellington kam, begrüßte die preußischen Führer und beobachtete dann den Feind, um sich ein Bild von der Sachlage zu machen. Inzwischen meldete Müffling „mit wenigen Worten" dem Generale Gneisenau die englischen Anschauungen, worauf das eigentliche Gespräch

---

*) Hofmann 119.

zwischen den beiden leitenden Männern begann. Bemerkt mag noch werden, daß jenes, was Müffling den Feldherrn unterwegs sagen läßt, nicht mit dem stimmt, was Müffling an Gneisenau berichtet. Dort hieß es: Der Herzog werde voraussichtlich seine ganzen Kräfte zur Unterstützung des Feldmarschalls verwenden können. Hier wird erörtert: es sei gegen Wellingtons Grundsätze, seine Armee zu teilen, weshalb es am besten erscheine, daß er sich hinter Frasnes konzentriere und dann Napoleons linke Flanke umfasse. Da nun aber die Franzosen bis vor Frasnes standen, so setzte solche Bewegung einen Kampf voraus, von dem sehr zweifelhaft sein mußte, ob er überhaupt auf den napoleonischen Flügel führen werde. Von einer Unterstützung durch Gesamtkraft ist dies also ziemlich entfernt. Müffling berichtet weiter, Gneisenau habe den Kopf geschüttelt, „aber ich wußte nicht, was er gegen meinen Vorschlag einzuwenden hatte". Nun läßt er jenen auf Wellingtons kurze Frage einen Vorschlag machen. Derselbe wird ausführlich, über eine Seite lang, von Müffling als Schriftsteller widerlegt und dann fortgefahren: „Dieser Vorschlag war also keineswegs günstig für die preußische Armee, da er auf Unmöglichkeiten basiert war, er konnte aber auch von dem englischen Feldherrn gar nicht angenommen werden". Hiermit ist also die ganze Schuld auf Gneisenau abgelagert, der dem schönen und einzig brauchbaren Entwurfe Müfflings nicht beigestimmt hatte. Wellington antwortet deshalb auch kein Wort. Sofort springt Müffling in die Bresche mit den Worten: „Ich sah, wie dem Herzoge der Vorschlag Gneisenaus mißfiel, und machte daher folgende Bemerkungen". Diese füllen wieder eine halbe Seite und verlangen, daß die englische Armee bis an die Kreuzung der Römerstraße mit der Charleroier Chaussee vorrücke, sie sei dann nur noch 6000 Schritt vom preußischen rechten Flügel entfernt und könne hier links aufmarschieren. Müffling fordert also noch einmal dasselbe, was er vorher schon im Zwiegespräche mit Gneisenau gethan hatte. Eben warf er diesem vor, daß er Unmögliches verlangt hätte. In Wirklichkeit aber wollte derselbe etwas durchaus Ausführbares, was freilich Preisgabe des Weges auf Brüssel barg, Müffling dagegen wünschte, daß Wellington 1½ Stunden gegen Charleroi vorrücke, um dann abzubiegen. Als ob dies überhaupt möglich gewesen wäre, weil Ney bei Frasnes bald ein volles Korps entwickelte und noch ein zweites in Reserve besaß. Diese handgreifliche Thatsache verschweigt Müffling und hüllt sich dafür wieder in seine Klugheit, indem er sein eigenes thörichtes Raisonnement dahin selber beurteilt: „Auf diese Art vermied ich, die falschen Berechnungen des Herzogs über die Zeit der Versammlung seiner Armee, sowie die unrichtigen Rechnungen des Generals von Gneisenau." Beide sind somit dumme Kerle, einzig verständig bleibt nur Müffling. Brauchbar neues erfährt man über die Zusammenkunft wenig, sie dient wesentlich dazu, den Erzähler in helles Schlaglicht zu setzen.

Dazu kommt, daß dessen diesmalige Darstellung sich keineswegs mit den beiden früheren deckt. Nennen wir die Geschichte Nr. 1, den Brief an Hofmann Nr. 2 und die Memoiren Nr. 3, so finden sich folgende bedeutenderen Abweichungen. In Nr. 3 hat Müffling ein Vorgespräch mit Gneisenau, was in den anderen fehlt. Während in Nr. 2 erst Wellington den Vorschlag macht, thut es in Nr. 3 Gneisenau; der englische wird hier überhaupt nicht durch den Herzog, sondern von Müffling entwickelt, dem Wellington dann beipflichtet. In Nr. 2 widerlegen Gneisenau und Grolman den britischen Plan augenscheinlich in längerer Begründung. Darauf äußert sich der Engländer nicht weiter, sondern fragt nur, was er thun solle, worauf Gneisenau ihm seine Ansicht mitteilt. In Nr. 3 läßt sich der preußische Generalstabschef nicht auf lange Widerlegung des Müffling-Wellingtonschen Vorschlages ein, sondern sagt nur kurz: „Die Bewegung ist zu weitläufig und unsicher, der Marsch von Quatre-Bras gegen Brye dagegen sicher und entscheidend". Die größere Wahrscheinlichkeit bietet unbedingt der ältere Bericht, und das ist auch mit dem Schlusse desselben der Fall. Nr. 2 enthält Wellingtons bedingtes Zugeständnis und die Annahme desselben preußischerseits, wogegen Nr. 3 nur die kurzen Worte des Herzogs bringt, daß er komme, wofern er nicht selber angegriffen werde. Eine preußische Gegenäußerung erfolgt nicht; es sieht aus, als wenn Wellington die ganze Verhandlung damit abgebrochen habe. Der zweite Bericht bietet nun noch das Zurückbleiben Müfflings, was im dritten ganz fehlt, wofür hier das Einleitungsgespräch gegeben war. Da jener jedoch augenscheinlich der bessere ist, dieser in der betreffenden Sache aber eine gewisse Wahrscheinlichkeit bietet, so dürfte beides richtig sein, freilich in weit geringerem Umfange, als Müffling glauben machen will.

Wir brechen hiermit unsere Untersuchung ab. Sie dürfte das Wesen der Memoiren sattsam gekennzeichnet haben. Es kam Müffling in denselben nur nebensächlich darauf an, die geschichtliche Kenntnis über die Hergänge zu fördern, sein Hauptzweck war, sein Ich in denselben zur Geltung zu bringen, seine Thätigkeit als ungemein wichtig hinzustellen. Wohl zweifelten gründliche Forscher bald mehr, bald weniger an seiner Darstellung, aber weil sie die eines Mithandelnden war und sie mancherlei intime Aufschlüsse zu gewähren schien, so folgten sie ihr doch öfter als zulässig war. Die in der Einleitung betonte „allgemein bekannte Wahrheitsliebe und Gewissenhaftigkeit" Müfflings erscheint als eine seiner letzten Tugenden. Thatsächlich darf nichts ohne Prüfung aus den Memoiren verwendet werden*).

---

*) Vergl. auch unsere Untersuchung in dem Aufsatze über: Das erste preußische Korps bei Belle-Alliance und Wavre, in: Jahrbücher für die deutsche Armee und Marine. 1903. Februarheft.

Beilagen.

I.
Verzeichnis der britisch-hannöverschen Armee. Mai 1815.

Im Geheimen Archive des Kriegsministeriums zu Berlin befindet sich unter Kab. Sach. Tit. XV. Abt. II. Nr. 8 das beifolgend mitgeteilte Verzeichnis. Müffling hat es dem Könige am 27. Mai 1815 aus Brüssel mit den Worten übersandt: „In der Anlage überreiche ich Euer Königlichen Majestät alleruntertähnigst die Ordre de Bataille der anglo-hanövrischen Armee, welche noch durch das in der Ueberschiffung begriffene Corps aus Amerika verstärkt werden soll." Aus diesem Briefe ergiebt sich, daß die Liste den Armeebestand ungefähr vom 25. Mai enthält.

Das Verzeichnis übertrifft an Genauigkeit die bisher bekannten, von denen es auch vielfach abweicht, guten Teils, weil einzelne Truppenkörper anderen Verbänden überwiesen oder doch in andere Quartiere gelegt wurden. Dabei bleibt zu beachten, daß es sich nicht um die ganze Wellingtonsche Armee handelt, sondern nur um jenen Teil, welcher der Hoheit des Königs von England unterstand. Die holländisch-belgische Kriegsmacht*) und die deutschen Kontingente (Nassauer und Braunschweiger) sind nicht mit verzeichnet.

Bei dieser Gelegenheit mag bemerkt werden, daß das Verzeichnis, welches Siborne, History of the war in France and Belgium in 1815 I, 423—426 giebt, mannigfach unzulänglich erscheint. Wir verweisen z. B. nur darauf, wie nicht angegeben wurde, daß die 1. holländische Division Stedmann und die indische Brigade als besondere Heeresabteilung unter dem Befehle des Prinzen Friedrich der Niederlande standen, der seinerseits erst wieder Lord Hill untergeben war**). Dies ist insofern wichtig, als damit die gesamten niederländischen Streitkräfte niederländische Führung besaßen: entweder die des Prinzen von Oranien im I. Korps, oder des Prinzen der Niederlande im II. Korps. Ferner hat Siborne nicht angegeben, daß die gesamte englische Kavallerie unter dem Befehle von Lord Uxbridge war, daß auch die belgische Kavallerie eine belgische Oberleitung besaß, daß die Reiterbrigade Dörnberg und die Cumberland-Husaren in die Reserve genommen waren u. s. w. Ueberhaupt ist zu bedauern, daß die Zeit nicht mitgeteilt wurde, in welche die Liste gehört. Für die der Eröffnung der Feindseligkeiten paßt sie nicht in allen Teilen.

---

*) Ueber sie vergl. u. a. De Bas III, 1133—1138, 1148, 1149. Beilage XV.
**) Die Ordre darüber bei De Bas III, 1151.

— 280 —

Disposition of the British and Hanoverian forces under the Command of Field Marshal His Grace the Duke of Wellington etc. Head Quarters Brussels. Mai 1815.

Corps	Divisions	Brigades	Battls Infantres	Stations	Commanders
I. Corps under the Command of General H. R. H. the Prince of Orange. Head Quarters.	1. Division Maj. Gen. Cooke Hd. Qrs.	1. British Brigade	2d Battn. 1. foot Guards 3 do. 1 " 	Enghien Hd. Qrs.	Maj. Gen. P. Maitland. H. Q. Enghien
		2. British Brigade	2 do. Coldstream " 2 do. 3 "	Marell Hd. Qrs.	Maj. Gen. Sir G. Byng
			Cap. Sandhams Bri. 9 Pounders	Laite Longe Hd. Qrs.	
	3. Division Lieut. General Sir Cha. Alten Head Qrs. Lens	5. British Brigade	2d Batt. 30. th. Regt. 33d Regiment 2d Batt. 69. Regt. 2 " " 73. " "	Montignies H. Q. Neuville " " Lens " " Louvignies " " Cambron S. V.	Maj. Gen. Sir C. Halkett. Head Q. Bausse
		2. Brigade K. G. L.	5 th Line Batt. K. G. L. 8 " " " " " 1 " Light " " " " 2 " " " " "	Brugellette, Cambron H. Q. Moesignies H. Q. Thoricourt and Lombeke Fonlon and Gages	Colonel Omptada H. Q. Bruggellette
		1. Hanoverian Brigade	1 th Batt. Duke of York Field " Grubenhagen " " Bremen " " Luneburg " " Bothmer " " Lauenburg	Tourbise and Masney Erbaut and Bausse Masney, St. P. Masney L. G. Chievers Chievers, Jongre Hunsignies, Retail and Groesage	Maj. Gen. Count Kilmansegge H. Q. Surbise
			Cap. Cleeves Bri. 9 Pounders	Bausse	

Corps	Divisions	Brigades	Battls Infantres	Stations	Commanders
2. Corps under the Command of Lieut. Gen. Lord Hill. Head Quarters.	2. Division Lieut. Gen. Sir H. Clinton Head Qrs. Ath.	3. British Brigade	1st Batt. 52d Regt. 1 " 71 " 9 Compagnies 95th Regt.	Lessines H. Q. Leuze H. Q. Leuze H. Q.	Maj. Gen. Adams H. Q. Leuze
		1. Brigade K. G. L.	1st Line Batt. K. G. L. 2d " " " " 3 " " " " 4th " " " "	Ath H. Q.	Colonel Du Peat H. Q. Ath.
		3. Hanoverian Brigade	Militia Batt. Bremervorde 2d Batt. Duke of York 3 " " Salzgetter Field " Salzgetter Cap. Napeers Bri. 9 Pounders	Mainvault H. Q. Rebau " Bouvignies " Hautain " Ath "	Colonel Halkett H. Q. Hautain
	4. Division Lieut. Gen. Sir C. Colville Head Qrs. Audenard	4. British Brigade	3d Batt. 14th Regt. 23d Regiment 51st "	Renaix Berghem Renaix	Colonel Mitchell H. Q. Renaix
		6. British Brigade	2d Batt. 35th Regt. 54th Regiment 2d Batt. 59st Regt. 2d " 91st "	Courtray Avelghem Audenarde H. Q.	Maj. Gen. Jonstone H. Q. Audenarde
		6. Hanoverian Brigade	Field Batt. Callenberg " " Hoya " " Bentheim " " Nienburg Major Bromes	Nieuport Neder Brakel Op Brakel and Vicinity Audenarde	Maj. Gen. Lyon H. Q. not known

Cavalry under the Command of Lieut. General, the Earl of Uxbridge.

Brigades	Regiments Cavalles	Stations	Commanders
Major Gen. Lord E. Sommerset	1st Life Guards 2d " " Royal Regt. Horse Guards 1st Dragoons Guards	Ninove and villages in the Near St. Lewens, Essche, Hd. Q. Ceypen St.	
Major Gen. Sir W. Bonsonby	2d or R. N. B. Dragoons 6st Dragoons 23d Light Dragoons Detacht.	Denderhauten Horzelle and Vicinity Ghent	
1. British Brigade	7th Hussars 10 " " 18 " "	Ninove H. Q. (Appelterre & Zedeghem) Voorde H.Q.(Outre,Coppellaere,Immerebbe) Schildenbeeke H.Q.(Gloorseghem,Zedeghem)	Maj.Gen.Sir H.Vivian H. Q. Ninove
2. British Brigade	11th Light Dragoons Detacht. 12 " " " 16 " " "	Meerbelle & Heyine Ninove H. Q. & Volzelles Dendersbinke H. Q. & Vroulbergen	Maj. Gen. Sir J. O. Vemdeleur H. Q. Meerbeeke
1. Brigade K. G. Legion	1st Light Dragoons K. G. L. 2d " " 2d Hussars	Malines Ipres H. Q. Menin & Turnes & Courtray	Maj.Gen.Sir W.Dornberg. H. Q. Mons
2. Brigade K. G. L.	1st Hussars K. G. L. 3d " "	Tervinay Boucourt, Percevas & Bonsecour	Colonel Arentschild H. Q. Boucourt
1. Hanoverian Brigade	Prince Regents Hussars Bremen and Verden "	1 Squadr. out posts from St. Ghislair, St. Harchies, 1 Squadr. at Grandmise & Chapelle	Colonel Estorf H. Q. Beauclour
	Cumberland Hussars Reserve	1 Squadr. Jemappe, 1 Squadr. Alerine 2 Squadr. Mons	

— 283 —

Brigades	Regiments	Stations	Commanders
4. Hanoverian Brigade	1 st. Battln. 95 Regiment Militia Battln. Lüneburg „ „ Verden „ „ Osterode „ „ Münden	Brussels	Colonel Best. Head Qrs. Brussels
5. Hanoverian Brigade	Militia Battln. Eameln „ „ Hildesheim „ „ Peina „ „ Gefhorn	Brussels	Colonel Vincke Head Qrs. Brussels
2. Hanoverian Brigade Reserve	Nordheim Battalion Altfeld „ Springe „ Royal Staff Corps Jager Corps Royal Waggen Train Sappors and Miners	Anderlecht } ordred into Herbeck and Dilbeck } Brussels Ruisbroeck and St. Pierre Leures Brussels Uceale near Brussels Dilbecke Torvinay, Hae etc.	Lieut. Colonel Beaulieu Head Qrs. Brussels

Corps of Infantery arrived

32 d Regiment Ghent.
92 d „   „   do.
28 th „   „ } Ostend
79 th „   „

4 Divisions of the Duke of Brunswicks Corps, Environs of Brussels

Infantery in Reserve, or not as yet placed to Division.

— 284 —

Brigades	Battalions or Corps	Garrisons	
		Stations	Commanders
7. British Brigade	2 d Battalion 25 th foot 2 " 37 " 2 " 81 " 1 st. foreign Veteran Battalion	Antwerp and Depandancies	Major General Mackenzie
4. Brigade Hanoverian Reserve	Nieustadt Battalion Diepholz " Ulzen " Hanover "	Ostend	Lieut. Colonel Gregory
1. Brigade Hanoverian Reserve	2 d Batt. 44 th Regiment 3 th " Royal Veteran Melle Battalion Bremerlehe Battalion Bothmer "	Nieuport	Colonel Maclevo
3. Brigade Hanoverian Reserve	2 d Batt. 78 th Regt. Callenberg Batt. Ottendorf Batt. Celle " Ratzeburg " Luckow "	Ipres	Lieut. Colonel Bulow

— 285 —

	Troops or Brigades	Stations	Commanders
Royal Artillery Sir George Wood.	1 Troop Horse Artillery 6 pounder	Oreghem	Lieut. Colonel Macdonald
	1 „ „ „ „	Paemele	„ „ Sir R. Gardiners
	1 „ „ „ „	Ghent	„ „ W. Smith
	1 „ „ „ „	Strytem	Capt. Mercer
	1 Brigade 9 pounder	Lombeke	Major Drummond
	1 „ „ „	Paemele	„ Rogers
	1 Compag. Artillery	Antwerp.	Capt. Maitland
	1 „ „	Ostend	„ Ilbert
	1 „ „	Ostend	Major Unit
	1 „ „	Antwerp	Capt. Tyler
	1 „ „	½ Tournay, ½ Mons	„ Hunt
	1 „ „	Ostend	Major Loyd
	1 Troop Horse Artillery K. G. L.	Leuze	„ Kuhlmann
	1 „ „ „ „ 6 pounder	Meslin l'Evêque near Ath	„ Lympher
	1 Comp. Artillery	Nieuport	Capt. Buttberg
	2 Brig. Han. Artillery Reserve	Capt. Brauns, Ghent, Lt. Meyer, Kelles and Mulbecke	} Major Heise
	1 „ „ „ „	Ghent	Capt. Jaspar
	2 Detach. Hanov. Artillery	Ipres	Lieut. Colonel Bruckman
	Rocket Corps	Berghe	Capt. Ueyngate
	Royal Artillery Drivers	Ostend and Ghent	

II.

Bericht des Generals von Roeder über die Verhältnisse in den Niederlanden.

Der nachfolgende Bericht findet sich im Geheimen Staatsarchive zu Berlin, Rep. 92. Hardenberg K. 38, Fol. 61—64. Gneisenau sandte ihn am 12. Juni 1815 an Hardenberg mit den Worten ein: „Beikommende Denkschrift ist vom General von Roeder verfaßt und nach seiner Rückkehr von Brüssel mir übergeben; vielleicht, daß Ew. Durchlaucht sie einer Durchsicht werth halten." Derselbe wird mithin im Laufe des Mai niedergeschrieben sein. Gneisenau benutzte ihn gewissermaßen als Beleg für seine ungünstigen Ansichten über den König der Niederlande, welche er in obigem Briefe äußerte*). Er ist eigenhändig von Roeder geschrieben und lautet:

Wenn in der Regel die Haupt Städte als der Sitz der Seele der Provinzen angesehn werden können, so ist dieß in Brüssel vielleicht mehr noch als irgend anderswo der Fall, weil die wohlhabendsten Eigentums-Besitzer aus allen Theilen Belgiens hier den Winter zubringen und mit einer Anzahl Rentiers, unter denen sich Gelehrte und durch Reisen gebildete Männer befinden, einen gesellschaftlichen Zirkel bilden, der sehr zalreich ist, und in welchem ein aufgeklärter aber auch sehr freimütiger Ton herrscht. Fremde von verschiedenen Nationen, besonders mehrere Engelländer, die sich ihrer zerrütteten Finanzen wegen hier aufhalten, vermehren den Zirkel, jedoch ohne ihn zu influiren. In dieser Gesellschaft spricht sich der Geist der ganzen belgischen Nation in geläuterten Formen aus.

Die Abneigung der Belgier gegen Holland und vice versa ist bekannt, und folglich war die anfängliche allgemeine Unzufriedenheit über die Vereinigung natürlich und zu erwarten, um so mehr, da die französische Constitution und die allem Anschein nach friedliche Regierung Ludwig 18ten, verbunden mit vielen comerziellen Vorteilen, die Wünsche aller Belgier dorthin zog. Indeßen fieng man an sich, wenngleich nicht ganz gerne, doch ziemlich ruhig an die neue Herrschaft zu gewöhnen. Der souveraine Fürst benahm sich anfänglich ziemlich behutsam und unparteyisch, und erweckte dadurch einiges Zutrauen, obwohl auch hin und wieder manche Maaßregel, wie unter andern die Abschaffung der Jury, lauten Tadel veranlaßten. — Am meisten gelang es dem Erb-Prinzen von Oranien, die hiesigen Gemüter günstig zu stimmen. Dieser junge Herr besitzt viel freundliche Popularität; er schüttelt nach englischer Sitte allen Menschen ohne Unterschied die Hand, weiß allen etwas Höfliches zu sagen, macht den hübschen und tonangebenden Weibern den Hoff,

---

*) Gedruckt in der Hist. Zeitschr. XXXVIII, 276—278.

und so ist er dahin gelangt, ohne großen Aufwand an Geistes=Kraft hier angebetet zu werden, und den Nahmen Oranien wohlklingend zu machen. — Die wenigen englischen Truppen im Lande bezahlten Alles, selbst die Quartiere, baar und theuer; sie waren daher eher willkommen als ein Gegenstand des Misvergnügens. — So stand es im Augenblick der Wieder=Erscheinung Napoleons, und mit dieser verschwand der früher gehegte Wunsch, unter Frankreich zu kommen. Indeßen besteht doch auch noch besonders in den Städten eine ächt jacobinische Parthey, zu welcher mit wenig Ausnamen alle ehemalige französische Militairs zu zälen sind. — In der Gesellschaft darf diese Parthey ihr Haupt noch nicht erheben; unter den Truppen spricht sie jedoch ziemlich laut.

Unter diesen im Ganzen über Erwartung günstigen Umständen traf der König der Niederlande mit seiner Familie und Hofstaat hier ein. Sein Einzug war feierlich und von unverkennbar ächten Beweisen der Freude des Volkes begleitet. — Mit der schon früher statt gehabten Wahl des belgischen Ministerii war man nicht zufrieden. Der Herzog D'Ursel, jetziger Minister des Inneren, war zur französischen Zeit Maire von Brüßel gewesen, und hatte sich als solcher der Stadt verhaßt gemacht. — Der Finanz Minister Appelius war früher Senateur und ein Liebling Napoleons; er gilt allgemein für einen Anhänger der Franzosen, und hat alle seine Büreaus nur mit ähnlich gesinnten Leuten besezt. — General Tindal, Präsident im Kriegs=Departement, commandirte die Holländische Garde Napoleons, und kann seine Anhänglichkeiten, an jene Zeit nicht bergen — und so hatte man im hiesigen Publico fast gegen jede Anstellung etwas einzuwenden. Noch größer aber wurde die Unzufriedenheit bey Ernennung der Hof=Chargen, denn nun kam auch das schöne Geschlecht ins Gefecht. — Des Königs sehr gezwungene Höflichkeit gefiel nur höchstens den ersten Tag, und der kalte Ernst der Königinn mißfiel gleich, so wie ihr etwas sonderbarer Anzug nach altdeutschen Costum auffiel, und zum Stoff des Stadt=Gespräches ward. Es würden sich diese Eindrücke indeßen vielleicht wieder verwischt haben, wenn von Seiten des Hofes nur etwas für das Vergnügen der Einwohner geschehen wäre, aber außer einigen steifen Audienzen und Männer=Diners sehn die Majestäten niemand, und die Königinn kennt noch biß jezt fast keine andre Damen als die zu Ihrem Hof gehören.

Dieß wird von einem so anspruchsvollen frivolen und in früheren Zeiten an Pracht und Aufwand gewohnten Völkchen nicht verziehn, und hat die hiesigen Gemüther von Neuem mehr wie je entfremdet. Der König hat überdieß eine Art von Eifersucht gegen den Erbprinzen verraten, die diesen von hier fort und zur Armee getrieben hat, was man dem nicht geliebten Vater des vielgeliebten Sohnes hier sehr übel nimmt. Die Menge von Truppen im Lande, die Despotie der Engelländer be=

sonders in den See=Plätzen, die Besorgniß für neue Auflagen — Alles
dieß zusammengenommen bildet eine Unzufriedenheit, die sich zwar jetzt
nur noch in unzusammenhängenden Gährungen äußert, aber in der Folge,
besonders bey dem Amalgama der beiden heterogenen Hauptbestandtheile,
nur eines Anstoßes bedarf, um sich in Maßen zu verdichten. An dieser
Verschmelzung in Eins wird bereits in einer zum Entwurf einer
gemeinsamen Constitution im Haag zusammenberufenen Versammlung
gearbeitet, allein sowohl der Ort als die Wahl der aus dem hiesigen
Lande von dem Könige dazu ernannten Personen, werden hier laut ge=
tabelt. Auf den bevorstehenden Krieg glaube ich nicht, daß alle diese
Mißverhältniße wesentlich einfließen werden. Dagegen dürfte vielleicht
die Kenntniß davon nach dem Frieden und in der Folge für uns nicht
unwichtig seyn.

Der König der Niederlande gehört zu den unglücklichen Characteren,
die von einer steten Unruhe getrieben, nie mit der Gegenwart zufrieden
sind, und allen übeln Ereignißen einen unauslöschlichen Eindruck ein=
räumen, wärend sie die glücklichen als nothwendig und wohlverdient
ansehn und bald vergeßen. Ohnlängst aus einem Privat Guths Besitzer
zum Souverain über vier Millionen Menschen umgeschaffen; ist ihm die
Rolle einer Macht zweiten Ranges schon unerträglich, und Er fühlt nur
allein die von dieser Lage unzertrennliche Abhängigkeit, die Ihm Galle
und schwarzes Blut macht.

Weil Er nicht ohne staatswirtschaftliche Kenntniße ist und mit
großer Anstrengung fast den ganzen Tag arbeitet, ohne jedoch (beiläufig
gesagt) recht viel zu Stande zu bringen, weil Er zu sehr an die Details
hängt, so glaubt Er alle Regenten=Tugenden in hohem Grade in sich
vereint, und da Er einer Anzahl obwohl fast durchgängig verlorener
Schlachten beigewohnt hat, dünkt Er sich ein großer Feldherr. Daraus
entsteht eine Eitelkeit, die Er nicht zu bergen vermag, die jedoch da Ihn
die übrigen Souveraine nicht zu Rathe ziehn, Ihm aber noch weniger
Armeen anvertrauen, zur neuen Quelle von Haß und Bitterkeit für ihn
wird. Die Schule des Unglücks und die Nothwendigkeit, sich Gewalt an=
zuthun, hat seinem von Natur sehr zur Heftigkeit geneigtem Gemüthe
wenigstens der äußeren Form nach einige Schranken gesetzt; diese bestehn
jedoch hauptsächlich nur in einem freundlich grinzenden Gesicht und
sanften Ton der Stimme, in dem Er aber oft recht hämische und beißende
Sachen sagt, und der bald rauh und unangenehm wird, wenn man Ihm
wiederspricht. Sein Temperament macht Ihn gänzlich unfähig, Seine
Persönlichkeit von der Politik zu trennen, und deßhalb darf man auf
den Rath der Letzteren bey Ihm nie rechnen, wenn die Erstere im Spiele
ist. Aus eben dieser Ursache ist Er ein entschiedener Feind von Preußen
und wird es lebenslang bleiben, weil Er sich von dem Könige und von

einigen Preußischen Staats=Männern gekränkt glaubt. Die That=Sache, die Er selbst nicht abläugnen kann und die Er vielleicht schon zu oft hat hören müßen, daß Er Seinen Tron durch preußisches Blut wieder erhalten hat, ist Jhm ein höchst drückendes Gefühl, weil sie Dankbarkeit erheischt, die Sein Haß niemanden weniger gönnt als uns. Es kann seyn, daß unsrer Seits nicht viel biß jetzt geschehn ist, um ein beßeres Verhältniß herbeizuführen, und vielleicht haben die bey Jhm angestellt gewesenen Preußischen Geschäfts=Männer zuweilen mehr ihrem gereizten Gefühl, als einer leidenschaftslosen kalten Klugheit gefolgt; allein ich besorge, daß auch bey dem allerbehutsamsten Benehmen ein aufrichtig gutes Vernehmen fast unmöglich herzustellen seyn dürfte, und daß alle Bemühungen zur Annäherung an dem Eigensinn und dem eingewurzelten Wiederwillen des Königs der Niederlande scheitern würden. — Nicht viel weniger als uns haßt Er im Herzen auch Engelland, deßen mächtiger Einfluß Jhm eine drückende Qual ist; auch lebt Er mit dem Herzog Wellington und dem englischen Gesandten in fortwährenden Differenzen, die sich jedoch nur auf kleinliche Dinge beschränken, und Jhm weiter nichts helfen, als sich auch diesen unangenehm zu machen. Engelland hebt Jhn indeßen möglichst aus politischen Gründen, und es scheint, als erwarte Er noch mehr Vergrößerung durch den brittischen Schutz. Daher ist wohl Sein Intereße auf lange Zeit dorthin fixirt. — Die Königinn, die verehrungswürdigste aller Frauen, hat in politischer Hinsicht nicht den geringsten Einfluß und scheint ihn auch nicht haben zu wollen. — Die Prinzeß von Oranien Mutter, die wohl Kraft und Willen dazu haben würde, wird von Jhrem Sohn gänzlich von den Geschäften entfernt gehalten, und bey der kleinsten dahin zielenden Äußerung unfreundlich begegnet. — Dem Erbprinzen verschließt die väterliche Eifersucht jede Einmischung, auch spielt dieser hier nur allein den englischen General. Gegen Preußen scheint er indeßen auch nicht günstig gesinnt zu seyn; wenigstens affectirt er eine gewiße Zurückhaltung. Ob er dieß als Engelländer oder als Niederländer thun zu müßen glaubt, läßt sich schwer entscheiden. Jn jedem möglichen Collisions=Fall zwischen uns und Grosbritanien wird er jedoch stets unser erklärter Gegner seyn. — Sein Bruder der Prinz Friedrich ist der einzige ächte Freund Preußens, und verheelt es nicht. Jhn möglichst in diesen günstigen Gesinnungen zu erhalten, glaube ich der Politik unsers Hofes um so mehr gemäß, da ich vermuthe, daß er als Soldat mehr leisten wird als der Erb Prinz, dem er an Verstand und Kenntnißen überlegen ist.

Der König ist arbeitsam und eifersüchtig auf seine Autorität, daher giebt es kein eigentliches Factotum. Der Minister der auswärtigen Angelegenheiten Herr von Nagel scheint jedoch nicht ohne Einfluß; er macht Ansprüche auf diplomatische Gewandheit, und spielt im gewöhnlichen

Leben gern den sarcastischen Witzling. Beides afficirt er; folglich ist er eitel und darum wahrscheinlich nicht schwer zu gewinnen, wenn man ihn auf dieser schwachen Seite angreifen will. Er soll ebenfalls gegen Preußen eingenommen seyn. — Ein Cabinets Rath Falke soll, wie man sagt, hinter den Coulißen viel wirken; er ist mir jedoch nicht näher bekannt.

Der gegenwärtige Kriegs-Minister Janssen ist disgustirt und geht ab. Ein General Graf Goltz, vormals Hofmarschall und zuletzt Gouverneur im Haag, wird als sein Nachfolger genannt. Man kennt ihn hier sehr wenig. Der schon früher erwähnte General Tindal kann ein tüchtiger practischer Soldat seyn, aber im Kriegs-Ministerio figurirt er nur. Ein gewißer Van Maaßen, der nicht eben im besten Rufe steht, scheint hier der Haupt-Arbeiter zu seyn. — Der General Fagel, jetzt Gesandter bey Ludwig den 18ten, der redlichste bestgesinnteste Mann am ganzen Hofe, wird entfernt gehalten, damit man nicht unangenehme Wahrheiten von ihm hört, und die Welt nicht glauben soll, daß ihm seine langjährigen Dienste und seine erprobte Anhänglichkeit Einfluß bey dem Selbst-Herrscher verschaffen. — Alle übrige Umgebungen sind nur Statisten.

Ich bin ein erklärter Verehrer des Herzog Wellington, den ich für eben so klug und liebenswürdig als groß und kraftvoll halte; allein Er besitzt für uns einen Fehler: er ist ein Engelländer — und Englands Politik gegen den Continent ruht allein auf den Spruch „Entzweye und Du wirst herrschen". Der mächtige brittische Einfluß muß verschwinden, wenn irgendwo auf dem festen Lande eine überwiegende Macht entsteht. Daher die neidischen Blicke auf Rußland und Preußen, sobald Frankreich bourbonisch, das heißt schwach, war. Besonders beunruhigt das Cabinet zu St. James die kraftvolle Spannung (?) unsers public spirits, von denen der Engelländer einen desto höhren Begriff hat, da bey ihm der höchste Enthousiasmus sich*) nie über den Geldbeutel erhebt. Zu diesen und änlichen Gründen, die uns das englische Ministerium abgeneigt machen, tritt auch noch der alte hannöversche Haß, den der Regent wieder aufgewärmt zu haben scheint. Verschwindet Napoleon wieder, so dürfen wir, wie ich glaube, auf keine Freundschaft von Seiten Engellands rechnen, so lange wir mit Rußland in enger Verbindung stehn; und selbst im Kriege wird zwischen beiden Armeen schwerlich die Intimität, das unzertrennliche Wirken nach einem Zwecke, Statt finden, was wohl zu wünschen wäre, worauf aber nicht zu bauen ist. Der Herzog Wellington und seine Generale, die zur Ministerial-

---

*) Hier sind vier Zeilen von der durchgeschlagenen Tinte des auf der Rückseite Durchstrichenen fast unleserlich.

Parthey gehören, werden es stets vermeiden, öffentlich für zu große Freunde Preußens zu gelten, und nur wenn sie uns brauchen, werden sie uns lieb haben. Unsre Anhänger werden wir dagegen in der Opposition finden, und wenn diese zu laut wird, so werden sich uns vielleicht auch die Minister, obwohl gegen ihre Neigung, nähern müßen. Das Benehmen der brittischen Bevollmächtigten in Wien, und die neusten Verhandlungen im Parlament scheinen das Vorgesagte zu bestätigen, und wenn man mit Engelländern lebt, von denen immer einige zur Opposition gehören, so entdeckt man, wie ich dieß wärend meines Hierseins vielfältig erfahren habe, leicht den Stand des politischen Thermometers, da sie ihm einen Einfluß auf den täglichen Umgang und auf ihre geringsten Handlungen einräumen.

Mehrere Gründe laßen mich vermuten, daß von hier aus zur großen Offensive nicht sehr viel beigetragen werden wird. Wir und Rußland werden wohl allein den Haupt-Sturm übernehmen müßen. Die Vorsehung gebe daß wir ihn glücklich überstehn und daß wir*) . . . .

v. Roeder.

III.
Aus einem Manuskript des Generallieutenants Freiherrn von Dörnberg**).

Durch meine Reisenden sowohl als durch eine Menge Franzosen, die fast täglich ankamen, war ich recht gut von den Bewegungen der französischen Armee, ihrer Zusammenziehung bei Beaumont und der Ankunft von Bonaparte bei derselben unterrichtet.

Schon acht Tage ungefähr vor dem Ausbruch der Feindseligkeiten kam ein französischer Offizier aus dem Büreau des Generals Bertrand, der

---

*) Der Rest, 4 Zeilen und ein Wort, sind dick durchstrichen.

**) Entnommen dem Aktenstücke II. VI E. 58, im Kriegsarchive zu Berlin. — Von „Was wünschen Sie, daß ich thun soll", bis „demgemäß zu handeln" und dann noch ein Satz gedruckt bei Ollech 127; wiederholt von Delbrück, im Leben Gneisenaus, IV, S. 656. Ein größeres Stück von mir gedruckt in meinem Aufsatze: „Die Verhandlungen Wellingtons und Blüchers auf der Windmühle von Brye", im Histor. Jahrbuche 1902, S. 86; vergl. auch Lehmann in Histor. Zeitschr. 1877, S. 287.

aussagte, daß in 8 bis 10 Tagen der Krieg beginnen werde, und daß es die Absicht von Bonaparte sei, sich zwischen die preußische und englische Armee zu werfen. Meine Rapporte an den Herzog von Wellington schickte ich auf Befehl immer erst an den Prinzen von Oranien, der auf der Straße nach Brüssel in Braine=le=Comte sein Hauptquartier hatte. Am 14. Juni kam Sir Henry Clinton, der sein Hauptquartier in Ath hatte, zu mir, um sich zu erkundigen, was ich erfahren. Ich teilte ihm die Nachricht mit, daß die Armee versammelt und Bonaparte bei ihr angekommen sei. Als er alles geprüft, sagte er: „Ja, jetzt glaube ich es — aber der Herzog, der doch immer sehr gut unterrichtet ist, glaubt es nicht." — Dies macht mir die bekannte Geschichte mit der vornehmen Dame, die Fouché mit der Nachricht, daß die Feindseligkeiten unverzüglich angehen würden, zwar an den Herzog, wie er es versprochen, abgeschickt, sie aber an der französischen Grenze wieder arretieren lassen, um sich so auf alle Fälle zu sichern, höchst glaublich.

Den 15. früh, nachdem ich erfahren, daß die preußischen Vorposten angegriffen worden, und ich die Meldung*) davon nach Brüssel abgeschickt hatte, ritt ich gegen Binch und sah dort, daß sich die Preußen zurückzogen. Gegen Abend ritt ich von Mons, da ich den Befehl hatte, nur bis zum Ausbruch der Feindseligkeiten daselbst zu bleiben, mich aber nicht daselbst einschließen zu lassen, nach Brüssel, wo ich des Morgens zwischen 4 und 5 Uhr ankam und sogleich zum Herzog ging, den ich noch im Bett traf. Er sprang sogleich auf, sagte mir, daß wir uns wahrscheinlich den Tag bei Quatre=Bras schlagen würden, und befahl mir, gleich nach Waterloo zu reiten und dem General Picton den Befehl zu bringen, sogleich mit seiner Division nach Quatre=Bras zu marschieren**), meine Brigade, welche bei Mecheln kantonnirte, habe schon den Befehl, auch dahin zu marschiren. Ich ritt daher nach Waterloo, und kaum hatte sich die Division in Marsch gesetzt, als der Herzog auch schon selbst ankam.

Bei Mont=St.=Jean hielt er sich noch etwas auf und erkundigte sich nach mehreren Wegen, wohin sie führten. Bei Quatre=Bras angekommen, fanden wir die niederländischen Truppen unter dem Prinzen von Oranien mit den Franzosen gegen Frasne tiraillirend, auch fiel mitunter ein Kanonenschuß. Der Herzog schrieb von hier noch eine Ordre an Lord

---

*) Daß dieser Rapport erst in der Nacht um 12 Uhr bei dem Herzog v. W. eingetroffen sein soll, wie in dem Werk von Major von Damitz behauptet wird, kann ich mir nicht anders erklären, als daß der Prinz von Oranien ihn so lange aufgehalten habe — da ich diese verspätete Ankunft erst aus jenem Buche erfahren, habe ich auch keine Nachforschungen darüber anstellen können. (Anm. Dörnbergs.)

**) Es ist daher ein Irrtum, wenn Clausewitz glaubt, der Herzog habe diesen Befehl erst von Bry abgeschickt — auch fanden wir die Division Picton schon im Feuer, als wir von Bry bei Quatre=Bras ankamen. (Anm. Dörnberg.)

Uxbridge für die bei Enghien versammelte Kavallerie, sogleich nach Quatre-Bras zu kommen. Hier kam auch eine preußische Husaren-Patrouille, von der der Herzog erfuhr, daß der Marschall Blücher bei Sombref sei. Er sagte mir, er wolle dahin reiten und ich möchte ihn begleiten. Außer einigen seiner Adjutanten ritt auch der General von Müffling mit.

Wir fanden den Marschall Blücher bei der Mühle von Bry. Nachdem einige Worte gesprochen, sagte der Herzog zum General v. Gneisenau: „Sagen Sie mir doch Ihre Meinung, was Sie wünschen, daß ich thun soll?" Gneisenau nahm die Karte in die Hand und sagte: „Wenn Sie das, was Ihnen bei Quatre-Bras entgegensteht, über den Haufen werfen und rasch vorgehen können, so würde dies das größte Resultat hervorbringen, indem Sie dadurch der französischen Armee in den Rücken kommen — da dorthin aber nur kleine Wege führen, so wäre das Sicherste, wenn Sie, was vor Ihnen steht, festhalten und mit dem Rest der Armee links abmarschierten, so kämen Sie auf unsern rechten Flügel und der französischen Armee in die linke Flanke." Der Herzog antwortete: „Das Raisonnement ist richtig, ich werde sehen, was gegen mich steht und wie viel von meiner Armee angekommen ist, um demgemäß zu handeln" — ohne irgend etwas zu sagen, daß er sich für das eine oder das andere entschiede, oder ohne irgend ein Versprechen zu geben.

Als wir wegritten, begleitete uns der brave Blücher noch ein kleines Stück, und als er zurückritt, sagte der Herzog zu mir: „What a fine fellow he is!"

Man hatte von der Höhe, wo wir waren, den Anmarsch der feindlichen Kolonnen und auch Bonaparte mit seinem Gefolge deutlich sehen können. Bei dem Zurückreiten hörten wir das Feuer bei Quatre-Bras stärker werden.

Als wir dort angekommen, kanonirten*) die Franzosen ziemlich stark, zeigten aber nicht sehr viel Truppen, und da mir der Vorschlag von Gneisenau „Was vor uns stünde, über den Haufen zu werfen und der feindlichen Armee im Rücken vorzudringen" — im Sinn lag, sagte ich zum Herzog, ich glaubte nicht, daß die Franzosen stark seien, da es mir schiene sie wollten mehr Lärm machen, als wirklich angreifen. Der Herzog antwortete: It may be so, but I don't believe it", und gleich darauf zeigte es sich, daß er Recht hatte, denn nun griffen sie ernstlich an.

---

*) Es steht: kantonnirten.

IV.

Begebenheiten der 2. niederländischen Division unter Kommando des Generallieutenants von Perponcher bei den Schlachten von Quatre-Bras und Belle-Alliance*).

Der 15. Juni.

Hauptquartier zu Nivelles. Erste Brigade ebendaselbst.

27. Jägerbataillon ebendaselbst.

7. Linienbataillon zu Felny, Arquennes und Petit Roeux.

5. Milizbataillon zu Obay und Beuzet.

7.   „   zu Nivelles und Beaulirs.

8.   „   zu Monstreuil und Bornival.

Zweite Brigade zu Houtain-le-val.

1. Bat. Nassau-Usingen daselbst, zu Vieux Genappe und Loupoigne.

2. „   „   zu Frasnes und Villers Peruin.

3. „   „   zu Bezy und Sart-à-Mavelines.

1. „ Reg. Nr. 28 zu Bousseval, Thy und Glabbaix.

2. „   „   zu Genappe und Ways.

Freiwillige Jäger zu Thinnes.

Fußbatterie zu Nivelles.

Reitende Batterie zu Frasnes.

Bereits am Morgen hatte man mehrere Kanonenschüsse gehört, da es aber bei der Armee nicht eingeführt war, sich gegenseitig zu benachrichtigen, wenn im Feuer exercirt werden sollte, so wurden diese Schüsse, wie gewöhnlich, weiter nicht beachtet.

Seit einigen Tagen kam jedes Bataillon immer bei Tage auf seinem Waffenplatze zusammen und kehrte des Nachts in die Cantonnionagen zurück. Es waren folglich die Truppen am 15. mittags bataillonsweise beisammen, als der General v. Perponcher gegen 4 Uhr von dem Kommandeur des 2. Bataillons Nassau die Meldung empfing, daß das Feuer von Gosselies her sich stark nähere und daß man selbst das kleine Gewehrfeuer unterscheiden könne. Der General gab sogleich Befehl, die Division auf ihren Alarmplätzen zu Nivelles und Quatre-Bras zusammenzuziehen. Bevor aber dieser Befehl zu Quatre-Bras angekommen war, wurde plötzlich das Dorf Frasnes, wo die reitende Batterie und ein halbes Bataillon Nassauer lag, von Tirailleurs der Kaisergarde angegriffen. Der Major Normann vom 2. Bataillon des 2. Regiments Nassauer hatte durch das Feuer in der Nähe nötig gefunden, seine Truppen unter den Waffen zu halten und einige Posten auszustellen. Die letztern wurden aber um 5 Uhr in dem Augenblick des Angriffs, nachdem seit 1 Uhr alles still gewesen war, von der französischen Kavallerie über den Haufen geworfen. Die erste Flanken-

---

*) Entnommen: II. VI. E. 58, im Kriegsarchive zu Berlin.

kompagnie unter dem Kapitän Müller und 80 Freiwillige unter dem Lieutenant Gölschen wurden dem Feind entgegen gesendet und hielten ihn auf.

Der Major Normann hatte früher den allgemeinen Befehl bekommen, im Fall eines Angriffs sein Bataillon in Frasnes zu vereinigen und die Artillerie unter keinerlei Vorwand im Stich zu lassen. Da er aber jetzt sah, daß der Feind größtenteils aus dem Busch bei Villers Peruin und von der Seite von Gosselies herkam und die Artillerie vorwärts des Dorfes aus dem Park rücken mußte, während er, um sich mit seiner Brigade zu Quatre-Bras zu vereinigen, eine halbe Stunde lang dem Feind die linke Flanke bieten mußte und selbst Gefahr lief, abgeschnitten zu werden, so gab er Befehl zum Rückzuge.

Als der Feind diese Bewegung merkte, machte er sogleich einen Angriff. Glücklicherweise war der ganze Park auf Betrieb des Kapitäns Byleveld bereits in vollem Anmarsch, und während die Reserve ihren Weg zurücklegte, nahm der Major Normann eine gute Stellung mit der Artillerie rechts von der Straße und ließ dieselbe durch vier Kompagnien decken, während er die andern Kompagnien in die Flanken stellte. Der Feind wurde durch das große und kleine Gewehrfeuer einen Augenblick aufgehalten, zeigte sich aber sogleich mit solcher Uebermacht in der linken Flanke, daß der Major Normann abzog, um seine Stellung vor Quatre-Bras an dem Landhause auf der Chausee von Charleroi zu nehmen, wobei er den Wald von Bossu stark besetzt hielt. Diese Bewegung geschah unter einem lebhaften Feuer; einige wohl angebrachte Kanonenschüsse auf die französische Cavalleriecolonne aber und das Musketenfeuer hielten den Feind in gemessener Entfernung.

Auf erhaltenen Befehl zur Versammlung der Truppen war die 2. Brigade, unter dem Obersten, Prinzen von Sachsen-Weimar, in Colonnen auf der Chaussee, Front nach Gosselies, aufgestellt worden. Das 1. Bat. Nassau stand längs dem Wege von Hautain le val und hatte zwei Compagnien auf die rechte Seite des Busches entsendet; zwei Compagnien vom 3. Bat. Nassau und die Grenadiercompagnie, nebst zwei Compagnien des 2. Bat. vom 28. Reg. mußten zur Verstärkung der Stellung des 2. Bat. abrücken. Die Compagnie freiwilliger Jäger, in 4 Pelotons formirt, war bestimmt, den Busch zu decken. Zwei Canonen mit einigen Truppen wurden auf der Chaussee von Namur vorgeschoben, und ein Sechspfünder stand bei der Feldwache auf der Straße von Charleroi.

Um 7 Uhr kam der Brigadeadjutant von der 2. Brigade und meldete dem General v. Perponcher den Angriff und die Räumung von Frasnes, sowie die Stellung, welche diese Truppen nun genommen hatten. Der General gab Befehl, daß diese Stellung so lange als möglich gehalten werden müsse.

Die Meldung von diesem Angriff ging an den Prinzen von Oranien ab, und man erwartete dessen weitere Befehle. Unterdessen schickte der General die schwere Bagage und alles Feldgeräthe nach Waterloo zurück, um dort nähere Bestimmungen abzuwarten. Die 1. Brigade und die Artillerie war bei Nivelles vereinigt; das 27. Jägerbataillon stand in dem Ort St. Paul und wurde dort später vom 7. Linienbataillon abgelöst.

Bis jetzt hatte man noch wenig sichere Nachrichten von dem Feinde. Ebenso wenig war man von dem Anmarsch der ganzen französischen Armee und dem Ausgang der Affäre bei Charleroi und Gosselies unterrichtet, in deren Folge die Preußen bis Fleurus zurückgegangen waren, und nicht nur unsre linke Flanke, sondern selbst die große Straße von Brüssel nach Waterloo entblößt hatten. Alles, was man von dem Feind wußte, bestand in widersprechenden Gerüchten, durch preußische Flüchtlinge aus Thuin und Lobez verbreitet, bis ein französischer Kapitän adjoint in dem Divisions-Hauptquartier ankam, welcher, unter seine rechtmäßigen Fahnen zurückkehrend, in Bauernkleidern die französische Armee verlassen hatte und die erste Nachricht von dem Erfolge der Gefechte mit den Preußen mitbrachte. Er versicherte zugleich, daß Bonaparte an der Spitze von 150000 Mann im Anmarsch nach Brüssel sey.

Um 9 Uhr ließ der Prinz von Sachsen-Weimar melden, daß der Feind sehr zahlreich sey und daß er bei einem ernsten Angriffe nicht stark genug zu seyn fürchtete, um gehörigen Widerstand zu leisten. Der General Perponcher gab ihm Befehl, die Stellung von Quatre-Bras auf das äußerste zu vertheidigen; nur wenn der Feind mit großer Ueberlegenheit angreifen sollte, könne er sich nach Mont-St.-Jean zurückziehen, wo, in diesem Fall, die 1. Brigade sich mit ihm vereinigen sollte.

Eine Kompagnie Jäger und eine Infanterie-Kompagnie wurden unterdeß abgeschickt, um den Weg zwischen Quatre-Bras und Nivelles zu echellonniren. Die vor dieser Stadt aufgestellten Bataillons suchten durch häufige Patrouillen über die mögliche Annäherung des Feindes Kunde zu erhalten.

Um halb 11 Uhr kam ein Befehl des Prinzen von Oranien, die ganze Division zu Nivelles zu vereinigen, wo sie von der dritten Division sollte unterstützt werden, während die Kavallerie Befehl hatte, sich auf den Höhen von Haine-St.-Pierre zu vereinigen. Ob es gleich in die Augen fiel, daß man hierbei die Truppen nicht im Einzelnen, sondern in Massen dem Feind entgegenzustellen bezweckte, so war es doch die Meinung des Generals Perponcher, daß S. K. H. in Brüssel vielleicht noch nicht so ganz genau von den Bewegungen der französischen und preußischen Armeen unterrichtet gewesen, (wie er selbst), und wahrscheinlich nicht gewußt, daß Charleroi geräumt und die Preußen sich bei Fleurus concentrirten.

Der General sahe wohl aus allen ihm zugekommenen Berichten und Rapporten, daß es von der größten Wichtigkeit sey, um Brüssel zu decken, das Loch zuzumachen, welches zwischen den Preußen und ihm entstanden war, damit der Feind abgehalten würde, bis an das Defilee des Waldes von Soignes vorzudringen, wodurch alle Unterstützung abgeschnitten worden wäre. Aus diesem Grunde glaubte der General Perponcher es auf sich nehmen zn können, diesem Befehl keine Folge zu leisten, sondern vielmehr die Stellung von Quatre=Bras mit der größten Anstrengung zu behaupten, von welchem Entschluß er S. K. H. Meldung machte.

Um 12 Uhr kam ein Generalstabsoffizier mit der Nachricht vom Generalquartiermeister, daß S. K. H. von den Bewegungen des Feindes unterrichtet, und alle Augenblick von Brüssel zurück erwartet wird.

Die Truppen bivouaquiren auf ihren Plätzen, und bleibt alles in der Nacht unverändert in der Stellung.

16. Juni.

Des Morgens um 2 Uhr marschierte S. Exc. mit dem 27. Jäger= und 8. Milizbataillon nach Quatre=Bras. Bei Nivelles fanden S. E. ein Detachement preußische Husaren von 50 Mann unter dem Lieutenant Sellin vom 1. Schlesischen Husaren=Regiment, die von ihrem Korps abgekommen waren. Der General, der keine Kavallerie hatte, schlug ihnen vor, bei ihm zu bleiben, welches auch angenommen wurde.

Der General zog auf dem Marsch auch die entsendeten Kompagnien seiner beiden Bataillone an sich und traf gegen 4 Uhr in Quatre=Bras ein. Er besah die von dem Prinzen von Weimar genommene Stellung, welche er gut fand, nur dehnte er solche mehr aus, um dem Feind unsre Schwäche zu verbergen und den Wald von Bossu stärker zu besetzen.

Um 5 Uhr wurde das 27. Jägerbataillon links vor den Weg nach Charleroi gestellt und die beiden Flankenkompagnien auf den linken Flügel disponirt zur Ablösung des 3. Bat. Nassau, um den Feind dort besser beobachten zu können. Das 8. Milizbataillon blieb hinter der Mitte der 2. Brigade, hinter den Häusern von Quatre=Bras, in Reserve.

Das 2. Bat. Nassau sendete Patrollen aus und folgte nachher denselben selbst. Feindliche Reiter, auf die sie stoßen, werden von ihnen durch einige Gewehrschüsse verjagt. — Dieses Bataillon faßte Posto auf der Höhe hinter Frasnes und beobachtete dieses Dorf mit einer Kompagnie, während zwei andre die Spitze des Gebüsches decken; dadurch nahm dieses Bataillon beinahe den ganzen Wald von Bossu und das am vorigen Tage verlorne Terrain wieder ein.

Bei dieser Recognoscirung machten die preußischen Husaren einige schöne Chargen auf die feindliche Kavallerie, welche sie jedoch mit einem Verlust von 4 Mann und 13 Pferden zurücktrieben. — Später erhielt dieses Detachement Nachricht von seinem Korps und marschierte nach Sombref ab.

Unterdessen hatte der General Perponcher, der Nivelles nicht ganz entblößen wollte, den General Bylandt mit 3 Bataillons und einer Batterie dort zurückgelassen, bis der Prinz von Oranien, der um 6 Uhr durch Nivelles kam, 2 Bataillons von der ersten Brigade und der Artillerie Befehl gab, nach Quatre-Bras zu marschiren, während das 7. Linienbataillon zu Nivelles bleiben sollte, bis es durch ein Bataillon von der 3. Division abgelöst wäre.

Von dem linken Flügel wurden um 6 Uhr zwei Kompagnien des 27. Jägerbataillons abgeschickt, um eine Höhe zu nehmen, von welcher der Feind alle unsre Bewegungen genau beobachten konnte. Es glückte ihnen, sich der Höhe zu bemeistern, bis bei Annäherung von mehr feindlicher Infanterie ein sehr lebhaftes Gliederfeuer von Zeit zu Zeit durch Kanonenschüsse unterstützt, sie an weiterm Vorrücken hinderte. Dieß Feuer dauerte so lange, bis der Prinz von Oranien selbst dahin kam, und nun befahl, noch mehr Truppen vorrücken zu lassen, und parallel mit dem Wege nach Charleroi, unsre Stellung so weit zu verlängern, daß unser rechter Flügel bald eine kleine Viertelstunde Wegs von Frasnes abstand; und der Wald von Bossu bis an seine Spitze wurde besetzt. Die 8 Geschütze der reitenden Batterie wurden gegen das feindliche Feuer gedeckt in Reserve aufgestellt.

Als das 5. und 7. Milizbataillon mit der Fußbatterie von Nivelles nach Quatre-Bras marschirten, zeigte sich in dessen rechter Flanke bei Hautain-le-val in der Direction von Rives einige feindliche Kavallerie. Der Chef vom Generalstabe ließ das 7. Bataillon vor dem Holze von Haiby so lange Halt machen, bis die Kolonne ganz vorbey war, so daß sie ungehindert um 9 Uhr in Quatre-Bras ankam und auf der Chaussee in Reserve aufgestellt wurde.

Um 7 Uhr talonnirte der Feind unsre Stellung und machte einige Kavallerieanfälle, welche aber mit Verlust von seiner Seite abgeschlagen wurden.

Da eine Stunde lang hier nichts geschah, so ließ S. K. H. der Prinz von Oranien die Soldaten ruhen und abkochen. Bis jetzt hatte sich der Feind noch nicht sehr stark gezeigt; außer etwas Linieninfanterie waren es blos Jäger, Lanciers und reitende Artillerie, sämtlich von der Garde und dem Korps des Generals Reille, mit welchen man im Gefecht gewesen. Der Busch von Villers-Peruin und die Zugänge von Gosselies hinter Frasnes konnten zwar eine größere Anzahl Truppen maskiren, doch mußte man aus den Bewegungen des Feindes schließen, daß die Demonstration auf Quatre-Bras eine andere Bewegung deckte, und daß es nur bei einer starken Rekognoscierung bleiben würde, während das heftige Kanonenfeuer in der Richtung von Sombref einen Angriff auf die Preußen, die sich dahin zurückgezogen, vermuten ließ, und das um so mehr, da man nicht annehmen konnte, daß Napoleon stark genug sein sollte, um auf seinen beiden Flügeln zugleich Bataille zu liefern.

Mit wie vielem Grunde man auf den Fehler aufmerksam gewesen war*), daß die Grenzscheidung der combinirten englischen und preußischen Armeen sich gerade auf der vorteilhaftesten Operationslinie befand, welche der Feind wählen konnte, im Fall er eine Invasion in Belgien unternehmen wollte (indem alsdann keine einzige Festung auf seinem Wege lag); so war es zu verwundern, daß Napoleon, der bereits so wichtige Vorteile über die Preußen erlangt hatte, den Punkt von Quatre-Bras nicht mit noch mehr Anstrengung zu forciren trachtete. Wenn er statt dessen eine oder zwei Divisionen von seinem linken Flügel detachirte, um über Nivelles dieselbe Bewegung auf Brüssel durchzusetzen, so hätte er auf diese Art die Position von Quatre-Bras umgehen können, bevor die Truppen zu Mont-St.-Jean ankamen, zum wenigsten wäre er mit ihnen zu gleicher Zeit daselbst gewesen, und hätte sich Meister von dem wichtigen Defilee durch den Wald von Soignes gemacht, wodurch die Alliierten alle die Vorteile eingebüßt hätten, welche nachher auf die Schlacht von Belle-Alliance einen so wichtigen Einfluß äußerten.

Um 9 Uhr kam der Herzog Wellington hierher, besah, billigte die genommene Stellung und entfernte sich darauf in der Richtung auf Sombref.

Das 2. Bataillon Nassau, welches seit dem gestrigen Tage im Feuer gestanden hatte, wurde durch das 3. Bataillon abgelöst und ging nach Quatre-Bras zurück, um auszuruhen und abzukochen.

Während dem war die 3. Division zu Nivelles angekommen und löste das Bataillon dieser Division ab, welches zur Deckung dieser Stadt zurückgeblieben war. Dieses kam gegen 12 Uhr bei Quatre-Bras an, und wurde in geschlossener Kolonne hinter dem Busch aufgestellt. Auf diese Art war nun die ganze Division bei Quatre-Bras vereinigt, stand vor und in dem Busche von Bossu, besetzte die Ebene von Frasnes, den linken Flügel auf der Chaussee von Charleroi und beobachtete den Busch von Villers Peruin.

Von der Artillerie standen 2 Sechspfünder und 1 Haubitze der reitenden Batterie auf dem Wege von Frasnes, 1 Sechspfünder und 1 Haubitze rechts vom Wege, die drei andern Geschütze dieser Batterie auf dem Wege von Namur.

Die beiden Haubitzen, 4 Kanonen der Sechspfünder-Fußbatterie waren vor der Stellung bei Quatre-Bras aufgefahren bei den Truppen der zweiten Linie, der Lieutenant Winsinger mit den beiden andren Kanonen war

---

*) Ursprünglich: bemerkbar gemacht hatte.

auf dem rechten Flügel der ersten Linie detachirt. Die übrige Artillerie und der Park stand hinter Quatre-Bras in Reserve.

Durch einen übergelaufenen Generaladjutanten und die Aussage der Gefangenen bekam man die Sicherheit, daß 8 Infanterie- und 4 Kavallerie-Divisionen uns gegenüber standen, unter dem Marschall Ney, nämlich: das I. Inf.-Korps Erlon, das II. Korps Reille, 2 Divisionen schwere Kavallerie unter Kellermann, 1 leichte unter Gen. Piré und eine Division Gardekavallerie, wovon die roten Lanzenträger unter Colbert und die Jäger zu Pferde unter Lefebre-Desnouettes.

Um 1 Uhr wurde es durch die Bewegungen des Feindes klar, daß er die Absicht habe, über Quatre-Bras und Waterloo mit Kraft auf Brüssel vorzudringen.

Zwei Kompagnien des 27. Jägerbataillons wurden nach links detachirt und Tirailleurs in den Busch von Villers-Peruin geworfen, um denselben besser zu beobachten, eine andre Kompagnie ging zur Deckung der vorgerückten Fußbatterie ab.

Unterdessen beginnt der Feind viele Truppen zu zeigen, und auf der ganzen Linie entsteht ein sehr heftiges Tirailleurgefecht, welches eine Bewegung von des Feindes linken Flügel nach dem rechten maskiren sollte.

Gegen 2 Uhr wurde das 7. Linienbataillon auch noch mit in geschlossener Kolonne in der Ebene aufgestellt; doch wurde es bald darauf beordert, erst hinter den Busch zu marschiren und dann rechts davon seinen Platz zu nehmen. Das 7. Milizbataillon folgte dieser Bewegung, und zog durch den Busch, welcher eben stark angegriffen wurde. Zur Sicherheit wurde das 5. Milizbataillon mehr links auf die Chaussee nach Charleroi geschoben, um ein Landhaus am Wege zu decken.

Das 1. Bataillon vom 28. Regiment und das 8. Milizbataillon nehmen den äußersten rechten Flügel und entfalten sich in Linie; doch bekommen sie bald darauf Befehl, sich zurückzuziehen und hinter den Busch von Bossu sich zu stellen.

Das 1. Bataillon Nassau-Usingen wurde vorwärts dieses Busches aufgestellt. Die beiden Kompagnien der Kapitäns Werneck und Frettler wurden als Tirailleurs mehrere Male von den Lanciers der Garde angegriffen, doch immer unter Anführung S. K. H. selbst mit großer Kaltblütigkeit abgeschlagen. — Da jedoch der Feind immer stärker vordrang, so konnte sich das Bataillon nicht mehr in der Ebne halten und erhielt Befehl, sich an dem Saum des Holzes von Bossu aufzustellen.

Die 8 Feuerschlünde der reitenden Batterie und 2 Sechspfünder der Fußbatterie wurden zu den Truppen der ersten Linie eingeteilt, und die übrigen Fußkanonen zur zweiten Linie.

In dieser Stellung war die Division ganz allein und ohne Kavallerie. Das Kanonen- und Kleingewehrfeuer war sehr lebhaft, und wurde nur von

Zeit zu Zeit durch Kavalleriechargen unterbrochen. Unser Verlust war schon bedeutend, als gegen halb 3 Uhr der Feind mit dem Geschrey: vive l'empereur! die ganze Linie von allen Seiten mit Nachdruck angriff. Unsre Kavallerie sollte in jedem Augenblicke ankommen und erschien auch etwas später; nur die englischen, schottischen und braunschweigischen Truppen, die erst in der Nacht vom 15. zum 16. aus der Gegend von Brüssel abmarschirten, konnten nicht so schnell da seyn.

Der Feind trieb endlich unter dem heftigsten Kanonenfeuer unsre vor dem Busch stehenden Truppen zurück und setzte sich in Besitz des größten Teils desselben.

Die zurückziehenden Truppen stellten sich zum Teil auf die Nordseite des Busches, während die andern über den Weg gingen und sich auf den vorteilhaften Höhen links desselben aufstellten.

Da der Feind oblique gegen unsern linken Flügel von dem Busch, von Villers-Peruin vordrang, so stellte der Divisionsgeneral das 27. Jägerbataillon einige hundert Schritte mehr vorwärts, um den linken Flügel des 5. Bat. N.*) M. zu decken. Die entsandten Kompagnien wurden angegriffen und zurückgeworfen, bevor sie sich formiren konnten, und ralliirten sich hinter dem Bataillon Der Feind benützte diesen Vorteil, um eine Batterie gegen dies Bataillon aufzuführen, wodurch dasselbe genötigt wurde, zurückzugehen. Diese Bewegung wurde ausgeführt mit Divisionen in Kolonne auf Pelotons-Distanz, um das Carrée zu jeder Zeit formiren zu können.

Inzwischen machte der Feind, der das 7. Linienbataillon zurückgetrieben hatte, in dem Busche große Fortschritte, woraus das 8. Bat. N. M. durch ein lebhaftes Kanonenfeuer war vertrieben worden. Das 1. Bat. vom 28. Reg. und das 7. Bat. N. M. blieben inzwischen beide in Reserve rechts vom Busche, während sich die beiden zurückgehenden Bataillons auf der Höhe hinter demselben wieder formirten. S. K. H. ließen noch das 2. Bat. Nassau anrücken, welches durch das 2. Bat. 28. Regts. echelonnirt wurde; doch der Feind trieb durch große Uebermacht, durch ein sehr wohl unterhaltenes Artillerie- und Tirailleurfeuer und durch anhaltende Kavallerieangriffe die erste Linie zurück. Langsam und in der besten Ordnung — unter eigner Führung S. K. H. und des Generals von Perponcher — geschah dieser Rückzug unter anhaltendem Feuer von beiden Seiten. Die Truppen und die beiden Fußkanonen kamen größtenteils durch den Busch und von da auf die Chaussee von Hautain-le-val. Das rote Lancierregiment der Garde und das 6. Reg. Chasseurs-à-cheval chargirten das noch nicht ganz wieder formirte 27. Jägerbat. und sprengten dasselbe, wodurch es

---

*) Es steht: L.

viele Verwundete und Gefangene verlor, welche letztere jedoch in der Nacht zum größten Teile wieder kamen.

Da der Feind auf diese Art Meister des größten Teils von dem vor der Position gelegenen Terrain war, so strengte er alle Kräfte an, um das Centrum zu forciren und durch den Pachthof von Quatre-Bras durchzudringen.

Die Brigade leichter Kavallerie des Generals Merle war jetzt angekommen und hatte sich links der großen Straße aufgestellt. Die Spitzen der Kolonnen von der englischen Division Picton und der braunschweigischen Truppen debouschierten gegen 3 Uhr in die Position und stellten sich auf den linken Flügel, der sich auf der Chaussee von Sombref verlängerte.

Sobald der Feind unsre Verstärkungen bemerkte, verdoppelte er seine Angriffe auf Quatre-Bras, wo das 5. Bat. N. M. stand. S. K. H. kommandirte hier in Person, setzte sich, den Hut schwenkend, an die Spitze der Truppen und ließ sie mehrere Chargen machen, wobei der Feind jedesmal mit Verlust zurückgetrieben wurde. Immer avancirte die Artillerie einige hundert Schritt, konnte aber nie einer an Zahl und Kaliberstärke überlegenen feindlichen Artillerie die Spitze bieten. Der Kapitän der Fußbatterie blieb, viele Offiziere und Leute wurden getödtet oder verwundet und die Bespannung so schnell vernichtet, daß es Mühe kostete, die Stücker in Thätigkeit zu erhalten.

Das 5. Bat. N. M., geführt von dem braven Oberstlieutenant Westenberg und angefeuert durch das Beispiel S. K. H. that Wunder der Tapferkeit; aber kaum war ein Anfall abgeschlagen, so erfolgte ein neuer von mehr und frischen Truppen. Die leichte Kavallerie bekam Ordre vorzurücken, aber von ihrem Muthe fortgerissen stieß dieselbe auf das 8. und 11. feindliche Cürassirregiment und mußte hier der Uebermacht weichen. Viele kamen in Unordnung den Weg her und rissen Artillerie und Infanterie mit fort. Als die feindliche Kavallerie durch die Häuser von Quatre-Bras vorkam, wurden sie jedoch von dem Feuer der noch in Position stehenden Truppen empfangen. Die 1. Brigade rechts von der Straße fiel dem Feind in die linke Flanke, die 2. Brigade links der Straße ging ihm mit einem Regiment Schotten in die rechte Flanke, wodurch er zum Weichen gebracht wurde und auf dem Rückwege durch das Kartätschenfeuer viel Leute verlor.

In der Zwischenzeit war der Feind Meister des Busches geworden. S. K. H. gab dem 2. Bat. Nassau und einigen braunschweigischen Jägern Befehl, denselben wieder zu nehmen. Der Angriff geschah mutig, war aber fruchtlos, da der Feind denselben mit Uebermacht besetzt hielt.

Die schottischen und englischen Truppen von unserm linken Flügel hatten sich in des Feindes rechte Flanke geworfen und da die unsrigen sich mehr formirt hatten, so begann der Angriff auf Quatre-Bras, welches in Feindes Händen geblieben war.

S. K. H. gab zugleich dem Obersten Zuylen van Nyewelt, Chef des Generalstabs, Befehl, den Busch mit 3 Bataillons wieder zu nehmen und bis auf die Höhe vorzudringen, wo am Morgen das 2. Bat. Nassau gestanden hatte. Dieses Bataillon machte den Angriff und wurde vom 1. Bat. Regts. Nr. 28 unterstützt, während das 7. Bat. N. M. in Reserve blieb. Der Busch war stark von der französischen Garde besetzt; aber nach einem lebhaften Tirailleurfeuer wurde bis auf die besagte Höhe vorgedrungen.

Die wohlgeleiteten Angriffe auf Quatre-Bras und den Busch hatten vorzüglich zur Folge, daß alle Blessirten und Gefangenen wieder befreyt wurden und es dem Feind nur glückte, 1 Haubitze und zwei 6 Pfünder mitzunehmen, welche zwei Tage nachher wieder genommen wurden.

Außer der englischen Division Picton und den braunschweigischen Truppen waren die beiden Divisionen der Garde und des Generals Alten, das 1. Regiment Nassau-Usingen, mehrere Regimenter Kavallerie und eine sehr zahlreiche Artillerie auf dem Schlachtfelde angekommen. Die Division wurde in ihrer Stellung abgelöst und hielt nur rechts den Teil des Busches besetzt, welchen sie wieder genommen hatte, sowie die Verbindung rechts davon und dem Wege von Hautain-le-val.

Einige Bewegungen in der feindlichen Armee, das Detaschiren des I. Korps nach der preußischen Armee und die einfallende Nacht machten dem Feuer ein Ende. Man blieb in der Stellung, in welcher man sich geschlagen hatte.

Die Division bivouacquirte auf der Höhe hinter dem Busch von Bossu, das 1. Bat. vom 28. Regt. und das Regt. Nassau rechts des Busches in Kolonne, die übrigen Truppen in 2 Linien aufmarschirt, wo rechts eine englische Division stand und links die braunschweigischen Truppen. Das 5. Bat. N. M., welches am meisten gelitten hatte und das 8. Bat. N. M. bivouacquirten mit der Artillerie hinter der Stellung, die letztere um sich zu ergänzen. Das 27. Jägerbataillon hatte von S. K. H. selbst Befehl bekommen, nach Nivelles zurückzugehen, wo es die Nacht blieb.

Dieser Tag war höchst rühmlich für die niederländischen Truppen. Die zweite Division allein, nicht stärker als 7000 Mann, widerstand mehrere Stunden den größten Anstrengungen des feindlichen linken Flügels, welcher mit dem ganzen 2. Korps alles daran setzte, um den Punkt von Quatre-Bras zu nehmen. Die Disposition des Prinzen von Oranien, auf einer großen Ausdehnung überall Truppen zu zeigen, wurde durch die Localitäten sehr begünstigt, indem der Busch von Bossu alle unsre Bewegungen maskirte und dem Feind glauben machte, daß die Truppen, welche dort zum

Vorschein kamen (und welches unsere ganze Stärke war) nur Spitzen von Kolonnen wären.

Inzwischen hätte diese Division sich nicht viel länger mehr halten können. Da sie den ganzen Tag im Feuer gewesen war, so waren die Leute sehr ermattet, und der erlittene Verlust machte einige Ruhe nötig, um die Organisation wieder herzustellen. Die Artillerie hatte 3 Stücke verloren, eins demontirt, mehrere Kanonen waren gesprungen und die Offiziere und Mannschaft fehlten, so daß nur wenig zur Bedienung übrig blieb.

Das Feuer auf dem linken Flügel blieb bis in die Nacht sehr lebendig, und schien es, dem Schalle nach zu urteilen, daß keine der beiden Partheyen große Fortschritte gemacht hatte.

17. Juni.

Die Nacht war ruhig. Bei Anbruch des Tages kommt das 27. Jägerbataillon von Nivelles zurück, und wurden alle Korps wieder vereinigt; nur die Artillerie, welche viel zu thun hatte, um sich wieder in Stand zu setzen, blieb unter Protection des 5. Bat. N. M. hinter unsrem linken Flügel. Einige Regimenter englische Kavallerie wurden nach Hautain-le-val auf den rechten Flügel gesandt, um die dortige Ebene zu observiren.

Nach einiger Zeit kam die Nachricht von der verlornen Schlacht bei Ligny und dem Rückzug nach Wavres. Es ließ sich denken, daß der Herzog v. Wellington sogleich aufbrechen und sich wieder mit den Preußen in Linie zu setzen trachten würde, und daher wurde Befehl gegeben, abzukochen. Ungefähr gegen 9 Uhr kam der Prinz von Oranien selbst und gab Befehl zum Rückzuge auf dem Wege nach Brüssel. Bei La Baraque wurden die entsendeten Detachements wieder zur Division gezogen, und man folgte der 3. englischen Division auf dem Wege nach Genappe. Das ganze Material der Armee nahm denselben Weg und stieß in dem Defilee von Genappe mit Artillerie, Transport und andren Wagen zusammen, welches eine Verwirrung verursachte. S. E. der Divisionsgeneral ließ daher recognosciren, und da er einen Weg gefunden hatte, so befahl er, mit doppelten Rotten rechts aus der Flanke zu marschiren und durch die Dyle zu waten. Jenseit Genappe wurde die Kolonne wieder formirt.

Die Division hatte Befehl erhalten, sich parallel mit dem Weg von Waterloo nach Nivelles aufzustellen, den linken Flügel an das Dorf Mont-St.-Jean gelehnt und den rechten in der Verlängerung von Braine-la-leud. Nach der Ordre sollte die 3. Division an dieselbe anstoßen.

Gegen 1 Uhr kamen die Truppen in dieser Stellung an und stellten sich in Schlachtordnung auf, die Artillerie hinter der Front und 2 Kanonen nebst 2 leichten Kompagnien (Flankeurs) auf der Höhe, die den rechten Flügel deckte und von welcher man Braine-la-leud und die Zugänge von Nivelles beobachten konnte.

Nachmittags fing es an zu regnen, und um 6 Uhr kam Befehl abzukochen und auf den linken Flügel des ersten Treffens der Armee zu marschiren. Darauf stellte sich die Division mit Sectionen links in Kolonne und marschirte links ab bis nach der Meierei Haye-sainte, wo sie links aufmarschirte und rechts in Bataille schwenkte (sic) an dem Berge von Mont-St.-Jean, den rechten Flügel an der Heerstraße nach Brüssel und den linken in der Richtung von Wawres, im Rücken den Hohlweg, der von dieser Stadt nach Braine-la-lend führt. . . . .

Die englische Kavallerie wurde zurückgetrieben und passirte durch unsre Linie. Der Feind folgte ihr. Das Kanonenfeuer näherte sich immer mehr und schon wurde das kleine Gewehr hörbar. Die englische Arrieregarde stellte sich vor Haye-sainte auf, als die Nacht einfiel und der Feind seine Verfolgung einstellte. Er stellte sich auf den Höhen gegen uns über auf. Die Tirailleurskette wurde vor der Nacht zweimal abgelöst.

Die Nacht war schrecklich. Der beständige Regen und ein scharfer Ostwind machten die Lage des Soldaten widerlich, der kein Stroh zu Hütten, kein Holz zum Brennen hatte und bis an die Knöchel im Wasser stand*).

V.

Auszug aus dem Tagebuch des herzoglich Nassauischen I. leichten Infanterie-Regiments. 1815**).

Juni 15. Bereitschaft zum erwarteten Aufbruch. Abends 11 Uhr Befehl an das Regiment, sich marschfertig zu halten.

16. 1½ Uhr Nachts Ordre. Das Regiment steht in kompletter Stärke früh 7 Uhr auf dem Rendezvous vor dem Löwener Thor und erwartet weitere Befehle.

Wegen Entfernung einiger Quartiere konnten nur das 1. und 2. Bataillon, zum Teil mit Mühe, zur befohlenen Stunde auf dem Rendezvous erscheinen.

Ohne das 3. Bat. abzuwarten, um 9 Uhr den Marsch angetreten um die Stadt, auf die Straße nach Charleroi.

Kurze Rast im Walde von Soignes, längere im Dorf Mont-St.-Jean zur Erholung der seit Nachts auf dem Marsch befindlichen, durch die Hitze erschöpften jungen Mannschaft.

Die Straße war mit den Truppen des General-Lieutenants Sir Thomas Picton, der braunschweigischen Kavallerie, dem Personal und Troß des Hauptquartiers usw. bedeckt.

---

*) Den Rest des Mskpt. mitzuteilen würde uns zu weit führen.
**) Aus II. VI. E. 581 im Kriegsarchive zu Berlin.

Während des Ruhens in Mont-St.-Jean erscholl die Kanonade von Ligny, bald darauf die von Quatre-Bras. Der General v. Kruse eilt mit seinen Adjutanten dahin voraus. Rechts abmarschiert und in Sektions formirt tritt das Regiment den weiteren Marsch an.

Zurückkehrende Bagage und große, wachsende Anzahl Blessirter von dem 2. Reg. Nassau, den Braunschweigern und den schottischen Regimentern.

Durch ein Mißverständnis nimmt nach mehrstündigem Marsch Obrist v. Steuben mit dem Regiment eine Stellung neben der Straße, die unverzüglich mit einer zweiten vorwärts gelegenen vertauscht wird. Nach $1/4$ stündigem Verweilen darin Befehl des Generals v. Kruse zur beschleunigten Fortsetzung des Marsches.

Etwas vor Beendigung des Gefechts — gegen 8 Uhr — trifft das Regiment an den letzten Häusern von Quatre-Bras ein und stößt hier auf das wegen Verlust aus dem Feuer abgelöste 3. Bataillon des Herzogl. 2. Regiments.

Mit einbrechender Dämmerung traf das 3. Bataillon ein.

VI.
Notizen über den Anteil der hannöverschen Truppen*).

(15. Juni nach dem Gefecht bei Frasnes). Alle übrigen Truppen der Armee empfingen gegen Abend die Ordre zum schleunigen Aufbruch nach Quatre-Bras.....

Der Morgen des 16. Juni verging, ohne daß sich ein sehr ernsthaftes Gefecht entspann. Die 2. niederländische Division drängte den Feind sogar bis Frasnes wieder zurück. Etwa 2 Uhr mittags machte Marschall Ney mit 20 bis 25000 Mann und mehr als 30 Kanonen einen ernsthaften Angriff.

Pictons Truppen kommen um 3 Uhr auf dem Schlachtfelde an, darunter die 4. hannoversche Brigade. Sie war um 3 Uhr morgens aus Brüssel marschiert.

Die dritte Division unter dem Kommando von Generallieutenant v. Alten, zu welcher die 1. Hannöv. Brigade gehörte, hatte sich am 15. abends in Soignies zusammengezogen, von wo sie 2 Uhr morgens wieder aufbrach und über Braine-le-Compte nach Nivelles marschierte. Bei Nivelles wurde die 2. Brigade der Kgl. deutschen Legion nebst der reitenden Batterie zur Observation auf den Weg nach Charleroi detachiert, die beiden andern Brigaden der Division mit der Fußbatterie langten nach einem forcirten Marsche von etwa 9 Lieues, den sie — einen bei Nivelles gemachten Halt mit eingeschlossen — in etwa 15 Stunden zurückgelegt hatten, etwa gegen 5 Uhr abends auf dem Schlachtfelde von Quatre-Bras an.

*) Aus: II. VI. E. 58, im Kriegsarchive zu Berlin. — Auszug.

VII.
Bericht über die 5. hannöversche Brigade*).

Roeulx, am 20. Juni 1815.

Herrn Oberst von Berger, Chef des General-Stabes.

Ew. zc. ersuche ich gehorsamst, Sr. Excellenz, dem Herrn General-Lieutenant Baron v. Alten über die Schicksale der 5. hannoverschen Infanterie-Brigade in den letzten denkwürdigen Tagen folgende Anzeige zu machen:

In der Nacht vom 15. auf den 16. dieses erhielt ich Befehl, die Brigade in Hall zu versammeln und am 16. morgens 11 Uhr denjenigen nach Waterloo zu marschieren. Die Brigade war sehr zerstreut, und es war unmöglich, vor 12 Uhr mittags aufzubrechen, die Wege unbeschreiblich schlecht. Ich langte abends 6 Uhr an, fand aber niemand vor, der mir irgend eine weitere Direction geben konnte. Da das ununterbrochen heftige Feuer eine Affaire in unserer Fronte vermuthen ließ, brach ich wieder auf, sobald meine Leute sich ein wenig ausgeruht, und langte gegen 11 Uhr vor Genappe an. Hier erhielt ich von S. Herrl. dem Herzog v. Wellington Befehl, vor Genappe zu bivouakiren und am andern Morgen bei Tages-Anbruch nach Quatre-Bras aufzubrechen, um in Position zu rücken.

Hier fielen nur unbedeutende Plänkeleien vor. Wir waren nur für einen Augenblick im Feuer und verloren gar nichts.

Nachmittags rückte die Armee in die Position bei Mont-St.-Jean und ich bekam den äußersten linken Flügel.

In der Nacht wurden wir durch ein falsches Gerücht, — die Franzosen sind da — alarmirt. Die Brigade war in wenig Minuten formirt und schlachtfertig.

Am 18. gegen 12 Uhr mittags griff der Feind unsere Vorposten des linken Flügels an, welche zum Teil aus den Scharfschützen der 5. Brigade bestanden. Es zeigte sich aber bald, daß dies nur höhere Plane verdecken sollte, und des Feindes ernstlicher Angriff richtete sich auf unsere Mitte.

pp.

(gez.) E. Vincke,
Oberst und Brigadier.

---

*) Aus: II. VI. E. 58, im Kriegsarchive zu Berlin. — Auszug.

VIII.
Bericht des Bremen- und Verdenschen Husarenregiments*).

Das Brem- und Verdensche Husarenregiment stand seit mehreren Wochen vorwärts Mons gegen Valenciennes und Quesnoy auf Vorposten.

Den 16. vormittags traf bei den Vorposten die bestimmte Nachricht von Zusammenziehung großer Truppenmassen bei Philppeville ein. Abends marschierte das Regiment auf Ordre des General-Major(!) Hill nach Lens, woselbst auch das lüneburgsche Husaren-Regiment eintraf und die Brigade des Obersten von Estorf vereinigt wurde. Den 17. des Nachts marschierte diese Brigade über Enghien auf Halle und stieß zu dem dort aufgestellten Korps unter dem Prinzen Friedrich von der Niederlande . . . . .

Aug. v. d. Busche,
Gen.-Major.

IX.
Briefe des Generals v. Müffling.

Die hier unter A mitgeteilten Schriftstücke sind durchweg dem Aktenstücke A. 40 des Gräflich Neidhardt v. Gneisenauschen Familien-Archives auf Schloß Sommerschenburg entnommen, welches auf 192 Seiten Briefe Müfflings an das preußische Hauptquartier und an Gneisenau persönlich, vom 18. Mai 1813 bis zum 21. November 1829, bringt; unter diesen besonders viele aus dem Jahre 1815, als Müffling preußischer Bevollmächtigter im englischen Hauptquartiere war. Den Müfflingschen Briefen an das preußische Hauptquartier sind unter B einige wenige an verschiedene Empfänger beigefügt.

Der Wert der Müfflingschen Briefe gerade aus dem englischen Hauptquartiere ist groß, weil sie über Wellington vielfach Aufschluß gewähren und namentlich das Verhältnis der beiderseitigen Heerführer: Wellingtons und Blücher-Gneisenaus darlegen, deren Zusammenwirken Napoleon bei Belle-Alliance erlegen ist. Auch sonst enthalten sie vielfach beachtenswerte Angaben.

*) Aus: II. VI. E. 58, im Kriegsarchive zu Berlin.

A. Briefe an das preußische Hauptquartier.
(Empfänger Blücher und Gneisenau.)
(28. Mai bis 8. Juli.)

Nr. 1.

Brüssel den 28. May 1815.

Euer Durchlaucht überreiche ich gehorsamst in der Anlage das Resultat einer Unterredung, welche ich mit dem Feld Marschall Herzog Wellington hatte, und glaube, daß Höchstdieselben mit den Ansichten zufrieden sein werden, welche der Herr Herzog hier geäußert hat.

Ich würde es für zweckmäßig halten, wenn der General Kriegs Comissair der Armée sich hieher begäbe, um mit dem der englischen Armée die nöthige Rücksprache zu nehmen.

Übrigens habe ich in den wenigen Tagen, daß ich mich hier befinde, bereits die Überzeugung gewonnen, daß es zweckmäßig sein dürfte, von unsrer Seite eine ganz genaue Vereinigung mit der englischen Armée (außer den Schlacht-Tagen) zu vermeiden.

von Müffling.

Nr. 2.

Pro Memoria*)

Unter heutigem Dato begab ich mich zum Herzog Wellington und legte ihm folgende Fragen vor, worauf er mir die daneben bemerkten Antworten ertheilte.

„1. Die ersten 4 Armee Corps der preußischen Armee würden nun in wenig Tagen vollständig und zwar stärker an der Maaß versammelt seyn, als die Traktaten es erforderten. Man mache von belgischer Seite viele Schwierigkeiten bei der Verpflegung, und sey es daher zu wünschen, daß der Krieg bald anfangen könne. Der Herzog möge mir. gefälligst seine Ansicht mittheilen, wann dies wohl geschehen könne? darnach müßten die nöthigen Maaßregeln wegen der Verpflegung genommen werden."

Der Herzog theilte mir hierauf ein Antwortschreiben mit, welches er an den Fürsten Schwarzenberg erlaßen und woraus hervorgieng, daß

---

*) Abschriften ebenfalls: VI C. 3, I, p. 103—106, im Kriegsarchive; und Kab. Sach. Tit. XV. II p. 8, im Geh. Archive des Kriegsministeriums. — Die Eintragung geschah auf einem in der Mitte gebrochenen Bogen; auf der linken Seite stehen Müfflings Fragen, rechts die Beantwortungen und Verhandlungen. Wir haben jene durch Anführungszeichen kenntlich gemacht.

der Krieg nach seiner Meinung von der hier im Norden befindlichen Armee, nur in zwey Fällen angefangen werden müße:

1 ter Fall*), wenn Napoleon seine vor uns bei Maubeuge stehende Macht durch Detachirungen, es sey gegen den Oberrhein oder gegen die Vendée, sehr vermindere oder: 2 ter Fall, sobald die oesterreichische Armee bei Langres angekommen seyn würde.

Er zeigte mir hierauf einen eben eingegangenen Rapport eines englischen Schiffs Capitains vom 17 t. May, der an der Westküste von Frankreich vor Anker liegt, wonach eine königliche Parthei in der Vendée den Krieg förmlich angefangen hat. Würde die Sache dort ernsthaft, und müßte Napoleon von hier bedeutend detachiren, so (hielt der Herzog dafür) müße man ihm auf den Leib gehen, wenn die Zeit nur einigermaßen mit der Ankunft der übrigen Armeen zusammentreffe.

Ich berechnete dem Herrn Herzog, daß die östereichische Armee im vergangenen Jahre 18 Tage, oder gar 20 von Basel bis Langres gebraucht habe, daß wir also hier vor dem 4ten July den Krieg nicht würden anfangen können, und die preußische Armee (die ersten 4 Corps)
 monatlich 4,860,000 Portionen
 1,290,000 Rationen bedürffe,
worauf der Herr Herzog mir die ganzen Wiener Verhandlungen in Betreff der Rayons mittheilte und hinzusetzte: er habe hiernach den König der Niederlande aufgefordert, die Verpflegung für uns besorgen zu lassen, und die Ausgleichungen (die ihm nicht fehlen könnten) auf diplomatischem Wege zu fordern. An Lebensmitteln könne es in diesem Lande gar nicht fehlen.

„2.**) Da man von preußischer Seite noch keine Magazine angelegt habe, weil man das Krieges Theater der Armee noch nicht kenne, so sey mein Wunsch, daß er mir seine Absichten eröffne, wie er den Krieg anzufangen gedenke und welche Wünsche er für die Operationen der preußischen Armee habe."

Der Herr Herzog halte die Eroberung von Givet und von Maubeuge für eben so nöthig als wichtig.

Givet, um uns in den Besitz der Maaß zu setzen und in Verbindung mit Luxenburg die Eingänge in die Ardennen zu decken, Maubeuge, um ihm, in Verbindung mit Mons, eine sichere Communikation mit den Niederlanden zu geben.

Was den Marsch in das französische Gebiet beträfe, so würde er sich nur so weit ausbreiten, als es ihm zum Unterhalt der Armee nöthig sey. Er kenne die Absichten des Fürsten Blücher nicht. Ich erwiederte,

---

*) Vergl. Ollech 63.
**) Es steht 3.

er dürfte annehmen, daß der Fürst immer nur das Allgemeine im Auge habe, und so glaube man, mit ihm vereinigt die Grenze in der Gegend von Maubeuge überschreiten zu müssen, um schlagen zu können, wenn der Feind eine Schlacht annähme, ja im Fall es ihm, dem Herzog, angenehmer sey und zweckmäßiger scheine, eine andre Festung als Maubeuge anzugreiffen, dürfte der Fürst Blücher vielleicht sogar dazu Truppen geben, wenn England den Belagerungstrain fournirte, da wir dies, der Entfernung wegen, nicht könnten.

Diese Aeußerungen schienen dem Herzog viel Vergnügen zu machen. Er äußerte, es habe gar keine Schwierigkeiten, daß wir vereint zwischen Maubeuge und Valenciennes eindrängen, und es erscheine ihm dies sehr zweckmäßig.

„3. Hiernach dürfte es also nöthig seyn, die Magazine in der Gegend von Mons anzulegen. Man sey unserer Seits damit beschäftigt, große Ankäuffe zu machen, und in Rotterdamm Mehl zu 18 Millionen Portionen, in Antwerpen Reis zu 16 dergl., Brandwein zu 36 dergl., Hafer zu 2½ dergl. Rationen aufzuhäufen.

Wegen der Transport Mittel müßten Verabredungen Statt finden, damit nicht eine Armee sie der andern nähme."

Der Herzog wolle mit seinen Intendanten der Armee berathen, ob er uns einen Theil dieser Vorräthe successive nahe am Krieges Theater anweisen könne, und dagegen die von uns angekauften in Antwerpen und Rotterdamm übernehmen. Was die Transport Mittel betreffe, so habe er sie bereits eingeleitet, nehmlich auf dieselbe Art als in Spanien, durch gemiethete Leute und Wagen aus den Niederlanden.

Er habe die Absicht, eine 10 tägige Verpflegung beim Einrücken nach Frankreich mitzunehmen und bedürfe dazu (außerdem, was der Soldat trägt) 800 Wagen.

Ich legte hierauf dem Herzog die Berechnung des Gewichts einer 10 tägigen Verpflegung für die 4 Corps der preußischen Armee vor, und es ergab sich, daß nach Abzug dessen, was die Pferde der Cavallerie und die Menschen selbst tragen müssen, 5,391,551 Pfd. nachgefahren werden müssen, wobei kein Heu und Stroh gerechnet ist.

Das Proviantfuhrwesen der Armee transportirt 918,000 Pfd., folglich fehlen Transport Mittel auf 4,473,551 Pfd. oder 2500 vierspännige Wagen.

Da der Herr Herzog seine zum Eintritt in Frankreich disponible Armee auf 70,000 Mann angab, so konnte ich nicht begreiffen, wie mit 800 Wagen ein 10 tägiger Bedarf nachgeführt werden könne. Dies erklärte sich dadurch, daß der englische Soldat nach den Gesetzen nur 1½ Pfd. Brod, weder Gemüse noch Brandtwein erhält, dagegen 1 Pfd. Fleisch gegeben wird.

Ich bemerkte dem Herrn Herzog, daß seine Armee dann mehr Geldwagen und eine große Anzahl Marketender bedürfe, in deren Hände der Soldat gegeben werde. Der Herr Herzog gab dies zu, fand es jedoch nicht hart, da dem Soldaten von seinem Traktement täglich circa ein Franken zur Disposition bleibe.

4. „Welches System der Herr Herzog zur Erhaltung seiner Armee in Frankreich anzunehmen gedenke?"

Nach den früheren Verabredungen zu Wien werde bei unserm Eintritt in Frankreich die Königlich französische Administration eintreten, diese müsse unsre Requisitionen respektiren und werde mit Bons bezahlt.

Ich bemerkte, daß hierin von Seiten der englischen und preußischen Armeen ganz gleich verfahren werden müße, wenn wir zusammen fechten sollten, welches von unsrer Seite als eine Bedingung anzusehn sey, da wir nicht im Besitz von hinreichenden Summen wären, um baar zu bezahlen, worauf der Herr Herzog vorschlug, daß die Intendanten beider Armeen sich über die Art der zu gebenden Bons u. s. w. vor dem Ausbruch der Feindseligkeiten einigen mögten.

5. „Es gäbe zwey verschiedene Ansichten über die Beendigung dieses Krieges, die eine sey: Paris zum Objekt zu nehmen, anzugreifen, wo die Umstände es erlaubten, und rasch zu operiren, die andre sey, in Frankreich einzurücken, auf Kosten Frankreichs zu leben, mit Muße zu belagern und Napoleons Angriffe zu erwarten."

Der Herr Herzog erklärte sich unbedingt für die erste Ansicht, weil es unvermeidlich sey, daß, wenn der Krieg in die Länge gezogen würde, die Einwohner der von uns überzogenen Provinzen dergestalt litten, daß dies einen Nationalkrieg herbeiführen müße. Uebrigens müße nicht versäumt werden, sich einiger Grenzfestungen durch Belagerungen zu bemächtigen.

Ich benachrichtigte hierauf den Herrn Herzog, daß die erste Division des von uns in den Stand gesetzten Belagerungstrains, zu 25 Stück Belagerungs Geschütz, auf der Maaß nach Lüttich dirigirt sey, daß jedoch nicht auf einen Gebrauch dieses Geschützes, außerhalb der Maaßfestungen zu rechnen sey, welches der Herr Herzog ganz natürlich fand.

Als*) ich schließlich den Herrn Herzog versicherte, daß, wenn er glaube, der Krieg könne mit Vortheil hier angefangen werden, der Fürst Blücher gewiß nicht dagegen seyn würde, glaube ich bemerkt zu haben, daß der Herr Herzog sich nicht leicht zur Eröffnung des Krieges, ohne besondre Zustimmung und auf Antrieb der hohen Mächte, oder ohne besondern Befehl aus England entschließen dürfte.

---
*) Vergl. Ollech 63.

Es scheint mir hier eine Besorgniß dem Parlament verantwortlich zu werden, zum Grunde zu liegen.

Brüssel d. 27. May 1815.

von Müffling.

Nr. 3.

Brüssel, den 1. Juny 1815.

Euer Durchlaucht werden wahrscheinlich durch den Obrist Harding von den Nachrichten aus Frankreich unmittelbare Mittheilung des Herzogs Wellington erhalten haben, und ich kann nichts schreiben, als was ich durch die dritte Hand erfahre. Jedoch will ich nicht versäumen, Euer Durchlaucht zu melden, was ich erfahren habe.

Durch eine telegraphische Depesche soll in Valenciennes die Ordre angekommen sein, 4 Regimenter Infanterie auf Wagen nach der Vendée abzusenden.

Nachrichten aus Paris sagen, daß der Aufstand in der Vendée bedeutend sey.

Künftigen Sonntag geht die Herzogin von Angoulême von Gent ab, und schifft sich nach der Vendée ein. Welche Nachrichten sie dazu vermocht haben, ist mir unbekannt geblieben.

Das Champ de May betreffend sind zwey Nachrichten hier: die des Königs von Holland sagt, daß es bis zum 16ten Juny ausgesetzt sey, die des Königs von Frankreich, daß es auf unbestimmte Zeit ausgesetzt sey. Als Ursach hievon wird angegeben: daß mehrere Departements Leute als Deputirte gesendet, welche durch ihre Gesinnungen gegen Napoleon bekannt sind.

Abend. Ich habe noch Gelegenheit gefunden, mich bey den Umgebungen des Herzogs Wellington nach den eingegangenen Nachrichten zu erkundigen. Keiner wollte etwas davon wißen, daß dem Herzog Nachrichten von Absendung der Truppen nach der Vendée zugegangen wären. Es kann also sein, daß dieß eine Bourbonsche Nachricht ist.

Ich habe, gegründet auf die uns bekannte Stellung des Feindes und unsre eigne, ein Tableau (siehe S. 315) über den Einmarsch nach Frankreich entworfen, wobey es angenommen ist, als sollten die Feindseligkeiten von Euer Durchlaucht und dem Herzog Wellington zugleich anfangen. Ich gebe mir die Ehre, es Euer Durchlaucht vorzulegen. Es geht daraus hervor, daß man mag es anfangen, wie man will, die Verabredungen und Einleitungen wenigstens 8 Tage Zeit erfodern, wenn Höchstdieselben die Truppen nicht anders dislociren laßen wollen, was auch seine Schwierigkeiten hat, da eine andre Stellung dem Feinde Euer Durchlaucht Absichten verrathen würde.

Es geht hieraus hervor, daß wenn Höchstdieselben sogleich beschließen sollten, die Feindseligkeiten zu eröffnen, wegen der nöthigen Communicationen mit dem Herzog Wellington vor dem 12. Juny die Feindseeligkeiten nicht würcklich anfangen könnten.

Da nun, wenn ich nicht irre, den 16 t. Juny von dem Fürst Schwarzenberg der Krieg eröffnet werden sollte, so frage ich gehorsamst an, ob Euer Durchlaucht nicht zweckmäßig finden dürfften, daß dieses Tableau nach Höchstdero Absichten rectificirt dem Herzog Wellington vorgelegt werde.

Wenn der Herzog dieß genehmigt, so entsteht die Frage in Hinsicht der Belagerungen. Am 8ten Tage könnte die Belagerung von Maubeuge anfangen, am 9. die von Avesnes, von Landrecy und Le Quesnoy.

Es muß bestimmt werden, welche Belagerungen Euer Durchlaucht unternehmen. Ich würde vorschlagen, daß Preußen Maubeuge und Avesnes zugleich unternähme, während die Engländer Le Quesnoy und Landrecy angriffen. Diese beyden letztern Festungen sind allerdings nicht von großer Wichtigkeit, allein sie geben den Vortheil, daß man 1. gleichsam aus Einem Depot alle 4 Belagerungen betreiben kann, 2. daß man alle 4 Belagerungen zugleich deckt.

Sobald diese Plätze genommen sind, könnten sich die Engländer rechts gegen Douai und Valenciennes, wir links gegen Philippeville, Givet oder Mézèires wenden.

Wenn der Herzog Wellington hierüber mit Euer Durchlaucht einverstanden wäre, so würde ich es für zweckmäßig halten, daß der Ingenieur und Artillerie Officier, welcher zu der Belagerung von Euer Durchlaucht bestimmt würde, sich sogleich hieher verfügte, um sich eine genaue Uebersicht von den Mitteln zu verschaffen, welche ihm übergeben und von den Engländern übernommen werden, denn ich halte es für wichtig, daß die Trencheen gleich nach der Einschließung eröffnet werden. Das zu den Belagerungen bestimmte Corps dürffte wohl nun auch sämmtliche Pionier Compagnien aus Wesel, Jülich und vielleicht zum Theil aus Cöln an sich ziehen.

v. Müffling.

— 315 —

Nr. 4.
Marschtableau.

		1. Tag	2. Tag	3. Tag	4. Tag	5. Tag	6. Tag	7. Tag	8. Tag	9. Tag
Armee des Herzogs Wellington	1. Corps					"	Blaugies	Bresau	Le Catare	Guise
	2. Corps					"	Quidrain	Gauttin	(schließt Le Quesnoy und Landrech ein)	
	Reserve					"	St. Ghis-lain	Curgies		
							zwischen Baten-ciennes und Mons	zwischen Baten-ciennes–Quesnoy		
Armee des Fürsten Blücher	1. Corps	Concen-trirung bei Charleroi*)	Thuin, die Avantgarde in Solre sur Sam-bre und Beau-mont	Gegend von Maubeuge, Avantgarde gegen Avesnes und Landrecy Charleroi	Gegend von Landrecy Marchiennes	Havay	Havay	Billerau und Herbigny	bei Avesnes (schließt Mau-beuge und Avesnes ein)	Etrée au pont
	2. Corps	Concen-trirung bei Bossieres und Onoz	Montigny Sombreffe	Gegend von Maubeuge Ruhetag	Nayelle sur Sambre Chapelle	Gibry	Gibry	Pont au Berlai-mont		
	3. Corps	Concen-trirung bei Dinant conzentrirt sich bei Ciney	Alarmirung von Givet und Philippeville, Marsch nach Florenne Namur	Beaumont, Avantgarde, gegen Chimay und in Sobre le Château Fleurus	Gegend von Avesnes Pieton	Hautchin	Hautchin	Babay		
	4. Corps	Concen-trirung bei Hannut conzentrirt sich zwisch. Lüttich und Namur	zwischen Gem-bloux und Fleurus Hannut	Merbes le Château Gembloux	Einschliess-ung von Mau-beuge. Das Corps bei Boschamp Gosselies	Binche	Binche	vor Mau-beuge		
					zwischen Mons und Maubeuge					

*) Das Cursiv-Gedrucke wurde mit roter Tinte eingetragen.

Nr. 5.

Euer Exellenz überreiche ich in der Anlage meinen Rapport über die eben gehabte Unterredung mit Herzog Wellington. Ich bin nicht weiter in ihn gedrungen, da ich sah, daß er den oestreichischen Worten über den Anfang des Krieges nicht recht vertraut und doch gleich um 20 Tage nachgegeben hat. Auch scheint es mir der Sache ziemlich angemeßen, daß der Herzog den Tag mit Bestimmtheit wißen will, an welchem die Oestreicher anfangen. Die Leute in der Vendée liegen ihm, wie es scheint, nicht sehr am Herzen, was ich gerade glaubte, da der Herzog vorgestern noch in Gent war, und er dort gewiß auf diesen Punkt recht bearbeitet worden ist. Die Instructionen, welche ich auf meinen gestrigen Rapport morgen zu erhalten denke, werden mehr Bestimmtheit in die Projecte des Herrn Herzogs bringen.

Der Kriegsrath Ribbentrup nebst p. Piautaz conferiren heute mit dem englischen General Comissair. Da kommen Dinge zur Sprache, an welche, wie es mir scheint, hier noch niemand gedacht hat, und es ist deßhalb sehr gut, daß diese Dinge jetzt abgethan werden, damit wir ein festes System bekommen.

Der General v. Röder hat ganz Recht, wenn er sagt: Die Antwort wegen der Revue an Duc Wellington hätte durch ihn, nach der Etiquette, gehen müßen; allein er hat Unrecht so etwas übel zu nehmen, weil es doch aus keinem andern Grunde geschehen ist, als weil wir uns als zu einer Familie gehörig betrachten. Uebrigens mache ich mir Vorwürffe, nicht daran gedacht zu haben, daß General Röder sehr empfindlich ist, wie ich diesen Winter erfahren habe. Hier ist er nun noch mit Brockhausen zusammen gekommen, und das hat ihn zu ganz falschen Urtheilen über die Engländer und den Herzog Wellington verleitet. Es ist wahr, daß es ein englischer Grundsatz ist, alle Sachen lieber durch eigne als fremde Gesandten abzuthun, und so wird Herzog Wellington lieber durch Obrist Harding, als mich, mit Euer Exellenz communiciren, allein, dieß hat dem General Röder wohl keinen Schaden gethan. Ich habe nie dem Obrist Harding etwas gesagt, was nicht allgemein bekannt war; allein da Harding dem Herzog täglich schreibt, und der Fürst viele Dinge bey Tisch erzählt, so kann es nicht fehlen, daß der Herzog manches erfährt. Ich habe heute aber auch einen Beweis, wie vorsichtig der Herzog ist. Minister Brockhausen sagte mir heute, er habe von Major v. Böttger gehört, daß der Feind sich an unsrer Grenze hier vermindere, daß der General v. Ziethen es gemeldet u. s. w.

Er habe darauf diese Nachricht dem Herzog gegeben und ihn gefragt, ob er auch diese Nachricht habe? Der Herzog hätte geantwortet: „Das Gegenteil, der Feind verstärke sich täglich".

Die Nachrichten aus Neapel werden Euer Exellenz wohl von Wien unmittelbar haben, denn ich höre, daß der Lieutenant Oetzel gestern Morgen eingetroffen ist. Der Herzog Wellington wollte mir sie schicken und ich wollte sie für den Fürsten abschreiben. Die Hauptsachen, wie mir der Herzog sagt, sind, daß General Nugent mit 6/m Mann auf Neapel losgegangen ist, daß der König Murat sich ihm entgegen geworfen hat, daß es zu einem blutigen Gefecht gekommen ist, nach welchem Murat sich nach Gaeta geworfen hat. Gleich darauf sind Deputirte aus Neapel erschienen, Ferdinand 7 ist ausgerufen, und Nugent sollte am 23t. May in Neapel einrücken. Der englische Gesandte war bereits mit zwey Kriegsschiffen daselbst angekommen, und Gaeta ist zu Wasser und zu Land bloquirt, so daß Murat nicht entkommen kann. Welche glückliche Campagne für die Oesterreicher!

Ich ergreiffe diese Gelegenheit, um mit dem heutigen Courier dem Fürst Schwarzenberg zu gratuliren und ihn zu beschwören, die Eröffnung der Feindseligkeiten zu beschleunigen.

Brüssel den 2. Juny 1815.

v. Müffling.

NS. Wenn der Fürst Blücher den Herzog Wellington zu einer Revue einladet, wäre es nicht gut, wenn der Fürst dieß dem General v. Röder auftrüge?

Nr. 6.

Euer Exellenz erhalten in der Anlage die beyden Schreiben vom 20. und 22. May, welche Lord Wellington mir mitgeteilt hat, um sie dem Feldmarschall abschriftlich zu übersenden*).

Sie kamen gestern Abend durch einen Courier directe aus Rom.

Brüssel 2. Juny 1815.

Müffling.

Nr. 7.

Nachdem ich dem Herzog Wellington die Nachrichten vom 1t. Juni über die feindlichen Bewegungen und die Schlußfolge des Majors von Bardeleben vorgelegt hatte, erwiederte er mir, er habe dieselben Nachrichten (nur nicht so detaillirt) gestern Abend vom General Dörnberg erhalten und dieselbe Schlußfolge gezogen.

---

*) Die beiden Schreiben (p. 66 und 77 falsch eingereiht) sind das von Cooke aus Rom vom 20. Mai, Suppl. Desp. X 327; und das von Lord Burghersh vom 21. Mai, Suppl. Desp. X, 338.

Er habe hierauf gestern Abend nochmals in Ueberlegung genommen, was unter diesen Umständen zu thun sey, und er glaube unser jetziges System sey gut, und zwar aus folgenden Gründen, welche ich dem Fürsten vorlegen möge:

Wenn wir jetzt den Krieg anfingen, so würde uns die Belagerung 15 bis 20 Tage beschäftigen, denn er rechne darauf, in den ersten 5 Tagen selbst vor dem Platz zu bleiben, den er belagere, und die größte Thätigkeit hinein zu bringen, ja, wenn es nöthig wäre 10/m. Arbeiter zu geben. Späterhin ließe sich die Truppenzahl vor dem eingeschlossenem Platz vermindern.

Wenn nun nach diesen 20 Tagen wir in Frankreich stehen bleiben und die große Armee abwarten müßten, um mit ihr vereint nach Paris zu gehen, so schiene ihm das in vieler Hinsicht nachtheilig, abgerechnet, daß Napoleon dann völlig Zeit hätte, alle seine Kräfte gegen uns zu führen und seine Festungen zu entsetzen.

Wenn es ihm alsdann durch Uebermacht gelingen sollte, einen Vortheil zu erhalten, so würde ganz Europa über uns schreien, daß wir das Schicksal des Krieges aufs Spiel gesetzt hätten, da es jetzt so sicher schiene.

Dies sey seine militairische Ansicht; nun die politische:

Wenn wir noch eine Zeitlang müßig gehen und ein Land durch unsre ungeheueren Bedürfnisse bedrücken müßten, so sey es beßer, daß dies Loos Belgien treffe, als Frankreich, weil es bei unsern Alliirten ohne Folgen seyn würde, und wir dagegen manche Mittel hätten, ihnen Vortheile und Vergütigungen zuzugestehen. In Frankreich könne es durch den Druck die Verzweifelung und den Nationalkrieg herbeiführen.

So sehe er die Sache an; er könne sich irren, aber er wünsche daß man seine Gründe prüfe.

Ich erwiederte: daß diese Ansichten ganz die des Feldmarschalls Fürsten Blücher gewesen wären, allein, durch die Zurücksendung der feindlichen Truppen ins Innre, ganz neue Verhältniße einträten, und daher die Frage entstehen müße, ob nicht die Eröffnung des Krieges zu beschleunigen seyn dürfte.

Der Herzog erwiederte, daß er dies allerdings wünsche, allein allgemein, nicht partiell, denn gerade diese Rücksendungen aus der Gegend von Strassburg wären uns hier nachteilig, da diese Truppen mit gegen uns gebraucht werden könnten, wenn wir die Feindseligkeiten eröffneten, was nicht möglich sey, wenn sie an der Grenze gestanden hätten.

Ich berechnete nun, daß die Zeit unsrer Belagerungen auf wenigstens 23 Tage angenommen, wir grade damit fertig seyn würden, wenn die Oestereicher in Langres einträfen, um mit uns zugleich nach Paris vor=

zurükken, da diese Armee sich nicht durch Belagerungen würde aufhalten laßen.

Der Herzog erwiederte, daß wenn der Tag bestimmt wäre, an welchem die Oestereicher den Krieg anfangen wollten, er kein Bedenken fände, daß wir denselben Tag hier die Feindseligkeiten eröffneten, und der Herzog versprach mir, noch heute einen Curier an den Fürst Schwarzenberg mit der Frage abzusenden:

Welchen Tag sie dort den Krieg eröffnen wollten?

Brüßel, den 2 Juny 1815.

v. Müffling.

Nr. 8.

Das dem Fürsten Blücher Durchlaucht unterm 1. Juny überreichte Tableau zum Einrükken in Frankreich gründet sich auf folgende Voraussetzungen:
1. daß wir an ein und demselben Tage mit dem Herzog Wellington die Feindseligkeiten anfangen;
2. daß wir auf eine Schlacht in der Gegend von Maubeuge und Valenciennes gefaßt sind.

Das*) von Ew. Exzellenz mir gütigst communicirte Marschtableau giebt diese Vortheile nicht, allein es bietet andre, über welche ich auch mit dem General von Grollmann vor meiner Abreise aus Namur völlig einverstanden war.

Ich weiß nicht, ob der Herzog Wellington Ew. Exzellenz mitgetheilt hat, daß nach seinen Nachrichten alles veranstaltet ist, um:
1. die Garde Napoleons durch ganz besondere Anstalten in zwei Tagen von Paris bis Maubeuge zu fahren;
2. daß wenn die Witterung günstig ist, die Nachricht vom Ausbruch der Feindseligkeiten in 4 Stunden durch telegraphische Depesche in Paris seyn kann;
3. daß das IV. feindliche Corps (die Moselarmee benannt) sich mit dem III. Corps vereiniget habe.

Um also zu vermeiden, daß unser 3tes Corps, etwa in die feindlichen Corps, das 3te und 4te geriethe, und bei Florence oder Beaumont aufgehalten und verhindert würde, sich zur bestimmten Zeit mit der Armee bei Avesnes zu vereinigen, habe ich seinen Marsch über Namur in die Gegend von Binche angesetzt.

---

*) Hier steht am Rande von Gneisenaus Hand: „Centrum durchbrechen rückwärts ihrer Linien und Festungen — 3t. Armeekorps hält 2 Armeekorps fest."

Ferner habe ich angenommen, daß nach 3 oder 4 Marschtagen die Armee an der Grenze einen Ruhetag mache, um alles im Stand zu setzen und die Wagen heranzuziehen, da gleich darauf wenigstens 5 Tage hinter einander marschirt werden muß.

Dieser Ruhetag könnte allerdings wegfallen, wenn die Nothwendigkeit da wäre, ihn nicht zu machen.

Nach meinem Marschtableau ist am 7ten Tag, wo alles zugleich nach Frankreich einrückt, auch die ganze Armee zur Schlacht bereit. Was die englische Armee betrifft, so habe ich ihre Bewegungen erst von dem Tage angesetzt, wo sie mit uns gemeinschaftlich verabredet werden müßen, ihnen überlaßend, daß sie an diesem Tage auf den vorgezeichneten Punkten ankommen.

Das mir von Ew. Exellenz übersandte Tableau, weicht daher folgendermaßen von dem Meinigen ab:
1. wird der Krieg vom 1ten und 3ten preußischen Corps einen Tag früher angefangen, als von der angloniederländischen Armee;
2. sind am 3ten Tage, als die preußische Armee zwischen Maubeuge, Avesnes und Landrecy steht, nur zwei Corps zur Schlacht bereit, und diese von der englischen Armee durch die Sambre oder in ziemlich großen Distanzen getrennt, ebenso von dem 3ten und 4ten preußischem Corps;
3. von Lüttich bis Maubeuge sind 16 Meilen, der Marsch und die Einschließung von Maubeuge in 4 Tagen nach dem Tableau ist wohl (da es nicht nöthig ist, so forzirte Märsche zu machen) zu stark.

Wenn jedoch nicht zu erwarten steht, daß der Feind gleich nach unserm Einrükken in die Offensive übergeht, oder das verschanzte Lager von Maubeuge von ihm besetzt und gehalten wird, so giebt dieses Marschtableau die Vorteile:
1. daß es dem Feind die Bewegungen viel beßer verbirgt;
2. daß es die Verpflegung sehr erleichtert und dadurch Gelegenheit giebt, die Disziplin beßer zu erhalten.

Da ich bis Montag früh hierauf von Ew. Exellenz Antwort und Instruktion erhalten kann, so verschiebe ich es bis dahin, dem Herzog das Tableau und die dazu nöthigen Fragen vorzulegen.

Was die Belagerungen anbetrifft, so halte ich dafür, daß die Engländer sich schwer dazu [entschließen] werden, in ein System der Kriegführung einzugehen, welches ganz gegen ihre Organisation und Gewohnheit ist, nehmlich die Verbindung mit England aufzugeben, und sich ein neues Kriegestheater in Frankreich selbst zu schaffen und zu organisiren. Ich habe den Herzog bereits auf die Schwierigkeiten aufmerksam gemacht, welche sich bei der Belagerung von Valenciennes finden dürften, und vorgeschlagen, eine Festung dritter Linie, wie Cambray, anzugreifen. Der Herzog stimmte auch damit ein, suchte jedoch auf der Karte gleich nach der Communikation mit den Niederlanden. Uebrigens steht es mit unsern Belagerungsmitteln noch sehr schlecht, und reichen sie kaum zu Ausführung meines Vorschlags hin, selbst wenn wir unsre erste Division des Belagerungsgeschützes von Mastricht mit bis vor Maubeuge ziehen und zwey 12pfünder Batterien von der Armee dazu hergeben, denn Herzog Wellington hat nicht mehr als 76 Stück Belagerungsgeschütz.

Ich werde die Antwort Ew. Exzellenz auf meinen gestrigen Rapport abwarten, und denke dann dem Herzog die Berechnung des Bedürfnißes und der Mittel dergestalt vorzulegen, daß er hiernach eine bestimmte Erklärung geben muß.

Zu den Belagerungen, glaube ich, muß unverzüglich ein dirigirender und wenigstens 3 bis 4 Ingenieur Officiers herbeigeschafft werden. Sollte es nicht anders seyn können, so schlage ich vor, daß Major von Keibel sogleich von Luxemburg abgerufen wird. Eine Belagerung dieses Platzes haben wir nach den letzten Nachrichten nicht zu fürchten. Keibel halte ich für einen unsrer besten Ingenieur Officiers, denn Le Bould de Mars kömmt mir noch weitläuftiger vor. Er muß die Berechnung seiner Bedürfniße zu einer Belagerung von Maubeuge anlegen, und sich mit dem Platz bekannt machen. Ein Plan davon ist da. Auch ist der Lieutenant Buschbeck, soviel ich mich erinnere, mit davor gewesen.

Brüssel den 3. Juny 1815.

v. Müffling.

Nr. 9.

(Excerpt)*) 3. Juni.

General v. Müffling zeigt an, daß der Krieg zwischen Frankreich und England schon zur See angefangen, und die Engländer die Fregatte Melpomene bei dem Hafen von Neapel genommen haben.

Nr. 10.

Brüssel den 5. Juny 1815.

Unterm heutigem dato legte ich dem Herzog Wellington das mir von des General Lieutenants Grafen von Gneisenau Excellenz, zu diesem Behuf mitgetheilte Marschtableau, zum Einrücken nach Frankreich vor.

---

*) VI D. 9, im Kriegsarchive.

Der Herzog sah es genau durch und erklärte: er sey ganz damit einverstanden, ich möge ihm eine Abschrift davon geben.

Hierauf erklärte ich dem Herrn Herzog: der Fürst Blücher sey bereit, die Belagerung von Maubeuge unter den ihm bekannten Bedingungen zu unternehmen, worauf er erwiederte, 200 Stück englisches Belagerungs Geschütz sey bestellt. Von 76 Stück mit 1000 Schuß für jedes Geschütz wiße er die Ankunft, villeicht erhalte er heute noch die Nachricht, daß ein zweiter Transport da sey. Es bleibe bei unsrer Verabredung, daß wir uns gemeinschaftlich unsrer Mittel bedienten. Ich erwiederte, daß wir bis jetzt nur über 25 Stück schweres Geschütz disponirten, aber wenn es irgend möglich wäre, sie gern von der Maaß heran schaffen würden. Es käme aber jetzt vorzüglich darauf an, daß der Herr Herzog sich bestimmte, welche Festung er angreiffen wolle.

Der Herzog meinte, unter diesen Umständen müße er Valenciennes angreiffen.

Ich stellte ihm vor, dies würde schwierig seyn, Valenciennes sey stark, habe Ueberschwemmungen, und um eine große Oeffnung zum Eindringen in Frankreich und zur Communikation mit den Niederlanden zu haben, wären uns die Plätze Landrecis, le Quesnoi, Avesnes und Cambray nebst Maubeuge am wichtigsten.

Dies zugebend, behielt er sich vor, über die Sache nachzudenken. Auch müßten unsre Mittel reiflich erwogen, und demnach die Schritte bestimmt werden. Ich fragte den Herzog, ob er es wünsche, daß einer unsrer Ingenieur Officiere herkomme, der sich mit einem der seinigen zusammen setzen könnte, um über diese Gegenstände zu berathschlagen. Der Herzog bat darum, daß dies geschähe.

Was die Eröffnung der Feindseligkeiten betrifft, so theilte mir der Herzog aus einem Schreiben des Fürsten Schwarzenberg mit, daß der Fürst in zwei Tagen einen Courier an ihn senden wolle, der bestimmte Nachrichten über die Operationen bringen würde.

Wenn dieser Courier den Tag anzeigte, an welchem die Armee vom Oberrhein den Krieg anfange, so sey er bereit, an denselben Tag die Feindseligkeiten zu eröffnen.

Um meiner Sache recht gewiß zu seyn, fragte ich: „ob ich es offiziell anzeigen könne, daß

  der Herr Herzog bereit sey, den Krieg mit dem Fürsten
  Schwarzenberg an einem Tage anzufangen?"
und erhielt von dem Herrn Herzog die Antwort: „Ja."

              v. Müffling.

Nr. 11*).

Euer Exellenz werden aus dem anliegenden Rapport ersehen, wie sich der Herzog Wellington im betreff unsrer ersten Operationen geäußert hat. Die Karte lag vor uns, als ich ihm sagte, daß der Feldmarschall die Belagerung von Maubeuge übernehmen wolle. Ich glaube, er hatte dieß nicht erwartet, und was ich ihm neulich über diesen Gegenstand sagte, nicht für Ernst genommen. Er gab mir dieß zu verstehen, indem er selbst eingesehen hätte, daß die Maaßfestungen für uns ein größeres Interreße hätten. Allerdings ist dem so, erwiederte ich ihm, allein wir sind gewohnt, das Allgemeine ins Auge zu nehmen, und dem Allgemeinen alle Opfer zu bringen. Wir könnten ohne Schwierigkeit uns ein eignes Kriegstheater an der Maaß bilden und die Belagerungen von Givet und Philippeville unternehmen, aber was würde dann Ihre Armee leisten können? sie verlöhre sich zwischen allen den französischen Festungen und könnte keine Belagerung gehörig decken. Durch unsre vereinten Mittel brechen wir ein großes Loch in diese Festungs Mauer und würcken auf den großen Zweck des Krieges.

Der Herzog stimmte mir vollkommen bey und sagte mir die schönsten Sachen über den Geist, der alle unsre Schritte bezeichne.

Was die Communicationen anbetrifft, deren ich in meinem letzten Schreiben erwähnte, so sind bieß nicht Küsten Communicationen, sondern mit Belgien, wo große Mittel zum Kriege aufgehäuft werden; weshalb mir auch der Comissaire General der englischen Armée Dumore sagte: er hätte jetzt so ungeheure Ausgaben, daß alle seine Caßen leer wären.

Ich habe mit dem englischen Chef des Ingenieur Corps Bekanntschaft gemacht, und von ihm viel über die Vertheidigungs Maaßregeln erfahren. Sie sind: Ypres, Gand und Antwerpen als Hauptplätze herzustellen. Im 1. Ort sind 117 englische Geschütze, in der Citadelle vom zweiten 83 aufgestellt. Auf Gand thut sich dieser Chef etwas zu Gute. Mons, Tournay, Ath, Nieuport und noch ein Ort, den ich vergeßen habe, werden nur passagere befestigt. An diesen 8 Plätzen, welche ziehmlich vollendet sind, arbeiten täglich noch 23/m Menschen auf englische Rechnung. Es ist würcklich begreiflich, daß der König von den Niederlanden als ein guter Rechen Meister die Engländer lieber hat als uns.

Ueber den Belagerungs Parc gab mir dieser Chef die Auskunft (den 3t. Abend), daß er über 152 Stück Belagerungs Geschütz disponiren könne. Vielleicht ist also schon ein Transport angekommen, von dem Lord Wellington heute noch keine Meldung hatte. Ich bitte Euer Exellenz sehr, wenn diese Sache in Ordnung kommen soll, einen Ingenieur

---
*) Der Anfang bis „bezeichne" bei Delbrück, Gneisenau IV, 514.

baldigst herzusenden; wenn Sie Keibel gebrauchen wollen, wo möglich ihn selbst. Bey den vielen Pferden in Belgien, und da nach den Rayons Verträgen die Transporte umsonst geschehen sollen, so glaube ich, daß es möglich wär, den Belagerungs train in Lüttich gleich dem General v. Bülow zu attachiren, und ihm aufzugeben, ihn durch Vorspann mit sich fort zu schaffen. Ein einzelner Officier setzt es nicht durch. Sollte die 2te Division des Belagerungs trains in Wesel jetzt nicht fertig sein und nach Lüttich vorrücken können?

Da das Roer Departement jetzt ganz ohne Einquartierung ist, so könnte es wohl durch Vorspann geschehen, wenn der Waßer Transport zu viel kosten sollte. General v. Holzendorff hat doch 1000 Schuß p. Geschütz. Wo werden wir alle Hacken und Schaufeln u. s. w. herbekommen.

Gestern Abend ist Lord Benting von Genua hier angekommen.
Brüssel den 5t. Juny 1815.

v. Müffling.

Nr. 12.

Der Capitän von Stosch hat mir geschrieben, daß Euer Exellenz bey mir noch Actenstücke, die Sächsischen Angelegenheiten betreffend, vermutheten, und daß ich sie Euer Exellenz zurücksenden mögte. Es befindet sich jedoch nichts mehr bey mir, da ich alles an die 1te Section abgegeben habe.

Bey dieser Gelegenheit muß ich jedoch Euer Exellenz noch mittheilen, daß die enragirten Sachsen glauben, nun außer der preußischen Gewalt und im Schutz ihres Königs zu sein, und daß, wenn sie uns auf irgend eine Art insultiren könnten, sie es mit Vergnügen thun würden. — Ich glaube, daß diese Leute darauf rechnen, wir würden gleich nach erfolgter Theilung den preußischen Theil abmarschieren laßen, und dann wäre es nicht allein sehr leicht, sondern bereits eingeleitet, Unruhen zu erregen. Die Herren säßen dann bedächtig hinter der Gardine, und zuckten die Achseln, wenn die neuen Preußen rebellirten. Ich glaube jedoch, daß dieß ganz zu vermeiden ist:
1. wenn die bleibenden Sachsen aus den Quartieren abmarschieren und die werdenden Preußen darin zurückbleiben, bis jene zwey Märsche entfernt sind;
2. wenn der General Lieutenant Lecoq erst das Comando übernimmt, wenn die bleibenden Sachsen zwey Märsche weit von den Quartieren entfernt sind, und den Commandeurs gesagt wird, daß alle bis dahin vorfallende Exeße nach Preußischen Gesetzen bestraft werden.

Sollte der General Lieutenant Lecoq sich bestimmt erklären, daß er selbst für jeden Exeß, der vom Augenblick der Theilung an bey den Sächsisch bleibenden Leuten vorkommen könnte, einsteht, so hätte es alsdann, so wie es mir scheint, kein Bedencken, aber Lecoq wird dieß weder thun noch thun können.

Bey der Cavallerie müßen übrigens eine Menge von Leuten, welche noch beim Sächsischen Antheil sind, zu uns gezogen werden, worüber die Acten vorhanden sind und Capitain Heymann die beste Auskunft geben kann.

Brüßel den 6. Juny 1815.

v. Müffling.

N. S. Der General v. Leyser ist bey mir gewesen und hat mir vertraut, daß der Herzog Wellington ihn auf sein Schreiben vom König von Sachsen (welches Leyser mit dem Obrist Ziegler übergeben) sehr kalt empfangen und erwiedert hat: wenn seine Armée durch Truppen vermehrt werden solle, so müße er auch sicher sein, daß diese Truppen täugten und Gehorsam hätten, sonst danke er dafür.

Die Herrn haben nun in Hinsicht der Cavallerie gebeten, und der Herzog hat geantwortet: er könne sich auf nichts einlaßen, er wolle erst mit mir sprechen.

Wenn er mit mir darüber spricht, so werde ich ihm erwiedern, die Cavallerie könne er nach unsern Grundsätzen sogleich zur Armée nehmen, die Artillerie später, allein die Infanterie könne nicht zu einer Bataille gebraucht werden, höchstens zu einer Belagerung.

v. Muffling.

Nr. 13.

Die Frau von Wollzogen hat mir ihren Sohn, der bey dem sächsischen Cürassier Regiment steht, aufs angelegentlichste empfohlen und sein Schicksaal in meine Hände gelegt, da sie in der Entfernung nicht beurtheilen könne, was zu thun sey, und ihre beyden Schwäger sich nicht bey der Armée befänden.

Ihr Wunsch war, daß er in die Garde du Corps kommen oder wenigstens in ein preußisches Regiment treten solle, welches eine Garnison habe, in welcher er seine Ausbildung fortsetzen könne.

Nach den Scenen in Lüttich habe ich den jungen Wollzogen zu mir kommen laßen und ihm aufgegeben, bey seinem Regiment auszuharren, bis die Ratification des Königs von Sachsen eingegangen sein würde, dann aber sich in aller Form um den preußischen Dienst zu melden. Ich glaubte damals, daß wenn die 204 zu uns übertretenden sächsische Cürassier noch zum 4 t. Cürassier Regiment stießen, der junge Wollzogen am zweckmäßigsten zu diesem Regiment treten und mit demselben die Campagne machen könne. Das weitere fände sich nach dem Kriege.

Da ich nun nicht überschen kann, in wie weit dieser Plan für den jungen Menschen noch paßt, so wende ich mich an Euer Exellenz mit der Bitte, für ihn zu sorgen, daß er so placirt wird, um die Campagne mitzumachen. Er selbst wünscht sich zur leichten Cavallerie, da er jedoch eine sehr gute Cürassier Equipage hat, so wollte ich der Mutter gern die Ausgabe sparen.

Mich Euer Exellenz gehorsamst empfelend
Brüßel den 8. Juny 1815.

v. Müffling.

Nr. 14.

Euer Exellenz Schreiben an den General Graf v. Golz geht morgen früh ab. Es ist heute gar nichts Neues eingegangen.

Der auf anliegender Visiten Charte bezeichnete Mann hat von seinem Monarchen den Befehl, sich in das Haupt Quartier des Fürsten Blücher zu begeben, um die Campagne mit ihm zu machen. Da er eine Zeitlang hier, und, wie es scheint, beliebt ist, so werde ich von mehreren Seiten angegangen, ihm, da er den 10 t. eintreffen will, Empfelungsschreiben mitzugeben, welches ich denn auf Begehren des Lord Fiz Roi Sommerset und General Alaver hiermit bestens bey Euer Exellenz gethan haben will.

Daß der Kurfürst von Heßen gegen die Sachsen protestirt hat, kann ich ihm nicht verdenken. Hätte meine Frau (die jetzt in Osnabrück ist) eine so durchdringende Stimme als der Kurfürst, sie thät es auch, und den Leuten könnte es doch am Ende nichts schaden, wenn sie von einem Lande zum andern immer mehr nördlich gewiesen würden, bis sie am Pol über Grönland ankämen.

Der Major Lisnewsky, aus Braunschweigschen Diensten, hat mir seine Geschichte erzählt. Ich habe gehört, daß sie bey dem braunschweigschen Corps den größten Unwillen erregt hat, und habe dem p. Lisnewsky gerathen, sich nicht in eine Parallele mit seinem Gegner zu setzen, der einen sehr schönen Abschied vom Herzog (mit Rangerhöhung) erhalten hat, dem aber das Corps Officier in keinem Fall ein Zeugniß geben würde.

Heute habe ich von dem p. Lisnewsky beyliegendes Schreiben erhalten*), und verstehe nicht recht, was er wünscht. — Beim Braun-

---

*) Ist im Aktenstücke S. 83 eingeheftet.

schweigschen Corps gielt er für einen sehr guten Officier, und was ich von der Sache weiß, kann ihm durchaus nicht nachtheilig sein.

In die detail Untersuchung dieser Angelegenheit und Ablieferung eines Zeugnißes habe ich nicht eingehen wollen, weil es sich für mich nicht schickt; indeß glaube ich, daß wenn der p. Lisnewsky angestellt wird, so muß er dem Corps Officiers seines neuen Regiments sein Zeugniß vorlegen und ihm anheim geben, sich mit seinen ehemaligen Cameraden bey den Braunschweigschen Truppen in Correspondenz zu setzen.

Wenn Euer Exellenz diese meine Ansicht theilen, so werde ich ihm in diesem Sinne antworten.

Brüßel den 8. Juny 1815.

v. Müffling.

Nr. 15.

Der General v. Dörnberg glaubt, daß Napoleon uns angreifen würde. Er wollte den 6. von Paris abgehen, den 7. in Valenciennes eintreffen und hat an seine Generale gesagt, daß er uns hier angreifen und vernichten würde, eh die Rußen herankämen.

Die bey Paris gestandene Reserve und 4 Bataillons jeune Garde sind nach der Vendée aufgebrochen, alles übrige hieher. Ein Train von 150 Stück 8 und 4=Pfünder sind den 2. von Vincennes abgegangen und hieherwärts dirigirt (nach Laon).

General Dörnberg meint, daß es die Absicht sein müße, daß der Feind das verschanzte Lager bei Maubeuge halten wolle, im Fall wir angriffen, denn es sey viel daran gearbeitet.

Euer Exellenz theile ich diese Nachrichten aus einem Privat=Schreiben des Generals v. Dörnberg an mich mit. In Mons fehlt es noch nicht an Räumen zu Magazienen (welches p. Ribbentrupp zu erfahren wünschte); ich bekomme noch das Detail darüber.

Brüßel 9. Juny. Morgens.

v. Müffling.

Nr. 16*).

Auf die von mir dem Herrn Herzog Wellington vorgelegten Nachrichten des Generals von Ziethen sagte mir der Herr Herzog, er habe sichere Anzeigen, daß Napoleon noch am 7. Juni in Paris gewesen sey. Auch ergiebt sich dies aus dem Moniteur vom 7. Juni.

Beiliegende Nachrichten sind mir von dem Herr Herzog übergeben, um sie Sr. Durchlaucht dem Fürsten Blücher von Wahlstadt mitzutheilen.

---

*) Delbrück, Gneisenau IV. 517 mit abweichendem Nachtrage.

Sie sind wichtig in Hinsicht der Quelle und als Bestätigung, daß die Kräfte Napoleons nicht so übermäßig sind.

Nach allem, was uns bis jetzt über die Maaßregeln Napoleons zugekommen ist, glaube ich annehmen zu müssen, daß er nicht zuerst angreifen wird, aber vielleicht in demselben Augenblick, als er die Nachrichten von Eröffnung der Feindseligkeiten am Oberrhein erhält, sein Glück gegen uns versucht, da er alsdann noch immer Zeit behält („wenn seine Unternehmung gegen uns glücken sollte") sich der großen Armee entgegen zu setzen.

Ist dies jedoch nicht sein Plan, so hat er wahrscheinlich von Laon einen Marsch gegen den Oberrhein bereitet, und fällt auf den Fürsten Schwarzenberg mit allem was er entbehren kann.

Ich halte es deshalb für wichtig, daß jemand nach Rheims oder womöglich gar nach Laon gesendet wird, der daselbst bleibt, bis die Feindseligkeiten angefangen haben, und Buonaparte eine Parthie ergriffen hat.

Der Herzog Wellington hat mir gesagt, daß nach seinem heute erhaltenem Rapport 180 Stück Belagerungs-Geschütz bereit wären. Es ist also anzunehmen, daß das Belagerungsgeschütz von 200 Stück bis zur Eröffnung der Feindseligkeiten hier seyn wird.

Einige englische Regimenter der Armee aus Amerika sind wieder in Ostende angekommen.

Brüssel den 11. Juny 1815.

v. Müffling.

Nr. 17.

Euer Exellenz habe ich die Ehre nebst beyliegenden Rapport die Meldungen des General Lieutenants v. Ziethen zurückzusenden.

Wegen der Sachsen hat der Herzog mir noch nichts weiter gesagt; ich vermuthe, es wird geschehen, sobald sich der General Lieutenant Lecoq meldet. Die Entstellung der Sachsen Geschichte im Rheinischen Merkur, als ob die Sachsen durch uns gereizt worden wären, hat mich veranlaßt dem Regierungs Rath Sack zu Coblenz eine Rectification zu übertragen. Was mit der sächsischen, zu uns übertretenden Cavallerie zu thun ist, wird sich, glaub ich, am besten zeigen, wenn Euer Exellenz die sächsisch bleibende Cavallerie in die Cantons Gülpen, Herlé und Eisden über die Maaß rücken laßen. Bleibt dann der preußische Theil ruhig, so bin ich unbesorgt, er wird sich ferner gut betragen. Das sächsische Gouvernement giebt übrigens durch seine neue Formationen deutlich zu erkennen, daß es ambitiöse Absichten hat. Es gelingt ihm dadurch, eine Menge Officiers zurückzuhalten, welche zu uns übertreten wollten, die es indeßen bald bereuen werden. Was Herzog Wellington dem Herrn v. Brockhausen gesagt haben soll — wie er versichert — glaube ich nicht recht, da mir vorkömmt, daß B. manches erfindet, um sich wichtig zu machen. Ich habe ihn schon einigemal auf diesen Punct nicht rein gefunden.

Herzog Wellington sagte mir noch vor einer Stunde, als ich mit ihm von den Operationen sprach, er sehe einem Angriff N(apoleons) mit der größten Ruhe entgegen, da er mit seinen Anstalten so wohl als wir fertig sey. — Ich erwiederte ihm, nach meiner Ansicht gäbe es jetzt für die Coalition keine glücklichere Begebenheit, als wenn N. uns angriffe. Der H(erzog) trat meinen Gründen völlig bey und theilt meine Ansicht, daß wir bis an die Aisne keine bedeutende Affaire haben werden, — wenn wir die Franzosen nicht überraschen. —

Uebrigens erwartet der Herzog einige nicht unbedeutende Verstärkungen, ohne das geringste zu ihrem schnelleren Heranziehen zu thun; z. B. 13 m. Dänen sind noch nicht abmarchirt. Ich fragte den General Waltersdorff, ob der Herzog nicht treibe, daß sie marchiren und ankommen? Er antwortete „nein", und doch hat er den Dänen versprochen, sie nicht vor einer Festung zu laßen.

Ich lege ein Schreiben des Generals Dörnberg bey, welches wegen der Räume zu Magazienen Aufschlüße für p. Ribbentrupp giebt.

Brüßel 11. Juny. Mittag. 1815.

v. Müffling.

Nr. 18.

Euer Exellenz übersende ich das Journal de la Belgique im Fall Sie den Artickel übersehen hätten, den ich roth angestrichen habe. Der Mensch hat ein eignes Unglück!

Im Fall Euer Exellenz die Fortsetzung des rußischen Marsches nicht kennen sollten, lege ich das Marsch tableau der ersten Colonne bey. Die zweyte geht bey Oppenheim, die 3. bey Mannheim zugleich mit dieser über. Die andern habe ich nicht erhalten können. So viel scheint mir aus diesem Tableau vorzugehen, daß die Oestreicher den 20. Juny von Basel aus die Feindseligkeiten anfangen müßen.

Die Franzosen haben eine Scene mit den Niederländern gehabt, wobey 3 Franzosen gefangen gemacht worden sind. Herzog Wellington schickt diese Leute mit einer Lecktion an den Graf Erlon zurück.

Brüssel den 12. Juny 1815.

v. Müffling.

Marsch Tableau

Der Kaiserlich Russischen Truppen Colonne, welche bei Mainz den Rhein passirt

Benennung der Truppen Theile		Zahl der Combattanten	Kommen an in		
			Hochheim etc.	Durch Mainz nach Nieder Ingelheim etc.	Kreuznach etc.
2t. Grenadier Division mit 3. Comp. (36 St.) Artillerie	Generallieutenant Paskewitz	10 500	den 15t. Juny	den 16t. Juny	den 17 t. Juny
3tes Corps. — General der Infanterie Doctorof besteht aus 4t. 24. 27. Infanterie Division, 3t. Dragoner Division, 2 Regimenter Kosacken, 10 Comp. Artillerie (120 St.), 1 Comp. Cappeurs, 1 Comp. Pioniers		37 500	den 24t. 25t. 27t. Juny	den 25t. 27t. 28 Juny	den 27t. 28t. 29t. Juny
3t. Grenadier Division mit 3. Comp. (36 St.) Artillerie	Generallieutenant Roth	10 400	den 29 Juny	den 30 Juny	den 1 July
	Summa	58 400			

Mainz den 7 Juny 1815.

Nr. 19.

Brüssel, den 12. Juny 1815.

Exellenz.

Der Herzog v. Wellington eröffnete mir unter heutigem dato, daß nach Euer Exellenz Wunsch schleunigst 30 m. Stück Gewehre etc. zu haben, ihm die Anzeige zugegangen sey, daß:

1) 10 m. Stück Gewehre bereits von England abgesendet, wahrscheinlich schon in Ostende angekommen sind;

2) daß unverzüglich 10 m. Stück Gewehre folgen sollen;

3) daß jedoch alle Waffen Depots für die Cavallerie in diesem Augenblick in England ganz leer wären, und man mit dem besten Willen uns damit nicht aushelfen könne;

4) daß man die Bezahlung dieser 20 m. Gewehre bey der nächsten Subsidien Erhebung durch Abzug abzuthun wünsche.

Der Herzog Wellington fragt nun an, wo wir die Gewehre zu übernehmen wünschen, denn er könne sie leicht nach Antwerpen bringen lassen. Ich erwarte hierüber Euer Exellenz Disposition.

v. Müffling.

Nr. 20.

Nach dem von Euer Exellenz mir ertheilten Auftrag habe ich dem Herzog Wellington vorgelegt, was der F. M. Fürst Wrede über die Operationen für Ansichten hat.

Der Herzog äußerte sich folgendermaßen: „er sehe nicht recht den Grund, aus welchem der Fürst Wrede allein gegen Nancy vorgehen wolle, und der Fürst Schwarzenberg, der die größten Distancen zu durchlaufen hat, halten solle? Die Meynung des rußischen Kaisers — mit allen Armeen zugleich zu operiren — sey durchgegangen; sie koste uns 3 Wochen Zeit. Nun müße es wohl dabey bleiben, daß Fürst Schwarzenberg den Krieg eröffne, von dem Fürst Wrede nur einen Teil ausmache. Die Vorschläge des Fürsten Wrede gingen in ein detail über, welches nur der Fürst Schwarzenberg entscheiden könne."

Euer Exellenz habe ich bereits früher eröffnet, daß es*) mir scheine, Fürst Wrede wolle sich durchaus in den Besitz von Nancy setzen. Es scheint mir, daß jetzt Chateau Salins genannt wird, um den Nahmen Nancy zu vermelden. Wo sollen denn die Rußen in Frankreich eindringen? Es scheint mir viel zweckmäßiger, daß sie die Festungen Metz etc. rechts, als daß**) sie [sie] links liegen laßen, wo es keine Straßen

---

*) es steht „er".
**) daß daß.

giebt, und wo sie auf die befestigten Ardennen stoßen. Nun begreife ich aber durchaus nicht, wie die Ardennen besser tournirt werden können als über Nancy, und warum der so gut als gar nicht besetzten Vogesen wegen unsre Operationen um zwölf Tage aufgehalten werden sollen?

Nach dem, was ich hier erfahren habe, gab es in Wien lange und schwierige Unterhandlungen, eh der Fürst Wrede sich entschloß, unter dem Fürst Schwarzenberg zu stehen, und es scheint daher, daß der jetzige Vorschlag zwey Zwecke hat:

1) sich vom Fürsten Schwarzenberg loszumachen, und
2) in Nancy frei wirthschaften zu können.

Dieß letzte wird durch eine Convention beschränkt werden, welche unsre Gesandten mit dem König von Frankreich abzuschließen den Auftrag erhalten haben, wovon die Haupt-Grundsätze sein werden: daß der König von Frankreich die Administration der eroberten Provinzen gleich übernimmt, daß wir jedoch Intendanten einsetzen, durch welche die Requisitionen zur Verpflegung der Armée gehen. —

Bis jetzt ist der lang ersehnte Courier aus dem H. Q. des Fürsten Schwarzenberg nicht eingetroffen, indeßen hat mir General Vincent mitgetheilt, daß ihm Fürst Schwarzenberg unterm 31. May geschrieben hat: „sobald die Rußen in der Linie sind, fange ich meine Operationen an, und nehme meine Direction über Langres und Chaumont."

Hiernach scheint der Fürst die Absicht des links Ziehens und Vereinigung mit Frimont ganz aufgegeben zu haben.

Brüssel den 13. Juny.

v. Müffling.

Nr. 21.

Euer Exellenz habe ich die Ehre in der Anlage ein Schreiben des Lord Castelreagh und ein andres des Herzogs Wellington in Betreff der Administration in Frankreich abschriftlich mitzutheilen, aus welchem Euer Exellenz die Disposition ersehen werden, nach welchen hier gehandelt wird.

Der General v. Toll ist mit einem Schreiben des rußischen Kaisers an den Herzog Wellington hier angekommen. Dieses Schreiben enthält die bekannten Ideen des Kaisers zwischen den beyden Flügel Arméen mit der Seinigen zu laviren.

Der Herzog antwortet dem Kaiser*) ganz daßelbe, was ich Euer

---

*) Hieraus ergiebt sich der Brief Wellingtons in Disp. XII. 470 als an den Kaiser von Rußland gerichtet. Vergl. Neue Milit. Blätter 1902, S. 196.

Exellenz über diesen Gegenstand geschrieben habe, und räth gerade aus zu gehen, da wir der fremden Hülfe entbehren könnten.

In den französischen Blättern ist eine Proclamation des Fürsten Blücher mit sehr bittern Noten abgedruckt worden.

Brüssel den 15. Juny 1815.

v. Müffling.

Nr. 22.

Nachdem ich dem Herzog Wellington Euer Exellenz Auftrag in Hinsicht der Gewehre ausgerichtet hatte, und am Eingang gesagt: „es müße hier ein Mißverständniß obwalten", erwiderte mir der Herzog: „Der General Low habe ihm das Schreiben des General Lieutenants Grafen Gneisenau vorlegen müßen, da ihm über alle Vorräthe an Waffen 2c. in England die Disposition gegeben sey. Er erinnere sich genau, daß drey Foderungen in dem Schreiben gewesen wären: 1) Gewehre, 2) Theubrücken, 3) Rocket Batterien. Diese Dinge habe er an 3 verschiedenen Orten für uns bestellen müßen, indeßen den Brief an das Departement gesendet, welches die Gewehre sogleich abgeschickt hätte, und bey den Acten haben müße. —

Was die Bezahlung betreffe, so sey es ganz in der Ordnung, daß ein subalternes Departement sich die Zahlung sogleich erbitte, da es gewaltige Contracte über diese Gegenstände zu erfüllen habe, indeß möge ich ihm nur eine Note geben, worin ich verlange, daß diese Gewehre ein Gegenstand der Abrechnung zwischen beyden Gouvernements würden. England sey außer den Subsidien noch viel an Preußen schuldig, und so werde sich der Ersatz schon finden. Die Theubrücken wären fertig und die Rokets befänden sich bey dem Belagerungsgeschütz.

Ich erwiederte, daß ich Euer Exellenz nochmals über diesen Gegenstand schreiben müße, da mir keine Abschrift des Schreibens an den General Low zugekommen wäre, welches die Absicht allerdings klar aussprechen müße.

Der Herzog sagte mir nochmals, Euer Exellenz möchten nur ohne Sorge über die Gewehre disponiren; er wolle schon vermitteln, daß uns die Zahlung für die Gewehre nicht eher als bis zur Abrechnung abgefodert werden, auch sey der Preis nicht hoch — er wiße es nicht aus dem Kopf, allein er glaube 1 Pfund und einige Schilling.

Ich erwarte daher Euer Exellenz weitere Befehle über diesen Gegenstand.

Brüssel den 15. Juny 1815.

v. Müffling.

Nr. 23.

Nach dem von Euer Excellenz mir ertheilten Auftrag in Betreff des Capt. v. Scharnhorst trug ich dem Herzog Wellington das nöthige vor. Der Herzog erwiederte mir: er wolle den Capt. Scharnhorst dem englischen Obrist zutheilen. Ich bemerkte, daß die Wünsche des Fürsten dahin gingen, den C. v. Scharnhorst wie im letzten Kriege zu gebrauchen, und daß es ihm dazu nöthig sey, den Krieg in preußischer Uniform zu machen, worauf der Herzog mir versprach, sogleich nach erfolgter Rücksprache mit seinem jetzigen Chef die nöthigen Ordres hierzu zu ertheilen.

Brüssel den 15ten Juny 1815.

v. Müffling.

Nr. 24.

Euer Excellenz erstes Schreiben hat mich verfehlt und ist in Brüssel geöffnet und dem Herzog vorgelesen worden. Glücklicher Weise hat nichts darin gestanden, was der Herzog nicht lesen konnte, allein wenn Euer Excellenz dem Lieutenant Gerlach nicht ausdrücklich befohlen hatten, es zu öffnen, so hätte er es nicht thun sollen. Ich bin gestern Mittag von Brüssel nach Nivelle abgegangen, weil der Herzog zeitig daselbst eintreffen wollte; ich bin heut Abend hieher gegangen, weil er hier sein will. Läßt man ihn voraus, so kann man nicht folgen. Der Tod des General Quartier Meisters de Lanzey, des General Adjubanten Barnis und des Militair Secretairs Lord Fiz Roy Sommersett Bleßuren setzen den Herzog in die Verlegenheit, fast alles allein machen zu müssen, und wahrscheinlich beschäftigen ihn noch die Depechen nach England. Auf des Herzogs Vorrücken können Euer Excellenz ganz rechnen; indeßen giebt es andre ganz einfache Dinge bey der englischen Armée, die sich nicht durchsetzen laßen. In den wenigen Tagen, daß der Krieg angefangen hat, habe ich so viel neues und ganz apartes gesehen, daß ich ein Buch darüber schreiben könnte. Ich lege ein Blatt von Dingen bey, die mir eingefallen sind, an die Euer Excellenz aber vielleicht alle früher gedacht haben.

Binch den 20. Juny Abend.

v. Müffling.
t. s. V. p.

N. S. Sobald der Herzog Wellington ankömmt, und ich mit ihm gesprochen habe, sende ich Euer Excellenz einen Officier. Sollten dieselben morgen schon aufgebrochen sein, so bitte ich jemand zurück zu laßen, der weiß, welche Richtung Euer Exellenz genommen haben. Auch würde es mir sehr angenehm sein, wenn Euer Exellenz mir bis morgen früh mittheilen ließen:

1. die Nachrichten,
2. die Disposition für den 21 Juny.

Ich denke, der Herzog muß morgen nach Bavay gehen, wenn Euer Exellenz nach Avesne marchiren, wohin sich Napoleon wahrscheinlich zurückgezogen hat. Er selbst wird wohl schon in Paris sein und dem Senat, der Chambre des pairs und deputés rührende Reden halten.

v. Müffling.

1. Sind die Sächsischen Artilleristen, die uns zufallen, herangezogen?
2. Wären nicht vom eroberten Geschütz die schweren Haubitzen herauszuziehen, für welche sich eroberte Munition findet, und damit die Französischen Festungen zu bewerffen?
3. Wäre nicht unter den jetzigen Umständen die Belagerungs Artillerie von Lüttich gegen Givet zu dirigiren, und dem General Graf Kleist mit den deutschen Truppen die Belagerung zu übertragen?
4. Wäre nicht bey Maubeuge gleich die Belagerung anzufangen? Nach den Nachrichten, die man hier hat, soll die Bürgerschaft laut äußern, sie wolle sich nicht belagern laßen.
5. Soll nicht mit Herzog W. verabredet werden, was man antwortet, wenn eine oder die andre feindliche Festung die weiße Cocarde aufsteckt und Ordres von ihren König verlangt?
6. Wenn Napoleon nicht heute oder morgen früh Linien Truppen nach Valenciennes und Condé wirfft, so scheint es mir zweckmäßig, daß Herzog W. darauf Versuche macht, denn es standen nichts als National Garden darinnen. Dieß darff den Marsch der Armee nicht aufhalten.

Nr. 25.

Malplaquet den 21. Juny.

Als der Herzog Wellington ankam, und ich ihm die Frage vorlegte, ob er jetzt geneigt sey, nach Paris zu marchiren oder zu der Wegnahme der Festungen einen großen Theil seiner Armée zu gebrauchen, erwiederte er mir: Der Fürst Blücher könne den Zustand der feindlichen

Armée beßer beurtheilen als er. Wenn der Fürst glaube, daß der Krieg von hier aus geendigt werden könne, so sey er zum Marsch nach Paris bereit, müße aber noch einen Ruhetag machen, um die Fuyards seiner bunten Armée heran zu ziehen.

Der Herzog wird daher morgen nach Cateau marchiren, Valenciennes und Quesnoy einschließen, und wünscht auf übermorgen den Ruhetag, so wie an diesem Tage eine Conferenz mit dem Fürsten, in deßen Hauptquartier er kommen will.

Dort wird ausgemacht werden können, ob wir am rechten oder linken Ufer der Oise vorrücken. Der Herzog hat noch keine Meynung darüber. Ich bin dafür, daß wir vereint auf dem rechten Ufer marchiren, und vielleicht nur General Lieutenant von Thielmann Grouchy in die Hände der Rußen zu spielen sucht, indem er sich gegen Laon dirigirt.

Der König von Frankreich kömmt morgen nach Mons.

Wie sich der Herzog an alles, was zu Wien vor seiner Abreise besprochen ist, pünktlich hält, so ist auch seine erlaßene Proclamation an die Franzosen, und er hat die Meynung, daß wenn Festungen sich für Ludwig XVIII. erklären, man ihm die Garnisonen bestimmen laßen müße. Ich habe zugesetzt, daß man sein eignes Wohl nicht aus den Augen setzen dürffe, und wenn es Festungen in unsrer Linie wären, den schlechten und leichtsinnigen Franzosen unsre Sicherheit nicht überlaßen dürffe. Der Herzog pflichtete mir zwar bey, schob aber die Sache dadurch weg, daß er meinte, es würde ein Gegenstand der Ueberlegung mit Ludwig XVIII.

Die Niederlage des Generals Travot werden Euer Ezellenz aus den französischen Blättern ersehen haben.

Noch ist der Verlust der englisch-batavischen Armée in den Tagen vom 16. und 18. nicht genau ausgemittelt. Doch sagt mir der Herzog, er glaube ihn nicht höher als 8/m. am 18. und 4/m. Mann am 16. Juny.

v. Müffling.

Nr. 26.

.....*) Der Herzog marchirt morgen und das Dorf Premont ist sein Haupt Quartier.

Die französische Zeitung vom 22. enthält das Bulletin der Schlacht. Da die preußische Armée bey Fleurus aufgerieben war, so konnte sie nicht mehr bey Mont St. Jean (so nennt Bonaparte die Schlacht) er-

---

*) Der größere Teil des Briefes findet sich in Delbrück, Gneisenau IV, 622. Wir geben hier nur den dort fortgelaßenen Schluß.

scheinen. Er sagte also 15/m. Preußen hätten maneuvrirt, um 7 Uhr hätte er die Schlacht complett gewonnen gehabt, als ein unglücklicher terreur panique alles fortgerißen hätte.

Der Commandant von Valenciennes zeigt Napoleons Abdication ebenfalls an, ist aber vom Herzog zurückgewiesen worden. Es ist eine Comission aus den 5 Herren: Carnot, Caulincourt, Quinette, Fouché und Grenier niedergesetzt. Bonaparte hat für seinen Sohn abdicirt. Alles lacht hier darüber, und aus den Zeitungen geht hervor, daß wir keine Schlacht mehr haben.

Le Cateau den 24. Juny. Mitternacht.

v. Müffling.

Nr. 27.

... *) Der Herzog marchirt morgen einen starken Marsch gegen die Oise in 3 Colonnen. Er nimmt sein Haupt Quartier da, wo sich die Straßen von Mont Didier nach Compiègne und von Roye nach Pont de Maxence kreuzen. Wir waren heute mit den 18 Pfündern aufgebrochen, um Ham zu bezwingen. Der Punkt der Capitulation, welcher vorschreibt, daß die Preußen unter den Befehlen des Commandanten stehen sollen, scheint mir unausführbar. Der Herzog schreibt an den König von Frankreich, er möge die französische Garnison abrufen.— Nun ist hier alles heran, das schwere Geschütz und die Brücken Equipagen. ...

Nesle den 27. Juny 1815.

v. Müffling.

Nr. 28.

Euer Durchlaucht überreiche ich in der Anlage das Antwortschreiben des Herzogs Wellington an die Deputirten, wovon er nach seiner Aeußerung eine Abschrift an Höchstdieselben sendet.

Der Herzog empfielt sich, und versäumt keine Gelegenheit, seinen Umgebungen zu zeigen, welche Gesinnungen der Hochachtung er für Euer Durchlaucht hat. Neulich aß Monsieur bey ihm und wollte die Gesundheit vom Prinz Regenten trinken. Der Herzog erwiederte, mein Nachbar ist mir näher, und brachte zuerst die von Euer Durchlaucht aus.

Die französischen Prinzen sprachen von Maaßregeln u. s. w. Der Herzog erwiederte, er hänge nicht von sich ab, denn er würde nichts ohne Euer Durchlaucht thun. Was die Stärke der Märsche anbetrifft, so bleiben die Engländer sehr gegen uns zurück. Ich spreche täglich

---

*) Der Anfang und die Fortsetzung in Delbrück, Gneisenau IV, 542.

darüber, allein es ist unmöglich, hierin etwas abzuändern. Euer Durchlaucht müßen die englische Armeé als Ihre Reserve betrachten.

Vermont den 27. Juny 1815.

v. Müffling.

___

Nr. 29.

Orvillers 28. Juni 1815.

Auf Euer Exellenz Schreiben und Eröffnung der Metternichschen Verständnißen sagte mir der Herzog Wellington nichts weiter als: er glaube als Preuße und als Engländer gehandelt zu haben, als er den König von Frankreich nach Cambray gebracht habe. Für uns bliebe nichts anders zu thun, als diese Dynastie wieder auf den Trohn zu bringen, um alle übrigen Intriguen zu vermeiden.

In Betreff der Erweiterung der belgischen Grenzen habe ich schon früher mit dem Herzog viel discutirt. Er hat mir immer geantwortet: es geht nicht, denn wir [hätten] Frankreich (oder Ludwig XVIII. vielmehr) die Integrität zugesichert. Ich habe erwiedert, es sey himmelschreyend, eine solche Integrität zuzusichern. Dieß hat er zugegeben.

Sein Plan ist die Barrier Städte herzustellen. Als der Herzog erfuhr, daß Sie engagirt wären, bot er sich an, noch aufzubrechen. Ich habe es abgelehnt, da wir von hier doch zu entfernt sind. Morgen ist des Herzogs Haupt Quartier in Pont. Heute muß sich viel entscheiden.

v. Müffling.

___

Nr 30.

Der Leutnannt Detzel hat mir Euer Exellenz Schreiben in Betreff der Auslieferung Bonapartes überbracht, und einen andern Officier in Noyon zurückgelaßen, um den General Troncelin aufzusuchen, der nirgend zu finden war.

... *) Heute ist durch einen besondern Courier vom Unterhause eine Danksagung an den Fürsten Blücher und seine Armee für die Schlacht vom 18. angekommen. Dieß macht bey den Engländern großes Aufsehen, aber ich kann sagen, auch eine große Freude, denn alle kamen mir entgegen gelaufen, um es mir zu erzählen, weil es ein ganz ungewöhnlicher und, wie sie sagen, ein Fall ist, der noch nie da war, daß eine fremde Armée eine Danksagung erhält.

Der Herzog sagt mir, er schicke es noch nicht an den Fürsten ab, weil er noch die Danksagung des Oberhauses erwarte. — Die Herrn in Laon sind sehr ungeduldig; sie haben eine Abschrift ihres ersten Schreibens an den Herzog gesendet.

___

*) Das Ausgelassene giebt Delbrück in seinem Gneisenau IV, 543.

Wenn der General von Bülow Senlis rasch gewinnt, so kann das, was sich noch bey Soissons und Laon aufhält, von Paris abgeschnitten werden.

Der Herzog geht nach Orville ab, wo heut sein Haupt Quartier ist. Nesle den 28. Juny 1815.

v. Müffling.

Nr. 31.

Ew. Exellenz habe ich die Ehre anzuzeigen, daß der Herzog Wellington in Hinsicht seiner Antwort an die Deputirten des französischen Gouvernements ganz mit Ew. Exellenz übereinstimmend sich erklären wird. Ich werde deßen Antwortschreiben nebst der Copie davon morgen Ew. Exellenz zu übersenden die Ehre haben.

Der Herzog Wellington erfuhr heute, daß Péronne nur mit etwa 4 bis 500 Mann und einigen Batterien besetzt sey. Er begab sich daher früh dahin, ließ den Commandanten auffordern, und als derselbe sich weigerte, die englische Garde Brigade heranrücken, die gegen 6 Uhr Abends mit Leitern und Faschinen versehn, den Sturm auf die Stadt unternahm. Diese Unternehmung gelang nach einem ziemlichen Widerstand; die obere Stadt schlug Chamade.

Morgen wird die Armee in der Linie von Roye nach Ham stehen, und Nesle das Hauptquartier seyn.

Der König Ludwig XVIII. befindet sich in Cambray und bearbeitet von dort die Festungen des Nord-Departements, in welchem, nach heute eingegangener Nachricht, überall, die Festungen ausgenommen, die weiße Flagge weht.

Wegen der übrigen Gegenstände werde ich morgen den Herzog Wellington zu sprechen Gelegenheit nehmen und Ew. Exellenz das Resultat davon vorlegen.

Vermand den 26. Juny 1815.

v. Müffling.

N. S. Es ist heute jemand hier angekommen, der gestern Paris verlaßen hat. Der Herzog Wellington hat gewaltig darüber gelacht, daß Napoleon seine Familie zur Reise nach Amerika engagirt, ohne zu wißen, wie England darüber denkt.

v. Müffling.

Nr. 32.

Der Herzog Wellington erwiederte mir auf meinen Vortrag, daß, wenn er auch glaubte, es sey beßer gewesen, wenn er den rechten Flügel behalten hätte, jetzt da die Bewegung bereits eingeleitet sey, er nichts andres thun könne, als seine Armée aufs schnellste in die Position von St. Denis zu führen, daher alle Ordres sogleich gegeben worden sind, um den General Grafen Bülow so bald als möglich ablösen zu können.

Louvres den 30 Juny. Abend 9 Uhr.

v. Müffling.

Nr. 33.

Gonesse den 2. July 1815.

Der Major v. Bötticher hat mir heut Morgen nach 5 Uhr das Schreiben Euer Exellenz nebst der Disposition überbracht. Ich habe es dem Herzog Wellington vorgelegt, und er hat sogleich die Ordres gegeben: 1. St. Denis zu beschießen und die ganze Fronte zu allarmiren; 2. Truppen nach Argenteuil zu dirigiren.

Da mir der Major v. Bötticher sagte, daß die Brücke noch nicht fertig sey, so habe ich veranlaßt, daß die Pontonier und Pontons dahin dirigirt werden, damit heut Abend bestimmt die Communication mit der Armée des Fürsten eröffnet werden kann.

Nach der Aussage eines Officiers, der gestern Abend Paris verlassen hat, genirt die Bewegung über die Seine gewaltig. Bis dahin stand noch alles von Linien-Truppen am Montmartre ausgenommen, daß Marschall Davoust Vandamme bey Montrouge aufgestellt hatte.

In Betreff der weitern Operationen glaubt der Herzog, daß wenn die Communication über Argenteuil Statt findet, er ohne Schwierigkeit mit einem großen Theil seiner Truppen auch die Seine passiren und nur wenig hier stehen zu lassen braucht. Nach der gestrigen Recognoscirung hält der Herzog die Stellung am Canal zu stark, um sie anzugreiffen. Nicht als ob er nicht glaubte, sogleich den Canal passiren zu können, allein die Operation zwischen St. Denis und dem Montmartre scheint ihm zu nachtheilig. Der Herzog bittet sehr um eine Antwort wegen des Waffenstillstandes, denn er hat die Commissairs auf diese Antwort vertröstet, und wenn der Fürst den Waffenstillstand nicht eingehen will, so sollen die Comissairs zurückgeschickt werden.

Was die von Euer Exellenz verlangte bestimmte Erklärung wegen eines Angriffs auf Paris anbetrifft, so erwiedert der Herzog: In Paris sind 42/m Linien Truppen, einige Depots und 7 oder 9 Tirailleur Bataillons de la Garde Nationale. Das wäre die bewegliche Macht, mit der wir es jetzt zu thun haben. Außerdem sind zur Vertheidigung der Stadt über 40/m National Garden und les Fédérés. Die National Garden sind für uns, allein wenn wir Paris angreiffen, so würden sie sich vertheidigen. Der Herzog nimmt also an, daß wenn

wir Paris angreiffen, wir es mit 100/m Mann zu thun haben
könnten, wovon ein Theil sich schlecht, aber ein Theil sich gut schlagen
würde. Diese Affaire würde in jeden Fall sehr blutig werden, und zu
viel von seinen englischen Kräften consumiren. Er erklärt sich daher
dahin, daß wenn der Fürst in seine Ideen eines Waffenstillstandes nicht
eingehen will, es am zweckmäßigsten wäre, die enge Einschließung von
Paris fortzusetzen, jedoch den Marschall Wrede abzuwarten, der am
26. Juny (nach einem Pariser Blatt von gestern Abend) in Nancy
eingerückt ist.

Der Herzog hatte dem Marschall Davoust ganz allgemein geant=
wortet: er würde sehr gern zur Vermeidung alles Blutvergießens bey
seiner braven Armée zu einem Waffenstillstand die Hände bieten, allein
es könne nur dann geschehen, wenn nach der Declaration der verbündeten
Mächte ein Zustand der Dinge da wäre, der einen dauerhaften Frieden
voraussehen laße.

Hierauf hat nun Davoust wieder geschrieben, was das für ein
Zustand sey? Der Herzog antwortet nicht darauf.

v. Müffling.

Nr. 34.

Gonesse den 2. July. 7½ Uhr morgens.

Der sardinische Officier wird Euer Exellenz dieß Schreiben über=
geben, der bey dem Haupt Quartier des Fürsten bleiben soll, und den
ich bereits früher denenselben annoncirte.

Es ist soeben wieder ein Parlementair von Paris angekommen.
Ich weiß nicht, was er bringt; aber er erhält in keinem Fall eher eine
Antwort, als bis der Herzog Wellington auf seine Propositionen Antwort
vom Fürsten hat.

Ich habe dem Lieutenant Delmar ein Schreiben gegen 11 Uhr in
Louvres eingehändigt, in welchem ich des Herzogs Bitte um Mittheilung
der Absichten des Fürsten in Hinsicht des Waffenstillstands Euer Exellenz
vorgetragen habe. Abend 8 Uhr habe ich meinen Abjudanten Lieutenant
von Ernest mit den Vorschlägen des Herzogs abgefertigt. Vor einer
Stunde ist Major Bötticher mit der Antwort auf Euer Exellenz
Schreiben, welches die Disposition begleitete, abgegangen.

Ich hoffe, daß Euer Exellenz alles dieß erhalten haben und mich
gefälligst bald von Ihren Absichten unterrichten wollen. — Le Quesnoy
hat sich dem Prinzen Friedrich ergeben. Er beschießt jetzt Valenciennes.
Lille ist von Bauern des Norddepartements (durch Königlich französische
Officiers commandirt) bloquirt. — Das Belagerungs Geschütz ist durch

Verzögerungen, die sich gefunden, noch nicht in Mons, und wird erst den 4. July daselbst beisammen sein. Die Ordre ist gegeben, daß Prinz August sein Theil abgeliefert wird.

v. Müffling.

N. S. Die Rocket Batterie, welche hier bei der Armée ist, hat Ordre erhalten, nach St. Germain zu gehen. Ich höre, daß alles so verfahren ist, daß man nicht durchkommen kann.

Nr. 35.

Aus Euer Exellenz Schreiben über den Waffenstillstand habe ich dem Herzog von Wellington das Nöthige vorgetragen. — Er hat mir erwiedert, er würde sogleich eine Note darüber an den Fürsten absenden.

Heute ist befohlen, daß eine Brigade Infanterie und eine Brigade Cavallerie nach Argenteuil rückt, die Cavallerie übergeht, sobald die Brücke fertig ist, und die Communication mit der Armée des Fürsten aufsucht. — Außerdem ist Artillerie und Truppen bey St. Denis bereit, es zu beschießen, sobald ein Gefecht von der Seite von St. Cloud anfängt. Der Herzog ist bereit, bey Argenteuil über die Seine zu gehen, glaubt aber, daß die Bewegung in der Nacht geschehen müße, da man vom Montmartre aus alles übersehen kann.

Gonesse den 2 July Abend.

v. Müffling.

N. S. In der Anlage überreiche ich das Memoire über den Angriff zurück.

Nr. 36.

Euer Durchlaucht melde ich unterthänig, daß der Vertrag von gestern durch den Prinzen Eckmühl ratificirt ist, und übergebe ich gehorsamst das Auswechselungs-Protocoll.

Ich würde Euer Durchlaucht das Original übersenden, wenn nicht die Engländer wünschten, daß ich es mit zum Herzog Wellington nähme, um des Couriers willen, der nach England geht.

Da die Franzosen (nach der Regel) nur ein Exemplar gegeben haben, so müßten Euer Durchlaucht sich mit dem Herzog Wellington darum vertragen, wer das Original behält. Da es vielleicht dem Herzog wichtig ist, um es nach England zu senden, und es mir nicht scheint, daß es für

Höchstdieselben wichtig ist, so könnte es vielleicht dem Herzog belaßen werden; indeßen erwarte ich darüber Euer Durchlaucht Befehle.

Pont de Neuilly den 4ten July 1815.

v. Müffling.

Nr. 37.

[4. Juli.]

Ew. Excellenz habe ich die Ehre anzuzeigen, daß in Gemäßheit des 18ten Artikels der Convention von St. Cloud*) von Seiten des Herzogs Wellington der Oberst Gorrey und Major Staveloy zu Comissairs ernannt worden sind. Beyde genannte Officiere haben bis jetzt noch keine schriftliche Instruction erhalten, und die ihnen ertheilte mündliche geht blos dahin, daß morgen Mittag der Mont-Martre durch Truppen der unter den Befehlen des Herzogs Wellington stehenden Armee besetzt werden soll.

Als mich der Herzog Wellington hiervon benachrichtigte und mir die Namen obgenannter Officiers anzeigte, fragte er mich zugleich: ob man nicht auch Preußen zur Besatzung des Mont-Martre theilen würde? Meine Antwort hierauf war: da von unserer Seite beyde Armeen nur als Eine betrachtet würden, so dürfte es wohl ganz gleich seyn, ob Preußen oder Truppen der Armee unter Befehlen des Herzogs die Besatzung des Mont-Martre bildeten, um so mehr, da wir nach Abzug der französischen Armee den Mont-Martre wohl nicht mehr als Festung behandeln würden. Ich würde jedoch hierüber anfragen. Wenn Ew. Excellenz ein Bataillon Linien Truppen in der Nähe der Brücke von Neuilly haben, so halte ich es zweckmäßig, es zur Besatzung des Mont--Matre gegen Mittag marschiren zu lassen. Doch würde es gut seyn, es von der Brigade aus verpflegen zu lassen, damit es keine Requisitions zu machen hat.

Zugleich machte ich dem Herzog Wellington bekannt, daß von Seiten der Preußischen Armee der Obrist von Pfuhl in Erfüllung des 18ten Artikels als Comissair ernannt worden sey, worauf mir derselbe erwiederte, daß die beyden Englischen Comissairs bereits den Befehl von ihm erhalten hätten, nicht ohne die Zustimmung des Obrist von Pfuhl in der ihnen ertheilten Funktion zu verhandeln**).

v. Müffling.

---

*) Vom 3. Juli, abgedruckt Damitz II, 405.

**) Der Brief ist nicht eigenhändig von Müffling geschrieben, sondern nur von ihm selber unterzeichnet. Das Datum fehlt, offenbar sollte Müffling es zugleich mit seinem Namen ausführen, was dann vergessen wurde.

Nr. 38.

Die Nachricht, welche mir Euer Exellenz in Betreff meiner Bestimmung geben, ist durch die Art wie beyde Feldherrn mir hierbey ein gütiges Vertrauen zeigen, zwar höchst erfreulich für mich, indeß wenn der General v. Zieten diesen Posten gern angenommen hätte, so würde es höchst unerfreulich für mich sein, da ein General der so höchst wichtige Dienste geleistet hat, gegründete Ansprüche auf jeden Platz hat, der ihm angenehm ist.

Uebrigens verkenne ich die Schwierigkeit des Auftrags nicht, und würde es nicht wagen, ihn zu übernehmen, wenn ich nicht auf Vollmachten rechnen dürffte, durch die ich im Stande bin, uns die gehörige Sicherheit zu geben.

Ich fange damit an, auf den Haupt Punkten der Stadt Blockhäuser zu bauen, so daß nichts sich rühren kann, und Euer Exellenz werden es billigen und unterstützen, daß mit der größten Strenge angefangen und nur dann nachgelaßen wird, wenn es sich zeigt, daß Strenge unnöthig ist.

Neuilly 5. July 1815.

v. Müffling.

Nr. 39.

Auf Euer Exellenz geehrtes Schreiben, die Bequartierung von Paris betreffend, habe ich dem Herzog Wellington die Gründe dazu übersetzt und die Art, wie dieß ausgeführt werden soll, mitgeteilt. Er erklärte sich in Allem vollkommen einverstanden mit den Ansichten, und da diese Einquartierung nur wenige Tage dauern solle, so würden alle Zwecke erreicht. Der Herzog will sein Quartier in der Stadt nehmen. Eben war Monsieur Bignon hier uud sagte, man bereite Quartiere für die Herren Marschälle.

Was die Theilung der Militair Vorräthe, Karten u. s. w. betrifft, so ist Herzog Wellington mit allem zufrieden, glaubt aber, die Franzosen werden uns das alles zu entwenden suchen. So wird es auch mit dem schweren Geschütz gehen. Ich habe dem Herzog schon gesagt, wenn die Comissairs den Rapport machten, daß die Franzosen uns betrogen haben, so müßte man diesen Rapport drucken laßen, und ihnen auf der Stelle den Waffenstillstand aufkündigen. Dann sollten sie wohl zu Kreuze kriechen. Wegen der Vertheilung der Mairien und daraus folgenden Besetzung der Barrieren sagte mir der Herzog: es sey ihm alles recht, nur wünsche er, daß da seine Armée im Bois de Boulogne campiren solle, er die beyden Barrieren, welche von da nach der Stadt führten, mit besetze, und schlage er vor, daß er seine ihm bestimmten 6 Mairien von der Seine fort gegen den Montmartre erhalte.

Es stehen Leute von allen Parthien vor des Herzogs Thür. — Es scheint, daß die Verwirrung groß ist. Der Herzog ist sehr aufgebracht über das infame Betragen, einen seiner Comissaire (den Major) durch den Leib zu schießen und einen Ordonanz Dragoner todt zu schießen. Er hat Satisfaction gefodert.

Neuilly den 5. July 1815.

v. Müffling.

N. S. Der Herzog hat mich wegen der Disposition zum Einzug gefragt. Ich habe ihm erwiedert, ich erwarte sie noch. Euer Exellenz haben wohl die Gewogenheit, mir zu sagen, ob morgen der Fürst herein ziehen will. Besetzen wir die Barrieren auch morgen, wie im vergangenen Jahr, nehmlich mit etwa 2 Compagnien, 1 Escadron und 2 Canonen?

v. Müffling.

Nr. 40.

Euer Exellenz werden aus einem von mir heut früh abgesendeten Schreiben ersehen haben, wie sich der Herzog über verschiedene zu verabredende Gegenstände bereits erklärt hat. Jetzt hat mir der Herzog aufgetragen, mich zu erkundigen, was der Fürst in Betreff des Einzuges nach Paris zu thun gesonnen ist, weil er sich hierin ganz nach ihm richten wolle. Da wir hier in Neuilly nur eine Stunde von St. Cloud sind, so kann heute noch alles besorgt werden. — Der Herzog wird in Kürzem ankommen, und dann werde ich weiter mit ihm reden.

Wegen Ernennung eines Gouverneurs konnte ich den Herzog zu keiner Erklärung bringen; er sagte mir: er wolle dem Marschall schreiben, aber ich glaube, daß wenn Euer Exellenz es wünschen, er nachgeben wird, daß ein Preußischer General zum Gouverneur ernannt wird, denn er äußerte sich, daß wir mehr Truppen hier hätten als er, sammt seinen Alliirten.

Neuilly den 6.*) July 1815.

v. Müffling.

Der Herzog ist der Meynung, erst den 8. in Paris einzuziehen.

---

*) Aus 5 korrigiert.

Nr. 41.

Euer Exellenz habe ich die Ehre in der Anlage die Original Antwort des Herzogs Wellington auf meine Anfrage wegen der ausgeschriebenen Contribution zu überreichen.

Der König ist mit großen Acclamationen und Vivat Rufen eingezogen, und ganz Paris hat die weiße Cocarde.

Paris den 8. Juillet.

v. Müffling.

Nr. 42.

Paris den 8 July. Abend 10 Uhr.

Soeben erhalte ich eine Botschaft von allen Ministern, die in der größten Angst und Verlegenheit darüber sind, daß eine Nachricht gekommen ist, man wolle die Brücke von Jena sprengen, worauf die beyden anliegenden Vorstädte sehr unruhig geworden wären, und die größten Exeße fürchten ließen. Der preußische Officier, der die Anstalten zur Sprengung mache, sey befragt worden, was er mache und warum er es mache? Er habe geantwortet: das gehe keinem Franzosen etwas an. Diese Brücke sey von preußischem Gelde gebaut worden, also könnten wir damit machen, was wir wollten.

Ich bemerkte, daß dieses Raisonnement nicht so ganz übel wäre und daß sie (die Herren Minister) die Vorstädte nicht zu sehr fürchten sollten. Hierauf meinte der Abgesandte, wenn die Sprengung nur bis morgen ausgesetzt würde, so zweifele Prince Tayllerand nicht, Mittel zu finden, durch Unterhandlungen den Fürsten zufrieden zu stellen, weil es für den König das größte Unglück wäre, wenn eine solche Schreckens Scene in den ersten Tagen seiner Ankunft vor sich gehen sollte. Ich habe die Herren damit beruhigt, daß sich morgen die Mittel entwickeln würden, welche hier in Anwendung kämen.

Ich habe nicht verfehlen wollen, Euer Exellenz dieß anzuzeigen.

v. Müffling.

Nr. 43.

Euer Exellenz übersende ich in der Anlage ein Schreiben des Herzogs Wellington an den Fürsten. — Es betrifft die Brücke von Jena. Die Sache macht hier außerordentliches Aufsehen und große Angst.

Da morgen früh der Polizey Präfekt zu mir kömmt, so werde ich ihm folgendes rathen: wenn die Herren Minister dafür sorgten, daß auf der Stelle die Nahmen der beiden Brücken von Jena und Austerlitz auf eine zweckmäßige Art umgetauft würden, und wenn sie noch vor Ankunft der Monarchen die Säule auf den Platz Vendôme, den Triumphbogen und den Carussel Platz und an der Barrière des Etoiles niederrißen, so glaubte ich, der Fürst würde sich erweichen laßen, die Brücke nicht zu sprengen.

Paris den 8. July 1815. Mitternacht.

v. Müffling.

B. Briefe an verschiedene Empfänger.
(25. März—24. Juni).

Nr. 1.
An Knesebeck*).

In der Anlage erhalten Euer Hochwohlgebohrn meine Gedanken über das, was jetzt zu thun ist. Ich sende sie nicht an S. M. den König, denn ich bin nicht aufgefodert, mag meine Meynung nicht als etwas vollkommenes ansehen und kann es auch nicht, so lange ich die politischen Verhältnisse nicht kenne. Ich fürchte, daß der Gedanke, daß unsre Truppen nach meiner Ansicht wieder am meisten bluten müßen und den Kampf eröffnen sollen, den König schreckt; allein solche Rücksichten können den Untergang der Welt herbeyführen, und die Zeit ist gekommen, wo man sagen mag „ich lege mein Haupt nicht ruhig nieder, bis der Bösewicht nicht mehr lebt!"

Meine Gesundheit ist nicht die beste. — Ich bin in Verhältnißen, die sie untergraben.

Achen den 25. März 1815.

v. Müffling.

Nr. 2.
Memorandum**)

Nach der Aussage des französischen Generals Maison an den General Dörnberg zu Mons, nach den eingezogenen Nachrichten des Lieutenants v. Gerlach, und allem, was man nach den öffentlichen

---

*) VI D. 118. I, p. 17, im Kriegsarchive.
**) VI D. 118. I, p. 18, im Kriegsarchive.

Nachrichten zusammenstellen kann, hat Napoleon jetzt über ohngefähr 50/m Mann Trouppen zu gebieten.

Es ist vorauszusehen daß die Zahl der ihm zufallenden Truppen, ohne daß es zu hindern ist, sich bis auf 70/m bald vermehren wird. Gehen auch alle nördlichen und östlichen Festungen zu ihm über, so kann er 100/m M. haben.

Im Süden von Frankreich stehen noch circa 40/m Mann, von denen zu erwarten ist, daß ein großer Theil durch die Entfernung von Bonaparte, durch die Stimmung des Südens für die Bourbons, und durch die Gegenwart der Prinzen zurückgehalten wird, ohne große Veranlaßungen zu Bonaparte überzugehen. Gewonnen ist schon viel, wenn das Land königlich bleibt, und die Armée es einzeln als Deserteurs verlaßen muß.

Es ist nach dem, was wir erfahren haben, gar nicht mehr zu zweiffeln, daß wenn Napoleon gegen den Süden marchiren laßen kann, oder, wenn er sich dort selbst zeigt, die Truppen dort eben so ihm Alles unterwerffen.

Es ist ferner nicht zu bezweifeln daß wenn Napoleon Zeit gewinnt, er sich auf seinen Trohn befestigen, und nach den Umständen in kürzerer oder längerer Zeit die französische ganze Nation, welche jetzt noch getheilt ist, unter seinen Fahnen versammeln wird, um sie gegen uns zu führen.

Wenn also beschloßen ist, den Krieg mit aller Kraft gegen Napoleon zu führen, und ihn und sein neues Reich zu zerstören, so muß ich annehmen, daß vor dem Monath Juny die zu versammelnden Arméen nicht zum Einrücken nach Frankreich schreiten können, und es ist daher die Frage, was beßer sey:

    1. den Krieg sogleich mit unvollkommenen Mitteln anzufangen, oder

    2. die Versammlung aller Arméen abzuwarten, um dann Napoleon und sein Reich durch die Ueber=Macht zu erdrücken.

Wenn aus dem Vorhergehenden gefolgert werden dürfte: „Man „muß Napoleon nicht die Zeit laßen, sich auf den Thron zu befestigen, „und die Nation gegen uns ins Gewehr zu bringen", so würde der Beschluß darauf wohl sein müßen:

wir müßen alle jetzt an Frankreichs Grenzen stehende disponible Truppen als eine Avantgarde ansehen, welche das Gefecht mit ihm erhält, und ihn dergestalt abmattet, daß wenn die Reserven, (d. h. die neu an den Rhein zu führenden Arméen) ankommen, sie hinreichen, um ihn zu erdrücken.

Würde dieß die allgemeine Disposition, so würde zu versuchen sein, wie viel man von den vor uns liegenden Festungen entweder durch die Königliche Gewalt, oder durch schnellen Angriff, (sie sind sämtlich schlecht mit allem versehen) bekommen könnte, um gegen Paris zu einer Schlacht zu marchiren. Wenn man von englischer Seite sogleich Truppen einschifft, so kann die Armée vom Nieder Rhein und Belgien vereinigt den Krieg mit 80/m bis 90/m Mann anfangen und in vier Wochen doppelt so stark sein.

Außerdem kann ein Corps Süddeutscher die Schweiz besetzen und von da aus operiren.

Erscheint dann im Monath Juny eine große Armée von 200/m Mann Oestreicher, Rußen, Preußen und Deutschen, so wird diese, der Reserve in einer Schlacht gleich, Napoleons Macht zertrümmern.

Bleiben wir aber jetzt an den Grenzen stehen nnd warten die Begebenheiten so wie die Reserve Arméen ab, so wird Napoleon seine Festungen ravitailliren und das vereinigte Frankreich gegen uns führen.

Ob uns dieß letzte mehr Blut, Geld, Zeit kosten, und das Ende ungewißer machen wird, scheint mir keiner Frage zu bedürffen.

Achen den 25. März 1815.

v. Müffling.

Nr. 3.

An Boyen*).

(Excerpt.)

Brüssel 3. April 1815.

Es sei seine Absicht gewesen, an den König zu schreiben, und sich das Kommando einer Brigade zu erbitten. Sein Gesundheitszustand verlange, daß er in ein selbständiges Verhältnis trete, wo er zu gehorchen und zu befehlen habe, und nicht zwischen beiden zu stehen. Es sei ihm unmöglich, den Feldzug in denselben Verhältnissen zu machen als den letzten. Boyen könne ihm vielleicht die Unannehmlichkeit ersparen, dem Könige auseinander setzen zu müssen, aus welchen Gründen er (Müffling) auf einen Platz, wie der des vorigen Feldzugs, jetzt nichts nützen könne.

Nr. 4.

Bericht an den König**).

(Erste Tage des April.)

... Heute früh ging der Prinz Berthier hier durch nach Würzburg. Er war der Meinung, daß diese Revolution gegen die Absicht

---

*) VI. D. 119. II. p. 54, im Kriegsarchive.
**) Konzept von Müfflings Hand, VI. C. 3. I. p. 47.

der Marschälle (Ney ausgenommen) diesen Ausgang genommen habe. Die Armée und der Pöbel habe sie allein gemacht, alle ordentlichen und rechtlichen Leute in Frankreich wären in der größten Niedergeschlagenheit. Für diesen Augenblick könnte Napoleon nur über eine kleine Armée disponiren, auch fehle es ihm an Geld und Gewehren, allein er habe noch die größten Resourcen und, wenn man ihm Zeit lasse, so dürfte er bald wieder mit großen Massen auftreten . . .

. . . Der König der Niederlande hat mir den Major Dumoulin vom . . . Generalstab zugesendet, um in verschiedenen Fällen die Bewegungen mit mir zu verabreden, da der Prinz Friedrich von Oranien bestimmt ist, eine holländische Armée zu commandiren, die im Felde erscheinen und sich bei St. Thron versammeln soll, im Grunde aber die Festungs Besatzung von Holland machen und sich, wenn es die Noth erfordert, in die festen Plätze werfen soll.

Ich habe geglaubt, mich in solche Unterhandlungen nicht einlassen zu dürfen, sondern Sr. M. ohnmaßgeblich anrathen müssen, das Commando der niederländischen Armee dem General Commando der belgischen Armee zu übergeben, und scheint es mir sehr wünschenswert, daß bald ein commandirender General über alle in Belgien versammelten und zu versammelnden Truppen ernannt würde.

Nr. 5.
Disposition*).

Den 9. April conzentrirt sich:
    das Corps v. Borstell bei Lüttich,
     „ „   v. Thielmann zwischen Herve und Aachen.

Den 10. April conzentrirt sich:
    das Corps v. Ziethen bei Namur,
     „ „   v. Borstell rückt nach Huy,
     „ „   v. Thielmann in Kantonnirungen zwischen Lüttich inclusive und Herve.

Den 11. April:
    das Corps v. Ziethen bezieht Kantonnirungen zwischen Charleroy inclus. und Namur exclusive; ferner in dem Raum zwischen der Sambre, der Maas und der alten Römerstraße, die von Binche nach Ramelles über Avenne führt.
     „ „   v. Borstell bezieht die Quartiere, die das

---

*) Von Müfflings Hand. VI. C. 3. I. p. 51, im Kriegsarchive.

Corps v. Ziethen bisher gehabt hat, zwischen Namur und Huy, beide Orte exclusive.

Das Hauptquartier geht den 11. nach Lüttich.

Nr. 6.
An den König*).

In Folge des von Euer Königlichen Majestät mir unterm 19. April ertheilten Allerhöchsten Befehls habe ich mich nach Beendigung meiner Geschäfte und auf Anweisung des Feld Marschalls Fürsten Blücher von Wahlstadt den 23ten May hieher in das Hauptquartier des Herzogs Wellington begeben.

Gewöhnt Allerhöchst Dero Befehle ohne alle persönliche Berücksichtigung auszuführen, wollen jedoch Euer Königlichen Majestät mir zu bemerken erlauben, daß, da es wohl keinen Zweiffel unterworffen ist, daß die preußische Armée in ihrer jetzigen Verfaßung unter allen europäischen Armeen den ersten Platz einnimmt, da sich Officiere aller Nationen zu der Ehre drängen, mit ihr zu fechten, es für mich hart sein dürffte, für die Dauer dieses Krieges bey einer fremden Armee nur müßiger Zuschauer bleiben zu müßen und ausgeschloßen zu sein von aller thätigen Theilnahme.

Euer Königlichen Majestät mir oft bewiesene Gnade läßt mich hoffen, daß Aller Höchstdieselben meiner jetzigen Anstellung nicht für den ganzen Krieg dauern laßen werden. Ich habe die innige Ueberzeugung, daß wenn Allerhöchst Dieselben auf meine Wünsche, in der Linie angestellt zu sein, Rücksicht zu nehmen geruhen, ich Euer Königlichen Majestät Dienst am nützlichsten werden kann.

In der Anlage überreiche ich Euer Königlichen Majestät allerunterthänigst die Ordre de Bataille der anglohanövrischen Armee, welche noch durch das in der Ueberschiffung begriffene Corps aus Amerika verstärkt werden soll.

Die Herzoglich Braunschweigschen Truppen sind angekommen und haben durch ihre gute Haltung Aufsehen erregt. Der Herzog Wellington ist vorzüglich mit der Cavallerie zufrieden. Es befindet sich bey selbiger eine Abtheilung Uhlanen, welches die einzigen bey der hiesigen Armee sind, da diese Waffe den Engländern durchaus fremd ist.

Euer Königlichen Majestät überreiche ich ferner in der Anlage allerunterthänigst den Bericht über eine Unterredung, welche ich mit dem Herzog Wellington in Auftrag des Fürsten Blücher von Wahlstadt hatte.

---

*) Kab. Sach. Tit. XV, II, 8, im Geh. Archive des Kriegsministeriums.

Euer Königlichen Majestät werden daraus die Ansichten und Anstalten des Herzogs Wellington zu diesem Krieg zu ersehen geruhen*).
Brüssel den 27. May 1815.

von Müffling.

Nr. 7.
An Boyen**).

Euer Excellenz werden aus meinem Rapport an S. Majestät den König ersehen haben, daß ich im H. Q. des Herzogs Wellington angekommen bin und bereits Gelegenheit gehabt habe, mich über die Absichten des Herzogs beim bevorstehenden Kriege zu unterrichten.

Ich ersuche Euer Excellenz, mich gefälligst zu unterrichten, über welche Gegenstände Sie außer den wichtigen Begebenheiten des Kriegs Nachrichten verlangen, damit ich mein Augenmerk darauf richten kann.

Die französische uns gegenüberstehende Macht ist bis jetzt der unsrigen nicht gewachsen, und übersteigt nach allen Anzeigen nicht 80,000 Mann, jedoch mit dem bei Laon und als Reserve dieser Armée bey Paris aufgestellten Corps wird sie 110000 Mann betragen. Im Fall der Feind die Offensive gegen uns ergriffe, würden wir daher uns mit einer Uebermacht von 70,000 Mann gegen ihn schlagen können. Demohngeachtet glauben jetzt eine Menge Menschen, daß Napoleon die Offensive ergreifft, wenn das Champ de May glücklich für ihn ausgeht. Ein Officier höhern Grades der französischen Armée, der im Einverständniß mit uns ist, hat gestern noch Mittel gefunden, uns zu benachrichtigen, wir möchten uns auf den 4. Juny gefaßt machen, angegriffen zu werden. Die Pariser Blätter vom 21. May laßen auch darauf schließen, daß N. die Absicht habe, uns jetzt gleich anzugreiffen, allein ich glaube, daß er nur glauben machen will, er sey in der Verfaßung anzugreiffen, und es vorziehen wird, sich zu vertheidigen. Wie es mir aus allem, was ich von Paris aus höre, scheint, so wird N. hier an der Grenze nicht Stand halten, sondern sich schnell bis Laon zurückziehen, von wo an bis Paris hin seine Vertheidigung organisirt ist. — Dieß erfodert von unsrer Seite die Bestimmung: ob wir damit anfangen wollen und uns in den Besitz des Postens von Laon und der Aisne zu setzen, oder ob wir die vorzunehmenden Belagerungen durch eine Aufstellung an der Sorre decken wollen.

Der Herzog Wellington hat 76 Stück Belagerungs Geschütz auf Schiffen bey Antwerpen, so daß sie in 24 Stunden hier sein können.

---

*) Es folgt die Ordre de Bataille, vorne S. 279, dann das Pro Memoria, vorne S. 309.
**) VI D. 119, II, p. 55, im Kriegsarchive.

Euer Excellenz sind nicht dafür, daß wir Givet angreiffen, und mehr für den Angriff auf Mézières. Ich glaube aber, daß wir nicht die Mittel zur Belagerung des letzten Orts haben, so lange Givet nicht in unsern Händen ist. Die Maaß ist in diesem unfruchtbaren Gebürgsland unsre einzige und beste Chaussée.

Valenciennes ist, so viel wir wissen, mit Allem sehr gut versehen worden. Ich würde daher dafür sein, es nicht anzugreifen. Wenn wir Cambray, Landrecy, Avesnes und Maubeuge hätten, so würden wir den Krieg systematisch gegen Frankreich ausführen können. Givet deckte noch unsern linken Flügel und würde als Defensiv-Festung anzusehen sein.

Wenn Vorschriften über die Operationen gegeben werden sollten, so vermitteln Euer Excellenz ja, daß es allgemeine sind, wie dieß auch hier Herzog Wellington am paßendsten sein dürfte. Uebrigens gebe der Himmel, daß N. den Krieg anfängt, sonst sehe ich uns noch bis July hier die belgischen, nicht an den Krieg und Einquartierung gewöhnten Unterthanen zur Verzweiflung bringen.

Brüssel den 30. May 1815.

v. Müffling.

Nr. 8.
An Boyen*).

Euer Excellenz sehr geehrtes Schreiben vom 14. Juny erhalte ich heute und freue mich, daß dadurch meine Privat Ansichten zu officiellen werden, so wie meine Schritte, die ich bisher gethan habe. Mit großer Vorsicht habe ich bisher in dem Haupt-Quartier alle politischen Gespräche vermieden und vorzüglich den Gesandten von Rußland und Oestreich gesagt, daß ich rein militärische Geschäfte treibe, und die Politic mich nichts angehe. Das hat mich mit den Leuten auf einen ziemlich guten Fuß gesetzt, und mit dem Herzog Wellington habe ich mich auf meine Geschäfte beschränkt, bis die Bataillen, Cameradschaft und Gewohnheit, vertraulicher zu reden, jetzt seit einigen Tagen uns näher gebracht hat. Ich kenne nun seine Ansichten, die ich Euer Excellenz hier mittheile, da es wichtig ist, zu wissen, wie dieser merkwürdige Mann, der so große Gewalt über die Engländer, und durch sie in der Politic über Europa hat, denkt.

Ich stellte den Satz auf, daß Rußland durch die Eroberung von Polen sich eine Last aufgebürdet hätte. — Er gab dieß zu für Ruß-

---
*) VI. D. 119. II. p. 79, im Kriegsarchive.

land, setzte aber hinzu, man möge nicht glauben, daß diese Last Europa Vorteile bringen werde. Die Polen würden die Rußen bald beherrschen, weil sie intelligenter wären, und unter dieser Leitung würde das rußische Reich bald fürchterlich werden. Das sähe man von unsrer Seite anders an, und unser König, der bey jeder Gelegenheit so viel Karackter zeige, hätte gegen den rußischen Kaiser eine unglaubliche Nachgiebigkeit. Wäre dieß nicht gewesen, so hätten die Angelegenheiten von Sachsen eine ganz andre Wendung genommen!

Was die niederländischen Angelegenheiten betrifft, so nahm ich Gelegenheit, ihm zu sagen: er habe bey der Schlacht das feige Benehmen der Niederländer gesehen, ob er glaube, daß dieß Volk je im Stande sein werde, sich gegen die Franzosen zu vertheidigen? Wenn wir nicht gleich mit den Armeen bey der Hand wären, so verlören sie die Niederlande jedesmal, um so mehr da der König so durchaus unmilitairisch dächte. Hierauf schüttete mir nun der Herzog sein Herz über den König der Niederlande aus, — der ihn schon so weit gebracht hat, sagen zu müssen: er möge nicht glauben qu'on Vous a donné un des plus beaux Royaumes de l'Europe pour croiser les bras etc. Der Herzog theilte mir den Vertrag wegen der Festungen und Cap de bonne Esperance mit und sagte, nun wäre der König so rutinirt, daß er nicht zugeben wolle Namur und Charleroy zu befestigen. Ich erwiederte, jetzt könne man das Geld sparen, man müße wenigstens eine Reihe französischer Festungen mit den Niederlanden vereinigen, damit die Sache Consistenz bekäme.

Hiergegen erklärte sich nun der Herzog ganz. — Man habe Ludwig XVIII. die Integrität garantirt, das müße man halten und lieber Geld anwenden, um andre Festungen zu bauen. Hier äußerte sich der H(erzog), daß er den Ideengang des rußischen Kaisers sehr fürchte, der sich mit neuen Organisationen für Frankreich beschäftige und bald Regentschaft, bald einen Herzog von Orleans einsetzen, bald eine Republik aus Frankreich machen wolle. Er sehe kein andres Mittel, um die Franzosen zum Wohl von Europa ruhig zu erhalten, als wenn ihnen der König zurückgegeben wird. — Ich meinte, es gäbe doch wohl noch ein sicherers Mittel, nehmlich Frankreich ordentlich zu beschneiden. Davon will der Herzog nichts hören.

Ich werde meinen Zeitpunkt wahrnehmen, um einmal seine Ideen über uns und unsre Zukunft zu hören. Ich werde ihm die Folgen darstellen, wenn wir wieder wie 1814 ausgehen sollen.

Ich darff mir schmeicheln, daß ich des Herzogs völliges Zutrauen in militairischer Hinsicht habe, denn er thut nichts wichtiges, ohne mich um meine Meynung zu befragen, allein im politischen ist er officiell zurückhaltend, da er in Hinsicht des Königs von Frankreich mit dem

Feldmarschall Fürst Blücher entgegengesetzter Meynung ist, obgleich er weiß, daß ich mit ihm, dem Herzog, ganz gleich denke. So hat er mir nichts davon gesagt, daß er den König von Frankreich mit seiner Maison du Roi auf heute hieher verschrieben hat. Ich weiß noch nicht, was er damit zu machen gedenkt. Die Prinzen haben sich wieder ganz schändlich betragen. Nicht allein, daß sich keiner des M(essieurs) hat bey der Bataille sehen laßen, so ist der Duc de Berry noch auf die erste Nachricht eines Flüchtlings, daß die Sache schlecht stehe, von Alost bis Antwerpen ausgerißen.

Was die Belagerung der Maaß-Festungen betrifft, so würden wir, glaube ich, bey einer mündlichen Unterredung uns bald vereinigen. Von dieser Seite von Frankreich gehen nur zwey Straßen nach Frankreich. Die eine von Longwy über Luxenburg nach Trier, die andre über Mézières und Givet nach Namur. Die beyden andern Wege nehmlich von Montmedy über Virton nach Arlon, und von Sedan über Bouillon nach Bastagne oder St. Hubert sind nur im hohen Sommer und auch da der Berge wegen mit Schwierigkeiten zu gebrauchen.

Ferner ist das Land zwischen Luxenburg und Namur so erbärmlich, daß es durchaus keine Resourcen bietet, kleine Pferdchen, so daß man 30 Stück vor eine Canone spannen müßte, große Haiden und so wenig Vorräthe, daß ein Marsch von einem kleinen Corps alles zum Verhungern aufzehrt. Das Getraide wird alles von der Maaß gehohlt. Welche Schwierigkeiten also! Man müßte damit anfangen, Magazine und Straßen anzulegen, um Belagerungs Bedürffnisse herbey zu schaffen.

Aus diesen Gründen schien es mir, man müße bey Longwy oder Givet anfangen.

Wir haben jetzt einen Rapport des Commandanten von Givet aufgefangen, in welchem derselbe sagt, er könne sich nicht halten, wenn er angegriffen würde.

Jetzt zum Schluß erlauben mir, Euer Exellenz zu bemerken, daß der Augenblick, um für die Größe und Festigkeit Preußens etwas zu thun, jetzt nach dem Gewinnst dieser großen Schlacht gekommen ist. Läßt man ihn vorübergehen, so erleben wir eine zweyte Auflage des Congreßes. Auch entwickelt sich unter den Truppen ein Geist, der, wenn er getäuscht würde, leicht zu gewaltigen Exeßen ausbrechen könnte. Die jüngsten Officiers erlauben sich zu sagen, daß sie es nicht erlauben würden, für ihr versprütztes Blut noch einmal in Wien bey der Nase herum geführt zu werden. Euer Exellenz wißen, so etwas wird von oben herein begünstigt.

Mich hochachtungsvoll und freundschaftlichst empfehlend
v. Müffling.

Le Cateau den 24. Juny 1815, Nachmittag.

Nachträge.

Zu Constants Tagebuch.

Bereits auf S. 204 deutete ich an, daß in dem Berichte Constants über die Mittagsvorgänge des 15. im niederländischen Hauptquartiere Verschleierungen vorgekommen sein könnten. Bei der großen Zuverlässigkeit aber, die das Tagebuch des Generalstabschefs auf jeder Seite in Anspruch nimmt, glaubte ich, mit ihm rechnen zu müssen. Nun teilt mir Herr General v. Lettow-Vorbeck freundlichst mit, daß es nach seiner Ansicht dort (De Bas 534) „eine nachträgliche Eintragung ist". Hätten wir die Memoiren Mafflings vor uns, so würde dem kaum etwas im Wege stehen, aber wie schon gesagt, das Tagebuch erscheint sonst überall als gleichzeitige Niederschrift eines im höchsten Grade zuverlässigen Mannes. Da entschließt man sich nur schwer zu einer solchen Aufstellung, weil sie thatsächlich das ganze Werk und seinen Wert beeinflußt, denn so gut wie hier, kann der Text natürlich auch anderswo verunechtet sein. Lösen läßt sich die Frage nur durch eine umfangreichere Untersuchung der Art, wie wir sie für die Müffling'schen Memoiren anstellten. Eine solche ist aber unmöglich, weil eine zusammenhängende Veröffentlichung des Tagebuches bisher nicht vorliegt, und sich mit den Bruchstücken, welche de Bas liefert, nicht viel machen läßt. Oder ist das Tagebuch noch in seiner Originalniederschrift erhalten? Und wenn, bietet es da nachträgliche Umarbeitungen? Stilistisch scheinen die Stellen, wie sie vorliegen, durchaus in den Gesamttext zu passen.

Behandelt man dieselben ohne weitere Vorarbeiten als „nachträgliche Eintragung", weil sie nur schlecht zu den Depeschen passen, so bleiben letztere allein übrig und damit ergiebt sich ein etwas abweichender Thatbestand, nämlich folgender:

Zunächst besitzen wir statt 4 nur 3 Depeschen von den Vorpostengenerälen van Merlen und Chassé und eine Behrs. Von diesen könnte letztere direkt an den Prinzen nach Brüssel gegangen sein und diesen dadurch in den Stand gesetzt haben, den Herzog von dem Angriffe der Franzosen zu unterrichten. Sie könnte aber auch von Constant eröffnet und alsdann weiter geschickt sein, ja es wäre möglich, daß derselbe alle drei Berichte nach Brüssel sandte. An sich ist anzunehmen, daß Constant einen so wichtigen Hergang wie den Angriff des Feindes, sofort seinem Chef zukommen ließ. Und das Begleitschreiben der Dörnbergschen Meldung weiß dies auch.

Nun zeigen sich aber einige Schwierigkeiten:

1. Daß Constant die der Entfernung nach voraussichtlich zuletzt angekommene und nur von der Merlenschen abgeleitete Depesche weiter gegeben haben soll, nicht die augenscheinlich zuerst eingetroffene ursprüngliche Merlens. Denn nur die Behrsche Meldung wird in den Despatches als Wellington bekannt mitgeteilt.

2. Daß sich nur die beiden anderen Berichte, nicht auch der Behrsche, in dem Register finden. Dies deutet darauf, daß der Behrsche überhaupt nicht in Braine abgegeben, sondern gleich nach Brüssel gegangen ist. Es ließe sich freilich auch dahin erklären, daß seine sofortige Weitersendung die Eintragung verhinderte. Immerhin hätte man dann einen Vermerk oder einen Auszug im Register erwartet.

3. Daß die Behrsche Depesche und das Regest im Constantschen Tagebuch nicht zu einander stimmen. Es ließe sich dies so auffassen, daß es eben die späte Einfügung im Texte erweise. Aber man sollte doch annehmen, bei einer solchen mußte vorsichtige Genauigkeit doppelt notwendig erscheinen, und wenn der Ueberarbeiter (doch wohl Constant selber) den Wortlaut des Behrschen Berichtes nicht kannte, so hätte er einfach den Merlenschen zu Grunde legen können. Ueberdies nennt das Constantsche Regest ebenso wie das Wellingtonsche Memorandum den Ort Thuin. Wenn bei letzterem nun auch nicht allzuviel darauf zu geben ist, so bleibt das gegenseitige Uebereinstimmen doch auffallend. Oder sollte die Umarbeitung erst nach dem Erscheinen des Memorandums, etwa mit Kenntnis desselben erfolgt sein?

4. Da in den Suppl. Desp. nur die eine Behrsche Meldung mitgeteilt wird und die anderen beiden fehlen, so ist anzunehmen, daß Constant sie nicht eingesandt hat.

Einfacher liegt die Sache mit der weiteren Angabe im Constantschen Tagebuche, daß er zugleich mit der Benachrichtigung des Prinzen Befehle an Perponcher, Chassé und Collaert geschickt habe. Bereits vorn S. 98 sagten wir: „Man könnte vielleicht meinen, daß der niederländische Generalstabschef es ähnlich wie Wellington gemacht, die Vorkommnisse etwas zu seinen Gunsten stilisiert habe. Wenn er erst um 3 Uhr einen Sammelbefehl absandte, so war das spät und konnte ihm Vorwürfe eintragen. Deshalb rückte er die Sache nach vorne. Wie naheliegend dies erscheint, so dürfte es bei einem so zuverlässigen und in Einzelheiten genauen Manne, als welcher Constant sich in seinem Tagebuche erweist, doch nicht zulässig sein". Hält man die Stelle für überarbeitet, so fallen die Schwierigkeiten weg, und man setzt die Versendung der Befehle nach ihrer Datierung um 3 Uhr an. Dies dürfte um so wahrscheinlicher werden, wenn Constant nur einmal von den Befehlen spricht, was sich aber aus dem De Basschen Teildrucke nicht sicher ersehen läßt. Freilich wird auffallend, weshalb die Befehlsgabe so spät erfolgte, erst ungefähr 3 Stunden nach Ankunft des Merlenschen Berichtes, und ferner, daß im Tagebuche von 3 Befehlen gesprochen wird, während nur ihrer 2 erhalten sind. Es liefe dies dann wahrscheinlich auf Umänderung zu Constants Gunsten hinaus. Aber augenscheinlich kann daneben die von uns gesuchte Erklärung bestehen.

Die Entscheidung wird von einer genauen Untersuchung des Tagebuchs abhängen. Jeder andere Weg kann mehr oder weniger Wahrscheinlichkeit für sich haben, Sicherheit aber gewährt er nicht.

Bülows Schuld.

> Bülows Zuspätkommen ist ein Hauptpunkt in unserer Kriegsgeschichte. (Valentini.)

Bereits vorn in unserer Abhandlung über diesen Gegenstand (252 bis 267) verwiesen wir auf die, man möchte sagen gereizte Stimmung, welche Bülow gegen das Hauptquartier beherrschte. Dieselbe hatte verschiedene Gründe: sie beruhte auf der hohen Meinung, die Bülow von seinen Fähigkeiten und Verdiensten hatte, verbunden mit einem reizbaren Naturell, welches durch eine nur ungenügend überstandene Leberkrankheit*) noch gesteigert war. Jene Eigenschaften hatten ihn schon früher in persönliche Zerwürfnisse mit den Leitern des Hauptquartiers gebracht, und die Nachwirkung davon wurmte fort. Bülow wünschte anders als ein gewöhnlicher Korpsführer behandelt zu werden, um so mehr als er in Behinderung Blüchers wohl dessen Nachfolger wurde. So wollte er in die Pläne und Maßnahmen des Hauptquartiers eingeweiht sein und gewissermaßen an der Oberleitung teilnehmen. Da nun aber schon drei Männer für dieselbe vorhanden waren: Blücher, Gneisenau und Grolman, so hätte das Herbeiziehen eines vierten, noch dazu eigensinnigen Kopfes, natürlich nur zu Schwierigkeiten und Zerwürfnissen geführt. Wohl durch solche Erwägungen mitbestimmt, schob das Hauptquartier Bülow so weit als möglich ab, bis nach Lüttich. Schon die räumliche Entfernung verhinderte dann allzu nahe Berührung. Im übrigen hielt man Bülow vom Dreinreden ebenso fern wie die übrigen Korpsführer, schon dadurch, daß man ihm nur das mitteilte, was er wissen sollte. Das ärgerte Bülow tief, und er suchte sich in der Weise schadlos zu halten, daß er sein Korps möglichst als eigenen Heeresteil ansah, bestimmt die Gegend von Lüttich bis Luxemburg zu decken. Demgemäß wünschte er seine Quartiere auszudehnen und mußte eigens deswegen vom Hauptquartiere

---

*) Varnhagen von Ense, Leben des Grafen Bülow von Dennewitz 406.

erinnert werden*). Als er am 15. nach Hannut gerufen wurde, folgte er widerwillig, weil er sein Auge ostwärts auf seinen vermeintlichen Bereich gerichtet hielt, für den er einen feindlichen Angriff fürchtete.

Beachtenswerte Mitteilungen macht Graf Nostitz, Blüchers Adjutant, in seinem Tagebuche (II, 20), wo er folgendes berichtet: „Das persönliche Verhältnis des Generals Bülow zum Fürsten und General Gneisenau ist eigentlich nie ein recht freundliches gewesen. Der Keim dieser Art von Mißstimmung datierte sich schon aus früherer Zeit und war im vorigen Jahre durch mehrere vor und nach der Schlacht von Laon stattfindende Meinungsverschiedenheiten noch weiter ausgebildet worden. Bei großem Selbstvertrauen ermangelte der General einer gewissen Zuversicht in die obere Leitung des Heeres und erlaubte sich daher von Zeit zu Zeit eigenmächtig zu verbessern, was er als fehlerhaft angeordnet zu erkennen glaubte". Aehnlich so spricht Nostitz sich an einer anderen Stelle aus (II, 51): „Der General v. Bülow besaß unstreitig unter den Korpsbefehlshabern die meisten wirklichen Feldherrntalente. Doch machte ihn dieses auch weniger fügsam in seiner Stellung zum Oberkommando und gab Veranlassung, die erhaltenen Befehle erst einer eigenen Prüfung zu unterwerfen und sich Modifikationen derselben zu gestatten. Sein früheres persönliches Verhältnis zum Fürsten trug nicht bei, die dadurch entstehenden Folgen eines eigenmächtigen Verfahrens weniger bemerkbar zu machen, oder einer milderen Beurteilung von der einen oder andern Seite zu unterwerfen".

Bülow war also das, was man einen unbequemen Untergebenen nennt, und zwar im vollsten Sinne des Wortes. Er bildete hier den Gegensatz zum General v. Zieten, von dem Nostitz sagt (50): „er verstand, dem Generalarmeekommando bei jeder Gelegenheit stets willig die Hand zu bieten und ihm die große, mit der Erfüllung seines Berufs verbundene Schwierigkeit erleichtern zu helfen." Bülow paßte gut an erster aber schlecht an einer zweiten Stelle. Seine Eigenliebe am unrechten Orte ließ es ihm als ganz selbstverständlich erscheinen, daß er nicht gehorchte, weil etwas befohlen war, sondern möglichst nur, wenn er es als richtig erachtete. Da nun aber ein Korpsführer kraft seiner Stellung nicht den Ueberblick, nicht die allgemeine Sachkenntnis besitzt, wie das Oberkommando, so mußte die Wesensart Bülows zu Konflikten und Disziplinlosigkeiten führen. Gneisenau wußte das und richtete seine Befehle deshalb absichtlich so ein, daß sie trotz höflichster Form für selbständige Entschließungen eigentlich keinen Raum ließen. Wie durchaus ungehörig Bülows Auffassung der eingegangenen Befehle war, zeigt ein Brief, den er am 15. aus Lüttich schrieb. Darin heißt es: „Die Herren in Namur haben auf einmal die Angst bekommen, daß Napoleon von Maubeuge aus, wo er angekommen und den größten Teil seiner Truppen zusammengezogen haben soll, gegen uns zur Offensive übergehen werde. Ich

---

*) Conrady, Leben Grolmans 293.

glaube nun dieses durchaus nicht*)". Er meint seinerseits: „Hoffentlich wird nun alles bald in Bewegung kommen, welches notwendig, damit Napoleon nicht mehr Zeit gewinnt, die gegen ihn aufgestandenen Parteien zu unter= drücken." Bülow glaubt also nicht an Angriff, sondern wünscht Einmarsch in Frankreich**). Wenn der Sieger von Dennewitz derartig falsch urteilte, so war das seine Sache, wenn aber der Befehlshaber des IV. Korps solche Ansichten seine Maßnahmen, im Gegensatz zu bestimmten Weisungen des Oberkommandos, beeinflussen ließ, so gehörte er vor das Kriegsgericht***).

Ganz mit Recht hatten Blücher und Gneisenau diese Auffassung und zwar von vorne herein. Schon am 17. Juni in seinem ersten Berichte an den König über die Schlacht bei Ligny sagt Gneisenau: „Das IV. Armee= korps war noch nicht nahe genug herangekommen, worüber ich E. M. die Aktenstücke nächstens vorzulegen mir vorbehalte" (vorn S. 223). In ein= geweiten Kreisen war die Absicht des Hauptquartiers ganz bekannt, Nostitz berichtet darüber (51): „Bülows Nichterscheinen zu der Schlacht von Ligny würde Veranlassung zu einer strengen Untersuchung gegeben haben. Die kräftige, entschlossene Art seines Handelns in der Schlacht von Belle=Alliance und vorzüglich die großen entscheidenden, an diesem Tage erkämpften Resul= tate veranlaßten den Fürsten über das Vergangene den Schleier der Ver= gessenheit zu werfen, und so ist von den Früheren auf dienstlichem Wege bisher nicht mehr die Rede gewesen, wird es hoffentlich auch später nicht sein." Wie wenig Bülow diese vornehme Gesinnung Blüchers und Gneisenaus verstand †), wie tief er in Gehässigkeit gegen sie verbohrt war, beweist seine eigene Aeußerung: „Wenn die Schlacht bei Belle=Alliance nicht so glücklich abgelaufen wäre, würden die Herren ihr möglichstes gethan haben, mich vor ein Kriegsgericht zu stellen, was ich indes durchaus nicht gefürchtet haben würde"††). Die „Herren" hätten dann nicht ihr möglichstes gethan, sondern nur ihre Pflicht gegen den ungehorsamen Untergebenen erfüllt, durch dessen Eigen= willigkeit militärisch eine entscheidende Schlacht und politisch noch weit mehr ver= loren gegangen war †††). Wie anders Bülow dachte, wenn nicht er, sondern man

---

*) Varnhagen von Ense, Leben Bülows 412, 413; Beitzke II, 98, 99. Weiteres vergl. hinten.

**) Vergl. den Brief vom 19. Mai: „Indessen ist es mehr als wahrscheinlich, daß man mit irgend einer Partei in Frankreich unterhandelt. Dennoch glaube ich, wird ein Krieg notwendig sein, um eine solche Partei emporzubringen." Varnhagen 410.

***) Man warf ihm vor, gesagt zu haben, er werde den Teufel thun und seine Truppen opfern, um die dummen Streiche anderer wieder gut zu machen. (Varnhagen 416.) Unmöglich ist es keineswegs, daß er sich so äußerte, aber sicher beglaubigt er= scheint es nicht.

†) Vergl. u. a. Nostitz 13: „Der zum Vergeben und zur Versöhnung so ge= neigte Fürst."

††) Varnhagen von Ense 417.

†††) Bezeichnend ist Grolmans Verhalten. Zu Bülows Lebzeiten sagte er offen, derselbe habe vor ein Kriegsgericht gestellt werden und den Kopf verlieren müssen (sic?),

gegen ihn ungehorsam gewesen war, zeigt z. B. der Fall mit General v. Borstell 1814. Als Bülow damals aus den Niederlanden zur Vereinigung mit der Schlesischen Armee gegen Paris marschierte, befolgte Borstell bestimmte, ihm von Bülow erteilte Befehle nicht. Die Folge war, daß letzterer bei dem Feldmarschall kriegsgerichtliche Untersuchung gegen den Widerspenstigen beantragte. Er selber mußte jetzt das Kriegsgericht fürchten, denn er hatte wissentlich gegen die Grundpfeiler preußischer Heereseinrichtung*), gegen die Disziplin gesündigt. Sein Verhalten war geradezu leichtfertig gewesen. Bülow gehörte eben nicht auf den Posten, auf den das Vertrauen des Königs ihn berufen hatte. Er hätte entweder Oberbefehlshaber oder nichts sein müssen. Wenn er aber die Stelle eines Korpsführers annahm, so übernahm er unwandelbar damit auch dessen Pflichten. Diese durch alles gebotene Selbstüberwindung besaß der Sieger von Dennewitz nicht, und ihm wäre deshalb nur recht geschehen, wenn er die Folgen hätte tragen müssen, vor denen der Edelmut jener Männer ihn bewahrte, die er so bitter anfeindete.

Die Hauptschuld also bleibt bestehen: Bülow hätte bei Befolgung der ihm zugegangenen Befehle mindestens die Hälfte seiner Truppen noch rechtzeitig nach Ligny bringen können und damit sicherlich den Verlust der Schlacht verhindert**). Einen zweiten Vorwurf machten wir dem an sich so hochverdienten und ehrenwerten Manne daraus, daß er die verspätete Ankunft und Ausführung des ersten Befehls***) nicht an das Hauptquartier gemeldet habe. In der Anmerkung S. 261 verwiesen wir bereits auf eine Angabe, welche von solch einer Anzeige weiß. Wir unterziehen die Frage deshalb einer genaueren Untersuchung.

Erhalten ist unseres Wissens eine Meldung Bülows in obigem Sinne nirgends†). Für eine solche sprechen: 1. Die Wahrscheinlichkeit, weniger in

---

denn er hätte kommen können, aber nicht kommen wollen. Als Bülow dann aber gestorben war und Damitz die Grolmansche Darstellung wiedergab, wurde die Anschuldigung nicht wiederholt, wenngleich er nicht von jedem Tadel freigesprochen werden konnte.

*) Ueber die damalige Auffassnng vergl. z. B. Nostitz 13: „Als der Fürst auf die Vollstreckung des gegebenen Befehls bestand, war Gehorsam seine erste und heiligste Pflicht.

**) Es heißt auch, Bülows Generalstabschef, General v. Valentini, habe dessen Abweichen vom Befehle nicht gebilligt. Doch weiß man bei solchen Behauptungen nie, ob sie das Ursprüngliche wiedergeben, oder ob sie erst später nach den Ereignissen entstanden sind. Varnhagen, Bülow 416; Beitzke 161.

***) Bemerkt mag werden, daß dieser Befehl vom Obersten v. Lützow im Namen Blüchers ausgefertigt war. (Angabe des Journals.)

†) Eine Prüfung der einschlägigen Akten ist mir nicht möglich, weil sie sämtlich verschickt sind.

dem Sinne einer Anzeige, daß der Befehl verspätet eingetroffen sei, als in dem, daß, bezw. wie er ausgeführt worden. Doch bei Bülows Unmut läßt sich hier nichts auch nur annähernd Sicheres vermuten; 2. die Angabe des Hauptquartier-Journals, daß am 15. Juni drei Schreiben über die Kantonnierung bei Hannut eingegangen seien*), von denen sich nur eines sicher feststellen läßt. 3. Die Mitteilungen im Militär-Wochenblatt 1845, S. 19, wo mit Rücksicht auf den Befehl gesagt ist: „Dem Feldmarschall wurde das Verfügte schriftlich gemeldet, dem General-Quartiermeister der Armee die neue Dislokationsliste übersandt." Aber das hier Mitgeteilte bietet allerlei Schwierigkeiten. Dem vom Rittmeister v. Below überbrachten Briefe findet sich eine Dislokationsliste beigefügt, welche der Blücherschen Weisung entspricht. Wäre obige Angabe richtig, so müßten also zwei solcher Listen kurz nacheinander abgegangen sein. Das ist möglich, aber nicht wahrscheinlich, um so weniger, als sich in der Belowschen kein Hinweis auf eine frühere findet. 4. Das Tagebuch von Nostiz. Auch in diesem heißt es S. 20: „Der General Bülow meldete auf den zuerst erhaltenen Befehl nur, daß er am 16. mittags in Hannut eintreffen würde, und blieb für seine Person den 15. noch in Lüttich. Diese Meldung traf den Fürsten nicht mehr in Namur, sondern schon in Sombreffe." Um 9 Uhr**) läßt Nostiz dann Below in Sombreffe ankommen und genauen Bericht erstatten. Nun sind die Angaben des Tagebuchs spät und weder immer verläßlich noch unabhängig. Deshalb ist nicht ausgeschlossen, daß es sich überhaupt nicht um den ersten, sondern um den zweiten Befehl handelt. Verwenden wir aber die Mitteilung, so ergiebt sich folgendes: Blücher hatte nach dem Mittagessen***) Namur verlassen und sich nach Sombreffe begeben, wo er am Spät-Nachmittage †) eintraf. Jene erste Mitteilung dürfte er mithin nicht viel vor 6 Uhr erhalten haben. Als Inhalt derselben wird von Nostiz angegeben, daß Bülow am 16. mittags in Hannut eintreffen würde. Soll das heißen: er persönlich oder er mit seinem Korps? Doch wohl letzteres. Dies entspricht dem Sinne nach jenem Briefe, den Below überbrachte, das Korps werde am 15. so konzentriert,

---

*) Vergl. vorn S. 258. Die Notiz lautet: Nr. 253 (3 Schreiben). Gl. Bülow. Ueber Konzentrierung bei Hannut.

**) Nostiz hat für sein Tagebuch sowohl das Kriegsarchiv wie die vorhandene Litteratur benutzt. Die „9 Uhr" werden dem Berichte Belows (weiter hinten) oder Damitz 101 entlehnt, aber falsch verstanden sein. Es handelt sich da nur um die Ankunft in Namur.

***) So augenscheinlich richtig das M. W.-B. 23. Damitz (Grolman) hat 11 Uhr vormittags; aber noch um 12 Uhr sandte Blücher seinen Brief an Müffling aus Namur. Bei Damitz heißt es dann weiter: Schon um 5 Uhr befand sich der Feldmarschall auf den Höhen zwischen Brhe und Sombreffe (102). Dies wird ziemlich richtig sein.

†) Aussage Roths im M. W.-B. 23.

daß es am 16. nur noch einen kleinen Marsch bis Hannut habe, den es früh morgens beginnen werde. Dem Wortlaute nach klingt es aber doch abweichend und würde so auf ein anderes Schriftstück deuten. Dabei erscheint wieder bedenklich, daß Below in seinem Berichte (weiter hinten) genau dieselbe Wendung gebraucht: „den 16. mittags in Hannut eintreffen könne". Diese Stelle bezieht sich hier jedoch auf den zweiten Brief, bezw. auf die damit verbundene Sendung Belows, und Nostitz hat den Belowschen Bericht wahrscheinlich gekannt. 5. Varnhagen von Ense sagt in seinem Leben des Grafen Bülow 412: „Diese Nachricht traf in Lüttich morgens um 5 Uhr am 15. Juni bei Bülow ein, der darauf unverzüglich die nötigen Maßregeln traf, Blüchern davon Meldung that und an Grolman die neue Truppenverlegung einsandte"*). Die Angaben sind aber nicht selbständig, sondern nur entlehnt, und besitzen mithin, wie andere derartige, keinen Wert.

Fragen wir jetzt, was spricht gegen die erste Meldung. 1. Der Umstand, daß sie nicht erhalten blieb, während es bei den übrigen der Fall ist. Dies muß um so mehr auffallen, weil die Angelegenheit von vorneherein für sehr wichtig angesehen wurde; 2. der Umstand, daß Bülow in seinem Briefe auf den zweiten Befehl, der ersten Meldung keine Erwähnung thut, sondern derselbe vielmehr so gehalten ist, als werde jetzt zuerst ohne Vorläufer berichtet**); 3. in den von einander unabhängigen Darstellungen Grolmans (Damitz 101), Valentinis (Lehre vom Kriege II, I, 330) und v. Belows (unten) findet sich nur die Sendung des letzteren genannt***).

Bei solcher Sachlage ist es ungemein schwer, eigentlich unmöglich, eine Entscheidung zu treffen. Das Schweigen gerade der Hauptquellen, selbst der Bülow befreundeten, deutet fast mehr darauf, daß eine erste Mitteilung unterblieben ist. Sollte sie dennoch erfolgt sein, so kam sie wohl um 6 Uhr in Gneisenaus Hände und bewirkte die Absendung des Leutnants Roth, welche auf diese Weise eine bestimmte Veranlassung haben würde. Natürlich käme in diesem Falle unser Vorwurf in Wegfall.

Der eben genannte Bericht Belows hat folgenden Wortlaut †):

„Der erste Befehl an den General v. Bülow, betreffend den Ausbruch der Feindseligkeiten, ist von Namur abgeschickt den 14t. Juny Mittags. Dieser Befehl kam in Lüttich Morgens um 5 Uhr an; er enthielt den Befehl, das 4t. Corps so zu concentriren daß es in einem Marsche

---

*) Wenn Below erst um 9 Uhr in Namur war, konnte er nicht vor 11 Uhr in Sombreffe sein. Nach Grolman nahm Blücher hier „gegen Abend sein Hauptquartier". Damitz 102.

**) Fast wörtlich so bei Beitzke II, 98.

***) Auch Conrady, Grolman 293 weiß nichts von einem ersten Briefe.

†) VI C. 3 II, 69, 77, Schreiben an General-Lieutenant Graf v. Gneisenau, im Kriegsarchive.

Hannut erreichen könnte. Hierauf wurden die Truppen, welche noch in den Cantons Dalheim und Fléron gelegen, auf das linke Maasufer dislocirt, und die Artillerie von der Gegend von Visé nach Oreye und Gegend.

Um ½11 Uhr, als die Truppen vielleicht ihre Quartiermacher schon abgeschickt haben mochten, kam ein anderer Befehl aus Namur, von Graf Gneisenau unterzeichnet*), abgegeben um 12 Uhr Nachts, nach welchem das 4t. Corps enge Cantonnirungen um Hannut beziehen sollte und dem General Bülow bemerkt wurde, daß es zweckmäßig seyn würde, sein Hauptquartier nach Hannut zu verlegen.

Diesen 2ten Befehl beschloß General Bülow erst den folgenden Tag auszuführen, theils weil er die vorgefaßte Meinung hatte, die andern Corps würden Tags darauf auch bei Hannut zusammen kommen, theils weil die Truppen, die die erste Cantonnements-Veränderung Bataillons- und Companieweise ausführten, den 2t. Befehl immer erst so spät erhalten haben würden, daß sie den Tag einen Nachtmarsch hätten machen müßen. Zu der ersten vorgefaßten Idee, von einer Concentration der ganzen Armee bey Hannut, war General Bülow und sein Chef des General-Stabes besonders dadurch verleitet worden, weil dem 4t. Corps in den frühern Befehlen Hannut mehrmalen als sein Concentrations=Punkt genannt worden war; wäre in diesem 2t. Befehle etwas darüber gesagt worden, wo die andern Corps am 15ten hindirigirt worden, so hätte General Bülow aus der Rechts=Schiebung der andern Corps einiges über die General-Idee des Feldmarschalls schließen und die Richtigkeit seines Eintreffens bei Hannut am 15ten ersehen können, so aber wußte er nicht einmal, daß wir jeden Tag ohne vorherige Kriegserklärung einen Ausbruch der Feindseligkeiten zu erwarten hätten.

Es wurde jedoch dem Feldmarschall durch einen vom General Bülow abgeschickten Officier gemeldet, daß er den 2ten Befehl erst den 16ten Juny ausführen und mithin er den 16ten Mittags bei Hannut eintreffen könne. Dieser Officier fand den Feldmarschall nicht mehr in Namur, wo er um 9 Uhr Abends ankam, sondern in Sombref.

Zwey spätere Befehle des Feldmarschalls die nach Hannut geschickt worden, blieben dort liegen, und der General Bülow erhielt sie erst den 16ten Morgens in Lüttich.

v. Below"

Dieser Bericht ist augenscheinlich nicht gleichzeitig, sondern erst nachher in irgend einer Absicht, wohl auf Wunsch Gneisenaus, niedergeschrieben worden. Deshalb hat er auch kein Datum und keine Adresse. Der Schluß zeigt die spätere Abfassung, denn es sind nicht zwei Befehle nach Hannut geschickt, die

---

*) Man sieht, auch hier ist diese Thatsache hervorgehoben.

dort liegen blieben, sondern nur einer, der andere war nach Roths bestimmter Angabe blos mündlich zu überbringen.

Nun besagt der dem Bülow-Belowschen Briefe beigefügte Dislokations-Entwurf: „Das IV. Korps bezieht morgen, als den 16. Juny, enge Cantonnirungs-Quartiere bei Hannut". Es folgen die Ortsangaben nach Brigaden und Reserveabteilungen, das Hauptquartier ist Hannut. Von jeder Brigade begiebt sich der Offizier des Generalstabes heute noch nach Hannut, um von dem Rittmeister v. Below heute Abend noch die Dislocation en detail zu empfangen. Die Truppen rücken morgen früh um 4 Uhr aus ihren Quartieren und formieren sich auf folgenden Rendezvous. Dieselben sind ebenfalls nach Brigaden etc. gegeben. Ein Teil dieser Angaben findet sich nun wieder in der Zufertigung an die Brigadechefs, welche das M. W.-B. 20 bringt. Beachtenswert ist jedoch, daß es u. a. bloß heißt: „um dort am Abend die Dislokation en detail zu empfangen", wo also der Name v. Belows fortgelassen ist. Dies deutet darauf, daß die Zufertigung später als der Anhang des Briefes geschrieben wurde. Ursprünglich sollte v. Below die Truppenverteilung ausführen. Da der Rittmeister aber ein guter Reiter und Bülows Vertrauensmann war, so benutzte er ihn lieber für die Ueberbringung des Briefes an das Hauptquartier. Damit hätte dann ein anderer Offizier für ihn eintreten müssen. Das scheint aber nicht der Fall gewesen zu sein, denn Leutnant Roth sagt in seiner Meldung ausdrücklich: „Ich habe hier (in Hannut) weiter niemand als die Generalstabs-Offiziere von den Brigaden des IV. Armeekorps vorgefunden, welche ... die Quartiere regulieren wollten" (S. 259). Es ist mithin nur von den Abordnungen der Brigaden die Rede, nicht auch von einem Offiziere des Korps-Hauptquartiers. Dasselbe ergiebt die spätere von dem Briefe unabhängige Aussage Roths, welche das M. W.-B. 23 mitteilt. Da findet sich: „Er erfuhr von den dort vor ihm angekommenen Fourier-Offizieren des Bülowschen Korps ... Jene Fourier-Offiziere hatten ihm auch einige Briefe gezeigt, welche für den General v. Bülow heute hier angekommen wären. Es befand sich darunter das Schreiben, welches um $11\frac{1}{2}$ Uhr mittags aus Namur per Ordonnanz nach Hannut expediert worden war". Nimmt man diese Stelle als Ganzes, so entspricht sie der Angabe des Briefes. Es war kein Vertreter des Hauptquartiers anwesend, und dadurch fehlte die entsprechende Mittelsperson für die Beförderung der Zuschriften, denn die Offiziere der Brigaden sahen sich nicht veranlaßt, sich um eine Sache zu kümmern, die sie ihres Erachtens nichts anging. Hierdurch entstand nun aber der geradezu unerhörte Zustand, daß die in Hannut für den Korpsbefehlshaber einlaufenden Briefe sämtlich einfach deponiert wurden, bis der Empfänger am anderen Tage ankommen werde, unbekümmert darum, ob sie die Zeichen höchster Dringlichkeit trugen oder nicht. Das Ganze wird darauf hinauslaufen, daß man vergaß,

v. Below bei seiner anderweitigen Verwendung zu ersetzen, oder es in so ungenügender Weise geschah, daß der Betreffende nachts 11½ Uhr noch nicht zur Stelle war. Möglich wäre auch, daß Below erst in das Hauptquartier reiten und dann auf der Rückkehr die Angelegenheiten in Hannut erledigen sollte. Dies wäre aber eine unangebrachte Verkoppelung ganz verschiedener Dinge gewesen, weil Below selbst in günstigem Falle nicht vor Tagesanbruch des 16. Hannut erreichen konnte und jeder Zwischenfall sein Eintreffen noch weiter verzögerte. Wie man sieht, trifft auch hier Bülow oder seinen Stabschef Valentini schwere Schuld. Es lag ein doppelter Grund vor, einen Bevollmächtigten des Generalstabes in Hannut zu haben, einmal wegen der Quartierverteilung, einmal wegen der Anheimstellung im Gneisenauschen Befehle, die doch thatsächlich auf eine Anweisung in ganz bestimmtem Sinne hinauslief. Auch diesmal hat das Kommando des IV. Korps mit einer Leichtfertigkeit gehandelt, die nicht zulässig ist, am wenigsten, wenn die Meldung vorliegt, der Angriff des Feindes scheine unverzüglich bevorzustehen.

Bülows Generalstabschef, General Valentini, folglich der von dieser Seite kundigste Mann, widmet der Angelegenheit ein Kapitel in seinem Buche über die Lehre vom Kriege II, I, 327—329. Wir wenden uns demselben näher zu: „Den 15. Juni früh wußte General Bülow in seinem Hauptquartier Lüttich noch nichts bestimmtes über den nahen Ausbruch der Feindseligkeiten". Das ist selbstverständlich, weil die Feindseligkeiten am 15. früh überhaupt erst meilenweit westlich begannen. „Eine Ordre, die er vom Fürst Blücher erhielt, sein Korps, das um Lüttich herum auf beiden Seiten der Maas bequem kantonnierte, in engere Quartiere zu legen, so daß es sich in einem Marsch bei Hannut konzentrieren könne, konnte jedoch sowohl für eine allgemeine Vorsichtsmaßregel, als für eine Vorbereitung zur Offensive von unserer Seite gelten". Daß das Korps um Lüttich herum bequem kantonnierte, ist nicht genau, die Kantonnements der 14. und 15. Brigade zogen sich stark nach Hannut hinüber und bildeten gewissermaßen die Verbindung mit der 6. und 7. Brigade. Ebenfalls ist ungenau, daß der Befehl Blüchers vorgeschrieben habe, das Korps in engere Quartiere zu legen. Es heißt in demselben nur: eine solche Einrichtung in der Verlegung der Truppen zu treffen, daß sie sich in einem Marsch bei Hannut konzentrieren könnten. Damit meinte Blücher nicht an Stelle der bequemen: engere Quartiere um Lüttich herum, also nicht eine Zusammenziehung innerhalb des Korpsverbandes, sondern nur Zusammenziehung innerhalb der Brigaden, damit Hannut sich in möglichst kurzer Zeit erreichen lasse. Wenn Bülow die Weisung anders auffaßte, so hatte er sie nicht genau genug gelesen. Nun sagt das Militär-Wochenblatt (19), Bülow habe das Korps in und um Lüttich in engen Quartieren konzentriert, dies könnte darauf gedeutet werden, daß eine falsche Bewegung stattgefunden habe; aber da fortgefahren wird, die nördlichsten Truppen hätten nahe bei Tongern, die westlichsten im Kanton Varemme gestanden, so scheint das nicht der Fall gewesen zu sein, sondern es scheint sich nur um eine ungenaue Ausdrucksweise des Autors (Major v. Fransecky) zu handeln. Darauf deuten auch die vorne besprochenen (S. 253) Sammelplätze der Brigaden nach dem Dislokationsentwurfe. Die Ordre Blüchers konnte nach Bülow=Valentinis Meinung für eine Vorsichtsmaßregel oder für eine Vorbereitung zur Offensive gelten. Dies deutet wieder darauf, daß man den Befehl nicht einfach nahm wie er lautete, sondern allerlei unnötige Vermutungen hineintrug. In dem Befehle heißt es ausdrücklich: nach den eingegangenen Nachrichten scheine Napoleon sich bei Maubeuge zu sammeln und die Offensive gegen die Niederlande beginnen zu wollen. Mit dieser bevorstehenden feindlichen Offensive war doch eine preußische ausgeschlossen; es blieb nur die Vorsichtsmaßregel, und da Napoleon sich bei Maubeuge sammelte, so erwies sich als das wahrscheinlichste: ein Angriff im Westen zwischen Mons und Charleroi. Wie das Hauptquartier einen solchen erwartete, bewies die angedeutete Bewegung nach Hannut. Wenn Bülow sich den Befehl nur vorurteilslos zurechtgelegt hätte, so fand er alles für seinen Marsch wünschenswerte darin angedeutet. Valentini fährt nun fort: „Als die Ordres zu dieser Quartierveränderung an die Truppen abgegangen waren, kam eine neue aus dem Hauptquartiere des Fürsten: das IV. Armeekorps solle sich sogleich bei Hannut konzentrieren." Wir haben hier genau die Unterscheidung, wie in dem vorne besprochenen Briefe Bülows: erst kommt eine Ordre vom Fürsten Blücher, dann eine „neue aus dem Hauptquartier des Fürsten"; es ist die Gneisenausche. Man stellt sich, als ob beide sich in einem gewissen Gegensatze befänden, nicht als ob die letzte die bloße Fortsetzung der ersten gewesen wäre. Deutlich blickt die Abneigung gegen Gneisenau durch. Nun führt Valentini aus, daß Bülow sich den Einfluß einer solchen Befehlsveränderung ungünstig „auf das Innere der Truppenteile" gedacht habe. Dagegen ist zu erwidern, daß nur ein verschwindend kleiner Bruchteil, bloß einige höhere Offiziere, von solchen Befehlsveränderungen etwas zu erfahren pflegen, die große Masse marschiert darauf los, ohne zu wissen wohin. Hier dürfte eine Eitelkeit Bülows hervortreten: er wollte den höheren Offizieren nicht als unsicher in der Befehlsgabe erscheinen. Dies hätte sich aber vermeiden lassen, wenn er seiner neuen Weisung einfach beigefügt hätte: nach einem zweiten Befehle aus dem Hauptquartiere ist die begonnene Bewegung da- und dahin auszudehnen. Weiter erfahren wir, wie Bülow fürchtete, auf dem Biwak bei Hannut würde es den Truppen an allem mangeln, zumal sie teilweise erst nachts eintreffen könnten. Wenn ein bestimmter Befehl vorliegt, kommen solche Erwägungen gar nicht in Betracht. Es ist anzunehmen, daß die Soldaten ihre eisernen Portionen bei sich hatten. Hannut war ein größerer Ort mit benachbarten Dörfern, welche Nahrungsmittel für

ein Biwak liefern konnten, auch die Proviantwagen ließen sich wenigstens teilweise heranziehen. Die Instruktion vom 8. Juni verfügte ausdrücklich*):
„Von dem Augenblick an, wo die Truppen aus ihren jetzigen Kantonnierungen gegen den Feind vorrücken ... sollen die etatsmäßigen Wagen nicht von den Regimentern und Korps entfernt werden. Beim Einrücken ins Biwak können die nötigen Wagen immer herangezogen werden."

Obiger Einwand fällt mithin nur nebensächlich ins Gewicht. Noch mehr thut es der Gemeinplatz: von ermüdeten und hungernden Truppen sei nicht so viel zu erwarten, als von wohl ausgeruhten und verpflegten. Eben vorher hieß es ja noch, daß Bülow nur an allgemeine Vorsichtsmaßregeln oder an die Vorbereitung zur Offensive dachte, daß er nichts vom Angriffe des Feindes wußte; woher denn jetzt plötzlich die Besorgnis, um geringe Leistungskraft hungernder Truppen. Das Ganze ist genau betrachtet hohl, und läuft nur auf Vorwände gegen den Gneisenauschen Befehl hinaus. „Diese Gründe bestimmten den General, den Truppen die Ordre zu geben, den 16. mit dem Tage aus den neuen Quartieren nach dem allgemeinen Rendezvous Hannut aufzubrechen". Das ist richtig. „Daselbst glaubte man noch überdies mit anderen Armeekorps zusammenzutreffen. Denn, unbekannt mit den Absichten des Fürsten, hatte sich bei dem General Bülow die Idee gebildet, und war durch einige Umstände gerechtfertigt, die Gegend von Hannut sei zu einer Centralstellung ausersehen." Wir wissen nicht, inwiefern Bülow die Vereinbarungen von Tirlemont und Brüssel kannte, doch ist anzunehmen, daß sie ihm nicht fremd waren; jedenfalls mußte er, daß es die Absicht der beiden verbündeten Heere sei, möglichst gemeinschaftlich zu handeln. Wenn ihm nun gemeldet wurde, Napoleon habe sich bei Maubeuge gesammelt und eine unverzügliche Offensive desselben sei zu erwarten, wenn die Niederländer zwischen Mons und Nivelles standen, so war es doch nahezu Unsinn, eine Konzentrierung der Preußen bei Hannut zu vermuten, d. h. zwischen Wellington und Blücher eine Lücke von 7 Meilen zu schaffen und sowohl das britische als das preußische Heer vereinzelt den Schlägen des Feindes auszusetzen. Bülow hat für seine Annahme natürlich seine Gründe gehabt, einen deuteten wir vorne (S. 266) schon in dem Briefe von Truchseß-Waldburg an, ein zweiter mag in der Furcht um die rückwärtigen Verbindungen zu suchen sein u. s. w., aber keiner ließ sich den beiden erhaltenen Befehlen entnehmen, und auf die kam es in dem gegebenen Falle doch an.

Nun besitzen wir Bülows Auffassung in seinem eigenen Briefe vom 15.: „Ich glaube nun durchaus nicht, daß Napoleon zur Offensive**) über-

---

*) Conrady 290.
**) Die Offensive Napoleons von Maubeuge aus.

gehen wird, besonders daß er es auf die Weise, wie man vermutet, thun wird, nämlich auf der sogenannten Römerstraße zwischen uns und den Engländern, als wohin ich morgen nach Hannut marschiere. Allein durch diese unsere Bewegung wird das ganze Land zwischen der Maas und Mosel entblößt. Wir werden ihn vielleicht auf den Gedanken bringen, ein Korps hier vorgehen zu lassen, um diese Provinzen zu verwüsten; über Philippeville oder Givet kann sich dieses wieder zurückziehen." Nehmen wir die Angaben Valentinis und v. Belows*) hinzu, so können wir Bülows Gedankengang feststellen. Aus den beiden in dem Befehle angegebenen Namen: Maubeuge und Hannut bildete er sich den vermeintlichen Plan des Hauptquartiers. Er zog die Verbindungslinie zwischen jenen beiden Orten, und die war ungefähr die alte Römerstraße. Auf dieser meinte er nun, erwarte das Hauptquartier Napoleons Vorstoß. Es würde sich mit den drei übrigen Korps auf Hannut zurückziehen, wohin er von der anderen Seite komme, so daß sich hier also die preußische Macht vereinige. War dies der Fall, hatte es mit seiner Bewegung allerdings keine Eile, und es war vorteilhafter, am 16. ausgeruht einzutreffen, als am 15. mittels Eilmarsch. Wir haben damit das Muster, wie ein Unterführer nicht denken soll, weil ihm die nötigen Grundlagen für seine Gedankenverbindungen fehlen.

Nach Belows Bericht hatte Bülow die vorgefaßte Meinung von einer Zusammenziehung der ganzen Armee bei Hannut, zu der er und Valentini dadurch verleitet waren, weil der Ort dem IV. Korps in den früheren Befehlen mehrmals als Konzentrations=Punkt genannt worden war. Bülow fußte hierbei wesentlich auf die beiden Weisungen vom 26. Mai und 6. Juni. Jene verfügte: „Sollte der Feind gegen die Maas und Charleroi Offensivbewegungen machen, so wollen E. E. Ihr unterhabendes Korps bei Hannut versammeln, wohin ich dann die weiteren Befehle senden werde"**). Da ist nur gesagt, wohin sich das Korps in einem besonderen Falle zu begeben habe. Warum? wurde nicht mitgeteilt. Im Gegenteil, es soll weitere Befehle abwarten. Die zweite Verfügung ist jene vom 6. Juni, welche wir bereits vorne mitteilten***); sie besagte, wie bei Anordnungen der Dislokation des IV. Korps stets der Gedanke zu Grunde liegen müsse, daß es sich in einem Tage bei Hannut vereinigen könne. Also auch diesmal ist auf Hannut nur als rückwärtigen Sammelplatz des Korps hingewiesen, alles weitere trug Bülow erst in die Worte hinein. Widerwillig marschierte er dorthin; er meinte, die Voraussetzungen und der Plan des Hauptquartieres seien alles Unsinn.

---

*) Vorn S. 257.
**) Conrady 293.
***) S. 252. Nach dem Originalerlasse bei Conrady 293.

Nun kam noch hinzu, daß er eine Deckung der Gegend zwischen Maas und Mosel, eine Deckung ostwärts für angebracht hielt, also gerade in umgekehrter Richtung, in der er sich bewegen mußte. Gneisenau beabsichtigte Sammlung des Heeres für einen großen Schlag, Bülow sah nur die Gefahr, welche in der Vereinigung lag, sah nur die Entblößung eines Gebietsteils, denn nach seiner Ansicht hätte man das Heer noch weiter auseinanderziehen müssen. Wir nehmen zur Ehre von Bülows Feldherrnbegabung an, daß es bei ihm zu keinem eigentlichen Verteidigungsplane gekommen ist, denn einen schlechteren, als er ihm vorschwebte, gab es kaum. Es handelte sich augenscheinlich nur um seinen Widerspruchsgeist, der an dem nörgeln mußte, was die Heeresleistung that, nörgeln, ohne es zu kennen.

Fahren wir fort in Valentinis Darlegung: „Von seinen Maßregeln und veranlassenden Gründen machte General Bülow seinem Oberfeldherrn Meldung". Dies ist richtig, es geschah durch v. Below. „Nun wurde Bülow aufgegeben bis nach Gemblour zu kommen, aber diese wichtige Ordre, die den General in Hannut gesucht hatte, ward ihm erst am 16. früh, als er sich in Lüttich zu Pferde setzte, mit einem zweiten beschleunigenden Befehl: „ohne Aufenthalt den Marsch bis Sombreffe fortzusetzen", zugleich eingehändigt". Es handelt sich hier um Roths Sendung. Nach dessen Angabe erscheint aber nicht wahrscheinlich, daß Bülow schon zu Pferde steigen wollte, sondern dies wurde wohl von Valentini etwas zu dessen Gunsten verfrüht. Unrichtig ist, daß der liegengebliebene Befehl dem Korpskommandeur zugleich mit einem anderen, noch weiter gehenden, eingehändigt wurde. Ein solcher Befehl blieb nicht erhalten, und Roth erzählt ausdrücklich, er habe mündlich zu überbringen gehabt, daß Blücher bei Sombreffe eine Schlacht annehmen würde, und dazu bestimmt auf die Mitwirkung des IV. Korps rechne*). „Es gehörte der unerschütterliche und glückliche leichte Sinn des Siegers von Dennewitz dazu, um von dem Gedanken an die wahrscheinlichen Folgen wohlgemeinten Abweichens vom Buchstaben des Befehls, nicht im Gemüt niedergeschlagen zu werden". Wir können solche Bewunderung Bülows in diesem Augenblicke nicht teilen; es handelt sich nicht mehr um leichten Sinn, sondern um Leichtsinn, und nicht vom Buchstaben des Befehls war abgewichen, sondern dieser war überhaupt nicht befolgt, und darüber ging eine Schlacht verloren.

So ist denn selbst Valentinis Urteil gewesen: „Bülows glücklicher Sinn, der immer heiter in die Zukunft blickte, und keine Gefahr sah, der er nicht gewachsen wäre, hatte ihn hier zu dem Fehler verleitet, eine wichtige Sache zu leicht zu nehmen**).

---

*) Mit Berufung auf Grolman spricht Varnhagen 415 von einem Befehle zwischen dem zweiten und dritten. Dies beruht aber nur auf Mißverständnis von Damitz 101.

**) Varnhagen von Ense 416. Wir schließen uns ganz der Ansicht Conradys an (295): „Mag der General v. Bülow noch so große Verdienste gehabt haben, mag seine

Je mehr man sich mit der Frage beschäftigt, um so deutlicher wird, daß Bülow sich am 15. überhaupt nicht in der Gemütsverfassung befand, sein Korps dem Willen der Heeresleitung entsprechend zu führen.

Bemerkt mag noch werden, wie Nostitz über den dritten Befehl des Hauptquartieres (S. 19) berichtet: „Der General Gneisenau hatte mir das Schreiben mitgeteilt ... Dies veranlaßte mich am folgenden Tage, den 15., als gegen 11 Uhr die Ordre an den General Bülow, nach Gembloux zu marschieren, nach Hannut geschickt wurde, den General Gneisenau darauf aufmerksam zu machen, daß General Bülow füglich noch in Lüttich sein könne. Man war aber von der pünktlichen Ausführung der während der Nacht gegebenen Anweisung so überzeugt, daß mein Vorschlag, auch nach Lüttich eine Abschrift des gegebenen Befehls zu senden, als überflüssig betrachtet wurde". An sich kann diese Angabe richtig sein und die Ereignisse haben bewiesen, daß die Befolgung von Nostitzens Rat großes Unglück verhütet hätte. Aber eben darum steht keineswegs fest, ob die Thatsache ganz der Erzählung entspricht. Durch das Tagebuch zieht sich ein gewisser Gegensatz zu Gneisenau; an verschiedenen Stellen weiß Nostitz alles besser wie dieser, und behält durch die Ereignisse recht. Aber das Schlimme ist, daß er es selber sagt. Je mehr man sich mit der Memoirenlitteratur beschäftigt, desto verdächtiger werden einem solche Behauptungen post festum die immer auf dasselbe hinauslaufen, die vorschauende Klugheit des Schreibenden darzuthun*).

Auch eine andere Stelle von Nostitz mag noch kurz erörtert werden. S. 18 sagt er: „Dies hätte nicht verhindert, von dem Augenblick an, wo der Abmarsch der Französischen Korps von Lille und Metz keinem Zweifel mehr unterlag, wo also das Zusammenziehen der feindlichen Armee zur Gewißheit geworden und die Feindseligkeiten also jeden Tag beginnen konnten, unsere vier Korps so zu vereinigen, daß wenigstens auf ihr gemeinschaftliches Zusammenwirken am Tage der Schlacht mit Sicherheit gerechnet werden konnte. Aus Besorgnis, keine hinlängliche Verpflegung für die Truppen zu finden, unterblieb die Ausführung dieser Maßregel. Ich habe jedoch die Ueberzeugung, daß durch energische Vorstellung bei der Nieder-

---

Neigung, seine Truppen zu schonen, sich zu einer gewiß sehr schätzenswerten Eigenschaft ausgebildet haben; im vorliegenden Falle mußte er doch zweifellos sein Korps am 15. bei Hannut versammeln, sein Quartier in Hannut nehmen und das Briefrelais in Hanret aufstellen. Blücher enthob wegen Nichterfüllung eines viel weniger wichtigen Befehls den General v. Borstell seines Kommandos. Infoge der Nichterfüllung des Befehls durch Bülow ist viel preußisches Blut geflossen".

*) Bereits der Herausgeber des Tagebuchs bewies auf manche Unrichtigkeit. Besonders drängte Nostitz sich bei der Rettung Blüchers auf Kosten von Busche vor. Vergl. Tagebuch 96, 97. Die ganze Darstellung des Tagebuchs darf nur mit Kritik verwendet werden, besonders da, wo Nostitz von sich selber spricht.

ländischen Behörde der Bedarf der Truppen für so kurze Zeit sichergestellt werden konnte". Dies ist wieder Raisonnement post festum, wie es sich bei Nostitz nur zu oft findet. 1) Die im preußischen und englischen Hauptquartiere einlaufenden Nachrichten lauteten keineswegs so bestimmt, daß man jeden Tag die Feindseligkeiten erwarten mußte. 2) Das gemeinschaftliche Zusammenwirken war gesichert, wenn nicht durch die schlechte Befehlsüberbringung und Bülows Ungehorsam Verzögerungen eingetreten wären. Solche Zufälligkeiten sind aber überall möglich. 3) Wenn man gewußt hätte, daß der Angriff so schnell und an welchem Orte er erfolgen würde, so wäre eine stärkere Zusammenziehung erwünscht gewesen, trotz der Verpflegungsschwierigkeiten. Da man jene Thatsachen aber nicht im Voraus kannte, da vielleicht noch Wochen vergingen, vielleicht der Angriff gegen Deutschland zu erfolgte, so mußte man Abstand nehmen, sich neue Schwierigkeiten mit den widerspenstigen niederländischen Behörden aufzuladen. Man hatte derer schon mehr als genug. 4) Gneisenau wünschte, daß die Preußen angegriffen würden und nicht die Engländer. Deshalb wäre es strategisch nicht klug gewesen, den Feind durch Sammelbewegungen stutzig zu machen, und ihm möglicher Weise eine andere Richtung vorteilhafter erscheinen zu lassen. — Dies alles schließt nicht aus, daß der Angriff schneller erfolgte, als man im preußischen Hauptquartiere erwartet hatte.

Auf Bülows Verhalten zurückkommend, mag noch erwogen werden, daß der Sieger von Dennewitz zu Anfang des Jahres an einer Leberentzündung bedenklich krank gewesen und eigentlich nicht in vollem Maße hergestellt war*). Dies machte ihn reizbar und schwarzgallig. Freilich hätte er dann nicht auf den Posten gehört den er einnahm. Auch daran mag erinnert werden, daß der Gehorsam im preußischen Heere nicht so ausgebildet war wie im englischen, unter Wellingtons strenger Zucht. Nicht bloß Bülow ist ungehorsam gewesen, sondern es waren auch Borstell und der Prinz von Hessen-Homburg, der Gouverneur von Luxemburg. Diesem sah Blücher sich genötigt, am 26. Mai zu schreiben: „Die Maßregeln, die im Kriege zu nehmen sind, können nur von dem kommandierenden General, der sich vor dem Feinde befindet, beurteilt werden; jede einseitige Ansicht von rückwärts liegenden Befehlshabern führt nur zur Störung des Ganzen"**). Dies gilt auch für Bülow in vollem Umfange. Man hätte denselben überhaupt nicht Blücher unterordnen sollen. Hier wirkte die an sich edle Vorliebe des Königs für verdiente Männer als Schwäche. Er ging es doch mit Kleist von Nollendorf nicht anders. Den Oberbefehl wollte man ihm nicht geben, ein Korps schien nicht genug für ihn, und so verfügte der König am 20. Mai: „Ich übertrage Ihnen das

---

*) Varnhagen von Ense 406.
**) Conrady, Grolman 288, 295.

Kommando des II. Armeekorps für jetzt, mit der Maßgabe, daß Sie dabei auch den Befehl über das Korps deutscher Bundestruppen behalten, und habe ich dem Feldmarschall aufgegeben, den Marsch der Bundestruppen so zu leiten, daß sie mit dem II. Armeekorps in Verbindung kommen*)." Für die Befehlsgabe des Hauptquartiers war dies eine verderbliche Maßregel, weil sie Kleist eine Stellung einräumte, die über die des Korpskommandeurs hinausging, und dadurch leicht zu Unzuträglichkeiten führte. Es blieb Blücher nichts, als Kleist so lange wie möglich in Trier festzuhalten und vorläufig das II. Korps durch Pirch befehligen zu lassen.

Es kann keine Frage sein, daß der Drang des preußischen Hauptquartieres, so schnell wie möglich mit Napoleon handgemein zu werden, großenteils mit den Verpflegungs-, Ausrüstungs- und inneren dienstlichen Schwierigkeiten zusammenhängt**), welche alle man durch das Klirren der Waffen zu übertönen hoffte.

Seite 1, Anm. Die niederländische Kriegsmacht. Hier hat De Bas 509 hinten in den Anmerkungen auf die Beilage XVI verwiesen.

„ 14. Beachtenswert für das Vertrauen, welches die leitenden Männer des preußischen Hauptquartiers zu Wellington hatten, sind auch die Angaben des Grafen Nostitz in seinem Tagebuche, Kriegsgeschichtliche Einzelschriften VI, 18: „Ich erhielt zur Antwort, daß gegen einen Mann wie der Herzog, der eine so glänzende Geschichte für sich habe, jeder Zweifel in sein gegebenes Wort ein Verbrechen sei." Ganz so hat die Erwiderung gewiß nicht gelautet, aber dem Sinne nach wird die Auffassung richtig wiedergegeben sein.

„ 40. Ueber die Verbindungen Wellingtons mit Fouché berichtet auch Nostitz in seinem Tagebuche 16, aber augenscheinlich nicht selbständig, sondern abhängig.

„ 51, 198. Die erste Nachricht vom Angriffe des Feindes erhielt Wellington durch die Behrsche Depesche S. 200.

„ 69, 78, 81. Der Herausgeber des Nostitzschen Tagebuches macht II, 22 folgende Anmerkung: „Ferner meldete Müffling aus Brüssel gegen Mitternacht, daß in 12 Stunden die Armee Wellingtons konzentriert sei, und daß am folgenden Morgen um 10 Uhr 20 000 Mann bei Quatre-Bras stehen würden." Diese Mitteilung wird Plotho ent-

---

*) Ollech 66; Conrady, Grolman 288.
**) Vergl. auch vorn S. 266.

nommen sein (vergl. vorn S. 242). Sie würde von großer Wichtigkeit sein, wenn sie richtig wäre, doch eben daran muß gezweifelt werden. Zunächst weil kein Aktenstück oder sonst Angabe obigen Inhaltes erhalten ist; dann weil sie sich widerspricht: anfangs heißt es, in 12 Stunden sei die Armee konzentriert, darauf, daß in 10 Stunden 20 000 Mann bei Quatre-Bras sein würden: entweder das eine oder das andere! Bereits vorne sahen wir, daß Quatre-Bras erst durch Constants Depesche in den Vordergrund trat, diese ist aber später wie Mitternacht.

Seite 73, 250. Bei der Verzögerung des ersten Wellingtonschen Befehls ist zu erwägen, was dem Herzoge außer dem Blücherschen Briefe vorlag. Es war der Bericht Behrs, worin es nur hieß, daß die 2. preußische Brigade diesen Morgen angegriffen sei und der Angriff auf Charleroi gerichtet scheine. Vor dem General van Merlen und bei Mons sei alles still (S. 200, 201). Daraus war zu folgern: für die Wellingtonsche Armee sei noch keine Gefahr vorhanden, und für die preußische erscheine sie zunächst gering, weil nur eine Brigade angegriffen sei. Jedenfalls werde bei Charleroi das I. Korps zusammengezogen, um die Sambreübergänge so lange zu halten, bis sich das preußische Heer vereinigt habe. Mit Charleroi sei aber auch die Straße Charleroi-Brüssel gedeckt. In dem Regest des Constantschen Tagebuches heißt es, daß die preußische Abteilung, welche Binche besetzt hielt, sich auf Gosselies zurückgezogen habe (198). Danach war die obige Straße erst recht gedeckt, entblößt dagegen die von Binche über Nivelles, wo sich freilich noch nichts vom Feinde zeigte. Immerhin war hiermit gegeben, die ersten Befehle auf Nivelles und nicht auf Quatre-Bras zuzuschneiden.

„ S. 75. Zeile 11 ist zu streichen: „und mündliche Auskünfte des Ueberbringers, des Kapitäns Webster."

„ 98. Wegen der Weisungen Perponchers vergleiche den Nachtrag über Constants Tagebuch.

„ 185 unten. Natürlich bleibt zu erwägen, daß die Stellung eines Generalquartiermeisters der eines Generalstabschefs entsprechen, bezw. der Generalquartiermeister Generalstabschef sein konnte, wie vorher z. B. Scharnhorst Generalquartiermeister im Blücherschen Heere gewesen war. Auch Gneisenau hieß amtlich so, unterschrieb aber bisweilen als Chef des Generalstabes. Die Bezeichnung „Generalquartiermeister" führte dann der zweite Generalstabsoffizier. Es ist dies eine bemerkenswerte Unklarheit, welche mit der Ausbildung des Generalstabes zur Selbständigkeit zusammenhängt. Vergl. Delbrück, Gneisenau IV. 338.

„ 204. Wegen der ersten Meldungen vom Angriffe des Feindes vergl. den Nachtrag über Constants Tagebuch.

Seite 222—234. Auch Nostitz's Auffassung ist die des Generalstabes: Er sagt in seinem Tagebuche 17: „Den Herzog trifft jedenfalls der Vorwurf, daß in allen Besprechungen, welche der Fürst selbst oder damit beauftragte Offiziere über die Eröffnung der Feindseligkeiten gemeinschaftlich zu ergreifenden Maßregeln mit ihm gehabt, er jedesmal die Gewißheit aussprach, völlig darauf vorbereitet zu sein, falls die preußische Armee zuerst von der französischen Hauptmacht angegriffen werden sollte, dieser schnellen und kräftigen Beistand leisten zu können. Uns trifft der Vorwurf, dieser Versicherung unbedingten Glauben geschenkt zu haben." — Wellington durfte mit Recht die Versicherung geben, der preußischen Armee schnellen und kräftigen Beistand leisten zu können. Seine Armee war durchaus schlagfertig, und innerhalb 24 Stunden ließ sich mindestens die Häfte derselben zusammenziehen.

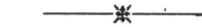

Nachtrag zu „Constants Tagebuch".

Wegen der Zweifel, welche S. 359—361 ausgesprochen wurden, habe ich mich an Herrn Obersten De Bas gewandt, der mir freundlichst mitteilte: Das Tagebuch Constants ist im Originale erhalten, von Constants Hand geschrieben und von höchstem Werte. Es ist gleichzeitig, aber später mit Nachträgen versehen. Die besprochenen Angaben von „Vers midi" bis „derrière la Haine" (De Bas 534) sind nicht nachgetragen, sondern befinden sich im ursprünglichen Texte.

Hiermit kommt die Vermutung Lettows in Wegfall. Da nun Constant augenscheinlich nahezu tagtäglich niedergeschrieben hat, so handelt es sich darum, ob er den Thatbestand von vorne herein verdunkelte oder ob sich die Dinge so zugetragen haben, wie er sie erzählt. Die Antwort wird lauten müssen: so lange nicht erwiesen ist, daß ersteres überhaupt bei Constant vorkommt, werden wir an letzterem, d. h. zugleich an unserer ursprünglichen Darstellung festzuhalten haben.

www.ingramcontent.com/pod-product-compliance
Lightning Source LLC
Chambersburg PA
CBHW080321170426

43193CB00017B/2868